区域城际轨道交通工程施工作业指导书(下)

浙江杭海城际铁路有限公司　组织编写

中国铁道出版社有限公司

2020年·北　京

图书在版编目(CIP)数据

区域城际轨道交通工程施工作业指导书. 下/浙江杭海城际铁路有限公司组织编写. —北京：中国铁道出版社有限公司，2020. 8

ISBN 978-7-113-26993-7

Ⅰ. ①区… Ⅱ. ①浙… Ⅲ. ①城市铁路-铁路施工-施工技术 Ⅳ. ①U239. 5

中国版本图书馆 CIP 数据核字(2020)第 104513 号

书　　名：**区域城际轨道交通工程施工作业指导书(下)**
作　　者：浙江杭海城际铁路有限公司

责任编辑：梁　雪　　　**编辑部电话**：(010)51873193
封面设计：刘　莎
责任校对：孙　玫
责任印制：高春晓

出版发行：中国铁道出版社有限公司(100054，北京市西城区右安门西街 8 号)
网　　址：http://www.tdpress.com
印　　刷：三河市兴博印务有限公司
版　　次：2020 年 8 月第 1 版　2020 年 8 月第 1 次印刷
开　　本：787 mm×1 092 mm　1/16　印张：33.5　字数：815 千
书　　号：ISBN 978-7-113-26993-7
定　　价：110.00 元

编写委员会

主　　任：陈　江

副 主 任：董卫国　叶翰松　杨　剑

主　　编：言建标

副 主 编：周逊泉　陈　明　饶金土　王　灵　黄　丰
吴建永　张　奕　周世亮　章建明　马必利
邓建林　刘　彧　羊海俊　夏春新

编写人员：张秀源　葛勇良　王兴陈　张　益　李　军
孙承军　李文杰　苟向元　罗士瑾　夏群山
郑肇钦　杨　莉　刘嘉斌　严剑锋　林　飞
张欣丽　赵盟奇　范　伟　徐　晗　程润良
王　刚　吴燚靓　包学海　厉春波　夏招亮
彭英泽　张东海　汪旺龙　戴育江　陆一飞
许　旺　薛　齐　郑　权　胡要明　韩学明
王其炎　李小军　孙　伟　刘小平　吕金华
方剑锋　杨炜林　周庆朋　郭建立　赵赞迎
李　波　王志丹　赵　聪　康彦龙　李　胜
王　洋　焦德胜　黄建伟　付　威　陈　坤

主编单位：浙江杭海城际铁路有限公司

参编单位：中铁四局集团有限公司

中铁十局集团有限公司

中铁大桥局集团有限公司

中铁一局集团有限公司

中铁三局集团有限公司

浙江交工集团股份有限公司

中铁上海工程局集团有限公司

中铁电气化局集团有限公司

中铁武汉电气化局集团有限公司

前　言

随着我国区域经济发展，区域内部城市群之间的融合趋势更加明显，城际间的联系和交往更为密切，人们对区域出行有了更新和更高的要求。区域城际轨道交通与公路中长途客运相比具有舒适度高、准时、稳定、快捷的优点，其能将轨道沿线城市和乡镇串联起来，进一步促进区域的融合和协调发展，因此城际间的轨道交通发展需求更加的迫切，也逐渐成为各城市群建立区域综合交通系统的重要组成部分。

杭海城际铁路项目（以下简称“杭海项目”）线路两端地处杭州和嘉兴两市，西起杭州余杭高铁站（可与已运营的杭州地铁1号线换乘），东至嘉兴海宁碧云站，是典型的区域城际轨道交通工程。《区域城际轨道交通工程作业指导书》（以下简称《指导书》）是浙江省乃至长三角地区第一部区域城际轨道交通工程作业指导书，旨在依据相关国家标准、规程和规范，汇聚和总结杭海项目建设施工理论与技术经验，系统描述地下工程、桥梁工程、车站工程、路基工程、房建工程、轨道工程和四电工程等多个专业的施工作业，每篇作业指导书按照适用范围、作业准备、技术要求、施工程序与工艺流程、施工要求、劳动组织、材料要求、设备机具配置、质量控制及检验、安全及环保要求十项内容进行编写，旨在给予相似地区、相似情况的项目以工作指导、咨询和借鉴作用。

本《指导书》是杭海城际铁路建设过程中的“一盏明灯”，对于推广先进的施工工艺，提高施工质量和工效，确保安全生产、文明施工、环境保护都起到了不可或缺的作用。本《指导书》是杭海项目所有工程建设一线对区域城际轨道交通工程规范化、标准化有着深刻理解的工程技术人员的合力之作，在此对参加编写的有关单位和人员表示衷心感谢。

限于时间紧，编辑工作量大，书中难免存在疏漏，敬请广大读者批评指正并提出宝贵意见和建议。

编　者

2020年4月

目　录

7　通信工程施工作业指导书

8　信号工程施工作业指导书

9 线网工程施工作业指导书

10 外电工程施工作业指导书

7　通信工程施工作业指导书

7.1　通信系统

7.1.1　通信工程电缆单盘测试施工作业指导书

1. 适用范围

适用于杭州至海宁城际铁路机电安装工程通信专业电缆单盘测试施工。

2. 作业准备

(1)内业技术准备

1)在开工前组织技术人员认真学习熟悉规范和技术标准,对测试人员进行技术交底,对参加测试人员进行上岗前技术培训。

2)测试记录表格准备完毕。

3)测试仪表经检验合格。

4)收集好电缆出厂记录和合格证。

(2)外业技术准备

1)根据电缆出厂质量合格证和测试记录,并对照实物检查电缆规格、金属缆芯、绝缘介质、屏蔽层、色谱标识及其他机械物理特性是否符合相关技术标准的规定。

2)熟悉市话电缆色谱,主色谱:白色、红色、黑色、黄色、紫色;次色谱:蓝色、橙色、绿色、棕色、灰色。

3. 技术要求

(1)单盘测试后及时做好记录,并填写电缆单盘测试表。

(2)电缆单盘测试完成后应对电缆端头进行密封处理。

(3)电缆单盘测试质量技术标准见表 7.1.1-1。

表 7.1.1-1　低频四线组通信电缆单盘测试质量技术标准

序号	项　目	测量频率	单　位	标　准	备　注
1	0.9 mm 线径环阻(20 ℃)	直流	Ω/km	≤57	实测值
	0.7 mm 线径环阻(20 ℃)	直流	Ω/km	≤96	
	0.6 mm 线径环阻(20 ℃)	直流	Ω/km	≤132	
	0.5 mm 线径环阻(20 ℃)	直流	Ω/km	≤190	
2	环组不平衡	直流	Ω	≤12	
3	0.9 mm 线径绝缘电阻(20 ℃)	直流	MΩ/km	≥10 000	实测值×($L+L'$)
	0.7 mm 线径绝缘电阻(20 ℃)	直流	MΩ/km	≥10 000	
	0.6 mm 线径绝缘电阻(20 ℃)	直流	MΩ/km	≥5 000	

续上表

序号	项　目		测量频率	单　位	标　准	备　注
4	电气绝缘强度	所有芯线与金属外护套间	直流	V	≥1 800(2 min)	
		芯线间	直流	V	≥1 000(2 min)	

注:表中 L 为电缆长度,L'为电缆线路各种附属设备的等效电阻折算的电缆长度,单位为 km。

4. 施工程序与工艺流程

电缆单盘测试工艺流程如图 7.1.1 所示。

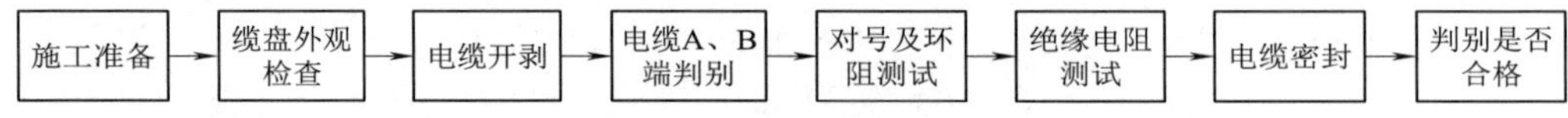

图 7.1.1　电缆单盘测试工艺流程图

5. 施工要求

(1)电缆开剥

1)将电缆盘外端电缆开剥,长度为 150～250 mm。

2)将电缆盘内端电缆开剥,长度为 60～100 mm。

(2)电缆 A、B 端判别

1)确认电缆端别的方法:面对电缆端头,白、红、黑、黄、紫色标按顺时针方向排列的为 A 端;逆时针方向排列的为 B 端。

2)在电缆盘明显位置标注电缆盘外端的电缆端别并做记录,当电缆外端别为 A 端时,标写“外 A”字样;当电缆外端别为 B 端时,标写“外 B”字样。

(3)对号及环阻测试

1)不良线对检验:用万用表,将每根芯线与金属护套进行对号导通测试,判断芯线是否有断线、混线、接地、错组等现象。

2)环阻测试:将电缆线对端环接,测试端与直流电桥相接,测出每一线对直流环阻。

换算公式:环阻=实测值/线缆长度。

指标要求:0.9 mm 线径环阻(20 ℃)≤57 Ω/km;

0.7 mm 线径环阻(20 ℃)≤96 Ω/km;

0.6 mm 线径环阻(20 ℃)≤132 Ω/km。

(4)绝缘电阻测试

1)将电缆外端所有的芯线连接,钢带、铝护套用一端带有鳄鱼夹的导线连接,然后将芯线和钢带连接到兆欧表测试线上,测试芯线是否与钢带、铝护套绝缘。

2)将电缆盘内端电缆的芯线全部开路。

3)进行单根芯线对其他芯线及金属护层的绝缘电阻测试。

4)测试后的电缆芯线与未测试芯线应相互分开。

5)全部芯线测试完成后,芯线应对地放电,填写测试记录。

6)在电缆盘上做已测试的标识,并对测试仪表进行校核。

(5)测试记录

根据电缆单盘测试值,做好电缆单盘测试记录,填写包括盘号、测试日期、气候、仪表型号、测试人员等信息。

(6)电缆密封

1)用钢锯将电缆测试端整齐锯断,去掉已开剥的部分。

2)用砂布条将电缆端头外护套 100 mm 部分打磨干净,将与电缆外径相适合的热缩端帽套在电缆端头上。

3)用喷灯对热缩端帽均匀加热,当热缩端帽均匀的包裹在电缆上且热溶胶流出后停止加热。

4)待热缩端帽冷却后,将电缆端头绑扎固定在电缆盘上。

(7)不合格品控制

对指标达不到出厂指标或设计标准的电缆应及时通知厂家,分析原因,按不合格品控制程序处理。

6. 劳动组织

(1)劳动力组织方式:采用架子队组织模式。

(2)作业人员数量应根据施工条件、工期要求进行合理配置,见表 7.1.1-2。

表 7.1.1-2　人员配置表

序号	人　员	数　量	备　注
1	队长	1 人	架子队管理
2	技术主管	1 人	总体技术管理
3	技术员	1 人	现场技术负责
4	实验员	1 人	原材料试验管理
5	质检员	1 人	质量检查控制
6	材料员	1 人	材料管理
7	安全员	1 人	安全管理
8	工班长	1 人	班组管理
9	领工员	1 人	现场带班
10	测试操作人员	2 人	具体施工

7. 材料要求

(1)电缆的盘号、型号、规格、盘长、端别、数量,应符合订货合同规定或设计要求。

(2)单盘测试所使用的兆欧表、万用表需经检测合格后方可使用。

(3)材料包装无破损,缆线无损坏、压扁等情况,并详细记录。

8. 设备机具配置

施工工具主要有万用表、兆欧表等。现场具体投入的机械设备见表 7.1.1-3。

表 7.1.1-3　设备机具配置

序号	名　称	规　格	单　位	数　量
1	万用表	UT33B	块	1
2	兆欧表	ZC25B-3	块	1
3	钢锯		把	1
4	喷灯		个	1
5	单面刀片		个	若干
6	气门帽		个	若干
7	偏口钳		把	2
8	克丝钳		把	1
9	钢锯条		根	4
10	环切刀		把	1

9. 质量控制及检验

(1)质量控制

1)核对供应方提交的产品测试记录所列项目及指标是否符合国家、部颁标准和设计要求以及订货合同规定。

2)因仪表随环境变化会产生一定的误差,测试前应校对所需仪表。

3)单盘电缆测试完毕后,进行端头密封前,测试工序组长应认真核对电缆端别是否与电缆盘标识及测试记录一致,检查是否有漏测项目。

4)测试人员应正确使用仪表,测试记录要真实,字迹清楚;单盘测试表中必须写明测试人、记录人和测试日期、仪表型号等信息。

(2)质量检验

测试市话电缆直流电特性,其换算后的结果应符合表 7.1.1-4 中的规定。

10. 安全及环保要求

(1)安全要求

1)作业人员正确佩戴劳动保护用品。

2)所有作业人员必须规范使用各类仪表。

3)及时清理现场可燃物或可燃气体,作业结束后,检查现场,工完场清。

表 7.1.1-4　市话电缆直流电特性标准

序号	项　目	单　位	标　准	换　算	备　注
1	0.8 mm 线径单线环阻(20 ℃)	Ω/km	≤74	实测值/L	
	0.6 mm 线径单线环阻(20 ℃)	Ω/km	≤132		
	0.5 mm 线径单线环阻(20 ℃)	Ω/km	≤190		
	0.4 mm 线径单线环阻(20 ℃)	Ω/km	≤296		

续上表

序号	项 目	单 位	标 准	换 算	备 注
2	绝缘电阻	MΩ·km	(1)≥3 000(填充式电缆); (2)≥10 000(非填充式电缆)	实测值× $(L+L')$	
3	断线、混线		不断线、不混线		

(2)环保要求

1)将测试中产生的垃圾及时清理并进行分类处理,测试现场做到人走料清场清。

2)测试过程中,严禁污染周边环境。

3)严格控制粉尘和其他固体废物污染。

7.1.2 机电工程光缆单盘测试施工作业指导书

1. 适用范围

适用于杭州至海宁城际铁路机电安装工程光缆单盘测试施工。

2. 作业准备

(1)内业技术准备

1)在开工前组织技术人员认真学习熟悉规范和技术标准,对测试人员进行技术交底,对参加测试人员进行上岗前技术培训。

2)检查光时域反射仪(OTDR)是否通过检定并在检定有效期内,仪表所需使用的电源是否安全可靠。

3)光缆单盘测试施工前,完成其他施工所需辅材、工机具的准备。

(2)外业技术准备

1)检查外观包装有无破损,缆线有无损坏、压扁等情况,并详细记录。对包装有受损、外护层有损伤的单盘,在测试时应重点检测。

2)根据光缆出厂质量合格证和测试记录并对照实物检查光缆程式、光纤、绝缘介质、加强芯、色谱标识及其他机械物理特性是否符合相关技术标准的规定。

3)收集好光缆出厂记录和合格证,以便工程竣工后作移交归档。

3. 技术要求

(1)测试光缆每芯,光缆单盘测试率为100%。

(2)核对厂方提交的产品测试记录所列项目及指标是否符合国家、部颁标准和设计要求以及订货合同规定。

(3)用时域反射仪(OTDR)对光缆进行长度及固有衰减测试,并做好光缆单盘测试记录;光缆单盘固有传输衰耗应满足下列要求:

1 310 nm 波长衰减:$\alpha_0<0.35$ dB/km;

1 550 nm 波长衰减:$\alpha_0<0.22$ dB/km;

设计有特殊要求时,按照设计要求进行。

4. 施工程序与工艺流程

工艺流程如图7.1.2所示。

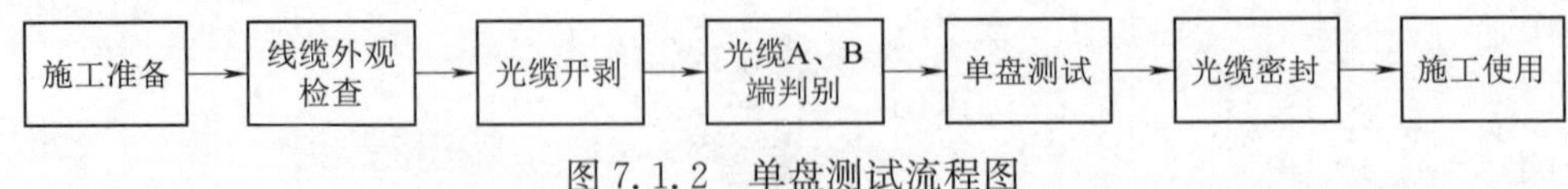

图7.1.2 单盘测试流程图

5. 施工要求

(1)光缆开剥

1)对光缆头压扁、创伤、出厂的原封粘连等部分应切除后再进行端头的开剥。

2)用环切刀在距光缆端头 500 mm 处环切外护套,轻折几次使环切处折断,往端头侧用力拉,外护套剥去露出内护套。

3)在内护套上,距端头 400 mm 处,用单面刀片环切,轻轻地将内护套折断抽出,如果护套过紧,一次不容易抽出,可分 2 或 3 段处理。

4)用剪刀剪去松解包层,在离端头 400 mm 处用专用割切工具将光纤外塑套管切除,露出裸光纤。依次用酒精棉擦净光纤。

(2)光缆 A、B 端判别

1)面对光缆截面,由领示色光纤按顺时针方向排列时为 A 端,反之为 B 端;并将端别和新编盘号在盘架上做醒目标注。

2)光缆纤芯色谱的排列与编号应以出厂的排列为准,色谱:蓝,橙,绿,棕,灰,白,红,黑,黄,紫,粉红,青绿。

(3)单盘测试

1)用兆欧表测量单盘光缆护层的对地绝缘电阻不小于 10 MΩ·km。

2)用酒精(分析纯的乙醇)棉擦洗光纤。

3)按照光纤切割刀使用说明书中切割刀使用方法,对光纤进行端面制作。

4)将制作好端面的光纤放入光纤耦合器对准,耦合器的另一端接 1 km 测试光纤,测试光纤的另一端接 OTDR 的光输出口。

5)选择 OTDR 的测试范围、测试脉宽(越小则精确度越高),调整折射率,分 1 310 mm 和 1 550 mm 两个窗口进行测试。

6)启动 OTDR 上的激光管对被测光纤进行扫描取样,一段时间后停止扫描,在 OTDR 显示器上移动 A 光标和 B 光标,使光标置于被测光纤的两端,读出被测光纤的长度,再将光标分别移动到光纤曲线的平滑处,读出光纤的每公里衰减。具体测试步骤按每台仪表的操作说明书进行操作。

7)采用 G. 655 单模光纤,其传输速率达到 10 Gb/s 以上时,还应测试偏振模色散(PMD)。

8)填写光缆单盘测试记录表,记录测试光纤的长度和衰减并填写测试仪表、测试温度、测试人员、测试日期、记录人等。

(4)光缆密封

测试完所有光纤后,用钢锯锯掉所有开剥部分,用热缩管对光缆进行密封,光缆盘保护层应及时复原。

1)用断线钳将光缆测试端整齐锯断,去掉已开剥的部分。

2)用砂布条将光缆端头外护套 100 mm 部分打磨干净,将与光缆缆外径相适合的热缩端帽套在电缆端头上。

3)用喷灯对热缩端帽均匀加热,当热缩端帽均匀的包裹在电缆上且热溶胶流出后停止加热。

4)待热缩端帽冷却后,将电缆端头绑扎固定在电缆盘上。

5)清理现场。

(5)不合格品控制

对指标偏高达不到出厂指标或设计标准的光缆应及时通知厂家,分析原因,按不合格品控制程序处理。

6. 劳动组织

(1)劳动力组织方式:采用架子队组织模式。

(2)作业人员数量应根据施工条件、工期要求进行合理配置,见表 7.1.2-1。

表 7.1.2-1 人员配置表

序号	人员	数量	备注
1	队长	1 人	架子队管理
2	技术主管	1 人	总体技术管理
3	技术员	1 人	现场技术负责
4	实验员	1 人	原材料试验管理
5	质检员	1 人	质量检查控制
6	材料员	1 人	材料管理
7	安全员	1 人	安全管理
8	工班长	1 人	班组管理
9	领工员	1 人	现场带班
10	测试操作人员	2 人	具体施工

7. 材料要求

根据到货清单,核对光缆的盘号、型号、规格、盘长、端别、数量,应符合订货合同规定或设计要求。

8. 设备机具配置

施工工具及工艺设备主要有克丝钳、剥线钳、电工刀、万用表等。现场具体投入的设备机具配置见表 7.1.2-2。

表 7.1.2-2 设备机具配置

序号	名称	规格	单位	数量
1	兆欧表	ZC25B-3	块	1
2	熔接机	50S	台	1
3	光时域反射仪(OTDR)	AQ1210	台	1
4	钢锯		把	1
5	喷灯		个	1
6	单面刀片		个	若干
7	气门帽		个	若干
8	通用工具		套	1
9	环切刀		把	1

9. 质量控制及检验

(1)质量控制

1)测试前应认真校对各种仪表,仪表每次使用前应进行校正。

2)不符合要求的光缆严禁使用。

3)在光缆开剥、测试及封头过程中,光缆弯曲半径不应小于光缆外径的20倍。

4)单盘光缆测试完毕,在进行封头前,测试人员应认真核对光缆端别是否与光缆盘标识及测试记录一致。检查是否有漏测项目,如果有应补测和纠正。

5)作业人员应正确使用仪表,测试记录要真实,字迹清楚;每项目都必须写明测试人、记录人和测试日期、仪表型号等。

(2)质量检验

光缆单盘固有传输衰耗应满足下列要求:

1 310 nm 波长衰减:$\alpha_0 < 0.35$ dB/km;

1 550 nm 波长衰减:$\alpha_0 < 0.22$ dB/km。

10. 安全及环保要求

(1)安全要求

1)在进行此项工作前应对施工人员进行技术交底,制定完善的安全防护措施。

2)施工时按要求佩戴好安全防护用品,现场仪器、设备应能正确使用。

(2)环保要求

1)光缆开剥等施工废弃物要及时回收处理,不留在测试现场。

2)施工完毕清扫施工现场,做到人走料清场地净。

3)严格控制粉尘和其他固体废物污染。

7.1.3 机电工程光、电、漏缆敷设施工作业指导书

1.适用范围

适用于杭州至海宁城际铁路机电安装工程通信专业光、电、漏缆敷设施工。

2.作业准备

(1)内业技术准备

1)应在开工前组织技术人员熟悉规范和技术标准,学习实施性施工组织设计,审核施工图纸。

2)制定施工安全保证措施,对施工人员进行技术交底,对参加施工人员进行上岗前技术培训,考核合格后方可上岗。

3)按照图纸、技术交底的要求,检查施工部位是否符合本工序施工条件;光、电缆到货单盘测试合格后,填写单盘测试记录。

4)对车站光、电、漏缆敷设所涉及的技术资料收集,施工劳动组织配备、材料准备及设备工器具的配置均已齐全。

(2)外业技术准备

敷设区段轨道全部贯通、区间支架安装完毕,车站引入管道、槽道、爬架安装完毕。

3.技术要求

(1)线缆敷设施工时,光、电缆应按芯线领示色排列确定A、B端,敷设时端别朝向应一致,A端朝线路上行方向,B端朝线路下行方向。

(2)光缆配盘时,尽量按出厂盘号顺序排列,以减少光纤参数差别所产生的接头本征损耗。非出厂盘号顺序排列时,相邻两盘光缆的光纤模长直径之差应小于1 μm。

(3)区间光、电、漏缆每百米挂线缆标牌,在转角处、穿墙处、接头处挂线缆标牌。

(4)区间光、电缆在接头处两端各预留5 m(重叠长度);在直线段地面及高架区间每公里光缆预留长度为5 m左右;在通信管道人井内预留3~5 m;在机房或电缆引入间余留架上预留长度为15~20 m。光、电缆在拐弯处需做适当预留。光、电缆与电缆支架均要绑扎,每100 m、转弯或电缆爬架处均需挂专用光、电缆标牌。

(5)施工中应保证光、电缆外护(层)套不得有破损,线缆两端头密封性能良好。

(6)光、电缆敷设时的张力、扭转力、侧压力应符合工厂规定;牵引力不应大于光缆允许张力的80%,主要牵引力应加在光缆的加强构件上。

(7)施工过程中,应避免光、电缆受冲击力和重物碾压,不得使光缆变形;当发现变形时,应进行护套密封性检查及光缆衰减性能和电缆绝缘性能的检查测试。

(8)施工中应保证漏缆外护层不得有破损,漏缆两端头密封性能良好。

(9)漏缆在敷设过程中,严禁急剧弯曲,其最小半径应符合设计要求。

4.施工程序与工艺流程

(1)施工程序

光、电、漏缆敷设主要工序包括:施工准备及现场调查、光电缆吊装、光电缆敷设、光电缆引

入、光电缆预留及标识等。

(2)工艺流程

工艺流程如图 7.1.3 所示。

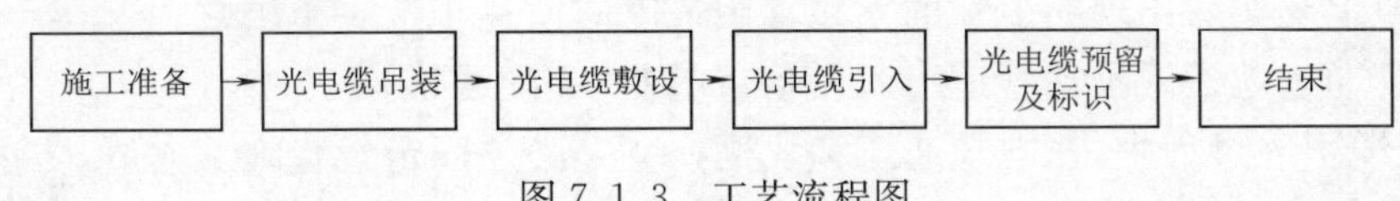

图 7.1.3 工艺流程图

5. 施工要求

(1)光、电缆吊装

1)光、电缆吊装时需注意光、电缆的敷设顺序,光、电缆为 A 端朝外,光、电缆出线端朝上。

2)光、电缆支架必须在平板车上固定牢靠。

(2)光、电缆敷设

1)地面、高架区间光、电缆需敷设在区间电缆槽道上,地下区间光、电缆敷设在区间侧墙支架上。

2)进入光、电缆敷设现场后,根据分工要求进行人员安排,明确指令和责任。

3)光缆敷设时弯曲半径不得小于其外径的 15 倍,电缆敷设时不得小于其外径 15 倍。光、电缆敷设不得在地上拖拉损伤外护套,光缆不得有打绞、扭弯等现象。

4)根据不同的敷设区间正确选择光、电缆盘,将缆盘固定在轨道车的电缆支架上后,对支架进行水平调整。

5)对于轨道车敷设区间光、电缆,通常情况都是从车站端头开始向区间敷设,在缆盘架设在轨道车上后,首先需要将在车站内引入机房及机房内预留和成端的余量预留够,采用人工方式将需要预留的缆线在车站端头附近选择不影响线路及其他专业施工的区域采用“8”字倒盘方法进行盘留。然后再开始利用轨道车向前进方向敷设。

6)轨道车在指挥员的命令下以不大于 5 km 的速度前行。如使用人工放线小车则 4 个人负责推车并同时转动线盘。

7)敷设过程中,4 人负责线盘随轨道曲线和坡度变化随时调整线盘的倾斜度和水平度,防止因线盘左右平移造成与支架的摩擦或卡盘,影响线缆敷设或使电缆支架因突然受力而倾倒;光、电缆敷设时不得在地上拖拉,防止损伤外皮;光、电缆敷设时不得出现打背扣和打死弯等现象。

8)车上另外安排 3 人负责从盘上拉动线缆,使其沿平板车后沿线布放,防止线缆所受张力过大。

9)车下人员随轨道车将车上布放至检修通道中心的线缆放至检修通道内,光、电缆在过轨以及上下检修通道等外露地方均采用金属线槽/桥架进行防护。

10)光、电缆敷设至车站后,将通过人工的方式将其通过桥架和引入孔引至通信机房。在不具备将光、电缆引入至通信机房的条件时,需要对预留光缆临时采用“8”字倒盘方法进行盘留。

11)在敷设至缆盘上线缆剩余 20～30 m 时,需注意停车将缆盘上线缆端头处的固定件拆除,防止再敷设完成时损伤线缆或者造成人员伤亡等安全事故。

12)线缆放完后,将空电缆盘推放至轨道车上的空闲位置或附近车站夹层,待施工完成后再回收。

(3)光、电缆引入

1)光、电缆由区间敷设到车站轨行区后,从区间支架通过区间引入孔引至通号电缆间,并在通号电缆间的余留架上做预留。

2)再次确认引入长度(或接头处预留长度)。

3)电缆端头固定在隧道内支架侧的固定物上,防止电缆脱落进入轨道上。

4)将电缆上支架后出现的少量的累积富余长度向前逐步送展至末端。

5)将光缆通过地槽或预埋管道引入设备室的 ODF 配线架。

6)光、电缆引入过程中,在电缆通道和线槽拐弯处必须固定设置施工人员,防止损伤缆线,并且在引入通过后,保证线缆通过拐角外侧大弧度固定绑扎。

(4)光、电缆预留及标识

1)预留线缆沿余留架顺时针盘留。

2)用轧带将标识固定在线缆上。

(5)结束

安装、接续、测试完成后按照区段填写区间光、电、漏缆敷设记录表及工程检验批报验表。

6. 劳动组织

(1)劳动力组织方式:采用架子队组织模式。

(2)作业人员数量应根据施工条件、工期要求进行合理人员配置,见表 7.1.3-1。

表 7.1.3-1 人员配置表

序号	人 员	数 量	备 注
1	队长	1人	架子队管理
2	技术主管	1人	总体技术管理
3	技术员	1人	现场技术负责
4	实验员	1人	原材料试验管理
5	质检员	1人	质量检查控制
6	材料员	1人	材料管理
7	安全员	1人	安全管理
8	工班长	1人	班组管理
9	领工员	1人	现场带班
10	普通技术工人	10～20人	具体施工

7. 材料要求

(1)光、电、漏缆的外皮(外护套)不得有破损、变形、扭伤,接头处应密封良好。

(2)依据施工图纸,确定使用线缆的规格、型号,线缆的敷设径路、规格型号、弯曲半径、预留设置位置长度均应符合国家规范及设计要求。

8. 设备机具配置

设备机具配置见表 7.1.3-2。

表 7.1.3-2 机械设备及工器具配置表

序号	机具名称	规格	单位	数量	备注(使用范围)
1	常用小工具		套	2	
2	照明设施		套	2	
3	头灯		个	12	
4	吊车	25 t	台	1	
5	电缆支架		套	1	含千斤顶、钢棒

9. 质量控制及检验

(1)质量控制

1)施工时,严格执行质量自检、互检、专业检的检验制度。

2)定期(一般每周1次)开展质量工作例会,讨论光、电缆敷设施工中发现的工艺问题,及时改进和完善《作业指导书》,并以工艺技术交底的形式向施工班组和参建人员传达、执行。

3)在每个支架位置均进行绑扎,扎带尾巴要及时剪掉,切口要光滑。

(2)质量检验

1)型号、规格、质量符合设计和订货合同要求。

2)合格证、质量检验报告等质量证明文件应齐全。

3)线缆应无压扁、护套受损和表面严重划伤等缺陷。

4)敷设径路及光、电缆的端别应符合设计要求。

5)光、电缆在支架上敷设位置应符合设计要求,并应固定牢固。

6)区间光、电缆的敷设,不得侵入设备限界。

7)光、电缆与其他管线、设施的间隔应符合设计要求。

8)光、电缆敷设、接续或固定安装时的弯曲半径不应小于光、电缆外径的15倍。

10. 安全及环保要求

(1)安全要求

1)光、电缆吊装时,应符合项目部吊装操作规程,操作人员持有效操作证件。

2)光、电缆在运输至敷设现场和敷设完成后必须采用垫木将电缆盘塞紧,防止在敷设过程中滑动造成安全事故。

3)施工时按要求佩戴好安全防护用品,高处作业人员必须按照规定正确佩戴安全带,站在高处传递物品时,要拿稳,防止掉落伤人。

4)施工区域两端需设置荧光灯等警示标志,并安排安全员进行防护。不得进入未经允许的施工区段,与其他专业交叉施工时需设置专人防护。

5)施工时需设置足够的照明设施,且作业车防护人员及施工人员要注意脚下孔洞。作业车推行过程中,应当缓慢、平稳,严禁坐卧轨道休息。

(2)环保要求

1)施工现场的工机具和材料须在划定的区域摆放整齐,并悬挂标识牌;保证现场施工场地整洁、干净。

2)施工过程中产生的垃圾和废料要集中存放,并在当天施工完成后及时清理至指定地点。

7.1.4 机电工程漏泄同轴电缆接续施工作业指导书

1. 适用范围

适用于杭州至海宁城际铁路机电安装工程漏泄同轴电缆接续施工。

2. 作业准备

(1)内业技术准备

1)施工开始前组织技术人员熟悉规范和技术标准,学习实施性施工组织设计,对施工人员进行技术交底,审核施工图纸。

2)制定施工安全保证措施。对参加施工的人员进行上岗前技术培训,考核合格后方可上岗。

3)按照本工序技术要求,完成施工的人员配置、材料准备及设备工器具的配置。

4)漏缆、配套器材型号、规格、质量应符合设计和订货合同要求。

5)按照本工序技术要求,完成施工的人员配置、材料准备及设备工器具的配置。

(2)外业技术准备

1)安装作业进行前,应收集作业层中所涉及的各种外部技术数据资料,确认漏缆配盘。

2)确定漏缆接续位置。

3. 技术要求

(1)漏缆固定接头应保持原漏缆结构及开槽间距不变;接头应连接可靠,装配后接头外部应按设计要求进行防护。

(2)连接器安装时,要严格按照安装顺序和要求进行操作。

(3)接头应保证电特性指标,对于驻波比过大、阻值过大、绝缘不良、衰耗偏大的接头应锯断重接。

4. 施工程序与工艺流程

工艺流程如图 7.1.4 所示。

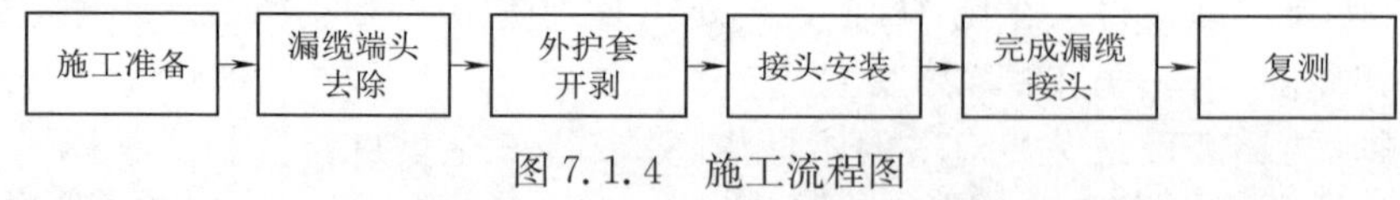

图 7.1.4 施工流程图

5. 施工要求

(1)漏缆端头去除

1)锯切漏泄同轴电缆时请保持去除侧在下方,并保证切面平整;将表面清理干净,将内导体和外导体的表面打磨平整、去除毛刺。

2)先用锉刀或斜口钳将内导体铜管做好倒角,然后用毛刷或钢丝刷将内导体铜管内的铜屑清理干净。

3)用毛刷将切面处的铜屑清除干净。

(2)外护套剥开

1)用角尺量出接头盒内规定尺寸的外护套。

2)然后环切刀将外护套剥离,剥外护套时不能伤到外导体,如果发现已伤及外导体,必须重新锯断此节电缆,并将外导体表面打磨平整。

(3)接头安装

1)接头分为一体式接头和分体式接头两种,先将漏缆装入接头后体。

2)装入压紧环和顶针将其紧固。

3)将前体装入并与后体旋紧。

(4)漏缆接头防护

1)若漏缆接头安装好后不是马上和跳线相连,必须密封好整个接头。

2)若漏缆接头安装好后立刻连接到跳线,则需使用防水胶带做进一步防水处理。

3)漏缆装上连接器后,接口必须做防尘、防潮保护,直至最终与系统连接。临时保护时,可以将连接器的塑料帽盖上(连接带和防水胶带的缠绕)。

6. 劳动组织

(1)劳动力组织方式:采用架子队组织模式。

(2)作业人员数量应根据施工条件、工期要求进行合理配置,见表 7.1.4-1。

表 7.1.4-1 人员配置表

序号	人 员	数 量	备 注
1	队长	1人	架子队管理
2	技术主管	1人	总体技术管理
3	技术员	1人	现场技术负责
4	实验员	1人	原材料试验管理
5	质检员	1人	质量检查控制
6	材料员	1人	材料管理
7	安全员	1人	安全管理
8	工班长	1人	班组管理
9	领工员	1人	现场带班
10	普通技术工人	2人	具体施工

7. 材料要求

(1)施工单位在工程中所用设备、材料应符合设计要求及国家现行标准。

(2)漏缆接头的连接器、插板件型号、规格、质量应符合设计和订货合同要求。

8. 设备机具配置

设备机具配置见表 7.1.4-2。

表 7.1.4-2　设备机具配置表

序号	名　称	规　格	数　量	备　注
1	活动扳手	450 mm	1 把	
2	手锯		1 把	
3	大口径扳手	18 mm/24 mm/26 mm	2 把	
4	安全刀		1 把	
5	钢丝刷		1 把	
6	钢尺		1 把	
7	手锉		1 把	
8	尼龙锤		1 把	
9	除尘刷		1 把	
10	环切刀		1 把	

9. 质量控制及检验

(1)质量控制

1)漏缆接头的规格、型号应符合设计要求。

2)根据漏缆接续的施工特点做好对工班及参建人员的施工图技术交底和安全措施交底工作,并形成记录、存档。

3)根据项目特点、施工条件、作业环境,由项目安全质量负责人主持,安全、质量工程师共同编制安全管理措施、质量控制措施等文件并进行现场交底。

4)注意内外导体的牢固性和密封性。

5)注意安装过程对切面、内导体的清洁。

(2)质量检验

1)漏缆固定接头应保持原漏缆结构及开槽间距不变;接头应连接可靠,装配后接头外部应按设计要求进行防护。

2)检查内、外导体直流电阻,绝缘电阻,绝缘介电强度,工作频段内电压驻波比和传输衰减是否符合设计要求。

3)馈线、漏缆连接后驻波比在工作频段内应小于 1.5。

10. 安全及环保要求

(1)安全要求

1)在进行此项工作前应对所有施工人员进行安全培训,制定完善的安全防护措施,登高作业人员应持有有效证件方可上岗。

2)施工时按要求佩戴好安全防护用品,隧道内施工人员应配备反光背心。

3)施工区域两端应设警示标志,并安排防护员进行防护。

4)取下吊挂漏缆,接续后安装吊挂漏缆时要注意安全防护及成品保护。

(2)环保要求

1)施工完后剩余的施工垃圾应及时回收,集中处理。

2)施工完毕后清扫施工现场,做到人走料清场地净。

3)施工过程中,严禁污染周边环境。

7.1.5 机电工程光缆接续施工作业指导书

1. 适用范围

适用于杭州至海宁城际铁路机电安装工程光缆接续施工。

2. 作业准备

(1)内业技术准备

1)应在开工前组织技术人员熟悉规范和技术标准。

2)制定施工安全保证措施,对施工人员进行技术交底,对参加施工人员进行上岗前技术培训,考核合格后上岗。

(2)外业技术准备

1)明确光缆的接续地点、型号、芯数,准备相应的接续材料。

2)光缆接续工作主要包括创建工作场所、接续仪器仪表准备校准、护套开剥、光纤洁净、连接支架、加强芯预装、余留盘安装等;平整接头场地,将两侧的光缆引出地面,用棉纱擦去光缆外护套上污泥,宜擦净 2.3 m,用钢锯锯除两侧端头(长度宜 100 mm)。

3. 技术要求

(1)光纤盘留时盒内光纤的弯曲半径不小于 40 mm,光纤收容余长不小于 1.2 mm。

(2)分歧光缆引出应设置于接头盒的 B 侧。

(3)光缆线路在一个区间(中继段)内,用 OTDR 测得的每根光纤的背向散射曲线应平滑,无阶跃反射峰。光中继段内光纤接头双向平均损耗应符合设计要求。

(4)在 ODF 上进行光纤终端接续时,光纤绑扎应松紧适度,排放整齐。引出机架的尾纤应加以防护,并在尾纤上标明方向和纤号,同时在机架端子分配表中标明尾纤方向和纤号。

4. 施工程序与工艺流程

(1)施工程序

光缆接续主要工序包括施工准备、护层开剥、光缆接续、光纤预留、接头盒组装、机械保护等。

(2)工艺流程

工艺流程如图 7.1.5-1 所示。

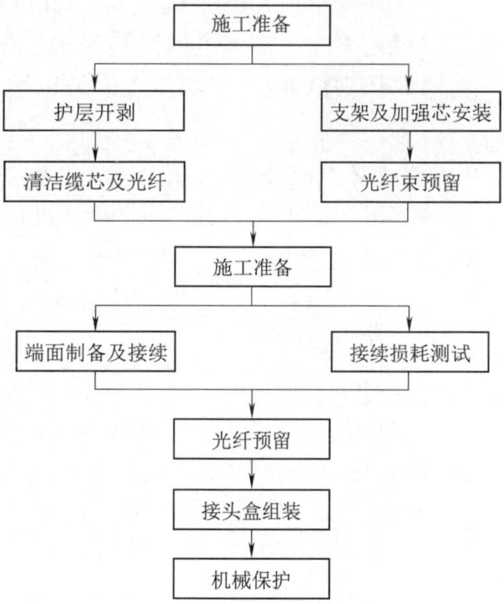

施工准备
护层开剥
支架及加强芯安装
清洁缆芯及光纤
光纤束预留
施工准备
端面制备及接续
接续损耗测试
光纤预留
接头盒组装
机械保护

图 7.1.5-1 工序流程图

5. 施工要求

(1)把光缆架设在工作台两侧的固定支架上,如图 7.1.5-2 所示。

(2)打开接头盒,取出连接支架及配件。

(3)护层开剥

1)在两侧光缆上各套入两只与光缆外径相匹配的挡圈待用。

2)距光缆端头 1 800 mm 处,用专用切割刀环切外护套,然后轻折几次使环切处折断,往端口侧用力抽去,裸露内护套,如图 7.1.5-3 所示。

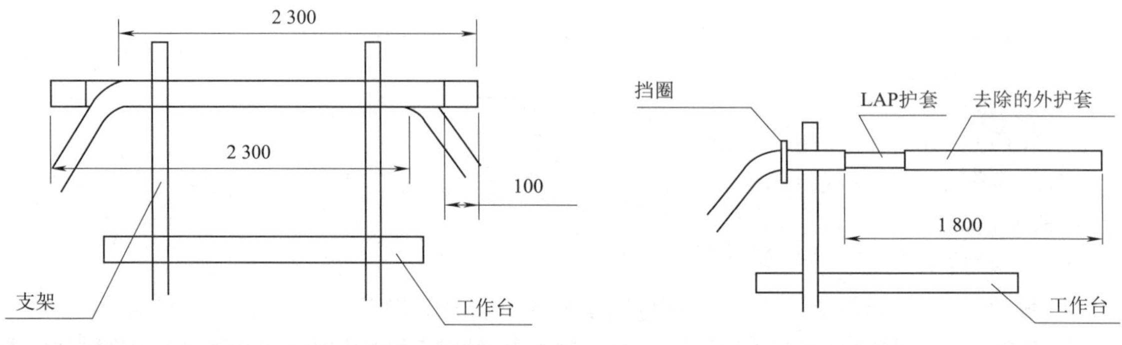

图 7.1.5-2　固定支架(单位:mm)　　图 7.1.5-3　光缆开剥图(单位:mm)

(4)清洁缆芯及光纤

1)从光缆缆芯端头松解包层至护套切口处,并用刀片将油膏包层割除,裸露光纤或塑管以及填充物、加强芯等。

2)依次用棉纱、清洗剂和酒精棉将裸露光纤或塑管、加强芯上油膏擦净,并剪去填充物等。

(5)连接支架、加强芯安装

1)用断线钳距外护套切口 140 mm 处将光缆加强芯剪断。

2)将光缆连接支架上的光缆夹箍紧固在两端光缆上,夹箍距外护套切口 5 mm(如缆身小于夹箍内孔直径,应在该部位缠绕若干层橡胶自粘带)。

3)将光缆加强芯穿入支架孔内固定。

(6)预留盘、盘留板安装

1)按顺序检查光纤的排列,把两侧光纤分开理顺、编号。将两头已处理干净的带松套管的光纤 A、B 两端分别置入预留盘中,沿着引入口预留一个整圈,长度约为 700 mm(如有分歧光缆应将干线光缆和分歧光缆的松套管均盘于干线光缆加强芯上面)。然后再从原引入处引入至上面的光纤盘留板上。

2)将加强芯穿入 M10×20 的带槽螺栓,拧紧螺帽。

3)用扎带在连接支架预盘留引入口将松套管固定,扎带不得收得过紧,松套管能自由伸缩为宜,然后装上光纤盘留板(如有分歧光缆,干线光缆和分歧光缆的引入顺序为:先引干线光缆 A1;A2 再引分歧光缆 B1;B2 便于维护时光纤盘留板的翻转,如图 7.1.5-4 所示),把光纤引入至光纤盘留板上。

4)在光纤盘留板引入口处,用松套割刀将松套管环切一刀,轻轻折断并抽去,露出光纤,并用酒精棉擦净。然后用扎带将松套管固定在光纤盘留板上。

(7)光纤接续

1)光纤接续时按束管和色谱顺序编号。

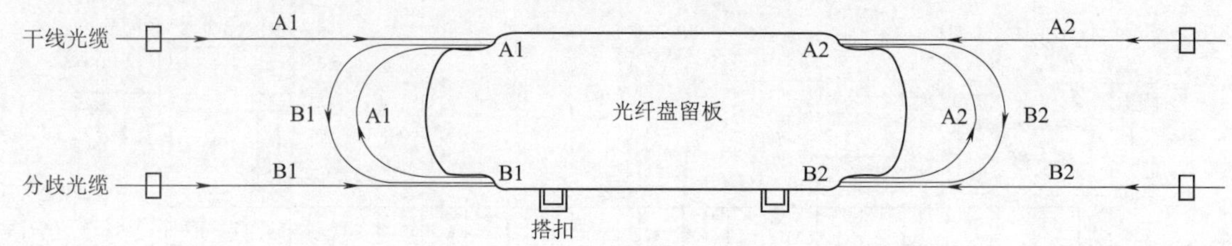

图 7.1.5-4　盘留示意图

2)光纤端面的制备和接续：

①用光纤切割刀制备端面。

②将光纤放入熔接机熔接。

③注意观察两根光纤端面的质量,如发现光纤端面不符合要求应重新制备。

④按照光纤熔接机操作程序进行光纤熔接。

(8)光纤接续测试

1)在测试点,将尾纤接入 OTDR,尾纤的另一端接 2 km 左右裸光纤,再通过 V 形槽与被测光纤连接。

2)接续点接完一根光纤后,通知测试点用 OTDR 测试光纤接头损耗,如不符合要求,应重新熔接。

(9)光纤接头加强管安装

光纤熔接完后,用光纤接头保护管热熔保护。

(10)光纤的盘留

将熔接好的光纤盘于光纤盘留板内,盘留半径应大于 40 mm,并把光纤保护管依次按放在保护管固定槽内,每个槽道按放一根光纤保护管,每层盘片最多盘留 12 芯光纤,盘留时应将 A、B 两侧光纤同时压花盘留,盘留圈数尽量控制为偶数,以达到相互抵消扭力的作用,如盘留圈数是奇数应将扭度控制在360°以内。最后将光纤接头保护管按顺序放入固定槽内。将防震垫小心的安放在光纤盘留板内然后装上第二层光纤盘留板,以此类推,直至全部光纤接续完毕。

(11)接头盒组装

1)严格按照接头盒操作细则或安装说明书进行组装。将接头盒下盒体由下而上套到连接支架上,用记号笔分别标出密封区域,然后在密封区域用密封带缠绕,缠绕外径约为 28 mm,同样尺寸在堵头上缠绕密封带。

2)把两根密封条分别嵌入盒体两边的槽道内,在盒体两端的中间也各放上两短段密封条。

3)在无光缆引入的盒体端口处放入缠好密封带的堵头,松开下盒体两侧的光缆固定卡,将下盒体由下而上套到连接支架上,然后将光缆固定卡拧紧固定光缆(同时紧固前在此位置的光缆上缠绕橡胶自粘带或塑料自粘带)。

4)填写接续卡片放入接头盒内。

5)将上盒体合到下盒体上,上下对齐,交替对角拧紧所有外部紧固螺栓。

(12)GYS-JB 型接头盒配件名称及分列图

GYS-JB 型接头盒配件名称及分列图如图 7.1.5-5～图 7.1.5-8 所示。

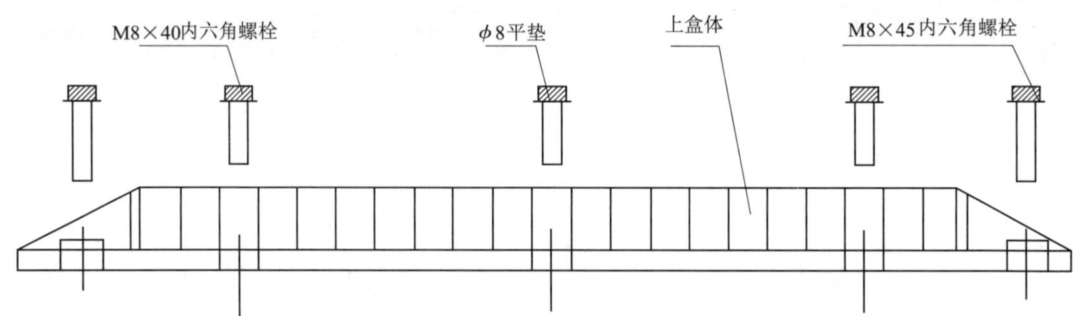

图 7.1.5-5　上盒体

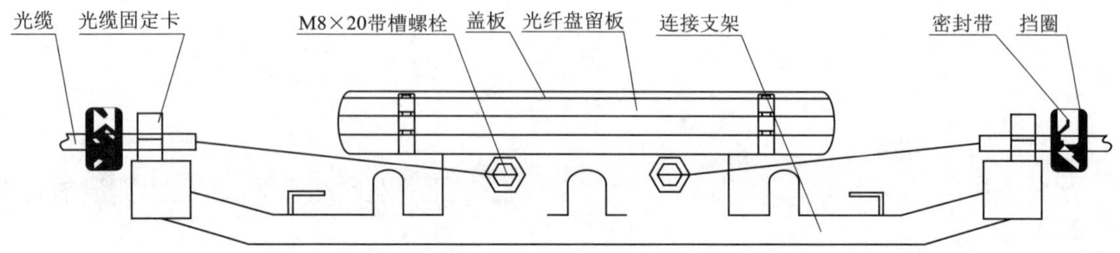

图 7.1.5-6　连接支架

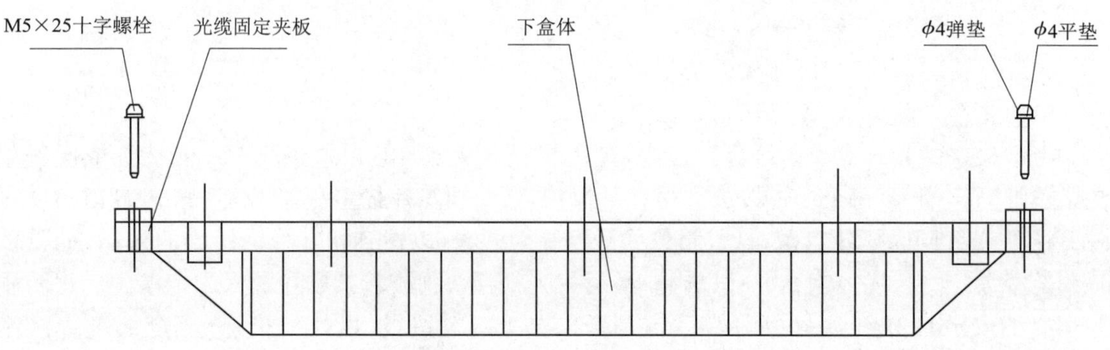

图 7.1.5-7　下盒体(一)

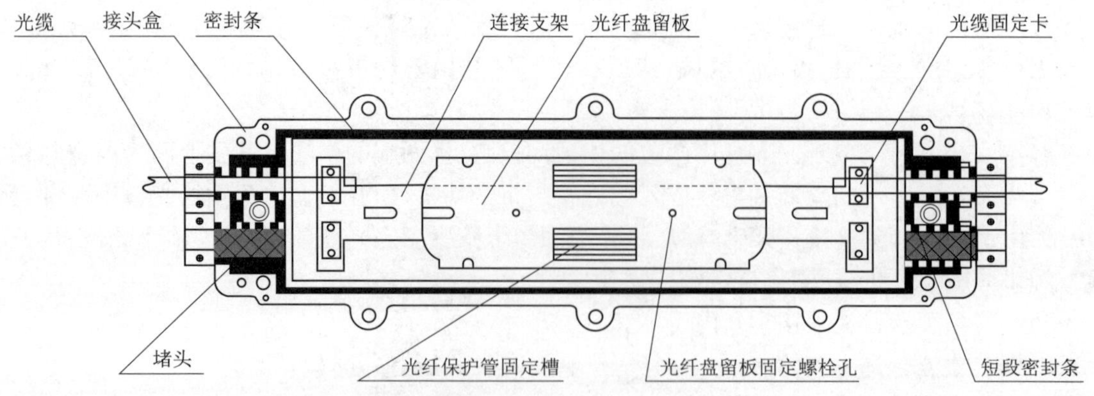

图 7.1.5-8　下盒体(二)

6. 劳动组织

劳动力组织方式:根据架子队管理模式进行人员配置,见表 7. 1. 5-1。

表 7. 1. 5-1　劳动力组织表

序号	人　员	数　量	职　责
1	队长	1 人	架子队管理
2	技术主管	1 人	总体技术管理
3	技术员	1 人	现场技术负责
4	实验员	1 人	原材料试验管理
5	质检员	1 人	质量检查控制
6	材料员	1 人	材料管理
7	安全员	1 人	安全管理
8	工班长	1 人	班组管理
9	领工员	1 人	现场带班
10	普通技术工人	2 人	具体施工

7. 材料要求

光缆接头盒应符合设计要求,具有优良的力学强度。

8. 设备机具配置

设备机具配置见表 7. 1. 5-2。

表 7. 1. 5-2　机具设备表

序号	名　称	规　格	数　量	备　注
1	发电机	800～1 000W	1 台	
2	稳压器	500W	1 台	
3	熔接机	50S	1 台	
4	工作台		1 把	
5	工作伞		1 把	
6	工作凳		3 只	
7	工作灯	60W	2 只	
8	勤务电话		2 只	
9	电风扇		1 台	
10	吹风机		1 把	
11	专用工具提箱		1 只	
12	材料箱		1 只	
13	光纤切割刀	CKFC-1	2 把	
14	镊子		2 把	
15	剪刀	医用	2 把	

续上表

序号	名　称	规　格	数　量	备　注
16	验电笔		1支	
17	克丝钳		2把	
18	偏口钳		2把	
19	锯弓		1把	
20	组合工具	28件	1套	
21	扳手	150号活络	2把	
22	卷尺	2 m	1把	
23	电工刀		1把	
24	喷枪		1把	
25	材料盒		1只	

9. 质量控制及检验

(1)质量控制

1)接头盒安装应严格按照操作工艺进行;安装后应对所有光纤进行复测。

2)光缆接头不得在雨天、雾天和环境温度低于0 ℃情况下进行。

3)光缆进入机房内应挂牌标识,标明光缆的型号、规格、进出方向等;标识应齐全、清晰、耐久可靠。

4)接头盒安装完毕,对盒体进行密封性检查,确保无漏气(水)现象。

(2)质量检验

1)芯线按光纤色谱排列顺序对应接续;光纤接续部位应采用热缩加强管保护,加强管收缩应均匀、无气泡。

2)光缆的金属外护套和加强芯应紧固在接头盒内。同一侧的金属外护套与金属加强芯在电气上应连通;两侧的金属外护套、金属加强芯应绝缘。

3)光缆接头盒盒体安装应牢固、密封良好。

4)光纤收容时的余长单端引入引出长度不应小于0.8 m,两端引入引出长度不应小于1.2 m。

5)光纤收容时的弯曲半径不应小于40 mm。

6)光缆接头处的弯曲半径不应小于护套外径的20倍。

7)光缆接续后宜余留2～3 m长度。

10. 安全及环保要求

(1)安全要求

1)作业人员应按照要求正确穿戴防护用品。

2)光时域反射仪系激光仪表,严禁肉眼直视发射端孔,以免灼伤眼睛。

3)在轨行区内施工时,应注意往来施工车辆,做好安全防护工作。

4)发电机使用时,应按照操作规程正确使用,并配备合格的干粉灭火器。

5)室外雨天作业时,严禁使用发电机,避免作业人员触电。

6)光缆在机房上光纤架(ODF)成端前,应对光缆进行绝缘处理,避免室外雷击电流或机车供电电流的感应构成对人员、设备的威胁。

(2)环保要求

1)光纤系玻璃纤维,切割下的光纤要收集在容器内,以免刺伤人。

2)接续后残留的废弃物如废弃光缆、外皮、填充物、金属芯线等,应分类收集回收。

7.1.6 机电工程设备安装及配线施工作业指导书

1.适用范围

适用于杭州至海宁城际铁路机电安装工程设备安装及配线施工。

2.作业准备

(1)内业技术准备

1)应在开工前组织技术人员熟悉规范和技术标准,学习实施性施工组织设计,审核施工图纸。

2)制定施工安全保证措施,对施工人员进行技术交底,对施工人员进行上岗前技术培训,考核合格后方可上岗。

3)完成施工劳动力配备、材料准备及设备、工器具的配置。

(2)外业技术准备

1)检查机房房屋及地面情况是否满足安装条件。

2)室内通信设备安装前,应确认房屋建筑及其装饰工程已完成并符合设备安装基本要求,门窗完整、严密,室内给排水、供电、通风、采暖、空调等能正常使用。

3)设备开箱报验

①设备开箱验货工作应在监理方主持下,邀请建设方主管工程师,会同设备供应商代表共同对到达施工现场的设备和主要材料进行开箱清点和外观检查。

②清点内容:设备及材料的型号、规格、数量应符合订货合同清单及设计要求,保存清点清单。

③检验设备出厂测试记录应符合订货合同技术要求,满足施工图设计要求;设备及材料应无受潮及破损现象;设备插件应无振裂、损坏、锈蚀、脱落等现象;设备附件及技术资料齐全(包括合格证、说明书、操作手册、安装手册等)。

④根据设备开箱验货情况如实填写《设备开箱验货报告》,并由监理方、施工方和供货方三方共同签字确认。对清点及检验过程中如发现各类异常情况应在监理见证下由设备供货商限期解决,解决好后再按开箱验货流程进行验货。

⑤各类设备开箱验货报告应存档、备查。项目部物资管理员设备在开箱清点、检查完毕后妥善保管。施工时,按照设备开箱清单办理领料手续,对备品、备件及时回收妥善存储,以备及时向业主办理移交手续。

⑥开箱验货完成后,设备物资的储存和二次搬运工作应严格按照设备物资随存放和运输环境的要求进行,确保设备、人身安全。

3.技术要求

(1)设备安装位置和方式应符合设计要求,安装牢固可靠。

(2)机柜的前后及左右倾斜偏差,应小于机柜高度的1‰;整列机柜前端面在平行直线上偏差小于5 mm,每个机柜水平偏差小于2 mm,柜间缝隙小于1 mm。

(3)设备配线电缆及配套器材的数量、型号、规格和质量应符合设计和订货合同要求;合格证、质量检验报告等质量证明文件应齐全;线缆外皮应无破损、挤压变形,线缆应无受潮、扭曲和背扣。

(4)同轴电缆弯曲半径应大于其电缆外径的15倍,非屏蔽对绞电缆的弯曲半径应大于电缆外径的4倍,室内光缆的弯曲半径应大于光缆外径的15倍,尾纤的弯曲半径应大于50 mm。

(5)配线电缆的屏蔽护套应可靠接地。

4. 施工程序与工艺流程

设备安装及配线流程如图7.1.6所示。

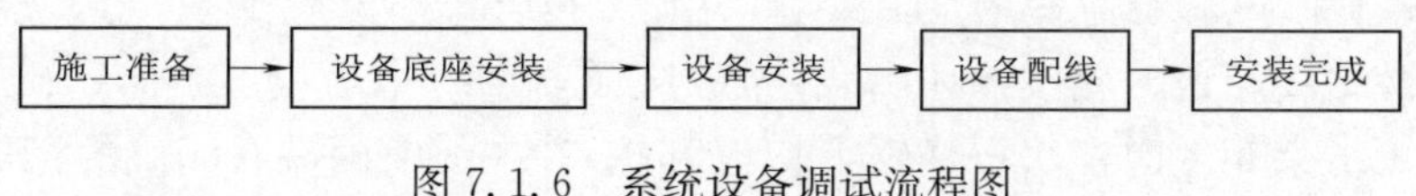

图7.1.6 系统设备调试流程图

5. 施工要求

(1)设备底座安装

1)根据设计施工图纸,确定机柜摆放位置,进行划线打孔固定机柜底座。

2)相邻底座要排列整齐,同一列内底座的机柜正面一侧应平直成一条直线,每米偏差不大于3 mm。当地面铺有防静电地板时,底座采用膨胀螺栓直接固定在地面上,并与机房防静电地板等高。

3)底座焊接处的焊渣必须清除并打磨光滑,底座刷漆或镀锌防腐处理。

4)安装位置符合设计要求,一般采用M12的膨胀螺栓固定底座,安装时先把底座排列整齐,用记号笔对着底座的四个安装孔在地上画上打眼标记,画好后搬开底座,用直钢尺和记号笔在画好的圆圈中心画“十”字线,打眼时电锤应垂直对准“十”字线中心,打孔深度为膨胀螺栓套管长度和锥头之和,孔眼垂直,不得成喇叭状。

5)孔内粉尘清除干净,用橡皮锤将膨胀螺栓轻敲入孔内,套管应全部没入孔内。取下螺母,将设备底座对地安装孔套入膨胀螺栓,在膨胀螺栓上依次套上平垫片、弹簧垫片、螺母,随后锁紧螺母。

6)相邻底座要排列整齐,同一列内底座的正面一侧应平直成一条直线,使用金属垫铁调平,水平尺测量。

(2)设备安装

1)设备与底座通过连接螺栓固定,机柜安装后要平衡、整齐、牢固,前面板在一条直线上,设备间空隙、垂直度符合规范和设计要求。

2)对有防静电要求的设备,安装人员佩戴防静电手腕,同时保证机架地线连接良好。

3)各系统设备插入单元电路板时,通过操作手柄或电路板的边沿对插入单元进行操作,避免接触内部器件。

(3)设备配线

1)电源线和地线

①根据电源线和地线的实际走线路径量长度裁剪所用电源线和地线。

②用裁纸刀剥开电源线和地线的绝缘外皮,其长度与铜压接端子的“耳柄”等长。

③用压线钳将铜压接端子压紧,用热缩套管将铜压接端子的“耳柄”和裸漏的铜导线热封,不得将裸线漏出;截面面积小的电源线压接铜压接端子需要焊接时,必须充分加热,焊锡饱满,禁止出现虚焊、假焊等现象,焊接完成后,用热缩管将铜压接端子的“耳柄”和裸露的铜导线热封。

④电源线一端与设备相连,沿走线架整齐布放,并用扎带绑扎;另一端和电源柜的接线排连接,连接前必须确认电源极性方可进行操作。

⑤将保护地线的一端和设备相连,地线沿走线架整齐布放,并用扎带绑扎,另一端和室内保护地排相连。

⑥对于敷设交流电源线时,应尽量与直流电源线、信号线、控制线分开布放,间距应不小于50 mm,如无法避免,电源线应使用交流线套屏蔽管进行屏蔽处理。

⑦电源线及地线布放时应按顺序出线,布放应顺直、整齐,无交叉、扭绞,线缆弯曲时应均匀、圆滑一致,走线架布放时在每根横铁上均应绑扎,并在线缆两端有明确的标识。

⑧在电源线和地线的敷设过程中应事先精确测量并预留足够长度的电缆,以防实际敷设时长度不够,如在敷设过程中发现预留长度不够,应停止敷设,重新更换电缆,不得在电缆中做接头或焊点。多机柜并柜时,每个机柜连接一根接地线到机房的室内接地排,如同列有多个配线架连接保护地线时可采取串联式连接方式。

2)信号线

①各种线缆应按顺序出线,布放应顺直、整齐,无交叉、扭绞及溢出线槽,机房内各种配线中间不应有接头。线缆弯曲应均匀、圆滑。

②敷设线缆时应尽量短而整齐,当线缆接入设备或光纤配线架(ODF)、数据配线架(DDF)等应留有一定的余量,且预留长度应统一。敷设好的线缆两端应粘贴标签,标明缆线编号、对端等必要信息,标签应选用不易损害或脱落的标签纸打印。

③设备或配线架端子收发排列要一致,每排端子应编扎线把,分线清晰并留有一定余量。焊接后的芯线绝缘应无烫伤、开裂及后缩现象,绝缘层离开端子边缘露铜不得大于1 mm,内外导体应接在对应的同轴端子上,配线后应进行对号测试,确保无错线、断弦、混线现象。

④高频电缆和高频隔离线应与其他电源线、音频线分开绑扎;高频电缆、电线在走线架上下线转弯处,其弯曲半径不应小于电缆直径的12倍;高频隔离线转弯半径不应小于直径的5倍。

3)室内馈线接头的连接

①馈线接头的制作应参照配套的接头制作说明书(接头制作说明书可在接头的包装盒中找到)进行操作。

②接头的制作应使用专用的接头制作工具。注意:为保证馈线端面的平整,切割馈线时馈线前端一定要保持平直。在用馈线刀切割馈线时不要用力过大或过猛。

③根据无线系统要求及设计文件正确连接避雷器、功分器、耦合器、电桥等相关设备配件,连接避雷器时应注意避雷器地线必须接至地线排,采用上走线架连接方式时避雷器应与走线架做好绝缘处理。

6. 劳动组织

(1)劳动力组织方式:采用架子队组织模式。

(2)作业人员数量应根据施工条件、工期要求进行合理配置,见表7.1.6-1。

表 7.1.6-1 人员配置表

序号	人 员	数 量	备 注
1	队长	1人	架子队管理
2	技术主管	1人	总体技术管理
3	技术员	1人	现场技术负责
4	实验员	1人	原材料试验管理
5	质检员	1人	质量检查控制
6	材料员	1人	材料管理
7	安全员	1人	安全管理
8	工班长	1人	班组管理
9	领工员	1人	现场带班
10	普通技术工人	4人	具体施工

7. 材料要求

(1)设备型号、规格符合设计及供货合同规定;内部设备接(插)件(盘)完整,符合施工图设计及供货商提供的技术标准要求。

(2)各系统机柜接地排、设备房接地箱等的规格、型号符合设计要求。

8. 设备机具配置

设备机具配置见表 7.1.6-2。

表 7.1.6-2 设备机具配置

序号	名 称	规 格	单 位	数 量
1	电钻	J1Z-FF03-16A	台	1
2	水准仪	LM530	台	1
3	水平尺	1 m、0.5 m	把	2
4	人字梯	2 m、3 m	把	2
5	扳手	与螺栓型号配套	套	4
6	压线钳		把	1
7	平锉、圆锉		把	2
8	电锤	GBH2000 DRE	把	2
9	橡皮锤		把	2
10	热风枪	DL5200	把	1
11	人字梯		把	1
12	开槽器		套	1
13	开孔器		套	1
14	通用工具		套	5

9. 质量控制及检验

(1)质量控制

1)根据设备安装及配线施工特点做好对参建人员的施工图技术交底和安全措施交底工作,并形成记录、存档。

2)根据项目特点、施工条件、作业环境,由项目安全质量负责人主持,安全、质量工程师编制安全管理措施和质量控制措施并进行现场交底。

3)施工时,严格执行质量自检、互检、专业检为主要内容的“三检制”。

4)定期开展(宜每周1次)质量工作例会,及时反馈质量工艺问题,改进和完善《作业指导书》,并及时向施工人员进行技术交底。

(2)质量检验

1)设备配线光电缆及配套器材应符合下列规定:

①数量、型号、规格和质量应符合设计和订货合同的要求。

②合格证、质量检验报告等质量证明文件应齐全。

③缆线外皮应无破损、挤压变形,缆线应无受潮、扭曲和背扣。

2)敷设线缆的芯线应无错线或断线、混线,中间不得有接头。

3)设备安装位置应符合设计要求。

10. 安全及环保要求

(1)安全要求

1)施工中,施工人员必须认真执行“三不动”“三不离”“四不放过”的基本安全制度。

2)搬、抬、运及安装各种大型设备时,应轻拿轻放,放置稳固。

3)采取必要的防尘措施,保持场地的清洁,做到文明施工。

4)严禁将易燃易爆危险品带入机房,作为清洁用少量的酒精要妥善保管,用完后及时带出机房。

5)使用电器时应配备合格电源插座,配备漏电保护器,严禁使用破损的电源线。

6)使用电钻、曲线锯等电动工具时,严禁戴手套操作。

7)由于设备安装及配线通常交叉作业多,因此要务必注意与各相关专业的协调和配合,尽量减少相互间的影响,杜绝安全隐患。

8)施工生产工作要时刻把安全工作放在首要位置,做到警钟长鸣。

9)按照安全防护标准佩戴安全帽、安全带、手套、绝缘鞋、防护服等防护用具,规范使用电动工具。

10)按照消防防护标准,设备机房应配置相应的灭火消防器材。

(2)环保要求

1)施工机械尽量减少燃油的使用,减少二氧化硫、一氧化碳等有害气体排放。

2)防止噪声、光污染及电磁干扰。

3)靠近居民区施工应合理安排工作时间,防止打扰附近居民休息。对施工场地的废料应在24 h内进行统一回收,并按照当地环保部门及建设方要求进行分类处理。

7.2 综合监控集成及气体灭火系统

7.2.1 机电工程环境与设备监控系统安装作业指导书

1. 适用范围

适用于杭州至海宁城际铁路机电安装工程环境与设备监控系统(下称BAS系统)设备安装施工作业。

2. 作业准备

(1)内业技术准备

1)应在开工前组织技术人员熟悉规范和技术标准,学习实施性施工组织设计,审核施工图纸。

2)制定施工安全保证措施,对施工人员进行技术交底,对参加施工人员进行上岗前技术培训,考核合格后方可上岗。

(2)外业技术准备

1)检查机房房屋及地面情况是否满足安装条件。

2)对使用的工具、仪表要进行检查,确保能正常使用。

3)BAS设备安装前,应确认房屋建筑及其装饰工程已完成并符合设备安装要求,门窗完整、严密,室内给排水、供电、通风等能正常使用。

4)技术人员对施工现场的环境及条件进行勘察,主要包括地面、墙壁、顶棚等处的预留空洞、预埋件等的规格、尺寸、位置、数量等是否符合施工图设计的要求。

5)检查现场周边的物资运输路径以及与工程有关的其他情况。

3. 技术要求

(1)仪表盘、柜、操作台的安装位置和平面布置,应按设计文件施工。现场仪表箱、保温箱和保护箱的位置,应符合设计文件规定,且应安装在光线充足、通风良好和操作维修方便的位置。

(2)仪表盘、柜、操作台的型钢底座的制作尺寸,应与盘、柜、操作台相符,其直线度允许偏差应为1 mm/m;当型钢底座长度大于5 m时,全长允许偏差应为5 mm。

(3)仪表盘、柜、操作台的型钢底座安装时,上表面应保持水平,其水平度允许偏差应为1 mm/m;当型钢底座长度大于5 m时,全长水平度允许偏差应为5 mm。

(4)仪表盘、柜、操作台的型钢底座应在地面施工完成前安装找正,其上表面宜高出地面。型钢底座应进行防腐处理。

(5)仪表盘、柜、操作台安装在振动场所,应按设计文件规定采取防振措施。

(6)仪表盘、柜、箱安装在多尘、潮湿、有腐蚀性气体或爆炸和火灾危险环境,应按设计文件规定选型，并应采取密封措施。

(7)仪表盘、柜、操作台之间及盘、柜、操作台内各设备构件之间的连接应牢固，用于安装的紧固件应为防锈材料。安装固定不应采用焊接方式。

(8)单独的仪表盘、柜、操作台的安装应符合下列规定：

1)固定应牢固。

2)垂直度允许偏差应为 1.50 mm/m。

3)水平度允许偏差应为 1 mm/m。

(9)成排的仪表盘、柜、操作台的安装应符合下列规定：

1)同一系列规格相邻两盘、柜、操作台的顶部高度差不得大于 2 mm。

2)当同一系列规格盘、柜、操作台间的连接处超过 2 处时，顶部高度差不得大于 5 mm。

3)相邻两盘、柜、操作台接缝处正面的平面度偏差不得大于 1 mm。

4)当盘、柜、操作台间的连接处超过 5 处时，正面的平面度偏差不得大于 5 mm。

5)相邻两盘、柜、操作台之间的接缝间隙不得大于 2 mm。

(10)现场接线箱的安装应符合下列规定：

1)周围环境温度不宜高于 45 ℃。

2)与各检测点的距离应适当，箱体中心距操作地面的高度宜为 1.20～1.50 m。

3)不应影响操作、通行和设备维修。

4)接线箱应密封并应标明编号，箱内接线应标明线号。

5)不锈钢材质的接线箱固定时，不得与碳钢材料直接接触。

4. 施工程序与工艺流程

(1)施工程序

现场环境调查→传感器定位→管线安装→各类设备安装→设备配线→设备系统调试。

(2)施工流程

施工流程如图 7.2.1 所示。

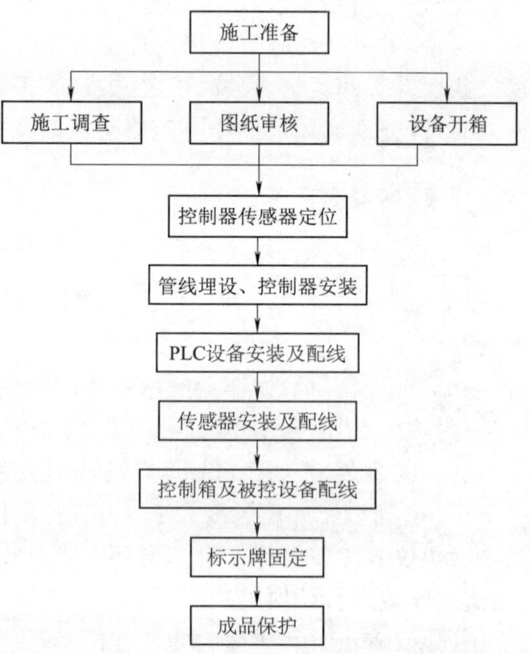

图 7.2.1　环境与设备监控系统安装工艺流程图

5. 施工要求

(1)控制箱安装

1)控制箱安装应牢固，高度尽量与就近的低压控制柜一致，垂直偏差度应不大于 1.5 mm，柜面标示完整清晰箱体开孔合适，切口整齐。

2)现场控制箱的侧面与墙或其他设备安装净距离不应小于 0.8 m，正面操作距离不应小于 1 m。

3)箱内控制器、模块等安装牢固，端子配线正确，接触紧密，各种零件不得脱落或碰坏。对所有需进行二次安装的插件(模块)，在插拔时应轻拿轻放，切忌生拉硬拔；变压器、继电器元件在辅控箱内应排列整齐，固定牢固，且通风良好；接线端子排在箱体内应无损坏，绝缘良好，安装时固定牢固。

4)暗配控制箱箱盖应紧贴墙面，零线经汇流排连接，油漆完整，箱内外清洁，箱面标牌正确，箱盖开关灵活，器件、回路编号齐全，端子排接线整齐，PE线安装明显牢固。

(2)传感器等外围设备安装

1)各类传感器的安装规则应该看安装位置安装在能正确反映其性能的位置，且便于调试和维护的地方。

2)水管型温度传感器、蒸汽压力传感器、水管压力传感器、水流开关、水管流量计不宜安装在管道焊缝及其边缘上开孔焊接。

3)风管型温、湿度传感器、室内温度传感器、压力传感器、空气质量传感器避开蒸汽放空口及出风口处。

4)管型温度传感器、水管型压力传感器、蒸汽压力传感器、水流开关的安装应在工艺管道安装同时进行。

5)风管压力、温度、湿度、空气质量、空气速度、压差开关的安装应在风管保完成之后。

6)水管型压力、压差、蒸汽压力传感器、水流开关、水管流量计的开孔与焊接工作，必须在工艺管道的防腐、衬里、吹扫和压力试验前进行。

7)风管型温、湿度传感器应安装在风管的直管段，如不能安装在直管段，应避开风管内通风死角的位置。

8)水管型温度传感器的开孔与焊接工作，必须在工艺管道的防腐、吹扫和压力试验前进行；水管型温度传感器的感温段大于管道口径的1/2时可安装在管道顶部，反之应安装在管道侧面或底部。

9)压力、压差传感器应安装在温、湿度传感器的上游侧。

10)风管型压力、压差传感器安装在风管的直管段，如不能安装在直管段，则应避开风管内通风死角的位置。

11)水管型压力、压差传感器的取压段大于管道口径的2/3时可安装在管道顶部，反之应安装在管道侧面或底部。

12)风压压差开关离地高度不应小于0.5 m；引出管的安装不应影响空调器本体的密封性；安装应避开蒸汽放空口；开关内的薄膜应处于垂直平面位置。

13)水流开关应安装在水平管段上，标识的箭头方向应与水流方向一致。

14)水管流量传感器应安装在直管段上，距弯头距离应不小于6倍的管道内径。

6. 劳动组织

劳动力组织方式：根据架子队管理模式进行人员配置，见表7.2.1-1。

(1)劳动力组织方式：采用架子队组织模式。

(2)作业人员数量应根据施工条件、工期要求进行合理配置。

7. 材料要求

(1)所有电缆(线)和光缆宜采用低烟、无卤、阻燃、耐火型产品；室外敷设的电缆和光缆宜采用低烟、无卤、阻燃型、耐火型、铠装产品，耐火型性能不低于B类。具有国家权威机构的检验报告或型式试验报告。

表 7.2.1-1　人员配置表

序号	人　员	数　量	职　责
1	队长	1 人	架子队管理
2	技术主管	1 人	技术管理
3	质检员	1 人	质量检查控制
4	技术员	1 人	现场技术管理
5	实验员	1 人	原材料实验管理
6	材料员	1 人	材料管理
7	安全员	1 人	安全管理
8	工班长	2 人	班组管理
9	领工员	4 人	现场带班
10	劳务工、普工	10～30 人	具体施工

(2)电线、电缆应采用铜芯线,铜导体间用聚乙烯或类似材料绝缘,多芯线应采用不同的颜色区分。电力电缆用于承载 220 V 交流电;超五类屏蔽双绞线用于承载电源设备网管信号。

(3)设备及材料的型号、规格、数量应符合订货合同清单及设计要求。

(4)设备及材料应无受潮及破损现象。

(5)设备插件应无振裂、损坏、锈蚀、脱落等现象。

(6)设备附件及技术资料齐全(包括合格证、说明书、操作手册、安装手册等)。

8. 设备机具配置

施工工具及工艺设备主要有光功率计、光源等,现场具体投入的机械设备见表 7.2.1-2。

表 7.2.1-2　设备机具配置

序号	名　称	规　格	单　位	数　量
1	光功率计	JW3208	套	1
2	光源	JW3109	套	1
3	光时域反射仪(OTDR)	AQ1210	套	1
4	网络测试仪		套	若干
5	网线对号器		套	若干
6	光缆熔接机	50S	套	2
7	数字万用表	UT33B	套	1
8	兆欧表	ZC25B-3	块	1
9	绝缘测试仪		块	1
10	水平尺		把	2
11	钢卷尺		把	2
12	游标卡尺		把	2
13	电锤	GBH2000 DRE	把	2
14	电钻	J1Z-FF03-16A	把	2
15	通用工具		套	5

9. 质量控制及检验

(1)质量控制

1)施工时,严格执行质量自检、互检、专业检为主要内容的“三检制度”。

2)对检查中所涉及的质量问题必需及时处理,处理完毕后,在规定期限内把处理过程、负责人、处理结果、完成日期如实填入考核报告中。

3)定期开展质量工作例会,讨论发现操作工艺问题,及时改进和完善《作业指导书》,并以工艺技术交底的形式向施工人员传达、执行。

(2)质量检验

1)仪表盘、柜、操作台的安装位置和平面布置,应按设计文件施工。现场仪表箱、保温箱和保护箱的位置,应符合设计文件规定,且应安装在光线充足、通风良好和操作维修方便的位置。

2)仪表盘、柜、操作台的型钢底座的制作尺寸,应与盘、柜、操作台相符,其直线度允许偏差应为 1 mm/m;当型钢底座长度大于 5 m 时,全长允许偏差应为 5 mm。

3)仪表盘、柜、操作台的型钢底座安装时,上表面应保持水平,其水平度允许偏差应为 1 mm/m;当型钢底座长度大于 5 m 时,全长水平度允许偏差应为 5 mm。

10. 安全及环保要求

(1)安全要求

1)搬、抬、运及安装各种大型设备时,应轻拿轻放,放置稳固。

2)使用梯子、支架、高凳时应稳固可靠。

3)严禁将易燃易爆危险品带入机房,作为清洁用少量的酒精要妥善保管,用完后及时带出机房。

4)使用电器时应配备合格三级配电箱,严禁使用破损的电源线。

5)使用电钻、电锤等电动工具时,严禁戴套操作。

6)由于施工现场施工通常处于交叉作业多、作业面局限大的条件下进行,因此要务必注意与各相关专业的协调和配合,尽量减少相互间的影响,杜绝相互间造成安全隐患。

7)施工生产工作要时刻把安全工作放在首要位置,做到警钟长鸣。

8)按照安全防护标准佩戴安全帽、安全带、手套、绝缘鞋、防护服等防护用具,规范使用登高、电动等各类器具。

(2)环保要求

1)严禁随意焚烧橡胶、塑料等会产生有毒、有害烟尘和恶臭气体的物质。

2)对施工中产生建筑垃圾,在未运出或回填之前,采取覆盖或洒水等有效保护措施,禁止风沙扬尘进入空气中。

3)将施工所使用的鼓风机安装消声器以降低噪声分贝。靠近居民区施工应合理安排时间,防止扰民。

7.2.2 机电工程火灾自动报警系统安装作业指导书

1. 适用范围

适用于杭州至海宁城际铁路机电安装工程,火灾自动报警系统(下称 FAS 系统)安装及配线施工。

2. 作业准备

(1)内业技术准备

1)应在开工前组织技术人员认真学习实施性施工组织设计,审核施工图纸,熟悉规范和技术标准。

2)制定施工安全保证措施,对施工人员进行技术交底,对参加施工人员进行上岗前技术培训,考核合格后方可上岗。

(2)外业技术准备

1)检查机房房屋及地面情况是否满足安装条件。

2)对使用的工具、仪表要进行检查,确保性能指标正常。

3)检查现场电源情况是否满足施工安装及设备供电需求。

4)检查地面、墙壁、顶棚等处的预留空洞、预埋件等的规格、尺寸、位置、数量等是否符合施工图设计的要求。

5)检查现场周边的物资运输路径以及与工程有关的其他情况。

6)设备及材料的型号、规格、数量应符合订货合同清单及设计要求,保存清点清单。

7)设备及材料应无受潮及破损现象。

8)设备插件应无振裂、损坏、锈蚀、脱落等现象。

9)设备附件及技术资料齐全(包括合格证、说明书、操作手册、安装手册等)。

3. 技术要求

(1)按照批准的工程设计文件和施工技术标准进行施工,不得随意变更。

(2)严格按照《火灾自动报警系统施工及验收规范》(GB 50166—2007)要求进行施工。

(3)施工过程中应做好施工(包括隐蔽工程验收)、检验(包括绝缘电阻、接地电阻)、调试、设计变更等相关记录。

4. 施工程序与工艺流程

(1)施工程序

现场环境调查→设备安装→设备配线→设备单机调试→设备系统调试。

(2)工艺流程

工艺流程如图 7.2.2 所示。

5. 施工要求

(1)控制器类设备安装

1)控制器类设备在墙上安装时,其底边距地(楼)面高度宜为 1.3～1.5 m,其靠近门轴的侧面距墙不应小于 0.5 m，正面操作距离不应小于 1.2 m；落地安装时，其底边宜高出地(楼)面 0.1～0.2 m。

2)控制器应安装牢固，不应倾斜；安装在轻质墙上时，应采取加固措施。

3)引入控制器的电缆或导线应整齐不宜交叉并应固定牢固；电缆芯线或所配导管的端部应标明编号；端子板的每个接线端接线不得超过 2 根；电缆芯和导线应留有不小于 200 mm 的余量；导线应绑扎成束；导线穿管、线槽后，应将管口、槽口封堵。

4)控制器的主电源应有明显的永久性标志，并应直接与消防电源连接，严禁使用电源插头。控制器与其外接备用电源之间应直接连接。

5)控制器的接地应牢固，并有明显的永久性标志。

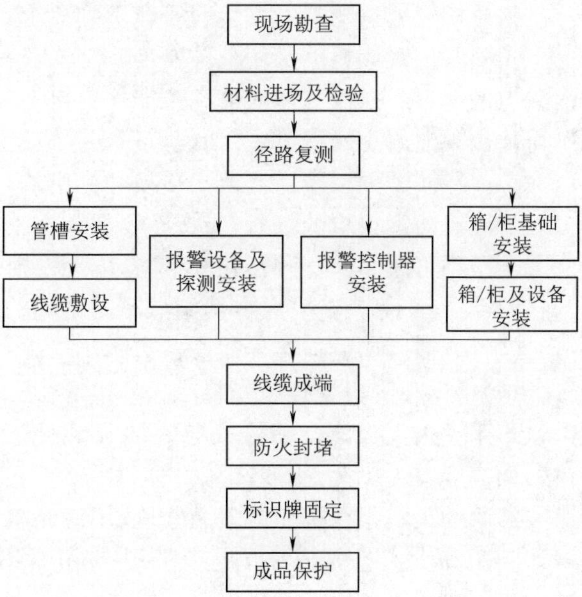

现场勘查
材料进场及检验
径路复测
管槽安装
线缆敷设
报警设备及探测安装
报警控制器安装
箱/柜基础安装
箱/柜及设备安装
线缆成端
防火封堵
标识牌固定
成品保护

图 7.2.2 火灾自动报警系统安装工艺流程图

(2)火灾探测器安装

1)点型感烟、感温火灾探测器的安装，应符合下列要求：

①探测器至墙壁、梁边的水平距离不应小于 0.5 m。

②探测器周围水平距离 0.5 m 内不应有遮挡物。

③探测器至空调送风口最近边的水平距离不应小于 1.5 m；至多孔送风顶棚孔口的水平距离不应小于 0.5 m。

④在宽度小于 3 m 的内走道顶棚上安装探测器时宜居中安装。点型感温火灾探测器的安装间距不应超过 10 m；点型感烟火灾探测器的安装间距不应超过 15 m。探测器至端墙的距离不应大于安装间距的一半。

⑤探测器宜水平安装，当确需倾斜安装时，倾斜角不应大于 45°。

2)线型红外光束感烟火灾探测器的安装，应符合下列要求：

①当探测区域的高度不大于 20 m 时，光束轴线至顶棚的垂直距离宜为 0.3～1.0 m；当探测区域的高度大于 20 m 时，光束轴线距探测区域的地(楼)面高度不宜超过 20 m。

②发射器和接收器之间的探测区域长度不宜超过 100 m。

③相邻两组探测器光束轴线的水平距离不应大于 14 m。探测器光束轴线至侧墙水平距离不应大于 7 m，且不应小于 0.5 m。

④发射器和接收器之间的光路上应无遮挡物或干扰源。

⑤发射器和接收器应安装牢固，且不应产生位移。

3)缆式线型感温火灾探测器在电缆桥架、变压器等设备上安装时，宜采用接触式布置；在各种皮带输送装置上敷设时，宜敷设在装置的过热点附近。

4)敷设在顶棚下方的线型差温火灾探测器，至顶棚距离宜为 0.1 m，相邻探测器之间水平距离不宜大于 5 m；探测器至墙壁距离宜为 1～1.5 m。

5)可燃气体探测器的安装应符合下列要求:

①安装位置应根据探测气体密度确定。若其密度小于空气密度,探测器应位于可能出现泄漏点的上方或探测气体的最高可能聚集点上方;若其密度大于或等于空气密度,探测器应位于可能出现泄漏点的下方。

②在探测器周围应适当留出更换和标定的空间。

③在有防爆要求的场所,应按防爆要求施工。

④线型可燃气体探测器在安装时,应使发射器和接收器的窗口避免日光直射,且在发射器与接收器之间不应有遮挡物,两组探测器之间的距离不应大于 14 m。

⑤探测器底座的连接导线应留有不小于 150 mm 的余量,且在其端部应有明显标志。

(3)手动火灾报警按钮安装

1)手动火灾报警按钮应安装在明显和便于操作的部位。当安装在墙上时,其底边距地(楼)面高度宜为 1.3～1.5 m。

2)手动火灾报警按钮应安装牢固,不应倾斜。

3)手动火灾报警按钮的连接导线应留有不小于 150 mm 的余量,且在其端部应有明显标志。

(4)消防电气控制装置安装

1)消防电气控制装置外接导线的端部应有明显的永久性标志。

2)消防电气控制装置箱体内不同电压等级、不同电流类别的端子应分开布置,并应有明显的永久性标志。

3)消防电气控制装置应安装牢固,不应倾斜;安装在轻质墙上时,应采取加固措施。

(5)模块安装

1)同一报警区域内的模块宜集中安装在金属箱内。

2)模块(或金属箱)应独立支撑或固定,安装牢固,并应采取防潮、防腐蚀等措施。

3)模块的连接导线应留有不小于 150 mm 的余量,其端部应有明显标志。

4)隐蔽安装时,在安装处应有明显的部位显示和检修孔。

(6)火灾应急广播扬声器和火灾警报装置安装

1)火灾光警报装置应安装在安全出口附近明显处,距地面 1.8 m 以上。光警报器与消防应急疏散指示标志不宜在同一面墙上,安装在同一面墙上时,距离应大于 1 m。

2)扬声器和火灾声警报装置宜在报警区域内均匀安装。

(7)消防专用电话安装

1)消防电话、电话插孔、带电话插孔的手动报警按钮宜安装在明显、便于操作的位置;当在墙面上安装时,其底边距地(楼)面高度宜为 1.3～1.5 m。

2)消防电话和电话插孔应有明显的永久性标志。

6. 劳动组织

(1)劳动力组织方式:采用架子队组织模式。

(2)作业人员数量应根据施工条件、工期要求进行合理配置,见表 7.2.2-1。

表 7.2.2-1　人员配备表

序号	人　员	数　量	备　注
1	队长	1人	架子队管理
2	技术主管	1人	技术管理
3	质检员	1人	质量检查控制
4	技术员	1人	现场技术管理
5	实验员	1人	原材料实验管理
6	材料员	1人	材料管理
7	安全员	1人	安全管理
8	工班长	2人	班组管理
9	领工员	4人	现场带班
10	劳务工、普工	10～30人	具体施工

7. 材料要求

(1)所有电缆(线)和光缆宜采用低烟、无卤、阻燃、耐火型产品;车辆段等室外敷设的电缆和光缆宜采用低烟、无卤、阻燃型、耐火型、铠装产品,耐火型性能不低于B类;具有国家权威机构的检验报告或型式试验报告。

(2)电线、电缆应采用铜芯线,铜导体间用聚乙烯或类似材料绝缘,多芯线应采用不同的颜色区分。电力电缆用于承载220V交流电;超五类屏蔽双绞线用于承载电源设备网管信号。电线、电缆应能适应在电缆槽、管道中。电线、电缆的规格、数量参见施工图。

(3)设备及材料的型号、规格、数量应符合订货合同清单及设计要求。

(4)设备及材料应无受潮及破损现象。

(5)设备插件应无振裂、损坏、锈蚀、脱落等现象。

(6)设备附件及技术资料齐全(包括合格证、说明书、操作手册、安装手册等)。

8. 设备机具配置

施工工具及工艺设备主要有光功率计、光源等。现场具体投入的机械设备见表7.2.2-2。

表 7.2.2-2　设备机具配置

序号	名　称	规　格	单　位	数　量
1	光功率计	JW3208	套	1
2	光源	JW3109	套	1
3	光时域反射仪(OTDR)	AQ1210	套	1
4	网络测试仪		套	若干
5	网线对号器		套	若干
6	光缆熔接机	50S	套	2
7	数字万用表	UT33B	套	1
8	兆欧表	ZC25B-3	块	1

续上表

序号	名　称	规　格	单　位	数　量
9	绝缘测试仪		块	1
10	水平尺		把	2
11	钢卷尺		把	2
12	游标卡尺		把	2
13	电锤	GBH2000 DRE	把	2
14	电钻	J1Z-FF03-16A	把	2
15	通用工具		套	5

9. 质量控制及检验

(1)质量控制

1)施工时,严格执行质量自检、互检、专业检为主要内容的“三检制度”。

2)对检查中所涉及的质量问题必需及时处理,处理完毕后,在规定期限内把处理过程、负责人、处理结果、完成日期如实填入考核报告中。

3)定期开展质量工作例会,讨论发现操作工艺问题,及时改进和完善《作业指导书》,并以工艺技术交底的形式向施工人员传达、执行。

(2)质量检验

1)火灾报警控制器、可燃气体报警控制器、区域显示器、消防联动控制器等控制器类设备(以下称控制器)在墙上安装时,其底边距地(楼)面高度宜为1.3～1.5 m,其靠近门轴的侧面距墙不应小于0.5 m,正面操作距离不应小于1.2 m;落地安装时,其底边宜高出地(楼)面0.1～0.2 m。

检查数量:全数检查。

检验方法:尺量、观察检查。

2)点型感烟、感温火灾探测器的安装,应符合下列要求:

①探测器至墙壁、梁边的水平距离不应小于0.5 m。

②探测器周围水平距离0.5 m内不应有遮挡物。

③探测器至空调送风口最近边的水平距离不应小于1.5 m;至多孔送风顶棚孔口的水平距离不应小于0.5 m。

④在宽度小于3 m的内走道顶棚上安装探测器时,宜居中安装。点型感温火灾探测器的安装间距不应超过10 m;点型感烟火灾探测器的安装间距不应超过15 m。探测器至端墙的距离不应大于安装间距的一半。

⑤探测器宜水平安装,当确需倾斜安装时,倾斜角不应大于45°。

3)消防电气控制装置外接导线的端部应有明显的永久性标志。

10. 安全及环保要求

(1)安全要求

1)搬、抬、运及安装各种大型设备时,应轻拿轻放,放置稳固。

2)使用梯子、支架、高凳时应稳固可靠。

3)严禁将易燃易爆危险品带入机房,作为清洁用少量的酒精要妥善保管,用完后及时带出机房。

4)使用电器时应配备合格的三级配电箱,配备漏电保护器,严禁使用破损的电源线。

5)使用电钻、曲线锯等电动工具时,严禁戴手套操作。

6)施工时涉及既有运营设备时,应与设备主管人员联系,在设备维护人员配合下施工,确保既有设备的安全。

7)由于施工现场施工通常处于交叉作业多、作业面局限大的条件下进行,因此要务必注意与各相关专业的协调和配合,尽量减少相互间的影响,杜绝相互间造成安全隐患。

(2)环保要求

1)生活、生产垃圾进行必要的处理,严禁随意焚烧橡胶、塑料、皮革等会产生有毒、有害烟尘和恶臭气体的物质。施工机械尽量采用电动力,减少燃油燃烧产生二氧化硫等空气污染物。

2)对施工中产生建筑垃圾,在未运出或回填之前,采取覆盖或洒水等有效保护措施,禁止风沙扬尘进入空气中。

3)将施工所使用的鼓风机、空压机安装消声器以降低噪声分贝。靠近居民区施工应合理安排时间。

7.2.3　机电工程门禁系统安装作业指导书

1. 适用范围

适用于杭州至海宁城际铁路机电工程门禁系统安装及配线施工。

2. 作业准备

(1)内业技术准备

1)应在开工前组织技术人员熟悉规范和技术标准,学习实施性施工组织设计,审核施工图纸。

2)制定施工安全保证措施,对施工人员进行技术交底,对参加施工人员进行上岗前技术培训,考核合格后方可上岗。

(2)外业技术准备

1)检查机房房屋及地面情况是否满足安装条件。

2)对使用的工具、仪表要进行检查,确保性能指标正常。

3)门禁设备安装前,应确认房屋建筑及其装饰工程已完成并符合设备安装要求,门窗完整、严密,室内给排水、供电、通风等能正常使用。

4)检查现场周边的物资运输路径以及与工程有关的其他情况。

5)清点设备及材料的型号、规格、数量应符合订货合同清单及设计要求,保存清点清单。

6)设备及材料应无受潮及破损现象。

7)设备插件应无振裂、损坏、锈蚀、脱落等现象。

8)设备附件及技术资料齐全(包括合格证、说明书、操作手册、安装手册等)。

3. 技术要求

(1)按照批准的工程设计文件和施工技术标准进行施工,不得随意变更。

(2)施工过程中应做好施工(包括隐蔽工程验收)、检验、调试、设计变更等相关记录。

4. 施工程序与工艺流程

(1)施工程序

现场环境调查→画线定位→管线安装→各类设备安装→设备配线→设备系统调试。

(2)工艺流程

工艺流程如图 7.2.3 所示。

5. 施工要求

(1)读卡器的安装应平稳、牢固,与水平面垂直,不得倾斜。

(2)安装电磁锁、电控锁、门磁前应核对锁具、门磁的规格、型号是否与其安装的位置标高、门的种类和开关方向相匹配。

(3)电磁锁、电控锁、门磁等设备安装时应预先在门框、门扇对应位置开孔。

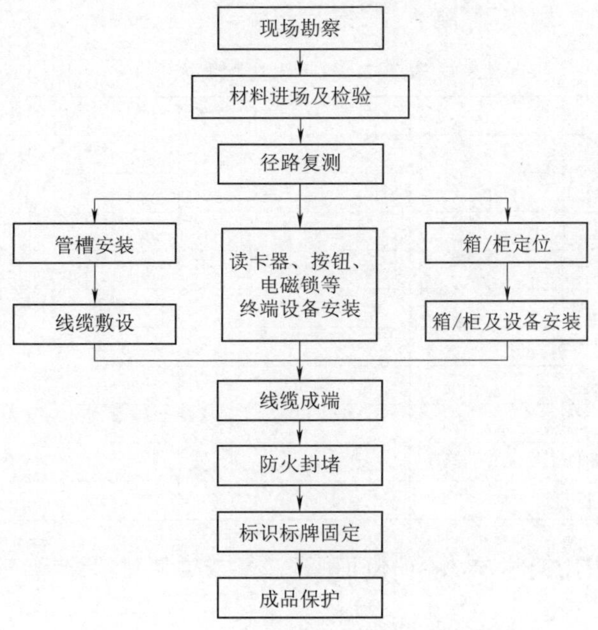

图 7.2.3　门禁系统安装工艺流程图

(4)按设计及产品说明书的接线要求，将盒内甩出的导线与电磁锁、电控锁、门磁等设备接线端子相压接。

(5)电磁锁安装应先将电磁锁的固定平板和衬板分别安装在门框和门扇上，然后将电磁锁推入固定平板的插槽内，即可固定螺丝，按图连接导线。

(6)控制箱安装应牢固，高度尽量与就近的低压控制柜一致，垂直偏差度应不大于 1.5 mm，柜面标示完整清晰，漆面如有脱落应在验收前予以补漆。箱体应开孔合适，切口整齐。

(7)现场控制箱的侧面与墙或其他设备安装净距离不应小于 0.8 m，正面操作距离不应小于 1 m。

(8)箱内控制器、模块等安装牢固，端子配线正确，接触紧密，各种零件不得脱落或碰坏。对所有需进行二次安装的插件(模块)，在插拔时应轻拿轻放，切忌生拉硬拔；接线端子排在箱体内应无损坏，绝缘良好，安装时固定牢固。

(9)暗配控制箱箱盖应紧贴墙面；零线经汇流排连接；应无校接现象；油漆应完整；箱内外应清洁；箱面标牌应正确；箱盖开关应灵活；器件、回路编号应齐全；端子排接线应整齐；PE 线安装应明显牢固。

6. 劳动组织

(1)劳动力组织方式：采用架子队组织模式。

(2)作业人员数量应根据施工条件、工期要求进行合理配置，见表 7.2.3-1。

根据项目实际情况可适当调整人员力量。

7. 材料要求

(1)所有电缆(线)和光缆宜采用低烟、无卤、阻燃、耐火型产品；车辆段等室外敷设的电缆和光缆宜采用低烟、无卤、阻燃型、耐火型、铠装产品。

表 7.2.3-1 人员配置表

序号	人　员	数　量	职　责
1	队长	1 人	架子队管理
2	技术主管	1 人	技术管理
3	质检员	1 人	质量检查控制
4	技术员	1 人	现场技术管理
5	实验员	1 人	原材料实验管理
6	材料员	1 人	材料管理
7	安全员	1 人	安全管理
8	工班长	2 人	班组管理
9	领工员	4 人	现场带班
10	劳务工、普工	10～30 人	具体施工

(2)电线、电缆应采用铜芯线,铜导体间用聚乙烯或类似材料绝缘,多芯线应采用不同的颜色区分。

8. 设备机具配置

施工工具及工艺设备主要有光功率计、光源等。现场具体投入的机械设备见表 7.2.3-2。

表 7.2.3-2 设备机具配置

序号	名　称	规　格	单　位	数　量
1	光功率计	JW3208	套	1
2	光源	JW3109	套	1
3	光时域反射仪(OTDR)	AQ1210	套	1
4	网络测试仪		套	若干
5	网线对号器		套	若干
6	光缆熔接机	50S	套	2
7	数字万用表	UT33B	套	1
8	兆欧表	ZC25B-3	块	1
9	绝缘测试仪		块	1
10	水平尺		把	2
11	钢卷尺		把	2
12	游标卡尺		把	2
13	电锤	GBH2000 DRE	把	2
14	电钻	J1Z-FF03-16A	把	2
15	通用工具		套	5

9. 质量控制及检验

(1)质量控制

1)施工时,严格执行质量自检、互检、专业检为主要内容的“三检制”。

2)对检查中所涉及的质量问题必需及时处理,处理完毕后,在规定期限内把处理过程、负责人、处理结果、完成日期如实填入考核报告中。

3)严格按照验收标准中所规定的抽检频次、数量、标准进行施工过程中和完成后的质量监控工作,对发现的质量问题,及时安排专人进行处理。

4)定期开展质量工作例会,讨论发现操作工艺问题,及时改进和完善《作业指导书》,并以工艺技术交底的形式向施工人员传达、执行。

(2)质量检验

1)金属电缆桥架及其支架和引入或引出的金属电缆导管必须接地(PE)或接零(PEN)可靠,且必须符合下列规定:

①金属电缆桥架及其支架全长不少于2处与接地(PE)或接零(PEN)干线相连接;

②非镀锌电缆桥架间连接板的两端跨接铜芯接地线,接地线最小允许截面面积不小于4 mm^2;

③镀锌电缆桥架间连接板的两端不跨接接地线,但连接板两端不少于2个有防松螺帽或防松垫圈的连接固定螺栓。

2)电缆敷设严禁有绞拧、铠装压扁、护层断裂和表面严重划伤等缺陷。

3)缆线终接前应核对缆线标识内容是否正确;缆线终接处应牢固、接触良好;对绞电缆与连接器件连接应认准线号、线位色标,不得颠倒和错接。

4)设备安装位置与方式满足设计要求,各种机柜插接件插接准确、牢固;柜内设备安装稳定、牢固,位置准确;设备间布线满足设计要求。

10. 安全及环保要求

(1)安全要求

1)搬、抬、运及安装各种大型设备时,应轻拿轻放,放置稳固。

2)使用梯子、支架、高凳时应稳固可靠。

3)严禁将易燃易爆危险品带入机房,作为清洁用少量的酒精要妥善保管,用完后及时带出机房。

4)使用电器时应配备合格三级配电箱,严禁使用破损的电源线。

5)使用电钻、曲线锯等电动工具时,严禁戴手套操作。

6)由于施工现场通常处于交叉作业多、作业面局限大的条件下进行,因此要务必注意与各相关专业的协调和配合,尽量减少相互间的影响,杜绝相互间造成安全隐患。

7)按照安全防护标准佩戴安全帽、安全带、手套、绝缘鞋、防护服等防护用具,规范使用登高、电动等各类器具。

(2)环保要求

1)生活、生产垃圾进行必要的处理,严禁随意焚烧橡胶、塑料、皮革等会产生有毒、有害烟尘和恶臭气体的物质。施工机械尽量采用电动力,减少燃油燃烧产生二氧化硫等空气污染物。

2)对施工中产生建筑垃圾,在未运出或回填之前,采取覆盖或洒水等有效保护措施,禁止风沙扬尘进入空气中。

3)将施工所使用的鼓风机应安装消声器以降低噪声分贝。靠近居民区施工应合理安排时间,防止扰民。

7.2.4 机电工程气体灭火系统安装作业指导书

1. 适用范围

适用于杭州至海宁城际铁路机电安装工程气体灭火系统安装及配线施工。

2. 作业准备

(1)内业技术准备

1)应在开工前组织技术人员熟悉规范和技术标准,学习实施性施工组织设计,审核施工图纸。

2)制定施工安全保证措施,对施工人员进行技术交底,对参加施工人员进行上岗前技术培训,考核合格后方可上岗。

(2)外业技术准备

1)检查机房房屋及地面情况是否满足安装条件。

2)对使用的工具、仪表要进行检查,确保能满足施工要求。

3)气体灭火设备安装前,应确认房屋建筑及其装饰工程已完成并符合设备安装要求,门窗完整、严密,室内给排水、供电、通风、采暖、空调等能正常使用。

4)检查现场周边的物资运输路径以及与工程有关的其他情况。

5)清点设备及材料的型号、规格、数量应符合订货合同清单及设计要求,保存清点清单。

6)设备及材料应无受潮及破损现象。

7)设备插件应无振裂、损坏、锈蚀、脱落等现象。

8)设备附件及技术资料齐全(包括合格证、说明书、操作手册、安装手册等)。

3. 技术要求

(1)材料进场应填写施工过程检查记录;进场检验抽样检查 1 处不合格时,应加倍抽样;加倍抽样仍有 1 处不合格,判定该批为不合格。

(2)气体灭火系统的安装应填写施工过程检查记录;防护区地板下、吊顶上或其他隐蔽区域内管网应填写隐蔽工程验收记录。

4. 施工程序与工艺流程

(1)施工程序

现场环境调查→管道安装→瓶组安装→设备试验→设备系统调试。

(2)工艺流程

工艺流程如图 7.2.4 所示。

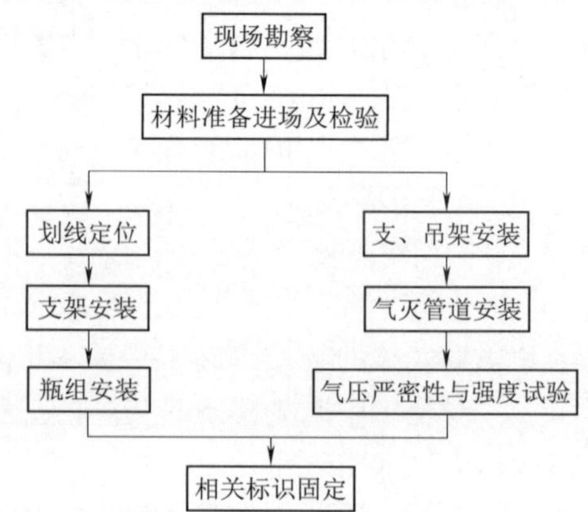

图 7.2.4 气体灭火系统安装工艺流程图

5. 施工要求

(1)灭火剂储存装置的安装

1)储存装置的安装位置应符合设计文件的要求。

2)灭火剂储存装置安装后,泄压装置的泄压方向不应朝向操作面。低压二氧化碳灭火系统的安全阀应通过专用的泄压管接到室外。

3)储存装置上压力计、液位计、称重显示装置的安装位置应便于人员观察和操作。

4)储存容器的支、框架应固定牢靠,并应做防腐处理。

5)安装集流管前应检查内腔,确保清洁。

6)集流管上的泄压装置的泄压方向不应朝向操作面。

7)连接储存容器与集流管间的单向阀的流向指示箭头应指向介质流动方向。

8)集流管应固定在支、框架上。支、框架应固定牢靠,并做防腐处理。

9)集流管外表面宜涂红色油漆。

(2)选择阀及信号反馈装置的安装

1)选择阀操作手柄应安装在操作面一侧,当安装高度超过 1.7 m 时应采取便于操作的措施。

2)采用螺纹连接的选择阀,其与管网连接处宜采用活接。

3)选择阀的流向指示箭头应指向介质流动方向。

4)选择阀上应设置标明防护区或保护对象名称或编号的永久性标志牌,并应便于观察。

5)信号反馈装置的安装应符合设计要求。

(3)阀驱动装置的安装

1)拉索式机械驱动装置的安装应符合下列规定:

①拉索除必要外露部分外,应采用经内外防腐处理的钢管防护。

②拉索转弯处应采用专用导向滑轮。

③拉索末端拉手应设在专用的保护盒内。

④拉索套管和保护盒应固定牢靠。

2)以重力式机械驱动装置时,应保证重物在下落行程中无阻挡,其下落行程应保证驱动所需距离,且不得小于 25 mm。

3)电磁驱动装置驱动器的电气连接线应沿固定灭火剂储存容器的支、框架或墙面固定。

4)气动驱动装置的安装应符合下列规定:

①驱动气瓶的支、框架或箱体应固定牢靠,并做防腐处理。

②驱动气瓶上应有标明驱动介质名称,对应防护区或保护对象名称或编号的永久性标志,并应便于观察。

5)气动驱动装置的管道安装应符合下列规定:

①管道布置应符合设计要求。

②竖直管道应在其始端和终端设防晃支架或采用管卡固定。

③水平管道应采用管卡固定。管卡的间距不宜大于 0.6 m。转弯处应增设 1 个管卡。

6)气动驱动装置的管道安装后应做气压严密性试验并应合格。

(4)灭火剂输送管道的安装

1)灭火剂输送管道连接应符合下列规定:

①采用螺纹连接时,管材宜采用机械切割;螺纹不得有缺纹、断纹等现象;螺纹连接的密封材料应均匀附着在管道的螺纹部分,拧紧螺纹时,不得将填料挤入管道内;安装后的螺纹根部应有 2～3 条外露螺纹;连接后,应将连接处外部清理干净并做防腐处理。

②采用法兰连接时,衬垫不得凸入管内,其外边缘宜接近螺栓,不得放双垫或偏垫。连接法兰的螺栓,直径和长度应符合标准,拧紧后,凸出螺母的长度不应大于螺杆直径的1/2且保有不少于2条外露螺纹。

③已做防腐处理的无缝钢管不宜采用焊接连接,与选择阀等个别连接部位需采用法兰焊接连接时,应对被焊接损坏的防腐层进行二次防腐处理。

2)管道穿过墙壁、楼板处应安装套管。套管公称直径比管道公称直径至少应大2级,穿墙套管长度应与墙厚相等,穿楼板套管长度应高出地板50 mm。管道与套管间的空隙应采用防火封堵材料填塞密实。当管道穿越建筑物的变形缝时,应设置柔性管段。

3)管道支、吊架的安装应符合下列规定:

①管道应固定牢靠,管道支、吊架的最大间距应符合表7.2.4-1的规定。

②管道末端应采用防晃支架固定,支架与末端喷嘴间的距离不应大于500 mm。

③公称直径大于或等于50 mm的主干管道,垂直方向和水平方向至少应各安装1个防晃支架,当穿过建筑物楼层时,每层应设1个防晃支架。当水平管道改变方向时,应增设防晃支架。

表7.2.4-1　支、吊架之间最大间距

DN(mm)	15	20	25	32	40	50	65	80	100	150
最大间距(m)	1.5	1.8	2.1	2.4	2.7	3.0	3.4	3.7	4.3	5.2

4)灭火剂输送管道安装完毕后,应进行强度试验和气压严密性试验。

5)灭火剂输送管道的外表面宜涂红色油漆。在吊顶内、活动地板下等隐蔽场所内的管道,可涂红色油漆色环,色环宽度不应小于50 mm。每个防护区或保护对象的色环宽度应一致,间距应均匀。

(5)喷嘴的安装

1)喷嘴安装时应按设计要求逐个核对其型号、规格及喷孔方向。

2)安装在吊顶下的不带装饰罩的喷嘴,其连接管管端螺纹不应露出吊顶;安装在吊顶下的带装饰罩的喷嘴,其装饰罩应紧贴吊顶。

(6)控制组件的安装

1)灭火控制装置的安装应符合设计要求,防护区内火灾探测器的安装应符合国家标准《火灾自动报警系统施工及验收规范》(GB 50166—2019)的规定。

2)设置在防护区处的手动、自动转换开关应安装在防护区入口便于操作的部位,安装高度为中心点距地(楼)面1.5 m。

3)手动启动、停止按钮应安装在防护区入口便于操作的部位,安装高度为中心点距地(楼)面1.5 m;防护区的声光报警装置安装应符合设计要求,并应安装牢固,不得倾斜。

4)气体喷放指示灯宜安装在防护区入口的正上方。

6.劳动组织

(1)劳动力组织方式:采用架子队组织模式。

(2)作业人员数量应根据施工条件、工期要求进行合理配置,见表 7.2.4-2。

表 7.2.4-2 人员配置表

序号	人 员	数 量	职 责
1	队长	1人	架子队管理
2	技术主管	1人	技术管理
3	质检员	1人	质量检查控制
4	技术员	1人	现场技术管理
5	实验员	1人	原材料实验管理
6	材料员	1人	材料管理
7	安全员	1人	安全管理
8	工班长	2人	班组管理
9	领工员	4人	现场带班
10	劳务工、普工	10~30人	具体施工

根据项目实际情况可适当调整人员力量。

7. 材料要求

(1)室内消防气体灭火设备、钢材、管材、管件、各类阀件及附属制品零配件等,应有出厂证明书及产品合格证。进入现场后,安装使用前做检查、验证工作,必须符合国家有关规范、标准及消防监督部门的规定和要求。

(2)管材、管件及设备的具体要求:

1)管材:采用镀锌碳素无缝钢管或加厚镀锌碳素钢管,管壁内外镀锌均匀,无锈蚀,内壁无卡筋,管壁厚度应符合设计要求。选择管材时,内部经受的压力应满足设计要求。

2)管件:采用锻压钢件内外镀锌,镀锌层表面均匀,无锈蚀、偏扣、乱丝、方扣、丝扣不全、角度不准等现象。特别是法兰盘要内外镀锌,镀锌层完整,水线均匀,不得有断裂、黏着污物等现象。

3)阀件:阀件到货后,要做抽样实验,应无裂纹,铸造外形美观、内外规矩、开关灵活严密、手轮无损坏。

4)设备:气体钢瓶、起动装置箱及箱内附属设备及零配件的规格、型号、尺寸、质量必须符合设计要求,其设备的零配应齐全,外观表面规整,无损伤。搬运时戴上瓶盖,不能倒置、冲击,慎重操作,不允许放在日光下直射及高温、附近有危险物等场所。

5)其他材料:型钢、圆钢、管道支、吊架、管卡子、机油、填料、垫料、电气焊条及防腐涂料等均应符合设计要求。

8. 设备机具配置

施工工具及工艺设备主要有光功率计、光源等。现场具体投入的机械设备见表 7.2.4-3。

表 7.2.4-3　设备机具配置

序号	名　称	规　格	单　位	数　量
1	锯管机	MG11-355	套	1
2	套管机	SQ80D	套	1
3	台钻	Z516	套	1
4	手电钻	GSB600RE	套	3
5	电焊机	ZX7-315	套	1
6	空气压缩机	800-30L	套	1
7	管钳	KT2514	套	3
8	水平尺		把	3
9	手锤		把	5
10	手锯		把	5
11	钢锯		把	5
12	钢卷尺		把	5
13	游标卡尺		把	2
14	通用工具		套	5

9. 质量控制及检验

(1)质量控制

1)施工时,严格执行质量自检、互检、专业检为主要内容的“三检制度”。

2)对检查中所涉及的质量问题应及时处理,处理完毕后,在规定期限内把处理过程、负责人、处理结果、完成日期如实填入考核报告中。

3)定期开展质量工作例会,讨论发现操作工艺问题,及时改进和完善《作业指导书》,并以工艺技术交底的形式向施工人员传达、执行。

(2)质量检验

1)灭火剂存储装置安装

检查数量:全数检查;

检查方法:观察检查、用尺测量。

2)选择阀及信号反馈装置安装

检查数量:全数检查;

检查方法:观察检查。

3)阀驱动装置安装

检查数量:全数检查;

检查方法:观察检查,用尺测量。

4)灭火剂输送管道安装

检查数量:全数检查,隐蔽处抽查;

检查方法:观察检查,用尺测量。

5)喷嘴安装

检查数量:全数检查;

检查方法:观察检查。

6)控制组件安装

检查数量:全数检查;

检查方法:观察检查。

10. 安全及环保要求

(1)安全要求

1)搬、抬、运及安装各种大型设备时,应轻拿轻放,放置稳固。

2)使用梯子、支架、高凳时应稳固可靠。

3)严禁将易燃易爆危险品带入机房,作为清洁用少量的酒精要妥善保管,用完后及时带出机房。

4)使用电器时应配备合格的三级配电箱,配备漏电保护器,严禁使用破损的电源线。

5)使用电钻、曲线锯等电动工具时,严禁戴手套操作。

6)施工时涉及既有运营设备时,应与设备主管人员联系,在设备维护人员配合下施工,确保既有设备的安全。

7)由于车站施工通常处于交叉作业多、作业面局限大的条件下进行,因此要务必注意与各相关专业的协调和配合,尽量减少相互间的影响,杜绝相互间造成安全隐患。

8)施工生产工作要时刻把安全工作放在首要位置,做到警钟长鸣。

9)按照安全防护标准佩戴安全帽、安全带、手套、绝缘鞋、防护服等防护用具,规范使用登高、电动等各类器具。

(2)环保要求

1)减少二氧化硫、氮氧化物、一氧化碳排放,严禁随意焚烧油毡、橡胶、塑料、皮革、树叶枯草等会产生有毒、有害烟尘和恶臭气体的物质。施工采用含低硫燃煤,控制燃烧时间,减少二氧化硫排放。

2)在汽车运输中对易飞扬物料,用帆布遮盖严实,且装料时不超限,车轮胎及车外表先进行清扫,再用水冲洗干净。减少飞扬尘埃飞入空气中,同时避免污染道路。在运输道路上定期清扫和洒水,以保持道路畅通湿润,减少尘埃飞入空气中成为空气中粒子状污染物。对施工中产生建筑垃圾,在未运出或回填之前,采取覆盖或洒水等有效保护措施,禁止风沙扬尘进入空气中。在大风天气,停止一切会产生扬尘的施工项目。

3)所有施工车辆全部使用无铅汽油。减少汽车排出废气中铅及其化合物含量。喷灯全部使用乙醇,减少铅及其化合物排放量。施工中使用的油漆、降阻剂、防腐材料等均采用无铅无苯或含铅量低的环保型材料。

4)将施工所使用的鼓风机安装消声器,空压机安装排气放空消声器以降低噪声分贝。靠近居民区施工应合理安排时间。接受当地无线电管理部门对电台、对讲机等无线通信设施的管理,减少电磁的干扰。

5)对施工场地的废料应在 24 h 内进行统一回收,并按照当地环保部门及业主要求进行分类处理。

7.2.5 机电工程综合监控系统安装作业指导书

1. 适用范围

适用于杭州至海宁城际铁路机电安装1标段工程,综合监控系统安装施工。

2. 作业准备

(1)内业技术准备

1)应在开工前组织技术人员熟悉规范和技术标准,学习实施性施工组织设计,审核施工图纸。

2)制定施工安全保证措施。对施工人员进行技术交底,对参加施工人员进行上岗前技术培训,考核合格后方可上岗。

(2)外业技术准备

1)检查机房房屋及地面情况是否满足安装条件。

2)对使用的工具、仪表要进行检查,确保性能指标正常。

3)综合监控系统安装前,应确认房屋建筑及其装饰工程已完成并符合设备安装要求,门窗完整、严密,室内给排水、供电、通风等能正常使用。

4)检查现场电源情况是否满足施工安装及设备供电需求。

3. 技术要求

(1)管线敷设

1)管线敷设应采取防电磁干扰措施。

2)信号线与电源线应分开敷设。

3)信号线宜直接进入设备端子;当采用屏蔽线时,屏蔽层应连续,接地点宜选择信源端。

4)冗余路线宜采用不同路径。

5)动力电缆、控制电缆、通信电缆的防火、防毒性能及芯线备用余量应符合设计要求。

(2)设备安装

1)控制箱、柜、盘的安装应符合现行国家标准《建筑电气工程施工质量验收规范》(GB 50303—2015)及《自动化仪表工程施工及质量验收规范》(GB 50093—2013)的规定,并应符合下列规定:

①控制箱、柜、盘的安装位置及方式应符合设计要求,且应满足维修和维护要求。

②控制箱、柜、盘在安装完成后,应进行防护。

2)控制箱、柜、盘应避开送风口、管道阀门等下方位置安装。当无法避开时,应采取防水保护措施。

3)安装在防静电地板上的控制柜、盘应设置专用设备安装底座,底座上应保持水平。

4)控制箱、柜、盘安装应横平、竖直、牢固。成排安装的控制箱、柜的正面宜平齐,高度宜一致,相邻箱、柜之间的接缝间隙不应大于2 mm,成排安装的控制箱、柜的主开门方向应一致。

5)挂墙安装的控制箱应安装在承重墙上或采取加固措施,安装高度应符合设计要求。

6)综合监控系统设备电源接线、设备接地、浪涌保护器设置应符合设计要求。

4. 施工程序与工艺流程

(1)施工程序

现场环境调查→管槽安装→机柜底座安装、线缆敷设→设备安装→设备配线→网络检测→施工完毕。

(2)工艺流程

工艺流程如图 7.2.5 所示。

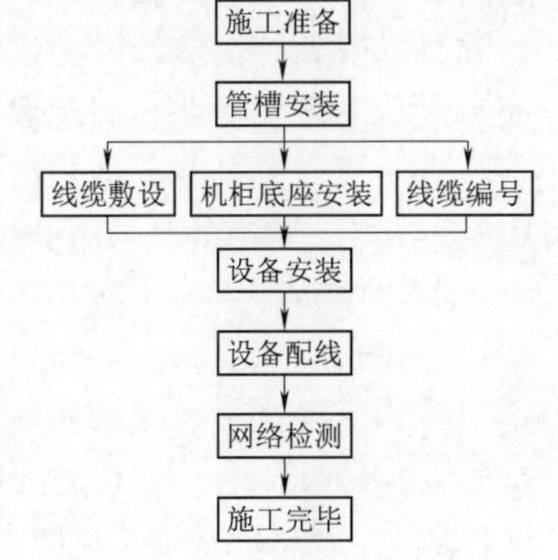

图 7.2.5 综合监控系统安装工艺流程图

5. 施工要求

(1)线管安装

1)金属管的弯曲要求

①明配时,一般不小于管外径的 6 倍;只有一个弯时,可不小于管外径的 4 倍。

②暗配时,不应小于管外径 6 倍,如暗管外径大于 50 mm 时,不应小于管外径的 10 倍。

③在敷设金属管时应尽量减少弯头。每根金属管的弯头不应超过 3 个,直角弯头不应超过 2 个,并不应有 S 弯出现。

2)金属管暗敷要求

①预埋在墙体中间的金属管内径不宜超过 50 mm,楼板中的管径不宜超过 25 mm。

②直线布管每 30 m 处设置暗过线盒装置。

③敷设在混凝土、水泥里的金属管,其地基应坚实、平整,不应有沉陷。

④金属管连接时,管孔应对准,接缝应严密,不得有水和泥浆渗入。

⑤金属管道应有不小于 0.1%的排水坡度。

⑥建筑群之间金属管的埋没深度不应小于 0.8 m;在人行道下面敷设时,不应小于 0.5 m。

⑦金属管内应安置牵引线或拉线。

⑧金属管的两端应有标记,表示建筑物、楼层、房间和长度。

⑨暗管管口应光滑,并加有护口保护,管口伸出部位宜为 25～50 mm。

3)金属管明敷要求

①金属管应用卡子固定。固定点间距,有设计要求时应按照设计规定,无设计要求时不应超过 3 m。在距接线盒 0.3 m 处,用管卡将金属管固定。在弯头和线管接头的地方,弯头和接头两边也应用管卡固定。

②光缆与电缆同管敷设时,应在暗管内预置塑料子管。将光缆敷设在子管内,使光缆和电缆分开布放。子管的内径应为光缆外径的 2.5 倍。

(2)金属线槽安装基本要求

①线槽的规格尺寸、组装方式和安装位置均应按设计规定和施工图的要求。线槽和桥架顶部距楼板不宜小于 30 mm;在过梁或其他障碍物处,不宜小于 50 mm。距地面高度保持 2.2 m,若线槽下不是通行地段,其净高度可不小于 1.8 m。

②安装位置的上下左右保持端正平直,偏差度尽量降低,左右偏差不应超过 50 mm,与地

面必须垂直,其垂直度的偏差不得超过 3 mm;线槽水平度每米偏差不应超过 2 mm。

③在设备间和配线间中,垂直安装的线槽穿越楼板的洞孔及水平安装的线槽穿越墙壁的洞孔,要求其位置配合相互适应,尺寸大小合适。

④线槽与设备和机架的安装位置应互相平行或直角相交,两段直线段的线槽相接处应采用连接件连接,要求装置牢固、端正,其水平度偏差每米不超过 2 mm。线槽采用吊架方式安装时,吊架与线槽要垂直形成直角,各吊装件应在同一直线上安装,间隔均匀、牢固可靠,无歪斜和晃动现象。沿墙装设的线槽,要求墙上支持铁件的位置保持水平、间隔均匀、牢固可靠,不应有起伏不平或扭曲歪斜现象。水平度偏差每米也应不大于 2 mm。

⑤线槽截断处及两线槽拼接处应平滑、无毛刺,当直线段桥架超过 30 m 或跨越建筑物时,应有伸缩缝,其连接宜采用伸缩连接板。

⑥线槽转弯半径不应小于其槽内的线缆最小允许弯曲半径的最大者。

⑦盖板应紧固,并且要错位盖槽板。

⑧为了保证金属线槽的电气连接性能良好,除要求连接必须牢固外,节与节之间也应接触良好,必要时应增设电气连接线(采用编织铜线),并应有可靠的接地装置。如利用线槽构成接地回路时,须测量其接头电阻,按标准规定不得大于 $0.33\times10^{-3}\,\Omega$。

⑨线槽穿越楼板或墙壁的洞孔处在缆线敷设完毕后,除盖板盖严外,还应用防火涂料密封洞孔口的所有空隙,以利于防火。线槽的油漆颜色应尽量与环境色彩协调一致,并采用防火涂料。

⑩金属槽与底部横向托板固定时,应当注意槽内固定用螺丝或铆钉等固定物表面应处理平滑,且与槽内地面密贴,避免划伤或夹伤电缆。

(3)线缆布放

1)基本要求

①敷设线缆前应进行槽道检查,并清理槽道垃圾。

②敷设线缆时应做好记录表,标明敷设线缆的起止点、线缆种类、长度、编号等信息。

③布放线缆应有冗余。在交接间、配线间的电缆预留长度一般为 0.5～1.0 m,工作区为 10～30 mm。

2)桥架及线槽内线缆绑扎要求

槽内缆线布放应平齐顺直、排列有序,尽量不交叉;在水平、垂直桥架和垂直线槽中敷设缆线时,应根据缆线的类别、数量、缆径、线芯数分束绑扎;绑扎间距不宜大于 1.5 m,间距应均匀,松紧适度。

3)光缆布放

①室内用光缆应根据设计要求,采用具有外阻燃特性且阻燃等级符合相关规定的光缆。光缆布放时,基本的施工要求可参照光缆线路敷设标准进行施工。

②由于室内光缆敷设多采用槽道内敷设的方式进行,因此在光缆线路预留时应采用“S”弯方式,一般室内光缆弯曲半径应考虑大于缆身直径的 15 倍以上。

③室内光缆布放不应有中间接头。

4)感温光纤敷设

①应采用单独的卡具吊装或支撑物固定。

②直线段应每隔 1.0～1.5 m 设置吊点或支点。

③在感温光纤走向改变或转角处应设置吊点或支点。

④测试段:测试段是一条大约 15 m 长的探测光纤绕成的圆盘,用于系统调试时和使用中对设备进行定标和检查。在区间隧道的开头与结尾处各设置一个,测试段应安于合适位置。

⑤光纤用熔接机进行熔接,熔接光纤时要加带钢丝的热缩管,对接头采用光纤融接盒保护,探测光纤禁止乱摔、大力折拧、重力冲击、过力拉伸等,避免探测光纤纤芯断裂。

(4)机柜底座安装

1)按照设计图总体布局,测量和确定底座安装位置。同排的底座应使所固定机柜的正立面在同一直线上,主通道侧的纵向侧面应在同一直线上。

2)安装前,需根据室内设计图纸,预先确认机柜底座安装位置,并在地面上做好标记。

3)按照底座确定好的位置,使用冲击钻在地面钻 ϕ12 mm 孔,将膨胀螺栓植入。

4)将支架安装在指定位置,调整平正后固定。

(5)机柜安装

1)机柜安装位置应符合机房平面设计要求。

2)机柜安装应垂直,机面上下端倾斜偏差应不大于机架高度的 1‰。

3)两机柜应靠紧,同一列机柜应平齐无明显参差,相邻机柜应在机架上方用连接板进行连接,机柜间的缝隙不应大于 1 mm。

4)光纤配线架(ODF)、综合配线架等各类配线架安装时,在满足上述机架安装要求外,要注意做到端子板布置应符合设计要求,各种标志、标识应正确齐全,各类子框、子架安装位置应正确、牢固、统一,满足线缆布放和卡接工作需求。

5)对设备机柜内的子框、板件的安装应在佩戴防静电手环的条件下进行。安装时,应严格按照各类设备的安装手册要求,并在硬件督导的指导下进行。

6)在机房面积允许的条件下,注意电源设备机柜应单列设置。如受机房面积限制,各类设备同列安装时,一般应按照蓄电池及电源机架、配线及数据机架的顺序布放。

6. 劳动组织

(1)劳动力组织方式:采用架子队组织模式。

(2)作业人员数量应根据施工条件、工期要求进行合理配置,见表 7.2.5-1。

表 7.2.5-1 人员配备表

序号	人 员	数 量	职 责
1	队长	1 人	架子队管理
2	技术主管	1 人	技术管理
3	质检员	1 人	质量检查控制
4	技术员	1 人	现场技术管理
5	实验员	1 人	原材料实验管理
6	材料员	1 人	材料管理
7	安全员	1 人	安全管理
8	工班长	2 人	班组管理
9	领工员	4 人	现场带班
10	劳务工、普工	10～30 人	具体施工

7. 材料要求

(1)所有电缆(线)和光缆宜采用低烟、无卤、阻燃、耐火型产品;车辆段等室外敷设的电缆和光缆宜采用低烟、无卤、阻燃型、耐火型、铠装产品,耐火型性能不低于B类。

(2)电线、电缆应采用铜芯线,铜导体间用聚乙烯或类似材料绝缘,多芯线应采用不同的颜色区分。电力电缆用于承载220V交流电;超五类屏蔽双绞线用于承载电源设备网管信号。

(3)清点设备及材料的型号、规格、数量应符合采购合同清单及设计要求,保存清点清单。

(4)设备及材料应无受潮及破损现象。

(5)设备插件应无振裂、损坏、锈蚀、脱落等现象。

(6)设备附件及技术资料齐全(包括合格证、说明书、操作手册、安装手册等)。

8. 设备机具配置

施工工具及工艺设备主要有光功率计、光源等。现场具体投入的机械设备见表7.2.5-2。

表7.2.5-2 设备机具配置

序号	名 称	规 格	单 位	数 量
1	光功率计	JW3208	套	1
2	光源	JW3109	套	1
3	光时域反射仪(OTDR)	AQ1210	套	1
4	网络测试仪		套	若干
5	网线对号器		套	若干
6	光缆熔接机	50S	套	2
7	数字万用表	UT33B	套	1
8	兆欧表	ZC25B-3	块	1
9	绝缘测试仪		块	1
10	水平尺		把	2
11	钢卷尺		把	2
12	游标卡尺		把	2
13	电锤	GBH2000 DRE	把	2
14	电钻	J1Z-FF03-16A	把	2
15	通用工具		套	5

9. 质量控制及检验

(1)质量控制

1)施工时,严格执行质量自检、互检、专业检为主的检查制度。

2)对检查中所涉及的质量问题必须及时处理,处理完毕后,在规定期限内把处理过程、负责人、处理结果、完成日期如实填入考核报告中。

3)定期开展质量工作例会,讨论发现操作工艺问题,及时改进和完善《作业指导书》,并以工艺技术交底的形式向施工人员传达、执行。

(2)质量检验

1)信号线与电源线分开敷设;动力电缆、控制电缆、通信电缆的防火、防毒性能及芯线备用余量符合设计要求。

2)控制箱、柜、盘安装位置与方式应符合设计要求;控制箱、柜、盘安装应横平、竖直、牢固;成排安装的控制箱、柜的正面宜平齐,高度宜一致,相邻箱、柜之间的接缝间隙不应大于 2 mm,成排安装的控制箱、柜的主开门方向应一致。

3)挂墙安装的控制箱应安装在承重墙上或采取加固措施,安装高度符合设计要求。

4)综合监控系统设备电源接线、设备接地、浪涌保护器设置符合设计要求。

5)线缆两端标注应清晰完整。

10. 安全及环保要求

(1)安全要求

1)搬、抬、运及安装各种大型设备时,应轻拿轻放,放置稳固。

2)使用梯子、支架、高凳时应稳固可靠。

3)严禁将易燃易爆危险品带入机房,作为清洁用少量的酒精要妥善保管,用完后及时带出机房。

4)使用电器时应配备合格的三级配电箱,配备漏电保护器,严禁使用破损的电源线。

5)使用电钻、曲线锯等电动工具时,严禁戴手套操作。

6)施工时涉及既有运营设备时,应与设备主管人员联系,在设备维护人员配合下施工,确保既有设备的安全。

7)由于施工现场施工通常处于交叉作业多、作业面局限大的条件下进行,因此要务必注意与各相关专业的协调和配合,尽量减少相互间的影响,减少安全隐患。

8)施工生产工作要时刻把安全工作放在首要位置,做到警钟长鸣。

(2)环保要求

1)生活、生产垃圾进行必要的处理,严禁随意焚烧橡胶、塑料、皮革等会产生有毒、有害烟尘和恶臭气体的物质,施工中减少燃油发电机的使用。

2)对施工中产生建筑垃圾,在未运出或回填之前,采取覆盖或洒水等有效保护措施,禁止风沙扬尘进入空气中。

3)将施工所使用的鼓风机应安装消声器以降低噪声分贝。靠近居民区施工应合理安排时间,防止扰民。

7.3 机电工程自动售检票系统施工

1. 适用范围

适用于杭州至海宁城际铁路机电安装工程,自动售检票系统施工。

2. 作业准备

(1)内业技术准备

1)应在开工前组织技术人员熟悉规范和技术标准,学习实施性施工组织设计,审核施工图纸。

2)制定施工安全保证措施,对施工人员进行技术交底,对参加施工人员进行上岗前技术培训,考核合格后方可上岗。

(2)外业技术准备

1)检查机房房屋及地面情况是否满足安装条件。

2)对使用的工具、仪表要进行检查,确保施工的正常开展。

3)检查现场电源情况是否满足施工安装及设备供电需求。

4)检查地面、墙壁、顶棚等处的预留空洞、预埋件等的规格、尺寸、位置、数量等是否符合施工图设计的要求。

5)检查现场周边的物资运输路径以及与工程有关的其他情况。

6)设备及材料的型号、规格、数量应符合订货合同清单及设计要求,保存清点清单。

7)设备及材料应无受潮及破损现象。

8)设备插件应无振裂、损坏、锈蚀、脱落等现象。

9)设备附件及技术资料齐全(包括合格证、说明书、操作手册、安装手册等)。

3. 技术要求

(1)电缆槽、分向盒、终端盒的埋设

1)预埋件内干燥、清洁、无杂物。

2)线槽和线盒能承受繁杂变化的乘客负荷。

3)管线接口部位及线槽、接线盒安装按设计要求能达到防水、防虫鼠及保持良好的电气导电性能,确保所有的金属部件接地,在接线盒出口处预留拉线,所有的管线在车站接地。

4)分向盒、线槽和终端盒上覆厚度误差小于5 mm。上覆的预留口圈位置及直径误差小于20 mm。

5)电缆管、线槽、盒埋深(指管槽盒顶部至地面深度)、电气连接方式符合设计规定。

6)分向盒、终端盒、线槽、线盒的类型、结构、材质、管孔容量、中心位置和各部高程符合设计或定测图规定,分向盒、终端盒、线槽四壁内侧高度、上覆的长和宽度符合设计规定。

7)管线接口部位及线槽、接线盒采用防水连接器进行连接安装,符合设计要求,达到 IPX7 防水要求,保证防虫鼠及保持良好的电气导电性能,确保所有的金属部件接地,安装完成后进行气密性试验。

8)线槽转弯半径不小于其槽内的线缆最小允许弯曲半径的最大值。

9)线槽穿越楼板墙洞时,不将其与洞口用水泥堵死,采用防火堵料进行封堵。

10)防护管、分向盒、终端盒、线槽径路和敷设方式符合设计及定测图的规定。

(2)线缆敷设

1)线缆型号规格及敷设方式符合设计图纸要求。

2)防护管穿敷设线缆时,管的管径利用率及线槽的利用率符合设计要求。

3)线缆不得有破损、扭曲。

4)线缆在分向盒内的弯曲半径满足技术要求。

5)电力电缆和数据电缆分管分沟敷设,不得同管同沟敷设。

6)线缆槽内中不得有接头。

7)线缆引出线至少预留 2 m。

8)电缆标识正确。

(3)车站现场设备的安装

1)钻地脚螺栓孔洞前,先根据设计图制作模板,确保设备安装的位置与设计要求一致。

2)地脚螺栓的孔洞大小和深度要符合设计要求。

3)地脚螺栓的安装深度和露出地面高度要符合设计要求。

4)地脚螺栓垂直、牢固,并要求螺栓完好。

5)设备就位时要小心轻放。

6)设备安装与地面垂直、平稳,倾斜偏差小于设备高度的千分之一,固定螺栓要紧固。

7)设备底部地板要求密封。

8)设备表面整洁,无划痕及其他破损。

(4)电缆配线

1)电力电缆和通信电缆配线符合设计要求。

2)绝缘电阻符合设计要求并做记录。

3)配线焊接牢固。

4)接地电阻阻值、用材规格、引入方式符合设计要求。

(5)票房售票机、车站计算机、中央计算机及其终端的安装应符合设计要求,并满足计算机系统安装的有关现行规范和标准的规定。

(6)机房设备安装说明

1)机房设备的布置符合有关设计规范和施工设计图纸的要求。

2)设备室内的安装包括将设备机柜(架)及配线架固定在设备支架上,将设备支架固定在混凝土地面上,设备室防静电地板的拆装、开孔等工作。

3)原则上机房设备的主走线采用架空地板下走线,并设电缆槽或钢管进行防护,强电与弱电电缆分开布放。

4)机柜(架)符合设计要求,配线电缆排列整齐,剥切时不得损伤线芯及绝缘,线把捆扎整齐,到位准确。

5)设备机柜(架)间配线及布置结实、合理、整齐、美观、排列有序,配线和布线采用多种颜色、标识及标签。

6)配线焊接严禁使用有腐蚀性的焊剂,焊接牢固,不得有脱离、断股现象,焊点光滑,无毛刺;压接配线满足相应的工艺要求。

4. 施工程序与工艺流程

(1)施工程序

施工准备→施工调查→线槽安装→设备安装→设备配线→设备调试→检查验收。

(2)工艺流程

工艺流程如图 7.3 所示。

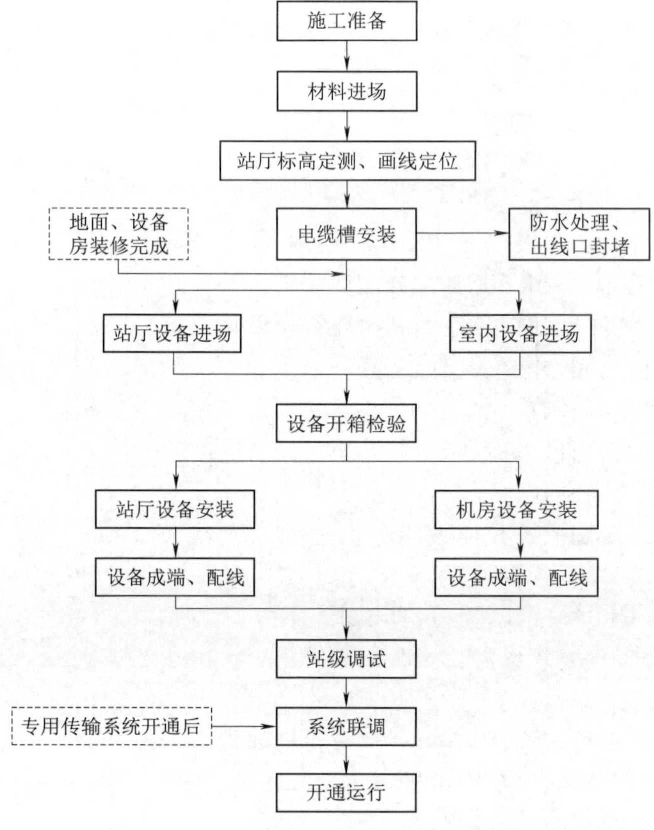

图 7.3　自动售检票系统施工流程图

5. 施工要求

(1)电缆槽、分向盒、终端盒的埋设

1)自动售检票系统的地下预埋管线的施工时间应在车站站厅结构成形之后、地面装修开始之前。在车站地面装修承包商配电箱处砌墙以及打垫层前,进行镀锌钢管、电缆槽、盒安装,严格按照施工图进行施工。

2)用膨胀螺栓、连接板、欧姆卡将钢管、线槽固定在地面上,以防施工时碰撞辗压造成管线槽盒等损坏以及位置变化。

3)预埋件安装时根据站厅一米线高度,采用红外仪确定预埋件安装高度,保证预埋件预埋后的垫层施工不受影响。

4)根据设计图纸要求,使用红外仪确定线槽在站厅安装位置,确保安装精度,避免影响后期设备安装精度。

5)保证预埋件内干燥、清洁、无杂物。

6)电缆槽、接线盒、钢管连接处应按设计要求做好相应的防锈、防水处理,主要采用电缆槽、盒涂锌,连接处使用防水硅胶等方式。电缆槽道和钢管的出线口位置在穿线前后应用防火堵料封堵,以防虫鼠进入管线内。

7)在接线盒出口处必须预留拉线。

8)分向盒、线槽、线盒和终端盒的宽、长度误差不大于 20 mm,厚度误差不大于 10 mm。

9)分向盒、线槽和终端盒上覆厚度误差不大于 5 mm。上覆的预留口圈位置及直径误差均应不大于 20 mm。

10)电缆管、线槽、盒埋深(指管槽盒顶部至地面深度)、电气连接方式应符合设计规定。

11)分向盒、终端盒、线槽、线盒的类型、结构、材质、管孔容量、中心位置和各部分标高应符合设计或定测图规定,分向盒、终端盒、线槽四壁内侧高度、上覆的长和宽度应符合设计规定。

12)防护管、分向盒、终端盒、线槽径路和敷设方式应符合设计及定测图的规定。

(2)电力电缆和通信电缆的敷设

1)线缆牵引应遵循的原则

①应用电工胶带紧紧地缠绕在连接点外面,使拉线与线缆的连接点应尽量平滑和牢固。

②牵引单条"4 对"线缆,用电工带子与拉线绑扎在一起即可。

③牵引多条"4 对"线缆穿过一条路由,可采用以下方法:将多条电缆聚集成一束,末端对齐;用电工胶带或胶布紧绕在线缆束外面,在末端绕 50～100 mm 长即可;将拉绳穿过电工胶带缠好的线缆,并打好结。

2)线缆敷设应注意事项

①布线方案要求项目部审核通过后才可以实施。

②认真用标准的标签纸标注清楚,线缆接头处预留 1.5～2 m,最后线路检测一定要仔细,确保所布线路良好。

③电源线规格要符合设计说明,所有电源线接头处一定要不留隐患。严格采取防火措施,焊接牢固,绝缘到位。

④通信电缆、电源线不得破损、受潮、扭曲、折皱。

⑤线缆按顺序排列,不得扭绞和交叉。

⑥线缆转弯应圆滑,弯曲半径符合设计规定;在进、出部位和转弯处,应固定牢固。

⑦配线箱(盒)配线输入端与输出端应分开。

⑧所有缆线敷设时,其段内不得有接头、破损。

⑨交流电源线与通信控制线同槽敷设时,应分别采取屏蔽措施。

⑩设备的引入电源线,其预留长度应为 1～2 m,网络电缆为 2～3 m。

(3)闸机、售票机的安装

1)将闸机、售票机放置在地面保证平稳。

2)用粉笔线在地面上定位闸机、售票机阵列安放的位置。售票机安装前对周围构筑物尺寸进行核对,售票机周围留出足够的操作和维护的空间(一般情况下售票机后方至少有不小于

900 mm 的空间)。第一个闸机、售票机一定要准确的垂直并水平位于中间,因为其他闸机、售票机定位是基于第一个闸机、售票机。

3)在第一个闸机、售票机位置安放闸机、售票机钻孔模板,确定与定位粉笔线水平或垂直。

4)在闸机、售票机模板旁边,定位一个合适的间隔区。

5)在模板旁放置另一个闸机、售票机模板,确定与粉笔线水平。

6)使用在闸机、售票机模板上的孔口,为模板的锚栓在地面上选择四个参照点,左右各两个。

7)用锤钻通过钻孔模板向地面钻孔,确保每个锚栓进入混凝土至少 120 mm(根据现场情况,如果达不到 120 mm,与闸机、售票机厂家确认后调整打孔深度)。

8)清除孔内的灰土。

9)移除钻孔模板安置闸机、售票机。

10)用化学锚栓物质填充孔并把螺纹棒放入孔中。

11)检查闸机、售票机是否平衡。如果需要加钢质垫片,垫片不能超过 9.5 mm 厚而且必须放在地面与闸机、售票机框架底部顶角处。

12)等待 20 min 化学锚栓物质变干。

13)使用扳手拧上螺母确保闸机、售票机与地面安全固定。

14)使用密封剂将每个闸机、售票机底部封好。

6. 劳动组织

(1)劳动力组织方式:采用架子队组织模式。

(2)作业人员数量应根据施工条件、工期要求进行合理配置,见表 7.3-1。

表 7.3-1 人员配置表

序号	人 员	数 量	职 责
1	队长	1 人	架子队管理
2	技术主管	1 人	技术管理
3	质检员	1 人	质量检查控制
4	技术员	1 人	现场技术管理
5	实验员	1 人	原材料实验管理
6	材料员	1 人	材料管理
7	安全员	1 人	安全管理
8	工班长	2 人	班组管理
9	领工员	4 人	现场带班
10	劳务工、普工	10～30 人	具体施工

7. 材料要求

(1)系统所安装设备的尺寸、规格、型号应符合设计图纸要求。

(2)设备外壳应具有足够的机械强度和刚度,设备安装固定方式应具有防震抗震能力,应保证设备经过常规的运输、储存和安装后,不产生破损变形。

(3)线槽

1)材料应符合设计要求,并有 3C 认证。

2)地面线盒应有良好的密封性能,防护等级不低于 IP40,面板与箱体连接必须能够高度调节,盒体应有明显的接地螺钉;盒内设有屏蔽分离板,保证强弱电之间的隔离。地面出线盒应能承受 50 MPa 重压,应不损螺纹连接,盒体无明显变形。

3)地面线槽采用冷轧钢板热镀锌,内无锌渣残留,镀锌层不应露出金属基体,表面没有明显的层次感,不应有剥离、起皮、凸起等现象。

4)地面线槽焊接处不得有漏焊、裂纹、夹渣、烧穿、弧坑等缺陷。

5)地面线槽加工成型后断面形状应端正,无弯曲、扭曲、裂纹、边沿毛刺、翘边等缺陷。

6)地面线槽经 48 h 的盐雾试验合格。

7)电缆线槽安装附件采用的钢板、圆钢、扁钢、角钢、螺栓、螺母、螺丝、垫圈、弹簧垫等金属材料应经过镀锌处理。

8. 设备机具配置

施工工具及工艺设备主要有克丝钳、剥线钳、电工刀、万用表等。现场具体投入的机械设备见表 7.3-2。

表 7.3-2 设备机具配置表

序号	机具名称	规格	单位	数量
1	克丝钳		把	2
2	剥线钳		把	2
3	电工刀		把	2
4	螺丝刀	+、-	把	2
5	电烙铁	75 W	把	1
6	万用表	250-500 V	块	1
7	冲击钻	J1Z-FF03-16 A	把	1
8	压线钳		把	2
9	配电箱		个	1
10	扳手	12 mm/14 mm/16 mm/18 mm	套	2
11	美工刀		把	2
12	卷尺		把	1
13	记号笔		支	2
14	人字梯		个	1
15	操作平台		副	1

9. 质量控制及检验

(1)质量控制

1)施工时,严格执行质量自检、互检、专业检验制度。

2)对检查中所涉及的质量问题必须及时处理,处理完毕后,在规定期限内把处理过程、负责人、处理结果、完成日期如实填入考核报告中。

3)定期开展质量工作例会,讨论发现操作工艺问题,及时改进和完善《作业指导书》,并以工艺技术交底的形式向施工人员传达、执行。

(2)质量检验

1)预埋的金属导管不应采用对口焊接连接,镀锌和壁厚小于或等于 2 mm 的钢导管不得套管熔焊连接。

2)镀锌线缆管槽、可挠性导管应用截面面积不小于 4 mm^2 的铜芯软导线跨接。

3)金属线缆管槽、分向盒、接线盒的接地电阻满足设计要求。

4)线缆管槽经过建筑物伸缩缝、沉降缝时,应采用伸缩节。

5)预埋在地面下的线缆管槽、接线盒、分向盒及其防护盖板机械强度应能承受 4 kN/m^2 的压力。

6)线缆管槽、接线盒、分向盒以及全部线缆导管内应无积水、无杂物。

7)线缆管槽端口应进行封堵。

8)数据线缆、控制电缆与电源电缆分管分槽敷设。

9)交流电源线缆和直流电源线缆应分开布放,不应绑在同一线束内;电源线缆中间不得有接头。

10)配线用柜、屏、台、箱或盘间线路的线间和线对地间绝缘电阻值,馈电线路应大于 0.5 MΩ,二次回路应大于 1 MΩ。

10. 安全及环保要求

(1)安全要求

1)搬、抬、运及安装各种大型设备时,应轻拿轻放,放置稳固。

2)使用梯子、支架、高凳时应稳固可靠。

3)严禁将易燃易爆危险品带入机房,作为清洁用少量的酒精要妥善保管,用完后及时带出机房。

4)使用电器时应配备合格的三级配电箱,配备漏电保护器,严禁使用破损的电源线。

5)使用电钻、曲线锯等电动工具时,严禁戴手套操作。

6)施工时涉及既有运营设备时,应与设备主管人员联系,在设备维护人员配合下施工,确保既有设备的安全。

7)由于车站施工通常处于交叉作业多、作业面局限大的条件下进行,因此要务必注意与各相关专业的协调和配合,尽量减少相互间的影响,减少安全隐患。

8)施工生产工作要时刻把安全工作放在首要位置,做到警钟长鸣。

9)按照安全防护标准佩戴安全帽、安全带、手套、绝缘鞋、防护服等防护用具,规范使用登高、电动等各类器具。

(2)环保要求

1)生活、生产垃圾进行必要的处理,严禁随意焚烧橡胶、塑料、皮革等会产生有毒、有害烟尘和恶臭气体的物质。施工机械尽量采用电动力,减少燃油燃烧产生二氧化硫等空气污染物。

2)对施工中产生建筑垃圾,在未运出或回填之前,采取覆盖或洒水等有效保护措施,减少粉尘污染。

3)将施工所使用的鼓风机、空压机安装消声器以降低噪声分贝。靠近居民区施工应合理安排时间。

8　信号工程施工作业指导书

8.1　光电缆线路

8.1.1　机电工程电缆径路复测及电缆配盘施工作业指导书

1. 适用范围

适用于杭州至海宁城际铁路机电安装工程信号专业电缆径路复测及电缆配盘施工。

2. 作业准备

(1)内业技术准备

1)组织技术人员熟悉有关规范、规程和技术标准，学习实施性施工组织设计，审核施工图纸。

2)讲解电缆配盘技术交底注意事项；对作业人员进行技术交底，并对作业人员进行岗前技术培训及安全培训，考核合格后方可上岗作业。

(2)外业技术准备

1)调查站前施工预留的电缆沟(槽)、过轨管、穿线孔(洞)是否施工完成。

2)电缆径路复测前，需向站前单位取得路基、桥梁、隧道施工里程表。

3)技术人员按施工图完成现场电缆径路踏勘初测，或会同设计和相关专业单位完成联合踏勘初测。

4)现场踏勘初测时做好记录并及时整理，提出问题和建议。

5)准备作业所需工具材料、仪器仪表等，并检查确认检验合格证在有效期内且能正常使用。

3. 技术要求

(1)电缆径路复测

1)信号电缆敷设的弯曲半径应符合下列要求：

①综合护套信号电缆弯曲半径不得小于电缆外径的 15 倍。

②内屏蔽数字电缆弯曲半径不得小于电缆外径的 20 倍。

③应答器数据传输电缆弯曲半径不得小于电缆外径的 20 倍。

④应答器尾缆弯曲半径不得小于电缆外径的 10 倍。

2)电缆余留长度应符合下列要求：

①室外主干电缆采用直埋方式时每端余留量不得小于 2 m；采用电缆槽道敷设方式时，留足一次做头余留长度；50 m 以下的分支电缆长度可不做余留。

②室外电缆进入室内的余量不得小于 5 m。

③室外电缆余留量应成“～”形布放，轨道电路用数字电缆和应答器电缆严禁盘成闭合圈。

(2)电缆配盘

1)根据信号设备机房、中继站机房、区间和站内设备位置里程和径路长度,选择合适的电缆盘长。

2)电缆配盘代用原则:电缆盘长应大于分段长度,大芯数可代替小芯数(同种类型的电缆)。

3)用于接头的电缆芯数、规格、型号必须相同。

4)根据实际复测径路确定的电缆长度及电缆盘长,进行合理配盘,减少电缆接续。

5)先配主干电缆,再配支线电缆。

6)信号电缆出厂前,一般需要厂家在电缆外皮喷字,做好标识(含电缆编号、用途、去向)。字体、字号遵循电缆厂家标准。电缆标识间距不得大于 5 m。

4. 施工程序与工艺流程

工艺流程如图 8.1.1 所示。

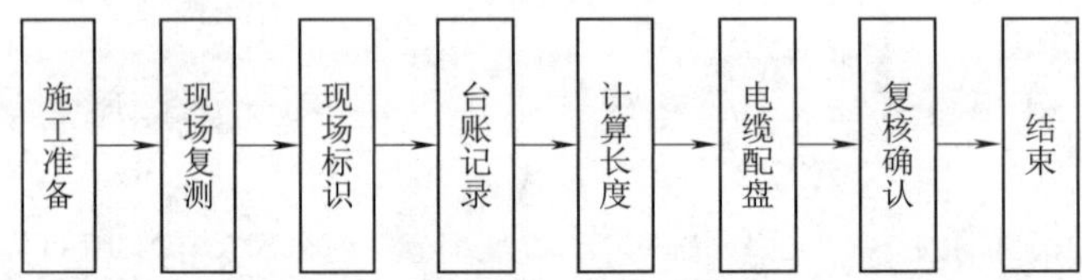

图 8.1.1 电缆径路复测及电缆配盘工艺流程图

5. 施工要求

(1)现场复测

1)按照施工图,现场沿电缆径路分段测量径路长度。

2)径路中遇有障碍物、护坡桥涵、隧道过轨等,应测量迂回径路和防护长度。

(2)现场标记

复测过程中,应对有障碍物转弯、过轨、上下桥涵或护坡、引出引入口、既有地下电缆处做出明确标记。

(3)台账记录

电缆径路复测应建立台账记录,主要记录电缆编号、电缆径路的始端终端、电缆长度、类型、规格,径路中障碍物、护坡、桥涵、隧道、过轨等坐标和长度数据,以及电缆将引入的各个箱盒处预留长度。

(4)长度计算以及电缆配盘

1)依据电缆径路复测数据计算施工图上每根电缆的实际敷设长度时,可按下列公式计算:

$$L=(a+b\times c)\times 1.02+d$$

式中 L——电缆总长度(m)。

1.02——敷设电缆的自然弯曲系数。

a——电缆沟(槽)实测长度(m)。

b——电缆穿越股道数。

c——股道间距离(m),最小值取 5.5。

d——电缆附加长度,包括室内储备预留量 5m,分线盘做头预留量 3 m,室外每端储备预留量 2 m,每端做头预留量为 2 m。

2)配盘应遵循先干线后支线、先长后短的原则。电缆配盘记录应数据准确、内容完整。

3)依据计算结果形成电缆配盘表,见表 8.1.1-1。

表 8.1.1-1 ×××站(区间)电缆配盘记录表

序号	电缆型号	电缆标识	外端别	设计长度	使用长度	自编号	使用地点	备注
1								
2								
3								
编制时间： 年 月 日				编制人:			复核人:	

(5)复合确认

1)电缆进场后,按照电缆配盘记录找到对应电缆盘,逐一核对配盘记录与电缆盘电缆信息一致,复核正确后加以标识。

2)为便于电缆敷设前的吊装运输,复核正确后应将电缆盘按使用地点分区域集中插牌标识。

6. 劳动组织

劳动力组织方式:根据架子队管理模式进行人员配置,详细人员配置见表 8.1.1-2。

表 8.1.1-2 架子队人员配置表

序号	职 务	人 数	岗位职责	备 注
1	架子队队长	1人	组织指挥现场施工	
2	技术负责人	1人	施工技术交底、施工技术培训	
3	领工员	1人	负责施工质量、安全、进度、环保和文明施工管理	
4	工班长	1人	带领工班全体人员完成作业队下达的施工生产任务	
5	技术员	1人	跟班作业,纠正施工中安全、质量、环保等存在的问题	
6	安全员	1人	施工安全检查及防护、安全技术交底	
7	质检员	1人	施工质量检查工作	
8	材料员	1人	负责施工工程物资供应管理工作	
9	试验员	1人	材料检测及报验	
10	信号工	1人	协助进行径路复测及电缆配盘	
11	普工	1人	材料工机具搬运	

7. 材料要求

现场使用的红油漆等材料具有合格标识。

8. 设备机具配置

电缆径路复测与电缆配盘设备机具配置见表 8.1.1-3。

表 8.1.1-3　设备机具配置表

序号	名　称	规　格	单　位	数　量
1	盒尺	50 m	把	1
2	油画笔	中号	根	2
3	钢卷尺	5 m	把	1
4	计算器		个	1

9. 质量控制及检验

(1)径路选择应符合设计要求。明确电缆沟、槽、管路走向,并据此确定过轨、桥、通、隧、站台、公路、水沟、路基等具体数量、长度和防护方式。

(2)两设备间的径路应选择最短或通过障碍物及跨股道最少。

(3)避开线路和其他建筑物的改、扩建处。

(4)不得在道岔尖端、辙岔心和钢轨接头处穿越股道。

(5)避免通过酸碱、盐性等有化学腐蚀性物质地段,各种管道径路复杂地段,土壤松软容易塌陷的地段,以及坚石、池沼、污水坑等处。

(6)干线电缆径路与电力杆平行时,距电力杆边缘的距离应不小于 700 m。

(7)符合其他规定的条件下,耗用电缆最少。

(8)尽量将电缆径路选在铁路用地界内。

10. 安全及环保要求

(1)安全要求

1)作业人员进入现场,必须穿安全防护服,并根据相关要求配置其他防护用品(安全帽、防护灯、通信工具等)。

2)既有线防护员带齐防护用具。

3)既有线电气化区段上道施工必须穿绝缘鞋。

4)隧道内施工配置专用防护灯。

5)桥梁地段复测时应注意防止高处坠落。

(2)环保要求

将复测中产生的垃圾及时清理并进行分类处理,复测现场做到人走场清。

8.1.2 机电工程光、电缆单盘测试施工作业指导书

1.适用范围

适用于杭州至海宁城际铁路机电工程信号专业光、电缆单盘测试施工。

2.作业准备

(1)内业技术准备

1)在开工前组织技术人员认真学习熟悉规范和技术标准。对测试人员进行技术交底,对参加测试人员进行上岗前技术培训。

2)测试记录表格准备完毕。

3)测试仪表、工具经检验合格。

4)收集好电缆出厂记录和合格证。

(2)外业技术准备

1)核对厂方提交的产品测试记录所列项目及指标,是否符合国家或部颁标准和设计要求或订货合同规定。

2)检查外观包装有无破损、缆线有无损坏、压扁等情况,并详细记录。对包装有受损、外护层有损伤的单盘,在测试时应重点检测。

3)根据电缆出厂质量合格证和测试记录并对照实物检查电缆规格、金属缆芯、绝缘介质、屏蔽层、色谱标识及其他机械物理特性是否符合相关技术标准的规定。

4)熟悉市话电缆色谱,主色谱:白色、红色、黑色、黄色、紫色;次色谱:蓝色、橙色、绿色、棕色、灰色。

3.技术要求

(1)在光缆开剥、测试及封头过程中,光缆弯曲半径不应小于光缆外径的20倍。

(2)用时域反射仪(OTDR)对光缆进行长度及固有衰减测试,并做好光缆单盘测试记录。光缆单盘固有传输衰耗应满足下列要求:

1 310 nm波长衰减:$\alpha_0 < 0.35$ dB/km。

1 550 nm波长衰减:$\alpha_0 < 0.22$ dB/km。

(3)电缆单盘测试质量技术标准见表8.1.2-1。

表8.1.2-1 单盘测试质量技术标准

序号	项　目	单位	标准	换算公式
一	普通信号电缆单盘测试			
1.1	导体直流电阻20 ℃时	Ω/km	≤23.5	L/1 000
1.2	绝缘电阻(DC 500 V,20 ℃,每根绝缘芯线)	MΩ/km	≥3 000	1 000/L
二	数字信号电缆单盘测试			
2.1	导体直流电阻20 ℃时	Ω/km	≤23.5	L/1 000
2.2	绝缘电阻MΩ·km(DC 500V,20 ℃,每根绝缘芯线)	≥10 000	≥10 000	1 000/L
2.3	工作电容(0.8 kHz~1.0 kHz,四线组)	nF/km	28±2	L/1 000

4. 施工程序与工艺流程

工艺流程如图 8.1.2 所示。

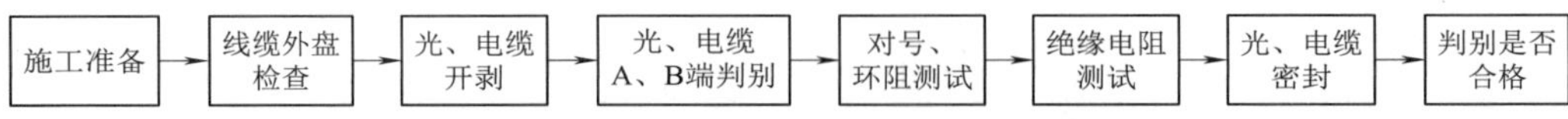

图 8.1.2　光、电缆单盘测试工艺流程图

5. 施工要求

(1)光、电缆开剥

1)将电缆盘外端电缆开剥,长度为 150～250 mm。

2)将电缆盘内端电缆开剥,长度为 60～100 mm。

3)对光缆头压扁、创伤、出厂的原封粘连等部分应切除后再进行端头的开剥。

4)用环切刀在距光缆端头 500 mm 处环切外护套,轻折几次使环切处折断,往端头侧用力拉,外护套剥去露出内护套。

5)在内护套上距端头 400 mm 处,用单面刀片环切,轻轻地将内护套折断抽出,如果护套过紧,一次不容易抽出,可分 2 或 3 段处理。

6)用剪刀剪去松解包层,在离端头 400 mm 处用专用割切工具将光纤外塑套管切除,露出裸光纤。依次用酒精棉擦净光纤。

(2)光、电缆 A、B 端判别

1)确认电缆端别的方法:面对电缆端头,白、红、黑、黄、紫色标按顺时针方向排列的为 A 端;逆时针方向排列的为 B 端。

2)在光、电缆盘明显位置标注电缆盘外端的电缆端别并做记录,当电缆外端别为 A 端时,标写"外 A"字样;当电缆外端别为 B 端时,标写"外 B"字样。

(3)对号及环阻测试

1)不良线对检验:用万用表将每根芯线与金属护套进行对号导通测试,判断芯线是否有断线、混线、接地、错组等故障。

2)环阻测试:将电缆线对终端环接,测试端与直流电桥相接,测出每一线对直流环阻。换算公式:实测值/L。

指标要求:0.9 mm 线径环阻(20 ℃)≤57 Ω/km。

0.7 mm 线径环阻(20 ℃)≤96 Ω/km。

0.6 mm 线径环阻(20 ℃)≤132 Ω/km。

(4)光缆单盘测试

1)用兆欧表测量单盘光缆护层的对地绝缘电阻不小于 10 MΩ·km。

2)用酒精(分析纯的乙醇)棉擦洗光纤。

3)按照光纤切割刀使用说明书中切割刀使用方法,对光纤进行端面制作。

4)将制作好端面的光纤放入光纤耦合器对准,耦合器的另一端接 1 km 测试光纤,测试光纤的另一端接 OTDR 的光输出口。

5)选择 OTDR 的测试范围、测试脉宽(越小则精确度越高),调整折射率,分 1 310 mm 和

1 550 mm 两个窗口进行测试。

6)启动 OTDR 上的激光管对被测光纤进行扫描取样,一段时间后停止扫描,在 OTDR 显示器上移动 A 光标和 B 光标,使光标置于被测光纤的两端,读出被测光纤的长度,再将光标分别移动到光纤曲线的平滑处,读出光纤的每公里衰减。具体测试步骤按每台仪表的操作说明书进行操作。

7)当采用 G. 655 单模光纤时,其传输速率达到 10 Gb/s 以上时,还应测试偏振模色散(PMD)。

8)填写光缆单盘测试记录表,记录测试光纤的长度和衰减并填写测试仪表、测试温度、测试人员、测试日期、记录人等。

(5)测试记录

根据电缆单盘测试值,做好电缆单盘测试记录,并填写盘号、测试日期、气候、仪表型号、测试人员等信息。

(6)电缆密封

1)用钢锯将电缆测试端整齐锯断,去掉已开剥的部分。

2)用砂布条将电缆端头外护套 100 mm 部分打磨干净,将与电缆外径相适合的热缩端帽套在电缆端头上。

3)用喷灯对热缩端帽均匀加热,当热缩端帽均匀的包裹在电缆上且热溶胶流出后停止加热。

4)待热缩端帽冷却后,将电缆端头绑扎固定在电缆盘上。

6. 劳动组织

(1)劳动力组织方式:采用架子队组织模式。

(2)作业人员数量应根据施工条件、工期要求进行合理配置,见表 8. 1. 2-2。

表 8. 1. 2-2 架子队人员配置表

序号	职 务	人 数	备 注
1	架子队队长	1 人	组织指挥现场施工
2	技术负责人	1 人	施工技术交底、施工技术培训
3	领工员	1 人	负责施工质量、安全、进度、环保和文明施工管理
4	工班长	1 人	带领工班全体人员完成作业队下达的施工生产任务
5	技术员	1 人	跟班作业,纠正施工中安全、质量、环保等存在的问题
6	安全员	1 人	施工安全检查及防护、安全技术交底
7	质检员	1 人	施工质量检查工作
8	材料员	1 人	负责施工工程物资供应管理工作
9	试验员	1 人	材料检测及报验
10	信号工	2 人	光电缆单盘测试施工
11	普工	2 人	材料工机具搬运

7. 材料要求

(1)电缆的盘号、型号、规格、盘长、端别、数量,应符合订货合同规定或设计要求。

(2)单盘测试所使用的兆欧表、万用表需经检测合格后方可使用。

(3)材料包装无破损,缆线无损坏、压扁等情况,并详细记录。

8. 设备机具配置

施工工具及工艺设备主要有万用表、兆欧表、熔接机等。现场具体投入的设备机具见表8.1.2-3。

表8.1.2-3　设备机具配置

序号	名　称	单　位	数　量	备　注
1	万用表	块	1	
2	兆欧表	块	1	
3	熔接机	台	1	
4	OTDR	台	1	
5	钢锯	把	1	
6	喷灯	个	1	
7	单面刀片	个	若干	
8	气门帽	个	若干	
9	偏口钳	把	2	
10	克丝钳	把	1	
11	钢锯条	根	4	
12	环切刀	把	1	

9. 质量控制及检验

(1)质量控制

1)测试前应认真校对各项仪表。仪表随环境变化要随时进行校正。

2)单盘光电缆测试完毕,在进行封头前,测试工序组长应认真核对光电缆端别是否与光电缆盘标识及测试记录一致。检查是否有漏测项目并补测和纠正。

3)作业人员应正确使用仪表,测试记录要真实、字迹清楚。每个项目都必须写明测试人、记录人和测试日期、仪表型号等。

(2)质量检验

1)检测电缆各项指标符合相关技术标准。

检验数量:全部检验。

检验方法:观察检查,对照设计文件检查质量证明文件、参照相关电缆电气性能。

2)检验电缆A、B端

检验数量:全部检验。

检验方法:观察检查。

3)开剥电缆时,防止损伤电缆芯线检验。

检验数量:全部检验。

检验方法:观察检查。

10. 安全及环保要求

(1)安全要求

1)全面贯彻执行各项安全管理制度。

2)仔细检查测试所用电源,测试完毕应及时切断电源。

3)搬运安放仪表,做到小心轻放,避免振动。仪表应有专人负责保管,不了解仪表不得乱动仪表。

4)所有作业人员必须规范使用各类仪表。

5)使用喷灯应遵照有关规定并妥善保管。

6)缆盘应放置平衡,以免发生意外。

(2)环保要求

1)将测试中产生的垃圾及时清理并进行分类处理,测试现场做到人走场清。

2)测试过程中,严禁污染周边环境。

3)严格控制粉尘和其他固体废物污染。

8.1.3　机电工程光、电、漏缆敷设施工作业指导书

1. 适用范围

适用于杭州至海宁城际铁路机电工程信号专业光、电、漏缆敷设施工。

2. 作业准备

(1)内业技术准备

1)组织技术人员熟悉有关规范、规程和技术标准,认真学习实施性施工组织设计,审核施工图纸。

2)制定施工安全保证措施,对施工人员进行技术交底,对参加施工人员进行上岗前技术培训,考核合格后方可上岗。

(2)外业技术准备

1)光缆配盘

①干线光缆配盘应根据信号机房位置和径路长度,选择合适的光缆盘长,确保光缆分歧接头落在上述设备机房附近。

②尽量按出厂盘号顺序排列,以减少光线参数差别所产生的接头本征损耗。非出厂盘号顺序排列时,相邻两盘光缆的光纤模长直径之差应小于 1 μm。

③应尽量避免短段光缆;短段光缆长度一般不小于 200 m。

2)电缆配盘

为降低近端串音,应将电容耦合 K1 和对地电容不平衡值最小的低频四芯电缆单盘配在近端,将 K1 和对地电容不平衡值较大的低频四芯电缆单盘配在线路中间。

3. 技术要求

(1)光、电缆应按芯线领示色排列确定 A、B 端,敷设时端别朝向应一致,A 端朝铁路上行方向,B 端朝铁路下行方向。

(2)光、电缆敷设时应根据具体环境条件选择合适的接头位置。

(3)施工中宜整盘敷设,不得任意切断光、电缆。

(4)施工中应保证光、电缆外护(层)套不得有破损,线缆两端头密封性能良好。

(5)信号光电缆敷设的弯曲半径应符合下列要求:

1)应答器尾缆弯曲半径不得小于电缆外径的 10 倍。

2)综合护套信号电缆弯曲半径不得小于电缆外径的 15 倍。

3)应答器数据传输电缆弯曲半径不得小于电缆外径的 20 倍。

4)普通单护套光缆的动态(安装敷设时)弯曲半径为 10 倍的光缆外径,静态(敷设后)弯曲半径为 20 倍的光缆外径。

5)普通双护套光缆的动态(安装敷设时)弯曲半径为 12.5 倍的光缆外径,静态(敷设后)弯曲半径为 25 倍的光缆外径。

(6)光、电缆敷设时的张力、扭转力、侧压力应符合工厂规定;牵引力不应大于光缆允许张

力的 80%,主要牵引力应加在光缆的加强构件上。

(7)施工过程中,应避免光、电缆受冲击力和重物碾压。不得使光缆变形;当发现变形时,应进行护套密封性检查及光缆衰减性能和电缆绝缘性能的检查测试。

(8)施工中应保证漏缆外护层不得有破损,漏缆两端头密封性能良好。

(9)漏缆在敷设过程中,严禁急剧弯曲,其最小半径应符合设计要求。

4. 施工程序与工艺流程

工艺流程如图 8.1.3 所示。

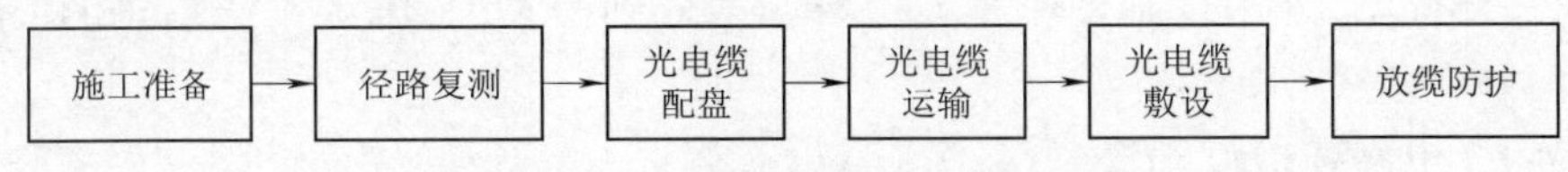

图 8.1.3　光电缆敷设工艺流程图

5. 施工要求

(1)光、电、漏缆敷设

1)敷设要求

①按施工规范要求做好接头点、中继站引入、进局引入口,通过河流、大桥、隧道等处光、电缆余留。

②敷设前需核实盘号、盘长,确认 A、B 端,A 端均应朝上行方向。

③放置缆盘、支架,支起缆盘,拔去盘缆上的钉子。

④施工人员应根据缆的重量按间隔排开;当人力不够时可采用“8”字形盘绕,分头敷设,行进速度要均匀、步调一致。

⑤使用机械牵引时,如没有牵引环的缆应装上专用的牵引夹具或电缆牵引套,并保持匀速。

⑥拐弯处,穿越防护管前后应放置防护装置,使缆顺利通过防护管口设喇叭防护瓦,以免卡伤缆的外护套,两侧设专人防护。

⑦敷设漏缆采用人工抬放、展放时,人员间隔不应超过 5～7 m,以免漏缆拖地。

⑧漏缆在敷设过程中,严禁急剧弯曲,其最小弯曲半径应大于漏缆外径的 20 倍。

2)管道光、电缆的敷设

①管道光电缆敷设应按设计要求核对光电缆占用的管孔位置;对人井位置、人井间距、转弯角度、管孔分布和水平高差等情况做充分调查,确定敷设方法。

②钢管管道在敷设光电缆前应在管孔中布放塑料(PVC)子管防护,且塑料子管在管道中不得有接头,长度不宜超过 300 m。

③光电缆在管孔内不得有接头,在人孔中穿过时盘留和弯曲半径应符合设计要求,光电缆和接头应放在人井铁架上予以固定保护。

④敷设完成后,管孔应封堵密封,人井内光电缆应有识别标志。

⑤漏缆过轨时应换接阻抗相同的射频电缆。

3)区间光电漏缆敷设

①敷设前应准确测量区间引入口至机房的长度。

②布放光电缆时可先将光电缆拉出后放置于轨道线路电缆托架一侧，待一端固定后，采用自制操作车人工将光电缆绑扎到托架上。

③放缆时，以每小时不大于 5 km 的速度前行。

④缆盘两侧各站 2 人，负责控制缆盘在钢轴上的左右移动和帮助缆盘转动(放缆过程中因线路弯道、缆盘转动时会向一侧偏移而发生卡盘)。

⑤光电缆敷设后，应在终端、接头、车站、隧道出入口处、拐弯处、光电缆夹层有竖井的两端、光电缆入井等设标志牌。

⑥光电缆敷设完毕，需用测量光电缆的绝缘特性，然后将光电缆端口处进行密封。

⑦漏缆一端固定，采用自制操作车人工将漏缆放到吊夹内；漏缆平直后，扣住吊夹，固定漏缆。

4)桥架内光电漏缆敷设

①光电漏缆沿桥架敷设时，应排列整齐，不得有交叉，拐弯处应以最大截面电缆允许弯曲半径为准。

②电缆沿桥架敷设时，信号线缆与电源线缆要分开，不能交叉敷设。

③光电缆穿过楼板时，应装套管，敷设完后应将套管用防火材料封堵严密。

④光缆引入室内时，应做绝缘接头，室内外金属护层及金属加强芯应断开并彼此绝缘。电缆引入室内时，其金属护套与相连接的室内金属构件间应绝缘。

⑤光电漏缆敷设时，应敷设一根整理一根，卡固一根；在电缆引入间需悬挂标志牌，标志牌应注明光电缆编号、规格、型号等。

5)光电缆余留

①接头处两条光缆重叠 5～7 m，两条电缆重叠 3 m。

②接头处接续后余留光缆 2～3 m、电缆 2～3 m。

③中继站引入口处两侧各余留光、电缆 2～3 m。

④信号站引入口处余留光缆 3～5 m、电缆 2～3 m。

⑤穿越 30 m 以上的河流(本缆)两岸各余留 1～5 m。

⑥200 m 以上的大桥两端光、电缆各余留 1～3 m；钢结构桥梁每个伸缩缝光、电缆余留不少于 0.5 m。

⑦穿越 250～500 m 隧道两端各余留 1～3 m，500 m 及以上隧道应在一侧大避车洞内适当预留光、电缆。

(2)漏缆连接

1)连接准备

根据漏缆敷设记录找到接续点，将需要成端的漏缆从卡具上卸下 3～5 m，垂下的漏缆弯曲半径应符合要求，并进行场地平整、设工作台。

2)漏缆端头制作

①在工作台上将需要装接头的漏缆理直 500 mm。

②用锯把破损、污染及封头粘连部分的漏缆锯断，锯时应保持抛弃的那段在下方，并保证切面平整。

3)分体式接头安装

①装入接头后体，将后体推到底部并装入压紧环，旋入顶针并用扳手将其紧固。

②接头前体与顶针旋紧后，将后体旋入前体。

③用扳手固定前体同时旋转后体。

4）漏缆接地：根据设计要求在适合的地点将漏缆与综合接地体连接，连接应可靠紧密。

6. 劳动组织

（1）劳动力组织方式：采用架子队组织模式。

（2）作业人员数量应根据施工条件、工期要求进行合理配置，见表 8.1.3-1。

表 8.1.3-1　架子队人员配置表

序号	职　务	人　数	备　注
1	架子队队长	1人	组织指挥现场施工
2	技术负责人	1人	施工技术交底、施工技术培训
3	领工员	1人	负责施工质量、安全、进度、环保和文明施工管理
4	工班长	1人	带领工班全体人员完成作业队下达的施工生产任务
5	技术员	1人	跟班作业，纠正施工中安全、质量、环保等存在的问题
6	安全员	1人	施工安全检查及防护、安全技术交底
7	质检员	1人	施工质量检查工作
8	材料员	1人	负责施工工程物资供应管理工作
9	试验员	1人	材料检测及报验
10	信号工	10人	光、电、漏缆敷设施工
11	电工	1人	现场临时用电放线、接线，确保用电安全
12	普工	20人	材料工机具搬运、协助光、电、漏缆敷设施工

7. 材料要求

光、电缆单盘测试材料配置见表 8.1.3-2。

表 8.1.3-2　材料配置表

序号	名　称	单　位	数　量	备　注
1	黄油	桶	1	
2	铁丝	卷	1	
3	扎带	袋	2	
4	自喷漆	瓶	1	
5	橡胶套管	个	若干	
6	热缩帽	个	10	

8. 设备机具配置

施工工具及工艺设备主要有钢锯弓、缆盘支架、防护材料等。现场具体投入的机械设备见表 8.1.3-3。

表 8.1.3-3　材料配置表

序号	名　称	单　位	数　量	备　注
1	缆盘支架	套	1	
2	钢锯弓	把	2	
3	热缩材料	套	若干	
4	喷灯	把	1	
5	对讲机	台	6	
6	盖板掀揭工具	套	4	
7	防护材料		根据情况定	
8	扁铲	把	根据情况定	
9	通信工具	台	根据情况定	
10	防护旗(红、黄)	面	根据情况定	

9. 质量控制及检验

(1)质量控制

光、电、漏敷设工程质量满足设计文件要求,工程质量次验收合格率100%。竣工资料完整、移交及时。室外余留电缆应为S形布放,室内应为U形或者Ω形布放,并排列整齐。

(2)质量检验

1)光电缆进场时应进行检查,其型号、规格、质量应符合设计要求。

检验方法:对照设计文件检查产品质量证明文件,并观察检查外观。

2)光电缆敷设前应进行单盘测试,测试指标应符合设计要求。

检验方法:用万用表、直流电桥、兆欧表等测试电缆;用光时域反射仪测试光缆。见证检验。

3)光电缆敷设径路、位置应满足设计要求。经过人防门、防淹门时应满足防灾设计的要求。

检验方法:对照施工设计图检查。

4)当光电缆直埋时,应符合下列规定:

①两设备间的径路应选择最短或通过障碍物及跨股道最少。

②不得在道岔尖端、辙岔心及钢轨接头处穿越股道。

③土质地带埋设深度不得小于700 mm,石质地带埋设深度不得小于500 mm,并均应在冻土层以下。

④电缆沟底应平坦、无石块和杂物,沟内光电缆应自然松弛排列整齐、不交叉。

⑤当特殊地段需采用电缆槽防护时,槽顶距地面不得小于200 mm。

检验方法:检查随工检验记录、旁站。

5)光电缆敷设的弯曲半径应符合下列规定:

①全塑电缆的弯曲半径不得小于电缆外径的10倍。

②铠装电缆的弯曲半径不得小于电缆外径的15倍。

③光缆的弯曲半径不得小于光缆外径的15倍。

检验方法:检查随工检验记录。

6)光电缆敷设后外护层不得有破损、变形或扭伤,接头处应密封良好。

检验方法:观察检查。

7)漏泄同轴电缆到达现场应进行检查,其型号、规格、质量应符合设计要求。

检验方法:对照设计文件检查产品质量证明文件,并观察检查外观。

8)漏泄同轴电缆敷设前应进行单盘测试,其内外导体的直流电阻、绝缘介电强度、绝缘电阻等直流电气指标应符合现行行业标准的规定;其特性阻抗、电压驻波比、标称耦合损耗、传输衰减等交流电气指标,应符合设计要求。

检验方法:直流电气特性现场检测;交流电气特性进行厂验或检查出厂测试记录。

9)漏泄同轴电缆的安装位置、安装方式应符合设计要求。

检验方法:对照设计文件观察、尺量检查。

10)漏泄同轴电缆安装的要求及检验项目、检验数量、检验方法应符合现行国家标准《城市轨道交通通信工程质量验收规范》(GB 50382—2016)的规定。

10. 安全及环保要求

(1)安全控制

1)光、电缆吊装时,应符合项目部吊装操作规程,操作人员持有效操作证件。

2)线缆敷设时,保持线盘水平,不得出现线盘与支架碰擦现象,防止线盘卡死。

3)光、电缆在运输至敷设现场和敷设完成后必须采用垫木将电缆盘塞紧,防止在敷设过程中滑动造成安全事故。

4)施工时按要求佩戴好安全防护用品,高处作业人员必须按照规定正确佩戴安全带,站在高处传递物品时,要拿稳,防止掉落伤人。

5)施工区域两端需设置荧光灯等警示标志,并安排安全员进行防护。不得进入未经允许的施工区段,与其他专业交叉施工时需设置专人防护。

6)施工时需设置足够的照明设施,且作业车防护人员及施工人员要注意脚下孔洞。作业车推行过程中,应当缓慢、平稳,严禁坐卧轨道休息。

(2)环保要求

1)施工现场的工机具和材料须在划定的区域摆放整齐,并悬挂标识牌;现场施工场地整洁、干净。

2)施工过程中产生的垃圾和废料要集中存放,并在当天施工完成后及时清理至指定地点。

8.1.4　机电工程电缆引入施工作业指导书

1. 适用范围

适用于杭州至海宁城际铁路工程信号专业电缆引入室内施工。

2. 作业准备

(1)内业技术准备

1)组织技术人员熟悉有关规范、规程和技术标准,学习实施性施工组织设计,审核施工图纸。

2)制定施工安全保证措施,对施工人员进行技术交底,对参加施工人员进行上岗前技术培训,考核合格后方可上岗。

(2)外业技术准备

1)根据设计文件现场核对已敷设电缆的条数及规格型号并记录。

2)核对已敷设电缆的预留长度。

3)检查已敷设电缆电气特性测试是否合格。

4)电缆间施工完成。

3. 技术要求

(1)信号设备房屋电缆余留量处理应符合下列要求:

1)室外引至信号设备房屋的电缆余留量不应小于 5 m。

2)电缆间的电缆余留量应成“Ω”形布放,严禁盘成环状。

3)电缆排列整齐美观、转弯及余留量的布放应均匀圆滑,不得有硬弯或背扣现象,并符合电缆弯曲半径的要求。

(2)楼层间电缆应分段固定,分段间距不宜大于 2 m。

(3)电缆在引入口处应用防火堵料封堵。

(4)电缆终端应加挂铭牌,并标明电缆编号及去向。

4. 施工程序与工艺流程

工艺流程如图 8.1.4 所示。

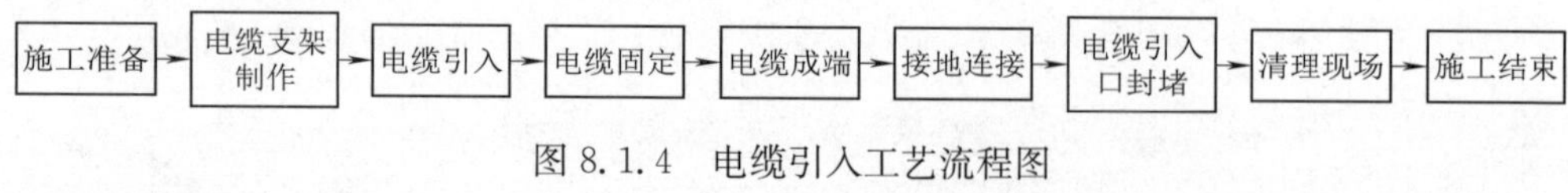

图 8.1.4　电缆引入工艺流程图

5. 施工要求

(1)电缆引入施工工艺

1)车站电缆储备间电缆引入前先使用 30 mm×45 mm 铝合金型材制作电缆固定支架、盘放备用电缆支架(禁止形成闭合回路)及电缆上楼爬架。

2)车站电缆间自引入口向室内使用 8 mm×300 mm 黑扎带将电缆依次绑扎固定在电缆支架上,电缆转弯及余留量的布放均匀圆滑、整齐美观。

3)在楼层间电缆上楼爬架上制作电缆一次成端,使用喉箍将电缆钢带、铝护套分别固定在专用电缆接地铜排上。轨道数字电缆引入机械室电缆成端柜并制作电缆二次成端;其余电缆引入机械室防雷分线柜,在地面支架上制作二次成端。二次成端使用成端盒制作。

4)电缆柜电缆侧一般使用 4 根 30 mm×45 mm 铝合金型材固定,第一根型材距机柜底部 300 mm,第二根距机柜底部 1 300 mm,第三根距机柜底部 1 700 mm,第四根距机柜底部 2 100 mm,成端盒做在第二与第三根型材之间。电缆去向标距机柜底部 1 100 mm,在机柜内部做好电缆标识,标识大小为 300 mm×400 mm 电缆屏蔽层穿橙色水管至综合柜引下口,成端盒接地端子朝向外侧,使用 3 mm×30 mm 紫铜排引至电缆接地汇集排,两排成端接地铜排使用 8 mm×14 mm 通透铜螺栓连接。

5)将电缆去向铭牌挂在电缆一次成端及二次成端处,去向牌机打需注明编码、型号、规格、电缆始终端、长度。

6)电缆全部引入后在引入口处用防火堵料封堵并填砂处理水泥抹面。

7)电缆引入过程要注意:

①电缆引入按照道岔、信号机、轨道电路等不同用途提前规划好电缆排序制作电缆布放断面图;

②引入过程要注意排列顺序,由下层开始逐条固定在电缆支架上,电缆之间不得交叉;

③多层引入时,底层电缆成端制作完成后再布放第二层电缆,电缆成端位置高度统一。

8)楼层间电缆分段固定间距不宜大于 2 m。

(2)电缆成端施工工艺

1)电缆一次成端使用成端盒,钢带及铝护套接地处分别开剥 30 mm,开剥处用砂纸打磨处理,使用小喉箍将钢带及铝护套分别固定在专用接地铜排上。

2)电缆二次成端制作采用成端盒,轨道数字电缆二次成端设置在电缆成端柜中,其余电缆二次成端设置在防雷分线柜引入前地面支架上。

3)电缆二次成端接地将钢带和铝护套断开,用双根 1.5 mm^2 铜导线环连后接到成端盒的接地端子,再接到电缆屏蔽接地汇集线。

4)成端灌胶

①将电缆端头直立并安放稳固;

②撕开电缆冷封胶外袋,取出内袋;

③两手分别捏住内袋卡条两侧边缘,向两侧用力拉至胶条由槽中滑出,一手抓住塑料槽,一手用力向外拉胶条;

④两手分别抓住胶袋两端,反复上下倒折胶袋,使 A、B 两种胶液粗混合;

⑤两种胶液经粗混合后将其放在手心上,双手揉搓(勿留死角),揉搓至胶液充分混合;

⑥将胶袋的一角剪开,将胶液由灌胶口灌注到成端盒内。

5)固定成端盒使用骑马卡将成端盒两端固定在电缆支架上,电缆排列整齐。

(3)接地连接

1)一次成端使用 3 mm×30 mm 镀镍铜排将所有专用接地铜排环接后接至电缆储备间接地汇集板。

2)二次成端使用 3 mm×30 mm 镀镍铜排将所有成端盒接地端子环接后接至电缆接地汇集排。

3)轨道电路用数字电缆内屏蔽层用 1.5 mm^2 扁平铜网环连后接至综合柜内 FLE 接地汇集板上。

6. 劳动组织

施工人员根据架子队“1152”模式进行配置,具体人员配置见表 8.1.4-1。

表 8.1.4-1　架子队人员配置表

序号	职　务	人　数	备　注
1	架子队队长	1人	组织指挥现场施工
2	技术负责人	1人	施工技术交底、施工技术培训
3	领工员	1人	负责施工质量、安全、进度、环保和文明施工管理
4	工班长	1人	带领工班全体人员完成作业队下达的施工生产任务
5	技术员	1人	跟班作业,纠正施工中安全、质量、环保等存在的问题
6	安全员	1人	施工安全检查及防护、安全技术交底
7	质检员	1人	施工质量检查工作
8	材料员	1人	负责施工工程物资供应管理工作
9	试验员	1人	材料检测及报验
10	信号工	4人	电缆引入施工
11	电工	1人	现场临时用电放线、接线,确保用电安全
12	普工	3人	材料工机具搬运

7. 材料要求

(1)电缆的规格型号符合设计要求。
(2)工机具经检测合格后方可使用。

8. 设备机具配置

电缆引入工机具配置见表 8.1.4-2。

表 8.1.4-2　电缆引入工机具配置表

序号	名　称	单　位	数　量
1	组合工具	套	1
2	成端专用工具	套	1
3	压线钳	把	1
4	液压钳	把	1
5	小喷枪	把	1
6	电容测试仪	块	1
7	直流电桥	块	1
8	兆欧表	块	1
9	通信工具	套	2

9. 质量控制及检验

(1)质量控制

1)全塑电缆的弯曲半径不得小于电缆外径的10倍。

2)铠装电缆的弯曲半径不得小于电缆外径的15倍

3)光缆的弯曲半径不得小于光缆外径的15倍。

4)阴雨雪天气禁止进行电缆测试。

(2)质量检验

1)引至室内的光电缆预留量不应小于5 m。

2)光电缆在电缆支架上应分层敷设并排列整齐,自然松弛,当同层架设时,不应扭绞交叉。

3)电缆电气特性应符合设计要求及国家现行标准。

10. 安全及环保要求

(1)安全要求

1)使用梯子时,必须先检查梯子是否坚固,是否符合安全要求。立梯坡度60°为宜,梯底宽度不小于50 cm,并有防滑装置,梯顶无搭勾。梯脚不能稳固时,须有人扶梯,人字梯拉绳必须牢固。

2)现场施工人员正确佩戴劳动保护用品。

(2)环保要求

1)坚决执行环保法规,制定管理办法,在施工中严格执行。

2)加强作业人员的施工环保意识,保护施工环境,及时回收施工中发生的包装废弃物,不随意丢弃。

8.1.5 机电工程箱盒安装施工作业指导书

1. 适用范围

适用于杭州至海宁城际铁路机电工程信号专业箱盒安装施工。

2. 作业准备

(1)内业技术准备

1)组织技术人员熟悉有关规范、规程和技术标准,学习实施性施工组织设计,审核施工图纸。

2)制定施工安全保证措施,对施工人员进行技术交底,对参加施工人员进行上岗前技术培训,考核合格后方可上岗。

(2)外业技术准备

1)根据设计文件现场复核箱盒安装位置,核对已敷设电缆的数量、规格及型号。

2)已敷设电缆电气特性测试合格。

3)检查其箱盒的规格、型号、质量是否符合设计要求。

4)箱盒安装的辅助材料准备完毕。

3. 技术要求

(1)方向盒、终端盒、变压器箱应采用复合防盗型变压器箱(墨绿色 SMC 材质)。箱盒配线应安装紧固,电气性能可靠;整体美观、标识清晰、内部清洁、密封良好;芯线余留量满足维护需要。

(2)方向盒不得安装在电缆槽道内;室外箱盒采取平行于电缆径路或电缆槽的方式进行安装,不采取骑跨电缆径路或电缆槽的方式;区间轨道电路方向盒就近安装在所属发送、接收双体防护盒处。

4. 施工程序与工艺流程

(1)施工程序

施工准备→安装位置定测→桥梁防护墙打孔(桥梁地段)/隧道壁钻孔(隧道地段)→基础支架安装→箱盒及标识牌安装→电缆、地线引入→灌注绝缘密封胶→挂电缆去向牌→清理现场→施工结束。

(2)工艺流程

工艺流程如图 8.1.5-1 所示。

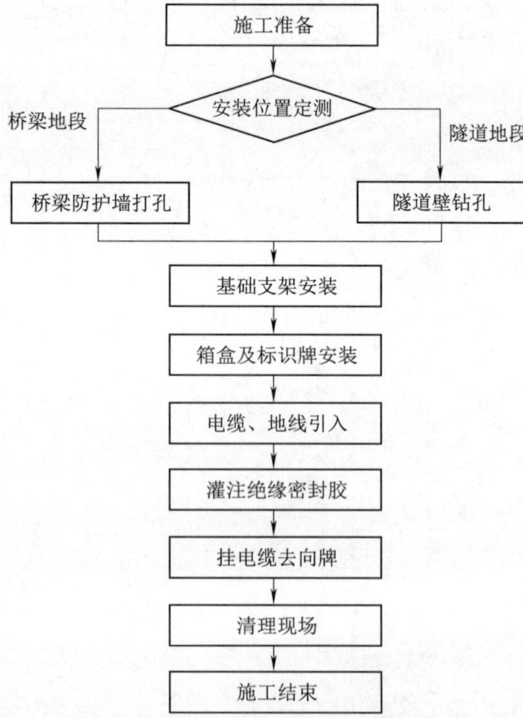

图 8.1.5-1 箱盒安装工艺流程图

5. 施工要求

(1)桥梁地段箱盒安装工艺要求

1)方向电缆盒安装在专用金属支架上,采用 M16 通透螺栓和补强板将支架固定在防护墙上,方向电缆盒基础顶面与防护墙顶面平齐。

2)基础支架严禁跨桥梁伸缩缝安装。防护墙引线孔宜高于轨道板面 5～10 mm;终端电缆盒基础顶面与防护墙顶面平齐。防护墙宜从线路侧向线路外侧钻孔,孔口应平滑美观。

3)引入方向盒电缆应采用压缩空气用织物增强橡胶软管(黑色)进行防护。

(2)隧道地段电缆盒安装工艺要求

1)方向盒安装在靠近线路的电缆槽外侧壁上时,方向盒可采用壁挂式电缆侧面引入方式。电缆盒应采用 M16 通透式防松螺栓固定在电缆槽侧壁上,电缆槽侧壁的电缆引入孔应符合电缆弯曲半径的要求;电缆槽侧壁到方向盒间的电缆裸露部分应设防护管防护,在电缆槽侧壁上钻孔时,必须避开内部贯通接地钢筋。在直线地段电缆槽顶面高于钢轨顶面 300 mm 时,方向盒靠线路侧的最凸出边缘距线路中心不应小于 1 866 mm。

2)信号机用箱盒,应安装在信号机后方;箱盒底面高于电缆槽盖板上平面 300 mm±50 mm,箱盒安装位置应保证电缆防护管伸入电缆槽内。

3)轨道电路变压器箱应安装在电缆槽外壁上,受限界影响可切除踏步台降低安装高度或切除电缆槽壁。

4)道岔用终端盒应安装在转辙机旁的电缆槽壁上,其最凸出边缘距钢轨内沿 1 700～2 000 mm,基础顶面距地面 300 mm±50 mm。

5)应答器用终端电缆盒,应安装在应答器旁的电缆槽壁上,基础顶面高于电缆槽盖板顶面大于 350 mm。

(3)电缆成端工艺要求

1)电缆做头

①电缆穿入保护管和密封套后,用棉纱清洁电缆做头部分外护套。

②使用电缆刀开剥电缆外护套,长度满足箱盒配线要求。

③用钢锯切割钢带、铝护套及内屏蔽层,切割口距电缆外护套端口的长度分别为 10 mm、20 mm 和 60 mm。

④安装防水胶圈、固定片、电缆固定卡箍并锁紧。

⑤用砂纸将铝护套和钢带打磨。

⑥去除 25～30 mm 内屏蔽层上绝缘层,将屏蔽压接管内衬管置于电缆芯线与屏蔽层间,再将外部压接管置于屏蔽层外。

2)钢带和铝护套屏蔽连接

①钢带和铝护套分别用 U 形屏蔽连接夹固定牢固。

②按环接方式引出两根截面面积为 1.5 mm^2 的扁平铜网或 7×0.52 mm 多股芯线作为屏蔽引出线。

3)屏蔽四线组的屏蔽连接

①将截面面积 1.5 mm^2 的扁平铜网和屏蔽四线组内的排流线置于屏蔽压接管和屏蔽四线组的屏蔽层之间,用专用压接钳压后引出。

②将引出线与其他屏蔽四线组环连压接。

③引出两根屏蔽引出线,屏蔽引出线长度根据接地端子排的位置确定。

4)电缆及地线固定密封套推回到灌注冷封胶位置,将电缆及地线引入箱盒并将保护管与箱盒连接牢固。

5)成端密封

①检查冷封胶包装袋及分隔离条是否完好,严禁使用过保质期产品。

②开袋前应将 A、B 两种胶液充分混合。

③灌注冷封胶前将电缆四线组内芯线分开,芯线间用冷封胶灌注。

④七方向盒:胶室总高度为 4 cm,灌注冷封胶超出内胶室沿顶部 0.5 cm,胶面距外胶室顶面约 2 cm。

⑤四方向盒:胶室总高度为 4 cm,灌注冷封胶超出内胶室沿顶部 0.5 cm,胶面距外胶室顶面约 2 cm。

⑥信号机:胶室总高度为 6 cm,胶面距外胶室顶面约 3.5 cm。

⑦道岔:胶室总高度为 6 cm,胶面距外胶室顶面约 3.5 cm。

⑧灌注冷封胶后,应检查无漏胶现象。

⑨灌注冷封胶后 12 h 内电缆不应受外力挤压。

6)屏蔽引出线的接地连接

①钢带及铝护套的屏蔽引出线、屏蔽四线组的屏蔽引出线端头分别压接 ϕ6 mm 冷压线环后,接至箱盒内地线汇流铜排。

②地线引接线在箱盒内一侧压接 ϕ8-50 mm^2 冷压线环接后至箱盒内地线汇流铜排,另一侧与综合接地系统连接。灌注冷封胶后的箱盒成端、接地如图 8.1.5-2 所示。

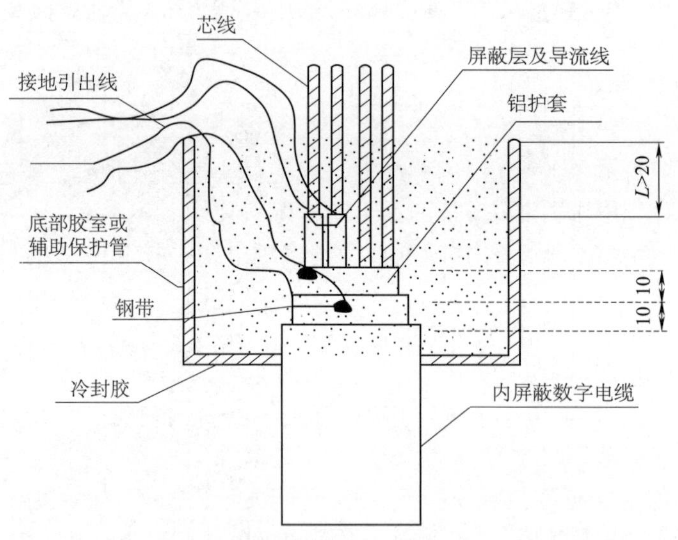

图 8.1.5-2 箱盒成端、接地示意图(单位:mm)

(4)挂电缆去向牌

1)在电缆两端要挂去向牌,使用打号机打印相关电缆信息。

2)去向牌中注明电缆型号、规格、电缆始终端、长度。

(5)标识

方向盒、终端盒、信号用变压器箱的名称标注采用反光标识牌,安装在基础上。

6. 劳动组织

(1)劳动力组织方式:采用架子队组织模式。

(2)作业人员数量应根据施工条件、工期要求进行合理配置,见表 8.1.5-1。

表 8.1.5-1　架子队人员配置表

序号	职　务	人　数	备　注
1	架子队队长	1 人	组织指挥现场施工
2	技术负责人	1 人	施工技术交底、施工技术培训
3	领工员	1 人	负责施工质量、安全、进度、环保和文明施工管理
4	工班长	1 人	带领工班全体人员完成作业队下达的施工生产任务
5	技术员	1 人	跟班作业,纠正施工中安全、质量、环保等存在的问题
6	安全员	1 人	施工安全检查及防护、安全技术交底
7	质检员	1 人	施工质量检查工作
8	材料员	1 人	负责施工工程物资供应管理工作
9	试验员	1 人	材料检测及报验
10	信号工	2 人	箱盒安装施工
11	电工	1 人	现场临时用电放线、接线,确保用电安全
12	普工	2 人	材料工机具搬运

7. 材料要求

箱盒安装材料配置见表 8.1.5-2。

表 8.1.5-2　箱盒安装材料配置表

序号	名　称	单　位	数　量	备　注
1	箱盒	个	1	
2	箱盒基础	个	1	
3	成端材料	个	若干	
4	棉纱	袋	2	
5	冷封胶	袋	2	

8. 设备机具配置

箱盒安装主要设备机具配置见表 8.1.5-3。

表 8.1.5-3　设备机具配置表

序号	名　称	单　位	数　量	备　注
1	发电机	台	1	
2	切割机	台	1	
3	内屏蔽专用压接钳	把	1	
4	水平尺	把	1	
5	液压钳	把	1	
6	其他小工具	套	1	

9. 质量控制及检验

(1)质量控制

1)施工时,严格执行质量自检、互检、专业检的检验制度。

2)对检查中所涉及的质量问题必需及时处理,处理完毕后,在规定期限内把处理过程、负责人、处理结果、完成日期如实填入考核报告中。

3)定期开展(一般每月1次)质量工作例会,讨论发现操作工艺问题,及时改进和完善《作业指导书》,并以工艺技术交底的形式向施工人员传达、执行。

(2)质量检验

1)全部箱盒安装质量满足设计文件要求和《城市轨道交通信号工程施工质量验收标准》(GB/T 50578—2018)相关规定,工程质量一次验收合格率100%。

2)箱盒的安装位置、安装高度及距线路中心的距离应满足设计要求。

3)当箱盒安装在混凝土基础上时,混凝土基础强度及埋设深度应满足设计要求。基础固定螺栓外露部分应采取防锈措施。

4)箱盒外部无伤痕和裂纹。

5)箱盒内端子无锈蚀、无松动。

6)各种箱盒的电缆引入应采用防护措施,其金属护套应与箱盒金属构件相绝缘。

7)内屏蔽数字电缆引入箱盒时,电缆成端应满足下列要求:

①各种箱盒宜采用冷封胶做成端密封处理。

②钢带、铝护套及金属内屏蔽层应接地。

③电缆成端后应保持电缆芯组的自然排列顺序,避免芯线混乱。

④灌胶时胶面应高于金属屏蔽层20 mm以上。

(3)电缆成端检验

1)在电缆灌胶处,电缆四线组内的芯线应分开。

2)金属芯线根部不得损伤。

3)电缆成端灌胶时,胶面应高于芯线根部20 mm以上。

4)电缆成端应无漏胶,表面光洁无裂缝、无气泡。

(4)电缆成端屏蔽连接检验

1)信号电缆的钢带、铝护套、内屏蔽护套连通后应单端接地。

2)电缆单端接地的每段长度不得超过3 000 m,当电缆总长度超过3 000 m时,中间应采用地面接续盒方式单端接地连接一次。

3)屏蔽连接的压接管应用专用压接钳压接牢固。

10. 安全及环保要求

(1)安全要求

1)安全员带齐防护用具。

2)施工时设立作业标志,严禁非作业人员进入施工现场。

3)为确保施工作业安全,现场应有人统一指挥,并设专职安全防护人员负责现场的安全防护工作,坚持早点名和安全预想制度。

4)施工调试完毕后要检查现场剩余物品是否侵入限界。

(2)环保要求

1)加强作业人员的施工环保意识,保护施工环境,及时回收施工中发生的包装废弃物,不随意丢弃。

2)严禁焚烧橡胶、塑料等会产生有毒、有害烟尘和恶臭气体的物质。

3)施工中尽量减少燃油发电机的使用,以便减少燃油燃烧所产生的二氧化硫等空气污染物。

8.2 固定信号机、发车指示器及按钮装置

8.2.1 机电工程信号机安装施工作业指导书

1. 适用范围

适用于杭州至海宁城际铁路机电工程信号专业信号机安装施工。

2. 作业准备

(1)内业技术准备

1)组织技术人员熟悉有关规范、规程和技术标准,学习实施性施工组织设计,审核施工图纸。

2)制定施工安全保证措施,对施工人员进行技术交底,对参加施工人员进行上岗前技术培训,考核合格后方可上岗。

(2)外业技术准备

1)施工负责人、技术员依据设计图纸对信号机安装位置进行定测,并做好现场明显标识。现场定测如果发现有给排水管或其他专业影响信号显示,应与其协调避让信号机。

2)施工安装前,积极与相关专业进行协调和配合,合理安排施工作业面,避免与相关专业设备存在冲突影响。

3)检查信号机的规格、型号、质量是否符合设计要求。

3. 技术要求

(1)信号机的安装位置、安装高度、显示方向及灯光配列应满足设计要求。

(2)当高柱信号机采用环形预应力混凝土机柱时,机柱质量应符合下列规定:

1)横向裂缝宽度应小于 0.2 mm,长度应小于周长的 1/2;裂缝条数不超过 5 条,且间距应在 200 mm 以上。

2)纵向裂缝不应超过 1 条,裂缝宽度应在 0.2 mm 以内,长度应小于 1 000 mm,混凝土面应无剥落现象。

3)机柱的弯曲度不应大于机柱长度的 1/200。

(3)高柱信号机安装应符合下列规定:

1)除引导信号机构、柱下部调车信号机构和进路表示器外,同一机柱上同方向安装的信号机构各灯位中心应在一条直线上;固定托架安装应水平、牢固。

2)机柱顶端及电线引入管口应封堵严密。

3)信号机梯子中心与机柱中心应一致,梯子支架应水平,梯子应平直并应连接牢固。

4. 施工程序与工艺流程

(1)施工程序

施工准备→划线打孔→安装信号机支架(柱)→安装信号机构→设备安装配线→送电调试→灯光调整→质量检查、清理现场。

(2)工艺流程

工艺流程如图 8.2.1 所示。

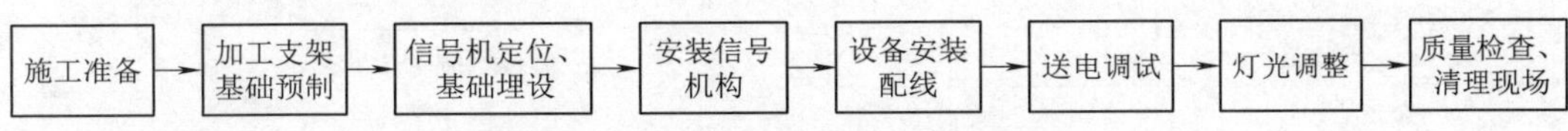

图 8.2.1 信号机安装施工流程图

5. 施工要求

(1)安装信号机构

1)核实信号机构的型号、规格应符合设计规定。

2)安装机构后,检查信号机显示方向正确,各部件齐全,不得有破损、裂纹现象,机构门开关灵活且在机构门中间用白漆喷写编号,机构前方固定反光标牌且清晰、明了。

3)维修平台:为便于运营人员维修,安装位置较高的信号机需加装镀锌角钢架制作的维修平台,平台高度根据现场实际情况测量加工,信号机处设备较多,应合理布置。

4)信号机箱盒

①根据场地情况可采用墙壁"U"式安装和地面"L"支架式安装两种方法。

②根据信号机的安装位置,用膨胀螺栓将支架在墙壁或地面上固定牢靠,然后将箱盒通过连接螺栓固定支架上,施工前将箱盒除锈涂防锈漆,再涂灰色调和漆。

③电缆支架(槽)至设备电缆需用胶管防护,过水沟需在胶管外套钢管防护。

(2)设备安装配线

1)安装机构内的设备、配线、设备型号符合设计文件要求并经检测合格。

2)配线布放平、直、顺、美观,电缆芯线可直接插入端子排,软线须压接线帽再插入万科端子。

3)线把在机构内固定好,防止开关门时挤伤线条。

4)信号机集中统一打号,检查现场,打扫并收集清理施工垃圾。

5)信号机电缆采用室内单端接地。

6. 劳动组织

(1)劳动力组织方式:采用架子队组织模式。

(2)作业人员数量应根据施工条件、工期要求进行合理配置,见表 8.2.1-1。

表 8.2.1-1 架子队人员配置表

序号	职 务	人 数	备 注
1	架子队队长	1人	组织指挥现场施工
2	技术负责人	1人	施工技术交底、施工技术培训

续上表

序号	职　务	人　数	备　注
3	领工员	1 人	负责施工质量、安全、进度、环保和文明施工管理
4	工班长	1 人	带领工班全体人员完成作业队下达的施工生产任务
5	技术员	1 人	跟班作业,纠正施工中安全、质量、环保等存在的问题
6	安全员	1 人	施工安全检查及防护、安全技术交底
7	质检员	1 人	施工质量检查工作
8	材料员	1 人	负责施工工程物资供应管理工作
9	试验员	1 人	材料检测及报验
10	信号工	4 人	信号机安装施工
11	电工	1 人	现场临时用电放线、接线,确保用电安全
12	普工	3 人	材料工机具搬运

7. 材料要求

(1)信号机的规格、型号、质量符合设计要求。
(2)工机具经检测合格后方可使用。

8. 设备机具配置

信号机安装设备机具配置见表 8.2.1-2。

表 8.2.1-2　设备机具配置

序号	名　称	单　位	数　量	备　注
1	冲击钻	台	2	
2	发电机	台	2	
3	记号笔	根	4	
4	钢卷尺	把	4	
5	手锤	把	2	
6	扳手(250 mm)	把	6	
7	防护灯	个	2	
8	安全帽	把	根据现场情况定	
9	限界记录表	张	1	

9. 质量控制及检验

(1)质量控制

1)施工时,严格执行质量自检、互检、专业检的检验制度。

2)对检查中所涉及的质量问题必需及时处理,处理完毕后,在规定期限内把处理过程、负责人、处理结果、完成日期如实填入考核报告中。

3)定期开展(一般每月 1 次)质量工作例会,讨论发现操作工艺问题,及时改进和完善《作业指导书》,并以工艺技术交底的形式向施工人员传达、执行。

(2)质量检验

1)信号机及其附属设施进场时应进行检查,其型号、规格、质量应符合设计要求。

检验方法:对照设计文件检查产品质量证明文件,并观察检查外观。

2)信号机的安装位置、安装高度、显示方向及灯光配列应符合设计要求。

检验方法:观察、尺量检查。

3)当信号机金属支架、机构与隧道体或桥梁体有接地要求时,接地应良好;当要求机械绝缘时,支架、机构与隧道体或桥梁体间的绝缘电阻应满足设计要求。

检验方法:观察检查。

4)信号机光源应符合下列规定:

①显示距离应符合设计要求。

②当采用灯泡为光源时,应使用有主、副灯丝的专用灯泡。

③当采用 LED 为光源时,其电气特性应符合设计要求。

检验方法:观察、试验、测试检查。

5)信号机配线应符合下列规定:

①信号机配线型号及规格应符合设计要求。

②配线不得有中间接头,并应无破损、老化现象。

③在箱盒、机构内部配线应绑扎整齐。

④配线在引入管进出口处应进行防护处理。

检验方法:观察检查。

10. 安全及环保要求

(1)安全要求

1)施工时设立作业标志,严禁非作业人员进入。

2)为确保施工作业安全,现场应有人统指挥,并设专职安全防护人员负责现场的安全防护工作,坚持早点名和安全预想制度。

3)施工调试完毕后要检查现场剩余物品是否侵入限界。

4)施工中要严格执行既有线施工管理办法,动用行车设备及影响行车安全的施工,必须请施工天窗,确保行车安全。

5)箱盒作头后,不具备条件做基础硬面化时,需顺线路摆放并做好固定,防止箱盒倾斜造成侵限。

6)工作完毕,锹、镐等工具摆放规定位置,不得放在线路中心及侵限位置。

7)成立电缆抢修应急小组,并随时佩带抢修工具,以应对突发事件。

8)严禁在线路上、路肩上、车辆下休息,严禁在线路中心行走。

9)使用单轨车时,要与信号楼防护员联系,并配备充足人力,前后设防护员并佩带防护工具进行安全防护。

(2)环保要求

1)加强作业人员的施工环保意识,保护施工环境,及时回收施工中发生的包装废弃物,不随意丢弃。

2)严禁焚烧橡胶、塑料等会产生有毒、有害烟尘和恶臭气体的物质。

3)施工中尽量减少燃油发电机的使用,以便减少燃油燃烧所产生的二氧化硫等空气污染物。

8.2.2 信号工程按钮装置安装施工作业指导书

1. 适用范围

适用于杭州至海宁城际铁路机电工程信号专业按钮装置安装施工。

2. 作业准备

(1)内业技术准备

1)组织技术人员熟悉有关规范、规程和技术标准,学习实施性施工组织设计,审核施工图纸。

2)制定施工安全保证措施,对施工人员进行技术交底,对参加施工人员进行上岗前技术培训,考核合格后方可上岗。

(2)外业技术准备

1)检查施工现场情况是否满足安装条件。

2)对使用的工具、仪表要进行检查,确保性能指标正常。

3)清点设备及材料的型号、规格、数量应符合采购合同清单及设计要求。

4)设备及材料应无受潮及破损现象。

5)设备附件及技术资料齐全(包括合格证、说明书、操作手册、安装手册等)。

3. 技术要求

(1)紧急停车按钮箱的安装位置、安装高度应满足设计要求;安装在站台上的按钮箱不得妨碍乘客通行。

(2)区域封锁按钮箱的安装位置、安装高度应满足设计要求;按钮操作应灵活、无卡阻,灯光显示应明亮。

(3)站台门按钮箱的安装位置、安装高度应满足设计要求;按钮操作应灵活、无卡阻,灯光显示应明亮。

(4)自动折返按钮的安装位置、安装高度应满足设计要求。安装在站台上的按钮箱不得妨碍行人通行。按钮应操作灵活、无卡阻,灯光显示明亮。

(5)按钮装置配线引入管口处应加防护,防护管槽应固定牢固。

(6)按钮装置应安装平顺、牢固,各部件组装应完整,箱盘体应无破损、裂纹、脱焊、锈蚀现象。

4. 施工程序与工艺流程

工艺流程如图 8.2.2 所示。

图 8.2.2 按钮装置安装施工工艺流程图

5. 施工要求

(1)紧急停车按钮安装

1)站台紧急停车按钮箱根据图纸采用嵌入式铆钉安装方式,安装在站台承重柱及装饰墙上,具体位置参见设计图纸。

2)紧急关闭按钮箱采用自复式按钮,按钮外采用一次性树脂板。

3)配线要合理、易于查找故障,剥切电缆时,不得损伤芯线及绝缘。

4)紧急关闭按钮箱安装高度根据设计要求为:箱底部距装修地面为 1 500 mm±100 mm。

5)紧急停车按钮箱体与装饰墙壁或承重柱立面相吻合,箱体周边与装饰壁间应用玻璃胶密封。

(2)自动折返按钮

1)自动折返按钮箱采用正墙体、侧墙体或吊装 3 种安装方式,采用明敷 ϕ32 mm 镀锌钢管方式,安装于首尾两站站台端头 5 m 左、右处的装饰墙上或柱子上,如有障碍可适当调整,但安装位置及高度须满足限界要求且应便于司机操作原则。

2)立柱、支架、吊挂件等采用不锈钢或热浸锌处理,另外高架站发车指示器需在其外部加装护套,避免雨雪淋湿。

3)自动折返按钮箱底部距装修完成面为 1 400 mm±100 mm,自动折返按钮箱背部距墙体距离应大于背部开盖距离。

4)自动折返按钮箱与支架间连接螺栓采用双螺母紧固,露出螺母外的螺扣不小于 5 mm。

5)自动折返按钮箱箱内线缆的绑扎、配线应符合施工规范,工艺应统一、平顺、美观,其连接线缆在通信线槽内敷设时应注意相互间成品保护,且单独绑扎并满足验收规范和工艺要求。

6)自动折返按钮箱内部接地端子采用不小于 16 mm^2 地线与贯通地线连接。

7)考虑其调试周期和成品保护,自动折返按钮箱可在工程后期安装,安装完毕至验收使用前加装防潮—防尘罩。

(3)电缆引入

1)按钮装置设备电缆由信号设备室引至设备正上方。

2)电缆沿着设备支架向下引至设备内。

(4)设备配线

1)设备配线满足设计要求。

2)配线线缆布放应留有余量。

3)信号线、电源线应分开布放,交流和直流配线应分开绑扎。

4)配线线缆布放弯曲半径应满足线缆最小弯曲半径的要求。

5)用环切刀开剥电缆,按配线方式不同使用不同的工具,现场多采用压接式,用专用压接钳将电缆芯线压接后,插入相应的万科端子。

(5)接地安装

1)按钮装置接地方式符合设计要求。

2)按钮装置接地线型号、规格、质量符合设计要求。

6. 劳动组织

(1)劳动力组织方式:采用架子队组织模式。

(2)作业人员数量应根据施工条件、工期要求进行合理配置,见表 8.2.2-1。

表 8.2.2-1 架子队人员配置表

序号	职 务	人 数	备 注
1	架子队队长	1人	组织指挥现场施工
2	技术负责人	1人	施工技术交底、施工技术培训
3	领工员	1人	负责施工质量、安全、进度、环保和文明施工管理
4	工班长	1人	带领工班全体人员完成作业队下达的施工生产任务
5	技术员	1人	跟班作业,纠正施工中安全、质量、环保等存在的问题
6	安全员	1人	施工安全检查及防护、安全技术交底
7	质检员	1人	施工质量检查工作
8	材料员	1人	负责施工工程物资供应管理工作
9	试验员	1人	材料检测及报验
10	信号工	2人	室内设备安装施工
11	电工	1人	现场临时用电放线、接线,确保用电安全
12	普工	3人	材料设备工机具搬运、协助设备安装

7. 材料要求

按钮装置的规格、型号、质量符合设计要求。

8. 设备机具配置

施工工具及工艺设备主要有万用表、兆欧表、熔接机等。现场具体投入的机械设备见表 8.2.2-2。

表 8.2.2-2 设备机具配置

序号	名 称	单 位	数 量
1	扳手(250 mm)	把	4
2	手枪钻	把	2
3	手锤	把	4
4	记号笔	根	2
5	卷尺	把	2
6	水平尺	把	2
7	压接钳	把	2

9. 质量控制及检验

(1)质量控制

1)施工时,严格执行质量自检、互检、专业检的检验制度。

2)对检查中所涉及的质量问题必需及时处理,处理完毕后,在规定期限内把处理过程、负责人、处理结果、完成日期如实填入考核报告中。

3)定期开展(一般每月1次)质量工作例会,讨论发现操作工艺问题,及时改进和完善《作业指导书》,并以工艺技术交底的形式向施工人员传达、执行。

(2)质量检验

1)紧急停车按箱的安装位置、安装高度应满足设计要求;安装在站台上的按钮箱不得妨碍乘客通行。

检验数量:全部检查。

检验方法:观察、尺量检查。

2)区域封锁按钮箱的安装位置、安装高度应满足设计要求;按钮操作应灵活、无卡阻,灯光显示应明亮。

检验数量:全部检查。

检验方法:观察、尺量检查。

3)站台门按钮箱的安装位置、安装高度应满足设计要求;按钮操作应灵活、无卡阻,灯光显示应明亮。

检验数量:全部检查。

检验方法:观察、尺量检查。

4)自动折返按钮箱的安装位置、安装高度应满足设计要求。安装在站台上的按钮箱不得妨碍行人通行。按钮应操作灵活、无卡阻,灯光显示明亮。

检验数量:全部检查。

检验方法:观察、尺量检查。

5)按钮装置配线引入管口处应加防护,防护管槽应固定牢固。

检验数量:全部检查。

检验方法:观察、尺量检查。

6)按钮装置应安装平顺、牢固,各部件组装应完整,箱盘体应无破损、裂纹、脱焊、锈蚀现象。

检验数量:全部检查。

检验方法:观察、尺量检查。

7)按钮装置及配线线缆进场时应进行检查,其型号、规格、质量应满足设计要求。

检验数量:全部检查。

检验方法:对照设计文件检查产品质量证明文件,并观察检查外观。

10. 安全及环保要求

(1)安全要求

1)当隧道内施工时,因粉尘漂浮颗粒相对地面严重,施工人员应佩戴口罩或防尘面具。

2)当在地下车站内施工时,因地下车站照明不足,须携带足够照明器具,避免行走或施工中因照明不足造成人员伤害。

3)正确操作电动冲击钻,避免机械伤害。

4)佩戴安全带、安全帽,安全带注意高挂低用,防止高处坠落。

5)运输、施工中须进行自我成品保护、他人成品保护。施工结束后,做到工完料净场地清。

(2)环保要求

1)施工现场要保持环境清洁,施工废料及时清理。

2)加强作业人员的施工环保意识,保护施工环境,及时回收施工中发生的包装废弃物,不随意丢弃。

3)严禁焚烧橡胶、塑料等会产生有毒、有害烟尘和恶臭气体的物质。

4)施工中尽量减少燃油发电机的使用,以便减少燃油燃烧所产生的二氧化硫等空气污染物。

8.2.3　机电工程发车指示器安装施工作业指导书

1. 适用范围

适用于杭州至海宁城际铁路机电工程信号专业发车指示器安装施工。

2. 作业准备

(1)内业技术准备

1)组织技术人员熟悉有关规范、规程和技术标准，学习实施性施工组织设计，审核施工图纸。

2)制定施工安全保证措施，对施工人员进行技术交底，对参加施工人员进行上岗前技术培训，考核合格后方可上岗。

(2)外业技术准备

1)检查施工现场情况是否满足安装条件。

2)对使用的工具、仪表要进行检查，确保性能指标正常。

3)清点设备及材料的型号、规格、数量应符合采购合同清单及设计要求。

4)现场定测：根据施工图纸的要求对发车指示器的位置及安装方式进行定测。

5)加工制作安装支架：根据现场定测及施工图提供的信息对发车指示器支架进行定制。

6)设备及材料应无受潮及破损现象。

7)设备附件及技术资料齐全(包括合格证、说明书、操作手册、安装手册等)。

3. 技术要求

(1)发车指示器设备地面到站台表面垂直高度 2 500 mm±50 mm。

(2)发车指示器设备到屏蔽门端门水平距离 1 000 mm±100 mm。

(3)发车指示器设备中心距中心距离 2 200 mm±50 mm。

(4)发车指示器显示面角度：面向司机所在位置(根据实际情况调整)。

(5)发车指示器与地面角度：垂直于地面，横向偏移量应不大于 5 mm。

(6)采用明敷 ϕ32 mm 镀锌钢管方式，安装于每站上、下行站台端头 5 m 左、右处的装饰墙上或柱子上，如有障碍可适当调整，但安装位置及高度须满足限界要求且应便于司机观望为原则。

(7)立柱、支架、吊挂件等采用不锈钢或热浸锌处理，另外高架站发车指示器需在其外部加装护套，避免雨雪淋湿。

(8)发车指示器与支架间连接螺栓采用双螺母紧固，露出螺母外的螺扣不小于 5 mm。

(9)发车指示器箱内线缆的绑扎、配线应符合施工规范，工艺应统一、平顺、美观，其连接线缆在通信线槽内敷设时应注意相互间成品保护，且单独绑扎并满足验收规范和工艺要求。

(10)发车指示器内部接地端子采用不小于 16 mm^2 地线与贯通地线连接。

(11)考虑其调试周期和成品保护，发车指示器可在工程后期安装，安装完毕至验收使用前加装防潮—防尘罩。

4. 施工程序与工艺流程

(1)施工程序

发车指示器宜采用正墙体、侧墙体或吊装 3 种安装方式。

施工准备→划线打孔→安装支架→设备安装→电缆引入→设备配线→接地安装→现场检查、打扫清理→撤离现场。

(2)工艺流程

工艺流程如图 8.2.3-1 所示。

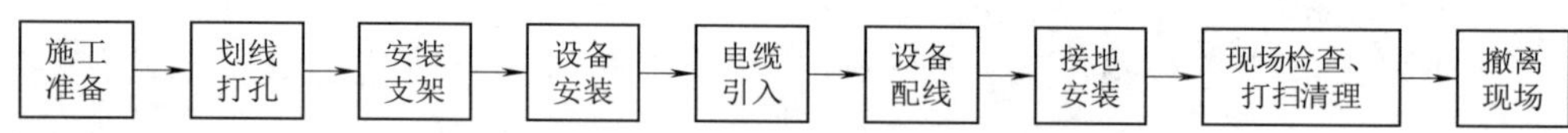

图 8.2.3-1 发车指示器安装施工工艺流程图

5. 施工要求

(1)划线打孔

定测后,使用记号笔标记螺丝孔所在位置,使用手枪钻进行打孔。

(2)发车指示器支架安装

1)发车指示器采用吊装方式进行安装,发车指示器顶部设置安装支架,安装支架吊装于天花板,具体安装方式如图 8.2.3-2 和图 8.2.3-3 所示。

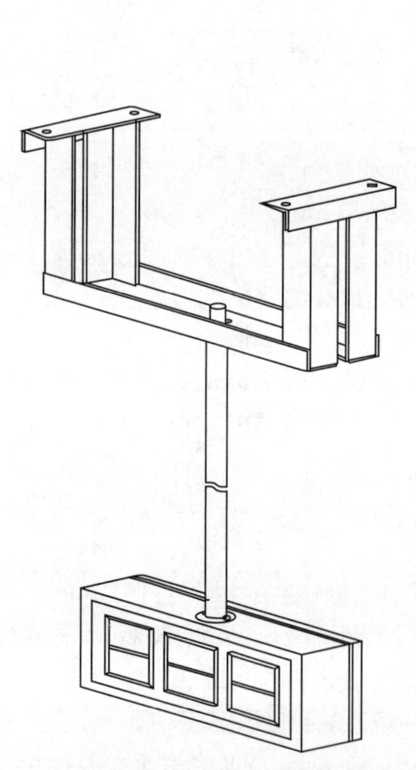

图 8.2.3-2 发车指示器安装方式

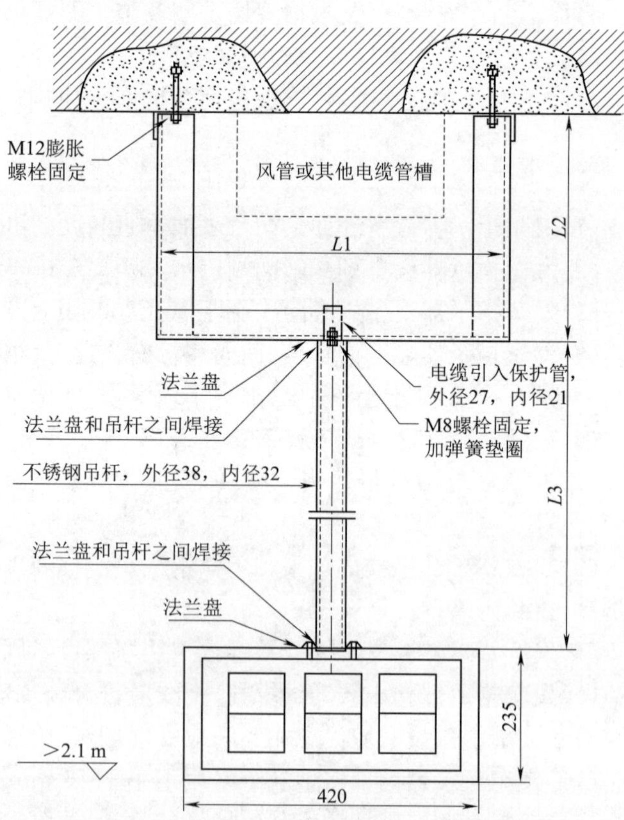

图 8.2.3-3 发车指示器前视图(单位:mm)

2)安装吊杆与顶部/底部法兰之间均需在现场由施工方焊接,焊接需牢固可靠,符合相关规定。

3)钢管和防爆三通/法兰盘之间螺纹连接。

(3)发车指示器安装步骤

1)根据装箱单清单清点安装配件是否齐全。

2)检查发车指示器外观是否正常,有无擦碰、变形、受潮、金属镀层剥落锈蚀等现象。

3)选择适宜的场地,将发车指示器的包装箱、保护薄膜拆开铺好。

4)戴上干净的纱线手套,理顺发车指示器的相线、零线和地线,另一端区分相线、零线和地线后分别引出电源接线。发车指示器侧接入发车指示器电源相应端子。

5)理顺通信电缆4芯(白/褐/绿/黄),选取其中绿(485-A)/黄(485-B)两芯分别用作发车指示器的通信线,接入发车指示器内的RS485端子。电缆另一端的绿/黄两芯接入ATS机柜端子排的相应位置。

6)比照固定顶部法兰盘安装孔及开孔在顶部支架上开孔,开孔后用8 mm螺栓固定。

7)将安装吊杆与顶部/底部法兰焊接,焊接需牢固可靠,符合相关规定。

8)支架上部安装防爆三通,防爆三通与顶部法兰之间采用钢管连接。钢管10 cm,管两端有螺纹,分别与顶部法兰和防爆三通的螺口连接。数据线、电源线经过防爆三通进入法兰孔中,最终进入发车指示器。防爆三通上两端有橡胶头。线缆通过橡胶头后进入三通内,拧紧橡胶头的螺口,三通内的尼龙锁紧垫将会禁锢在线缆外皮,起到防水作用。

9)发车指示器主机箱体上部开有安装孔和进线孔,与底部法兰开孔一致。底部法兰与发车指示器主机之间使用8 mm螺栓固定。

10)调整发车指示器,使其垂直于地面,横向偏移量不应大于5 mm。

(4)设备配线:种类规格符合设计规定,固定防护符合设计要求,布设平、顺、直,预留量符合标准,电缆配线无损伤。

6.劳动组织

(1)劳动力组织方式:采用架子队组织模式。

(2)作业人员数量应根据施工条件、工期要求进行合理配置,见表8.2.3-1。

表8.2.3-1 架子队人员配置表

序号	职 务	人 数	备 注
1	架子队队长	1人	组织指挥现场施工
2	技术负责人	1人	施工技术交底、施工技术培训
3	领工员	1人	负责施工质量、安全、进度、环保和文明施工管理
4	工班长	1人	带领工班全体人员完成作业队下达的施工生产任务
5	技术员	1人	跟班作业,纠正施工中安全、质量、环保等存在的问题
6	安全员	1人	施工安全检查及防护、安全技术交底
7	质检员	1人	施工质量检查工作
8	材料员	1人	负责施工工程物资供应管理工作
9	试验员	1人	材料检测及报验
10	信号工	2人	室内设备安装施工
11	电工	1人	现场临时用电放线、接线,确保用电安全
12	普工	2人	材料设备工机具搬运、协助设备安装

7. 材料要求

(1)发车指示器的规格、型号、质量符合设计要求。
(2)设备及材料应无受潮及破损现象。
(3)设备附件及技术资料齐全(包括合格证、说明书、操作手册、安装手册等)。

8. 设备机具配置

施工工具及工艺设备主要有万用表、兆欧表、熔接机等。现场具体投入的机械设备见表 8.2.3-2。

表 8.2.3-2 设备机具配置

序号	名 称	单 位	数 量
1	手电钻	把	2
2	电锤	把	2
3	压接帽专用压接钳	把	2
4	功率电烙铁	把	2
5	常用电工工具	把	2
6	常用焊接工具	把	2
7	铅笔	把	4
8	卷尺	把	2
9	纱线手套	双	若干
10	人字梯	副	1
11	数字式万用表	台	2

9. 质量控制及检验

(1)质量控制

1)施工时,严格执行质量自检、互检、专业检的检验制度。

2)对检查中所涉及的质量问题必需及时处理,处理完毕后,在规定期限内把处理过程、负责人、处理结果、完成日期如实填入考核报告中。

3)定期开展(一般每月 1 次)质量工作例会,讨论发现操作工艺问题,及时改进和完善《作业指导书》,并以工艺技术交底的形式向施工人员传达、执行。

(2)质量检验

1)发车指示器及配线线缆进场时应进行检查,其型号、规格、质量应符合设计要求。

检验方法:对照设计文件检查产品质量证明文件,并观察检查外观。

2)发车指示器的安装位置、安装高度及显示方式应符合设计要求。

检验方法:观察、尺量检查。

3)发车指示器配线引入管进出口处应加防护,防护管应采用卡箍固定。

检验方法:观察检查。

4)发车指示器的安装应符合下列规定:

①在站台地面上安装时,应采用金属机柱安装方式,机柱与地面应垂直安装牢固。

②在站台顶棚下、隧道壁、建筑物墙壁或高架线路桥梁体上安装时，应采用金属支架安装方式，支架应安装牢固。

③金属机柱、支架应经热镀锌等防腐处理，并应无锈蚀和裂纹现象。

检验方法：观察检查。

10. 安全及环保要求

(1)安全要求

1)所有安装工作使用的工具、装置、检查手段和消耗性材料都要符合相关的规定。

2)只有经过安全技术培训的人员才能进入轨旁进行设备的安装工作。

3)在开始进行安装前，必须检查所有安全设备是否正常，消除安全隐患。

4)在开始进行安装前，必须穿戴好规定的安全护具，如安全帽、安全鞋、反光背心等。

5)在安装过程中，不能进行可能会危及人身安全或设备损坏的操作。

6)在安装过程中，需要严格执行专用的工具、设备和安装附件要求。

7)在安装过程中，安装人员应尽量在限界外进行操作；如必须在限界内作业时，安装人员应面向来车方向，并随时注意车辆和安全监督人员的警示。

8)安装完毕后，不能有任何工具、装置、零件等遗留在现场上。

(2)环保要求

1)施工现场要保持环境清洁，施工废料及时清理。

2)加强作业人员的施工环保意识，保护施工环境，及时回收施工中发生的包装废弃物，不随意丢弃。

3)严禁焚烧橡胶、塑料等会产生有毒、有害烟尘和恶臭气体的物质。

4)施工中尽量减少燃油发电机的使用，以便减少燃油燃烧所产生的二氧化硫等空气污染物。

8.3 列车检测与车地通信设备

8.3.1 信号工程计轴安装施工作业指导书

1. 适用范围

适用于杭州至海宁城际铁路机电工程信号专业计轴安装施工。

2. 作业准备

(1)内业技术准备

1)组织技术人员熟悉有关规范、规程和技术标准,学习实施性施工组织设计,审核施工图纸。

2)制定施工安全保证措施,对施工人员进行技术交底,对参加施工人员进行上岗前技术培训,考核合格后方可上岗。

(2)业技术准备

1)确定轨道专业长轨焊接完成,确保钢轨不会移位。

2)长轨焊好后由设备供货商人员到现场进行定测,以确定轨旁盒的安装位置,定测完成后,还需要进行复测,等设备供货商人员在钢轨上做好标记便可以钢轨打眼。

3)施工安装前,积极与相关专业进行协调和配合,合理安排安装作业面,避免与相关专业设备存在冲突影响。

4)安装前,需将能组装好的磁头等设备集中组装好,相关计轴设备布置图和测量用的相关工具、材料准备好。

5)计轴装置及附件进场前应进行检查,其型号、规格、质量应满足设计要求。

3. 技术要求

(1)计轴磁头定测可在短轨焊接前进行,但计轴磁头安装须在长轨焊接后进行,以保证安装精度。

(2)由于计轴设备安装在钢轨上并且稳定性能要求高,因此计轴磁头可根据工程需要在系统调试前进行安装。

(3)安装完成后需将该区间进行车轨道车封锁,以免非标轮对计轴磁头形成损坏。

(4)车轮传感器至室内的最大传输距离受环阻的限制,最大环路电阻不超过 250 Ω;关于使用不同线径时电缆的长度详见表 8.3.1-1。

表 8.3.1-1 最大传输距离对应表

线径(mm)	环阻(Ω/km)	最大线缆长度(km)
0.9	56.6	4.4
1.0	47.0	5.3
1.4	23.4	10.6

4. 施工程序与工艺流程

(1)施工程序

施工准备→测量定位标记→车轮传感器安装眼钻孔(轨旁终端电缆盒安装眼钻孔)→发送、接收磁头安装(支撑柱安装)→连接电缆及护套安装固定→轨旁检测箱安装→接配线。

(2)工艺流程

工艺流程如图 8.3.1 所示。

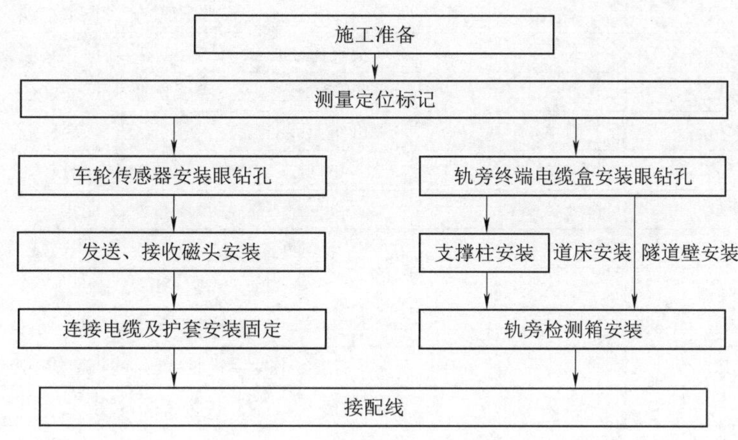

图 8.3.1　计轴安装施工流程图

5. 施工要求

(1)车轮传感器安装

1)车轮传感器的安装需在钢轨轨腰上钻孔安装,一般孔径 ϕ13 mm,孔距 145 mm,钻孔数量 2 个。

2)在选取车轮传感器安装位置时,须考虑以下安全限制条件:

①磁头在曲线线路应安装在内侧钢轨上(计轴厂家定测时确定)。

②两个磁头纵向(同向)安装最小距离不小于 400 mm。

③两个磁头横向(相对)安装最小距离不小于 500 mm。

④在护轨、凸出轮缘导轨等处安装时,距金属物的间距不小于 110 mm。

⑤在岔尖(在移动部件外侧)安装时,轨顶内侧间距不小于 110 mm。

⑥在岔尖滑

(2)室外电缆的接续

车轮传感器与室外的星绞电缆在轨旁接线盒处进行接续。车轮传感器至电缆接线盒的引线距离不大于 5 m(车轮传感器自带电缆长度为 5 m)。

(3)电缆终端盒安装

1)电缆终端盒特性:采用高强度复合材料,盒体重量轻,绝缘性能好,阻燃、耐老化、防潮、防盗。

2)外形尺寸为 220 mm×199 mm×130 mm(长×宽×高)。内部配有 6 位接线端子,用以连接车轮传感器尾缆和计轴电缆。

6. 劳动组织

(1)劳动力组织方式:采用架子队组织模式。

(2)作业人员数量应根据施工条件、工期要求进行合理配置,见表 8.3.1-2。

表 8.3.1-2　架子队人员配置表

序号	职　务	人　数	备　注
1	架子队队长	1人	组织指挥现场施工
2	技术负责人	1人	施工技术交底、施工技术培训
3	领工员	1人	负责施工质量、安全、进度、环保和文明施工管理
4	工班长	1人	带领工班全体人员完成作业队下达的施工生产任务
5	技术员	1人	跟班作业,纠正施工中安全、质量、环保等存在的问题
6	安全员	1人	施工安全检查及防护、安全技术交底
7	质检员	1人	施工质量检查工作
8	材料员	1人	负责施工工程物资供应管理工作
9	试验员	1人	材料检测及报验
10	信号工	2人	计轴设备安装施工
11	电工	1人	现场临时用电放线、接线,确保用电安全
12	普工	2人	材料工机具搬运

7. 材料要求

计轴装置及附件的型号、规格、质量应满足设计要求。

8. 设备机具配置

施工工具及工艺设备主要有轨道钻、扳手、手锤等。现场具体投入的机械设备见表 8.3.1-3。

表 8.3.1-3　设备机具配置

序号	名　称	规　格	单　位	数　量
1	轨道钻		台	1
2	发电机		台	1
3	活口扳手	300 mm	把	2
4	扭矩扳手		把	4
5	电锤		把	1
6	记号笔		根	5
7	皮尺	50 m	把	1
8	钢卷尺	5 m	把	1
9	铅锤		个	1
10	铁线刷		个	3
11	圆形锉刀		把	2
12	压线钳		把	2
13	小螺丝刀	(2～3)mm×75 mm	把	2

9. 质量控制及检验

(1)质量控制

1)施工时,严格执行质量自检、互检、专业检的检验制度。

2)对检查中所涉及的质量问题必需及时处理,处理完毕后,在规定期限内把处理过程、负责人、处理结果、完成日期如实填入考核报告中。

3)定期开展(一般每月 1 次)质量工作例会,讨论发现操作工艺问题,及时改进和完善《作业指导书》,并以工艺技术交底的形式向施工人员传达、执行。

(2)质量检验

1)计轴装置的安装位置、安装方法应符合设计要求。

检验方法:观察、尺量检查。

2)计轴磁头的安装应符合下列规定:

①磁头的安装位置应符合设计要求,磁头安装应用绝缘材料与钢轨隔离。

②磁头在钢轨上的安装孔中心距轨底高度、孔径、孔距、两相邻磁头的安装间距应符合设计要求。

检验方法:观察、尺量检查。

3)计轴装置采用的专用电缆长度应符合设计要求;电缆走线不得盘圈、弯折。

检验方法:观察、尺量检查。

4)计轴磁头电缆应采用橡胶软管防护,并应用金属 Ω 卡箍固定。过水沟时应用镀锌钢管防护。

检验方法:观察检查。

5)磁头安装应平稳、牢固,螺栓应紧固、无松动。

检验方法:观察检查。

10. 安全及环保要求

(1)安全要求

1)施工时设立作业标志,严禁非作业人员进入。

2)为确保施工作业安全,现场应有人统一指挥,并设专职安全防护人员负责现场的安全防护工作,坚持早点名和安全预想制度。

3)施工调试完毕后要检查现场剩余物品是否侵入限界。

4)轨行区施工作业时,戴好安全帽,穿好防护服,设置好防护信号标志。

5)正确使用发电机等临时用电装置,避免发生电击事故。

(2)环保要求

1)加强作业人员的施工环保意识,保护施工环境,及时回收施工中发生的包装废弃物,不随意丢弃。

2)严禁焚烧橡胶、塑料等会产生有毒、有害烟尘和恶臭气体的物质。

3)施工中尽量减少燃油发电机的使用,以便减少燃油燃烧所产生的二氧化硫等空气污染物。

8.3.2 信号工程 RRU 设备安装施工作业指导书

1. 适用范围

适用于杭州至海宁城际铁路机电工程标信号专业 RRU 设备安装施工。

2. 作业准备

(1)内业技术准备

1)组织技术人员熟悉有关规范、规程和技术标准,学习实施性施工组织设计,审核施工图纸。

2)制定施工安全保证措施,对施工人员进行技术交底,对参加施工人员进行上岗前技术培训,考核合格后方可上岗。

(2)外业技术准备

1)射频拉远单元 RRU 及附属设备进场验收应符合下列规定:

①数量、型号、规格应满足设计要求。

②图纸、说明书、合格证、质量检验报告等质量证明文件应齐全。

③设备及附件应无变形,表面应无损伤,镀层、漆饰应完整无脱落,铭牌、标识应完整清晰。

④设备内部件应完好,连接应无松动;应无受潮发霉、锈蚀现象。

2)需根据现场情况、施工图纸、安装限界确定 RRU 设备安装位置,并作明显标记,确保施工后不返工重新设置。

3. 技术要求

(1)安装时,所需零部件及材料有抱杆/挂墙固定夹、紧固螺栓、并联安装件、一抱一安转件、挂墙安装件及 M10×100 膨胀螺栓等,所需具体数量根据现场实际情况而定。

(2)RRU 设备安装应按设计施工图中的要求进行,所有安装装置均需镀锌处理。

(3)RUU 设备的各部件应齐全,不得有破损、裂纹现象,紧固件应平衡上紧。

(4)根据确定的 RUU 设备的位置和安装限界,在混凝土道床或隧道壁上钻孔,RUU 设备固定在 RUU 设备安装抱杆(龙门架)或安装支架上,RUU 设备的安装装置形式分为隧道壁安装和抱杆(龙门架)安装。

4. 施工程序与工艺流程

工艺流程如图 8.3.2-1 所示。

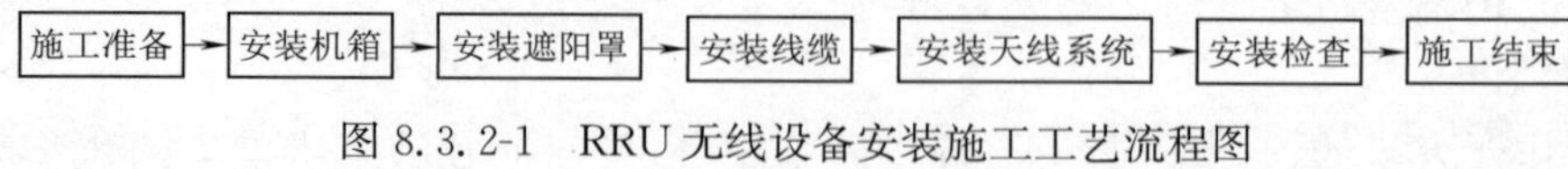

图 8.3.2-1 RRU 无线设备安装施工工艺流程图

5. 施工要求

(1)RRU 一般安装方式

①隧道壁安装分为两种,如图 8.3.2-2 和图 8.3.2-3 所示。

②抱杆安装分为三种,如图 8.3.2-4～图 8.3.2-6 所示。

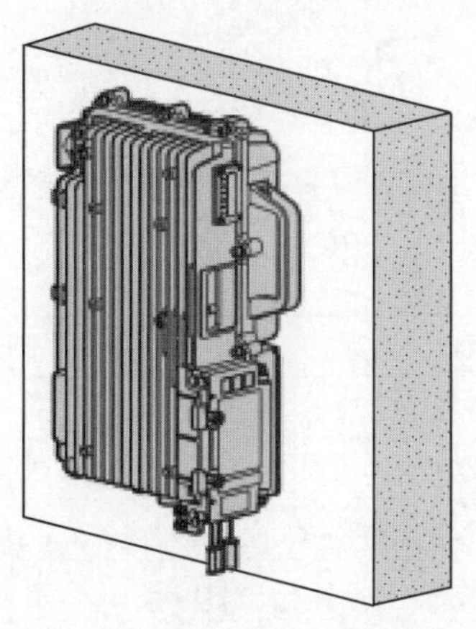

图 8.3.2-2　固定夹挂安装

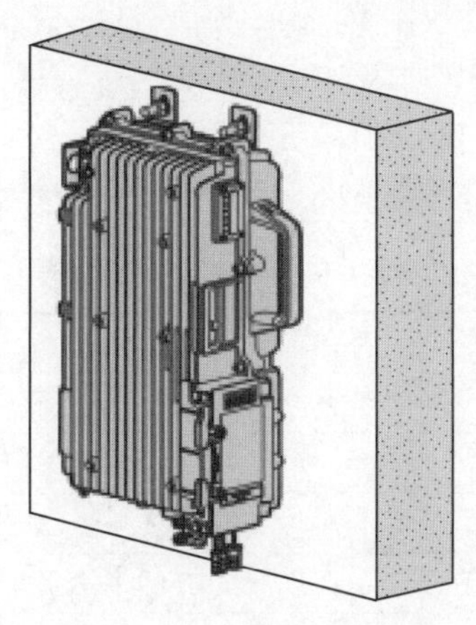

图 8.3.2-3　可调挂墙安装

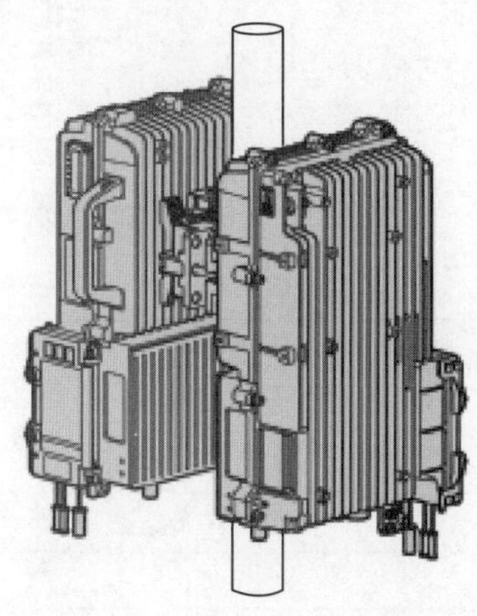

图 8.3.2-4　两个 RRU-抱杆安装

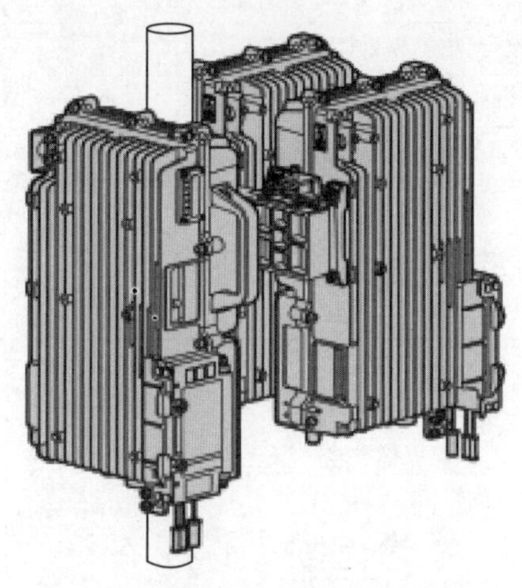

图 8.3.2-5　三个 RRU-抱杆安装

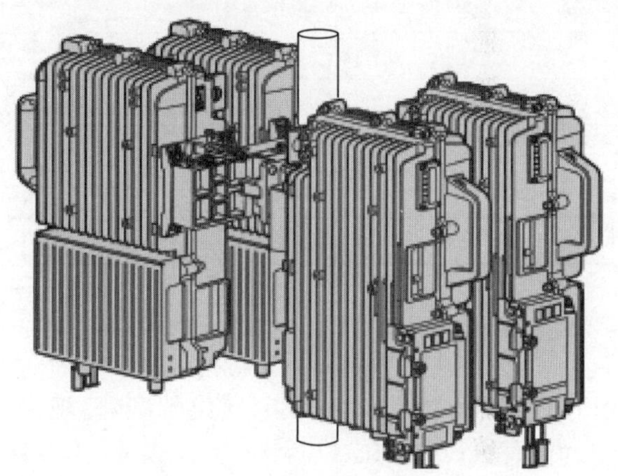

图 8.3.2-6　四个 RRU-抱杆安装

(2)安装主扣件

①安装主扣件时,要使主扣件的箭头标识指向上方向。

②安装主扣件时,请先检查主扣件的弹片是否紧固好。

③为了便于后期维护,建议主扣件距离地面 1 200～1 600 mm。

④将辅扣件卡在主扣件的双头螺母之间。

⑤用活动扳手拧紧螺母,紧固力矩为 35～40 N·m,使主辅扣件牢牢的卡在杆体上。

⑥将 RRU 安装在主扣件上。

(3)安装遮阳罩

①设备安装应牢固、稳定,抗风、防雨、防震、防结露及散热功能应符合设计要求。

②根据集成商提供的室外 RRU 设备安装手册要求安装 RRU 设备遮阳罩。

(4)安装线缆

因设备的不同导致线缆安装接口不同,该步骤建议根据集成商提供的安装手册或集成商人员现场指导进行线缆安装。

6. 劳动组织

(1)劳动力组织方式:采用架子队组织模式。

(2)作业人员数量应根据施工条件、工期要求进行合理配置,见表 8.3.2-1。

表 8.3.2-1　架子队人员配置表

序号	职　务	人　数	备　注
1	架子队队长	1人	组织指挥现场施工
2	技术负责人	1人	施工技术交底、施工技术培训
3	领工员	1人	负责施工质量、安全、进度、环保和文明施工管理
4	工班长	1人	带领工班全体人员完成作业队下达的施工生产任务
5	技术员	1人	跟班作业,纠正施工中安全、质量、环保等存在的问题
6	安全员	1人	施工安全检查及防护、安全技术交底
7	质检员	1人	施工质量检查工作
8	材料员	1人	负责施工工程物资供应管理工作
9	试验员	1人	材料检测及报验
10	信号工	2人	RRU 设备安装施工
11	电工	1人	现场临时用电放线、接线,确保用电安全
12	普工	2人	材料工机具搬运

7. 材料要求

(1)射频拉远单元 RRU 及附属设备型号、规格应满足设计要求。

(2)射频拉远单元 RRU 说明书、合格证、质量检验报告等质量证明文件应齐全。

(3)设备及附件应无变形,表面应无损伤,镀层、漆饰应完整无脱落,铭牌、标识应完整清晰。

(4)设备内部件应完好,连接应无松动;无受潮发霉、锈蚀现象。

8. 设备机具配置

施工工具及工艺设备主要有万用表、冲击钻、水平尺等。现场具体投入的机械设备见表 8.3.2-2。

9. 质量控制及检验

(1)质量控制

1)施工时,严格执行质量自检、互检、专业检的检验制度。

表 8.3.2-2　设备机具配置

序号	名　称	单　位	数　量	备　注
1	冲击钻(钻头 ϕ14)	把	1	
2	防静电手套	副	若干	
3	水平尺	把	2	

续上表

序号	名 称	单 位	数 量	备 注
4	十字螺丝刀(M3～M6)	套	1	
5	一字螺丝刀(M3～M6)	套	1	
6	羊角锤	把	2	
7	小刀	把	2	
8	剥线钳	把	2	
9	电源线压线钳	把	2	
10	电源线剪线钳	把	1	
11	活动扳手(开口≥32 mm)	把	1	
12	内六角扳手	套	1	
13	万用表	个	1	
14	记号笔(直径≤10 mm)	根	2	
15	长卷尺	副	1	

2)对检查中所涉及的质量问题必需及时处理,处理完毕后,在规定期限内把处理过程、负责人、处理结果、完成日期如实填入考核报告中。

3)定期开展(一般每月 1 次)质量工作例会,讨论发现操作工艺问题,及时改进和完善《作业指导书》,并以工艺技术交底的形式向施工人员传达、执行。

(2)质量检验

1)RRU 及附属设备的安装方式、安装位置应符合设计要求。

检验方法:对照设计文件观察检查。

2)室外设备安装应符合下列规定:

①设备安装应牢固、稳定,抗风、防雨、防震、防结露及散热功能应符合设计要求。

②接地方式及要求应符合设计要求。

检验方法:对照设计文件观察检查。

3)室外设备缆线布放应符合下列规定:

①布线应走向合理、绑扎牢固;馈线弯曲半径应满足最小弯曲半径的要求。

②设备的电源线、馈线、光缆应接地良好,防水及机械防护应满足设计要求。

③布线应走向合理、绑扎牢固;电源线、信号线应分开布放;不应断线和错线,绝缘应符合设计要求。

④电源线、信号线中间应无接头;当经过伸缩缝、转接盒及缆线终端时,应做余留。

⑤从 RRU 及附属设备引出的缆线应固定,不应用插头承受线缆的自重。

⑥连接 RRU 及附属设备的电源线、信号线、光缆应接地良好,防水及机械防护应符合设计要求。

检验方法:观察、测试检查。

10. 安全及环保要求

(1)安全要求

1)施工时设立作业标志,严禁非作业人员进入。

2)为确保施工作业安全,现场应有人统一指挥,并设专职安全防护人员负责现场的安全防护工作,坚持早点名和安全预想制度。

3)施工调试完毕后要检查现场剩余物品是否侵入限界。

4)设备、工机具运输过程中,注意成品保护,避免重物砸伤。

5)隧道内作业时,可能存在照明不足的情况,须携带足够照明器具,避免行走或施工中因照明不足造成人员伤害。

6)正确使用发电机等临时用电,避免发生电击事故。

7)施工过程中须进行自我成品保护、他人成品保护。施工结束后,做到工完料净场地清。

(2)环保要求

1)施工现场要保持环境清洁,施工废料及时清理。

2)加强作业人员的施工环保意识,保护施工环境,及时回收施工中发生的包装废弃物,不随意丢弃。

3)严禁焚烧橡胶、塑料等会产生有毒、有害烟尘和恶臭气体的物质。

4)施工中尽量减少燃油发电机的使用,以便减少燃油燃烧所产生的二氧化硫等空气污染物。

8.3.3　机电工程应答器安装施工作业指导书

1. 适用范围

适用于杭州至海宁城际铁路机电安装工程信号专业应答器安装施工。

2. 作业准备

(1)内业技术准备

1)组织技术人员熟悉有关规范、规程和技术标准,学习实施性施工组织设计,审核施工图纸。

2)制定施工安全保证措施,对施工人员进行技术交底,对参加施工人员进行上岗前技术培训,考核合格后方可上岗。

(2)外业技术准备

1)应答器及附件进场前进行检查,其型号、规格、质量应满足设计要求。

2)应答器安装前应采用激光测距仪沿线路测量,确定应答器安装位置,应答器安装精度须控制在 2 cm 范围内。

3)对现场临时用电检查、工机具进行隐患排查。

3. 技术要求

(1)应答器的设置位置、采用电缆的型号及有效长度、交叉距离应符合设计要求。

(2)应答器尾缆应用套管等进行防护,并且固定在应答器支架或轨枕上。

(3)根据不同道床条件,技术人员与系统供货商确认不同的安装支架,安装支架两侧根据设备的接线位置加装斜坡支架。

(4)有源应答器和有源信标配线须符合施工规范,工艺平直、弯曲度规范、美观。

(5)有源应答器和有源信标电缆铺设和固定应平直、弯曲度规范、美观。

(6)应答器应在工程后期安装,避免踩踏受损,安装完毕至验收使用前加装防潮—防尘罩。

4. 施工程序与工艺流程

(1)施工程序

现场定测→施工准备→各项安全检查、专人防护→划线打孔→应答器支架安装→应答器安装及配线→线缆整理固定→质量检查→现场检查、打扫清理→撤离现场。

(2)工艺流程

工艺流程如图 8.3.3-1 所示。

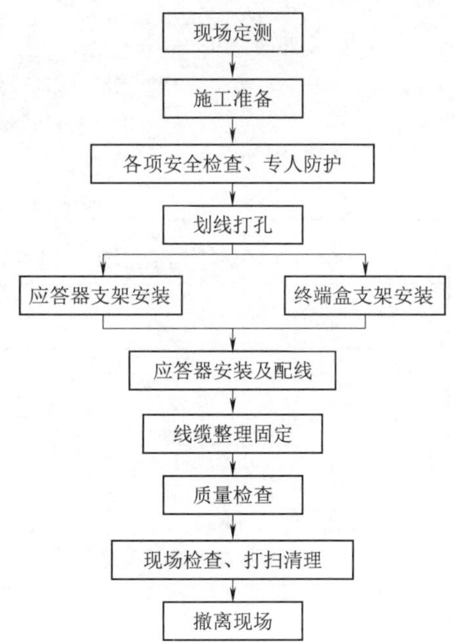

图 8.3.3-1　应答器安装施工工艺流程图

5. 施工要求

(1)划线打孔

根据设计图纸上应答器里程及相关文件,复核应答器安装位置并画线标记。

(2)应答器终端盒安装

1)应答器终端盒在线路侧与钢轨平行安装,站台应答器箱盒一种方式采用“U”支架固定在墙壁上。

2)另一种方式采用“L”支架固定在地面,安装满足限界要求,施工前将终端盒除锈,涂调和漆,厚薄均匀、完整;施工完毕后一般使用白漆喷写应答器编号。

3)碎石道床须砖砌水泥维修平台,预埋基础安装应答器终端盒。

(3)应答器支架安装

按照定测位置安装应答器,安装应答器支架按定测位置钻孔,将支架安装在两轨枕之间,支架下有黑色橡胶弹垫,用锚栓将支架和胶垫固定牢靠。

(4)应答器安装及配线

1)固定应答器等无源应答器安装方式与可变应答器相同。

2)应答器通过螺栓与支架连接,高度可通过增加酚醛玻璃插板调整。

3)电缆支架(槽)至设备电缆需用胶管防护,过水沟需在胶管外套钢管防护。

4)应答器安装部件如图 8.3.3-2 所示。

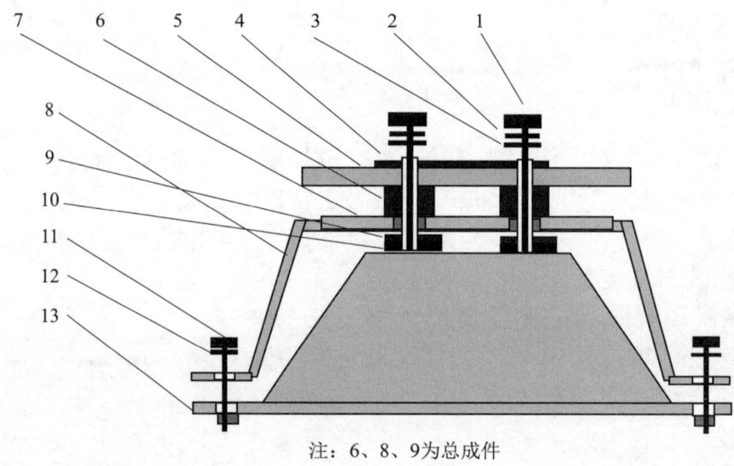

序号	名 称	规 格	数 量	备 注
1	螺栓(内七角)	M12 不锈钢	4	
2	止动垫圈		4	
3	防转垫片		4	
4	压板材质:尼龙	160 mm×54 mm×9.5 mm	2	
5	应答器		1	
6	垫块材质:尼龙	155 mm×55 mm×38 mm	2	总成
7	工字钢底板材质:钢板	332 mm×220 mm×11 mm	1	
8	轨枕夹不锈钢	45 mm×350 mm×184 mm	2	总成
9	垫板材质:尼龙	150 mm×55 mm×12 mm	2	总成
10	减振垫材质:中硬橡胶	150 mm×55 mm×12 mm	2	
11	螺栓(内七角)	M12 不锈钢	4	
12	防转齿垫		4	
13	底梁			

图 8.3.3-2 应答器安装部件示意图

5)应答器安装要求

①在安装前首先要确认应答器标签上标明的公里标位置，根据设计部门的工程图纸安装的位置进行核对，确认无误后方可安装。安装时应答器距轨面的高度应以应答器侧面的电气中心十字标记为准，距两钢轨的中心以应答器上表面的电气中心十字标记为准。

②应答器安装误差范围如图 8.3.3-3 所示。

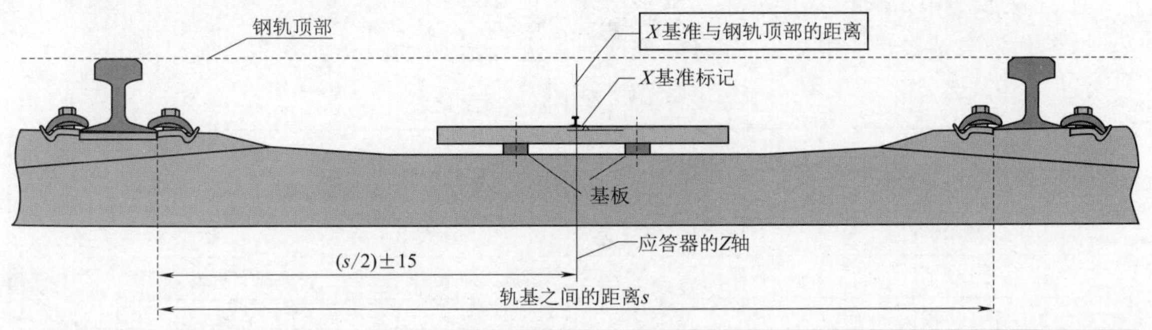

序号	名　称		参　数
1	安装角度	以 X 轴旋转(倾斜)	±2°
2		以 Y 轴旋转(俯仰)	±5°
3		以 Z 轴旋转(偏转)	±10°
4	Y 轴方向允许的横向安装误差		±15 mm

图 8.3.3-3　安装误差范围

应答器安装方向见表 8.3.3-1。

表 8.3.3-1　安装方向

名　称	允许误差	图　例
相对于 Y 轴，应答器允许倾斜	2°	Tilting±2°
相对于 X 轴，应答器允许俯仰	5°	Pitching±5°
相对于 Z 轴，应答器允许偏离	10°	Yawing±10°

6)应答器配线

可变应答器电子单元盒与终端盒之间连线用U形固定卡与地面固定,终端盒配线按照设计图施工并做好电缆接地连接。

6. 劳动组织

(1)劳动力组织方式:采用架子队组织模式。

(2)作业人员数量应根据施工条件、工期要求进行合理配置,见表8.3.3-2。

表8.3.3-2 架子队人员配置表

序号	职 务	人 数	备 注
1	架子队队长	1人	组织指挥现场施工
2	技术负责人	1人	施工技术交底、施工技术培训
3	领工员	1人	负责施工质量、安全、进度、环保和文明施工管理
4	工班长	1人	带领工班全体人员完成作业队下达的施工生产任务
5	技术员	1人	跟班作业,纠正施工中安全、质量、环保等存在的问题
6	安全员	1人	施工安全检查及防护、安全技术交底
7	质检员	1人	施工质量检查工作
8	材料员	1人	负责施工工程物资供应管理工作
9	试验员	1人	材料检测及报验
10	信号工	2人	应答器安装施工
11	电工	1人	现场临时用电放线、接线,确保用电安全
12	普工	2人	材料工机具搬运

7. 材料要求

(1)应答器的规格、型号、质量符合设计要求。

(2)采用电缆规格、型号、质量符合设计要求。

8. 设备机具配置

施工工具及工艺设备主要有万用表、兆欧表、熔接机等。现场具体投入的机械设备详见表8.3.3-3。

表8.3.3-3 设备机具配置

序号	名 称	单 位	数 量	备 注
1	内七角紧固螺栓专用工具	把	4	
2	内六角小扳手标准工具	把	4	
3	20~30cm活动扳手	把	4	
4	20 cm“一”字形螺丝刀	把	4	
5	手锤(锤头方形)	把	2	
6	水平尺	把	4	

续上表

序号	名 称	单 位	数 量	备 注
7	钢卷尺	把	4	
8	钳子	把	5	
9	应答器尾缆钥匙	把	若干	
10	不锈钢带紧固器	把	若干	

9. 质量控制及检验

(1)质量控制

1)施工时,严格执行质量自检、互检、专业检的检验制度。

2)对检查中所涉及的质量问题必需及时处理,处理完毕后,在规定期限内把处理过程、负责人、处理结果、完成日期如实填入考核报告中。

3)定期开展(一般每月1次)质量工作例会,讨论发现操作工艺问题,及时改进和完善《作业指导书》,并以工艺技术交底的形式向施工人员传达、执行。

(2)质量检验

1)应答器及附件进场时应进行检查,其型号、规格、质量应符合设计要求。

检验方法:对照设计文件检查产品质量证明文件,并观察检查外观。

2)应答器的安装位置、安装方法应符合设计要求。

检验方法:观察、尺量检查。

3)应答器的安装高度及纵向、横向偏移量应符合设计要求。

检验方法:观察、尺量检查。

4)有源应答器馈电盒的安装应符合下列规定:

①馈电盒的连接电缆应采取机械防护措施,并应采用卡具固定牢固。

②馈电盒内部配线应正确,并应连接牢靠。

③馈电盒密封装置应完整,防潮性能应良好。

④馈电盒体应接地良好。

检验方法:观察、检查。

5)有源应答器馈电盒应安装平稳、牢固,螺栓应紧固、无松动。

检验方法:观察检查。

10. 安全及环保要求

(1)安全要求

1)施工时设立作业标志,严禁非作业人员进入。

2)为确保施工作业安全,现场应有人统一指挥,并设专职安全防护人员负责现场的安全防护工作,坚持早点名和安全预想制度。

3)施工调试完毕后要检查现场剩余物品是否侵入限界。

4)设备、工机具运输过程中,注意成品保护,避免重物砸伤。

5)施工中须避免机械伤害,如正确按照冲击钻使用说明书进行操作,做到“三不伤害”。

6)隧道内作业时,粉尘漂浮颗粒相对露天作业严重,施工人员应佩戴口罩或防尘面具。

7)隧道内作业时,可能存在照明不足的情况,须携带足够照明器具,避免行走或施工中因照明不足造成人员伤害。

8)正确使用发电机等临时用电,避免发生电击事故。

9)施工过程中须进行自我成品保护、他人成品保护。施工结束后,做到工完料净场地清。

(2)环保要求

1)加强作业人员的施工环保意识,保护施工环境,及时回收施工中发生的包装废弃物,不随意丢弃。

2)严禁焚烧橡胶、塑料等会产生有毒、有害烟尘和恶臭气体的物质。

3)施工中尽量减少燃油发电机的使用,以便减少燃油燃烧所产生的二氧化硫等空气污染物。

4)保持好原有的地貌、植被和既有路基的稳定性。

8.4　室内设备

8.4.1　机电工程室内布线施工作业指导书

1. 适用范围

适用于杭州至海宁城际铁路机电安装工程信号专业室内设备布线施工。

2. 作业准备

(1)内业技术准备

1)组织技术人员熟悉有关规范、规程和技术标准，学习实施性施工组织设计，审核施工图纸。

2)制定施工安全保证措施，对施工人员进行技术交底，对参加施工人员进行上岗前技术培训，考核合格后方可上岗。

(2)外业技术准备

应根据设计图纸对施工现场的环境及施工条件进行调查，调查事项主要包括：

1)设备间地面是否平整、光洁，门的高度和宽度是否符合设计要求。

2)铺设活动地板的场所，活动地板防静电措施及接地是否符合设计要求。

3)室内接地装置的设置是否符合设计要求。

4)引入管道与其他设施，如电气、水、煤气、下水道等的位置间距是否符合设计要求。

5)设备间位置、面积、高度、照明、电源、接地、防火、防水等是否能满足布线的基本要求。

3. 技术要求

(1)配线线缆布放应符合下列规定：

①配线线缆不得有中间接头或绝缘破损。

②信号线、电源线应分开布放，交流和直流配线应分开绑扎。

③配线线缆布放应留有余量，不同用途的载频配线布放方式应满足设计要求。

④配线线缆布放弯曲半径应满足线缆最小弯曲半径的要求。

(2)线缆终端连接应满足下列规定：

①当线缆采用接线端子方式连接时，每个端子上的配线不宜超过两个线头；连接时，各线间应采用金属垫片隔开；端子根部螺帽紧固无松动；配线接头根部应采用塑料套管防护，套管长度应均匀一致。

②当线缆采用焊接方式连接时，不得使用带腐蚀性的焊剂，焊接应牢固，焊点应饱满光滑、无毛刺，配线应无脱焊、断股现象。

③当线缆采用压接方式连接时，应使用与芯线截面相适应的专用压线工具；压接时接点片与导线应压接牢固、长度适当，配线应无脱股、断股现象。

当线缆采用插接方式连接时,应一孔一线,严禁一孔插接多根导线;插接时应采用专用工具操作,多股铜芯线插接前应压接接线帽。

(3)屏蔽线的屏蔽层应与屏蔽端子连接良好。

(4)电缆芯线在连接端子前的扭绞状态应满足设计要求;线头剥切部分芯线不得有伤痕;绕制线环时,线环应按顺时针方向旋转。

4. 施工程序与工艺流程

(1)施工程序

施工准备→线缆布放→线缆绑扎→线缆配线→导通、校对。

(2)工艺流程

工艺流程如图 8.4.1 所示。

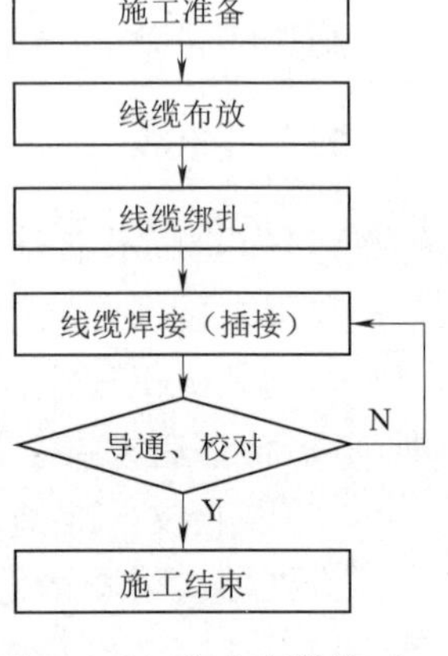

图 8.4.1　室内布线施工工艺流程图

5. 施工要求

(1)布线

①上、下走线采用 30 mm×45 mm 铝合金型材加工走线架,走线架安装在防静电地板下,在走线架上安装固线器。

②走线架与地面使用单孔拐角固定,底面距地面 50 mm,使用 ϕ8 膨胀螺栓固定,支腿与地面用绝缘树脂板隔开。每间隔 1 000 mm 安装一个支腿,支腿使用铝合金型材加工,高度为 50 mm。

③线缆根据用途、去向分层布放,分段设置电缆铭牌。

(2)组合柜配线

1)组合柜零层配线

①一般情况下,1.5 mm^2 及以上电源环线均采用手工绕环,其他电源环线均采用压接线环镀锡处理。

②四柱端子的电源线宜采用 4 mm×200 mm 白色扎带绑扎(7×0.52 mm^2 线使用 3 mm×150 mm 白扎带),扎带间隔 35 mm。断路器底座及十八柱端子的线把使用 3 mm×150 mm 白色扎带绑扎,扎带间距为 20 mm。

③电源线宜采用白色打字套管,套管段长为 20 mm。熔丝报警及 7×0.52 mm^2 线套管长度 18 mm,18 柱焊线套管长度 25 mm。

④1.5 mm^2 及以下电源线宜采用 ϕ2.5 mm 套管,2.5 mm^2、4 mm^2、6 mm^2 电源线使用 ϕ6 mm 套管,10 mm^2 电源线使用 ϕ8 mm 套管,16 mm^2 电源线使用 ϕ12 mm 套管。

2)组合柜侧面

①机柜顶部引下孔处宜采用黑色橡皮胶垫防护,竖向线槽内线把用黑色 5 mm×300 mm 扎带绑扎,间距 90 mm。

②屏蔽线及配线电缆在出线孔上方 100 mm 处开始剥线,开剥处采用黑色 8×40 mm 热缩管热缩处理。

③组合内部熔丝报警环线使用的 23×0.15 mm 线,采用 0.5—3 mm 冷压线环压接,使用白色 2.5 mm×18 mm 打字套管。本架熔丝报警环线在竖向线槽背面绑扎(不入槽),至其他机柜的熔丝报警环线从最下层组合引出至竖向线槽。

④组合柜侧面竖槽开孔大小为 25 mm,开孔位置为上下两层端子板中心,使用白色齿形防磨卡

防护。屏蔽线与 6 芯配线电缆合并绑把，绑把时使用白色 3 mm×150 mm 扎带绑扎，竖向线槽内预留 100 mm 备用量，并绑扎在线槽外侧壁上，防止线把横向窜动；引出竖槽后绑扎两道(左侧为一道)开始分线，扎带间距为 13 mm。横向线把使用扎带固定在端子板下方，防止线把纵向窜动。

⑤根据信号专业室内集成联锁图进行配线，依据端子连接方式采用万科端子或焊接的方式进行连接。

(3)综合柜配线

1)面向综合柜设备侧，右侧竖槽布放接收及监测线缆(应答器尾缆)、左侧竖槽布放发送线缆(应答器电缆和电话线)，贯通线缆按用途与使用电缆同槽。在出线孔位置使用白色齿形防磨卡进行防护。

2)线缆开剥位置在出线孔上方 100 mm 处，屏蔽网接地使用 1.5 mm^2 黄绿地线环接在屏蔽网上，使用 6 mm^2 黄绿地线引到铜排。

3)综合柜零层上部配线，发送软线线把固定在横向托盘最里侧，向外依次是接收软线线把、监测软线线把、发送电缆线把、接收电缆线把；扎带均匀排布，使用白色 3 mm×150 mm 扎带绑扎，间距 20 mm。竖向发送，接收电缆线把垂直于托盘，使用白色 3 mm×150 mm 扎带绑扎，间距 14 mm。电缆出线弧度应顺直统一，拐角处自然弯曲。

4)综合柜插接配线时应使用综合柜专用卡尺控制配线长度，线头开剥长度为 11 mm，插针 0.5 mm^2，使用专用压线钳压接。使用白色 2.5 mm×20 mm 打字套管。

5)分线采集器电源线从机柜背面引下，电力电缆外护套在引下口处开剥，使用白色 4 mm×200 mm 扎带绑扎，间距 35 mm。

6)综合柜模拟网络盘勾线使用蓝色 23×0.15 mm^2 阻燃铜芯线，勾线长度为 120 mm，使用白色 1×12 mm 套管。

(4)接口柜配线

1)接口柜插座配线：使用 6×0.4 mm^2 蓝色配线电缆，剥线位置为出线孔上方 100 mm，开剥处采用黑色 ϕ8 mm×40 mm 热缩管热缩处理。出线位置在横槽的上方，使用 ϕ20 mm 开孔器开孔，使用白色齿形防磨卡进行防护，出线孔上方使用白色 3 mm×150 mm 扎带绑扎两道，间距 20 mm。

3)航空插座端子焊线使用接口柜专用卡尺控制配线长度，焊点要均匀饱满，无毛刺，无硬脖；使用白色 2.5 mm×20 mm 打字套管，航空插座端子柱防护套管为 1 mm×12 mm。

4)驱采配线电缆从机柜的正面走线，使用 ϕ32 开孔器在机柜底部开孔，开孔位置正对航空插头，使用 30 mm×45 mm×880 mm 铝合金型材制作支架，第一根距机柜底部 330 mm，第二根距机柜底部 1 050 mm，用骑马卡将驱采电缆固定在型材上。中间位置使用白色 3 mm×150 mm 扎带绑扎，间距 90 mm。

5)航空插头焊线预留 3 次做头量，焊点要均匀饱满，无毛刺，无硬脖；使用白色 1 mm×12 mm 打字套管。组装插头时，从插头底部出线，车站从中间出线。航空插头焊线要按照关键工序控制卡规定程序操作。

6)列控驱采配线电缆使用带屏蔽的 36 芯线缆，在列控机柜内部做接地处理(厂家负责)。

(5)排架报警器安装

排架报警器安装在主通道侧，报警器顶面距机柜顶面 40 mm，排架报警器边缘距机柜后边缘 160 mm，出线孔使用 ϕ20 开孔器开孔，出线孔用接口柜胶皮圈防护。配线使用白色 2.5 mm×20 mm 打字套管。使用白色 3 mm×150 mm 扎带绑扎，间距 15 mm。

(6)电源屏配线

1)电源屏在机柜下方走线架上剥线,并套长度 50 mm 热缩管,电源屏输出线使用白色 5 mm×300 mm 扎带绑扎,固定在端子板后方滑道上,扎带间距 40 mm。

2)电源线套管长度为 28 mm,监测线使用 ϕ2.5 打字白套管,套管长度 20 mm。外圈电源线长 200 mm(含做头),内圈电源线长 155 mm(含做头),监测线长 130 mm。

3)线缆布防完毕后进行叫号核对,绑扎线把、配线。

4)端子上线采用符合规格的专用工具,留有余量,一孔一线,配线自然全部插入。

(7)防雷分线柜配线

1)分线柜顶部加装 5 mm 厚树脂版,对着出线孔开椭圆形孔,并用白色齿形防磨卡进行防护,线把统一在机柜顶部开剥,开剥位置加热缩套管。

2)面向机柜背面,从右向左第一个槽道走室外电缆,第 2、3 个槽道为室内软线,第 4、5 个槽道为室外电缆,向后依次按此方式排布。

3)竖槽引下的软线线把使用蓝色线缆作为压面线,使用白色 3 mm×150 mm 扎带绑扎,间距 40 mm,各线把扎带排布均匀一致,出线前在线槽内预留 150 mm 备用量。

4)所有软线配线均采用手工绕环,线环缠绕紧密,大小与端子匹配,使用白色 2.5 mm×20 mm打字套管防护;室外电缆需使用加强线环,使用白色 2.5 mm×20 mm 打字套管防护。线条长度弯曲弧度均匀美观。

(8)防雷配电箱配线

防雷箱电源引入使用 4×16 mm^2 电力电缆,使用 16—8 mm^2 冷压环压接,用 12×25 mm 白套管防护。监测箱电压采集在电源引入侧,电流采集在电源输出测。电压采集线为蓝色 7×0.52 mm^2阻燃铜芯线,电压采集线需要绕环,使用白色 4 mm×25 mm 打字套管,电流采集安装方式按照监测图纸配线。

6. 劳动组织

(1)劳动力组织方式:采用架子队组织模式。

(2)作业人员数量应根据施工条件、工期要求进行合理配置,见表 8.4.1-1。

表 8.4.1-1　架子队人员配置表

序号	职　务	人　数	备　注
1	架子队队长	1人	组织指挥现场施工
2	技术负责人	1人	施工技术交底、施工技术培训
3	领工员	1人	负责施工质量、安全、进度、环保和文明施工管理
4	工班长	1人	带领工班全体人员完成作业队下达的施工生产任务
5	技术员	1人	跟班作业,纠正施工中安全、质量、环保等存在的问题
6	安全员	1人	施工安全检查及防护、安全技术交底
7	质检员	1人	施工质量检查工作
8	材料员	1人	负责施工工程物资供应管理工作
9	试验员	1人	材料检测及报验
10	信号工	3人	室内设备安装施工
11	电工	1人	现场临时用电放线、接线,确保用电安全
12	普工	3人	材料设备工机具搬运、协助设备安装

7. 材料要求

线缆的规格、型号、质量符合设计要求。

8. 设备机具配置

施工工具及工艺设备主要有手枪钻、连接螺丝、手锤等。现场具体投入的机械设备见表8.4.1-2。

表 8.4.1-2　设备机具配置

序号	名　称	规　格	单　位	数　量
1	卷尺		把	5
2	数字万用表		块	6
3	手锤		把	4
4	小工具		套	14
5	热缩枪		把	1
6	放线轴承		个	4～8
7	配线卡尺		把	10
8	专用压接钳	WAGO端子压接专用	把	10

9. 质量控制及检验

(1)质量控制

1)施工时,严格执行质量自检、互检、专业检的检验制度。

2)对检查中所涉及的质量问题必需及时处理,处理完毕后,在规定期限内把处理过程、负责人、处理结果、完成日期如实填入考核报告中。

3)定期开展(一般每月1次)质量工作例会,讨论发现操作工艺问题,及时改进和完善《作业指导书》,并以工艺技术交底的形式向施工人员传达、执行。

(2)质量检验

1)室内设备配线线缆进场时应进行检查,其型号、规格、质量应满足设计要求。

检验数量:全部检查。

检验方法:对照设计文件检查产品质量证明文件,并观察检查外观。

2)配线线缆布放应符合下列规定:

①配线线缆不得有中间接头或绝缘破损。

②信号线、电源线应分开布放,交流和直流配线应分开绑扎。

③配线线缆布放应留有余量,不同用途的载频配线布放方式应满足设计要求。

④配线线缆布放弯曲半径应满足线缆最小弯曲半径的要求。

检验数量:全部检查。

检验方法:观察、尺量检查。

3)线缆终端连接应满足下列规定:

①当线缆采用接线端子方式连接时,每个端子上的配线不宜超过两个线头;连接时,各线

间应采用金属垫片隔开;端子根部螺帽紧固无松动;配线接头根部应采用塑料套管防护,套管长度应均匀一致。

②当线缆采用焊接方式连接时,不得使用带腐蚀性的焊剂,焊接应牢固,焊点应饱满光滑、无毛刺,配线应无脱焊、断股现象。

③当线缆采用压接方式连接时,应使用与芯线截面相适应的专用压线工具;压接时接点片与导线应压接牢固、长度适当,配线应无脱股、断股现象。

④当线缆采用插接方式连接时,应一孔一线,严禁一孔插接多根导线;插接时应采用专用工具操作,多股铜芯线插接前应压接接线帽。

⑤屏蔽线的屏蔽层应与屏蔽端子连接良好。

检验数量:全部检查。

检验方法:观察检查。

4)电缆终端应固定在机架上,排列应整齐美观,引出端应标识正确、清晰。

检验数量:全部检查。

检验方法:观察检查。

5)电缆芯线在连接端子前的扭绞状态应满足设计要求;线头剥切部分芯线不得有伤痕;绕制线环时,线环应按顺时针方向旋转。

检验数量:全部检查。

检验方法:观察检查。

10.安全及环保要求

(1)安全要求

1)使用梯子、支架、高凳时应稳固可靠。

2)严禁将易燃易爆危险品带入机房,作为清洁用少量的酒精要妥善保管,用完后及时带出机房。

3)使用电器时应配备合格三级配电箱,严禁使用破损的电源线。

4)施工生产工作要时刻把安全工作放在首要位置,做到警钟长鸣。

5)按照安全防护标准佩戴安全帽、安全带、手套、绝缘鞋、防护服等防护用具,规范使用登高、电动等各类器具。

(2)环保要求

1)施工现场要保持环境清洁,施工废料及时清理,施工时对道床道砟有影响的要用彩条布防护,防止污染。

2)加强作业人员的施工环保意识,保护施工环境,及时回收施工中发生的包装废弃物,不随意丢弃。

3)严禁焚烧橡胶、塑料等会产生有毒、有害烟尘和恶臭气体的物质。

4)施工中尽量减少燃油发电机的使用,以便减少燃油燃烧所产生的二氧化硫等空气污染物。

8.4.2　信号工程室内设备安装施工作业指导书

1. 适用范围

适用于杭州至海宁城际铁路机电工程信号专业室内设备安装施工。

2. 作业准备

(1)内业技术准备

组织技术人员认真学习实施性施工组织设计,审核施工图纸,澄清有关技术问题,熟悉有关规范、规程和技术标准;熟悉采用的新工艺、新标准、新材料;讲解室内设备安装技术交底注意事项;制定针对室内设备安装时的安全保证措施,提出应急预案。对施工人员进行技术交底,并对施工人员进行岗前技术培训及安全培训,考核合格后方可持证上岗作业。

(2)外业技术准备

1)室内设备外壳、漆层无损,附件齐全、完好,各种表示铭牌正确、齐全、字迹清楚。

2)各种机柜的规格、型号、安装位置、排列顺序、安装方式、配线的规格、型号,端子配置应符合设计要求。

3)检查机房房屋及地面情况是否满足安装条件。

4)对使用的工具、仪表要进行检查,确保性能指标正常。

5)设备安装前,应确认房屋建筑及其装饰工程已完成并符合设备安装要求,门窗完整、严密,室内给排水、供电、通风等能正常使用。

6)技术人员对施工现场的环境及条件进行勘察,主要包括以下内容:

①现场电源情况是否满足施工安装及设备供电需求。

②地面、墙壁、顶棚等处的预留空洞、预埋件等的规格、尺寸、位置、数量等是否符合施工图设计的要求。

③现场通风空调、给排水、低压配电等风水电设备处是否具备 BAS 终端设备安装条件。

④检查现场周边的物资运输路径以及与工程有关的其他情况。

7)清点设备及材料的型号、规格、数量应符合采购合同清单及设计要求,保存清点清单。

8)设备及材料应无受潮及破损现象。

9)设备附件及技术资料齐全(包括合格证、说明书、操作手册、安装手册等)。

3. 技术要求

(1)机房内机柜的平面布置、安装位置、柜面朝向、柜间距应满足设计要求。

(2)机柜安装应符合下列规定:

①机柜固定方式应满足设计要求,机柜底座与地面固定应平稳、稳固,当机房内铺设有防静电地板时,底座应与防静电地板等高。

②机柜安装应横平竖直、端正稳固,倾斜度偏差应小于机柜高度的 1‰;同排机柜正面应处于同一平面,底部应处于同一直线。

③除特定的绝缘隔离、散热、电磁干扰等要求外,机柜应相互紧密靠拢,或采用螺栓固定。

④当机柜间需要绝缘隔离时,绝缘装置应安装齐全、无损伤。

⑤当机柜有抗震要求时,机柜的抗震加固措施应满足设计要求。

⑥机柜进线孔应封堵。

(3)机柜内所有设备的紧固件应安装完整、牢固,零配件应无脱落。

(4)机柜铭牌文字和符号标识应正确、清晰、齐全。

(5)机柜漆面色调应一致,并应无脱漆现象;机柜金属底座应经热镀锌等防腐处理。

4. 施工程序与工艺流程

工艺流程如图 8.4.2 所示。

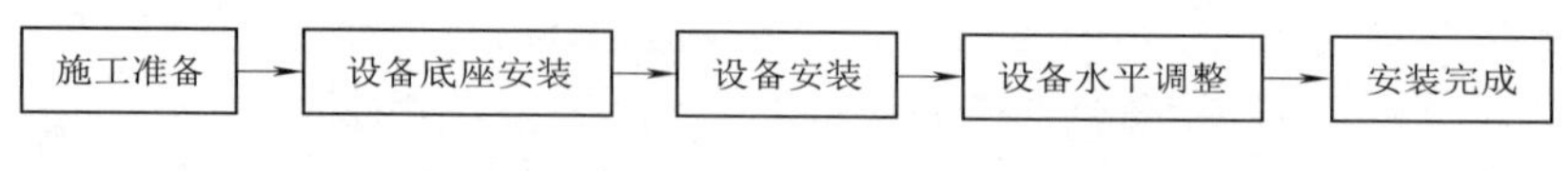

图 8.4.2 室内设备安装施工工艺流程图

5. 施工要求

(1)机柜底座一般采用角钢制作,UPS、电池组等设备底座宜采用槽钢制作,根据设备用房地板承重能力设置应力扩散架。

(2)底座加工应根据机柜底面实际测量,不得采用柜体标称尺寸,底座高度与机柜连接面宜比实测尺寸小 5 mm,底座安装后应与机房防静电地板平齐。

(3)底座焊接处的焊渣必须清除并打磨光滑,底座采用刷漆或镀锌防腐处理。

(4)安装位置符合设计要求,一般采用 M12 膨胀螺栓固定底座,安装时先把底座排列整齐,用记号笔对着底座的四个安装孔在地上画上打眼标记,画好后搬开底座,用直钢尺和记号笔在画好的圆圈中心画“十”字线,打眼时电锤应垂直对准“十”字线中心,打孔深度为膨胀螺栓套管长度和锥头之和,孔眼垂直,不得成喇叭状。

(5)孔内粉尘清除干净,用橡皮锤将膨胀螺栓轻敲入孔内,套管应全部没入孔内。取下螺母,将设备底座对地安装孔套入膨胀螺栓,在膨胀螺栓上依次套上平垫片、弹簧垫片、螺母,随后锁紧螺母。

(6)相邻底座要排列整齐,同一列内底座的正面一侧应平直成一条直线,使用金属垫铁调平,水平尺测量。

(7)设备稳立

①设备与底座通过连接螺栓固定,机柜安装后要平衡、整齐、牢固,前面板在一条直线上,设备间空隙、垂直度符合规范和设计要求。

②对有防静电要求的设备,安装人员佩戴防静电手腕,同时保证机架地线连接良好。

③各系统设备插入单元电路板时,通过操作手柄或电路板的边沿对插入单元进行操作,避免接触内部器件。

6. 劳动组织

(1)劳动力组织方式:采用架子队组织模式。

(2)作业人员数量应根据施工条件、工期要求进行合理配置,见表 8.4.2-1。

表 8.4.2-1 架子队人员配置表

序号	职 务	人 数	备 注
1	架子队队长	1人	组织指挥现场施工
2	技术负责人	1人	施工技术交底、施工技术培训
3	领工员	1人	负责施工质量、安全、进度、环保和文明施工管理
4	工班长	1人	带领工班全体人员完成作业队下达的施工生产任务
5	技术员	1人	跟班作业,纠正施工中安全、质量、环保等存在的问题
6	安全员	1人	施工安全检查及防护、安全技术交底
7	质检员	1人	施工质量检查工作
8	材料员	1人	负责施工工程物资供应管理工作
9	试验员	1人	材料检测及报验
10	信号工	4人	室内设备安装施工
11	电工	1人	现场临时用电放线、接线,确保用电安全
12	普工	5人	材料设备工机具搬运、协助设备安装

7. 材料要求

(1)室内设备的规格、型号、质量符合设计要求。

(2)机柜的规格、型号、质量符合设计要求。

(3)机柜底座的规格、型号、质量符合设计要求。

8. 设备机具配置

施工工具及工艺设备主要有手枪钻、手锤等。现场具体投入的机械设备见表 8.4.2-2。

表 8.4.2-2 设备机具配置表

序号	名 称	规 格	单 位	数 量
1	扳手	350/450 mm	把	2
2	手枪钻		把	2
3	手锤		把	4
4	记号笔		根	2
5	卷尺		把	2
6	水平尺		把	2
7	压接钳	WAGO 专用	把	2

9. 质量控制及检验

(1)质量控制

1)施工时,严格执行质量自检、互检、专业检的检验制度。

2)对检查中所涉及的质量问题必需及时处理,处理完毕后,在规定期限内把处理过程、负责人、处理结果、完成日期如实填入考核报告中。

3)定期开展(一般每月1次)质量工作例会,讨论发现操作工艺问题,及时改进和完善《作业指导书》,并以工艺技术交底的形式向施工人员传达、执行。

(2)质量检验

1)机房内机柜的平面布置、安装位置、柜面朝向、柜间距应满足设计要求。

检验数量:全部检查。

检验方法:观察,尺量检查。

2)机柜安装应符合下列规定:

①机柜固定方式应满足设计要求,机柜底座与地面固定应平稳、稳固,当机房内铺设有防静电地板时,底座应与防静电地板等高。

②机柜安装应横平竖直、端正稳固,倾斜度偏差应小于机柜高度的1‰;同排机柜正面应处于同一平面,底部应处于同一直线。

③除特定的绝缘隔离、散热、电磁干扰等要求外,机柜应相互紧密靠拢,或采用螺栓固定。

④当机柜间需要绝缘隔离时,绝缘装置应安装齐全、无损伤。

⑤当机柜有抗震要求时,机柜的抗震加固措施应满足设计要求。

⑥机柜进线孔应封堵。

检验数量:全部检查。

检验方法:观察、尺量检查。

3)机柜内所有设备的紧固件应安装完整、牢固,零配件应无脱落。

检验数量:全部检查。

检验方法:观察检查。

4)机柜铭牌文字和符号标识应正确、清晰、齐全

检验数量:全部检查。

检验方法:观察检查。

5)机柜漆面色调应一致,并应无脱漆现象;机柜金属底座应经热镀锌等防腐处理。

检验数量:全部检查。

检验方法:观察检查。

10.安全及环保要求

(1)安全要求

1)搬、抬、运及安装各种大型设备时,应轻拿轻放,放置稳固。

2)使用梯子、支架、高凳时应稳固可靠。

3)严禁将易燃易爆危险品带入机房,作为清洁用少量的酒精要妥善保管,用完后及时带出机房。

4)使用电器时应配备合格三级配电箱,严禁使用破损的电源线。

5)使用电钻、曲线锯等电动工具时,严禁戴手套操作。

6)施工生产工作要时刻把安全工作放在首要位置,做到警钟长鸣。

7)按照安全防护标准佩戴安全帽、安全带、手套、绝缘鞋、防护服等防护用具,规范使用登

高、电动等各类器具。

(2)环保要求

1)施工现场要保持环境清洁,施工废料及时清理。

2)加强作业人员的施工环保意识,保护施工环境,及时回收施工中发生的包装废弃物,不随意丢弃。

3)严禁焚烧橡胶、塑料等会产生有毒、有害烟尘和恶臭气体的物质。

4)施工中尽量减少燃油发电机的使用,以便减少燃油燃烧所产生的二氧化硫等空气污染物。

8.5　机电工程转辙设备安装施工

1. 适用范围

适用于杭州至海宁城际铁路机电工程信号专业转辙机安装施工。

2. 作业准备

(1)内业技术准备

1)组织技术人员熟悉有关规范、规程和技术标准,学习实施性施工组织设计,审核施工图纸。

2)制定施工安全保证措施,对施工人员进行技术交底,对参加施工人员进行上岗前技术培训,考核合格后方可上岗。

(2)外业技术准备

1)编制安装计划:依据设计文件,根据不同轨型、不同岔号的安装装置规格型号及安装方式,编制道岔安装计划表。

2)道岔位置检查:电动转辙机安装前,需检查道岔铺设质量是否符合转辙机安装条件,包括道岔方正、开程、密贴、水平、规矩情况;检查道岔转辙机的机坑、道床预留槽。

3)转辙装置安装前用方尺测量道岔是否方正,测量轨距是否符合标准,检查尖轨是否与基本轨密贴。

4)核对相关专业所铺设的道岔型号是否与施工图纸相符。

5)用方尺测量道岔是否方正。

3. 技术要求

(1)与相关专业配合预留好转辙机的安装基础(机坑、道床预留槽)。完成转辙机安装后,配合轨道施工单位进行道岔调整。

(2)安装装置应符合设计安装图。

(3)转辙机的电缆接线盒的安装位置应在其对应的转辙机同侧附近区域。

(4)转辙装置应确保道岔的正常转换,尖轨(或心轨)的一侧应与基本轨(或翼轨)密贴,当尖轨与基本轨间有 4 mm 及以上间隙时(牵纵拐肘除外),道岔不能锁闭和接通道岔表示。

4. 施工程序与工艺流程

(1)施工程序

施工准备→现场调查、材料运输→道岔钢轨大角钢打眼→安装耳铁大角钢装置→安装、锁闭等杆件连接→电转机安装(电动转辙机配线)→手摇道岔密贴调整→送电单操道岔调整试验→联锁设备调试→道岔开通。

(2)工艺流程

工艺流程如图 8.5 所示。

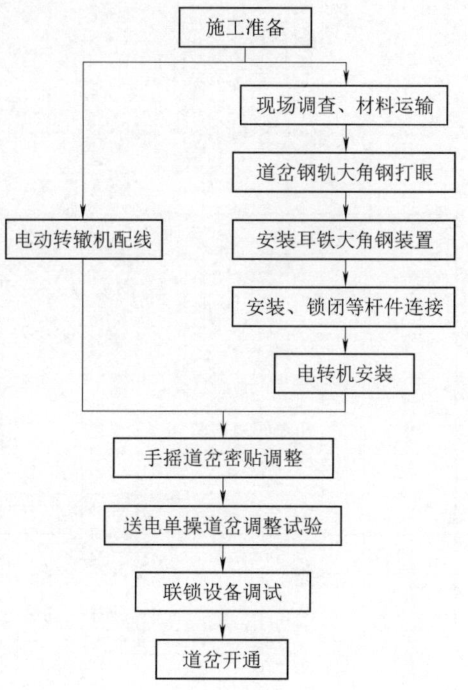

图 8.5 光、电缆工程施工流程图

5. 施工要求

(1)道岔钢轨、大角钢打眼:根据安装图纸尺寸,用标准方尺、钢卷尺、石笔在钢轨上划线定位,之后用专用钢轨打孔机在标定位置上打孔。

(2)安装耳铁大角钢装置:用扭力扳手等工具安装耳铁。

(3)安装、锁闭等杆件连接:用扭力扳手等工具安装第一、二牵引点锁闭框、尖端连接铁、锁钩、安装锁闭杆、动作杆等组件,绝缘管、鉴别销、螺栓保护帽等小配件。各种连接杆的调整丝扣的余量不得小于 10 mm,各种曲线连接杆、接杆类的曲折量最大不大于 100 mm,曲折角不应大于 30°。

(4)电转机安装

1)根据钢轨上耳铁的距离尺寸,确定大角钢上连接耳铁的开孔位置,用台钻钻孔后,将大角钢放在钢轨下方的道床预留槽内,与耳铁连接后安装电动转辙机。

2)当混凝土岔枕按照要求预留安装孔时,转辙机可以通过托板安装在混凝土岔枕上,然后通过连接杆件与道岔相连。

3)当岔枕上不能安装时,可以通过角钢安装转辙机,这种安装方式需要在基本轨上打孔以固定角钢。

4)如果要在道岔右侧安装时,需要将转辙机的动作杆和锁闭杆的保护管、锁闭杆等更换方向,由于动作杆左右侧均有连接孔,因此动作杆不需要更换方向。改装时为了防止进水,在底壳外的连接面需要涂密封胶。

5)通常情况下,右伸转辙机在道岔左侧安装,左伸转辙机在道岔右侧安装。转辙机的伸向可以在现场进行调整。

6)手摇道岔密贴调整

用两个摇把同方向摇动前、后转辙机,调整定、反位尖轨与基本轨密贴。检查并调整,使道岔动作平顺、无别卡现象。各牵引点同时同步手摇道岔进行机械调整。

(5)送电单操道岔调整试验

送电后,调整定、反位尖轨与基础轨,检查是否密贴。检查并调整,使道岔动作平顺、无别卡现象。

(6)电气试验

1)正常转换道岔时,挤切销应保证不发生挤切或挤脱,表示正确。

2)道岔在定位和反位时,尖轨与基本轨第一连接杆处有 4 mm 及以上间隙时,道岔不能锁闭。

3)道岔实际开向应与操纵意图、继电器动作、定反位表示一致。

6. 劳动组织

(1)劳动力组织方式:采用架子队组织模式。
(2)作业人员数量应根据施工条件、工期要求进行合理配置,见表 8.5-1。

表 8.5-1 架子队人员配置表

序号	职 务	人 数	备 注
1	架子队队长	1人	组织指挥现场施工
2	技术负责人	1人	施工技术交底、施工技术培训
3	领工员	1人	负责施工质量、安全、进度、环保和文明施工管理
4	工班长	1人	带领工班全体人员完成作业队下达的施工生产任务
5	技术员	1人	跟班作业,纠正施工中安全、质量、环保等存在的问题
6	安全员	1人	施工安全检查及防护、安全技术交底
7	质检员	1人	施工质量检查工作
8	材料员	1人	负责施工工程物资供应管理工作
9	试验员	1人	材料检测及报验
10	信号工	4人	转辙机安装施工
11	电工	1人	现场临时用电放线、接线,确保用电安全
12	普工	3人	材料工机具搬运

7. 材料要求

转辙机的规格、型号、质量符合设计要求。

8. 设备机具配置

施工工具及工艺设备主要有万用表、兆欧表、熔接机等。现场具体投入的机械设备见表 8.5-2。

表 8.5-2 设备机具配置

序号	名 称	规 格	单 位	数 量
1	冲击钻		台	4
2	发电机		台	2
3	圆锉、扁锉		把	2
4	管钳	350 mm	把	1
5	记号笔		根	4
6	钢卷尺	5 m	把	5
7	手锤		把	4
8	活口扳手	300 mm	把	1
9	活口扳手	450 mm	把	1
10	内六角扳手		套	1
11	防护灯		个	2
12	万用表	VC9801	个	1

9. 质量控制及检验

(1)质量控制

1)施工时,严格执行质量自检、互检、专业检的检验制度。

2)对检查中所涉及的质量问题必需及时处理,处理完毕后,在规定期限内把处理过程、负责人、处理结果、完成日期如实填入考核报告中。

3)定期开展(一般每月 1 次)质量工作例会,讨论发现操作工艺问题,及时改进和完善《作业指导书》,并以工艺技术交底的形式向施工人员传达、执行。

(2)质量检验

1)安装装置

①密贴调整杆、表示杆或锁闭杆、尖端杆、第一连接杆与长基础角钢之间平行,其前后偏差不大于 20 mm。

②各部绝缘及铁配件安装正确,不遗漏,不破损。

③安装于钢轨的安装装置,固定长基础角钢的角形铁应与钢轨密贴;长基础角钢应与单开道岔直股基本轨或对称道岔中心线垂直,其偏移不得大于 20 mm,固定道岔转换设备的短基础角钢应与长基础角钢垂直。

④各种连接杆的调整丝扣余量,内外不得小于 10 mm。

2)转辙机

①多点牵引时,各牵引点转辙机的动程应符合设计要求。

②各牵引点转辙机电源相位正确,动作一致。

3)密贴检查器

①用于牵引点处密贴检查,当尖轨与基本轨在密贴位有 4 mm 及以上间隙时,密贴检查器不应接通密贴表示接点。

②用于多牵引点处密贴检查,当尖轨与基本轨在密贴检查点间隙大于或等于规定标准值时,密贴检查器不应接通密贴表示接点。

③密贴表示器各接点组接通、断开良好,各运动零件动作灵活。当密贴检查器动作完成时,快速接通接点。当接点组可靠断开时,其可靠断电距离不小于 4 mm。

10. 安全及环保要求

(1)安全要求

1)设备、工机具运输过程中,注意成品保护,避免重物砸伤。

2)施工中须避免机械伤害,如正确按照冲击钻使用说明书进行操作,做到“三不伤害”。

3)隧道内施工粉尘漂浮颗粒相对地面严重,施工人员应佩戴口罩或防尘面具。

4)隧道内照明不足,须携带足够照明器具,避免行走或施工中因照明不足造成人员伤害。

5)正确使用发电机等临时用电,避免发生电击事故。

6)施工过程中须进行自我成品保护、他人成品保护。施工结束后,做到工完料净场地清。

(2)环保要求

1)加强作业人员的施工环保意识,保护施工环境,及时回收施工中发生的包装废弃物,不随意丢弃。

2)严禁焚烧橡胶、塑料等会产生有毒、有害烟尘和恶臭气体的物质。

3)施工中尽量减少燃油发电机的使用,以便减少燃油燃烧所产生的二氧化硫等空气污染物。

8.6 信号工程防雷及接地施工

1. 适用范围

适用于杭州至海宁城际铁路机电工程信号专业防雷、电磁兼容及接地施工。

2. 作业准备

(1)内业技术准备

1)组织技术人员熟悉有关规范、规程和技术标准,学习实施性施工组织设计,审核施工图纸。

2)制定施工安全保证措施,对施工人员进行技术交底,对参加施工人员进行上岗前技术培训,考核合格后方可上岗。

(2)外业技术准备

1)检查信号设备房屋的法拉第笼、接地汇集线、环形地网。

2)路基、桥梁、隧道内的信号设备用接地端子,与贯通地线连接牢固,端子螺母内无杂物。

3)接地端子处,接地标识齐全,易于查找。

4)室内外接地端子的接地电阻不大于 1 Ω。

5)进场的防雷元件的规格、型号、数量满足设计和订货合同的要求,并应有出厂检验报告、出厂合格证、CRCC 认证等。

3. 技术要求

(1)防雷设施的安装位置、安装方式应满足设计要求。

(2)防雷设施的安装应符合下列规定:

1)防雷设施与被防护设备之间的连接线路应采用最短路径,不应迂回绕接。

2)防雷设施的配线与其他设备配线应采用分开布放;其他设备配线不应借用防雷设施的配线端子。

(3)防雷设施应安装牢固、可靠,并应标识正确、清晰。

(4)接地装置的安装位置、安装方式应满足设计要求。

(5)信号设备室内信号接地箱与综合接地箱之间的接线应连接正确、可靠。当采用综合接地时,接地电阻不应大于 1 Ω。

(6)分设接地体的埋深不得小于 0.7 m,距其他设备和建筑物不得小于 1.5 m。分设接地的接地电阻不应大于 4 Ω。

(7)电力牵引区段信号设备防护应符合下列规定:

①当信号干线屏蔽电缆引入室内时,其屏蔽层应接地。

②距接触网带电部分小于 5 m 的信号设备,其金属外壳应接地。

③信号设备的金属外缘距回流线的距离应大于 1 m;当距离不足 1 m 时,应加绝缘防护,

并不得小于 0.7 m。

(8)接地体与引接线连接部分应焊接牢固,焊接处应进行防腐处理。

(9)信号接地体材质应满足设计要求,当设计无要求时,宜采用镀锌钢材、铜板、石墨。

4. 施工程序与工艺流程

工艺流程如图 8.6 所示。

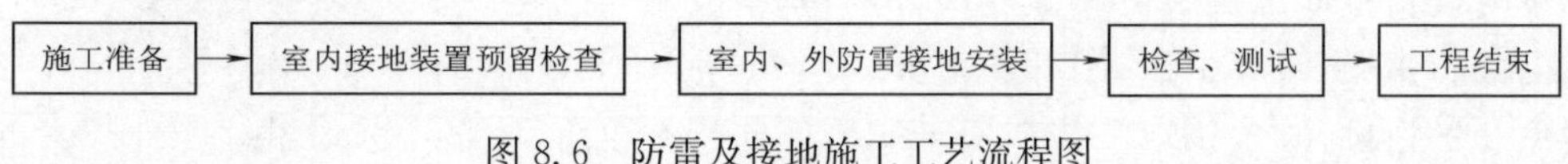

图 8.6　防雷及接地施工工艺流程图

5. 施工要求

(1)设备防雷

1)防雷元件安装前应进行下列检查:

①防雷元件的规格、型号、数量符合设计和订货合同的要求。

②防雷元件应有合格证等,质量证明文件齐全。

2)信号设备的防雷元件应按下列要求安装:

①防雷元件的安装位置、方式应符合设计要求。

②防雷元件的安装应牢固可靠、便于检测,其他设备不得借用防雷设备的端子。

③防雷元件表面无变形、无损伤。

④防雷元件连接牢固。

3)信号设备的防雷元件安装及配线应按下列要求施工:

①防雷元件与被防护设备之间的导线应采用阻燃线,路径应短捷、不留余长。

②并联型防雷保安器与被保护设备端子连接线截面面积不小于 1.5 mm^2,连接线长度不宜超过 500 mm,受条件限制时可适当延长,但严禁超过 1 500 mm。采用凯文接线法时,防雷保安器接地线长度不应大于 1 000 mm。

③电源防雷

a. 单相稳定电流小于 100A 的机房,电源线与防雷箱的连接线长度不宜大于 500 mm,受条件限制连接线长度在 500～1 000 mm 时,应采用凯文接线法连接。防雷箱接地线与电源保护地线(PE)连接,并就近与接地汇集线连接。

b. 连接线采用塑料外护套多芯铜线,第Ⅰ级连接线截面面积不小于 10 mm^2、第Ⅱ级不小于 6 mm^2、第Ⅲ级不小于 2.5 mm^2。

④信号传输线防雷

a. 电缆金属护套和屏蔽层应与分线盘接地汇集线连接,使用中的电缆芯线经防雷保安器接地端子与接地汇集线连接,电缆备用芯线直接与接地汇集线连接。

b. 信号传输线上设置的防雷保安器接地线必须与被保护设备金属外壳连接,连接线采用标称截面面积不小于 1.5 mm^2。多股铜芯塑料绝缘软线,长度不大于 200 mm,并就近与接地汇接线连接。

c. 室外的信号设备防雷保安器接地端子应就近与接地体可靠连接,连接线采用标称截面面积不小于 1.5 mm^2 多股铜芯塑料绝缘软线。

4)应答器室内防雷单元应固定安装在机房分线柜上或专用防雷柜内,具体位置应符合设计要求。

5)接地线采用截面面积不小于 1.5 mm^2 黄绿色多股铜芯塑料绝缘线。

(2)室内设备接地及电磁兼容

1)室内设备接地汇集线应按下列要求施工:

①室内设备接地汇集线可相互连接,但不得构成闭合回路。

②电源防雷箱(电源引入处)和防雷分线柜处的接地汇集线宜单独设置,分别与环形接地装置单点冗余连接,其余接地汇集线应采用截面面积不小于 2×25 mm^2 带绝缘外护套的多股铜芯线或 30 mm×3 mm 的铜排相互连接后与环形接地装置单点冗余连接。

③当房屋面积较大时,宜设置与地网单点冗余连接的总接地汇集线。运转室、继电器室、电源室、设备机房的接地汇集线应分别与总接地汇接线单点连接;当信号设备房屋分布在几个楼层时,各楼层应分别设置总接地汇集线,总接地汇集线间应采用不小于 50 mm^2 的带绝缘外护套的多股铜芯线栓接。

④接地汇集线及接地汇集线间的连接导体、接地汇集线与地网的连接线必须与墙体绝缘。接地汇集线应在距地面 200～300 mm 处设置;有防静电地板的机房,接地汇集线可在地板下方距地面 30～50 mm 处设置,距墙面宜为 100～150 mm。接地汇集线上每隔 1 000～1 500 mm 应预留接地螺栓供连接使用。

⑤接地汇集线与地网的连接线应采用不小于 2×25 mm^2 的带绝缘外护套的多股铜芯线。电源室防雷箱处(电源引入处)接地汇集线在环形接地装置上的连接点与分线柜处接地汇集线在环形接地装置上的连接点之间,以及与其余接地汇集线在环形接地装置上的连接点之间距离宜大于 5 000 mm。

2)室内信号设备的接地应按下列要求施工:

①电源屏、控制台、各种机柜、控显设备等所有室内设备应与墙体绝缘,其安全地线、防雷地线、工作地线等应以最短距离分别就近与接地汇集线连接。

②金属机柜(架)采用不小于 10 mm^2 多股铜导线与本机柜(架)下的等电位铜排栓接,等电位铜排采用不小于 50 mm^2 带绝缘外护套的多股铜芯线或 30 mm×3 mm 铜排就近与接地汇集线连接。

③设备门体、槽道与机柜(架)主体部分应进行等电位连接。

④室内设备地线连接后,应进行接地电阻测试,接地电阻不得大于 1 Ω,测试结果填写测试记录。

3)电源引入防雷接地应按以下要求施工:

①电源引入防雷箱外壳与防雷箱内接地端子间采用截面面积不小于 6 mm^2 铜导线连接。

②电源引入防雷箱内接地端子可直接就近与综合接地端子或环形接地装置单点冗余连接,连接线应采用截面面积不小于 50 mm^2 铜导线。

③当室内设有电源引入防雷接地汇集线时,电源引入防雷箱内接地端子可直接与电源引入防雷接地汇集线连接,连接线应采用截面面积不小于 50 mm^2 铜导线。

4)电源屏、防雷分线柜接地应按以下要求施工:

①电源屏外壳与屏内接地端子间采用截面面积不小于 6 mm^2 铜导线连接;屏内接地端子

就近与接地汇集线采用截面面积不小于 50 mm^2 铜导线连接。

②信号设备防雷采用截面面积不小于 6 mm^2 铜导线连接到防雷分线柜内的接地汇集板。

③电缆钢带、铝护套及四芯组屏蔽层环连后与防雷分线柜内接地汇集板间采用截面面积不小于 6 mm^2 铜导线连接。引入设备房的电缆长度大于 5 m 时，应在电缆引入口处，将电缆钢带剥开用连接线截面面积不小于 25 mm^2 的绝缘电线或多股电缆就近与综合接地端子连接。

④防雷分线柜内接地汇集板应就近与综合接地端子或专用接地汇集线相连接，连接线应采用截面面积不小于 50 mm^2 铜导线。

5)机柜(架)等电位连接应按下列要求施工：

①机柜(架)外壳、各种屏蔽线的屏蔽网接地等应共用一个接地汇集线，并采用栓接方式连接。

②屏蔽线应采用单端接地，屏蔽层宜从横向出线处剖开。同架屏蔽线间采用截面面积不小于 0.75 mm^2 铜导线连接后接至零层接地端子，每架零层接地端子分别与接地汇集线单独连接。

③接地汇集线应就近与综合接地端子相连接，连接线应采用截面面积不小于 50 mm^2 铜导线。

(3)室外信号设备接地

1)信号设备的金属外缘距接触网带电部分的距离应大于 2 m，距接触网带电部分 5 m 范围内的信号设备，其金属外壳应采用截面面积为 50 mm^2 铜质接地线与接地端子连接。

2)室外设备接地均采用并联连接方式，设备集中处宜设置分支接地引接线。接地引接线与贯通地线连接，有预留端子时可采用栓接方式连接，与分支接地引接线连接可采用 T 型压接方式连接。

3)室外电缆的屏蔽和接地应按下列要求施工：

①室外电缆钢带、铝护套、内屏蔽护套应采取单端接地方式。单端接地的电缆长度不得超过 3 000 m，当电缆总长度超过 3 000 m 时宜在中间采用地面接续盒方式接续。

②箱盒引入电缆的钢带、铝护套层采用 U 形卡加固牢固，环连后用两根 7×0.52 mm^2 铜芯绝缘软线接至方向盒内接地端子，内屏蔽层用 1.5 mm^2 扁平铜网环连后接至方向盒内接地端子。

③设备接地端子应就近与综合接地端子或贯通地线连接，连接线应采用截面面积 16 mm^2 的铜导线。

(4)信号机及梯子的接地应按下列要求施工：

1)矮型信号机的金属基础，采用不小于 16 mm^2 软铜缆连接后，应就近与综合接地端子或贯通地线连接。

2)高柱信号机必须进行安全接地防护，采用不小于 16 mm^2 软铜缆将各机构分别与信号机梯子、信号机构连接后应就近与综合接地端子或贯通地线连接。

3)转辙装置的转辙机、密贴检查器、下拉装置的金属外壳采用 25 mm^2 铜导线应就近与综合接地端子或贯通地线连接。

(5)综合接地系统

1)综合接地系统应按设计要求施工。

2)贯通地线接头连接、综合接地端子与贯通地线连接应牢固。

3)电缆槽道内的综合接地端子应与槽底(含防水层)或槽壁相平。

4)供各专业使用的综合接地引出端子,应在电缆槽道盖板或防护墙、隧道壁上加地线标识(⏚)。

6.劳动组织

(1)劳动力组织方式:采用架子队组织模式。

(2)作业人员数量应根据施工条件、工期要求进行合理配置,见表8.6-1。

表8.6-1　架子队人员配置表

序号	职　务	人　数	备　注
1	架子队队长	1人	组织指挥现场施工
2	技术负责人	1人	施工技术交底、施工技术培训
3	领工员	1人	负责施工质量、安全、进度、环保和文明施工管理
4	工班长	1人	带领工班全体人员完成作业队下达的施工生产任务
5	技术员	1人	跟班作业,纠正施工中安全、质量、环保等存在的问题
6	安全员	1人	施工安全检查及防护、安全技术交底
7	质检员	1人	施工质量检查工作
8	材料员	1人	负责施工工程物资供应管理工作
9	试验员	1人	材料检测及报验
10	信号工	2人	室内设备安装施工
11	电工	1人	现场临时用电放线、接线,确保用电安全
12	普工	2人	材料设备工机具搬运、协助设备安装

7.材料要求

(1)防雷接地体材质符合设计要求。

(2)接地线缆规格、型号、质量符合设计要求。

8.设备机具配置

主要机械、设备、仪表配备,按要求进行配置,具体见表8.6-2。

表8.6-2　设备机具配置表

序号	名　称	规　格	单　位	数　量
1	酒精喷灯		把	2
2	螺丝刀		套	1
3	偏口		把	4
4	记号笔	红色	根	2
5	卷尺	5 m	把	2
6	水平尺		把	2

9. 质量控制及检验

(1)质量控制

1)施工时，严格执行质量自检、互检、专业检的检验制度。

2)对检查中所涉及的质量问题必需及时处理，处理完毕后，在规定期限内把处理过程、负责人、处理结果、完成日期如实填入考核报告中。

3)定期开展(一般每月1次)质量工作例会，讨论发现操作工艺问题，及时改进和完善《作业指导书》，并以工艺技术交底的形式向施工人员传达、执行。

(2)质量检验

1)防雷设施的安装位置、安装方式应满足设计要求。

检验数量：全部检查。

检验方法：观察、尺量检查。

2)防雷设施的安装应符合下列规定：

①防雷设施与被防护设备之间的连接线路应采用最短路径，不应迂回绕接。

②防雷设施的配线与其他设备配线应采用分开布放；其他设备配线不应借用防雷设施的配线端子。

检验数量：全部检查。

检验方法：观察检查。

3)防雷设施应安装牢固、可靠，并应标识正确、清晰。

检验数量：全部检查。

检验方法：观察检查。

4)接地装置的安装位置、安装方式应满足设计要求。

检验数量：全部检查。

检验方法：对照设计文件观察、尺量检查。

5)信号设备室内信号接地箱与综合接地箱之间的接线应连接正确、可靠。当采用综合接地时，接地电阻不应大于1 Ω。

检验数量：全部检查。

检验方法：观察检查，用接地电阻测试仪测试接地电阻。

6)分设接地体的埋深不得小于0.7 m，距其他设备和建筑物不得小于1.5 m。分设接地的接地电阻不应大于4 Ω。

检验数量：全部检查。

检验方法：检查随工检验记录，用接地电阻测试仪测试接地电阻。

7)电力牵引区段信号设备防护应符合下列规定：

①当信号干线屏蔽电缆引入室内时，其屏蔽层应接地。

②距接触网带电部分小于5 m的信号设备，其金属外壳应接地。

③信号设备的金属外缘距回流线的距离应大于1 m；当距离不足1 m时，应加绝缘防护，并不得小于0.7 m。

检验数量：全部检查。

检验方法：观察、尺量检查。

8)接地体与引接线连接部分应焊接牢固,焊接处应进行防腐处理。

检验数量:全部检查。

检验方法:观察检查。

9)信号接地体材质应满足设计要求,当设计无要求时,宜采用镀锌钢材、铜板、石墨。

检验数量:全部检查。

检验方法:观察检查。

10. 安全及环保要求

(1)安全要求

1)施工人员进入现场,必须穿安全防护服,戴安全帽,并根据相关要求配置其他防护用品。

2)不得在室内使用发电机,使用发电机时应使用专用插头。

3)搬运机柜配备足够人力,专人指挥。

4)室内按消防要求配备灭火器材,室内禁止存放易燃易爆物品。

5)临时照明应使用标准作业灯,使用临时电源时应设置带有漏电保护装置的配电箱,临时用电应设专人管理。

(2)环保要求

1)施工现场要保持环境清洁,施工废料及时清理。

2)加强作业人员的施工环保意识,保护施工环境,及时回收施工中发生的包装废弃物,不随意丢弃。

3)严禁焚烧橡胶、塑料等会产生有毒、有害烟尘和恶臭气体的物质。

4)施工中尽量减少燃油发电机的使用,以便减少燃油燃烧所产生的二氧化硫等空气污染物。

9　线网工程施工作业指导书

9.1 环网电缆

9.1.1 供电系统工程环网电缆支架测量作业指导书

1. 适用范围

适用于杭州至海宁城际铁路机电工程环网电缆支架测量施工。

2. 作业准备

(1)外业准备

1)现场已具备测量条件。

2)已取得轨行区施工作业令。

3)施工区段已封闭,无行车干扰。

(2)内业准备

1)已完成施工测量的技术交底和对参加测量人员的技术培训。

2)使用的仪器、仪表经具备资质的检测机构检验,贴有“检验合格证”标识且在有效期内。

3)参加人员对于各种可能遇见的问题已有充分的了解和认识。

3. 技术要求

(1)测量前应对起测点基桩进行复核,确保起测点的正确性。

(2)应使用钢卷尺进行测量,严禁使用皮卷尺。

(3)支架跨距应符合设计图纸要求,一般情况允许偏差为±30 mm。

(4)若支架点位置与伸缩缝、漏水点或其他设备等发生干扰时,应调整跨距尽量避开,但调整后跨距要符合规范要求。

4. 施工程序与工艺流程

(1)施工程序

确定起测点→纵向放线测量→横向测量→测量复核。

(2)工艺流程

工艺流程如图 9.1.1 所示。

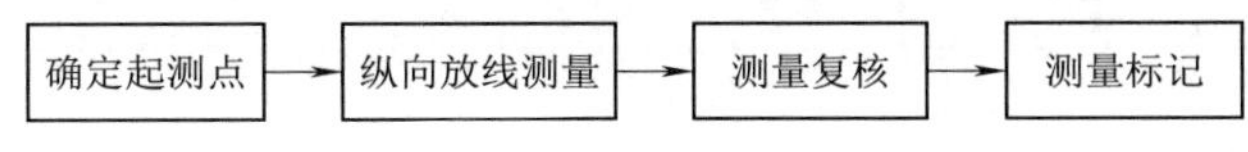

图 9.1.1 纵向拉链测量工艺流程图

5. 施工要求

使用钢卷尺纵向拉链测量,做好标记,根据标记进行打孔工作。沿线路测量支架安装点,以 6 m 为一个测量单位完成支架测量的参考点。

利用红外线测量小车沿钢轨走行。在参考点处,以红外线在隧道壁投射点确定支架底部安装高度。再在下一参考点用同样方法找出下一点,用墨斗在两点间弹出一条直线,利用钢角尺沿线标记打孔位置,则支架下部沿此测量线安装,即达到设计要求,视觉效果美观。

6. 劳动组织

(1)劳动力组织方式:采用架子队组织模式。

(2)作业人员数量应根据施工条件、工期要求进行合理配置,见表 9.1.1-1。

表 9.1.1-1 环网电缆测量作业人员配置表

序 号	工 种	数 量	备 注
1	架子队长	1	
2	技术施工负责人	1	
3	工班长	1	现场负责
4	技术员	1	负责现场技术
5	材料员	1	材料管理
6	纵向拉链	4	纵向定位,书写支架位置编号,复核支架里程,调查干扰
7	书写悬挂点编号	2	在侧壁上书写支架位置编号
8	激光标线仪操作人员	1	负责标线仪操作
9	质检员	1	质量检查控制
10	安全员	1	负责施工安全
11	领班员	1	
12	试验员	1	质量控制

7. 材料要求

测量仪器在年检有效期内。

8. 设备机具配置

施工机械及工艺设备主要有激光标线仪、测量标记框架等,机械设备须有出厂合格证及相关证件。现场具体投入的机械设备见表 9.1.1-2。

表 9.1.1-2 机械设备投入表

序 号	名 称	规 格	单 位	数 量	备 注
1	钢卷尺	50 m	把	1	测间距
2	钢卷尺	5 m	把	2	

续上表

序 号	名 称	规 格	单 位	数 量	备 注
3	红油漆		kg	若干	
4	油画笔		把	1～2	
5	激光标线仪		台	2	
6	测量标记框架		套	2	根据测量需要
7	记号笔	油性	支	2	
8	头灯		顶		根据需要
9	对讲机		台	3	根据防护人员确定

9. 质量控制及检验

(1)质量控制

1)测量仪器必须定期进行检测,确保使用时在年检有效期内。

2)测量人员经过培训合格。

3)对支架点的纵向偏差控制在规范要求的范围内。

(2)质量检验

利用钢卷尺、激光标线仪对支架点纵向位置进行测量,测量完毕进行闭合检验,若出现不闭合的情况,说明测量有误,需重新测量。

10. 安全及环保要求

(1)安全要求

1)测量时要做好防护,避免发生坠落、其他机械打击或者其他施工人员受伤情况。

2)隧道内测量需要配置齐全的照明设施,满足施工及安全的需要。

3)用激光测量仪时,注意避开直射眼睛,防止对眼睛造成伤害。

(2)环保要求

1)测量过程中注意回收废弃杂物,不要随地乱扔。

2)测量中注意油漆不要倾洒,其挥发物在隧道内不易消散,对人体健康造成危害。

3)油漆做标记时,不得随意涂抹,不得对挡墙造成污染,标记应做在轨平面高度附近。

9.1.2 供电系统工程环网电缆支架打孔及安装作业指导书

1. 适用范围

适用于杭州至海宁城际铁路机电工程环网电缆支架打孔及安装施工。

2. 作业准备

(1)外业准备

1)打孔位置混凝土强度满足钻孔要求。

2)施工区段已封闭,无行车干扰。

3)施工现场照明和临时电源满足施工需要,如不满足应备齐发电机和照明设备。

4)测量工作已经完成,并经复核无误。

(2)内业准备

1)对施工人员进行技术指导,对参加施工人员进行上岗前技术培训,并准备好电缆支架位置图、各种锚栓使用说明书等。

2)逐级向施工人员进行技术、操作、安全、环保三级交底,确保施工过程的工程质量、环境保护和人身安全。

3. 技术要求

(1)在打孔过程中应始终保持钻头与钻孔所在的面垂直。

(2)钻孔孔深:根据各种锚栓的使用说明和技术要求进行施工,不允许有负误差。

(3)钻孔时碰到钢筋可顺线路位移4~5 cm重新定位,移位时同组钻孔都要进行移动保证孔间距符合要求。

(4)钻孔时应避开隧道伸缩缝、漏水等部位。

(5)支架安装时顶部应在同一水平面上,靠近墙壁侧与墙壁均匀密贴,螺栓应均匀受力。

(6)安装支架后检查螺栓力矩及支架的平直状态。

4. 施工程序与工艺流程

(1)施工程序

打孔→清孔→植栓→紧固锚栓→支架安装→支架调平。

(2)工艺流程

工艺流程如图9.1.2所示。

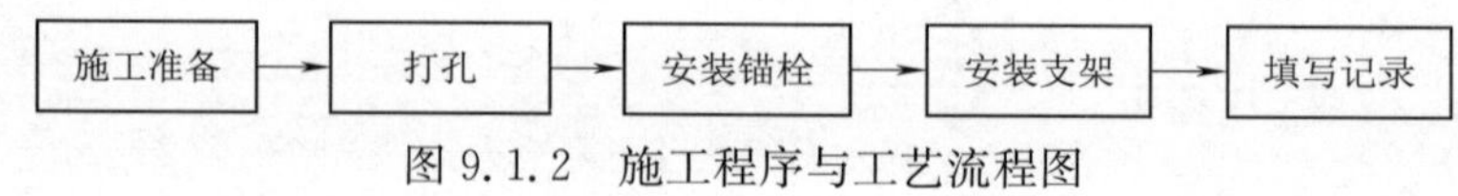

图9.1.2 施工程序与工艺流程图

5. 施工要求

(1)施工方法

1)侧墙壁打孔植栓通常使用电锤进行施工,根据各种锚栓的施工要求确定孔的深度、直径，确定好锚栓之后在洞壁上测量所做标记处进行打孔作业。打孔时，如果遇到钢筋要改变孔位时要将同组孔位同时移动，保证各种配件能顺利安装。

2)植栓前首先根据要求进行清孔工作，然后根据各种锚栓的安装要求进行安装，安装同时要核对锚栓的外露及间距是否符合要求，在施工过程中随时复核、校正。

(2)施工步骤

1)施工要求

①根据测量数据，注明钻孔类型表并附技术要求。

②按照锚栓孔类型选用冲击钻头和钻孔模板，钻孔深度应严格按照要求进行。

2)打孔

①按照测量标记，用钻孔模板在孔位上钻出 3～5 mm 的凹槽，取下模板，一人手持冲击钻开始钻孔，一人手握吹风器将尘屑吹向无人侧。

②钻孔完成后，测量检查孔深、孔距等尺寸并做好钻孔记录。

3)安装锚栓操作步骤

①先用清孔毛刷、清孔气囊清除孔屑。

②安装锚栓时，将锚栓放入孔内，保证外露。

4)安装支架

①将电缆支架的孔位与隧道壁上打好的孔位对齐，用电动扳手对锚栓施加扭矩力，旋紧锚栓至螺母贴紧电缆支架。

②安装接地扁钢：在电缆支架的托臂上进行扁钢敷设，利用冲孔机在现场对扁钢进行冲孔，在冲孔位置刷上防锈漆，采用镀锌螺丝连接固定。扁钢长度为 6 m 一根，两根扁钢之间搭接应采用四根镀锌螺栓进行连接，保证整个区间扁钢贯通，连接牢靠。

6. 劳动组织

(1)劳动力组织方式：采用架子队组织模式。

(2)作业人员数量应根据施工条件、工期要求进行合理配置，见表 9.1.2-1。

表 9.1.2-1 环网电缆支架安装作业人员配置表

序 号	项 目	单 位	数 量	备 注
1	架子队长	人	1	
2	技术施工负责人	人	1	
3	技术员	人	1	负责技术和质量问题
4	工班长	人	1	组织及协调现场施工
5	作业人员	人	6	
6	安全员	人	2	安全瞭望、检查、提醒
7	材料员	人	1	材料管理
8	质检员	人	1	质量检查控制
9	试验员	人	1	质量控制
10	领班员	人	1	

7. 材料要求

所使用的物资已经完成进场报验,锚栓已通过第三方检测。详细材料配置见表 9.1.2-2。

表 9.1.2-2 材料配置表

序 号	材 料	单 位	数 量	备 注
1	环网电缆支架	套	1	
2	后扩底锚栓	套	4	根据现场需求

8. 设备机具配置

施工机械及工艺设备主要有冲击电钻、清孔毛刷等机械设备,须有出厂合格证及相关证件。现场具体投入的机械设备见表 9.1.2-3。

表 9.1.2-3 钻机作业人员配置表

序 号	名 称	规 格	单 位	数 量	备 注
1	钢卷尺	5 m	把	1	现场测量
2	冲击电钻	HILIT TE-75	台	1	钻孔植栓(膨胀螺丝)
3	钻头		套	1	与打孔型号匹配
4	吹尘器	电动	台	1	
5	照明灯	100W	支	2	
6	钻孔模板	亚克力	个	1	
7	清孔毛刷		套	1	

9. 质量控制及检验

(1)质量控制

1)埋入杆件的埋设位置、埋设深度、规格型号应符合设计要求。

2)埋入杆件荷载检测应符合设计要求。

(2)质量检验

1)用钢卷尺检验各种锚栓钻孔的深度和间距达到要求。

2)利用水平尺检验螺栓的竖直度。

3)目测观察埋设位置、埋设深度、规格型号等。

10. 安全及环保要求

(1)安全要求

1)无法连接电源的区段采用自配发电机供电,要严格按照临电使用规定进行接线。

2)施工前,必须把所使用的工具、材料备足,并进行检查。

3)在作业地点两端要设好防护,防护人员要确保通信设备完好,联络畅通。

4)施工人员要听从指挥,加强施工的对话联系,确保安全施工。

(2)环保要求

1)设备包装物不得随意丢弃,集中处理。

2)打孔等施工如对周围居民有噪声污染时,应采取措施,不得在夜间施工。

3)打孔人员要佩戴好防护面具,防止吸入粉尘,打孔产生的粉尘及时进行清理。

9.1.3 供电系统工程环网电缆敷设作业指导书

1. 适用范围

适用于杭州至海宁城际铁路机电工程环网电缆敷设施工。

2. 作业准备

(1)外业准备

1)区间电缆支架已贯通,变电所内电缆桥支架安装完毕。

2)供电现场具备施工条件,有足够场地放置电缆盘,检测电缆盘米标,并对电缆进行耐压绝缘试验。

3)现场临时电源、临时照明满足作业要求。

(2)内业准备

1)电缆走向图、电缆配盘表;安装技术要求(技术交底)1份。

2)施工前对施工人员进行技术、操作、安全、环保交底,确保施工过程的工程质量、环境保护和人身安全。

3. 技术要求

电缆在转弯处的最小弯曲半径见表9.1.3-1。

表9.1.3-1 电缆在转弯处的最小弯曲半径

序号	电缆种类	最小允许弯曲半径
1	无铅包钢铠护套的橡皮绝缘电力电缆	10D
2	有钢铠护套的橡皮绝缘电力电缆	20D
3	聚乙烯绝缘电力电缆	10D
4	交联聚乙烯绝缘电力电缆	15D
5	多芯控制电缆	10D

(1)电缆中间接头处应加装电缆托盘,电缆与电缆托盘可靠承接,中间接头两端安装刚性卡具。

(2)电缆中间接头处设置托盘托置固定,托盘伸出电缆头的两侧要大于200 mm。

(3)电缆进入电缆沟、隧道、竖井、建筑物、盘(柜)以及穿入管子时,出入口应封闭,管口应密封。

(4)电力电缆在终端头与接头附近宜留有备用长度。

4. 施工程序与工艺流程

(1)施工程序

电缆检测→电缆盘架设→电缆敷设→电缆扎带固定→电缆中间头标识。

(2)工艺流程

工艺流程如图9.1.3-1所示。

图 9.1.3-1　施工程序与工艺流程图

5. 施工要求

(1)施工方法

电缆检查验收:电缆进场后,必须对电缆进行详细的检查验收,检查电缆的外观、规格型号、电压等级、长度、合格证、耐热阻燃的标识。电缆外观完好无损,铠装无锈蚀、无机械损伤,无明显皱褶和扭曲现象。

架设电缆盘:将放线轴穿于要敷设的电缆盘的盘孔中,钢轴的强度、长度与电缆盘重量、宽度相匹配,使线盘能活动自如。机械敷设按先后顺序将电缆盘吊装到轨道车平板上,电缆线盘的架设高度与车厢底面距离为 100 mm,并在钢轴上加上钢卡,防止线盘在转动时线轴横向移动。

(2)施工步骤

1)机械敷设

电缆敷设作业要由施工负责人统一指挥,并与轨道车司助人员约定指挥信号,根据电缆敷设情况指挥车辆的启动、停止和速度控制。电缆应从线盘的上方引出,如图 9.1.3-2 所示。

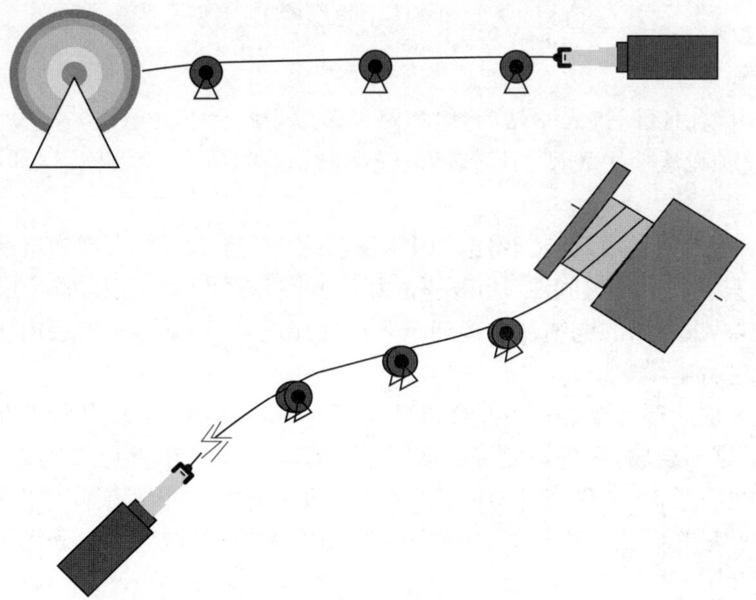

图 9.1.3-2　电缆机械敷设电缆图

在牵引机械启动前,先将电缆放出 30 m,把电缆头用牵引网套套牢,固定在敷设起点处。放线车启动后,车上作业人员要控制线盘,使其在敷设时保持动态平衡。行车速度要与电缆展放速度密切配合,地面人员将展放出的电缆放置于路肩上。后续作业人员将路肩的电缆抬至电缆支架上。

2)人工敷设

在电缆敷设区段轨道未通的情况下,可将电缆盘运输到电缆敷设区段的车站入口处,经地铁出入口由人工拖放至敷设地段。将电缆盘支放在地铁入口处,注意电缆敷设方向与地铁入口的选取,要保证电缆从电缆盘上部拖出,在地铁入口处设一滑轮,人工转动电缆盘,将电缆抽出,由人工扛抬将电缆从地面经扶梯拖放至区间,如图 9.1.3-3 所示。

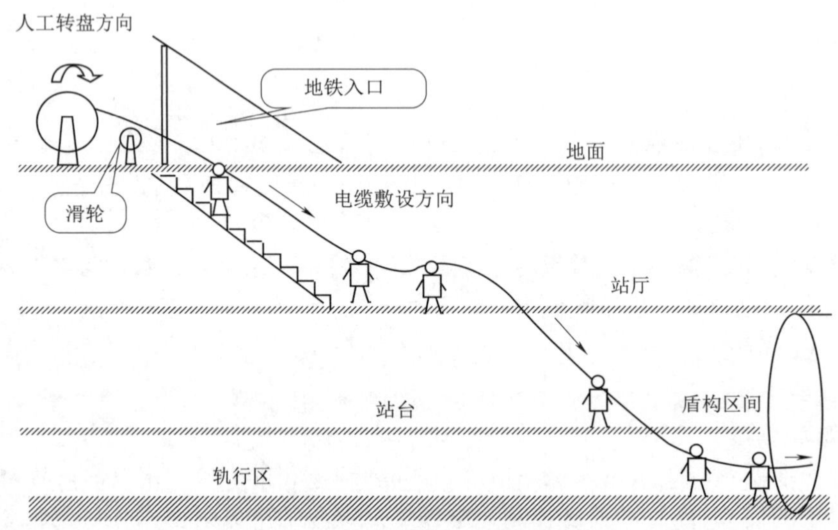

图 9.1.3-3 地面配合电缆敷设示意图

3)障碍区电缆敷设

35 kV 电力电缆由区间进入车站后,电缆路径多位于站台下夹层内,一些地方可能还要经过电缆竖井,将这种无法使用大型工具辅助电缆敷设作业的地方称为障碍区段,障碍区段电缆敷设将全部由人工完成。

首先,在车站范围内利用轨道车将电缆全部回出放在道床上,在夹层内电缆路径上每隔约 5 m 放置一组(6 只)滑轮,滑轮间距 3 m 左右,每 5 m 间隔处设 3～4 人,整个电缆路径上滑轮及人员均匀分布,再将回出的电缆从电缆通道入口处穿进电缆夹层,由夹层内作业人员在统一指挥下拖动电缆进行电缆敷设。

如果电缆进夹层后还需要经过电缆竖井才能到达变电所,可以采用上述方法将电缆放至夹层下方并成“8”字形绕放(在场地允许的前提下),在完成竖井下部电缆拖放后,再将电缆向上穿过电缆竖井进行敷设,如果场地有限,穿竖井敷设可与站台下夹层内电缆敷设同时进行。穿竖井时可在竖井顶部固定一个滑轮,用绳子先将电缆末端拖过竖井,再采用人工拖放方式将电缆逐根敷设到位。

4)电缆预留

隧道区间中间接头处电缆的预留:隧道区间中间接头处的电缆不可能作集中的、大幅度的预留,为此,采取中间接头两侧各 10 m 范围内电缆成大波浪形敷设,以免由于温度变化引起电缆收缩而对中间接头造成机械拉伤。这里需要注意的是,由于电缆支架间距较小,而 35 kV 电力电缆比较粗、硬,为使电缆成波浪形,可考虑跨支架敷设。

为了补偿电缆因气温变化热胀冷缩引起的长度变化,因地制宜,在区间伸缩缝处设置电缆伸缩弯。以保证电缆在运行中不受外力影响,保证电缆的安全稳定运行。电缆预留时,预留的形状成半圆状,预留的电缆弯曲半径不能小于电缆本身允许的弯曲半径,预留长度控制在 1 m

左右，如图 9.1.3-4 所示。

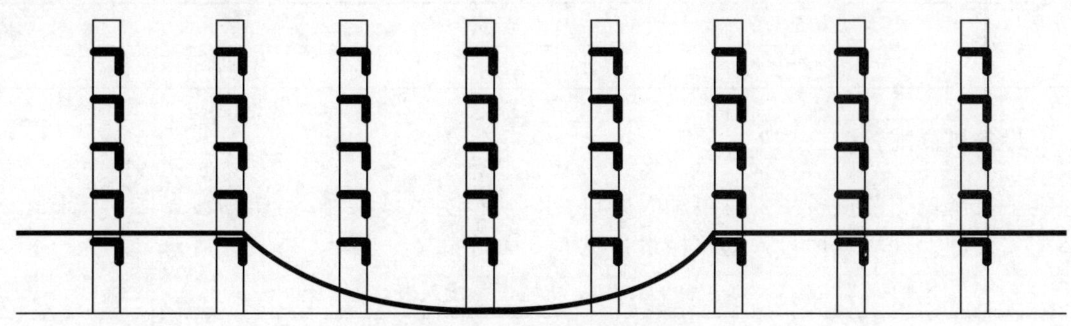

图 9.1.3-4　电缆伸缩弯预留

5)电缆的排列固定

支架内的电缆应排列整齐，固定牢靠，支架上多根电缆敷设时，应根据现场实际情况，事先将电缆的排列顺序统一安排，以防电缆的交叉和混乱。电缆固定采用尼龙扎带，每 3 个支架采用非磁性金属电缆卡作加强固定，单芯电缆的固定卡不能形成闭合磁场回路。

6)电缆的标识

沿电缆支架敷设的电缆在其两端、拐弯处、交叉处应挂标识牌。

6. 劳动组织

(1)劳动力组织方式：采用架子队组织模式。

(2)作业人员数量应根据施工条件、工期要求进行合理配置，见表 9.1.3-2。

表 9.1.3-2　环网电缆敷设作业人员配置表

序　号	施工人员	单　位	数　量	备　注
1	队长	人	1	
2	施工技术负责人	人	1	全面负责现场施工组织及协调
3	技术人员	人	2	电缆走向及型号确认
4	技术工人	人	35	电缆敷设及放置滑轮
5	防护人员	人	3	根据现场防护情况设置
6	看线盘人员	人	2	敷设电缆过程中控制线盘转速
7	工班长	人	1	控制电缆敷设速度
8	安全员	人	2	安全瞭望、检查、提醒
9	材料员	人	1	材料管理
10	质检员	人	1	质量检查控制
11	试验员	人	1	质量控制
12	领班员	人	1	

7. 材料要求

所有电缆满足绝缘厚度的平均值应不小于标称值，绝缘厚度最薄的点应不小于标称值的 90%。详细材料配置见表 9.1.3-3。

表 9.1.3-3 材料配置表

序号	施工人员	单位	数量	备 注
1	35 kV 交流电力电缆	m	若干	依据图纸长度

8. 设备机具配置

施工机械及工艺设备主要有电动绞磨机、水平滑轮、放线架子等,机械设备须有出厂合格证及相关证件。现场具体投入的机械设备见表 9.1.3-4。

表 9.1.3-4 机械设备投入表

序 号	名 称	规 格	单 位	数 量	备 注
1	电动绞磨机	三相	台	1	敷设电缆用
2	水平滑轮	尼龙	套	30	
3	小绳	ϕ10	根	2	传递工具
4	安全帽		顶	若干	每人一顶
5	钢卷尺	10 m	把	1	
6	放线架子		套	1	
7	铁丝	4.0	kg	10	
8	辅助绳		m	若干	与电缆长度一致

9. 质量控制及检验

(1)质量控制

1)电缆出库时应检查外观情况,合格证及检测报告是否齐全。

2)电缆在敷设过程中应保护好绝缘层。

3)严禁未做耐压试验的电缆进入现场。

(2)质量检验

1)电缆外护套无破损、电缆头密封良好。电缆表面光滑,没有划痕。

2)电缆米标正确,无漏米或者短缺现象。

10. 安全及环保要求

(1)安全要求

1)电缆敷设架子保证牢固可靠,不发生倾覆等现象。

2)为保证施工的安全,现场应有专人统一指挥,并设一名专职安全员负责现场安全工作。

3)坚持班前进行安全教育制度。

4)防护人员应坚守岗位,切实做好防护工作。

5)作业人员均应戴安全帽,以防工具、材料下落伤人。

(2)环保要求

1)废旧线盘应收回。

2)施工完成后现场不留杂物,包装物应随时收集统一处理。

3)注意对周边自然环境的保护。

9.1.4　供电系统工程环网电缆中间头及终端头制作作业指导书

1. 适用范围

适用于杭州至海宁城际铁路机电工程环网电缆中间接头及终端头制作施工。

2. 作业准备

(1)外业准备

1)电缆附件资料齐全并已完成报监。

2)电现场电缆中间头、终端头进行性能检查,外观良好,电缆余量满足接头条件。

(2)内业准备

1)电缆型号、接头说明书;安装技术要求(技术交底)1份。

2)施工前组织技术人员进行技术交底。

3. 技术要求

(1)电缆附件规格与电缆一致。

(2)电缆接头的制作,应由经过培训的熟练工人进行。

(3)在室外制作6 kV及以上电缆接头时,其空气相对湿度宜为70%及以下;当温度高时,可提高环境温度或加热电缆。

(4)电缆线芯连接金具,应采用符合标准的连接管和接线端子,其内径应与电缆线芯匹配,间隙不应过大;截面宜为线芯截面的1.2~1.5倍。采用压接时,压接钳的模具应符合规格要求。

(5)制作电缆接头前,应熟悉安装工艺资料,做好检查,并符合下列要求:

1)电缆绝缘状况良好,无受潮。

2)附件规格应与电缆一致;零部件应齐全无损伤;绝缘材料不得受潮;密封材料不得失效。

3)施工用机具齐全,便于操作,状况清洁,消耗材料齐备,清洁塑料绝缘表面的溶剂宜遵循工艺导则准备。

4. 施工程序与工艺流程

(1)施工程序

检查中间头预留→电缆护层剥离、打磨→电缆接头。

(2)工艺流程

工艺流程如图9.1.4-1所示。

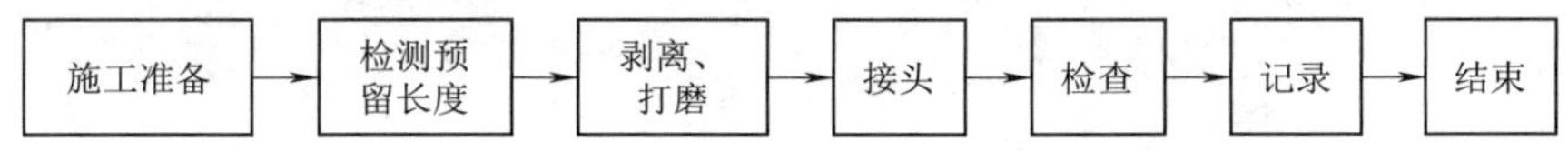

图9.1.4-1　中间头及终端头制作工艺流程图

5. 施工要求

(1)电缆中间头制作流程图

电缆中间头制作流程如图 9.1.4-2 所示。

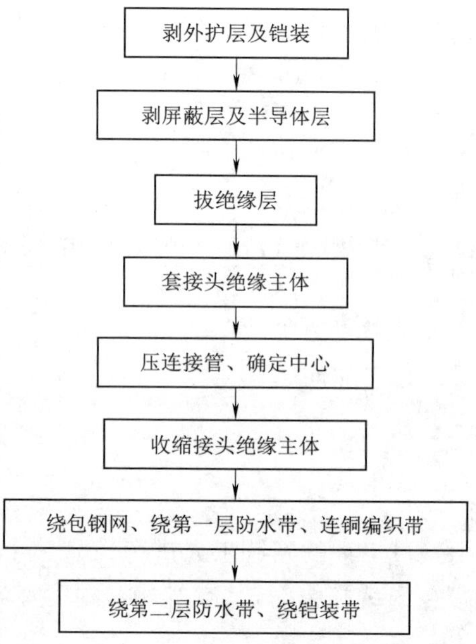

图 9.1.4-2　电缆中间头制作工艺流程图

(2)电缆终端头制作流程

电缆终端头制作流程如图 9.1.4-3 所示。

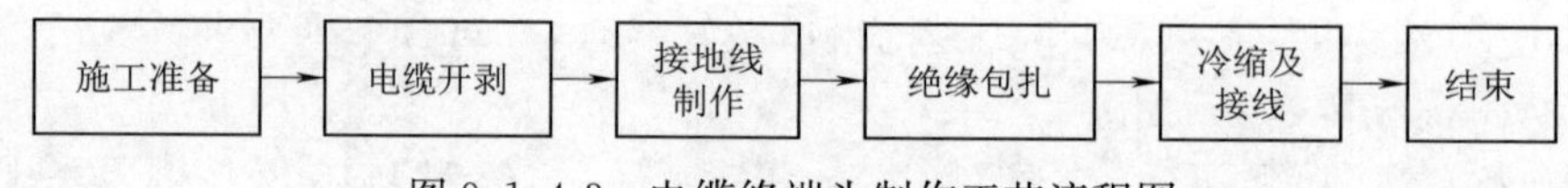

图 9.1.4-3　电缆终端头制作工艺流程图

(3)中间电缆头制作方法

电缆头是电缆运行过程中的薄弱环节,因此电缆接头制作工艺在电缆施工环节尤为重要。剥外护层及电缆铠装层:将测试合格的准备连接的两根电缆末端搁平、调直、对接据齐;然后将一根电缆剥除 850 mm 长护套,另一根电缆剥除 350 mm 长外套,如图 9.1.4-4 所示。

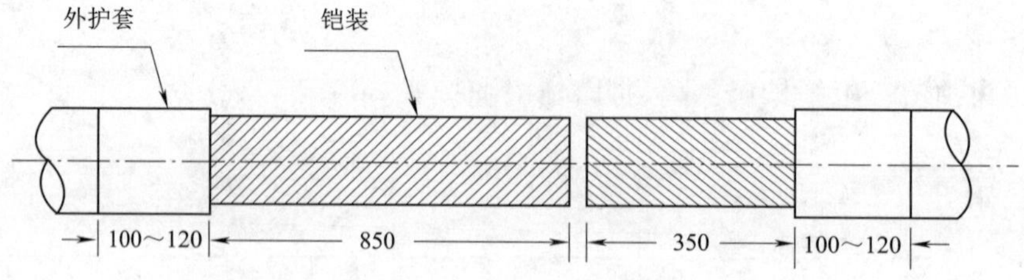

图 9.1.4-4　剥外护套及铠装层示意图(单位:mm)

剥屏蔽层和半导体电层:用扎线在离电缆外护套断口 30 mm 处将铠装扎紧,其余铠装层,如图 9.1.4-5 所示。

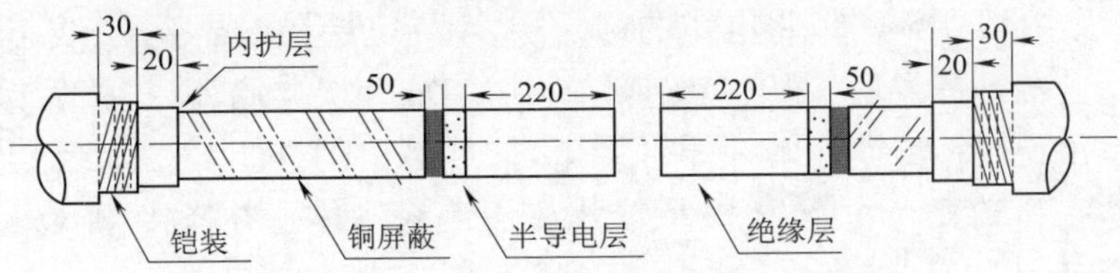

图 9.1.4-5 剥屏蔽层和半导体层示意图(单位:mm)

割除:从铠装断口起保留 20 mm 内护层;再从待连接的两根电缆由末端向两端各量取 270 mm,剥除这部分的铜屏蔽层,用半导电带将铜屏蔽切断处扎紧,保留 50 mm 半导电层,其末端 220 mm 长剥除半导电层。

剥绝缘层:量取电缆连接管长度 L,以 $L/2$ 长度将电缆端部绝缘及内屏蔽层剥去,并将绝缘端部尖角、毛刺去掉;用细砂纸或纱布将绝缘层平面砂平、打光,绝缘层与半导电层相连接处平滑过渡,不允许成齿状,此工艺绝不能省,如图 9.1.4-6 所示。

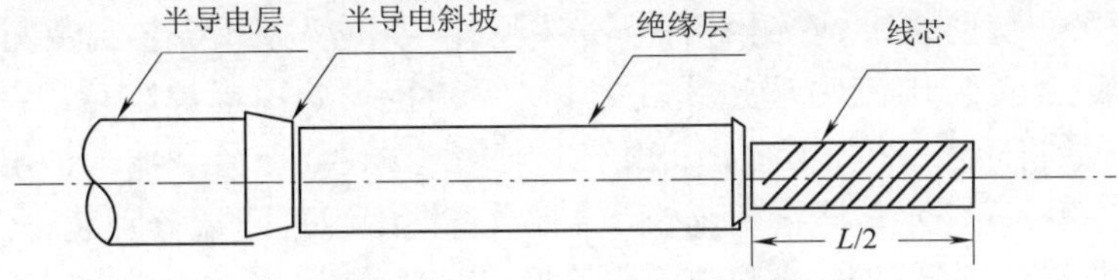

图 9.1.4-6 剥绝缘层示意图

套接头绝缘主体:将铜屏蔽保留较长的一根电缆的绝缘层、半导电层和铜屏蔽层用清洁巾清理干净待清洁剂挥发后,套入扩张后接头绝缘主体,衬管条伸出的一端要先套入电缆。将接头绝缘主体和电缆绝缘临时保护好,如图 9.1.4-7 所示。

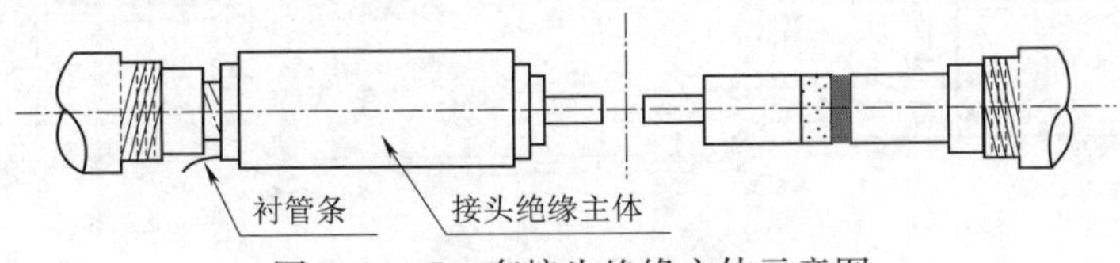

图 9.1.4-7 套接头绝缘主体示意图

压接连接管,确定中心:用砂布去线芯表面氧化层,然后用清洁巾将连接管内外表面及线芯清洗干净,待清洁剂挥发后将连接管分别套入待连接两根电缆的线芯,挤紧后先压连接管两端,再在连接管中间压接两道(共压接 4 道);将连接管表面的毛刺、尖角等砂平,用清洁巾将连接管表面清洗干净(注意:不得在线芯及连接管上绕包任何材料,不能再接头位置留有金属渣或其他导电物)。确定已连接好的两根电缆绝缘端部的中心,去掉临时保护,由中心位置向电缆一端量取 245 mm,做好记号,如图 9.1.4-8 所示。

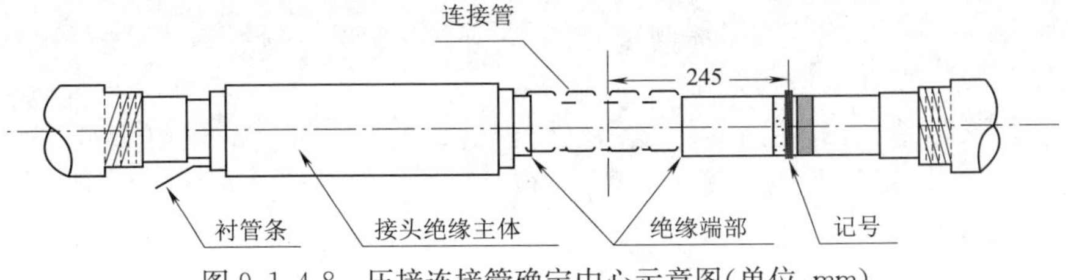

图 9.1.4-8 压接连接管确定中心示意图(单位:mm)

收缩接头绝缘主体:用清洁巾将电缆的绝缘层、半导电层和铜屏蔽层、线芯表面、连接管表面再清洗一次,待清洁剂挥发后,在电缆绝缘层上均匀抹一层硅脂;将扩张后接头绝缘主体移至连接中心位置,沿逆时针方向均匀抽掉衬管条,抹尽挤出的硅脂。在绝缘主体两端,从电缆铜屏蔽层上开始,搭接约 5 mm 绕 2～3 层防水带至绝缘主体上并搭接约 50 mm 并在其上绕包两层半导电带,如图 9.1.4-9 所示。

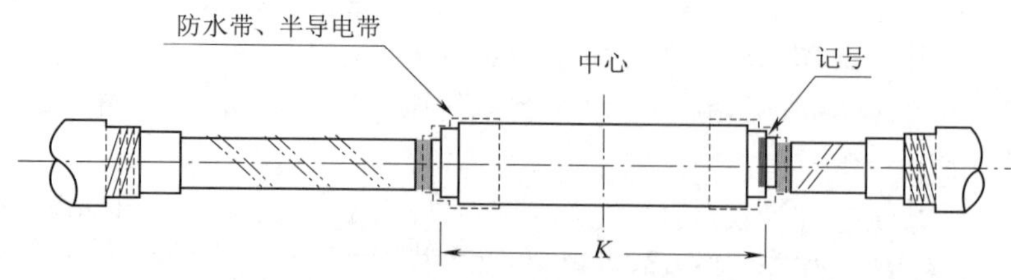

图 9.1.4-9　收缩绝缘主体示意图

绕包铜网、绕第一层防水带、连铜编织带:将铜网以半重叠方式绕包到中间接头,铜网两端分别与电缆铜屏蔽层搭接,用镀锡铜扎线扎紧,在两端扎线处用锡焊牢;或用弹簧抱箍抱紧。从一端内护层上开始将防水带拉长到约 1.5 倍以半重叠方式绕至另一端内护层上,注意胶粘层应紧贴内护层绕完第一层防水带。接着连铜编制带,将铜编织带两端分别通过镀锡铜扎线在两电缆铠装上,并在扎线处用锡焊牢,或用弹簧抱箍抱紧,将铠装层连通,如图 9.1.4-10 所示。

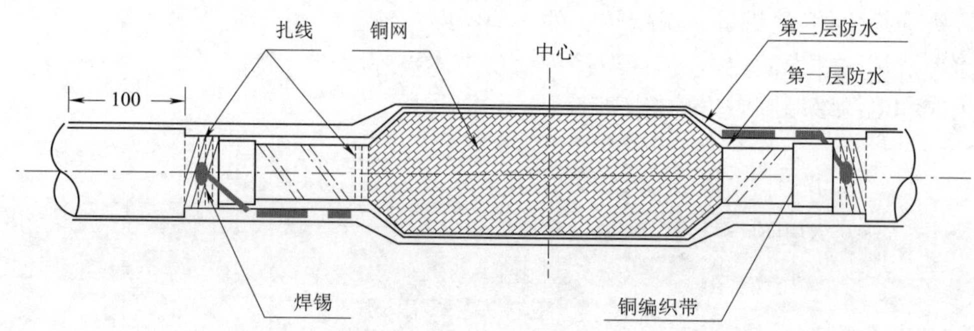

图 9.1.4-10　绕包铜网、绕第一层防水带、连铜编织袋(单位:mm)

绕第二层防水带、绕铠装带:连接铜编织带后,从一端护套层上搭接 100～120 mm 照上述方法将防水带绕至另一端外护层上 100～120 mm,完成第二层防水带缠绕。

按照铠装带说明书在第二层防水带上以半重叠方式绕包铠装带。电缆中间接头制作完毕。

(4)终端电缆头制作方法

校直电缆端部,剥切外层护套,锯断铠装保护层,剥切内衬层、屏蔽层、半导电层和线芯端部。各层的剥切尺寸按要求进行。

用电烙铁焊接接地线,并用焊锡熔填密封段内的接地线。焊接前先用锉刀、纱布对焊接部位进行打磨处理,以确保接地线与屏蔽层接触良好。

套上各种套管,压接接线鼻子,安装应力控制管,绕包各种绝缘自粘带及保护层并安装各种套管,户外电缆头安装伞裙。安装完毕后及时填写安装记录。

6. 劳动组织

(1)劳动力组织方式:采用架子队组织模式。

(2)作业人员数量应根据施工条件、工期要求进行合理配置,见表 9.1.4-1。

表 9.1.4-1　环网电缆中间头、终端头作业人员配置表

序　号	施工人员	单　位	数　量	备　注
1	架子队长	人	1	
2	施工技术负责人	人	1	全面负责现场施工组织及协调
3	工班长	人	1	组织及协调现场施工
4	技术人员	人	1	电缆走向及型号确认
5	技术工人	人	3	电缆敷设及放置滑轮
6	防护人员	人	1	根据现场防护情况设置
7	安全员	人	2	安全瞭望、检查、提醒
8	材料员	人	1	材料管理
9	质检员	人	1	质量检查控制
10	试验员	人	1	质量控制
11	领班员	人	1	

7. 材料要求

材料已报监理验收,终端头需第三方检测的应送检并提供检测报告。详细材料配置见表 9.1.4-2。

表 9.1.4-2　材料配置表

序　号	材　料	单　位	数　量	备　注
1	环网电缆中间头	个	若干	根据需求
2	环网电缆终端头	个	2	

8. 设备机具配置

施工机械及工艺设备主要有钢锯、砂纸。现场具体投入的机械设备见表 9.1.4-3。

表 9.1.4-3　机械设备投入表

序　号	名　称	规　格	单　位	数　量	备　注
1	钢锯		把	1	
2	砂纸	细	张	2	打磨用
3	安全帽		顶	若干	每人一顶
4	钢卷尺	5 m	把	1	
5	个人工具		套	若干	
6	铁丝	4.0	kg	10	

9. 质量控制及检验

(1)质量控制

1)中压电缆中间接头制作应严格遵守制作工艺流程,操作人员应经过培训,合格后持证上岗。

2)电缆附件到达现场应进行检查,采用的电缆附件规格与电缆一致,零部件完整齐全,其规格型号符合设计要求。

3)电缆头处金属护层及铠装层应接地良好。所采用的接地软铜编制带的截面应符合规范要求。

4)电缆头的固定方式应满足设计要求与规范要求。

(2)质量检验

1)电缆头无破损。

2)中间头、终端头电气性能良好。

3)中间头、终端头制作完成后需做交流耐压实验。

10. 安全及环保要求

(1)安全要求

1)为保证施工的安全,现场应有专人统一指挥,并设一名专职安全员负责现场安全工作。

2)坚持班前进行安全教育制度。

3)防护人员应坚守岗位,切实做好防护工作。

4)作业人员均应戴安全帽,穿防护服。

(2)环保要求

1)施工过程中的废弃物应及时分类妥善处理,运至当地环保部门指定地点。

2)施工完毕后及时清理现场,做到工完料尽场地清。

3)按照环保部门要求集中处理施工及生活中产生的污水及废水。

9.1.5 供电系统工程环网电缆遮阳罩安装作业指导书

1. 适用范围

适用于杭州至海宁城际铁路机电工程环网电缆遮阳罩安装施工。

2. 作业准备

(1)外业准备

1)所有电缆完成敷设及绑扎固定。

2)施工区段已封闭,无行车干扰。

(2)内业准备

1)遮阳罩、说明书;安装技术要求(技术交底)1份。

2)施工前技术交底、安全交底完成。

3. 技术要求

(1)遮阳罩安装攻丝固定时注意对各中电缆与支架端头距离的确定,避免发生人身事故。

(2)高架段安装遮阳罩撒料时注意不得侵入轨道限界。

(3)遮阳罩表面光洁无划痕。

4. 施工程序与工艺流程

工艺流程如图9.1.5所示。

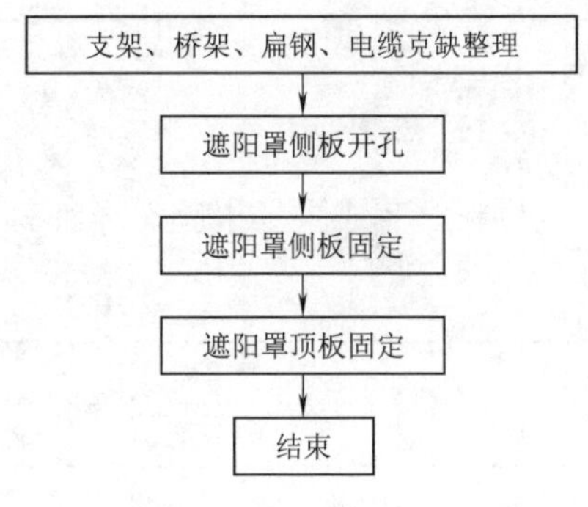

图9.1.5 遮阳罩安装工艺流程图

5. 施工要求

(1)施工方法

安装遮阳罩前需将电缆支架、桥架、扁钢、电缆整理到位,遮阳罩固灯板与每个支架进行固定,侧板为每个托臂固定。

(2)施工步骤

①在安装遮阳罩之前需将电缆支架、桥架、扁钢、电缆整理整齐到位,尤其是电缆,要求电缆距离支架端头净距离不小于7 cm,以免螺丝固定时造成人身伤害和电缆损伤。在有安全隐患处可将电缆用扎带捆扎牢固后满足距离要求才可以下一步施工。

②正线高架段电缆支架间距一般在1 m左右。遮阳罩设计长度为3 m。遮阳罩固定时固定点在遮阳罩的中部和端头部。

若电缆支架间有照明控制箱,根据控制箱的现场位置在遮阳罩的背面用记号笔、模板标示出后,用角磨机切割。遮阳罩固定时应先固定侧板再固定顶板。侧板固定时应与每个托臂固定,顶板与每个支架固定为两点。

当通过桥梁伸缩缝时,遮阳罩考虑伸缩补偿,搭接量考虑10 cm。如现场遮阳罩长度不合适,则现场长度测量后联系厂家特殊加工。

6. 劳动组织

(1)劳动力组织方式:采用架子队组织模式。

(2)作业人员数量应根据施工条件、工期要求进行合理配置,见表 9.1.5-1。

表 9.1.5-1 遮阳罩作业人员配置表

序号	施工人员	单位	数量	备注
1	架子队长	人	1	
2	施工技术负责人	人	1	全面负责现场施工组织及协调
3	工班长	人	1	组织及协调现场施工
4	施工负责人	人	1	负责现场施工组织及协调
5	技术人员	人	1	
6	技术工人	人	8	安装遮阳罩
7	防护人员	人	1	根据现场防护情况设置
8	安全员	人	2	安全瞭望、检查、提醒
9	材料员	人	1	材料管理
10	质检员	人	1	质量检查控制
11	试验员	人	1	质量控制
12	领班员	人	1	

7. 材料要求

材料已完成进场报验。详细材料配置见表 9.1.5-2。

表 9.1.5-2 材料配置表

序号	材料	单位	数量	备注
1	遮阳罩	m	若干	根据需求

8. 设备机具配置

施工机械及工艺设备主要有钢锯、电钻、打磨机等,机械设备须有出厂合格证及相关证件。现场具体投入的机械设备见表 9.1.5-3。

表 9.1.5-3 机械设备投入表

序号	名称	规格	单位	数量	备注
1	钢锯		把	1	
2	电钻	两相	张	2	打孔
3	打磨机		台	2	打磨用
4	钢卷尺	5 m	把	1	
5	个人工具		套	若干	

9. 质量控制及检验

(1)质量控制

1)遮阳罩应平整,不得有折叠弯曲现象。

2)遮阳罩表面应平滑,安装时注意保护不被剐蹭、无划痕。

3)遮阳罩安装应无过大坡度,顺直,美观。

(2)质量检验

外观检验,目测观察,尺量检查。

10. 安全及环保要求

(1)安全要求

1)为保证施工的安全,现场应有专人统一指挥,并设一名专职安全员负责现场安全工作。

2)坚持班前进行安全教育制度。

3)防护人员应坚守岗位,切实做好防护工作。

4)作业人员均应戴安全帽,穿防护服。

(2)环保要求

1)施工过程中的废弃物应及时分类妥善处理,运至当地环保部门指定地点。

2)施工完毕后及时清理现场,做到工完料尽场地清。

3)按照环保部门要求集中处理施工及生活中产生的污水及废水。

9.2 接 触 网

9.2.1 供电系统工程刚性接触网施工测量作业指导书

1. 适用范围

适用于杭州至海宁城际铁路机电工程刚性接触网测量施工。

2. 作业准备

(1)外业准备

1)现场已具备测量条件。

2)已取得轨行区施工作业令。

3)施工区段已封闭,无行车干扰。

(2)内业准备

1)已完成施工测量的技术交底和对参加测量人员的技术培训。

2)使用的仪器、仪表经具备资质的检测机构检验,贴有“检验合格证”标识且在有效期内。

3)参加人员对于各种可能遇见的问题已有充分的了解和认识。

3. 技术要求

(1)测量前应对起测点基桩进行复核,确保起测点的正确性。

(2)应使用钢卷尺进行测量,严禁使用皮卷尺。

(3)支持悬挂装置的跨距应符合设计图纸要求,一般情况允许偏差为±500 mm;道岔、关节等特殊处,允许偏差为±200 mm。

(4)成组杆件横向布置其轴线应与线路中心线垂直,纵向布置其轴线应与线路中心线平行,其偏斜度应不大于3°;成组杆件中心在垂直线路方向(横向)偏差±20 mm;成组杆件各个螺栓间距相对偏差±2 mm,或不超出安装孔范围。

(5)若悬挂点位置与伸缩缝、漏水点或其他设备等发生干扰时,应调整跨距尽量避开,但调整后跨距要符合规范要求。

4. 施工程序与工艺流程

(1)施工程序

1)纵向拉链测量施工程序:确定起测点→纵向放线测量→测量复核→测量标记。

2)横向测量(有轨道时)施工程序:测量对位→受电弓中心定测→钻孔位定测→数据记录。

3)横向测量(无轨道时)施工程序:调平经纬仪→寻找切线→计算测点偏角→瞄准测点→测量点做标记→受电弓中心定测→标记划线→钻孔孔位→记录。

(2)工艺流程

工艺流程如图 9.2.1-1～图 9.2.1-3 所示。

图 9.2.1-1 纵向拉链测量工艺流程图　　图 9.2.1-2 横向测量(有轨道时)工艺流程图

图 9.2.1-3 横向测量(无轨道时)工艺流程图

5. 施工要求

(1)施工方法

使用钢卷尺纵向拉链测量,在纵向测量的基础上,进行横向测量,如果轨道已经施工完成则可以直接根据轨道使用激光测量仪确定该点的线路中心位置进行标记,根据标记进行打孔工作。如果轨道没有完成施工则可以使用经纬仪,利用隧道控制点打偏角法测量横向中线;中线确定后,将悬挂点用激光标线仪反光至隧道顶部,并做测量标记,以便打孔使用。

(2)施工步骤

1)纵向测量

①寻找起测点:以车站中心标、道岔岔心标或设计图纸标明的测量起点开始测量,或固定里程的悬挂点作为起测点。

②纵向放线测量:根据起测点里程和施工图纸悬挂点里程,定测出第一个悬挂点的位置,用粉笔或油漆在钢轨上做好标记,并注明锚段号和悬挂定位号。无轨道时,标记标注在隧道壁上,按施工图纸上的跨距。在有轨道时,沿钢轨依次测量各悬挂点,并标记各悬挂定位位置,曲线上沿曲线外侧钢轨进行测量,根据曲线半径计算跨距增长量,跨距测量长度适当增加。无轨道时,应使钢卷尺大致沿线路(隧道)中心位置拉链,以免跨距累积偏差过大而造成测量里程不闭合。

③一个整锚段测量后,对此锚段全长进行复核,无误后继续进行测量。

④测量出各悬挂点纵向位置后,用红油漆在钢轨侧面和轨枕上作出明显清晰的标记,按拉出值方向在对应隧壁上标记“十”字形标志,并标注定位点号、安装类型及拉出值、导高等数据。在站台等要装修的地方还应在轨腰外侧标记定位点数据,无轨道时,将所有标记内容记录在隧道壁上。

2)横向测量

①有轨道区段横向测量

a. 将激光测量仪道尺中心线对齐钢轨上的测量标记,道尺垂直于轨道中心线放置。

b. 将激光仪移至“0”刻度位,开启激光仪,激光束在隧道顶部定出受电弓中心位置,1 人站于测量梯车上,在隧道顶壁上标记出受电弓中心点,记为“+”,“+”的两条线分别为该点的纵向轴线和横向轴线。

c. 根据各型号底座孔的大小、孔间距的尺寸,用 5 mm 厚的铝合金板(或 10 mm 厚木板)制作模型板并焊接手柄,如图 9.2.1-4 所示。把加工的模板放在画出的定位点的轴线上,让隧道壁上的轴线与模板轴线相吻合,再用油漆在模板上的孔中标上标记,通过该点就可以确定其打孔位置,如图 9.2.1-5 所示。

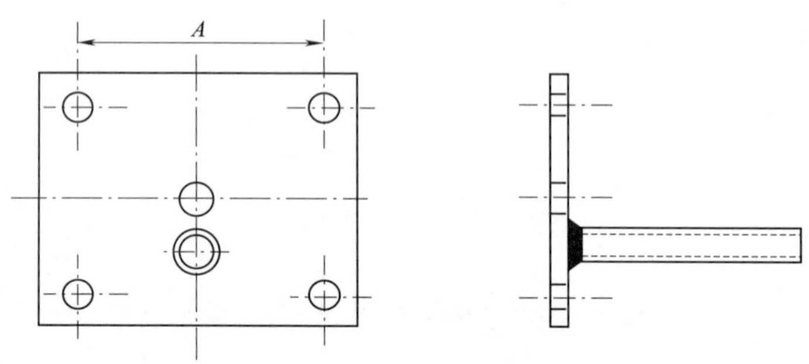

图 9.2.1-4　打孔模板

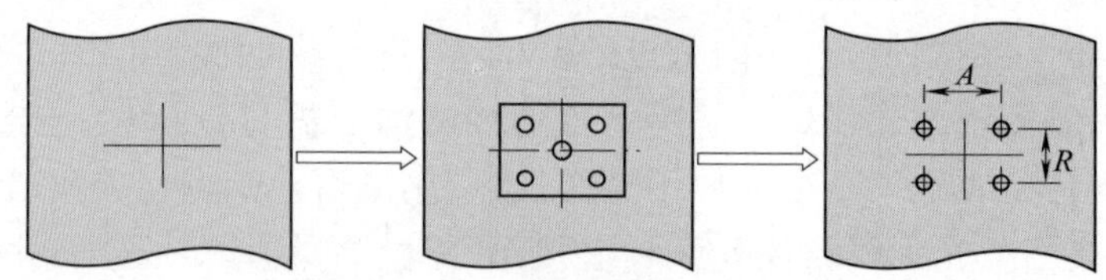

图 9.2.1-5　打孔点定位过程示意

d. 每测量一点要做好记录,方便后续工作使用。

②无轨道区段横向测量

a. 寻找控制点:配合测量人员首先找到所需要的控制点,这些点包括直缓点、缓圆点、曲中点、圆缓点、缓直点、直线转点。

b. 置镜:司镜人员将经纬仪在一个控制点的正上方安置好,并对中、整平。

c. 偏角测量:根据所在控制点及曲线要素,计算测量点的偏角,或根据提前计算好的偏角计算表直接打偏角,在地面上定测出一点。

d. 受电弓中心定测:利用激光标线仪将该点照射至隧道顶部;在隧道顶壁上标记出受电弓中心点,记为“+”。注意,在直线区段线路中心就是受电弓中心;曲线区段要计算受电弓中心与线路中心的偏差,该偏差为一个向曲内偏移的距离,该距离按如下公式近似计算,受电弓中心偏移量=导高×外轨超高÷轨距(mm)。

e. 标记画线:根据定测的悬挂中心点,画出一条垂直于线路的线段。因此时没有线路,可以将隧道方向作为线路的参照方向,若隧道结构复杂无法参照时,可以利用相邻悬挂点,按等腰三角形法画出该垂线。画出该垂线的目的是保证定测的孔位正确,使将来安装的悬吊槽钢垂直于线路,其垂直于线路的垂直度不超过 3°。

f. 三角形法校正垂线方法

连接相邻两悬挂点中心做一直线，以测点为中心点，向两侧分别截取等距离线段 OA 和 OB，以 AB 为底边做等腰三角形，顶端为 C，则 OC 为线路的垂线，螺栓组以此为中轴定位即可。

g. 等腰三角形垂线法示意如图 9.2.1-6 所示。

对于有基标区段，因基标间距较短，在曲线区段也可以近似的认为两相邻的基标连线为线路中心线。

在直线区段，该连线可以延伸到该两相邻的基标之外测量。但曲线区段该连线只能定测此相邻基标之内的悬挂点，若超出基标范围定测，需要计算曲线导致的偏移值，曲线半径越小，偏差越大，曲线区段的示意如图 9.2.1-7 所示。

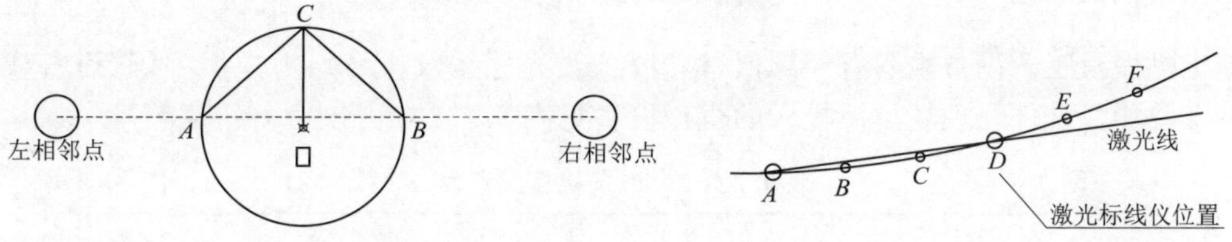

图 9.2.1-6 等腰三角形垂线法示意图　　图 9.2.1-7 区线区段示意图

由图可以看出，距离激光标线仪越远，偏差越大，必须计算偏差值，这个偏差值是与曲线半径有关的。在计算曲线偏差的同时，还要考虑超高的偏差因素，超高偏移值计算方法同上。

h. 钻孔孔位定测：其方法与有轨道时相同。

6. 劳动组织

(1)劳动力组织方式：采用架子队组织模式。

(2)作业人员数量应根据施工条件、工期要求进行合理配置，见表 9.2.1-1。

表 9.2.1-1 刚性接触网施工测量人员配置表

序 号	施工人员	单 位	数 量	备 注
1	架子队长	人	1	
2	施工技术负责人	人	1	全面负责现场施工组织及协调
3	工班长	人	1	组织及协调现场施工
4	安全员	人	2	安全瞭望、检查、提醒
5	材料员	人	1	材料管理
6	质检员	人	1	质量检查控制
7	试验员	人	1	质量控制
8	领班员	人	1	
9	纵向拉链	人	4	纵向定位，书写定位编号，复核悬挂点里程，调查干扰
10	书写悬挂点编号	人	2	在隧道侧壁上书写悬挂点编号
11	司镜	人	1	操作经纬仪，瞄点对中等

续上表

序 号	施工人员	单 位	数 量	备 注
12	远端配合经纬仪瞄点	人	1	配合经纬仪、标线仪瞄准、对点等
13	梯车推扶人员	人	4	负责稳固梯车
14	测量标记	人	2	将测量标记画在隧道顶端
15	激光标线仪操作人员	人	1	负责标线仪操作,辅助配合推扶梯车

7. 材料要求

测量仪器、工具均在年检有效期内。

8. 设备机具配置

施工机械及工艺设备主要有经纬仪、钢卷尺、激光标线仪、手锤、力矩扳手等,设备须有出厂合格证及相关证件。现场具体投入的机械设备见表 9.2.1-2。

表 9.2.1-2 设备机具配置表

序 号	名 称	规 格	单 位	数 量	备 注
1	经纬仪		台	1	
2	钢卷尺	50 m	把	1	测间距
3	钢卷尺	5 m	把	2	
4	红油漆		kg	若干	
5	油画笔		把	1～2	
6	激光标线仪		台	2	
7	测量标记框架		套	2	根据测量需要
8	记号笔	油性	支	2	
9	小绳	ϕ10	条	2	传递工具、小料
10	头灯		顶	10	根据需要
11	线坠		个	2	
12	对讲机		台	4	
13	梯车	4.4 m	台	1	

9. 质量控制及检验

(1)质量控制

2)测量仪器必须定期进行检测,确保使用时在年检有效期内。

3)测量人员经过培训合格。

4)对悬挂点的横向、纵向偏差控制在规范要求的范围内。

(2)质量检验

利用经纬仪、钢卷尺、激光标线仪对悬挂点横向跨距及纵向位置进行测量,测量完毕进行闭合检验,高程与水准点闭合,中线与控制点闭合。

10. 安全及环保要求

(1)安全要求

1)隧道内测量要做好防护,避免被其他施工人员伤害。

2)隧道内要配置齐全的照明设施,满足施工及安全的需要。

3)隧道顶做标记时,要扶稳梯车,避免人员或物体坠落造成危险。

4)用激光测量仪时,要注意避开直射眼睛,防止对眼睛造成伤害。

(2)环保要求

1)测量过程中注意回收废弃杂物,不要随地乱扔。

2)测量中注意油漆不要倾洒,其挥发物在隧道内不易消散,对人体健康造成危害。

3)油漆做标记时,不得随意涂抹,不得对隧道壁造成污染,标记应做在轨平面高度附近。

9.2.2 供电系统工程刚性接触网打孔植栓作业指导书

1. 适用范围

适用于杭州至海宁城际铁路机电工程刚性接触网打孔植栓施工。

2. 作业准备

(1)外业准备

1)现场调查具备施工条件。

2)混凝土养护期及强度达标。

3)锚栓到位,测量划线已完成。

(2)内业准备

1)准备好接触网平面布置图、刚性悬挂安装图、各种锚栓使用说明书等。

2)逐级向施工人员进行技术、操作、安全、环保交底,确保施工过程的工程质量、环境保护和人身安全。

3. 技术要求

(1)在打孔过程中应始终保持钻头与钻孔所在的面垂直。

(2)钻孔孔深:根据各种锚栓的使用说明和技术要求进行施工,不允许有负误差。

(3)钻孔时碰到钢筋,可顺线路位移 4～5 cm 重新定位,移位时同组钻孔都要进行移动保证孔间距符合要求。

(4)钻孔时应避开隧道伸缩缝、漏水等部位,保证 500 mm 以上的距离。

(5)化学锚栓安装前清孔要彻底,保证最少 2 次吹风清孔后进行 2 次钢刷清孔,再次 2 次吹风清孔。

4. 施工程序与工艺流程

工艺流程如图 9.2.2 所示。

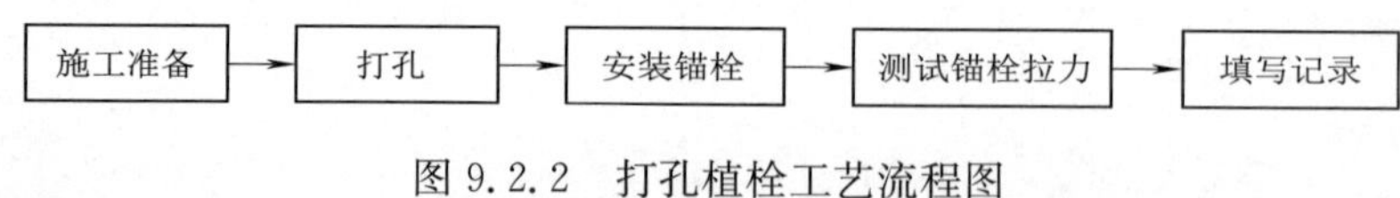

图 9.2.2 打孔植栓工艺流程图

5. 施工要求

(1)施工方法

隧道内打孔植栓通常使用电锤进行施工,根据各种锚栓的施工要求确定孔的深度、直径,确定好锚栓之后在洞壁上测量所做标记处进行打孔作业。打孔时,如果遇到钢筋要改变孔位时要将同组孔位同时移动,保证各种配件能顺利安装;当位置不能移动时,可采用水钻开孔从而确保位置不受钢筋的影响。

植栓前首先根据要求进行清孔工作，然后根据各种锚栓的安装要求进行安装，安装同时要核对锚栓的外露及间距是否符合要求，在施工过程中随时复核，随时校正。

(2)施工步骤

1)施工准备

①根据测量数据，编制悬挂钻孔类型表并注明技术要求。

②按照悬挂钻孔类型选用冲击钻头和钻孔模板，钻孔深度应严格按照要求进行。

2)打孔

①按照测量标记，用钻孔模板在孔位上钻出3～5 mm的凹槽，取下模板，一人手持冲击钻开始钻孔，一人手握吹风器将尘屑吹向无人侧。

②后扩底锚栓打孔可先用合适普通钻头将孔的深度钻好，最后用专用的钻头完成孔底的锥柱形空腔部分。

③钻孔完成后，测量检查孔深、孔距等尺寸并做好钻孔记录。

3)安装锚栓操作步骤

①先用清孔毛刷、清孔气囊清除孔屑。

②安装后扩底锚栓时，先将锚栓放入孔内，然后使用手锤和专用安装工具敲击锚栓套管，将套管压入锥形头外面，从而填满后扩底钻孔，形成凸型结合。

③安装化学锚栓时，必须按照锚栓安装说明书进行，清孔要彻底(最少2吹，2刷再2吹)，将化学药剂包出口装上静力混合管，利用胶枪从孔底部开始进行，渐渐提拉，根据锚栓的型号确定注射量的大小，达到要求后，马上将锚栓轻轻地旋进钻孔底部，目测有液体溢出，完成锚栓安装。当钻孔向下时，为防止化学药剂在重力作用下流出钻孔，可在注射完药剂后用专用的塑料挡圈进行封堵，然后将锚栓从挡圈中间的开孔中旋入。

4)螺栓拉拔测试

①在待测锚栓上安装好测量仪。

②逐渐加大拉力至测试值，并保持3～5 min，如无异常即通过测试，并做好测试记录。

③如锚栓被拉出，应分析找出原因，并对同一作业批次的螺栓全部进行测试。

6. 劳动组织

(1)劳动力组织方式：采用架子队组织模式。

(2)作业人员数量应根据施工条件、工期要求进行合理配置，见表9.2.2-1。

表9.2.2-1　刚性接触网打孔植栓人员配置表

序　号	项　目	单　位	数　量	备　注
1	队长	人	1	
2	施工技术负责人	人	1	全面负责现场施工组织及协调
3	工班长	人	1	组织及协调现场施工
4	安全员	人	2	安全瞭望、检查、提醒
5	材料员	人	1	材料管理
6	质检员	人	1	质量检查控制

续上表

序　号	项　目	单　位	数　量	备　注
7	试验员	人	1	质量控制
8	领班员	人	1	
9	技术员	人	1	负责技术和质量
10	作业人员	人	6	

7. 材料要求

所使用的物资已经完成进场报验,锚栓已通过第三方检测。详细配置见表9.2.2-2。

表9.2.2-2　刚性接触网打孔植栓材料配置表

序　号	材　料	单　位	备　注
1	后切底螺栓	个	

8. 设备机具配置

施工机械及工艺设备主要有梯车、钢卷尺、激光标线仪、冲击钻、拉拔仪、模板等,设备须有出厂合格证及相关证件。现场具体投入的机械设备见表9.2.2-3。

表9.2.2-3　设备机具配置表

序　号	名　称	规　格	单　位	数　量	备　注
1	梯车		台	1	
2	钢卷尺		把	1	现场测量
3	冲击电钻	HILIT TE-75	台	1	钻孔灌注
4	钻头		套	1	与打孔型号匹配
5	吹尘器	电动	台	1	
6	照明灯	100 W	支	2	
7	激光测量仪	DJJ-8	套	1	
8	钻孔模板		个	1	
9	清孔毛刷		套	1	
10	螺栓拉力测试仪		把	2	测试螺栓拉力

9. 质量控制及检验

(1)质量控制

1)埋入杆件的埋设位置、埋设深度、规格型号应符合设计要求。

2)埋入杆件荷载检测应符合设计要求,化学锚固螺栓所使用的化学填充剂必须在有效期内使用。

3)埋入杆螺纹完好,镀锌层完好,化学锚固螺栓孔填充密实。螺纹外露部分应涂油防腐。

4)埋入杆件的施工允许偏差应符合表 9.2.2-4 规定。

表 9.2.2-4　埋入杆件的施工允许偏差

序　号	项　目	允许偏差	备　注
1	后切底螺栓深度	${}^{-2}_{+2}$mm	隧道拱部允许${}^{-3}_{+2}$mm
2	化学锚固螺栓深度	${}^{-3}_{+5}$mm	
3	后切底螺栓钢套管相对深度	${}^{0}_{+1}$mm	
4	成组杆件中心垂直线路方向	${}^{-20}_{+20}$mm	
5	成组杆件个体相对间距	${}^{-2}_{+2}$mm	或不超出安装孔范围
6	成组杆件横向布置其轴线应与线路中心线垂直，纵向布置其轴线应与线路中心线平行，其偏斜度应符合设计要求	$\leqslant 3°$	
7	杆件对隧道拱壁切线的垂直度或铅直度	$\leqslant 1°$	刚性悬挂支持装置的埋入杆件顺线路方向铅垂直度应以汇流排在线夹内有间隙为原则

5)埋入螺栓时应避开隧道漏水点和管片接缝处。

(2)质量检验

1)用钢卷尺检验各种锚栓钻孔的深度和间距达到要求。

2)利用水平尺检验螺栓的竖直度。

3)目测观察埋设位置、埋设深度、规格型号等。

4)拉拔测试要由第三方机构进行检测和自检两部分组成。

10. 安全及环保要求

(1)安全要求

1)无法连接电源的区段采用自配发电机供电，要严格按照临电使用规定进行接线。

2)梯车上作业时系好安全带，所有施工人员必须佩带好施工证件，戴好安全帽。

3)测试拉力时做好安全防护，防止锚栓拉出，防止测试仪坠下伤人及损伤仪器。

4)隧道内空间狭小、照明不足，施工前应对照明设施进行检查并确认完好。

5)施工前，必须把所使用的工具、材料备足，并进行检查。

6)在作业地点两端要设好防护，防护人员要确保通信设备完好，联络畅通。

7)施工人员要听从指挥，加强施工的对话联系，确保安全施工。

(2)环保要求

1)设备包装物不得随意丢弃，集中处理。

2)化学锚栓所用化学药剂对人体有害，施工人员不得用手直接接触，要戴好防护手套。

3)打孔等施工如对周围居民有噪声污染时，应采取措施，不得在夜间施工。

4)打孔人员要佩戴好防护面具，防止吸入粉尘，打孔产生的粉尘及时进行清理。

9.2.3 供电系统工程刚性接触网支持和定位装置安装作业指导书

1.适用范围

适用于杭州至海宁城际铁路机电工程刚性接触网支持和定位装置安装施工。

2.作业准备

(1)外业准备

1)已取得轨行区施工作业命令。

2)施工区段已封闭,无行车干扰。

3)施工区段轨道已达到设计要求。

4)上道工序已完成并通过监理检查验收,具备支持和定位装置安装条件。

5)确认施工现场照明是否满足施工需要,如不满足需配备足够照明设备。

(2)内业准备

1)施工平面图;刚性悬挂安装图;曲线要素表。

2)完成支持和定位装置安装的技术交底。

3.技术要求

(1)悬吊安装底座应水平安装;坡道上的悬吊安装底座顺线路方向水平度偏差应以汇流排安装在汇流排定位线夹内能自由伸缩为原则,如图 9.2.3-1 所示。

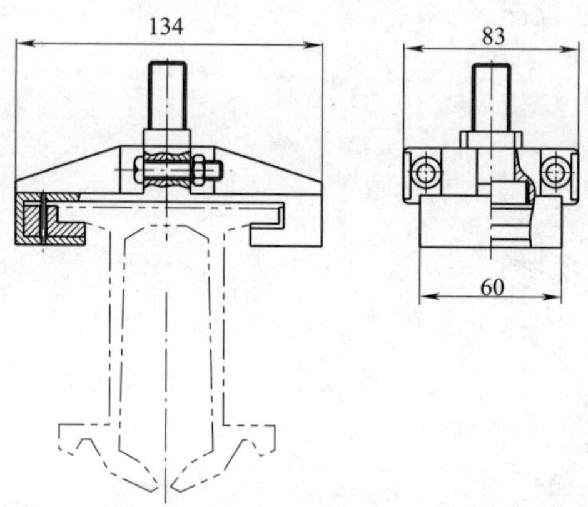

图 9.2.3-1 悬吊安装底座(单位:mm)

(2)悬吊槽钢应与安装地点的轨平面平行。

(3)悬垂吊柱及 T 型头螺栓应铅垂安装,倾斜度误差应不大于 1°;坡道上的悬垂吊柱及 T 型头螺栓顺线路方向铅垂度偏差应以汇流排安装在汇流排定位线夹内能自由伸缩为原则。

(4)汇流排定位线夹与绝缘子安装稳固,汇流排在汇流排定位线夹内应能自由伸缩、不卡滞。

(5)连接螺栓紧固力矩应符合设计和产品技术要求,安装牢固可靠,紧固件齐全。

(6)T 型头螺栓最下端距离受电弓(运行时)最小距离 150 mm;T 型螺栓的 T 型头应与悬吊安装底座垂直,以达到最好的受力效果。

(7)悬吊安装底座、悬吊槽钢、绝缘横撑、悬垂吊柱、T 型头螺栓等构件无变形,镀锌层完整,螺栓在满足绝缘距离要求的情况下应有不少于 0.25D 的调节余量(困难地段除外),螺纹部分应涂油防腐。

(8)在曲线区段固定悬吊槽钢处的垫片为斜垫片,按倾斜角度分为Ⅰ型和Ⅱ型,安装时按要求进行,如图 9.2.3-2 所示。

斜垫片型号:Ⅰ型,0≤线路超高<60 mm;Ⅱ型,60≤线路超高≤120 mm。

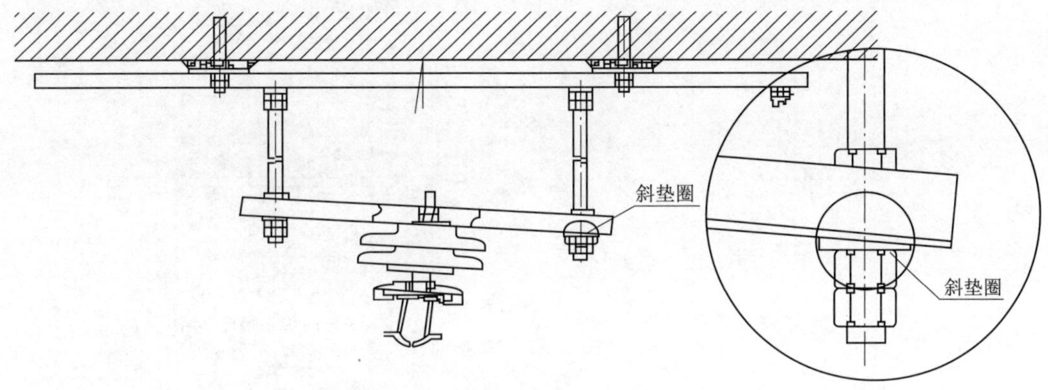

图 9.2.3-2　曲线区段固定悬吊槽钢

4. 施工程序与工艺流程

工艺流程如图 9.2.3-3 所示。

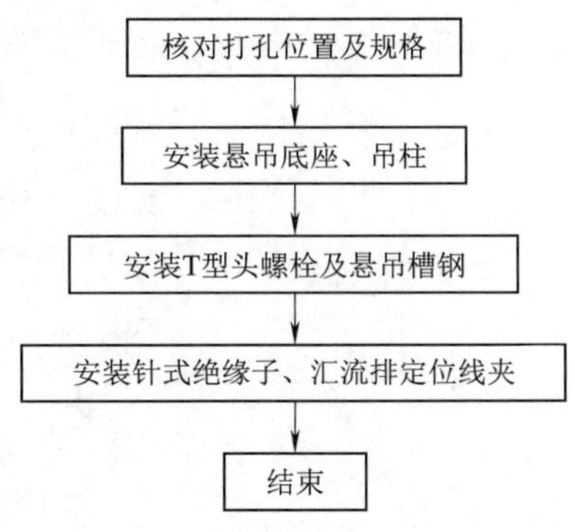

图 9.2.3-3　支持和定位装置安装工艺流程图

5. 施工要求

(1)施工方法

使用梯车人工安装,其结构形式主要有以下几种:垂直悬吊安装底座加悬吊槽钢、水平腕臂结构、锚栓加悬吊槽钢、吊柱加悬吊槽钢结构、低净空安装结构、金属风道下刚性悬挂框架结构,如图 9.2.3-4 所示。各种安装形式是由所在位置的隧道形状和净空高度所决定的。

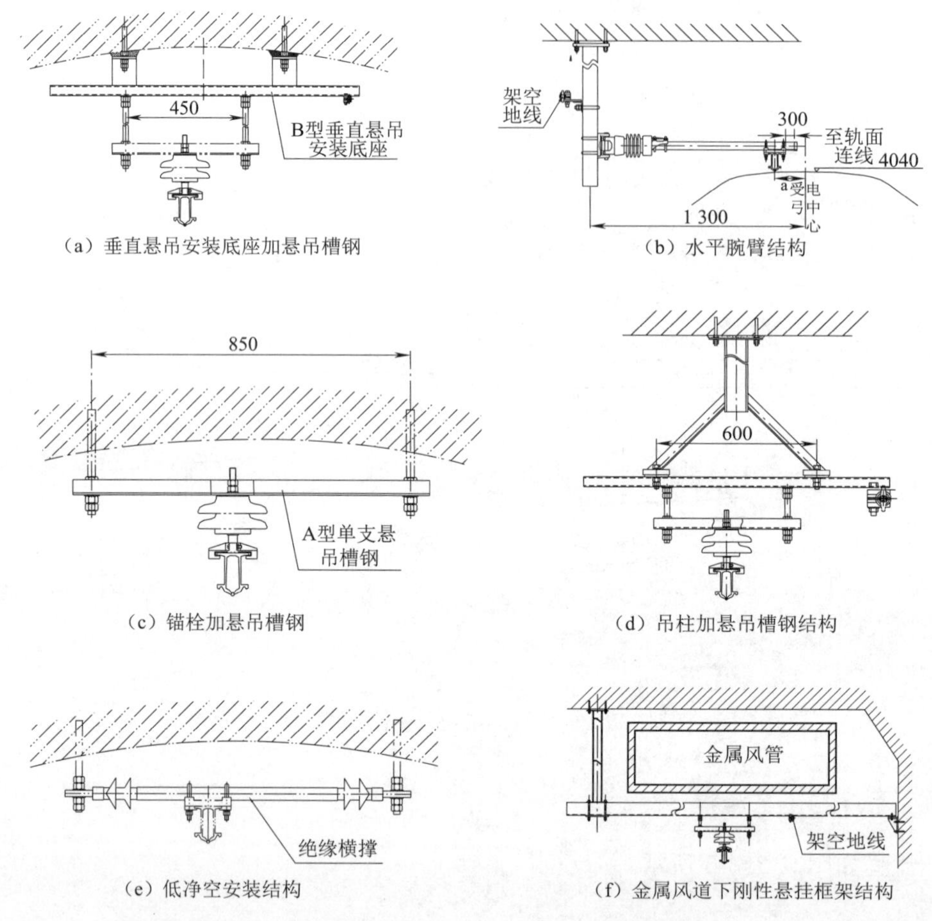

图 9.2.3-4　各种接触网支持和定位装置安装图(单位:mm)

(2)施工步骤(以垂直悬吊安装底座加悬吊槽钢安装形式为例)

1)施工准备:将所需的工具、材料按施工计划需要的规格、数量清点装车,运输至施工地点。推扶梯车停靠在悬挂点测量标记的下方,对螺栓安装位置、规格及螺栓间距进行复核。

2)安装悬吊底座:在每一根后扩底锚栓上预先安装一个螺母、一个平垫圈,该螺母为调整螺母;将悬吊安装底座用小绳提到梯车框架上,在悬吊底座的四个孔上各放置一个垫圈(使该垫圈位于调整螺母与悬吊底座之间),两人配合将悬吊底座举起,使锚栓穿过垫圈、安装孔,然后 1 人扶住,另 1 人依次将垫圈、螺母套入锚栓,依次紧固。

3)安装悬吊槽钢:根据隧道高度选择合适长度的 T 型头螺栓,将两根 T 型头螺栓从一端的大孔中推入安装底座的槽内,T 型头螺栓到位后,将 T 型头旋转至与安装底座垂直的位置,检查垫片齐全到位后,将 T 型头螺栓微微拧紧,放置滑动即可。然后,在 T 型头螺栓下方安装悬吊槽钢,根据拉出值,检查悬吊槽钢是否基本到位,若不到位,可以通过调整 T 型头螺栓调整位置。

4)安装针式绝缘子及定位线夹:在悬吊槽钢上依次安装针式绝缘子、汇流排定位线夹;用激光测量仪检测汇流排定位线夹的高度及拉出值位置是否符合设计图纸,若有偏差,可以通过调整T型头螺栓。注意,因此时没有安装汇流排,无法直接检查导线的高度及拉出值,此时,可以测量汇流排定位线夹的高度,需要减去汇流排的高度修正值,汇流排加接触线高度按117 mm考虑。

5)调整完成后,即可将T型头螺栓与悬吊安装底座处按力矩拧紧,固定悬吊槽钢的一端临时紧固,待细调完成后再按标准力矩紧固。

6. 劳动组织

(1)劳动力组织方式:采用架子队组织模式。

(2)作业人员数量应根据施工条件、工期要求进行合理配置,见表9.2.3-1。

表9.2.3-1 刚性接触网支持和定位装置安装人员配置表

序 号	施工人员	单 位	数 量	备 注
1	架子队长	人	1	
2	施工技术负责人	人	1	全面负责现场施工组织及协调
3	工班长	人	1	组织及协调现场施工
4	安全员	人	2	安全瞭望、检查、提醒
5	材料员	人	1	材料管理
6	质检员	人	1	质量检查控制
7	试验员	人	1	质量控制
8	领班员	人	1	
9	技术员	人	1	技术负责、质量负责
10	技术工人	人	2	
11	辅助工人	人	3	辅助安装等

7. 材料要求

所有物资已经完成进场报验。定位装置应:

(1)保证将接触网固定在要求的位置上。

(2)当温度变化时,定位器不影响接触线沿线路方向的移动。

(3)定位点弹性良好。

详细配置见表9.2.3-2。

表9.2.3-2 刚性接触网支持和定位装置材料配置表

序 号	材 料	单 位	数 量	备 注
1	定位装置	个	1	
2	刚性针式绝缘子	套	1	

8. 设备机具配置

施工机械及工艺设备主要有发电机、扭矩扳手、梯车等,设备须有出厂合格证及相关证件。

现场具体投入的机械设备见表 9.2.3-3。

表 9.2.3-3 设备机具配置表

序号	名称	规格	单位	数量	备注
1	发电机	3 kW	台	1	配照明灯具
2	头灯		顶		按施工需要
3	手电筒		把		按施工需要
4	梅花扳手	12—14 型、16—18 型	把	5	
5	扭矩扳手		把	2	与螺栓配套
6	梯车	4 000 mm	台	1	
7	刚性针式绝缘子		套	若干	按施工需要
8	小绳	ϕ10	根	2	

9. 质量控制及检验

(1)质量控制

对运抵现场的材料进行检查,不合格的材料不予使用;对安装后的悬吊安装底座、悬吊槽钢、吊柱、T 型头螺栓、绝缘子、汇流排定位线夹的安装状态进行检查,使其符合设计及验收标准的要求,不符合要求的及时返工整改。

(2)质量检验

1)外观检验

①规格型号应与设计相符,零件配套齐全;表面光滑,无裂纹、伤痕、砂眼、气泡等缺陷。

②凡经热镀锌的零件,锌层均匀,无锌层剥落、漏镀、锈蚀现象。

③螺杆与螺母的配合良好。

④瓷绝缘子瓷釉表面光滑、清洁,无裂纹、缺釉、斑点、气泡等缺陷,瓷釉剥落总面积不大于 30 mm^2。

⑤汇流排定位线夹规格、型号应符合设计和产品技术要求。

⑥汇流排定位线夹表面无裂纹、无缺损,紧固件和内衬垫齐全、无松动,可旋转部位无阻滞现象。

2)测量检查

①用钢卷尺、激光测量仪检查 T 型头螺栓(及其他部位)至带电部分的绝缘距离。

②检查悬吊槽钢、T 型头螺栓、汇流排定位线夹等的安装状态、安装位置是否符合设计要求。

③用扭矩扳手检查各部紧固力矩是否达到设计或产品要求。

10. 安全及环保要求

(1)安全要求

1)施工场地要配备足够的照明设施。

2)梯车上不要放置过多的材料,要随用随上,向上传递料具时,应用小绳绑扎牢固,防止坠落砸伤推扶梯车人员。

3)使用梯车要严格按照梯车使用规定,推扶梯车人员要恪尽职守,在扶稳梯车的同时,要随时观察梯车上人员作业情况,听从上部作业人员的指挥。

4)作业地点两端要设好防护,并保持呼唤应答。

(2)环保要求

1)施工完成后现场不留杂物,及时回收,做到文明施工。

2)垃圾不得遗落在施工现场。

9.2.4 供电系统工程刚性接触网汇流排安装作业指导书

1.适用范围

适用于杭州至海宁城际铁路机电工程刚性接触网汇流排安装施工。

2.作业准备

(1)外业准备

1)已取得轨行区施工作业命令。

2)施工区段已封闭,无行车干扰。

3)施工区段轨道已达到设计要求。

4)汇流排安装上道工序已完成并通过监理检查验收,具备汇流排安装条件。

5)确认施工现场照明是否满足施工需要,如不满足需配备足够照明设备。

(2)内业技术资料准备

1)已进行汇流排安装施工技术交底。

2)准备好接触网平面布置图及刚性悬挂安装图配合厂家提供的安装图纸和说明。

3)技术人员根据测量数据,编制汇流排安装施工表。

3.技术要求

(1)汇流排终端安装完成后,与汇流排或汇流排终端之间的底部钳口应对齐,同时间隙不大于 1 mm,底面应平顺利用 1 m 长水平尺靠近检测最大缝隙不能大于 1 mm。

(2)连接螺栓紧固应采用交替紧固的方法,避免螺栓咬扣、发热。

(3)连接螺栓紧固力矩为 50～55 N·m,汇流排终端端头夹紧螺栓的紧固力矩为 25～32 N·m。

(4)紧固连接螺栓过程中应注意汇流排终端与汇流排或汇流排终端的相对位置。

(5)汇流排对接接头尽可能靠近悬挂定位点,避免处于或靠近跨中,对接接头也应避开处于悬挂定位线夹位置,安装时中间接头上大筋,应靠近汇流排钳口。

(6)预制的汇流排长度不能小于设计规定值。短汇流排切割面应与汇流排中心线呈直角,且保证整个Ⅱ形截面平整。

(7)根据现场测量的实际跨距值,合理编排汇流排安装表,按安装表进行施工。

(8)汇流排断面对称中轴线应垂直于所在处的轨顶连线平面,偏斜不应大于 1°。

(9)汇流排终端到相邻悬挂点的距离为 1 800 mm,允许误差:$^{-100}_{+200}$mm。

(10)汇流排连接缝与定位线夹边缘距离不小于 200 mm。

(11)刚柔过渡切槽元件中接触线接头线夹安装在相应位置。螺栓紧固力矩为 44～56 N·m,垫板固定螺栓紧固力矩为 25～32 N·m。

(12)钻孔时钻头方向与钻套轴心线方向尽量一致,以保证 ϕ12 孔的中心线与汇流排侧腰平面垂直。

4. 施工程序与工艺流程

(1)施工程序

测量→切割汇流排(需切割)→汇流排打孔→安装汇流排→安装中间接头→螺栓紧固完成。

(2)汇流排安装流程

工艺流程如图 9.2.4-1 所示。

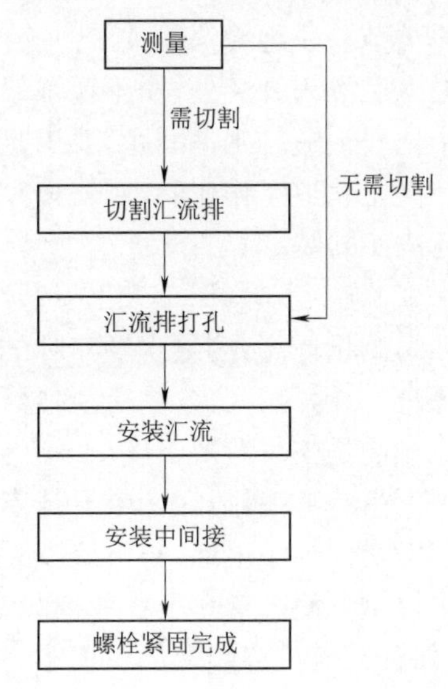

图 9.2.4-1　汇流排安装工艺流程图

5. 施工要求

(1)施工方法

刚性接触网汇流排安装分刚性锚段和刚柔过渡段两部分。

刚柔过渡段位于刚性接触网线路端头,是与柔性接触网线路的接口,由柔性悬挂一支接触线直接嵌入切槽式汇流排然后落锚,另一支接触线直接抬高与承力索同时落锚。切槽汇流排应严格按设计位置安装,并保持其处于平衡状态,其前端 4 m之内,不得安装柔性悬挂的吊弦,此跨柔性悬挂吊弦应进行合理布置,确保刚柔过渡实现平滑过渡,同时切槽汇流排在刚柔过渡起始点处不应形成下压力或上抬力,不能形成硬点,双接触线中的另一条接触线,等高进入刚柔过渡段一定距离(符合设计要求)后逐渐抬高,并成为非工作支进行下锚,如图 9.2.4-2 所示。

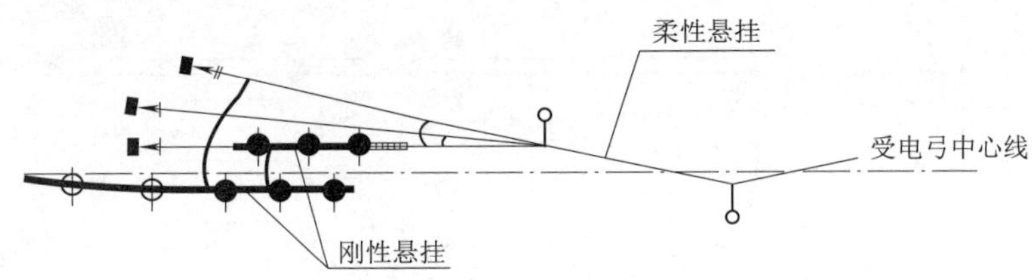

图 9.2.4-2　落锚示意图

刚性接触网汇流排线路中间由多个刚性锚段组成,各刚性分段间通过安装在端部的汇流排终端实现平滑过渡。

刚性接触网汇流排线路的安装一般从锚段的一端开始,先不安装刚柔过渡段,待所有刚性锚段安装完成后再安装两端刚柔过渡段。

在各个汇流排刚性锚段安装前,应复核整个刚性锚段的长度,根据温度变化量预留两端伸缩量,计算出汇流排总长度,并合理布置短汇流排的安装位置。根据计算出的汇流排总长度,计算所需汇流排根数和需预制的短汇流排长度。

汇流排刚性锚段安装应从锚段关节第一定位处开始向另一端安装,一般应从直线端向曲线端安装,有分段绝缘器的刚性区段,宜从分段绝缘器处向两端安装汇流排。安装时首先要在安装起点的第一个定位点处安装汇流排终端,第一个悬挂点定位线夹安装在距汇流排终端端头 1 800 mm 处,线夹固定住汇流排,同时在此定位线夹两侧和第二个定位点处定位线夹两侧安装临时锚固线夹,卡紧汇流排,防止汇流排在安装过程中顺线路滑动。终端汇流排安装好后,依次对接安装下一段汇流排,所以中间段汇流排安装完毕后,安装锚段末端汇流排终端。在整个刚性锚段安装完成后,拆除第一、二定位点处的临时锚固线夹。汇流排对接时,对接汇流排应在同一条直线上。

锚段关节和线岔是由两个刚性锚段的汇流排形成的。锚段关节可根据电气分段分为绝缘锚段关节与非绝缘锚段关节。绝缘锚段关节的两锚段汇流排间没有电气连接,一般设置在车站电分区隔离开关处,非绝缘锚段关节间是由 5 根 120 mm^2 软铜绞线连接。安装时需要注意两个锚段汇流排水平间距,要满足设计要求。

满足轨道车作业时,用轨道车架设汇流排,省时省力;当不满足轨道车作业条件时,用梯车进行人工安装。

(2)施工步骤(梯车人工安装)

1)测量计算:测量现场实际的各悬挂点跨距,根据标准汇流排长度及跨距值、设计特殊要求等进行计算排列,绘制跨距(悬挂点)与汇流排(接头)之间的排列分部示意图,确定需要加工汇流排的具体位置及长度。

2)吊装汇流排:在两个悬挂点支架上分别挂上一个滑轮,利用大绳穿过滑轮将汇流排平行吊装至两台梯车上部,将汇流排平均分摊放置于两台作业梯车上面,为梯车上作业人员安装汇流排提供方便。梯车上作业人员从锚段的一侧开始安装汇流排。先安装锚段始端的汇流排终端,保证汇流排终端端部距离第一个悬挂点中心 1 800 mm 拧紧汇流排定位线夹,并分别在第一、二线夹两端紧靠线夹安装 4 套临时锚固线夹,如图 9.2.4-3 所示。

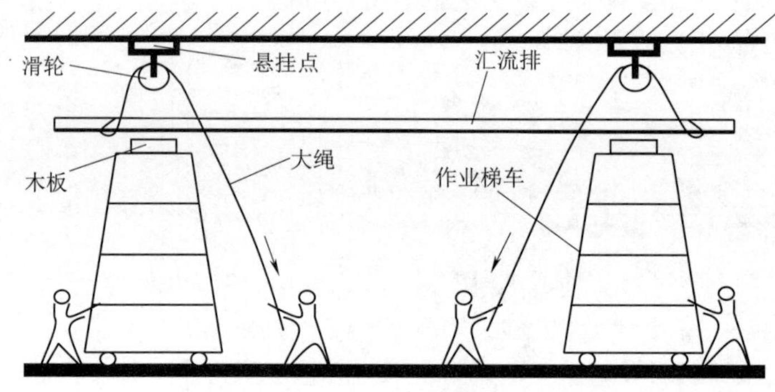

图 9.2.4-3　汇流排吊

3)安装中间接头:将待安装的被连接件(汇流排、汇流排终端或刚柔过渡接头)安装在定位线夹上不固定,保证汇流排可以在定位线夹中滑动,并套入中间接头余端,对齐相互之间的 8 个安装孔,分别安装 8 个M10×20(配 M10 平垫)并预紧。调整汇流排与汇流排或汇流排终端的相对位置后,用扭矩扳手交替紧固 16 个连接螺栓,紧固力矩 50～55 N·m。要求汇流排与汇流排终端底部钳口应对齐,间隙≤1 mm,同时紧固定位线夹固定汇流排。然后采用前面叙述的方法吊装下一根汇流排,逐步向锚段另一侧安装汇流排并与前面安装好的汇流排终端(或汇流排)通过中间接头可靠连接,直至安装到锚段的另一头。

4)当遇到需要切割的汇流排时,应根据测量计算长度进行切割,切割要用专用工具保证切割后切面与汇流排中心线呈 90°直角，整个Ⅱ型截面平整。

5)切割完成并达标后，使用专用钻孔夹具进行钻孔。将汇流排钻孔工装本体卡入汇流排的侧腰处，挡销贴紧汇流排端部，以确保孔的位置。转动下部顶丝，使之卡紧于汇流排牙槽内。用手电钻配直径 ϕ12 mm 的钻头沿钻套方向依次钻通孔 4－ϕ12。钻孔完毕卸下工装，除去孔边毛刺并将钻孔处清理干净。用丝锥将汇流排上的 8 个孔攻出螺纹。完成汇流排加工。

6)刚柔过渡段一般由一根切槽镶嵌式刚柔过渡汇流排和一根汇流排终端组成，也可按设计要求确定。安装时应按设计要求确定刚柔过渡段的起始点。安装步骤同上，如图 9.2.4-4 所示。

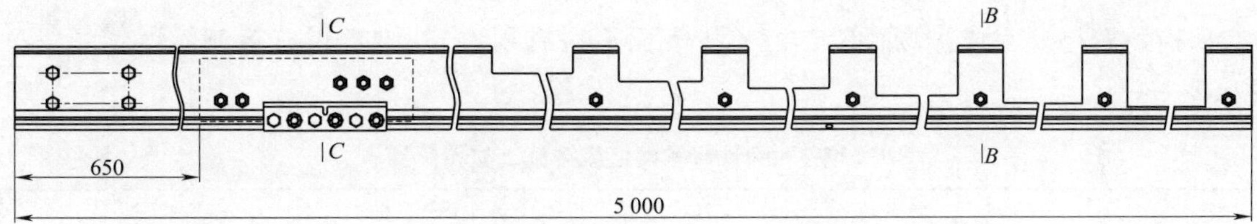

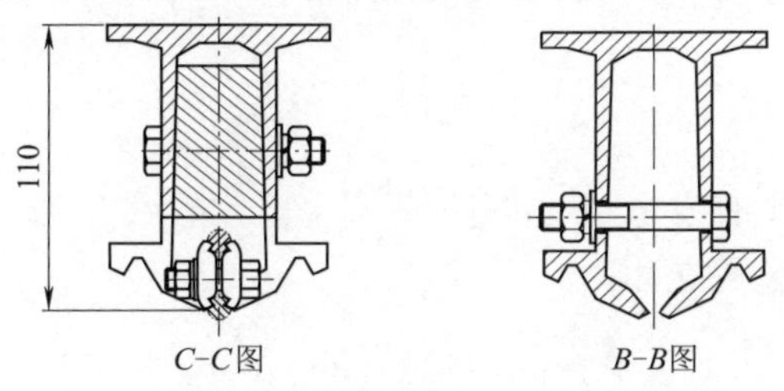

图 9.2.4-4　与刚柔过渡连接示意图(单位:mm)

6. 劳动组织

(1)劳动力组织方式：采用架子队组织模式。

(2)作业人员数量应根据施工条件、工期要求进行合理配置，见表 9.2.4-1。

表 9.2.4-1　刚性接触网汇流排施工人员配置表

序　号	人　员	单　位	数　量	备　注
1	架子队长	人	1	
2	施工技术负责人	人	1	全面负责现场施工组织及协调
3	工班长	人	1	组织及协调现场施工
4	安全员	人	2	安全瞭望、检查、提醒
5	材料员	人	1	材料管理
6	质检员	人	1	质量检查控制
7	试验员	人	1	质量控制

续上表

序　号	人　员	单　位	数　量	备　注
8	领班员	人	1	
9	施工负责人	人	1	现场施工组织协调
10	技术人员	人	1	
11	技术工人	人	10	
12	轨道车司机	人	2	

7. 材料要求

所有物资已经完成进场报验。汇流排表面不得有划痕、外沿不得有毛刺。详细配置见表 9.2.4-2。

表 9.2.4-2　刚性接触网汇流排施工材料配置表

序　号	材　料	单　位	数　量	备　注
1	接触网汇流排	根	若干	施工需求

8. 设备机具配置

施工机械及工艺设备主要有发电机、扭矩扳手、梯车等,设备须有出厂合格证及相关证件。现场具体投入的机械设备见表 9.2.4-3。

表 9.2.4-3　设备机具配置表

序　号	名　称	规　格	单　位	数　量	备　注
1	吊车	16 t	台	1	
2	作业车或梯车		台	2	运输安装汇流排
3	切割机	三相	台	1	切割汇流排
4	打孔机		台	1	汇流排打孔
5	丝锥		套	1	汇流排攻丝
6	扭矩扳手	100 N·m	把	1	
7	内六角扳手		把	1	
8	平挫		把	2	打磨汇流排切割部位
9	钢卷尺	10 m、50 m	把	各 2	
10	橡皮锤		把	2	
11	水平尺	1 m	把	1	
12	对讲机		台	若干	
13	发电机	3 kW	台	1	
14	棕绳	10 m	条	2	

9. 质量控制及检验

(1)质量控制

1)各部位连接螺栓应达到相应扭矩。

2)汇流排或汇流排终端之间的底部钳口应对齐,保证各种安装数据正确。

3)现场加工汇流排必须使用专用工具。

4)中间接头上大筋,应靠近汇流排钳口。

(2)质量检验

1)各部位连接螺栓应达到相应扭矩。

检验方法:用扭矩扳手复核是否达到要求扭矩。

2)汇流排或汇流排终端之间的底部钳口应对齐,保证各种安装数据正确。

检验方法:用塞尺测量汇流排中间接头连接缝及底部平整度是否满足要求。

3)现场加工汇流排应保证端头排切割面应与汇流排中心线呈直角,且保证整个Ⅱ形截面平整。钻孔时钻头方向与钻套轴心线方向尽量一致。

检验方法:尺量,定期检测专用工具。

10. 安全及环保要求

(1)安全要求

1)汇流排运输及吊装时,充分调查现场环境,选择符合条件的作业机械。

2)人工运输汇流排时,合理安排施工人员,注意脚下安全,不能在汇流排上搁置重物。

3)在轨行区作业时,前后各 100 m 处需设置防护员及防护灯、防护旗等,保持联络畅通。

4)高处作业要系好安全带,禁止抛掷工料具。

5)使用电动切割机、打孔机时,严格遵守使用说明书,电缆要满足绝缘要求,临时配电箱要有良好接地保护。

6)汇流排吊装时,下方不得占人。

7)一天作业完毕,没有安装完成的汇流排不得在隧道顶部进行临时固定,要保证下方通过人员、机械的安全。

(2)环保要求

1)设备包装物要随施工随清理不得随意丢弃,最后要统一处理。

2)施工完毕后要工完料净场地清。

3)使用合格的发电机等电动工具,废气排放要达标。

9.2.5 供电系统工程刚性接触网中心锚结安装作业指导书

1. 适用范围

适用于杭州至海宁城际铁路机电工程刚性接触网中心锚结安装施工。

2. 作业准备

(1)外业准备

1)已取得轨行区施工作业命令。

2)施工区段已封闭,无行车干扰。

3)施工区段轨道已达到设计要求。

4)中心锚接安装上道工序已完成并通过监理检查验收,具备中心锚接安装条件。

5)确认施工现场照明是否满足施工需要,如不满足需配备足够照明设备。

(2)内业技术资料准备

1)已进行中心锚接安装施工技术交底。

2)准备好接触网平面布置图及中锚安装图。

3)技术人员根据测量数据,编制中锚安装施工表。

3. 技术要求

(1)在直线区段,锚固底座中心线位于汇流排中心线的正上方;曲线区段锚固底座中心线位于中锚在汇流排上锚固线夹处汇流排中心线的延伸线的正上方,误差为±30 mm。

(2)中锚两端底座距中心锚固点的距离相等,其安装误差为±50 mm。

(3)中心锚结拉线拉力应适度,两端拉力应一致,且不能使中锚点出现负弛度;与汇流排的夹角应保持在30°~45°之间。

(4)中心锚结绝缘子表面无损伤,接地端至带电体应不小于150 mm。

(5)采用下锚吊柱落锚时,注意下锚吊柱下端距汇流排不得小于150 mm。

(6)中心锚结拉线拉力应均衡适度,两端拉力应一致,且不得使中心锚结点出现负弛度。可调节螺栓应有足够的调节余量。

(7)中心锚结锚固线夹与汇流排的接触面应均匀涂抹电力复合脂,与汇流排固定牢固,螺栓紧固力矩符合设计要求。

4. 施工程序与工艺流程

工艺流程如图9.2.5-1所示。

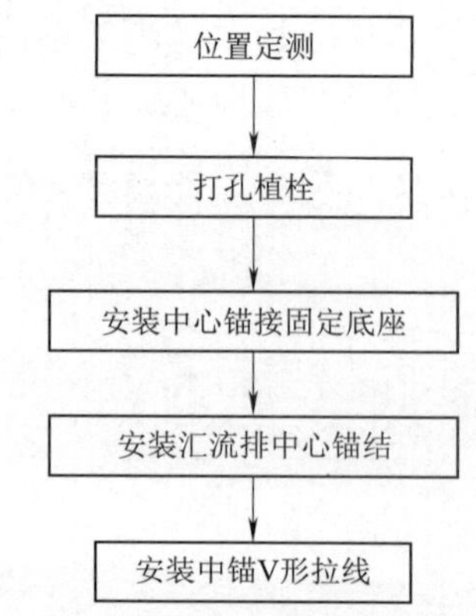

图9.2.5-1 中心锚结安装工艺流程图

5. 施工要求

(1)施工方法

刚性悬挂中心锚结应在悬挂点支持和定位装置安装

完成后、导线架设前安装完成，测量打孔应在汇流排安装前完成。刚性悬挂中心锚结一般呈 V 形结构。主要由中心锚结线夹、绝缘子、调节螺栓及固定底座组成，如图 9.2.5-2 所示。

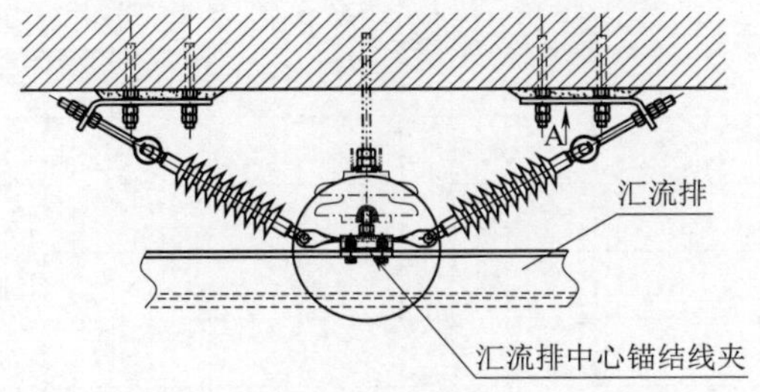

图 9.2.5-2 刚性悬挂中心锚结图

当净空高度大于 4 900 mm 时，固定底座要更换为吊装进行安装，如图 9.2.5-3 所示。

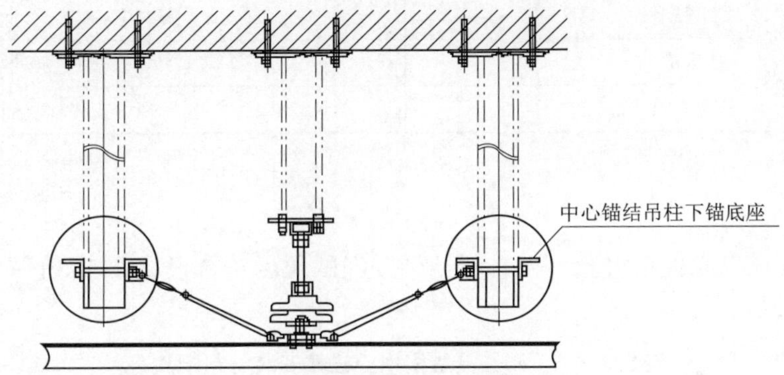

图 9.2.5-3 吊装进行安装刚性悬挂中心锚结图

(2)施工步骤

1)位置定测：根据中心锚结处定位点的拉出值和中心锚结的安装形式，根据安装图定测出中心锚结固定底座或中心锚结下锚吊装的安装位置，中心锚结应位于汇流排的正上方。

2)打孔植栓：按定测出的固定底座或吊柱安装位置进行钻孔和植栓施工，施工时确保按测量位置打孔，如遇钢筋可向远离悬挂点的方向移动 50 mm，打孔植栓施工步骤和支持定位装置打孔植栓相同。

3)安装中心锚结固定底座(吊柱)：打孔植栓完成后，其他安装工作应在汇流排安装调整完毕后进行，首先安装中心锚结固定底座或下锚吊柱。

4)安装汇流排中心锚结线夹：在汇流排与汇流排中心锚结线夹的接触面上均匀涂抹一层电力脂，安装好汇流排中心锚结线夹。

5)安装中锚 V 形拉线：将绝缘子、调整螺杆(栓)连接安装在中心锚结固定底座和汇流排中心锚结线夹之间，调整螺杆(栓)使两侧拉线松紧一致，轻微拉住汇流排，中锚处汇流排不能出现负弛度。

6. 劳动组织

(1)劳动力组织方式：采用架子队组织模式。

(2)作业人员数量应根据施工条件、工期要求进行合理配置,见表 9.2.5-1。

表 9.2.5-1　刚性接触网中心锚接安装施工人员配置表

序　号	项　目	单　位	数　量	备　注
1	架子队长	人	1	
2	施工技术负责人	人	1	全面负责现场施工组织及协调
3	工班长	人	1	组织及协调现场施工
4	安全员	人	2	作业区段两端的安全防护
5	材料员	人	1	材料管理
6	质检员	人	1	质量检查控制
7	试验员	人	1	质量控制
8	领班员	人	1	
9	组长	人	1	安装中心锚结作业组织、指挥
10	技术员	人	1	负责现场安装技术
11	作业人员	人	3	现场安装、调整中心锚结

7. 材料要求

所有物资已经完成进场报验。中心锚结辅助绳的长度符合设计要求,允许偏差±20 mm。详细配置见表 9.2.5-2。

表 9.2.5-2　刚性接触网中心锚接安装材料配置表

序　号	材　料	单　位	数　量	备　注
1	调整螺栓	套	2	
2	中心锚结绝缘棒	套	2	
3	汇流排中心锚结线夹	套	2	

8. 设备机具配置

施工机械及工艺设备主要有发电机、扭矩扳手、梯车等,设备须有出厂合格证及相关证件。现场具体投入的机械设备见表 9.2.5-3。

表 9.2.5-3　设备机具配置表

序　号	名　称	规　格	单　位	数　量	备　注
1	作业车或梯车		台	2	
2	扭矩扳手	100 N·m	把	1	运输安装汇流排
3	钢卷尺	10 m、50 m	把	各 2	
4	对讲机		台	若干	
5	棕绳	10 m	条	2	

9. 质量控制及检验

(1)质量控制

1)中心锚结形式应符合设计要求，安装位置要符合要求。

2)中心锚结绝缘子型号应符合设计和产品技术条件，表面无损伤。

3)中心锚结处汇流排不能出现负弛度。

4)中心锚结与汇流排固定牢固，螺栓紧固力矩符合设计要求，调整螺栓处于可调状态。

(2)质量检验

1)目测观察，尺量确认中心锚结位置准确符合要求。

2)目测观察绝缘子外观及型号符合设计要求。

3)激光测量仪测量汇流排高度。

4)用扭矩扳手检验各紧固螺母是否达到标准扭矩。

10. 安全及环保要求

(1)安全要求

1)梯车上作业时系好安全带，所有施工人员必须佩带好施工证件，戴好安全帽。

2)隧道内空间狭小、照明不足，施工前应对照明设施进行检查并确认完好。

3)线路设好防护，保持呼唤应答，联络畅通。

4)中心锚结绝缘子用麻布软袋包装好，以免在运输和安装中造成损失。

(2)环保要求

1)隧道内使用发电设备，要有通风措施。

2)随时清理包装材料，不得随意丢弃，最后集中处理。

9.2.6 供电系统工程刚性接触网接触线架设作业指导书

1. 适用范围

适用于杭州至海宁城际铁路机电工程刚性接触网接触线架设施工。

2. 作业准备

(1)外业准备
1)已取得轨行区施工作业命令。
2)施工区段已封闭,无行车干扰。
3)施工区段轨道已达到设计要求。
4)接触线架设上道工序已完成并通过监理检查验收,具备接触线架设条件。
5)确认施工现场照明是否满足施工需要,如不满足需配备足够照明设备。
(2)内业准备
1)进行接触线架设技术交底。
2)准备好接触网平面布置图、线盘配盘表。
3)线条走向应明确,线盘放置方向清晰。

3. 技术要求

(1)放线前要确保汇流排线槽内电力脂涂抹均匀,中心锚节线夹固定牢靠。

(2)每个锚段端头处接触线要预留,一般预留 100～150 mm,沿汇流排终端方向顺延并上翘,一般情况下对接地体的距离要求,静态不小于 150 mm,动态不应小于 100 mm。

(3)放线小车前后四个导轮应保证同时卡在汇流排导道上。

(4)放线小车中间顶丝装置对接触线施加的压力应适中。

(5)放线小车后定位轮在放线过程中应避免对沟槽产生侧向作用力。

(6)一个刚性锚段的接触导线,中间不得接头。

(7)汇流排终端端头夹紧螺栓的紧固力矩为 25～32 N·m。

4. 施工程序与工艺流程

工艺流程如图 9.2.6-1 所示。

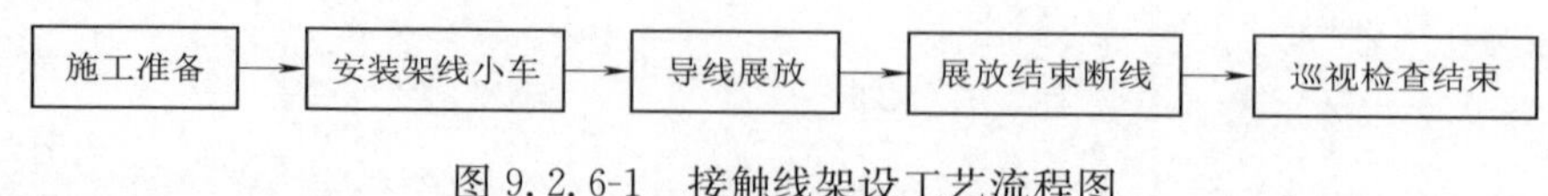

图 9.2.6-1 接触线架设工艺流程图

5. 施工要求

(1)施工方法

提前对每个锚段长度测量统计,合理配盘。检查每个锚段中心锚节锚固线夹是否达到力矩要求。检查所有支持定位装置是否安装完毕,所有汇流排及终端是否安装完毕,中心锚结是否安装完毕，每个锚段汇流排线槽内电力脂是否涂抹均匀。满足以上条件后，才可以用刚性放线小车进行接触线架设。

(2)施工步骤

1)施工准备：确定导线配盘长度是否满足锚段长度，将线盘吊装至作业车平板，利用梯车在汇流排线槽内均匀涂抹电力脂，同时检查汇流排上是否有异物并清除。

2)安装架线小车：架设接触线的小车，是专门为这种可以像拉链一样拉开和关闭的Ⅱ型截面汇流排配套设计的，如图 9.2.6-2 所示。

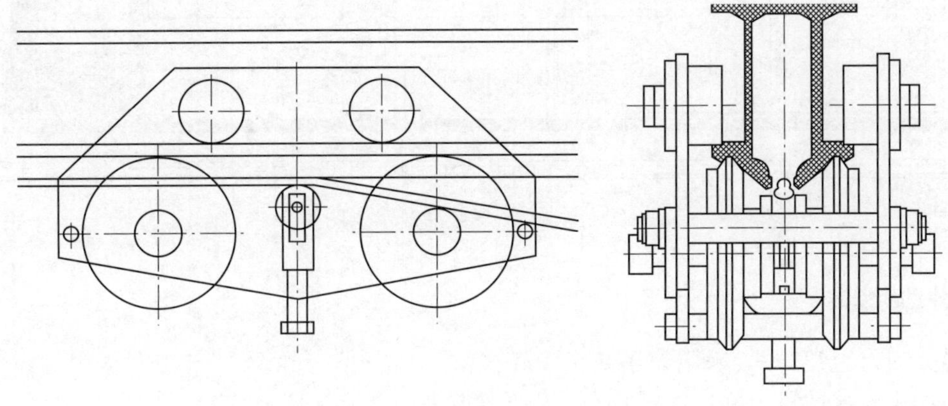

图 9.2.6-2　刚性接触网架设示意图

根据汇流排外形通过扳手调整放线小车定位轮和导轮的相互位置，使放线小车轻松的架设到汇流排上，置于刚性悬挂接触线架设的始端，用扳手拧动前后定位轮的调节螺轴，将其覆盖部位汇流排钳口撑开至接触线能顺利镶入的尺寸，将接触线穿入汇流排，拧动中间顶丝装置，将接触线钳口及以下部位固定在汇流排钳口中。用扳手拧动后定位轮的调节螺轴，使汇流排尾部成自由夹持接触线状态。

3)导线展放：在放线小车前端拉线孔中穿入铁线或钢丝绳后，利用作业车牵引拉动放线小车向前移动，在小车向前移动的同时接触线被镶入汇流排钳口中。接触线被镶入汇流排钳口中后，应立即对汇流排端部夹紧螺栓进行紧固。接触网架线车、放线小车的组合方式，架线车组架设接触线时，一般行驶速度为 2～5 km/h。架线小车前设一人负责扶正导线，使接触线燕尾端位于汇流排开口正下方，并平行于汇流排以确保架设作业顺利进行。同时在架线小车后面，应设专人仔细检查接触线嵌入状况。如发现接触线嵌入不到位，及时通知施工负责人停车，将架线小车后退出此段线(这里需要注意的是张力放线车绝对不许后退)，重新用架线小车将接触线镶入汇流排，如图 9.2.6-3 所示。

4)展放结束断线：当接触线架设至锚段的末端时，在架线小车到达弯曲端前，架线车组停车，人工拉动架线小车，把接触线导入弯曲端。全部导入后，按设计要求预留接触线余量后一般为 150～200 mm，用钢锯锯断接触线并用扭矩扳手紧固弯曲头处夹紧螺栓至规定力矩，最后向上弯曲导线。

5)巡视检查：架线车缓慢向始端运行，途中检查接触线是否全部嵌入汇流排夹口内，如有较大范围没有嵌入，则要用放线小车进行处理，如果只是接触线部分没有嵌入则可以用橡皮锤敲击进入，直至检查至起始端，将起始端接触线按设计要求预留接触线余量。用钢锯锯掉多余接触线,最后向上弯曲导线。

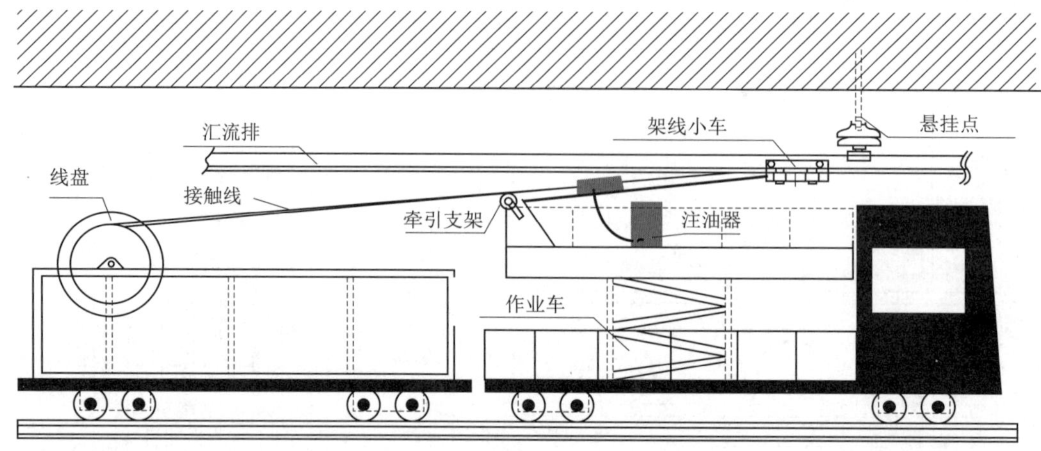

图 9.2.6-3　导线展放示意图

6. 劳动组织

(1)劳动力组织方式:采用架子队组织模式。

(2)作业人员数量应根据施工条件、工期要求进行合理配置,见表 9.2.6-1。

表 9.2.6-1　刚性接触网接触线架设施工人员配置表

序　号	人　员	单　位	数　量	备　注
1	架子队长	人	1	
2	施工技术负责人	人	1	全面负责现场施工组织及协调
3	工班长	人	1	组织及协调现场施工
4	安全员	人	2	安全瞭望、检查、提醒
5	材料员	人	1	材料管理
6	质检员	人	1	质量检查控制
7	试验员	人	1	质量控制
8	领班员	人	1	
9	技术人员	人	1	技术负责、质量负责
10	施工负责人	人	1	现场施工组织协调
11	技术工人	人	7	
12	轨道车司机	人	2	

7. 材料要求

所有物资已经完成进场报验。接触线满足有较高的相对导电率和优异的受电性、良好的力学性能,整体抗拉力大于 40 kN。详细配置见表 9.2.6-2。

表 9.2.6-2　刚性接触网接触线架设材料配置表

序　号	材　料	单　位	数　量	备　注
1	接触线	m	若干	满足需求
2	汇流排电连接线夹	套	若干	满足需求
3	汇流排接地线夹	套	若干	满足需求
4	电力复合脂	管	2	

8. 设备机具配置

施工机械及工艺设备主要有吊车、作业车、梯车、放线小车等，设备须有出厂合格证及相关证件。现场具体投入的机械设备见表 9.2.6-3。

表 9.2.6-3　设备机具配置表

序　号	名　称	规　格	单　位	数　量	备　注
1	吊车	16 t	台	1	
2	作业车		台	1	运输架线
3	钢锯		件	1	
4	断线钳	150 型	把	1	
5	开口扳手	300 型	把	若干	
6	梯车		台	1	
7	放线小车		台	1	
8	橡皮锤		把	1	
9	毛刷		把	2	

9. 质量控制及检验

(1)质量控制

1)轨道车行驶速度不可超过 5 km/h。

2)地线不得有明显弯曲硬点。

3)严格根据配盘进行地线架设。

(2)质量检验

1)地线驰度应符合设计要求。

检验方法:对照安装曲线进行测量检查。

2)线盘选用要正确。

检验方法:根据配盘表、锚段长度及线盘铭牌核对。

10. 安全及环保要求

(1)安全要求

1)地线线盘运输及吊装时，充分调查现场环境，选择符合条件的作业机械。

2)线盘吊装完毕，对线盘要进行详细检查加固，线盘要有制动设施。

3)作业车在轨行区作业时,前后各 100 m 处需设置防护员及防护灯、防护旗,保持联络畅通。

4)作业车运行时,前方要设专人配合司机进行瞭望。

5)架线过程中,要面对列车运行方向,注意隧道顶上的突出悬挂结构,以防刮伤。

6)高处作业要系好安全带,禁止抛掷工料具。

(2)环保要求

1)导线等设备的包装物在施工过程中要随时收集不得随意丢弃,最后集中处理。

2)施工完毕后要工完料净场地清。

3)轨行车辆的排放要达标,防止人员在隧道密闭环境下窒息。

9.2.7 供电系统工程刚性接触网架空地线架设作业指导书

1. 适用范围

适用于杭州至海宁城际铁路机电工程刚性接触网架空地线架设施工。

2. 作业准备

(1)外业准备

1)已取得轨行区施工作业命令。

2)施工区段已封闭,无行车干扰。

3)施工区段轨道已达到设计要求。

4)架空地线架设上道工序已完成并通过监理检查验收,具备架空地线架设条件。

5)确认施工现场照明是否满足施工需要,如不满足需配备足够照明设备。

(2)内业准备

1)进行架空地线架设交底。

2)准备好接触网平面布置图、线盘配盘表。

3)线条走向应明确,线盘放置方向清晰。

3. 技术要求

(1)确定放线列车组方向。吊装好按设计编号的地线线盘。确认工具及材料齐全。

(2)地线不应有断股,如断股超过三股应绞断重接使用,不超过三股的地线应加强后方可使用。

(3)架设地线时每隔两跨加挂一个悬吊滑轮,使其能自由伸缩不会损伤地线。

(4)地线架设时其张力和弛度应符合设计要求。

(5)接地方式:全线接触网所有不带电金属部分均应与架空地线连接,架空地线与变电所内接地网相连,构成接触网系统接地保护回路。所有不与架空地线直接相连接的接触网不带电金属部分都应采用接地跳线与架空地线相连通。

(6)接地跳线在隧道壁上应稳固固定,两端连接牢固、导通良好,布置顺直美观,固定卡安置均匀合理。电缆敷设应符合电缆施工及验收规范要求,电缆在支架上绑扎稳固,两端连接牢固可靠。

(7)地线不得与其他建筑物及设备发生摩擦。

(8)在曲线区段进行地线架设、调整过程中,所有人员应站在曲线外侧(站在地线的受力反方向)。

4. 施工程序与工艺流程

(1)施工程序

施工准备→架空地线起锚→张力架设→临时固定→张力调整。

(2)架空地线架设流程

工艺流程如图 9.2.7-1 所示。

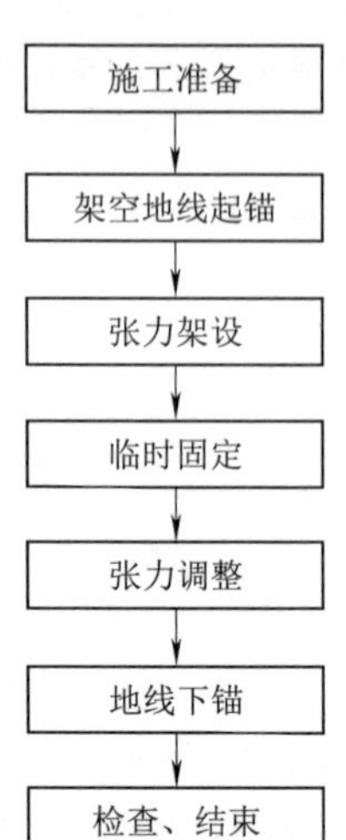

图 9.2.7-1 架空地线架设工艺流程图

5. 施工要求

(1)施工方法

地线架设分为人工架设和机械架设,只要条件具备都要采用机械架设方法进行施工,机械架设方法就是在已铺设完成的轨道上利用封闭时间由架线车组完成的地线架设。

根据架线过程中施加给线索张力的大小,分为小张力架设和恒张力架设两种。在有条件的施工区段,多采用小张力架设。

地线架设工作,必须做好充分的准备和严格的组织工作,在尽量短的时间内安全、高效、保质、保量地完成架线工作。

(2)施工步骤

1)地线起锚

①作业车组行至起锚点,使作业平台置于地线锚固底座处。

②从线盘引出地线,在地线起锚端,按设计图纸和安装要求做好地线锚端连接。

2)张力架设

①起锚连接完毕,放线初张力调至 1.5 kN 左右,车组平缓起动,拉起地线后,以每小时 5 km速度匀速行驶。

②在各悬挂点挂设滑轮,使悬挂地线点距离悬挂安装点应保持在 400 mm 内。将地线放于滑轮上,保证绞线能顺线路无障碍自由滑动。

3)临时固定

①架线车组行至地线落锚点前平稳停车,并通知沿线巡视人员汇报全线检查情况。

②确认所架设的地线不受障碍物影响后开始紧线。

③用钢线卡子、辅助线将地线临时固定,如图 9.2.7-2 所示。

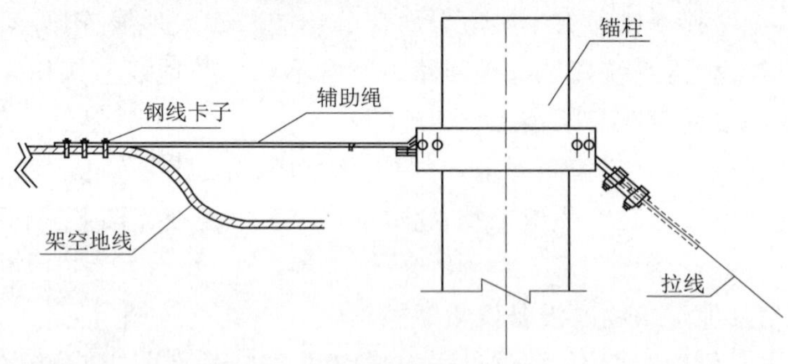

图 9.2.7-2 地线临时下锚固定示意图

4)张力调整

①测出现场温度,根据施工设计图纸查出紧线张力值和设计超拉值,确定下锚张力。

②张力调整从起锚点开始,地面段在有下锚的地方按照设计张力紧线调整一次,隧道段每隔 100 m 按设计张力紧线调整一次。

5)地线下锚

①张力调整完毕,将地线分别安装在线夹内。

②按设计的要求连接好各零部件。

6)检查

每一区段线索架设到位固定好后,检查所架设的线材是否有破损、扭曲或断股,是否侵限影响行车,并做出相应的处理。

6. 劳动组织

(1)劳动力组织方式:采用架子队组织模式。

(2)作业人员数量应根据施工条件、工期要求进行合理配置,见表 9.2.7-1。

表 9.2.7-1 刚性接触网架空地线架设施工人员配置表

序 号	项 目	单 位	数 量	备 注
1	架子队长	人	1	
2	施工技术负责人	人	1	全面负责现场施工组织及协调
3	工班长	人	1	组织及协调现场施工
4	安全员	人	2	安全瞭望、检查、提醒
5	材料员	人	1	材料管理
6	质检员	人	1	质量检查控制
7	试验员	人	1	质量控制
8	领班员	人	1	
9	施工负责人	人	1	安装施工组织、指挥
10	技术员	人	3	负责技术、质量
11	辅助人员	人	3	
12	架线车司机	人	1	
13	司机助理	人	2	
14	轨道车司机	人	1	安全瞭望、检查、提醒

7. 材料要求

所有物资已经完成进场报验。导线必须要有良好的导电性能。导、地线应有在架设中承受自重、风压、冰雪荷载的能力。详细配置见表 9.2.7-2。

表 9.2.7-2 刚性接触网架空地线架设材料配置表

序 号	材 料	单 位	数 量	备 注
1	架空地线	m	若干	现场需求
2	下锚底座	套	2	
3	T 型终锚线夹	套	2	
4	调整螺栓	套	2	
5	D2 型电连接线夹	套	若干	现场需求
6	120 型地线线夹	套	若干	现场需求

8. 设备机具配置

施工机械及工艺设备主要有作业车、放线车、张力表、梯车等，设备须有出厂合格证及相关证件。现场具体投入的机械设备见表 9.2.7-3。

表 9.2.7-3　设备机具配置表

序　号	名　称	规　格	单　位	数　量	备　注
1	牵引作业车		台	1	
2	张力放线车		台	1	
3	张力表	3.0 t	个	2	
4	断线钳		把	1	
5	温度计		支	1	
6	钢卷尺	5 m	把	1	
7	步话机		台	3	
8	梯车		台	1	

9. 质量控制及检验

(1)质量控制

1)轨道车行驶速度不可超过 5 km/h。

2)地线不得有明显弯曲硬点。

3)严格根据配盘进行地线架设。

(2)质量检验

1)地线驰度应符合设计要求。

检验方法:对照安装曲线进行测量检查。

2)线盘选用要正确。

检验方法:根据配盘表、锚段长度及线盘铭牌核对。

10. 安全及环保要求

(1)安全要求

1)地线线盘运输及吊装时，充分调查现场环境，选择符合条件的作业机械。

2)线盘吊装完毕，对线盘要进行详细检查加固，线盘要有制动设施。

3)作业车在轨行区作业时，前后各 100 m 处需设置防护员及防护灯、防护旗，保持联络畅通。

4)作业车运行时，前方要设专人配合司机进行瞭望。

5)架线过程中，要面对列车运行方向，注意隧道顶上的突出悬挂结构，以防刮伤。

6)高处作业要系好安全带，禁止抛掷工料具。

(2)环保要求

1)导线等设备的包装物在施工过程中要随时收集不得随意丢弃，最后集中处理。

2)施工完毕后要工完料净场地清。

3)废弃线头等金属物要统一收回，反回料库处理。

4)轨行车辆的排放要达标，防止人员在隧道密闭环境下窒息。

9.2.8　供电系统工程刚性接触网悬挂调整作业指导书

1. 适用范围

适用于杭州至海宁城际铁路机电工程刚性接触网悬挂调整施工。

2. 作业准备

(1)外业准备

1)已取得轨行区施工作业命令。

2)施工区段已封闭,无行车干扰。

3)施工区段轨道已达到设计要求。

4)架空地线架设上道工序已完成并通过监理检查验收,具备架空地线架设条件。

5)确认施工现场照明是否满足施工需要,如不满足需配备足够照明设备。

(2)内业准备

1)进行接触悬挂调整施工技术交底。

2)准备好施工图纸。

3. 技术要求

(1)接触悬挂调整

1)导线高度和拉出值符合设计要求,导线高度允许调整误差±10 mm,相邻的悬挂点相对高差一般不得超过所在跨距值的0.5‰,接触线拉出值调整误差为±10 mm,且不得超过最大设计值。刚性悬挂设计坡度变化应不大于1‰。

2)接触网带电体对接地体的距离:静态不应小于150 mm,动态不应小于100 mm。

3)在纯直线上,刚性悬挂在同一个锚段内采用折线布置,如图9.2.8-1所示。对于锚段长度大于等于180 m的须过3次零点,锚段长度小于180 m的须过2次零点。需要说明的是,第二个悬挂点的拉出值应根据汇流排实际走向进行修正,如图9.2.8-1所示。

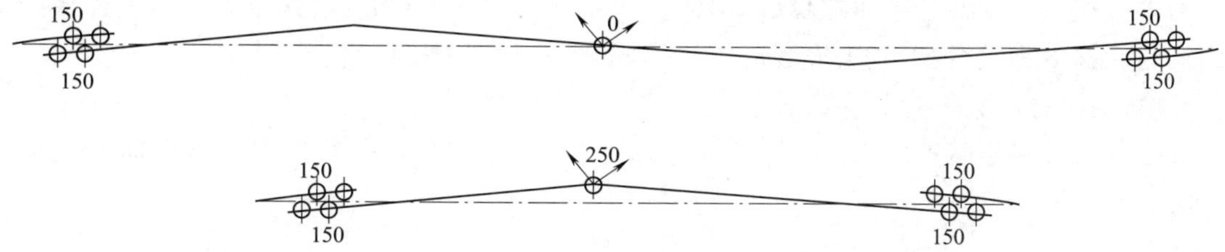

图9.2.8-1　直线悬挂点拉出值示意图(单位:mm)

4)曲线上根据圆曲线、缓和曲线长度以及锚段所处的位置布置成波形曲线。对于锚段长度大于等于180 m的须过3次零点,锚段长度小于180 m的须过2次零点。需要说明的是,第二个悬挂点的拉出值应根据汇流排实际走向进行修正,如图9.2.8-2所示。

5)悬挂点处接触线导线高度距轨面为(4 040±10)mm,且跨中接触线导线高度距轨面不低于4 000 mm。悬挂点拉出值限值为±250 mm,误差±10 mm。

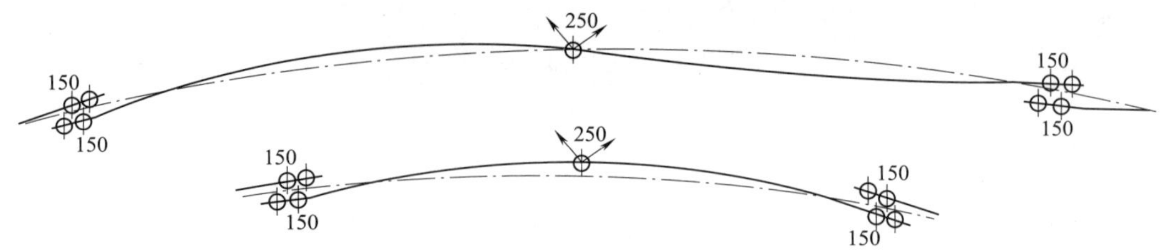

图 9.2.8-2　区线悬挂点拉出值示意图(单位:mm)

6)刚性悬挂在汇流排终端处自锚段关节悬挂点处至中锚方向 3 个悬挂点内的跨距应按图纸要求进行,其余悬挂点跨距可适当调整,调整范围不宜大于±0.5 m。

(2)关节及线岔调整

1)锚段关节汇流排终端至相邻悬挂点的距离符合设计要求,允许误差为$^{-100}_{+200}$mm。

2)锚段关节中间悬挂点处应等高,第一个悬挂点处非工作支接触线要比工作支接触线抬高 3～5 mm。

3)在关节内两根汇流排要保持等距平行,两支悬挂的水平间距要按设计要求进行调整,施工误差为±20 mm。

4)受电弓双向通过锚段关节、线岔时应平滑无撞击,热滑实验中不应出现固定拉弧点。

5)单开道岔处,两接触线悬挂的间距为 200 mm,允许误差±20 mm。平行段长度不小于 2 000 mm。

6)在线岔始触区内,两支接触线应等高。第一个悬挂点处非工作支接触线要比工作支接触线抬高 3～5 mm。

7)道岔处渡线支悬挂点括号内的拉出值是指距相邻汇流排中心的距离,两支汇流排应保证受电弓能够平滑通过。

(3)电连接安装调整

1)电连接线所用型号、材质、数量应符合设计要求,并预留足够的应温度变化使汇流排产生伸缩而需要的长度,弯曲方向与汇流排移动方向一致。电连接不得有散股、断股现象。

2)电连接线的安装位置允许误差为±200 mm,在任何情况下均应满足绝缘距离要求。

3)电连接线与接线端子压接良好,紧固力矩不得小于 3.6 kN。电连接线夹与电连接线接触面均匀涂抹电力复合脂,线夹安装应端正牢固,螺栓紧固力矩应符合要求。

4)电连接线应弯曲自然,布线美观。

5)刚柔过渡电连接的安装、长度应符合设计,电连接线在柔性悬挂承力索上需要线夹连接,如图 9.2.8-3 所示。

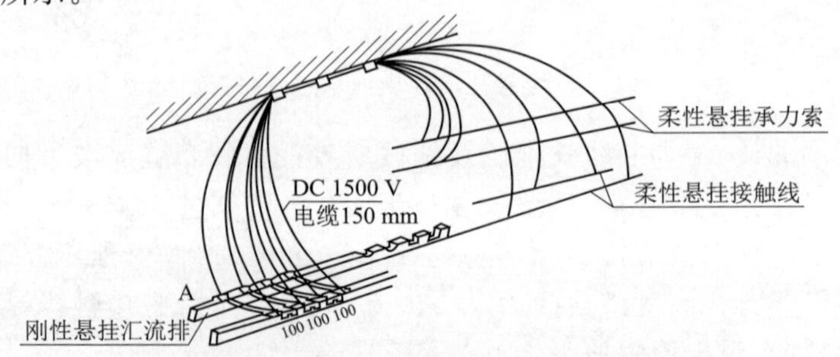

图 9.2.8-3　电连接安装调整示意图(单位:mm)

(4)刚柔过渡安装调整

1)刚柔过渡锚段内的刚柔过渡元件以及汇流排终端的接触线底面应水平，即此处接触线底面不与两轨面连线水平，应保持与水平面平行。

2)刚柔过渡锚段内的汇流排拉出值设置应保证切槽式刚柔过渡元件不承受水平力，而且拉出值应在受电弓的工作范围内。

3)刚柔过渡锚段内的接触线底面虽然不与轨面连线平行，但是在由刚柔过渡锚段与正常锚段组成的关节处，应严格保证过渡区域内的两接触线等高。

4)应保证刚柔过渡区段受电弓的平稳过渡。

5)刚柔过渡区段工作支、非工作支接触线的下锚跨距应综合现场土建净空高度、安装空间等因素综合确定。

6)非支与刚性悬挂同侧布置，且下锚走向应避开刚性悬挂的悬挂槽钢，满足最小空气绝缘距离的要求。

7)两支悬挂点的拉出值为±100 mm，间距为 200 mm，允许误差±20 mm。

8)刚性悬挂带电体距柔性下锚底座、下锚支悬挂等接地体不应小于 150 mm。

9)受电弓距柔性悬挂下锚底座、下锚支悬挂等接地体不应小于 150 mm。

10)刚柔过渡处的电连接线、接地线应完整无遗漏，安装牢固。

11)在受电弓通过时应平滑无撞击及不应出现固定拉弧点。

4. 施工程序与工艺流程

(1)接触悬挂调整流程如图 9.2.8-4 所示。

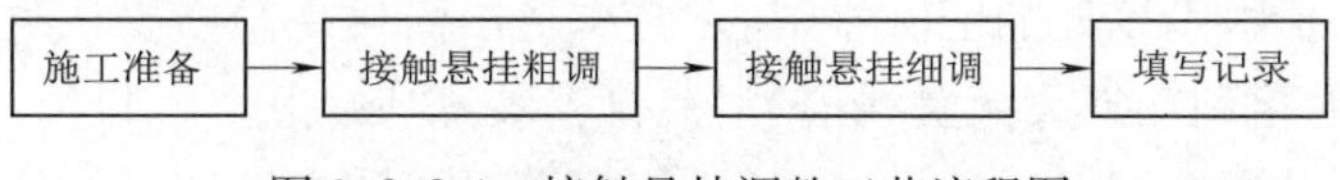

图 9.2.8-4　接触悬挂调整工艺流程图

(2)关节及线岔调整流程如图 9.2.8-5 所示。

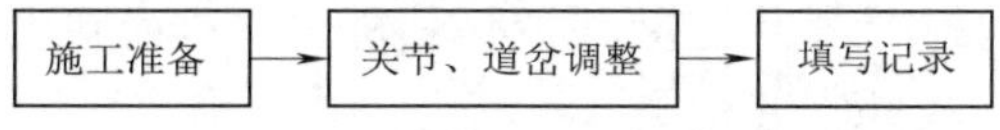

图 9.2.8-5　关节及线岔调整工艺流程图

(3)电连接安装调整流程如图 9.2.8-6 所示。

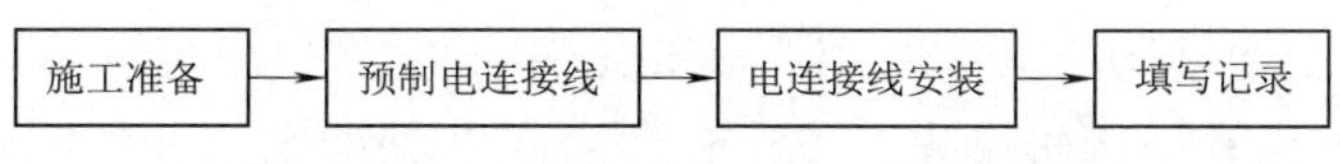

图 9.2.8-6　电连接安装调整工艺流程图

(4)刚柔过渡安装调整流程如图 9.2.8-7 所示。

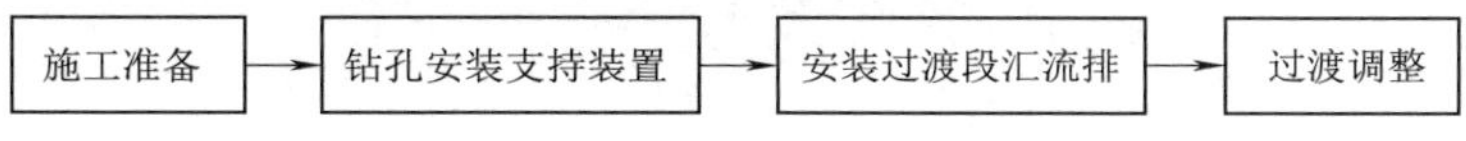

图 9.2.8-7　刚柔过渡安装调整工艺流程图

5. 施工要求

(1)施工方法

接触悬挂调整是对悬挂的拉出值、导线高度、导线面的调整和对锚段关节、线岔等特殊部位的调整。一般分为三步进行,即悬挂粗调、悬挂细调、平推检测调整。

粗调是对支持装置的粗调,使悬挂槽钢与轨面平行,导高和拉出值初到位。

细调是对接触线工作面、导线高度、拉出值等逐点精细调整;对锚段关节、线岔、分段绝缘器精细调整。

平推检测调整是逐点对悬挂点接触线工作面、导高及拉出值、跨中导高及拉出值、汇流排接头等进行检测;重点检测调整锚段关节、线岔、分段绝缘器,对检测出的缺陷再进行处理。

悬挂粗调、细调、平推调整三道工序层次递进,层层把关,保证接触悬挂的调整精度。

(2)施工步骤

1)接触悬挂调整

①施工准备:在正式调整前首先确保该锚段的所有支持定位装置已安装完毕,中心锚结已经安装完毕。

②接触悬挂的粗调:调整应从中心锚结开始向两端进行调整,先调整各悬挂点导线拉出值,调整到位后将T型头螺栓在悬吊底座上进行紧固,然后再调整T型头螺栓下部螺母使导线至设计悬挂高度,检查各悬挂支持装置紧固件是否稳当。在调整导线高度的同时,调整悬吊槽钢或绝缘杆件使其平行于轨面,使导线工作面相对于两轨面连线平行。最后对汇流排定位线夹进行调整,使其垂直于该处的汇流排中心线,满足汇流排在温度变化时能顺线路自由位移的要求。接触悬挂的粗调在架设接触线前,汇流排安装完成后就可以进行。

③接触悬挂的细调:在接触线架设完成后,与粗调时相同先调整导线的拉出值然后调整导高和槽钢的水平度使之与轨平面平行,细调时应对每一个悬挂点进行精细调整,保证使接触线达到设计标准位置,各部位螺栓按标准扭矩进行紧固。

④填写记录:在调整过程中要随时进行记录,对每个悬挂点的拉出值、导高等要做详细的记录,一天施工结束,填写正式的安装记录。

2)关节及线岔调整

关节及线岔调整如图9.2.8-8所示。

①施工准备:当悬挂调整到达锚段关节时应先确认该锚段关节是绝缘锚段关节还是非绝缘锚段关节,在线岔处要确认道岔形式,才能确定调整标准。

②关节、道岔调整:在粗调阶段先初步调整锚段关节处两支悬挂的间距、导高和拉出值。细调时精细调整锚段关节处导线高度和拉出值;首先调整好工作支接触线,再调整非工作支接触线,使两支悬挂都达到设计标准。线岔在调整时,先将岔区各悬挂点的拉出值按设计要求调整到位,然后调整直股接触线达到设计高度,在始触区要用水平尺复核曲股接触线高度,调整曲股接触线高度使两支悬挂保持等高,线岔端部的调整方法和锚段关节的调整方法相同。

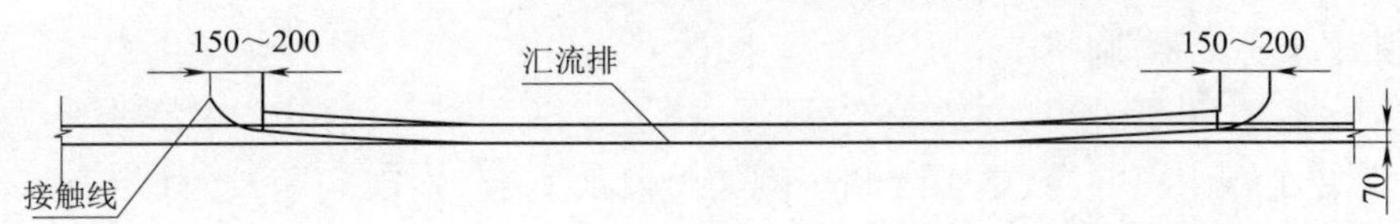

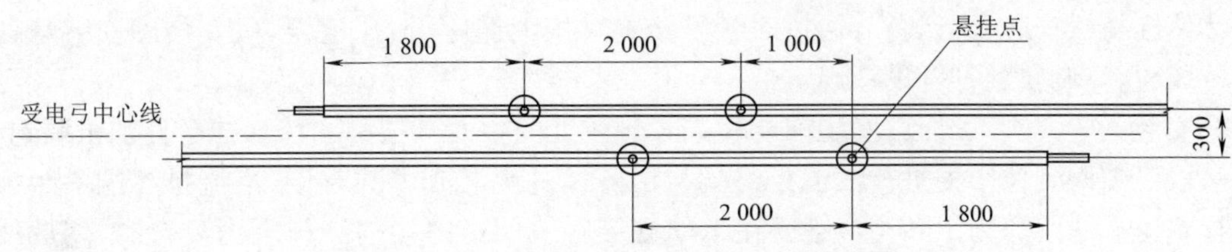

图 9.2.8-8 关节及线岔调整示意图(单位:mm)

③填写记录:在调整过程中要随时进行记录,关节的间距、抬高、线岔的水平度等都要做详细的记录,一天施工结束,填写正式的安装记录。

3)电连接安装调整

电连接安装调整如图 9.2.8-9 所示。

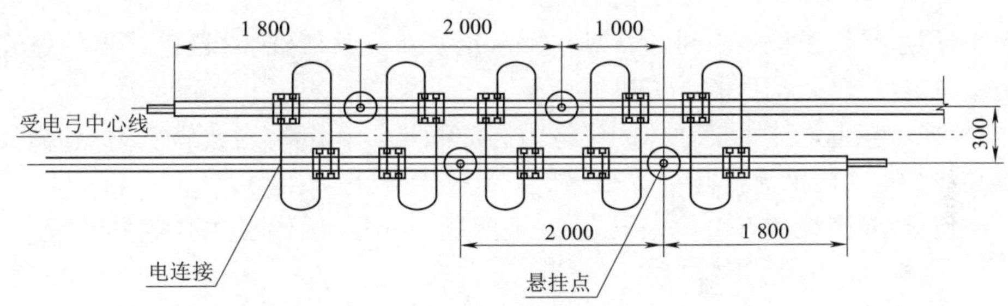

图 9.2.8-9 电连接安装调整示意图(单位:mm)

①施工准备:提前按照电连接装配图的要求,测量需要安装电连接处的关节或线岔处的汇流排间距、汇流排最大偏移量、线夹长度等数据,计算出电连接软铜绞线所需要的长度。

②预制电连接(可提前在料库预制):根据计算长度裁剪相应长度的软铜绞线,裁剪前先在软铜绞线上缠一圈胶带,这样裁剪时绞线不会散股。裁好后,将软铜绞线两端剥去胶带,套入铜铝过渡线夹内并推入根部,两端线夹相应对称,不得偏扭。使用压模型号应与线材型号相符,液压钳进行压接。

③安装电连接:按照测量时的位置,在锚段关节处或线岔处安装汇流排电连接线夹,线夹及汇流排的接触面均匀涂抹电力复合脂。按照电连接布置方向在汇流排电连接线夹上安装铜铝过渡设备线夹,安装要正确美观。在安装前铜铝过渡线夹与汇流排电连接线夹接触面要均匀涂抹电力复合脂。

④填写记录:在安装过程中要随时进行记录,一天施工结束,根据现场记录填写正式的安装记录。

4)刚柔过渡安装、调整

①现场检查、测量:检测隧道净空、限界、隧道口断面里程、隧道结构等是否与设计图纸相符,是否存在绝缘距离问题,是否限制了刚柔过渡的安装,发现问题及时联系设计部门现场解决。检查完毕先进行刚柔过渡段悬挂点的纵向测量,并用红漆标记在钢轨侧面上。横向测量悬挂点的位置,采用激光测量仪测量准确定位,标记在隧道顶上。测量柔性悬挂下锚的位置,用激光测量仪准确定位,标记在隧道顶上。

②钻孔植栓安装支持装置:通过对各悬挂点复核无误后,钻孔植栓,按安装图安装悬挂支持定位装置,并调整到符合设计规定值。

③安装关节式刚柔过渡:安装前要将刚柔过渡处的柔性悬挂和刚性悬挂已分别粗调到位,其他区段已细调到位。先进行汇流排终端与切槽式过渡汇流排的对接(汇流排终端头距第一个悬挂定位点的距离为 1.8 m),然后在工作支接触线凹槽内均匀涂抹电力复合脂,用放线小车将工作支接触线导入汇流排,用力矩扳手紧固切槽汇流排上的紧固螺栓。

④过渡段调整:调整刚柔过渡段导线高度及拉出值至设计值,悬吊槽钢调至与轨面平行,用受电弓检查并进行刚柔过渡段的微调,受电弓双向通过时应平稳顺滑,刚柔过渡点和关节不应出现硬点,切槽式汇流排应富有弹性。

5)平推检查调整

①用激光测量仪检查导高和拉出值,对超过允许偏差范围的进行调整,填写导高及拉出值检查记录。

②在梯车用水平尺模拟受电弓,对锚段关节、道岔及交叉渡线、分段绝缘器处过渡状态进行往返检查,对出现打弓、刮弓的地方进行调整。

③刚性悬挂所有带电体距接地体的绝缘距离应满足 150 mm,对于特殊地点或有渗水、漏水至汇流排的地方,使用汇流排防护罩来保护汇流排。

④检查所有接触网设备有无侵入限界,发现问题,及时反馈给业主代表和监理工程师,妥善解决。

⑤悬挂点定位的铰链部位、调节螺栓等部位应均匀涂抹黄油防腐。

6. 劳动组织

(1)劳动力组织方式:采用架子队组织模式。

(2)作业人员数量应根据施工条件、工期要求进行合理配置,见表 9.2.8-1。

表 9.2.8-1　刚性接触网悬挂调整施工人员配置表

序　号	项　目	单　位	数　量	备　注
1	架子队长	人	1	
2	施工技术负责人	人	1	全面负责现场施工组织及协调
3	工班长	人	1	组织及协调现场施工
4	安全员	人	2	安全瞭望、检查、提醒
5	材料员	人	1	材料管理
6	质检员	人	1	质量检查控制

续上表

序　号	项　目	单　位	数　量	备　注
7	试验员	人	1	质量控制
8	领班员	人	1	
9	施工负责人	人	1	安装施工组织、指挥
10	技术员	人	1	负责技术、质量
11	作业人员	人	6	

7. 材料要求

(1)所有物资已经完成进场报验。

(2)电连接线夹夹板压线槽制造公差应符合 $R\leqslant 0.1$ mm 的要求。

(3)铜铝过渡电连接线夹铜铝部分间的连接,采用压焊工艺。焊缝应完整,无气孔、无裂纹,焊缝强度不低于母材强度,焊缝平面错边和厚度错边不超过 0.1 mm。

8. 设备机具配置

施工机械及工艺设备主要有激光测量仪、力矩扳手、液压钳、梯车等,设备须有出厂合格证及相关证件。现场具体投入的机械设备见表 9.2.8-2。

表 9.2.8-2　设备机具配置表

序　号	名　称	规　格	单　位	数　量	备　注
1	梯车		台	1	
2	激光测量仪	DJJ	套	1	
3	力矩扳手		把	1	
4	梅花扳手		把	4	
5	照明设备		套	若干	
6	橡胶锤	4 磅	把	1	
7	液压钳		把	1	
8	扳手		把	2	
9	钢卷尺	5 m,10 m	把	各 1	
10	水平尺	600 mm	把	1	
11	梯车		台	1	

9. 质量控制及检验

(1)质量控制

1)平面施工图中刚性接触网拉出值为参考值,现场施工应根据汇流排实际走向、受电弓包络线等因素合理调整汇流排变化,以汇流排平滑过渡、汇流排与定位线夹窜动灵活、汇流排钳口无变形为准,重点关注点为波峰(折角)区段。

2)接触悬挂各部分不带电区域距离带电区域应保证 150 mm 的安全距离,在受电弓通过时的瞬间距离应保证不小于 100 mm。

3)关节内两支悬挂高度,间距应符合要求。

4)电连接安装时,各连接线夹的接触面必须涂抹电力脂,紧固螺栓达到标准扭矩值。

5)刚柔过渡区段应保证受电弓的平稳过渡,各部分的绝缘距离不小于 150 mm。

(2)质量检验

1)悬挂调整时对折角处拉出值和各点导高用激光测量仪进行检验。

2)各部分绝缘距离通过尺量检验。

3)通过激光测量仪、水平尺、钢卷尺检验关节内各种数据进行记录。

4)目测观察电力脂的涂抹情况,用扭矩扳手检验紧固螺栓的扭矩。

5)通过模拟受电弓模拟滑行检验刚柔过渡区段,目测检查不得出现硬点,通过尺量检验各部分的绝缘距离。

10. 安全及环保要求

(1)安全要求

1)使用梯车施工要严格遵守梯车使用规定,并且施工现场两端设好防护。

2)高处作业扎好安全带,传递料具不能抛掷,要使用绳索。

3)调整过程中,不允许扳、踩、压汇流排,防止汇流排的变形。

(2)环保要求

1)电连接等的废料要及时回收,返回料库统一处理。

2)施工现场不得堆放包装袋等杂物,做到工完料净场地清。

3)使用电动工具时噪声不得干扰附近居民,发电设备排放要达标,隧道内要有通风设备。

9.2.9 供电系统工程刚性接触网设备安装作业指导书

1. 适用范围

适用于杭州至海宁城际铁路机电工程刚性接触网设备安装施工。

2. 作业准备

(1)外业准备

1)已取得轨行区施工作业命令。

2)施工区段已封闭,无行车干扰。

3)施工区段轨道已达到设计要求。

4)设备安装上道工序已完成并通过监理检查验收,具备设备安装条件。

5)确认施工现场照明是否满足施工需要,如不满足需配备足够照明设备。

(2)内业准备

1)进行设备安装技术交底。

2)准备好接触网平面布置图、安装图纸和设备说明。

3. 技术要求

(1)隔离开关

1)隔离开关底座上面要确保水平,并且底座上两安装槽钢要平行。

2)开关拐臂的角度要调至45°。

3)隔离开关刀闸在任何状态下都要与其他接地体保证200 mm的安全距离。

4)当开关打开时刀闸部分与接线铜排之间最小绝缘间隙不得小于250 mm。

5)开关主轴与拐臂连接时,应使花键块在固定块开口的反方向。

6)连接开关的400 mm^2 电缆的转弯半径应$\geqslant 20D$(D为400 mm^2 电缆的外径),连接开关的150 mm^2 电缆在转弯半径应$\geqslant 6d$(d为电缆的外径),且过度美观,电缆爬越绝缘子时应与绝缘子裙边有一定的间隙。

7)接线端子、电连接线夹等有电气连接的部件安装时必须在接触面上涂抹电力脂,并且要涂抹均匀。

8)隔离开关底座接地良好,接地电阻不大于10 Ω。

9)DC 1500 V电力电缆用1 000 V摇表绝缘测试结果须为∞。

10)隔离开关要能平稳准确的分合闸。

(2)分段绝缘器

1)分段绝缘器的安装位置(无论是在直线或是曲线上),接触线的拉出值应为零,最大允许拉出值误差范围为±50 mm。

2)接触线和导流板之间的过渡必须尽可能地平缓。

3)分段绝缘器及导流板与受电弓的接触面必须平行于轨平面。

4)调整完毕后,要将各部位螺栓、螺母拧紧,达到设计扭矩值。

5)当分段绝缘器位于交叉渡线时,应保证受电弓从其他线路通过时不能碰触分段绝缘器的导流板,并保证受电弓最外沿与分段绝缘器瞬间距离大于 100 mm。

6)汇流排与分段绝缘器连接接头,螺母扭矩达到规定力矩 55 N·m。

7)将要安装分段绝缘器的汇流排,必须与轨面保持平行,必须处于同一直线上。

4. 施工程序与工艺流程

(1)施工程序

1)刚性隔离开关施工程序为:开箱检查→测量打孔植栓→安装开关托架→安装开关本体及机构箱→连接传动杆件→电缆连接→开关调试。

2)分段绝缘器施工程序为:开箱检查→测量→切割汇流排→打磨切口→安装分段→安装接头→调整。

(2)施工流程

1)刚性隔离开关安装流程如图 9.2.9-1 所示。

2)分段绝缘器安装流程如图 9.2.9-2 所示。

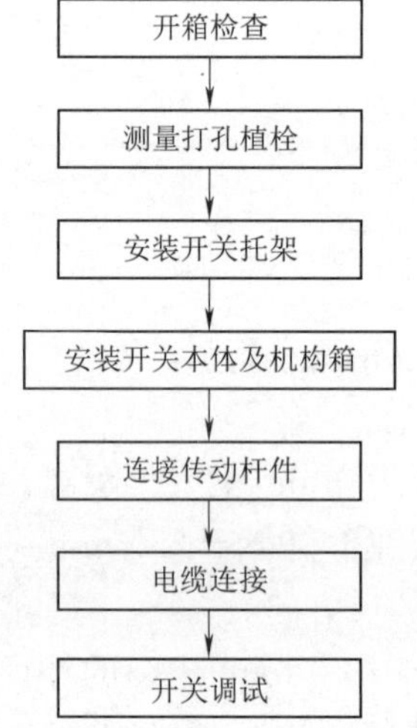

图 9.2.9-1 刚性隔离开关安装工艺流程图

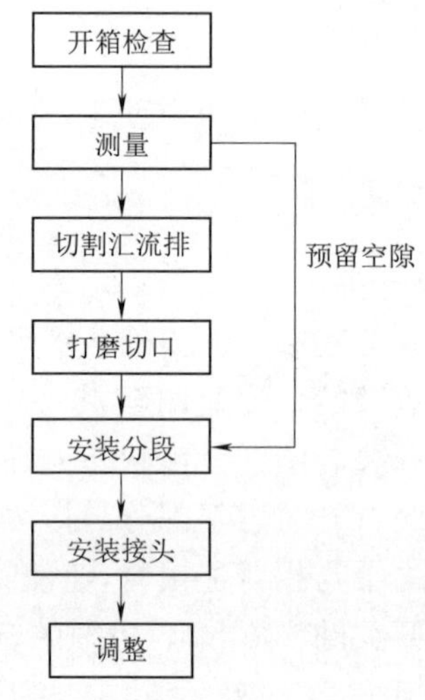

图 9.2.9-2 分段绝缘器安装工艺流程图

5. 施工要求

(1)施工方法

1)刚性悬挂隔离开关

隧道内隔离开关的安装一般在车站端头井或站台端头中墙上,其安装高度应视设计指定位置的净空和相邻设备的绝缘要求现场确定,通常应距地面 4~5 m。操动机构按设计要求安装一般为距地面 1.1 m,操动杆用单根外径为 41 mm、壁厚 2.5 mm 的钢管。刚性悬挂隔离开关安装前要测量安装位置限界尺寸满足行车要求,一般限界要求不小于 1.7 m。隧道内车站侧墙有很多电缆桥支架,隔离开关要注意不能与电缆桥支架影响操作机构,开关带电部位要保证安全距离。

2)刚性悬挂分段绝缘器

刚性悬挂分段绝缘器一般安装在渡线岔区起到电分段作用。分段绝缘器安装前,要确认接触网已调整到位，并且在安装分段绝缘器的位置预留有 1 068 mm 的间距，预留位置应保证分段绝缘器中心拉出值为 0，误差±50 mm。分段绝缘器导流板要与接触线等高，保证受电弓平滑过渡。

(2)施工步骤

1)隔离开关

①开箱检查：设备到货后，要及时联系监理单位进行开箱检查，检查设备是否完好，零件是否齐全，各种配件是够符合设计要求，使用说明书、合格证、电气试验报告等技术资料是否完备。

②测量打孔植栓：根据图纸确定该处隔离开关安装形式及安装空间要求和绝缘距离要求，进行现场测量，确定各开关托架、操动杆固定架、操动机构支架的安装位置，并测量膨胀螺栓打孔安装位置做好标记。如有其他设备干扰的情况应与相关专业或单位进行联络。根据孔位标记进行打孔植栓作业。

③安装开关托架：在安装完成的锚栓上，安装开关托架及机构支架，安装过程中应对各开关托架进行高度复核。确保各台开关水平安装，如为三台联放式开关，三台开关应在同一水平线上，以保证开关馈线端子排安装水平正确。操动机构支架安装位置应保证操纵杆安装后保持竖直状态，按要求测量复核操动杆的长度及机构箱固定位置。机构支架安装完成后应对应开关托架进行相对位置复核。

④安装隔离开关及机构箱：将开关本体及机构箱分别安装于开关托架和机构支架上，检查确认隔离开关及操动机构完好，安装孔位正确。按设计及设备安装要求安装馈线端子排。将各部分连接螺栓进行紧固，达到设计扭矩值。

⑤连接传动杆件：安装传动杆及其连接件，安装时注意开关的开合与操纵机构的开合要一致。安装完成后调整校正操作杆相对位置，保证开关开合闸位置及角度正确到位。

⑥电缆连接：根据平面图、安装图确定开关两端接线铜排连接电缆的型号、数量。电缆应先进行敷设、固定然后再制作终端头与开关接线铜排进行连接，连接时电缆总体要美观，每根电缆要做到长短、弯曲方向一致，并且保证电缆与开关绝缘子的绝缘距离。当电缆不能保证与绝缘子的绝缘距离时，应将开关接线铜排更换加长。接地电缆的连接应根据安装图的要求进行选用和连接。

电动隔离开关的行程开关系统，信号电缆连接方法与柔性开关相同。信号电缆的连接应严格按照说明书的接线图进行。连接开关的电缆在洞壁墙上采用电缆固定抱箍、膨胀螺栓进行固定。

⑦开关调试：在开关厂技术人员的配合下进行，手动隔离开关调试不需要电源，电动隔离开关当满足电动调试条件后进行调试。当不满足电调条件，可先进行手动调试，但送电前必须进行电动调试。

2)刚性悬挂分段绝缘器安装

①开箱检查：设备到货后要及时通知监理单位进行开箱检查，检查设备是否完好，零件是否齐全，技术资料是否齐全。

②测量：分段安装位置汇流排已预留 1 068 mm 的间隙时，此位置在安装分段前应将接触线进行处理，两端向上弯曲约 45°，然后，沿着汇流排边缘锯断接触线，线头露出汇流排外沿最多不超过 10 mm，如图 9.2.9-3 所示。

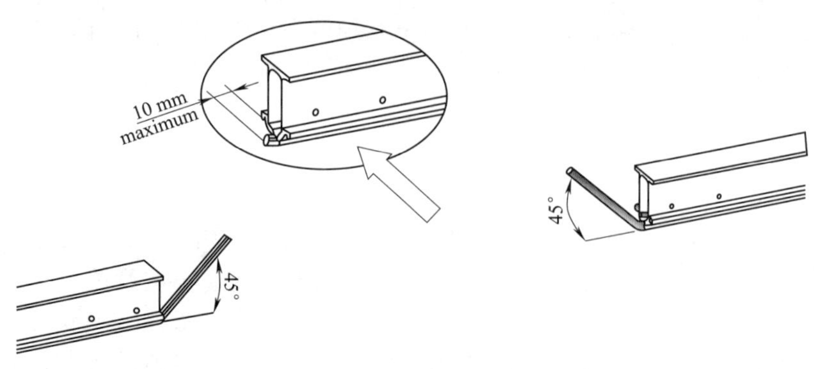

图 9.2.9-3　接触线线头处理示意图

③如果安装位置是在同一根汇流排的中点,则首先应切割一段 1 068 mm 长的汇流排。然后在汇流排端部进行打孔、攻丝,再对接触线进行上述处理。如果分段两端带 0.5 m 长的汇流排则切割长度为 2 068 mm,对切割的汇流排进行打孔、攻丝,将分段附带的 0.5 m 长汇流排拆下,与切割加工好的汇流排进行连接,再对接触线进行处理。

④安装刚性分段绝缘器:卸下分段绝缘器的四支导流板以及分段绝缘器上的汇流排接头。将分段绝缘器上拆下的汇流排接头分别于两端汇流排进行预连接,然后将分段绝缘器与汇流排接头用螺栓进行连接,最后将导流板装回分段绝缘器。

⑤调整检测:利用调整板对分段绝缘器的导流板和汇流排内嵌入的接触线工作面进行调整,使之在一个工作面上,紧固导流板固定螺栓,拆下调整板,用测量仪测量调整分段绝缘器工作面整体高度及是否与轨面连线相平行。确认调整完成后,对所有螺栓再一次进行紧固,达到规定扭矩值。最后用水平尺模拟受电弓通过状态以检查导流板是否调整到位。

6. 劳动组织

(1)劳动力组织方式:采用架子队组织模式。

(2)作业人员数量应根据施工条件、工期要求进行合理配置,见表 9.2.9-1。

表 9.2.9-1　刚性接触网设备安装施工人员配置表

序　号	人　员	单　位	数　量	备　注
1	架子队长	人	1	
2	施工技术负责人	人	1	全面负责现场施工组织及协调
3	工班长	人	1	组织及协调现场施工
4	安全员	人	2	安全瞭望、检查、提醒
5	材料员	人	1	材料管理
6	质检员	人	1	质量检查控制
7	试验员	人	1	质量控制
8	领班员	人	1	
9	施工负责人	人	1	
10	技术人员	人	1	技术负责、质量负责
11	技术工人	人	5	
12	厂家技术人员	人	1～2	建议第一次安装时邀请厂家人员配合

7. 材料要求

所有物资已经完成进场报验。其他注意事项：

(1)检查隔离开关的型号、规格是否与设计相符。

(2)检查零部件有无损坏，闸刀及触头有无变形。如有变形应进行校正。

(3)检查可动闸刀与触头接触情况，触头或刀片如有铜的氧化物，应予以清除。

(4)用 1 000 V 或 2 500 V 兆欧表测量绝缘电阻。

详细配置见表 9. 2. 9-2。

表 9. 2. 9-2　刚性接触网设备安装材料配置表

序　号	材　料	单　位	数　量	备　注
1	隔离开关	组	3	
2	分段绝缘器	个	1	含连接件

8. 设备机具配置

施工机械及工艺设备主要有压接钳、喷灯、万用表、梯车、角磨机、发电机、电锤等，设备须有出厂合格证及相关证件。现场具体投入的机械设备见表 9. 2. 9-3。

表 9. 2. 9-3　设备机具配置表

序　号	名　称	规　格	单　位	数　量	备　注
1	裁纸刀		把	2	制作电缆头用
2	压接钳	配 400 型、185 型、150 型模具	把	2	
3	剥线钳		把	2	
4	喷灯		个	2	热缩电缆头用
5	开口扳手	300 型	把	5	
6	扭矩扳手	35～60 N・m	把	2	
7	摇表		个	1	测量电缆绝缘
8	万用表		个	1	校线用
9	梯车		台	2	
10	盒尺	5 m、10 m	把	各 1	
11	安全带		条	5	
12	发电机	3 kW	台	1	
13	电锤		台	1	
14	角磨机		把	1	或砂纸等打磨用具
15	水平尺		把	1	

9. 质量控制及检验

(1)质量控制

1)设备的开箱检查，要仔细确认各项指标是否达到要求，电缆在安装前要进行绝缘测试。

2)在各种电气连接线夹、接线端子、接线铜排的接触面上要涂抹电力脂。

3)各部位螺栓、螺母紧固力矩要达到设计要求。

4)设备电缆连接完成后要校线,确保接线正确。

5)切割汇流排及断线前一定要再次确认分断绝缘器安装位置。

6)汇流排切割、打孔时必须采用专用夹具进行固定。

7)安装调整分段绝缘器时必须采用专用工具进行施工。

(2)质量检验

1)用摇表测试电力电缆是否满足绝缘等级要求。

2)用万用表测试是否接线正确。

3)用力矩扳手检查连接螺栓是否满足力矩要求。

4)用接地电阻测量仪测量接地电阻,检查是否满足要求。

5)目测观察各种电气连接线夹、接线端子、接线铜排的接触面是否涂抹电力脂。

6)用水平尺检查分段绝缘器过渡是否平滑。

10. 安全及环保要求

(1)安全要求

1)设备运输时要注意行车安全,注意瞭望,不平坦路段要减速行驶。

2)设备吊装时要选用合适的吊车,吊索要紧固牢靠,起吊过程中晃绳要拉紧,以防绝缘子碰撞支柱受到损伤。

3)电气测试时要做好绝缘设施,防止触电。

4)开关调试完毕应锁闭,防止闲杂人员打开。

5)分段绝缘器在安装时不得碰撞或踩踏绝缘器。

6)高处作业要系好安全带,禁止抛掷工料具。

7)在轨行区作业时,前后各 100 m 处需设置防护员及防护灯、防护旗灯,保持联络畅通。

8)使用电动工具要做好防火防电,按要求使用合格配电箱,电缆绝缘良好。

(2)环保要求

1)设备包装物不得随意丢弃,集中处理。

2)施工完毕后的电缆皮等废弃物不得烧毁污染环境。

3)电力脂涂抹时要涂到接触面上,不得污染其他设备。

4)剩余电缆线头要分类回收,返回料库。

9.2.10　供电系统工程刚性接触网各种标志牌安装作业指导书

1. 适用范围

适用于杭州至海宁城际铁路机电工程刚性接触网各种标志牌安装施工。

2. 作业准备

(1)外业准备

1)已取得轨行区施工作业命令。

2)施工区段已封闭,无行车干扰。

3)施工区段轨道已达到设计要求。

4)标志牌上道工序已完成并通过监理检查验收,具备标志牌安装条件。

5)确认施工现场照明是否满足施工需要,如不满足需配备足够照明设备。

(2)内业准备

1)进行标志牌安装技术交底。

2)准备好新旧杆号对照表。

3. 技术要求

(1)号码牌的字应位于中间位置,均布排列,字体采用 120 mm 字高的宋体字,号码牌边缘距字体边缘不小于 50 mm。

(2)隧道内号码牌安装高度:区间为距轨面 1 800 mm,车站距轨面 4 150 mm,特殊地段安装高度调整至易查看的位置。

(3)隧道内号码标示为白底红字。

(4)支柱上和简单悬挂上号码牌为蓝底白字,反光材料,安装在距轨顶面以上 4 500 mm 的高度,安装在田野侧。

(5)号码牌和标志牌要安装牢固,不易脱落,距带电体保证安全距离,静态不小于 150 mm,动态不小于 100 mm。

4. 施工程序与工艺流程

(1)支柱号码牌、标志牌安装流程如图 9.2.10-1 所示。

(2)隧道内悬挂点编号喷涂流程如图 9.2.10-2 所示。

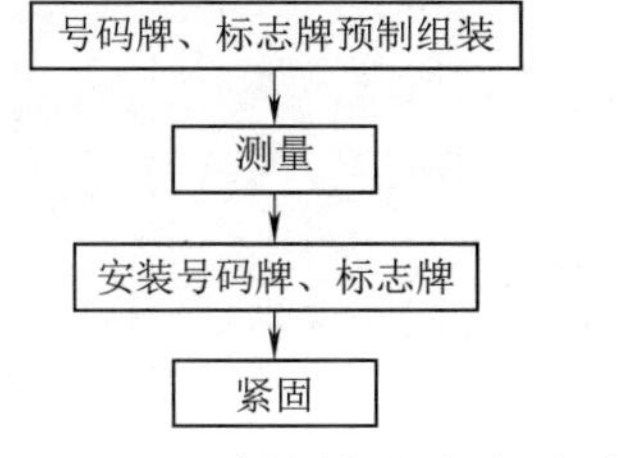

图 9.2.10-1　支柱号码牌、标志牌安装工艺流程图

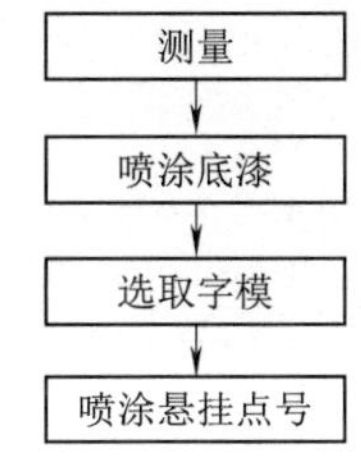

图 9.2.10-2　隧道内悬挂点编号喷涂工艺流程图

5. 施工要求

(1)施工方法

支柱号码牌安装在号码牌肩架上,安装在支柱的田野侧。对照接触网平面布置图和新旧号码对照表,对应接触网支柱安装支柱号码牌,螺栓紧固力矩要达到标准扭矩;场段库内号码牌安装在定位索底座上,用号码牌固定卡子固定;地下段悬挂点编号喷涂在隧道壁和车站侧墙上,隧道内喷涂在距离轨面 1 800 mm 处,车站喷涂在距离轨面 4 150 mm 处,喷涂前要把喷涂部位清理干净。

在接触网股道的最末端设置接触网终点标,一般安装在平腕臂上;库内接触网终点标用角钢将标识牌固定,然后用线夹将角钢固定在接触线上;地下段刚性接触网终点标设置在刚性悬挂汇流排端头第二个悬挂底座上,用螺栓连接即可。

(2)施工步骤

1)支柱号码牌、标志牌

①将支柱号码牌和标牌按要求进行组装,注意连接螺栓螺母、平垫片、弹簧垫片要安装齐全,紧固力矩达到要求。

②号码牌按号码对照表找准支柱,按安装图高度测量出位置做标记;各种标志牌按图纸要求选择好安装位置。

③将组装好的号码牌和标志牌按标记位置进行安装,注意方向要正确,安装要端正。

④把固定螺栓按标准扭矩进行紧固。

2)隧道内悬挂点编号喷涂

①根据车站和区间分别测量出悬挂点编号的安装高度并做好标记。

②在标记处涂刷白底漆,白底漆要端正,四角为直角四边要整齐。

③待底漆晾干后,进行号码的喷涂,根据号码对照表选择字模。

④喷涂编号,编号字迹要清晰、端正,油漆没有流痕,在白底漆上要居中摆放。

6. 劳动组织

(1)劳动力组织方式:采用架子队组织模式。

(2)作业人员数量应根据施工条件、工期要求进行合理配置,见表 9.2.10-1。

表 9.2.10-1　刚性接触网标志牌安装施工人员配置表

序　号	人　员	单　位	数　量	备　注
1	架子队长	人	1	
2	施工技术负责人	人	1	全面负责现场施工组织及协调
3	工班长	人	1	组织及协调现场施工
4	安全员	人	2	安全瞭望、检查、提醒
5	材料员	人	1	材料管理
6	质检员	人	1	质量检查控制
7	试验员	人	1	质量控制
8	领班员	人	1	

续上表

序　号	人　员	单　位	数　量	备　注
9	施工负责人	人	1	技术负责、质量负责
10	技术人员	人	1	
11	技术工人	人	5	

7. 材料要求

所有物资已经完成进场报验。支柱、标志牌耐雨雪等各种天气。详细配置见表 9.2.10-2。

表 9.2.10-2　刚性接触网标志牌安装材料配置表

序　号	材　料	单　位	数　量	备　注
1	标识牌	块	若干	满足需求
2	膨胀螺栓	块	若干	满足需求
3	油漆	kg	按需	黑
4	油漆	kg	按需	白

8. 设备机具配置

施工机械及工艺设备主要有安全带、扳手、梯车等，设备须有出厂合格证及相关证件。现场具体投入的机械设备见表 9.2.10-3。

表 9.2.10-3　设备机具配置表

序　号	名　称	规　格	单　位	数　量	备　注
1	安全带		条	5	
2	开口扳手		把	5	
3	梯车	4 m	台	1	或爬梯
4	号码牌模具		套	2	
5	记号笔	油性	支	3	

9. 质量控制及检验

(1)质量控制

1)号码牌字体清晰美观，反光材料制成，安装正对悬挂点。

2)螺栓紧固时采用合格的力矩扳手，紧固力矩。

3)依据设计施工图纸确定号码牌安装位置，便于观察瞭望。

(2)质量检验

1)用扭矩扳手复核螺栓扭矩。

2)标示喷涂要美观、没有污渍。

10. 安全及环保要求

(1)安全要求

1)高处作业要系好安全带,戴好防护用品。

2)轨行区作业需在前后 100 m 各设置防护员,佩戴防护服、防护旗等防护用品,保持联络通畅。

(2)环保要求

1)设备包装物不得随意丢弃,集中处理。

2)施工完毕后要工完料净场地清。

3)喷涂油漆时保持洞壁干净整洁,不得随意喷涂,保证其他设备不被污染。

9.2.11 供电系统工程刚性接触网冷滑试验及开通作业指导书

1. 适用范围

适用于杭州至海宁城际铁路机电工程刚性接触网冷滑试验及开通施工。

2. 作业准备

(1)外业准备

1)已取得轨行区施工作业命令。

2)施工区段已封闭,无行车干扰。

3)轨道精调已完成并锁定,轨道状态达到设计要求,道岔位置锁定并具备路由切换功能,各种警示标志齐全。

4)接触网所有安装调整工序已结算。

5)冷滑试验区段已进行限界检测,所有侵限问题已解决。

6)冷滑试验区段已进行清场,检测区段无影响检测车运行的人员及料具。

(2)内业准备

1)编制冷滑试验实施方案并完成审批手续。

2)进行冷滑试验技术培训和交底。

3)提前 3 d 在车站出入口及其他行人较多处张贴冷滑试验通告,并向其他施工单位进行书面告知。

3. 技术要求

(1)导线拉出值按照设计标准,偏差为±10 mm。

(2)接触导线不能出现弯曲、扭转、不正等现象,不能出现碰弓、脱弓现象。

(3)吊弦线夹、定位线夹、接触线接头线夹、中心锚结线夹、电连接线夹、分段绝缘器、线岔等不能出现碰弓现象,不能出现其他不允许的硬点。

(4)双承双导区段两导线接触面应与受电弓保持平行,不应出现偏磨现象。

(5)受电弓与定位管、与有关绝缘子距离符合要求,有关接地体静态情况下不小于 150 mm,动态情况下不小于 100 mm。

(6)绝缘测试所用兆欧表电压等级应根据接触网额定电压进行选用,使用方法要正确。

(7)绝缘测试的电阻值不做具体规定,当电阻值很低时,视具体情况分析原因。

(8)导通测试电阻值应为零,不为零时,说明供电臂有间断点。

(9)检查从隔离开关到接触网的电缆连接是否正确、稳固。

(10)各吊弦、定位器、电连接线夹有无偏斜、刮弓现象。

(11)检查有无其他设备或物体侵入接触网限界。

4. 施工程序与工艺流程

工艺流程如图 9.2.11 所示。

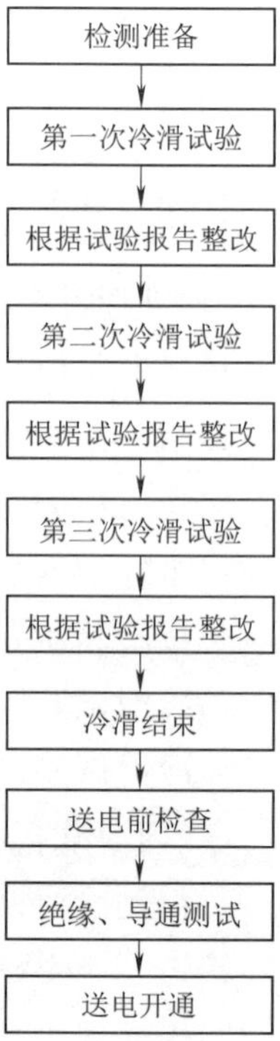

5. 施工要求

(1)施工方法

冷滑检测一般分为三次进行。

1)第一次为低速冷滑,检测速度为 5～10 km/h。

2)第二次为中速冷滑,检测速度为 30～40 km/h。

3)第三次为高速冷滑,检测速度为 80 km/h。

每次冷滑后,对发现的问题及时进行处理,然后进行下次冷滑。未处理前不得进行下次冷滑。

(2)施工步骤

1)检测准备:接触网所有安装工序已结束;验收后缺点克服已经完成,特别是影响弓网关系的缺点克服必须完成;对接触网线条、腕臂、构架、汇流排上遗留的铁线、包装物等进行拆除;着重锚段关节、线岔、分段的检查,按照技术标准检测一遍,并做好记录;检查所有与变电所相连接的隔离开关都必须断开并已加锁,在隔离开关接触网侧,连接有明显标记的临时接地线,并且可靠接地;将要冷滑的线路上各种障碍均已拆除,满足受电弓安全运行的要求。

检测准备 → 第一次冷滑试验 → 根据试验报告整改 → 第二次冷滑试验 → 根据试验报告整改 → 第三次冷滑试验 → 根据试验报告整改 → 冷滑结束 → 送电前检查 → 绝缘、导通测试 → 送电开通

图 9.2.11　冷滑试验及开通工艺流程图

2)第一次冷滑试验:检测车行驶速度为 5～10 km/h,检查每一处悬挂点、电连接、过渡关节、线岔、分段绝缘器、开关及引线连接、金具接地等所有部件,检查每处安装状态、绝缘距离、限界、过渡状态、导高、拉出值等。检测完毕将检测结果报给施工负责人。

3)根据试验报告整改:拿到检测结果后,技术人员对检测结果进行分析,确定需整改的缺陷,施工负责人安排作业人员按缺陷报告进行整改。整改完毕后反馈给施工负责人。

4)第二次冷滑试验:施工负责人接到整改反馈,确认所有缺陷整改完毕后,安排进行第二次冷滑试验。第二次冷滑试验行驶速度为 30～40 km/h,主要检查拉出值、硬点、关节过渡、线岔过渡、分段绝缘器过渡状态。检测完毕将检测结果报给施工负责人。

5)根据试验报告整改:技术人员对第二次检测结果进行分析,确定需整改的缺陷,施工负责人安排作业人员按缺陷报告进行整改。整改完毕后反馈给施工负责人。

6)第三次冷滑试验:在前两次检查问题全部克服后进行,检测车行驶速度为 60 km/h 或正常速度,受电弓最大动抬升力为 180 N(受电弓最大静抬升力为 120 N),检测高速冷滑弓网运行状态,受电弓冷滑应平稳顺畅,导线接触良好。检测完毕将检测结果报给施工负责人。

7)根据试验报告整改:技术人员对第三次检测结果进行分析,确定需整改的缺陷,施工负责人安排作业人员按缺陷报告进行整改。整改完毕后报告给施工负责人。

8)冷滑结束:三次冷滑检测全部完成后,技术人员对检测进行评估并作出检测报告,冷滑试验结束。

9)送电前检查:送电开通是接触网工程最后一道工序,送电前要对接触网进行全面质量检

查,确认工程质量符合设计要求,影响安全送电的因素已消除,方可申请正式送电。

10)检查内容主要包括:冷滑检测结果应符合设计要求,对检测发现的问题已处理完毕,并达到开通要求;附加导线架设符合设计要求,接线正确;各种设备安装要符合要求,操作灵活,接线正确;各带电体之间、带电体与接地体之间的距离应符合设计要求,影响开通的交叉、平行线路干扰应处理完毕,架空电线路跨越接触网时,与接触网的垂直距离应符合规定;各种标志牌按要求安装完毕;沿线侵入安全供电限界的树木、建筑物等应砍伐和拆迁。

11)送电前准备:送电前应对所有绝缘子进行一次清理;将绝缘测试、送电开通所用的工具进行准备;做好抢修组织、机具和材料的准备;对所有参建员工进行安全教育,明确带电范围及安全注意事项;对沿线居民通过宣传画、广播、告示等形式进行安全教育,并在明显位置张贴送电通告。

12)绝缘、导通测试:先对兆欧表进行检查,确认完好后,先进行绝缘测试,测试应选在上网隔离开关处进行。将E端子上的测量导线接地,将L端子的测量导线与上网引线连接,快速摇动兆欧表手柄,待指针稳定后,读取示数并记录,完成绝缘测试。绝缘测试完成后进行导通测试,导通测试一般选在变电所进行,测试前先由配合小组在供电臂末端接好地线,再进行测试,测试方法与绝缘测试方法相同。导通测试完成后进行供电臂间绝缘测试,将兆欧表的E端子测量导线和L端子测量导线分别与不同的两个供电臂进行连接,按绝缘测试的方法和程序进行测试。当每种测试中出现问题后,应命令检查处理小组进行检查处理,处理完毕后,再进行检测,直至各项测试符合要求为止。全部测试完毕后,人员携带工具撤离现场,将测试结果做正式记录。

13)送电开通:送电开通工作,应在牵引变电所空载运行24 h后进行。送电开通的指令应由总指挥组按照送电开通方案,通过电力调度命令的形式下达。在确认绝缘、导通测试合格后,命令牵引变电所拆除临时地线,进行倒闸操作。命令户外配合小组在供电臂末端进行验电,验电情况及时报告总指挥组,总指挥组按验电情况,下达后续命令,供电正常后宣布送电完成,并通知各站及行车调度。送电24 h后,移交运营单位管理,各送电开通人员撤离。最后填写送电开通记录。

6. 劳动组织

(1)劳动力组织方式:采用架子队组织模式。

(2)作业人员数量应根据施工条件、工期要求进行合理配置,见表9.2.11-1。

表9.2.11-1 刚性接触网冷滑试验及送电开通施工人员配置表

序 号	施工人员	单 位	数 量	备 注
1	架子队长	人	1	
2	施工技术负责人	人	1	全面负责现场施工组织及协调
3	工班长	人	1	组织及协调现场施工
4	安全员	人	2	安全瞭望、检查、提醒
5	材料员	人	1	材料管理
6	质检员	人	1	质量检查控制
7	试验员	人	1	质量控制
8	领班员	人	1	
9	组长	人	1	施工组织及协调

续上表

序　号	施工人员	单　位	数　量	备　注
10	副组长	人	1	现场施工组织及协调
11	调度员	人	1	冷滑车作业计划申请及通知
12	技术人员	人	1	技术负责、质量负责
13	技术工人	人	8	
14	辅助人员	人	4	
15	轨道车司机	人	1	
16	司机助理	人	2	

7. 材料要求

无。

8. 设备机具配置

施工机械及工艺设备主要有轨道车、激光测量仪、扳手、验电器、兆欧表等，设备须有出厂合格证及相关证件。现场具体投入的机械设备见表 9.2.11-2。

表 9.2.11-2　设备机具配置表

序　号	名　称	规　格	单　位	数　量	备　注
1	轨道车		辆	1	
2	模拟受电弓		套	1	接触网系数测试
3	扳手		套	2	备用
4	钢卷尺	10 m、5 m	各一把	1	
5	激光测量仪		台	1	测导线高度、拉出值
6	摄像机		台	1	记录受电弓状态
7	电源线		m	若干	连接电视机
8	电视机		台	1	直接观察受电弓状态
9	高压验电器	1 500 V			
10	绝缘手套				
11	绝缘靴				
12	兆欧表	2 500 V			

9. 质量控制及检验

(1)质量控制

1)三次冷滑试验速度要严格控制，不得超速行驶。

2)导线拉出值按照设计标准，偏差为±10 mm。

3)吊弦线夹、定位线夹、接触线接头线夹、中心锚结线夹、电连接线夹、分段绝缘器、线岔等不能出现碰弓现象，不能出现其他不允许的硬点。

4)绝缘、导通测试要按程序进行,不得遗漏。

5)测试结果记录要准确,汇报要及时。

(2)质量检验

1)导线拉出值按照设计标准,偏差为±10 mm。

检验方法:通过观察模拟受电弓运行状态确定。

2)吊弦线夹、定位线夹、接触线接头线夹、中心锚结线夹、电连接线夹、分段绝缘器、线岔等不能出现碰弓现象,不能出现其他不允许的硬点。

检验方法:通过直接观察和摄像头记录确定。

3)检验、导通测试记录要准确,汇报要及时。

检验方法:通过兆欧表测量,编制测量报告。

10. 安全及环保要求

(1)冷滑车组由项目部冷滑组组长指定负责人统一指挥,车组添乘人员经安全交底后上岗,明确分工,各负其责,确保机械、设备、人身和行车安全。

(2)冷滑运行请消点由专人负责,运行区段范围、时间遵照调度下达命令执行,不得超范围运行。

(3)机车驾驶人员须遵守操作规则,确认调度命令、信号、道岔和路况,严格按照规定的标准速度运行,同时注意观察冷滑情况和应急口令,随时做好应急停车准备,防止弓网或人身等意外情况发生。

(4)开车前,应检查机械设备及电台状况的良好,转线时可根据线路和网上状况,由现场负责人下令是否升弓,升弓后确认抬升压力符合冷滑标准。

(5)车顶观察人员须佩戴安全帽、风镜,防范网上设施意外碰弓跌落;在运行前各就各位,在规定位置面向前进方向乘坐平稳,精神集中。禁止在运行途中站立或行走,车组未停稳不得下车,以防跌落伤害。

(6)受电弓须设置应急拉绳,并由专人负责,发现隐患情况时,紧急拉低受电弓实施躲避。

(7)车顶、前后司机、冷滑负责人之间配置无线电台,开车前确认统一频道,执行呼唤应答,复诵确认制度。

(8)车内乘员须在接到调度命令后各就各位,做好冷滑准备,运行中不得拥挤、喧哗、聊天。

(9)遇意外情况需延点冷滑运行时,必须及时通知车站,说明情况,请求增加运行时间,确保行车安全。

(10)绝缘测试时,应拆除接触网上的一切临时地线,严禁一切接触网上作业。

(11)绝缘测试完毕后,送电开通前,接触网线路和设备应处于锁闭状态,无电力调度命令不允许进行任何操作。

(12)检查处理组的处理作业,应按接触网停电作业的程序进行。

(13)送电开通要严格按照送电开通方案所规定的计划、要求进行各项工作,不得随意更改。

(14)从第一次接触网送电起,即认为接触网全段及相连设备已经带电,此后所有接触网作业均应按停电作业办理停电作业票。

(15)各种作业车辆上的登梯及经常攀登的部位,均应悬挂“接触网有电、禁止攀登”的醒目标志。

9.2.12 供电系统工程柔性接触网施工测量作业指导书

1. 适用范围

适用于杭州至海宁城际铁路机电工程柔性接触网测量施工。

2. 作业准备

(1)外业准备

1)测量所需轨道专业数据已齐全,现场已具备测量条件。

2)已取得轨行区段施工作业令。

3)施工区段已封闭,无行车干扰。

(2)内业准备

1)已完成施工测量的技术交底和对参加测量人员的技术培训。

2)使用的仪器、仪表经具备纸质的检测机构检验,贴有“检验合格证”标识且在有效期内。

3)参加人员对各种可能遇见的问题已有充分的了解和认识。

3. 技术要求

(1)直线区段、曲线外侧、曲线内侧支柱均可按照设计坐标直接放样。

(2)定桩、扶杆、持手簿观测各一人,看图纸一人。

(3)杆位因地形需调整跨距以避让时,调整后的跨距不得大于设计允许最大跨距。

(4)测量时的数据要及时记录并整理归纳好,以便后续基础浇筑时进行复核。

(5)施工测量完毕,技术人员整理测量台账。

4. 施工程序与工艺流程

(1)施工程序

坐标台账编制→选择起测点→横、纵向测量→钢筋桩标记→钢筋桩保护。

(2)柔性接触网测量流程

工艺流程如图 9.2.12 所示。

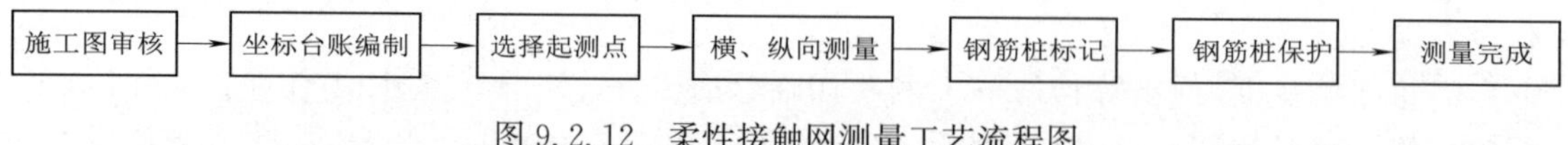

图 9.2.12 柔性接触网测量工艺流程图

5. 施工要求

(1)施工方法

施工测量采用 GPS 测量仪进行基础放样的方式,必要时可采用全站仪进行复核。本次工程以 GPS 放样为主。

(2)施工步骤

1)以设计规定的起测点或车站正线 1 号、2 号定位柱处为起测点。

2)由起测点开始,根据接触网平面图,沿线路中心线依照设计支柱跨距测量,并及时与现场建筑物、图纸核对。如有误差,在整个区段进行校核、调整。

3)在测定的支柱坑位处砸入钢筋桩,用画笔蘸上油漆在红布条上写出标记,并将有标记的红布条绑在钢筋桩上。标明侧面限界、杆号、支柱类型、基础类型、支柱位置。同样偏桩测量与此相同,可换成黄布条与线路中心桩区分开。

6. 劳动组织

(1)劳动力组织方式:采用架子队组织模式。

(2)作业人员数量应根据施工条件、工期要求进行合理配置,见表 9.2.12-1。

表 9.2.12-1　柔性接触网测量作业人员配置表

序　号	施工人员	单　位	数　量	备　注
1	架子队长	人	1	
2	施工技术负责人	人	1	全面负责现场施工组织及协调
3	工班长	人	1	组织及协调现场施工
4	安全员	人	2	安全瞭望、检查、提醒
5	材料员	人	1	材料管理
6	质检员	人	1	质量检查控制
7	试验员	人	1	质量控制
8	领班员	人	1	
9	现场负责人	人	1	现场施工组织及协调
10	技术工人	人	4	
11	辅助工人	人	2	扶钢柱
12	安全员	人	1	安全检查,安全防护

7. 材料要求

测量仪器、工具均在年检有效期内。

8. 设备机具配置

施工机械及工艺设备主要有 GPS、钢卷尺、油漆、测量仪器等,机械设备须有出厂合格证及相关证件。现场具体投入的设备见表 9.2.12-2。

表 9.2.12-2　机械设备投入表

序　号	名　称	规　格	单　位	数　量	备　注
1	GPS		台	1	
2	毛笔		支	2	
3	钢卷尺	5 m	把	1	
4	油漆	红色	桶	2	
5	红布条		块	若干	

续上表

序　号	名　称	规　格	单　位	数　量	备　注
6	粉笔		盒	1	
7	记录表格		本	1	
8	钢筋	300 mm	根	若干	
9	手锤		把	2	

9. 质量控制及检验

(1)质量控制

1)GPS测量仪、全站仪等要经过仪器检验机构的检验、校准方可使用。

2)技术人员在现场测量时要具备高度的责任心,坚持以数据为主,不盲目凭借经验做事。

3)辅助人员在凿钢筋桩时,要保证 X、Y 坐标方向偏差不超过10 mm,并使用GPS测量仪进行多次复核。

(2)质量检验

1)基础中心坐标位置应与设计图纸相符。

检验方法:使用CAD软件与坐标台账进行多次核对。

2)钢筋桩定位误差应保证在10 mm以下。

检验方法:使用GPS进行复核检验。

10. 安全及环保要求

(1)安全要求

1)在使用手锤凿钢筋桩,要尽量保证钢筋桩垂直凿入地面。

2)使用的手锤型号要选用大小合适的规格,一般采用1.8P即可,这样可避免手锤过重或过轻而误伤到人。

(2)环保要求

1)现场废弃的钢筋桩、红布条、纸张等不要乱扔、乱放。

2)在附近有休息人员的区域进行定桩时,尽量降低噪声。

9.2.13 供电系统工程柔性接触网基坑开挖及浇筑作业指导书

1. 适用范围

适用于杭州至海宁城际铁路机电工程柔性接触网基坑开挖及浇筑施工。

2. 作业准备

(1)外业准备

1)基础定位工作已完成。

2)已取得轨行区施工作业令。

(2)内业准备

1)已完成基础开挖及浇筑工作的技术交底。

2)涉及深基坑施工的需提前做好专项施工方案并完成审批手续。

3)商品混凝土生产厂家已选定并报监理备案。

4)已于混凝土供应商联合确认运输路径及混凝土泵车设置地点。

3. 技术要求

(1)坑中心一般按下式确定:坑中心 $X=C_x+\frac{1}{2}$支柱底部宽。(C_x 为支柱设计侧面限界)。

(2)确定坑口尺寸的原则:基础的基本尺寸和保证施工人员方便。

(3)基坑中心及坑口尺寸应标定在清理干净的工作面上。

(4)挖掘中应保证坑位的方正和坑壁的竖直。

(5)挖掘中应保持坑的中心线垂直于线路中心线。

(6)基坑深应满足基础尺寸,坑底应清理平整。

(7)线路两侧和线路中间的基础面,应高于路肩面 200 mm。

(8)混凝土的自由高落度不得超过 3 m,否则应设置溜槽。

(9)每层灌注深度不应超过插入式振捣器工作部分的 1.25 倍,若用人工搅拌,其灌注的深度不宜超过 200 mm。

(10)填写隐蔽工程记录,留存工程影像资料。

4. 施工程序与工艺流程

(1)施工程序

确认坑位及类型→清理工作面→设置防道砟板→开挖→安装模板→铺底筋、下钢筋笼→安置钢模→基础浇筑→基础抹面。

(2)工艺流程

工艺流程如图 9.2.13 所示。

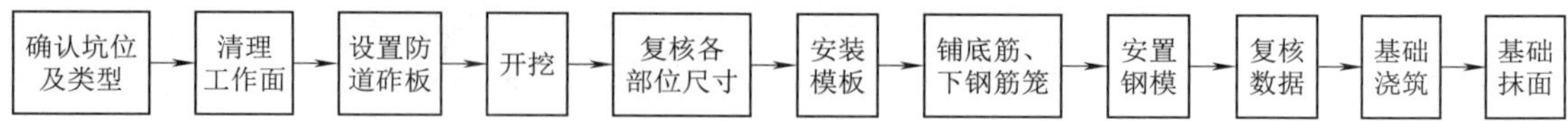

图 9.2.13　施工程序工艺流程图

5. 施工要求

(1)施工方法

基坑开挖施工根据海宁地区地形、位置,存在边开挖边排水的方式,盐官镇车辆基地内遇到地下加固桩较多的情况,还需要使用电镐将加固桩破除。

(2)施工步骤

1)确认基坑位置、基坑的类型、限界等数据。

2)清理工作面:将坑口处的地面清理干净。

3)安置防道砟挡板,坑口的线路侧应加挡板在坑口线路侧相距约 1 m 处打 2~3 个木桩,外露 200 mm。

4)人工开挖,由于海宁地区海拔较低,开挖过程中使用水泵及时将水排出;当出现地基加固桩时,应使用电镐及时破除;开挖中,使用沉木模的方式支护基坑,防止基坑坍塌。

5)坑挖完后,应对基坑类型、中心线、坑深等进行检验,各部位尺寸达到设计值时,及时向监理报验。

6)安装模型板,将安装模型板的地面清理干净、平整,复核限界、标高、型号等是否符合设计。

7)安装基础螺栓框架,使用符合设计强度要求的混凝土进行浇筑。坑深超过 3 m,则设置溜槽辅助浇筑,及时使用振捣器进行振动。

8)浇筑完成后进行基础面收面,尽量保证基础外观美观、整洁。

9 支柱组立完成后浇制基础帽,基础受力后进行基础帽浇制,将基础顶面用设计要求的混凝土堆码成"△"形。

6. 劳动组织

(1)劳动力组织方式:采用架子队组织模式。

(2)作业人员数量应根据施工条件、工期要求进行合理配置,见表 9.2.13-1。

表 9.2.13-1　柔性接触网基坑开挖及浇筑作业人员配置表

序　号	施工人员	单　位	数　量	备　注
1	架子队长	人	1	
2	施工技术负责人	人	1	全面负责现场施工组织及协调
3	工班长	人	1	组织及协调现场施工
4	安全员	人	2	安全瞭望、检查、提醒
5	材料员	人	1	材料管理
6	质检员	人	1	质量检查控制
7	试验员	人	1	质量控制

续上表

序 号	施工人员	单 位	数 量	备 注
8	领班员	人	1	
9	现场负责人	人	1	现场施工组织及协调
10	开挖工人	人	1	坑下作业
11	辅助工人	人	2	清理弃土
12	浇筑基础人员	人	6	

7. 材料要求

所使用的物资已经完成进场报验，详细配置见表 9.2.13-2。

表 9.2.13-2 柔性接触网基坑开挖及浇筑材料配置表

序 号	材 料	单 位	数 量	备 注
1	钢筋	m	按需	
2	地脚螺栓	根	按需	

8. 设备机具配置

施工机械及工艺设备主要有发电机、电镐、水泵、振捣棒等，机械设备须有出厂合格证及相关证件。现场具体投入的机械设备见表 9.2.13-3。

表 9.2.13-3 机械设备投入表

序 号	名 称	规 格	单 位	数 量	备 注
1	铁锹		把	1	
2	十字镐		把	1	
3	棕绳	5 m	根	1	
4	土篮		个	2	装弃土
5	卷尺	5 m	个	1	
6	水平尺	1 m	把	1	
7	线坠		个	1	
8	电镐		台	1	
9	发电机	3 kW	台	1	
10	水泵	污水泵	台	1	
11	振捣棒	两相	台	1	
12	钢模		个	1	坑口浇筑用
13	抹泥刀		把	2	基础抹面用

9. 质量控制及检验

(1)质量控制

1)由专职质量检查员、工程技术人员对基坑尺寸进行检验，即检查基坑各部位尺寸是否符合设计要求。

2)基坑开挖过程中,当开挖至一定深度时要及时放下木模,支护基坑防止坍塌。

3)破除地基加固桩要彻底,保证基坑横、纵断面尺寸均达到设计要求。

4)由专职质量检查员、物资接收人员、工程技术人员对到货钢筋、地脚螺栓、预埋钢板等进行检验。

5)钢筋存放时,要注意防潮,避免钢筋锈蚀。

(2)质量检验

1)基坑尺寸检验,应与设计值相符。

检验方法:卷尺测量。

2)基础预埋件检验,应与设计相符。

检验方法:卷尺测量。

3)基础外观应避免出现蜂窝面、麻面,存在破损应及时修补。

检验方法:观察检验。

10. 安全及环保要求

(1)安全要求

1)基坑开挖过程中,开挖工人要佩戴安全帽,防止坠物砸伤。

2)注意检查棕绳质量,是否出现散股、断股等情况,若出现应及时更换。

3)在使用发电机等设备时,要注意操作合规、安全用电。

4)及时检查施工工具牢固性,防止误伤到现场作业人员。

5)基础浇筑时,混凝土罐车要停靠在路面平整的地带,防止罐车倾翻造成人员伤害。

6)现场带电设备操作要符合规范,做到设备专人负责、管理及使用。

(2)环保要求

1)基坑开挖出的弃土不得在施工现场随意堆放,要统一排弃。

2)使用电镐等工具,要尽量远离休息区,防止噪声污染。

3)机械设备的排放要达到环保要求。

4)混凝土浇筑时应避免浪费,多余的混凝土应选择合适的倾倒地点。

5)使用施工工具时,应避免打扰到休息人员,尽量降低噪声污染。

6)使用废弃的模板应统一进行回收再利用,避免不必要的浪费。

7)机械设备的排放要达到环保要求。

9.2.14 供电系统工程柔性接触网支柱安装及整正作业指导书

1. 适用范围

适用于杭州至海宁城际铁路机电工程柔性接触网支柱安装及整正施工。

2. 作业准备

(1)外业准备

1)已办理施工作业令。

2)影响支柱安装的干扰物已处理。

3)已完成与土建施工单位的接口工程移交。

(2)内业准备

1)已完成支柱安装及整正的技术交底。

2)支柱型号台账已下发至施工人员。

3. 技术要求

(1)在支柱安装前要检查支柱型号是否与设计型号一致。

(2)支柱侧面限界符合设计要求,在任何情况下,不得侵入基本建筑限界,钢柱承载后应直立或向受力反侧略有倾斜,允许偏差符合规范要求。

(3)钢柱表面应平整光洁,镀锌层完整,支柱本身无弯曲变形、碰伤等质量缺陷。

(4)支柱挠度 f 不应大于 $L/1\,000$。

(5)起吊点要选在支柱的上端 1/4 处并要扎紧尼龙吊装带。

(6)立杆时每个螺栓可暂时戴一个螺母,但螺母要旋进 30~50 mm 后才可摘钩。

(7)钢/混凝土柱侧面限界符合设计要求,在任何情况下,不得侵入基本建筑限界。

(8)支柱顺线路方向应直立,允许偏差 0.5%。

(9)锚柱端部向拉线侧倾斜,允许偏差 0~1%。

(10)支柱横线路方向向受力反侧倾斜,允许偏差 0~0.5%。

(11)门型架支柱顺、横线路方向均应直立,允许偏差 0.3%。

(12)螺母垫片应齐全,受力均匀,紧固力矩应达到设计要求,紧固时应对角循环紧固。

(13)垫铁数量和厚度应符合整正标准的要求:单块面积不小于 50 mm×100 mm,每处垫片总厚度不大于 30 mm,且不多于 3 片。

(14)整正完毕,螺栓外露部分应涂油包扎防护。

(15)施工完毕,技术人员填写安装记录。

4. 施工程序与工艺流程

(1)施工程序

清理基础面及螺栓→支柱运输到位→选择起吊点→对位吊装→安装、预紧固螺母→安置经纬仪→紧固螺栓。

(2)支柱安装及整正流程

工艺流程如图 9.2.14-1 所示。

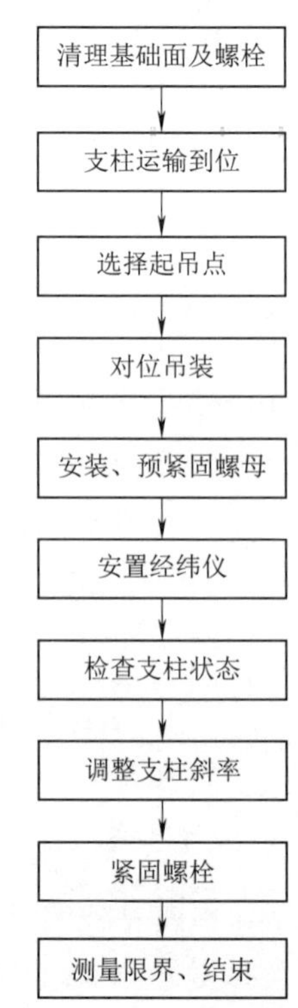

图 9.2.14-1　支柱安装及整正工艺流程图

5. 施工要求

(1)施工方法

支柱安装根据地形、位置、时间不同,有多种方式,如汽车式起重机安装方式、人工安装方式、安装列车安装方式等。本次工程以汽车式起重机安装方式为主。

钢柱整正是通过调整钢柱底座下的垫铁数量来实现对支柱倾斜率的调整。

(2)施工步骤

1)将基础面及基础螺栓清理干净,确认基础型号和图纸是否一致。

2)复核基础螺栓间距及竖直程度,应符合设计要求。

3)用自制运杆车(炮车)运送钢支柱,运杆车推到指定地点,用汽车式起重机将杆卸在基础旁放置稳妥。

4)将吊装带套在支柱的上 1/4 处扎紧,吊装带上要系上一根晃绳,用吊钩钩住尼龙绳,起重机指挥人员指挥起重机司机缓缓起吊。

5)当起吊至支柱底部距离基础面高度 1 m 左右时,停止起吊,起重机指挥人员指挥起重机司机吊臂旋转对位将支柱吊至基础上方并缓慢下落,支柱底部高于基础螺栓 100～200 mm 时,停止下落,精确调节起吊臂角度,支柱底部的法兰盘预留孔对准基础螺栓正上方并由施工人员辅助起重机进行矫正,缓缓放下支柱,使支柱安装于基础上。

6)四角安装完螺母后,吊钩完全放松。将螺母依次紧固。

7)用晃绳拉动吊装带,使吊装带松脱,吊钩向下放,施工人员摘下吊钩和吊装带,安装完成,如图 9.2.14-2 所示。

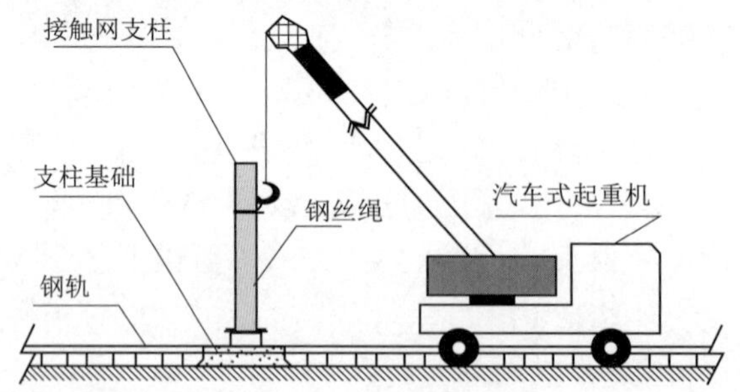

图 9.2.14-2　汽车式起重机吊装横梁(或支柱)示意图

8)在支柱顺线路方向和垂直线路方向上各置一台经纬仪,并调平。

9)测出支柱在顺线路方向和垂直线路方向上的柱顶中心偏移值,检验是否满足标准。

10)若不满足标准,根据测量值,在需要加垫铁的一角,用钢钎(或撬棍)将支柱撬起,加适当厚度的垫铁,通过垫铁来调整支柱倾斜。

11）调整完毕，拧紧螺母，再用经纬仪测量偏移值，检查是否满足标准，若不满足重新调整。

12）调整完毕，用经纬仪将垂直线路方向上的柱顶中心投影到支柱底部，并用红漆做好标记。

13）用连接套管连接后紧固紧定螺栓，紧定螺栓的规定施加扭矩为 960～965 N·m。注意要四个角循环紧固；整正完成后填写施工记录。

6. 劳动组织

（1）劳动力组织方式：采用架子队组织模式。

（2）作业人员数量应根据施工条件、工期要求进行合理配置，见表 9.2.14-1。

表 9.2.14-1　柔性接触网支柱安装作业人员配置表

序　号	施工人员	单　位	数　量	备　注
1	架子队长	人	1	
2	施工技术负责人	人	1	全面负责现场施工组织及协调
3	工班长	人	1	组织及协调现场施工
4	安全员	人	2	安全瞭望、检查、提醒
5	材料员	人	1	材料管理
6	质检员	人	1	质量检查控制
7	试验员	人	1	质量控制
8	领班员	人	1	
9	现场负责人	人	1	现场施工组织及协调
10	技术工人	人	1	负责校核支柱斜率
11	辅助工人	人	5	扶钢柱及整正
12	起重机司机	人	1	

7. 材料要求

所使用的物资已经完成进场报验，支柱外观良好。详细配置见表 9.2.14-2。

表 9.2.14-2　柔性接触网支柱安装材料配置表

序　号	材　料	单　位	数　量	备　注
1	支柱	根	1	
2	螺母	个	12	
3	垫片	个	6	
4	垫铁	个	6	

8. 设备机具配置

施工机械及工艺设备主要有回旋钻机、起重机、运渣车、电焊机、泥浆搅拌机、泥浆泵、泥浆检测仪器、测量仪器（如全站仪、水准仪）等，机械设备须有出厂合格证及相关证件。现场具体投入的机械设备见表 9.2.14-3。

表 9.2.14-3　机械设备投入表

序　号	名　称	规　格	单　位	数　量	备　注
1	起重机	16 t	台	1	
2	炮车		台	1	
3	钢卷尺	5 m	把	1	
4	链条葫芦	1.5 t	台	1	
5	吊装带	5 t、4 m	条	2	
6	扳手	450 mm	把	2	
7	钢管	ϕ50、1 m	根	2	
8	撬棍		根	2	
9	钢丝刷		把	2	
10	水平尺	600 mm	把	1	
11	经纬仪		台	2	
12	线坠		个	1	
13	撬棍		个	2	
14	记号笔		支	1	

9. 质量控制及检验

(1)质量控制

1)由专职质量检查员、物资接收人员、工程技术人员对到货支柱进行检验，支柱到货后，即检查支柱规格是否符合设计要求。

2)装卸车过程中要使用尼龙吊带吊装，运输过程中，要特别注意保护钢柱的镀锌层，防止碰撞。

3)在工地存放时，每层之间要有垫木，并在边缘安放防止滚动的三角形垫木，现场堆码层次不得超过 4 层。

4)在整正过程中要确认支柱类型，根据技术要求使之达到要求的倾斜状态。

5)安装后螺母要循环紧固，紧固力矩达到产品要求。

(2)质量检验

1)支柱型号检验应与设计相符。

检验方法：观察检验。

2)支柱外观镀锌层完整、光洁，支柱无弯曲变形等现象。

检验方法：观察检验。

3)检验支柱规格、外观是否符合要求。

检验方法：观察、测量。

4)检验支柱限界是否在要求的误差 0～50 mm 内。

检验方法：钢卷尺测量。

5)地脚螺栓紧固力矩应达到设计要求。

检验方法：力矩扳手检验。

10. 安全及环保要求

(1)安全要求

1)吊装支柱时,应用晃绳拉住支柱,防止支柱损坏附近设备或造成人员伤害。

2)注意检查尼龙吊装带是否完好,如损坏禁止使用。

3)吊装带在支柱上要绑扎牢固,防止在起吊过程中滑脱。

4)起吊过程中,拉绳人员应注意观察,以防支柱撞击。

5)转运、安装支柱时,应注意安全,防止挤伤手脚。

6)起吊过程中,吊臂及支柱下方不得有人。

7)支柱安装完毕,螺母要用扳手拧紧。

8)支柱吊装后每个基础螺栓都必须至少戴上一个主螺母并拧紧,整正时,螺母只可松动不得卸下。

9)在桥上施工时,应采取必要的措施,防止坠落。

10)线路应设好防护,有车辆通行时及时躲避。经纬仪安置位置不得侵入铁路基本限界。

11)放入和取出垫铁时,不能用手直接操作,应用铁线弯钩或其他工具进行。

(2)环保要求

1)在居民区附近安装支柱时,要尽量使噪声对居民生活影响最小。

2)支柱安装后拆除的包扎物、垫木等要及时回收,施工后多余杂物要及时运走,不得污染环境。

3)机械设备的排放要达到环保要求。

4)支柱整正后,现场废弃的材料要及时回收,施工后多余杂物要及时运走,不得污染环境;要注意对施工周边的自然环境的保护,螺栓涂油所用油脂不得随意涂抹,避免造成其他部位污染。

9.2.15　供电系统工程柔性接触网支柱装配作业指导书

1. 适用范围

适用于杭州至海宁城际铁路机电工程柔性接触网支柱装配施工。

2. 作业准备

(1)外业准备

1)已办理施工作业令。

2)支柱装配安装作业的上道工序已完成,并通过监理检查验收,具备支柱装配安装施工条件。

(2)内业准备

1)支柱装配相关的平面图、安装图各 1 份。

2)已完成支柱装配的技术交底。

3)根据支柱安装记录进行计算并编制腕臂预配表。

3. 技术要求

(1)腕臂上、下底座安装高度应符合设计要求;安装应水平、牢固,垫片齐全,螺栓紧固力矩符合规范及产品要求,底座与支柱密贴。双底座槽钢两侧安装水平。

(2)腕臂棒式绝缘子排水孔朝下;垂直穿向销钉,应由上向下穿,水平穿向的销钉应由田野侧穿向线路侧。

(3)腕臂上各部零件安装方向应使腕臂整体位于同一平面上。

(4)承力索、接触线在补偿器处的额定张力应符合设计要求,补偿器重量的偏差为额定重量的±2%,限制架安装应符合设计要求,补偿传动灵活,砣串无卡滞现象。

(5)张力补偿的调整应符合设计安装曲线,坠砣距地面偏差不大于±200 mm,在任何情况下距地面不得小于 200 mm。坠砣完整、码放整齐、表面光洁,连接螺栓紧固螺栓外露部分涂防腐油。

(6)补偿棘轮轮体必须垂直。

(7)检查所有开口销的掰开角度要达到 120°。

(8)坠砣限制架方向应与下锚方向一致。

4. 施工程序与工艺流程

(1)施工程序

腕臂预配→安装腕臂底座→安装绝缘子→组装腕臂→安装腕臂→安装棘轮装置→成孔检查。

(2)腕臂预配流程

工艺流程如图 9.2.15-1 所示。

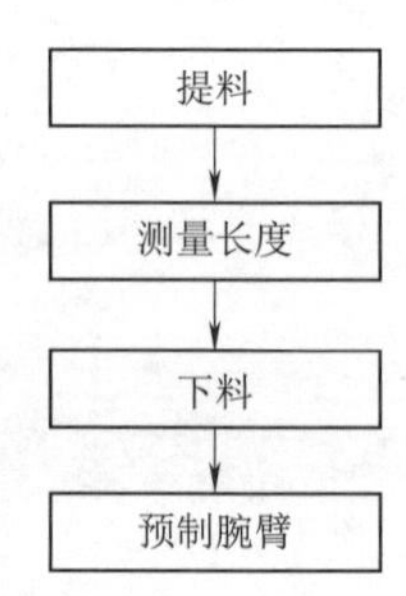

图 9.2.15-1　腕臂预配工艺流程图

(3)腕臂安装流程

工艺流程如图 9.2.15-2 所示。

图 9.2.15-2　腕臂安装工艺流程图

(4)棘轮装置安装流程

工艺流程如图 9.2.15-3 所示。

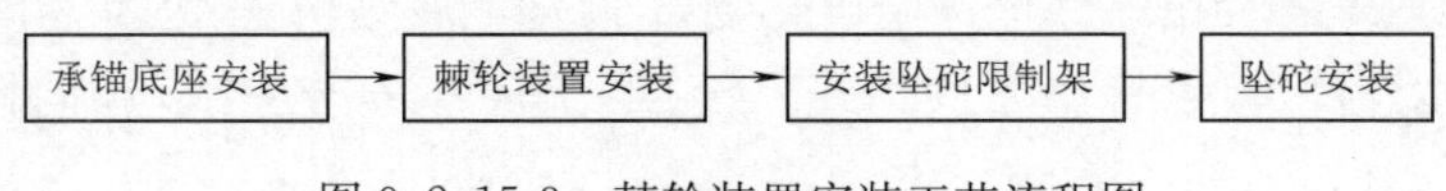

图 9.2.15-3　棘轮装置安装工艺流程图

5. 施工要求

(1)施工方法

采用人工预配及安装。首先根据腕臂预配计算单进行预配的材料准备,为了预配准确,要有一个专门的预配平台(或支架),将需要预配的腕臂放到支架上,对各部尺寸进行测量并预配紧固,预配完成后编号,运输至现场安装。此部分支柱装配还包含落锚装置及拉线安装,杭海城际采用的是棘轮装置。棘轮装置在任何情况下都是相同的。

坠砣数量、型号根据安装位置、结构形式不同而有多种安装形式,正线双承双导采用的是 32 块 T30 型铁坠铊,正线单承单导采用的是 32 块 T30 型铁坠铊,单支承力索采用的是 16 块 T30 型铁坠铊。正线锚柱均为有拉线锚柱。

(2)施工步骤

1)腕臂预配

①提料:根据预制腕臂表提取所用预配材料并进行外观检查,严禁使用不合格产品。

②测量各种长度:按装配图和支柱装配预配表,在平腕臂上用钢卷尺测出 G2 型套管双耳位置和承力索支撑线夹位置,以及平腕臂总长度。在斜腕臂上用钢卷尺测出 G2 型定位环的位置。分别用划线笔标识,并在腕臂不影响测量划线的位置标识支柱编号。

③下料:根据测量所做标记,在预配平台上按照所需长度切割腕臂,斜腕臂和平腕臂可分别切割,对切割后腕臂做喷锌防腐。

④组装:按划线标识安装 G2 型套管双耳、承力索支撑线夹及 G2 型定位环。用梅花扳手拧紧螺母,用力矩扳手检测紧固力矩是否达标,未达标使其达标。用铁线将水平腕臂和斜腕臂捆绑为一体,完成预配,如图 9.2.15-4 所示。

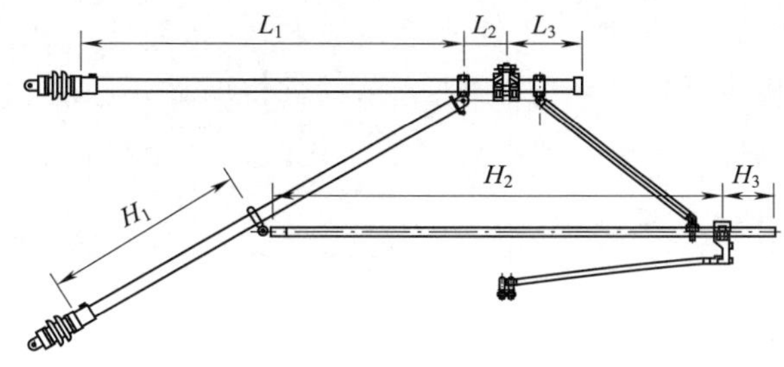

图 9.2.15-4　腕臂预配参考图

2)腕臂安装

①施工准备:将腕臂装车运输到现场,按腕臂编号放置到每一根支柱下面,并放置相应的腕臂底座、棒式绝缘子。

②安装腕臂底座:以测量的轨面标高为基准,用钢尺或高度测量仪测出设计要求安装上、下底座位置,做好标记(2人系安全带上杆,1人地面配合),杆上人员拉绳,将底座提至安装位置,2人配合,把上底座螺栓由线路侧穿向田野侧,1人把上底座扶正,另1人预带垫片螺帽,用梅花扳手紧固后,用力矩扳手检验紧固力矩。至此,上底座安装完成,以同样的方法安装下底座。

③安装平腕臂绝缘子和组装斜腕臂绝缘子:杆上1人在支柱顶部挂一滑轮,穿好大绳,下部人员用大绳将平腕臂绝缘子系好,并系一根小绳作为晃绳,下部1人拉动大绳将绝缘子吊起,1人拉住小绳,防止绝缘子磕碰支柱,上部人员将平腕臂绝缘子安装在上底座上。同时下部其他人员将平腕臂、斜腕臂、斜腕臂绝缘子进行组装。

④安装腕臂

a.起吊:下部人员用大绳将腕臂系好,腕臂下端系一小绳,然后下部人员3人将腕臂向上拉,下部1人拉住小绳,防止腕臂的棒瓷磕碰支柱或角钢,直至需要的安装位置。

b.安装斜腕臂:将下底座的销钉打开,使斜腕臂棒瓷进入腕臂下底座的耳环,使棒瓷孔与腕臂底座孔对正,然后穿上销钉、开口销。

c.安装平腕臂:杆上人员抓住平腕臂,通知下部人员缓慢放绳,杆上人员将平腕臂托平,下部拉绳人员配合,使平腕臂棒瓷孔与上底座安装孔对正,安装销钉,结束。

⑤将大绳松开、放下,安装结束可进行下一组安装。

3)落锚装置安装

①上、下承锚底座安装:方法参照腕臂底座安装,注意安装高度要严格按照安装图要求进行安装。

②棘轮装置的安装:先安装补偿棘轮固定竖轴,将棘轮固定竖轴安装到上、下承锚底座之间,然后将棘轮本体的摆动杆带棘轮本体与棘轮固定竖轴进行连接,连接好后将棘轮本体落在制动卡块上,安装时将棘轮上的大轮和小轮的绕线调整好。

③安装坠砣限制架:根据坠砣安装形式确定坠砣限制架的型号,按照安装图的要求进行安装。安装时应先确定下固定角钢的高度再根据限制管的长度确定上固定角钢的安装高度。

④棘轮装置与坠砣串的连接:将坠砣杆放置在地面,将坠砣依次在坠砣杆上码放,排列组装要整齐,坠砣完整无损,缺口方向互相错开180°,并保证坠砣不被支柱或其他物件卡滞。用合适的手板葫芦将排列组装好的坠砣串进行吊装。将坠砣串与棘轮装置线夹连接好后,用铁线将坠砣在支柱上临时固定。

6.劳动组织

(1)劳动力组织方式:采用架子队组织模式。

(2)作业人员数量应根据施工条件、工期要求进行合理配置,见表9.2.15-1。

表 9.2.15-1 柔性接触网支柱装配作业人员配置表

序 号	施工人员	单 位	数 量	备 注
1	架子队长	人	1	
2	施工技术负责人	人	1	全面负责现场施工组织及协调
3	工班长	人	1	组织及协调现场施工
4	安全员	人	2	安全瞭望、检查、提醒
5	材料员	人	1	材料管理
6	质检员	人	1	质量检查控制
7	试验员	人	1	质量控制
8	领班员	人	1	
9	预配负责人	人	1	全面负责预配
10	预配人员	人	6	下料、加工、预配、组装、标识
11	现场负责人	人	1	现场施工组织及协调
12	技术工人	人	2	杆上作业
13	辅助工人	人	3	拉绳及辅助

7. 材料要求

所使用的物资已经完成进场报验。详细配置见表 9.2.15-2。

表 9.2.15-2 柔性接触网支柱装配材料配置表

序 号	材 料	单 位	备 注
1	腕臂	套	
2	棘轮	套	

8. 设备机具配置

施工机械及工艺设备主要有回旋钻机、起重机、运渣车、电焊机、泥浆搅拌机、泥浆泵、泥浆检测仪器、测量仪器(如全站仪、水准仪)等,机械设备须有出厂合格证及相关证件。现场具体投入的机械设备见表 9.2.15-3。

表 9.2.15-3 机械设备投入表

序 号	名 称	规 格	单 位	数 量	备 注
1	切割机	两相	台	1	
2	预配平台		个	2	
3	梅花扳手		把	5	或其他呆扳手
4	小绳	$\phi 8$	根	2	传递工具
5	大绳	$\phi 14$	根	1	高处传递重材料
6	安全帽		顶	6	
7	单滑轮	0.5 t	个	1	

续上表

序　号	名　称	规　格	单　位	数　量	备　注
8	钢卷尺	10 m	把	1	
9	钢卷尺	5 m	把		预配人员人均1把
10	钳子		把		人均1把
11	记号笔		支	2	
12	扭矩扳手		把	4	预配安装各2把

9. 质量控制及检验

(1)质量控制

1)腕臂上、下底座安装高度应符合设计要求,底座固定螺栓穿向符合线路侧穿向田野侧,施工允许偏差为±50 mm。

2)底座应呈水平状态,用水平尺测量。螺栓紧固力矩应符合产品使用说明书的要求。

3)腕臂棒式绝缘子排水孔朝下。

4)检查所有开口销的掰开角度是否满足工艺标准。

5)检查腕臂底座、角钢的螺栓紧固力矩、腕臂及下锚角钢的安装外观等。发现不合格的零件严禁使用。

(2)质量检验

1)绝缘子运达现场前应进行检查,其质量应符合铁道行业现行标准《电气化铁道接触网用绝缘子　第1部分:棒形瓷绝缘子》(TB/T 3199.1—2008)、《电气化铁道接触网用绝缘子　第2部分:棒形复合绝缘子》(TB/T 3199.2—2008)及有关标准的规定。必要时应作机械性能抽样检验。

2)腕臂无弯曲,承力索悬挂点距轨面的高度符合设计要求,允许偏差±20 mm。

3)外观观察检验:金具、零配件运达现场应进行检查,规格应相符,零件配套齐全;表面光滑,无裂纹、伤痕、砂眼、气泡等缺陷;线夹与线索接触面应平滑、平整,并应与线索截面规格相符;凡经热镀锌的零件,锌层均匀,无锌层剥落、漏镀、锈蚀现象;螺杆与螺母的配合良好。

4)测量检查:安装位置及连接螺栓紧固力矩应符合设计要求;平腕臂受力后呈水平状态,允许偏差为$^{+30}_{0}$mm。

10. 安全及环保要求

(1)安全要求

1)为保证施工的安全,现场应有专人统一指挥,并设一名专职安全员负责现场安全工作。

2)坚持班前进行安全教育制度。

3)腕臂安装前,必须检查各零部件有无缺陷,各部螺栓是否按规定力矩紧固到位、是否连接良好,各部尺寸是否正确。

4)腕臂安装后,应保证支持装置及各零配件连接的牢固可靠。

5)轨行区作业应在两端设好防护,防护人员应坚守岗位,切实做好防护工作。

6)作业人员均应戴安全帽,以防工具、材料下落伤人。

7)同一支柱上两人同时作业时,上、下作业人员应分别位于支柱两侧。

8)传递料具应用绳索,不得抛掷。

9)杆上作业人员必须扎好安全带。安全带应经检查合格后方能使用。

(2)环保要求

1)捆绑腕臂铁线应收回。

2)施工完成后现场不留杂物,瓷瓶包装物应随时收集统一处理。

3)注意对周边自然环境的保护。

9.2.16　供电系统工程柔性接触网门型架安装施工作业指导书

1. 适用范围

适用于杭州至海宁城际铁路机电工程柔性接触网门型架安装施工。

2. 作业准备

(1)外业准备

1)已办理施工作业令。

2)门型架安装作业的上道工序已完成,并通过监理检查验收,具备门型架安装施工条件。

3)影响门型架安装的干扰物已处理完毕。

(2)内业准备

1)已完成门型架安装的技术交底。

2)核对门型架与现场是否相匹配。

3. 技术要求

(1)两支柱距离要符合设计要求。

(2)两支柱连线应垂直线路正线,两支柱及门型架应位于同一垂面内。

(3)同一组门型架的基础面应等高,门型架挠度符合设计要求,门型架出厂时已经预起拱0.3%L(长度的0.3%),在门型架安装前要复核拱度,正确无误后方可焊接(组装)。

4. 施工程序与工艺流程

(1)施工程序

横梁组装→选择吊点及吊装→吊装第一段横梁→对位安装→后续横梁安装→校核、整正、紧固→成孔检查梁、柱连接。

(2)门型架安装流程

工艺流程如图9.2.16-1所示。

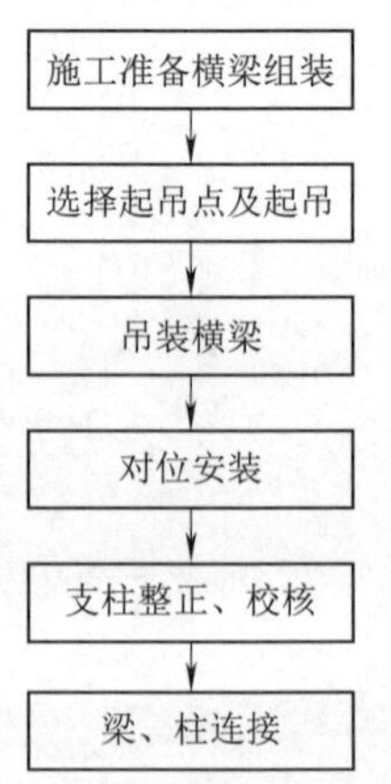

图9.2.16-1　门型架安装工艺流程图

5. 施工要求

(1)施工方法

采用汽车式起重机吊装,将门型架运输到现场组装,采用汽车式起重机并辅以4条晃绳控制横梁的平衡状态,将横梁安装到门型架支柱中,拱度合适后焊接。门型架按其结构可分为单跨门型架和多跨门型架,其中多跨门型架包括两连跨、三连跨、四连跨、五连跨。连续数越多施工难度越大,调整越困难。所有多连跨的门型架在订货测量、加工制作、支柱整正、预制组装等各个环节要严格把关,使误差降到最小。

(2)施工步骤

①施工准备:用50 m钢卷尺测出两柱顶的距离,并作好记录。松动支

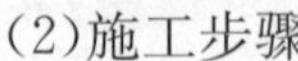

柱预紧的地脚螺栓螺母。将门型架进行组装，组装时注意要有预留拱度。根据测量的两柱顶的距离，调整门型支架至该长度，并用钢尺检测，尺寸无误后，将接头处螺栓紧固，准备吊装。

②选择吊点及吊装准备：在门型支架中部对称套上两条尼龙吊带；在尼龙吊带上各绑一小绳，在门型支架两端各绑两条大绳，将尼龙吊带和起重钩连接稳固。

③吊装横梁：按命令开始起吊，当门型支架完全离开地面 200～300 mm 后停止起吊，将横梁在悬空状态下调正，保证两端梁柱接头竖直向下，继续起吊，上升至高于柱顶 200～300 mm 时停止上升。

④对位安装：摆动吊臂将门型架两端梁柱法兰对准支柱顶部法兰，利用门型支架一端的大绳，调整梁柱接头位置，使门型支架一端的梁柱法兰与支柱法兰相连接。吊钩缓慢降落，施工人员调整门型支架另一端梁柱的法兰位置，使门型支架的法兰接头对准支柱顶端法兰，用螺栓连接，完成门型架吊装。吊钩下落，吊装带完全不受力后摘除吊钩，取下吊装带及两端大绳。

⑤支柱整正、校核：利用线坠对支柱调整至达到标准状态后，拧紧支柱的全部螺母至设计力矩值。

⑥梁、柱连接：吊装完成后依次循环将门型架与支柱顶端的法兰进行紧固（力矩为 345～355 N·m），如图 9.2.16-2 所示。

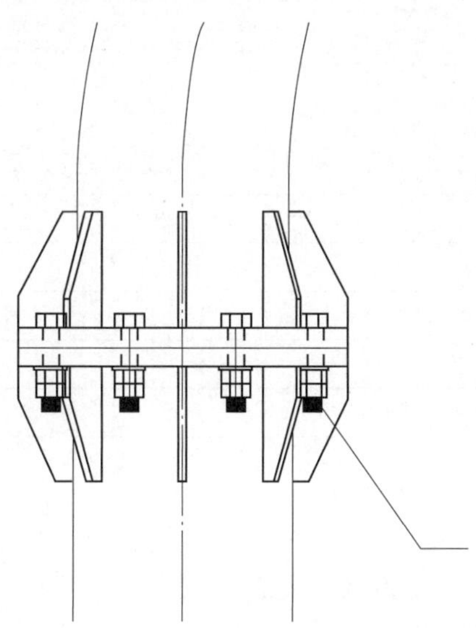

图 9.2.16-2 门型架连接示意图

6. 劳动组织

(1)劳动力组织方式：采用架子队组织模式。

(2)作业人员数量应根据施工条件、工期要求进行合理配置，见表 9.2.16-1。

表 9.2.16-1 柔性接触网门型架安装作业人员配置表

序 号	施工人员	单 位	数 量	备 注
1	架子队长	人	1	
2	施工技术负责人	人	1	全面负责现场施工组织及协调

续上表

序号	施工人员	单位	数量	备注
3	工班长	人	1	组织及协调现场施工
4	安全员	人	2	安全瞭望、检查、提醒
5	材料员	人	1	材料管理
6	质检员	人	1	质量检查控制
7	试验员	人	1	质量控制
8	领班员	人	1	
9	技术人员	人	1	技术负责、质量负责
10	现场负责人	人	1	现场施工组织及协调
11	技术工人	人	3	
12	辅助工人	人	8	扶钢柱
13	起重机司机	人	1	

7. 材料要求

所使用的物资已经完成进场报验。门型架镀锌合格、负弛度与图纸一致,详细配置见表 9.2.16-2。

表 9.2.16-2　柔性接触网门型架安装作业人员配置表

序号	材料	单位	数量	备注
1	门型架	组	1	
2	连接套管	套	按需	
3	梁柱接头	套	按需	
4	连接螺栓	套	按需	

8. 设备机具配置

施工机械及工艺设备主要有水准仪、链式葫芦、发电机等,机械设备须有出厂合格证及相关证件。现场具体投入的机械设备见表 9.2.16-3。

表 9.2.16-3　机械设备投入表

序号	名称	规格	单位	数量	备注
1	水准仪	TDJ2E	台	1	测高程
2	钢卷尺	50 m	把	1	测间距
3	水平尺		把	1	
4	红油漆		kg	若干	
5	油画笔		把	1～2	
6	链式葫芦	1.5 t	个	1	
7	运杆车	自制	辆	1	

续上表

序　号	名　称	规　格	单　位	数　量	备　注
8	铁锤	4P	个	1	
9	发电机	10 kW	台	1	三相
10	防护绳支架	＞1.5 m	个	5	地面用
11	防护管		个	10	
12	电焊机	松下 AG1500	台	1	
13	焊条		kg	若干	
14	钢钎	长 400 mm	个	1	
15	脚扣		套	2	
16	小绳		条	2	传递工具、小料
17	大绳		条	2	晃绳
18	吊装带		条	2	
19	电动工具		套	若干	施工人员
20	安全带		条	2	
21	汽车式起重机		台	1	

9. 质量控制及检验

(1)质量控制

1)对运抵现场的门型架质量进行自检,并向监理报验。现场有技术人员指导,首次安装由厂家培训指导。

2)吊装作业及存放时应有保护镀锌层的措施。

(2)质量检验

1)外观检验:检查门型架规格、外观整洁、镀锌层完好,符合产品要求,无变形、碰伤等缺陷。

2)用经纬仪测量门型架的挠度、支柱斜率符合设计及规范要求。

3)用水准仪测量基础面等高、门型架横梁距离轨面高度符合设计及安装要求。

4)同一组门型架的支柱安装要位于同一条直线上,且该直线应垂直于正线,无正线时应垂直于大多数股道;允许偏差 1.5°。

10. 安全及环保要求

(1)安全要求

1)吊装横梁时,应用晃绳拉住横梁,防止横梁摆动造成人员伤害或周围物品的损坏。

2)运输吊装组件过程中应注意保护,不损伤涂层,防止碰撞变形。

3)不应采取人工从车上推下钢管支柱的方式卸车。

4)门型支架应水平吊起。

5)注意检查尼龙吊装带的外套是否完好,如损坏禁止使用。

6)吊车操作应由具有操作证书的专业人员进行。

7)搬运门型支架时注意保护横梁段弯曲部位、门型支架外包装,防止划伤镀锌层。

8)门型支架转运、安装时,应注意安全,防止挤伤手脚。

9)在直梁与横梁连接套管一并起吊安装时,应先将连接套管螺栓稍稍紧固一下,避免在起吊过程中连接套管发生脱落事故。

10)严格遵守施工现场临时用电规范。

(2)环保要求

1)在居民区附近施工时,要注意噪声对居民生活影响。

2)施工中拆除的包扎物、垫木等要及时回收,施工后多余杂物要及时运走,不得污染环境。

3)电焊、发动机等使用时要注意减少对施工周边自然环境的影响。

9.2.17 供电系统工程柔性接触网定位索安装施工作业指导书

1. 适用范围

适用于杭州至海宁城际铁路机电工程柔性接触网定位索安装施工。

2. 作业准备

(1)外业准备

1)已办理施工作业令。

2)施工区段无建筑(构筑物)及影响施工的架空电力、通信线路。

3)定位索安装作业的上道工序已完成,并通过监理检查验收,具备定位索预制及安装施工条件。

(2)内业准备

1)已进行定位索技术交底培训。

2)提前测量定位索预制数据,根据线路交叉、供电分段区及悬挂形式绘制固定绳预制图,计算各段长度尺寸。

3)准备好接触网站区平面布置图、定位索安装图。

3. 技术要求

(1)一组门形架上、下部定位索安装高度以此组股道中最高轨面为基准。定位索抱箍安装高度:下部定位索高度=接触线至轨面连线高度+300 mm;上部定位索高度=接触线至轨面连线高度+1 215 mm,允许误差±20 mm,定位索安装水平。

(2)定位索均应在张力较小的一侧安装弹簧补偿器,弹簧补偿器初始安装张力应根据现场温度调节,如图 9.2.17-1 所示。

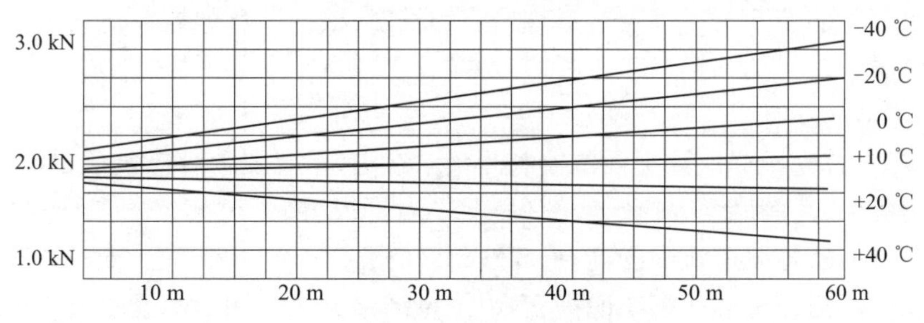

图 9.2.17-1 弹簧补偿器(1—3 kN)安装曲线

(3)定位索上的定位环线夹缺口有方向性:其缺口应朝向受力的反侧,即缺口薄弱部分不能受力。

(4)楔形线夹有主受力面,铜绞线在线夹内回头主线应位于其主受力面一侧。楔型线夹回头外露 250 mm,回头采用 1.5 mm 单股铜线进行绑扎 100 mm,绑扎时应密贴而不重叠,如图 9.2.17-2所示。

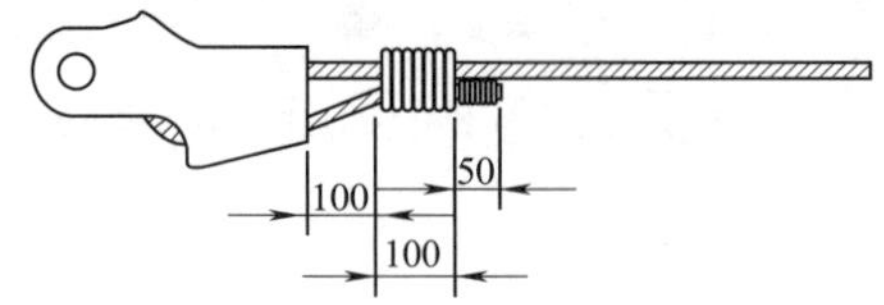

图 9.2.17-2　楔形线夹回头绑扎(单位:mm)

(5)定位索斜拉线(含软定位拉线)均为 35 mm^2 青铜软绞线通过 35 型钳压管与 35 型心形环做永久固定,固定方式为压接型,回头外露长度≥5 mm。节点 6 中的零件 7 与节点 16 中的零件 11 均采用 ϕ3.5 不锈钢软态钢丝两股拧成。

(6)节点 9 中两线间的绝缘子应安装在两线路的中心位置,上下部定位索绝缘子应对齐。

4. 施工程序与工艺流程

(1)施工程序

数据测量→定位索预制→定位索安装→检查。

(2)工艺流程

工艺流程如图 9.2.17-3 所示。

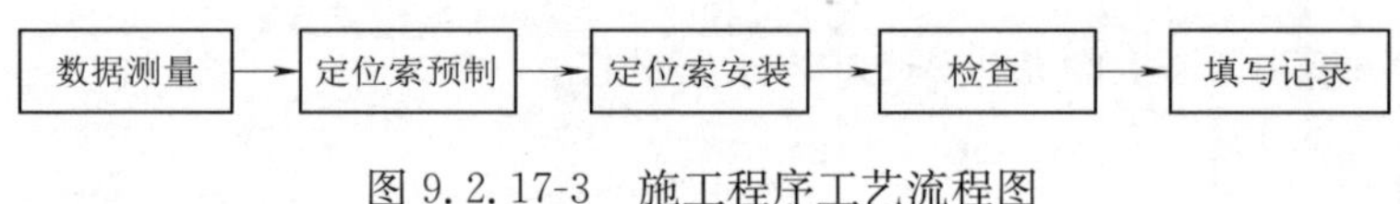

图 9.2.17-3　施工程序工艺流程图

5. 施工要求

(1)施工方法

门型架定位索的施工与软横跨施工相类似,首先经过测量已经架设完成的门型架的支柱斜率、线间距及各股道门型梁的高度等数据,通过计算得出定位索的总长度、中间绝缘子和各股道定位节点零件的安装位置以及每根直吊线的长度,根据计算数据在地面进行预配,然后进行整体安装的过程。

(2)施工步骤

1)数据测量:首先根据设计平面图绘制测量示意图,示意图内容应包括支柱号、支柱类型、股道数及股道编号等。利用水准仪、经纬仪、激光测量仪、钢卷尺等仪器工具测量出站场最高轨面与支柱基础面及各股道轨面的高差、曲线超高、支柱内沿的偏移值、支柱的限界、各股道间距、横向跨距、各股道正上方门型梁的高度,将测量结果记录在测量示意图上。

2)计算:根据测量数据、设计图纸和门型梁定位索的节点形式,计算出定位索长度、掐绝缘和节点零件的位置以及直吊线的长度,根据计算结果绘制定位索预制示意图。

3)定位索预制:做铜铰线和楔形线夹回头,将回头拉到另一端临时地锚上固定,将线盘端用紧线器和链形手扳葫芦连接、紧固,将绞线拉直。从已做好的回头端用钢卷尺依据预制示意图的下料尺寸量取各段长度,用记号笔做好标记。在记号笔标记处安装相应线夹和零件。在各分段的定位索两端楔形线夹上用记号笔标明支柱号及连接序号,然后盘成圈,用铁丝扎紧,便于运输。

4)定位索安装:将预配好的门型梁固定绳及绝缘子等零配件运至施工现场。先检查支柱上及横梁上定位索底座是否已经安装完毕,然后按预制示意图将各段连接组装,并将绝缘子和其他连接零件装配好。各连接件的销钉方向一致。先利用梯子安装各悬挂点在横梁定位索底座上安装的绝缘子及绝缘子下边连接的直吊线(直吊线在预制时,应考虑现场门型梁的拱度),然后安装定位索。在门型梁起锚侧支柱(带有弹簧补偿器侧支柱)上悬挂滑轮,用大绳绑住定位索的绝缘子,通过滑轮先把带有弹簧补偿器的定位索拉至定位索抱箍位置并与之相连接,定位索一端安装完毕。在另一端支柱上采用同样方法,并配用 0.75t 的链条手扳葫芦进行紧固安装。但是要注意,带有调节螺栓的一端,在安装前要把调节螺栓放松到最长状态,以便于悬挂完成后对固定绳进行调整。定位索安装过程中要时刻防止各节点的绝缘子碰到钢轨造成破坏。在定位索提升时,要求缓慢,以防固定绳挂上其他物体而损坏。

6. 劳动组织

(1)劳动力组织方式:采用架子队组织模式。

(2)作业人员数量应根据施工条件、工期要求进行合理配置,见表 9.2.17-1。

表 9.2.17-1　柔性接触网定位索安装作业人员配置表

序　号	项　目	单　位	数　量	备　注
1	架子队长	人	1	
2	施工技术负责人	人	1	全面负责现场施工组织及协调
3	工班长	人	1	组织及协调现场施工
4	安全员	人	2	安全瞭望、检查、提醒
5	材料员	人	1	材料管理
6	质检员	人	1	质量检查控制
7	试验员	人	1	质量控制
8	领班员	人	1	
9	指挥	人	1	负责定位索安装的全面指挥
10	技术指导	人	1	由技术人员担任
11	作业人员	人	4	

7. 材料要求

所使用的物资已经完成进场报验。索结构的夹持构件和索头节点应具有高强度、抗变形的材料属性,并在安装过程中具有抗滑移和精确定位的能力,见表 9.2.17-2。

表 9.2.17-2　柔性接触网定位索安装材料配置表

序　号	材　料	单　位	数　量	备　注
1	调整螺栓	套	2	
2	绝缘子	套	2	
3	双连板	套	2	

续上表

序　号	材　料	单　位	数　量	备　注
4	双耳楔形线夹	套	2	
5	弹簧补偿器	套	2	
6	青铜绞线	米	按需	

8. 设备机具配置

施工机械及工艺设备主要有力矩扳手、脚扣、紧线器、链条葫芦等,机械设备须有出厂合格证及相关证件。现场具体投入的机械设备见表 9.2.17-3。

表 9.2.17-3　机械设备投入表

序　号	名　称	规　格	单　位	数　量	备　注
1	钢卷尺	5 m、50 m	把	2	各 1 把
2	手锤	1 kg	把	2	
3	大绳	15 m	根	2	
4	安全带		条	4	
5	安全帽		顶	7	人均 1 顶
6	扳手		把	4	
7	力矩扳手		把	1	
8	可调脚扣		套	4	
9	钢丝套		根	2	50 mm^2
10	铁线套子		个	按需	双股 ϕ4.0 铁线制作
11	紧线器		套	2	
12	大滑轮		套	1	
13	温度计	摄氏度	个	1	
14	断线钳		把	1	
15	链条葫芦	0.75 t	套	2	
16	梯子	10 m	个	2	

9. 质量控制及检验

(1)质量控制

1)定位索抱箍与支柱密贴,底座槽钢(或角钢)呈水平,螺纹外露部分均涂防腐油。

2)定位索安装水平,允许有负弛度。

3)定位索终端安装符合要求,回头绑扎密实。

4)可调螺栓有调节余量,弹簧补偿器按照实际温度初拉到位。

5)定位索上各零件、线夹连接紧固。

6)定位索无断股、散股现象,绝缘子及连接部件完好无损伤。

(2)质量检验

1)目测观察定位索底座、抱箍安装是否密贴,水平尺检验是否水平,扭矩扳手检验螺栓紧固力矩是否合格。

2)目测观察定位索是否水平,不能产生弛度,中间不能有折点。

3)观察弹簧补偿器外露刻度是否满足温度曲线要求。

10.安全及环保要求

(1)安全要求

1)施工人员施工前必须经过安全培训。

2)高处作业人员必须打好安全带,用脚扣上杆作业必须培训合格后方可上岗。

3)所有施工人员必须佩戴安全帽,施工时定位索下方严禁人员逗留、经过。

4)施工用所有工具、材料应用小绳进行吊卸。

5)在雨雪天气不得使用脚扣上下圆管钢柱。

6)使用梯子时要拉好绳索,防止倾倒。

(2)环保要求

1)施工完毕应将剩料、废料全部运出场地,集中处理。

2)捆绑定位索所用铁线应回收,不得丢弃。

9.2.18　供电系统工程柔性接触网承导架设施工作业指导书

1. 适用范围

适用于杭州至海宁城际铁路机电工程柔性接触网承导架设施工。

2. 作业准备

(1)外业准备

1)已办理施工作业令。

2)施工区段已封闭,无行车干扰。

3)施工区段无建筑(构筑物)及影响施工的架空电力、通信线路。

4)承导线架设的上道工序已完成,并通过监理检查验收,具备承导线架设预制及安装施工条件。

(2)内业准备

1)已进行承导线架设施工技术交底。

2)准备好接触网平面布置图、线盘配盘表。

3)线条走向应明确,线盘放置方向清晰。

3. 技术要求

(1)承力索、接触线及终端锚固的规格、型号应符合设计要求。

(2)承力索、接触线应按设计锚段长度对号架设(符合线盘的标示是否与将架设的锚段相符)。承力索、接触线不得有接头。

(3)棘轮装置应符合设计要求,补偿绳应无磨支柱和拉线现象,坠砣必须整串进行配重,保证重量误差在1%以内(根据料库标示的重量符合,禁止使用厂家的重量标示)。

(4)接触线的规格、型号应符合设计要求。

(5)正线接触悬挂工作支改变方向时,该线与原方向的水平夹角不宜大于4°,困难情况下不宜大于6°。

(6)站场正线及重要线的接触线应在下方,侧线及次要线的接触线应在上方。

(7)承力索架设区段的腕臂应做临时固定。直线和曲外地段每隔3～4跨固定一次,曲内区段应全部固定。复线区段上、下行两相对的支柱腕臂头可用双根ϕ4.0铁线相互拉紧,铁线不宜过紧,能承受紧线时腕臂偏移力即可。单线区段支柱腕臂可以安装临时固定角钢加固,如图9.2.18-1所示。

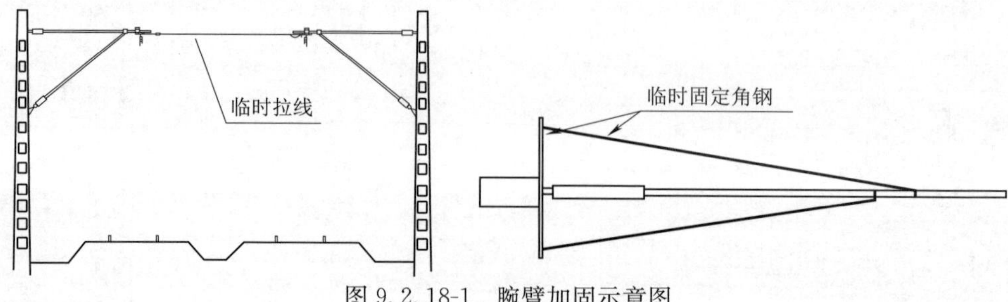

图9.2.18-1　腕臂加固示意图

(8)棘轮装置转动灵活,坠砣完整无损,排列整齐,缺口方向错开 180°并保证坠砣不被支柱或其他物件卡滞。

(9)坠砣数量加到等效负载数量。

(10)检查零件型号与被夹持的承力索、接触线型号是否一致。

(11)架线时,张力恒定,由线盘车上看线人员执行。

(12)架线车架线时运行速度要求 5 km/h。

(13)挂线的放线滑轮应和承力索配套,采用铝滑轮(即专用放线滑轮)。

(14)放线用的铁线套子应双股使用。

(15)承力索外观质量标准:绞线不应有交叉、松散、硬弯、折叠等现象。

(16)通过道岔后,是否需要临时扪线、下锚时是否穿线等因素由作业指挥员决定。

(17)检查补偿绳是否在滑轮槽内,拉线是否符合要求,不符合要求进行处理。

(18)锚段两端的调整螺丝分别安装在两条承力索上。

(19)锥套式承力索应避免二次使用,因此施工时应特别注意,安装说明如下:

1)检查零件型号与被夹持的承力索型号是否一致。

2)承力索截断处的两端应用 ϕ1.6 铁线绑扎,再用断线钳截断。

3)用锉刀磨光线头的毛刺。

4)锥筒螺栓螺纹向外,六方在里套入线索,用时推动捆扎铁线向里移动,使线索露出螺纹端面约 30 mm。

5)将露出线索外层向外分开。

6)将锥子套入在里层线索上,使锥子大端与线索端面平齐。

7)将线索外层均匀地分布在锥子外面,并且外层线不得落入锥子的槽内,同时推动锥筒螺栓夹紧线索和锥子。

8)将终端双耳旋在锥筒螺栓上。

9)用扳手夹持锥筒螺栓进行固定,再用扭矩扳手紧固终端双耳至 80 N·m。

10)卸下螺栓销、螺母、开口销。

11)将耳环零件穿入终端双耳的双耳中间,同时穿上螺栓销,再上螺母,穿上开口销并分开大于 30°。

12)本零件受负荷后,再次紧固,并使终端双耳的双耳垂直于水平面,如图 9.2.18-2 所示。

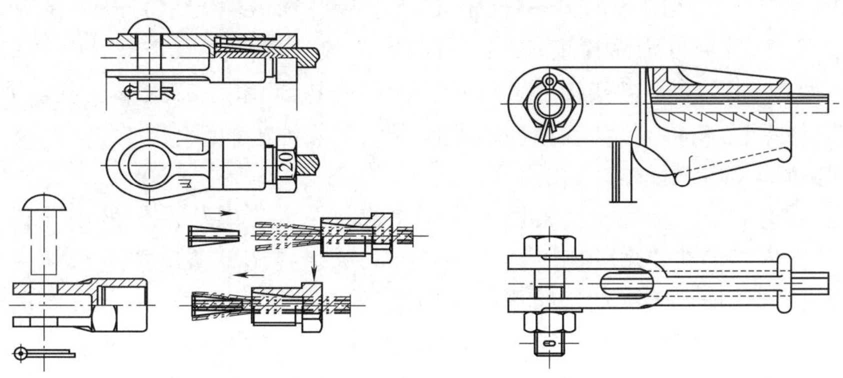

图 9.2.18-2 承力索终端、接触线终端安装示意图

4. 施工程序与工艺流程

(1)施工程序

起锚→放线→落锚→检查。

(2)工艺流程

工艺流程如图 9.2.18-3 所示。

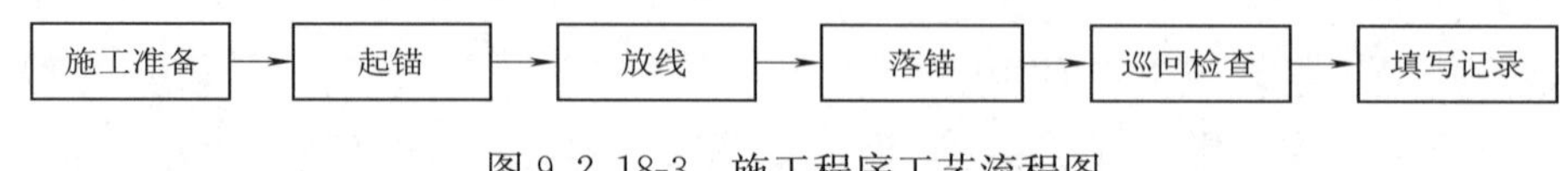

图 9.2.18-3　施工程序工艺流程图

5. 施工要求

(1)施工方法

承导架设分为人工架设和机械架设,因为人工架设对承导安装质量影响很大,所以只要条件具备都要采用机械架设方法进行施工。机械架设方法就是在已铺设完成的轨道上利用封闭时间由架线车组完成的承导架设。

根据架线过程中施加给线索张力的大小,分为小张力架设和恒张力架设两种。在有条件的施工区段,多采用张力架设。本次杭海线施工承力索均为人工架设,接触线均为张力架设。

承导架设工作设备庞大,占用线路长,工作量大,必须做好充分的准备和严格的组织工作,在尽量短的时间内安全、高效、保质、保量地完成架线工作。

(2)施工步骤

1)承力索架设

①架线准备

a. 承力索:根据架线所必要条件对架线区段前道工序进行检查;根据平面图编制好架线作业计划;准备架线工具、机械及材料,按架线计划将承力索对号、按需吊装到接触网架线车组平板车的放线架上;检查所有的悬挂点和下锚底座、拉线应已安装到位,符合设计要求,满足承力索架设、安装要求;承力索架设区段无其他车辆影响;在曲线区段用铁线将腕臂对拉加固;确认跨越电力线、通信线等应满足架线要求。

b. 接触线:承力索在已倒入承力索座内;对待架接触线区段的承力索架设、承力索就位、中心锚结安装等工序,进行全面检查;根据平面图,编制接触线架线作业计划表;准备架线工具、材料、放线架,架线车装好待架接触线;检查所有的悬挂点和下锚底座已安装到位,符合设计要求,满足导线架设、安装要求;确认导线架设区段无其他车辆影响。

②起锚(与承力索、接触线方法相同)

架线车到达起锚柱后,看线防护人员等共同将起锚坠砣安装好。数量按计算加至等效数量,其高度比坠砣安装曲线要求的高度底 0.5～1 m(为悬挂调整留出余量),并用双股铁线将坠砣加固绑定,使其不能上下串动。起下锚间用报话机联络。架线车平台上人员将棘轮装置用大绳拴好,平台上人员将棘轮装置拉上来与承力索或接触线终锚线夹相连。根据实际情况关节的起锚端开口于交叉情况确定是否需要穿线。需要穿线时,架线车要停在需穿线位置然后穿线。穿线后起锚人员将承力索或接触线终端拉至锚柱与棘轮装置连接,双支承力索时应同时起锚，方法与上述相同，如图 9.2.18-4 所示。

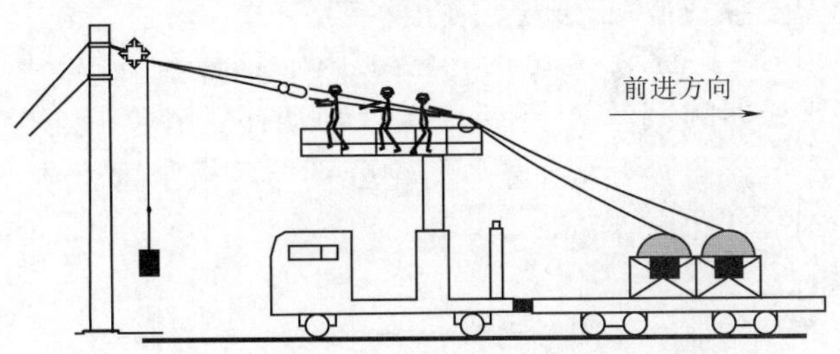

图 9.2.18-4 承导架设示意图

③线索展放

a. 承力索：起锚完成后，派 1～2 人并带一台对讲机看护线盘，操作放线架的张力控制装置，使承力索的张力均控制在规定范围，听从施工负责人的指挥，保证线盘张力恒定。作业平台升到适合操作高度，在每一悬挂点处停车，将承力索通过铁丝套放线滑轮悬挂在腕臂头上。每隔 400 m 左右，设一人观察已架设的承力索。接触网架线车向前放线并进行依次悬挂，至距离落锚锚柱 8～10 m 处停车。

b. 接触线：起锚完成后，派 1～2 人并带一台对讲机看护线盘，操作放线架的张力控制装置，使接触线的张力控制在 1 960～2 940 N 间，听从施工负责人的指挥，保证线盘张力恒定；作业平台升到适合操作高度，随着架线车的运行，作业台上人员每跨用 3～4 个"S"钩工具吊弦再加挂放线滑轮，将接触线悬挂在承力索上；转换柱及曲线处，由于接触线受力较大，可在腕臂上通过放线滑轮将接触线固定。接触网架线车向前放线并依次悬挂，至距离落锚锚柱 8～10 m 处停车，如图 9.2.18-5 所示。

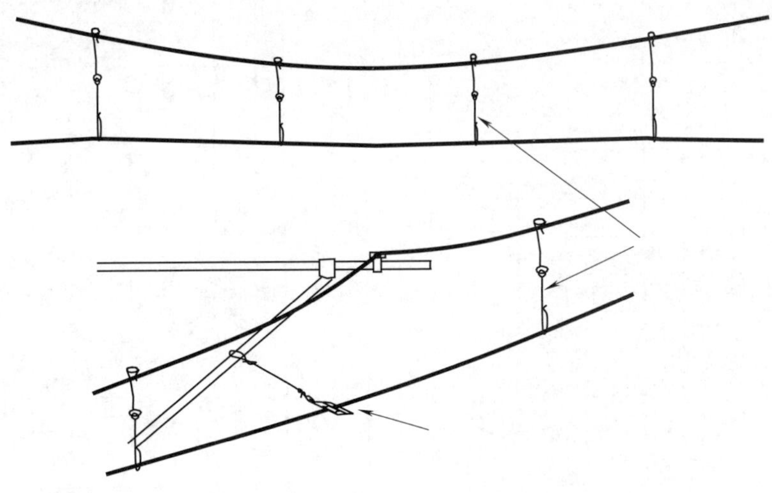

图 9.2.18-5 "S"钩工具吊弦悬挂示意图

④落锚(与承力索、接触线方法相同)

人工紧线落锚方式：落锚人员已将落锚端棘轮装置及坠砣按要求相连安装完毕，架线车运行到锚柱附近，开始进行落锚。

a. 与起锚人员联系，当起锚人员准备就绪后，加大线盘的张力，利用作业车继续先前推进开始预紧线，使各跨承力索或接触线对轨面高度大于 3 m。

b. 当作业架转向支柱距下锚 3～4 m 时，将架线车一次停车到位。

c. 安装紧线器，将紧线器的钢丝套子、链条葫芦与动补偿滑轮端连接好后开始紧线。双支承力索紧线时需按图 9.2.18-6 所示，通过平衡轮分别与两根承力索或接触线连接，以保证两支线索的张力相等，如图 9.2.18-6 所示。

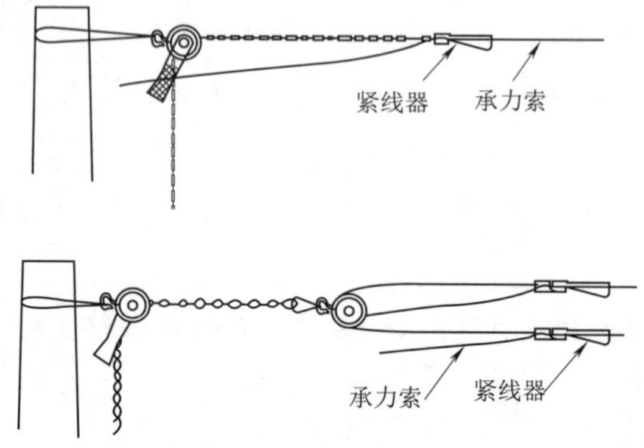

图 9.2.18-6　紧线器连接示意图

d. 紧线时，落锚处与起锚处应及时通过对讲机取得联系，当落锚端棘轮脱离制动卡块且坠砣高度比坠砣安装曲线要求的高度低 0.5～1 m 时停止紧线(为悬挂调整留出余量)，如图 9.2.18-7 所示。

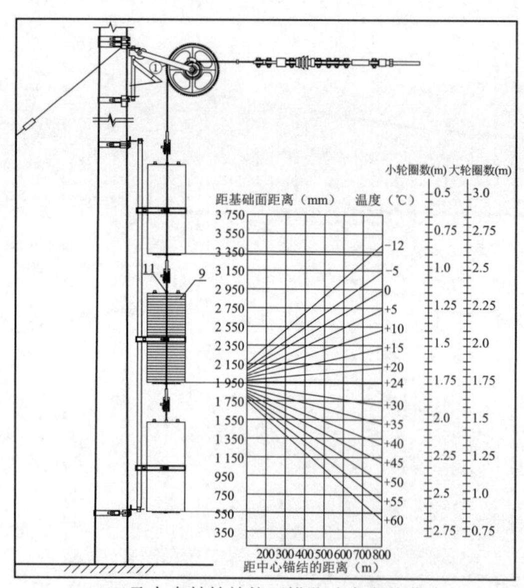

(a)双承力索棘轮补偿下锚坠砣串安装曲线

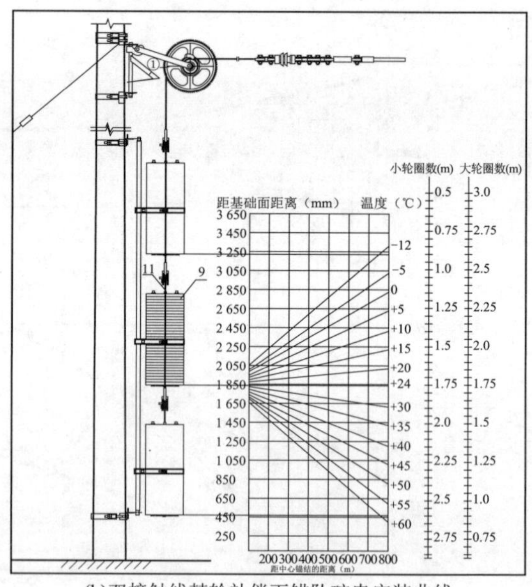

(b)双接触线棘轮补偿下锚坠砣串安装曲线

图 9.2.18-7　高架段承导线棘轮补偿坠砣串安装曲线

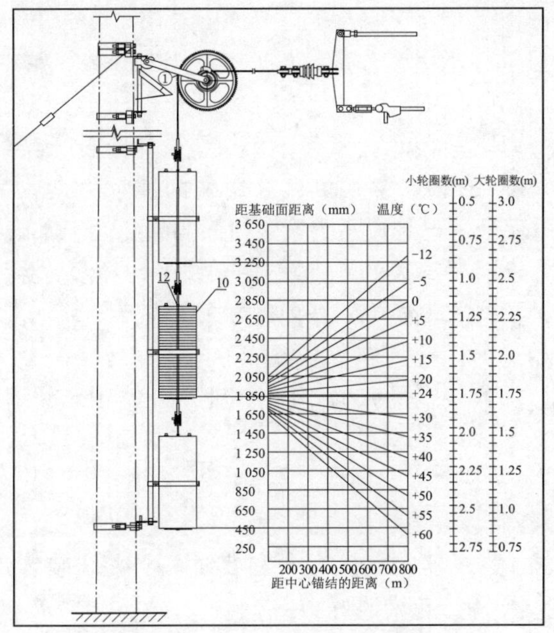

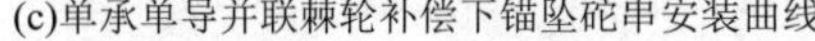
(c)单承单导并联棘轮补偿下锚坠砣串安装曲线

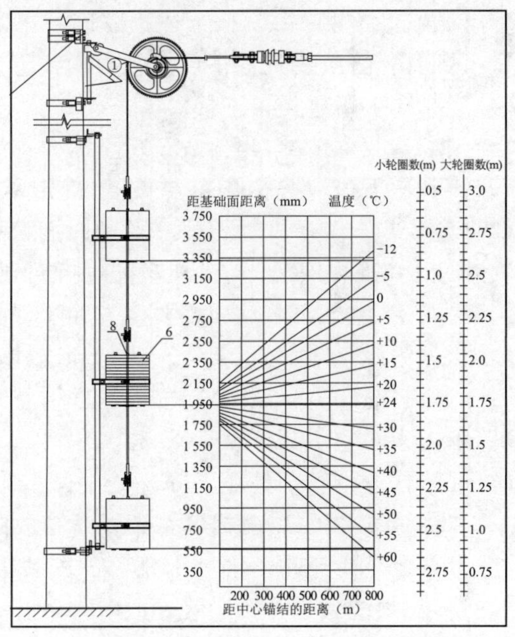

(d)单承力索棘轮补偿下锚坠砣串安装曲线

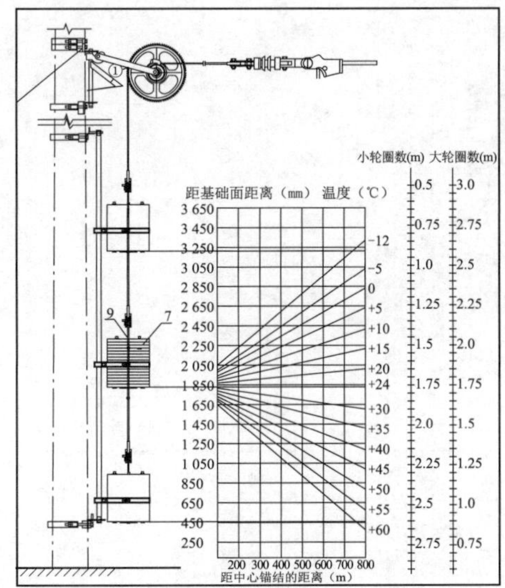

(e)单接触线棘轮补偿下锚坠砣串安装曲线

图 9.2.18-7　高架段承导线棘轮补偿坠砣串安装曲线

e. 作业平台旋转，使作业平台上的人员利于在棘轮装置下操作，作业平台高度应便于操作。

f. 将下锚棘轮装置与承力索托平量取连接点，在加上回头长度后，在需断线处作出标记并断线。

g. 承力索作终端锚固线夹，然后和棘轮装置连接。

h. 紧线装置松线，拆除紧线器，作业车平台旋转恢复到正常位置，作业结束。

i. 拆除起锚端坠砣的固定铁线，并将两端坠砣串用人力向上抬数次，以克服锚段内各悬挂点的摩擦力。

j. 落锚时如需穿线,按下述程序进行:

区间情况:单线腕臂柱仍按张力紧线工艺,只是在承力索作完终端与棘轮装置连接时将回头从穿越线上跨过去再连接。

站场多股道情况:当架线车行至需要穿线的地段,放出承力索暂不用放线滑轮悬挂。架线车直接到达下锚柱按实际需要长度,确定承力索断线位置,然后断线。缓缓卸掉承力索张力(此时起锚至道岔区一段承力索已作临时扪线,所以保证了已架设承力索对轨面的高度大于 4 m)。将卸掉张力的承力索盘起,架线车同时折回到承力索需要穿线的地点,利用架线平台穿线。穿线后,架线平台上的人牵着承力索线头,架线车再开到下锚柱落锚位置,按前述方式落锚。

机械紧线落锚方式,架线车运行到锚柱,开始进行落锚。施工步骤如下:

a. 与起锚人员联系,当起锚人员准备就绪后,加大线盘的张力,利用作业车开始预紧线,使各跨承力索对轨面高度大于 4 m。

b. 当作业架转向柱距下锚 3~4 m 时,将架线车一次停车到位。

c. 将放线平板打好铁鞋后,架线车与放线平板解体。

d. 架线车行至距落锚柱 10 m 处,安装紧线器,紧线器的钢丝套子和架线车上紧线装置钢丝绳连接,紧线装置开始紧线。此时,其他落锚人员将坠砣堆码好。

e. 紧线装置紧线时,落锚处与起锚处应及时取得联系。当起锚坠砣高度达到 $2\times B+n\times\Delta L+n\times\Delta L_0$(其中 ΔL 为该锚段承力索的延伸长度,n 为补偿滑轮变比,ΔL_0 可由下式计算出,技术人员在架线前已计算好)时停止紧线。

ΔL_0 的计算方法如下(图 9.2.18-8):

$\Delta L_0=AB+BC-AC$

$AB=\sqrt{AD\cdot AD+DB\cdot DB}$

可取 $DB=2AD$,则 $AB=\sqrt{5}AD$。

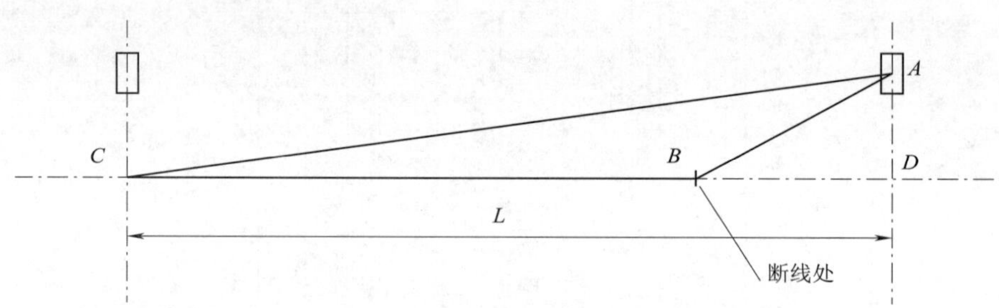

图 9.2.18-8　ΔL_0 的计算示意图

f. 在设定计算条件的位置(即距离支柱中心 2 倍的 AD 处)断线做头,然后和补偿装备连接好。

g. 紧线装置松线,拆除紧线器,作业车平台旋转恢复到正常位置,将架线车放线平板连接,取下铁鞋。

h. 人工将起、落锚两端坠砣抬起,帮助克服锚段内各悬挂点的摩擦力,并使两端坠砣等高。

i. 落锚时,如需穿线,按人工紧线方式中"④落锚"所述方法进行。

2)巡回检查:落锚完毕,落锚处全部人员上架线车。架线车沿架线方向返回。车上人观察各悬挂点及曲线处已架承力索、接触线有无过低或脱落现象,直至起锚柱,如安全无误,架线车退回或进行下一锚段架设。

3)施工完毕按要求填写施工安装记录。

6. 劳动组织

(1)劳动力组织方式:采用架子队组织模式。

(2)作业人员数量应根据施工条件、工期要求进行合理配置,见表 9.2.18-1。

表 9.2.18-1 柔性接触网承导架设作业人员配置表

序 号	项 目	单 位	数 量	备 注
1	架子队长	人	1	
2	施工技术负责人	人	1	全面负责现场施工组织及协调
3	工班长	人	1	组织及协调现场施工
4	安全员	人	2	安全瞭望、检查、提醒
5	材料员	人	1	材料管理
6	质检员	人	1	质量检查控制
7	试验员	人	1	质量控制
8	领班员	人	1	
9	指挥	人	1	负责架线过程的全面指挥
10	技术指导	人	1	由队技术人员担任
11	作业人员	人	5	作业车平台上 3 人,张力控制 2 人
12	起锚人员	人	2	起锚,落锚时测量坠砣高度
13	落锚人员	人	2	
14	防护及辅助人员	人	4~6	道口、桥等要害部位的看线防护
15	架线车司机	人	2	其中助手 1 人

7. 材料要求

所有物资已经完成进场报验,导线必须要有良好的导电性能。导、地线应有在架设中承受自重、风压、冰雪荷载的能力。详细配置见表 9.2.18-2。

表 9.2.18-2 柔性接触网承导架设材料配置表

序 号	材 料	单 位	数 量	备 注
1	承力索	m	按需	
2	接触线	m	按需	
3	中心锚接线夹	套	4	
4	双连板	个	2	
5	调整螺栓	个	4	
6	终端锚固线夹	套	4	
7	双孔板	个	2	

8. 设备机具配置

施工机械及工艺设备主要有紧线器、拉链葫芦等,机械设备须有出厂合格证及相关证件。现场具体投入的机械设备见表 9.2.18-3。

表 9.2.18-3 机械设备投入表

序号	名称	规格	单位	数量	备注
1	镀锌铁线	ϕ1.6	kg	若干	
2	镀锌铁线	ϕ4.0	kg	若干	
3	紧线器		套	4	
4	拉链葫芦	3 t	套	6	
5	轨道车		辆	1	

9. 质量控制及检验

(1)质量控制

1)检查落锚支柱向拉线的倾斜率是否符合 0.5%~1%,拉线是否已经受力。

2)按设计要求检查材料质量。

3)复线曲线处加固应根据曲线半径和承力索的张力计算,垂直张力大于水平张力时,方可采取加固措施。

4)架线前应检查下锚支柱法兰板上下螺母紧固情况、支柱斜率及拉线受力情况。

5)架线前坠砣宜固定在一定高度,起锚侧棘轮宜绑死,中锚安装后再松开。

6)事先检查锚柱的顺线路倾斜率,调整拉线调整螺栓,保证其符合标准。紧线时认真观察,如大于标准时,应紧拉线调整螺栓,并达标。

7)接触线明显上下起伏,该要求对接触线平直度影响较大。

8)接触线展放后,应及时按照施工程序将定位器卡上,否则自由放置的导线会引起自然扭面。扭面后的导线,如果实施矫正,波浪湾无法彻底根除。

9)严禁使用质量不合格材料。放线时,线盘处应设专人检查接触线在线盘上的缠绕是否密贴,否则可能引起导线扭面。

10)架线后应立即安装接触线中心锚结,48 h 内安装定位器。

11)为保证在悬挂调整时避免出现补偿绳不够长问题,接触线落锚时,棘轮与平衡轮的距离宜小于设计值。

(2)质量检验

1)所用绞线不得有断股、交叉、折叠、硬弯、松散等缺陷;如有缺陷应按规定进行处理。

2)所用绞线不得有锈蚀现象。

3)承力索、接触线的线材规格、型号应符合设计要求。

4)承力索、接触线不得有接头。

5)张力棘轮装置应符合设计要求,补偿绳无磨支柱和拉线现象,坠陀完整无损。

10. 安全及环保要求

(1)安全要求

1)为保证施工的安全,现场应有专人统一指挥,并设一名专职安全员负责现场安全工作。

2)坚持班前进行安全教育制度。

3)登高作业应系好安全带,以防坠落。

4)上、下传递工具材料应用小绳、工具袋,严禁抛扔。

5)作业人员均应戴安全帽,以防工具、材料坠落伤人。

6)注意补偿绳不得脱槽,补偿棘轮应转动灵活,无卡滞。

7)紧线器安装要牢固可靠。

8)多家施工单位交叉施工时,必须提前制定好安全防范措施,施工过程中做好安全防护工作。

9)线盘应牢固,如轴套是木质应改装加工成铁轴套并锁死线轴,防止放线中线盘脱落,线索缠绕应规整。

10)架线车应具备的条件:作业平台升降、转动正常,有限位装置(邻线侧),各部位照明设备齐全,必须满足夜间施工需要。作业台与司机的通信联络畅通,线盘制动器可靠,紧线装置正常。

11)全体参加架线人员必须戴安全帽。

12)有条件时,起锚和看线防护人员提前到达起锚柱做准备。

13)架线运行中,技术员应对全过程的技术工作负责,经过横跨电力线路附近时,提醒作业人员注意各种物件不得伸出承力索高度。

14)架线平台上操作人员 4 人,其中 1 人为技术指导。

15)架线车运行时,作业平台无特殊情况不得任意升降。在低净空跨线桥地段,适当降低作业车平台高度。应有专人瞭望做好安全监护工作,并通知司机注意随时准备停车。

16)质量情况,发现异常应迅速要求停车,采取措施。

17)架线车运行过程中,作业平台上操作人员身体不得探出栏杆外面。

18)在放线过程中及时进行悬挂,以防刮伤绞线。

19)在双承双导区段放线时应保证两条线平行,不能打绞。

20)紧线时,架线车要保持原位不动;长大坡道处紧线时,架线车应用铁鞋制动。

21)长大锚段低温季节架线,应计算起锚处坠砣最大升高值是否满足设计要求。

22)紧线过程中,看线防护人员应密切监视线索及支柱动态,如发现线索在滑轮中卡住或从滑轮中脱落等情况,立即通报指挥人员停止紧线,并采取措施防止事故发生。

23)下锚穿线时注意防止线索产生硬弯,回转半径不得小于线盘半径。

24)架设线索所使用的工机具要严格进行外观检查,存在问题的工机具严禁使用,同时要定期对工机具进行检测。

(2)环保要求

1)加大在环境保护方面的投入,真正将各项环保措施落实到位。

2)生产中的废弃物及时处理,运到当地环保部门指定的地点弃置。

3)按照环保部门要求,集中处理测量及生活中产生的污水及废水。

4)施工所用废旧铁线等不得丢弃,应进行回收。

9.2.19　供电系统工程柔性接触网中心锚结安装作业指导书

1. 适用范围

适用于杭州至海宁城际铁路机电工程柔性接触网中心锚结安装施工。

2. 作业准备

(1)外业准备

1)已办理施工作业令。

2)施工区段已封闭,无行车干扰。

3)中心锚结安装的上道工序已完成,并通过监理检查验收,具备中心锚结安装施工条件。

(2)内业准备

1)已进行中心锚结安装施工技术交底。

2)准备好接触网平面布置图及中锚安装图。

3)技术人员根据测量数据,编制中锚安装施工表。

3. 技术要求

(1)中心柱腕臂应垂直于线路中心线,施工允许偏差为±10 mm。

(2)所有线夹螺栓紧固力矩应符合设计要求,拧紧后应用力矩扳手检测,若未达标,应再拧使其达标。

(3)中心锚结线夹应循环用梅花扳手拧紧四角螺栓,并用力矩扳手检测达标。

(4)中心锚结线夹至腕臂中心距离为 300 mm。

(5)中心锚结绳的弛度略小于或等于该跨距的承力索弛度,锚结绳的两端应分别固定在设计指定的支柱上。

(6)全补偿链形悬挂承力索中心锚结辅助绳的弛度应小于或等于所在跨距内承力索的弛度,全补偿链形悬挂接触线中心锚结线夹两端四根锚结绳的张力相等,接触线中心锚结线夹处接触线高度比相邻吊弦点高出 20～60 mm。安装形式符合设计要求。

(7)弹性简单悬挂中心锚结应符合设计要求。下锚绳的弛度应满足:在最高温度时,中心锚结线夹处接触线高于两边悬挂点 50 mm,在最低温度时平腕臂抬头不得大于 50 mm。

(8)接触线中心锚结绳安装位置:安装在距中心柱两侧的跨中位置,接触线中心锚结线夹距中心柱约 18 000 mm。

4. 施工程序与工艺流程

(1)施工程序

施工准备→安装中心锚结→检查。

(2)中心锚结安装流程

工艺流程如图 9.2.19-1 所示。

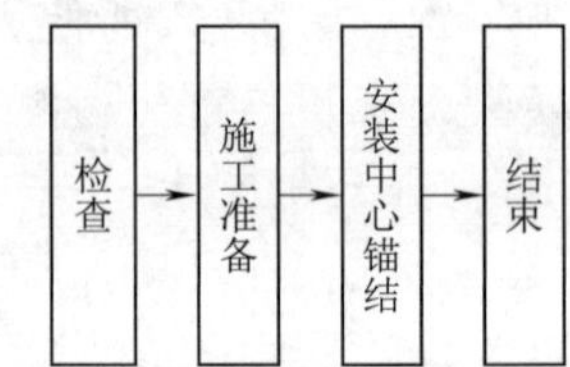

图 9.2.19-1　中心锚结安装工艺流程图

5. 施工要求

(1)施工方法

根据中锚结构特点,其承力索中锚应先进行中锚中心柱处的安装,然后再分别在两端锚柱上落锚,完成承力索中心锚结的安装。接触线中心锚结先进行承力索端的线夹安装,然后根据导高分别安装两支接触线端的线夹,安装完毕进行张力和导高的调整。

(2)施工步骤

1)检查:中锚下锚拉线及下锚固定角钢已安装,锚柱顺线路倾斜度符合设计要求;承力索已架设完毕。

2)施工准备:测量此处中心锚结跨距,计算出需用线材长度,在线盘上测量中心锚结绳,剪断盘好,将中心锚结绳在中心锚结安装跨距内进行展放,放置在田野侧线路与支柱之间。预制接触线中心锚结,裁取 12.6 m 长的 50 mm^2 铜绞线对折后,一端穿入锚结绳固定线夹下边的环内,并在对折处夹入鸡心环,然后用两个 Y-12 型钢丝绳夹进行紧固,注意钢丝绳夹内要垫好半圆管衬垫。

3)安装中心锚结绳

①安装承力索中心锚结绳:将作业车或梯车停在中心锚结中心柱处,用小绳将中心锚结绳提上车顶进行安装,调整中心柱腕臂,使其垂直于线路中心线,按图距所示安装中心锚结线夹。循环用梅花扳手拧紧四角螺栓,并用力矩扳手检测达标,如图 9.2.19-2 所示。

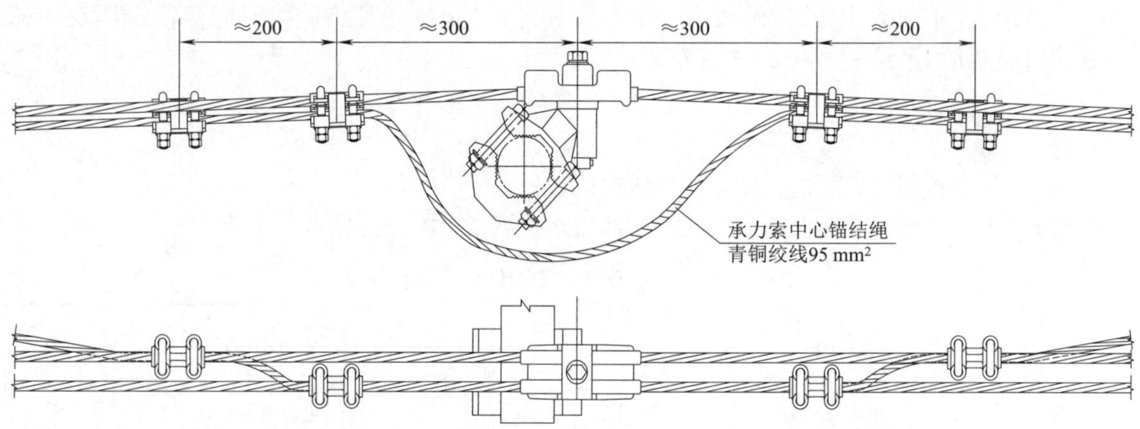

图 9.2.19-2 中心锚结线夹安装示意图(单位:mm)

在两端锚柱分别同时进行落锚,落锚时一人上杆将下锚绝缘子与下锚角钢连接,并在支柱上安装好倒链葫芦,在承力索中心锚结绳适当位置装紧线器,连接倒链葫芦,并串好拉力计,开始紧线。紧线时,两端要同时进行,在中心柱处观察,中心柱腕臂不应向任何一方偏斜。根据温度曲线表和现场环境温度观察拉力计读数,当比设计值稍大时,停止紧线,用中心锚结绳末端与落锚瓷瓶进行模拟连接,确定回头位置和断线位置,并在断线位置断线,制作终端线夹,与落锚瓷瓶连接,连接好后松开倒链葫芦,卸下葫芦和紧线器完成落锚。注意两侧最终张力应相等。

②安装接触线中心锚结绳:当承力索中心锚结绳安装完成后进行接触线中心锚结绳的安装。首先利用铁线模拟调整中心锚结内两跨导线高度大致到标准导高,根据接触线中心锚结安装示意图所示位置及安装方式,首先安装承力索端锚结绳固定线夹,并进行紧固,然后安装

接触线端的接触线中锚线夹,安装时注意测量导线高度保证两根导线的高度一致,并且比标准导高高 20～60 mm。待整体吊弦安装调整完毕后再对接触线中锚进行细调,保证达到设计要求,如图 9.2.19-3 和图 9.2.19-4 所示。

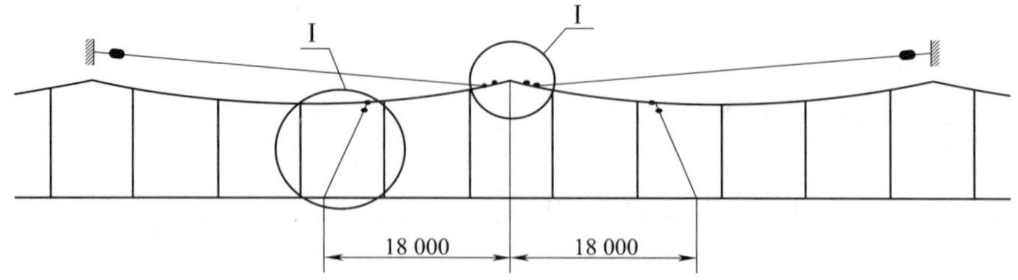

图 9.2.19-3　全补偿中心锚结示意图(单位:mm)

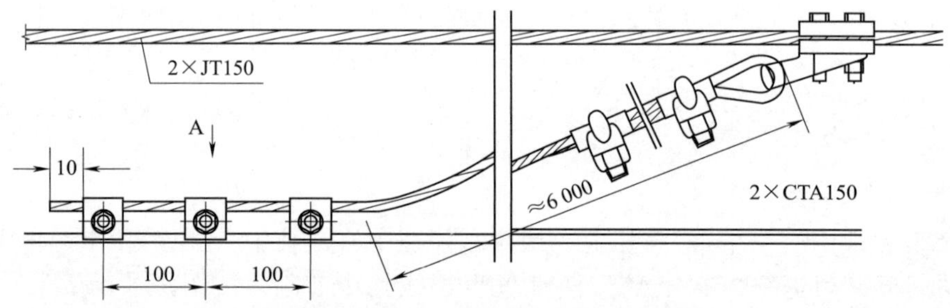

图 9.2.19-4　中心锚结安装图(单位:mm)

4)结束:当承力索中锚、接触线中锚全部安装完毕后,要立刻将放线时起落锚端固定坠砣的铁线进行拆除,最终完成中心锚结安装。

6. 劳动组织

(1)劳动力组织方式:采用架子队组织模式。

(2)作业人员数量应根据施工条件、工期要求进行合理配置,见表 9.2.19-1。

表 9.2.19-1　中心锚结安装作业人员配置表

序　号	项　目	单　位	数　量	备　注
1	架子队长	人	1	
2	施工技术负责人	人	1	全面负责现场施工组织及协调
3	工班长	人	1	组织及协调现场施工
4	安全员	人	2	安全瞭望、检查、提醒
5	材料员	人	1	材料管理
6	质检员	人	1	质量检查控制
7	试验员	人	1	质量控制
8	领班员	人	1	
9	现场负责人	人	1	现场施工组织及协调
10	作业人员	人	3	
11	作业车司机或辅助人员	人	3	正、副司机各一人

7. 材料要求

所有物资已经完成进场报验。详细配置见表 9.2.19-2。

表 9.2.19-2 中心锚结安装材料配置表

序 号	材 料	单 位	数 量	备 注
1	中心锚结绳	套	2	
2	中心锚结线夹	套	12	

8. 设备机具配置

施工机械及工艺设备主要有紧线器、拉链葫芦等，机械设备须有出厂合格证及相关证件。现场具体投入的机械设备见表 9.2.19-3。

表 9.2.19-3 机械设备投入表

序 号	名 称	规 格	单 位	数 量	备 注
1	镀锌铁线	ϕ1.6	kg	若干	
2	镀锌铁线	ϕ4.0	kg	若干	
3	紧线器		套	4	
4	拉链葫芦	3 t	套	6	

9. 质量控制及检验

(1)质量控制

1)器材进场的质量检验应符合设计要求。

2)承力索中心锚结线夹紧固时，按对角依次用扭矩扳手交替紧固四个螺栓，保证四个螺栓上的紧固力矩均达到设计标准。

3)承力索中心锚结绳在中锚中心柱处与腕臂要留有一点的空隙，不得发生摩擦。

(2)质量检验

1)线材运达现场应进行检查，中锚绳质量应符合规定，且不得有腐蚀、断股、交叉、折叠、硬弯、松散等缺陷；如有缺陷应按规定进行处理。

2)中心锚结应安装在设计指定位置上。直线区段的中心锚结线夹端正，曲线区段的中心锚结线夹应与轨平面平行。中心锚结线夹应牢固可靠，螺栓紧固力矩符合设计要求。

3)承力索中心锚结绳张力应符合设计规定，并且两侧应相等，应严格按中心锚结安装设计图表中的张力安装。

10. 安全及环保要求

(1)安全要求

1)为保证施工的安全，现场应有专人统一指挥，并设一名专职安全员负责现场安全工作。

2)坚持班前进行安全教育制度。

3)登高作业应系好安全带，以防坠落。

4)上、下传递工具材料应用小绳、工具袋,严禁抛扔。

5)作业人员均应戴安全帽,以防工具、材料坠落伤人。

6)作业时,操作平台人员应站在曲线外侧作业,并系好安全带。

7)使用作业车作业移动时速度不宜超过 5 km/h,升、降和旋转作业台时,人员不得上下。作业车停稳后,作业人员方可上下车,严禁抢上抢下。

8)安装前应全面对安装材料进行检查,严禁使用不合格材料。

9)安装作业时严禁踩踏接触线或给接触线施加外力,以保证接触线的平直度。

10)使用梯子作业时,梯子高度必须比承力索高出 1 m,不得将短梯接长使用。曲线区段梯子应立在区外侧。

11)使用梯车时,在梯车未放稳前不得攀登作业,不得进行有倾倒危险的作业。在走到小半径曲线时,应在曲线外侧设置拉绳人员,以防梯车倾倒,梯车上作业人员应站在曲线外侧。

12)进行高处作业时,应在周围设人防护,警戒行人。

(2)环保要求

1)加大在环境保护方面的投入,真正将各项环保措施落实到位。

2)生产中的废弃物及时处理,运到当地环保部门制定的地点弃置。

3)施工所用废旧铁线、油漆等,不得丢弃,应进行回收。

9.2.20 供电系统工程柔性接触网整体吊弦测量、计算及预制作业指导书

1. 适用范围

适用于杭州至海宁城际铁路机电工程柔性接触网整体吊弦测量和计算施工。

2. 作业准备

(1)外业准备

1)已办理施工作业令。

2)施工区段已封闭,无行车干扰。

3)整体吊弦测量的上道工序已完成,并通过监理检查验收,具备整体吊弦测量施工条件。

(2)内业准备

1)已进行整体吊弦测量、计算及预制的施工技术交底。

2)计算程序已准备到位。

3)预制平台已调试完毕。

3. 技术要求

(1)吊弦长度计算值精确到毫米。

(2)承力索悬挂点的高度宜采用激光测量仪测量,精确到毫米,特别注意承力索拉出值需要修正。

(3)现场测量悬挂点承力索的高度,应在承力索、接触线架设并初伸长完毕,且承力索归位、腕臂承受接触悬挂的全部重量、腕臂顺线路方向已按温度调整至标准位置后进行。

(4)由于吊弦计算程序以整米数来计算吊弦的根数,因此在曲线段上下行跨距不等的情况下,可适当调整区内的跨距,保证该跨内上下行吊弦的根数相同。

(5)合模压接必须保证压接模具上下模合龙,无间隙,一次压接到位,压接后尺寸应符合要求。本线侧压一个,载流环侧压两个,如图 9.2.20-1 所示。

(6)铜绞线无散股、断股等现象,截面尺寸应符合设计要求。

(7)吊弦长度偏差不应大于 1.5 mm。

(8)吊弦压接模具应定期更换,以保证滑动力符合设计要求。

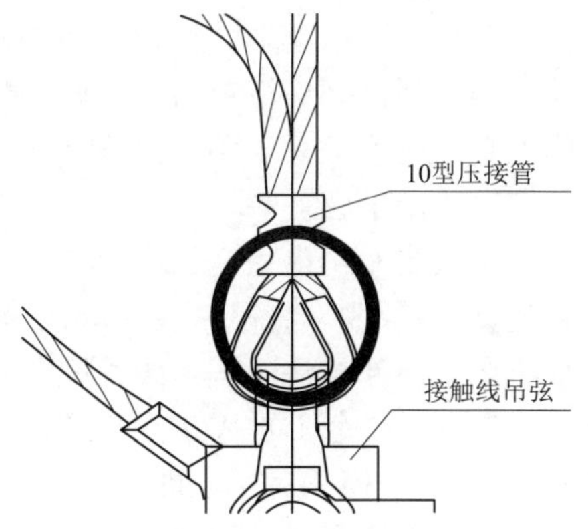

图 9.2.20-1 吊弦安装示意图

(9)吊弦标签应标明“××锚段××#—××#第×根吊弦”。

4. 施工程序与工艺流程

工艺流程如图 9.2.20-2 所示。

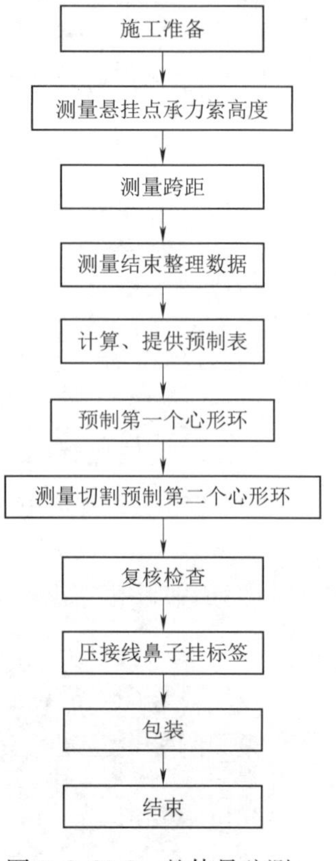

图 9.2.20-2　整体吊弦测量、计算工艺流程图

5. 施工要求

(1)施工方法

整体吊弦的测量和计算是通过计算机软件把测量数据计算为吊弦的长度和布置位置,需要测量的数据为悬挂点距轨平面的高度、两悬挂点间的距离(跨距)。计算完成后,打印出吊弦预制表,提交预制组进行预制。

整体吊弦预制在整个链形悬挂中起着非常重要的作用,接触线通过吊弦悬挂在承力索上,使接触线高度一致,弹性均匀。整体吊弦预制的准确性保证了接触线的安装质量。

(2)施工步骤

1)施工准备:承力索架设完毕,承力索归位和承力索中锚安装已完成后,方可进行吊弦测量。提前将所测量支柱号及安装图号填入记录表中。

2)测量悬挂点承力索高度:将多功能接触网检测仪放置在悬挂点下轨面上,操作检测仪,测出承力索距轨平面的距离值并报告记录人,记录人应及时如实记录。如果在承力索调整过程中已有测量结果,且测量后没有进行其他调整,可以省略此步。

3)测量跨距:一人拉尺头,一人拿尺尾,其余一人中间扶钢尺,并拿平面图或事先写好悬挂点编号的记录本进行记录,向拉钢尺人报设计跨距数,一般每跨分两尺测完,如与实际不符,应复测,并将确认值报记录人。

4)测量结束整理数据:完成当天任务收回工具,技术人员整理测量记录和设计参数,为输入计算机做好准备。

5)按程序将整理数据输入计算机,通过计算,打印出预制尺寸表,提交预制组预制。

6)领到预制计算单后,依据计算单领取当日加工材料,并对其进行外观质量检查,检查制作工具及检测工具。预制前应将适当长度的吊弦线进行适度预张拉。

7)预制吊弦一端

①从线盘拉出一定长度的吊弦线,将线头散股部分用弧形断线钳剪掉,剪口里侧应缠胶带绑扎,以防散股。将吊弦线绳穿入压接管,套上套环,将线头拉出,取出套环,在预制平台上测量压接套环外载流环的直线长度(200 mm)。

②拿一个心形环固定在载流环弯曲处,将线和压接套环置于压接槽内,压接管紧靠导向板,并处于压模相对中心的位置。

③拉紧线尾,使线套按顺时针方向紧固在心形环上。检查确认两线在压接管中是否互相密贴后,操作压接钳将压接管压紧,完成吊弦一端的制作。

8)测量切割长度,制作另一端并标记:

①第一端心形环压接完成后,在预制台刻度(E)上读取手动测量的吊弦切割长度。将压

接好的心形环在 B 点，根据吊弦预制单手工测量吊弦切割长度，用断线钳切断吊弦线，如图 9.2.20-3 所示。

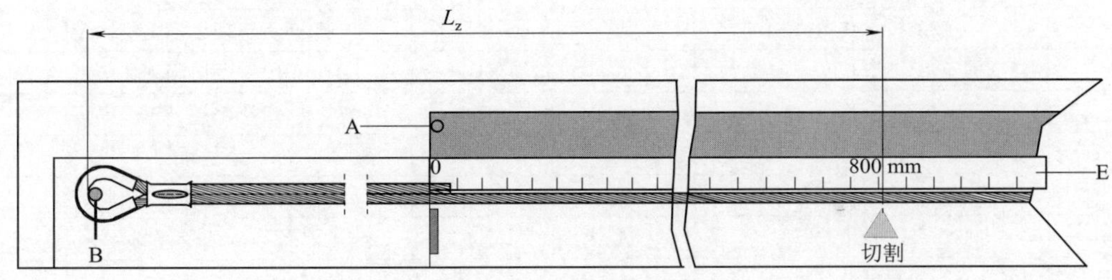

图 9.2.20-3　测量切割长度图

②将制作好的一端挂在制作平台上的滑动块上(载流环线朝下)，指针对在吊弦制作长度的刻度上，卡紧滑块；另一侧在制作平台的零起点 A 点挂线柱上放入心形护环，将吊弦线穿入压接套管并将吊弦线向上回弯放入心形护环内再从压接套管穿出，拉动吊弦线尾端将吊弦线拉至绷紧状态时，使用专用工具推压接套管使其靠近心形护环；取下吊弦，在压接钳上进行压接。两端载流环方向应相反。

9)复核检查：在预制平台上检查吊弦长度，用销钉 A 钩住一个心形环，用刻度尺(E)读取另一个套环内缘的尺寸，与计算表中的值进行对比，确定预制的精确度。

10)压接线鼻子挂标签：在载流环线头上安装线鼻子，心形环和线鼻子的排列方向如图 9.2.20-4所示，将吊弦顺号标签粘贴在吊弦压接环上。

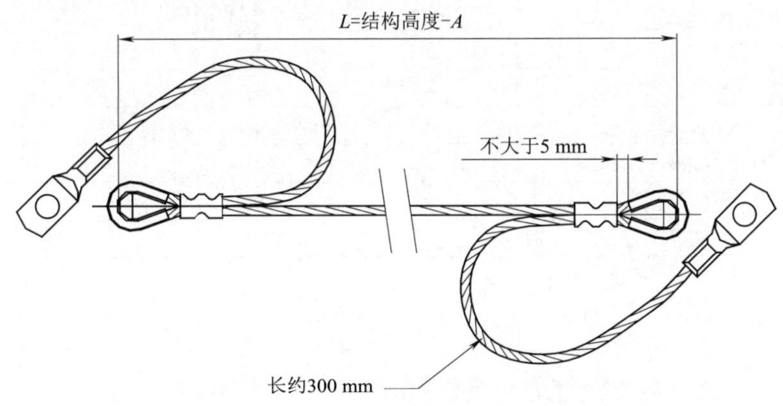

图 9.2.20-4　心形环和线鼻子排列及方向图

11)包装：一跨吊弦扎一捆，扎时应理顺，用 ϕ1.6 铁线最少扎两道(两头)，在绑扎线上标上跨距支柱号，一个锚段扎一大捆，标上区间锚段号。然后按站、区分装，并予以标识。

12)结束：负责人填写预制记录。

6. 劳动组织

(1)劳动力组织方式：采用架子队组织模式。

(2)作业人员数量应根据施工条件、工期要求进行合理配置，见表 9.2.20-1。

表 9.2.20-1　柔性接触网整体吊弦测量、计算施工人员配置表

序　号	项　目	单　位	数　量	备　注
1	架子队长	人	1	
2	施工技术负责人	人	1	全面负责现场施工组织及协调
3	工班长	人	1	组织及协调现场施工
4	安全员	人	2	安全瞭望、检查、提醒
5	材料员	人	1	材料管理
6	质检员	人	1	质量检查控制
7	试验员	人	1	质量控制
8	领班员	人	1	
9	现场负责人	人	1	现场施工组织及协调
10	悬挂点承力索高度测量	人	2	
11	跨距测量	人	3	
12	防　护	人	3	车站1人,现场2人
13	技术主管	人	1	技术指导、计算
14	预制人员	人	4	下料,加工,预制,标识,包装

7. 材料要求

所有物资已经完成进场报验。详细配置见表9.2.20-2。

表 9.2.20-2　中心锚结安装材料配置表

序　号	材　料	单　位	数　量	备　注
1	承力索吊弦线夹	套	1	
2	接触线吊弦线夹	套	1	
3	钳压管	个	2	
4	心形环	个	2	
5	连接端子	个	2	
6	铜绞线	米	按需	

8. 设备机具配置

施工机械及工艺设备主要有钢尺、激光测量仪等,设备须有出厂合格证及相关证件。现场具体投入的机械设备见表9.2.20-3。

表 9.2.20-3　设备机具配置表

序　号	名　称	规格或型号	单　位	数　量	备　注
1	激光测量仪	DJJ	台	1	测承力索高度
2	钢　尺	50 m	把	1	测跨距
3	防护用具		套	3	防护员人均1套
4	安全帽		顶	9	人均1顶
5	粉　笔	白色	根	若干	
6	记录本		个	1	

续上表

序 号	名 称	规格或型号	单 位	数 量	备 注
7	扳手		套	2	
8	液压钳		台	1	
9	吊弦预制平台		套	1	
10	油性记号笔		根	1	

9. 质量控制及检验

(1)质量控制

1)直线沿一轨测量,曲线沿外轨测量,但要注意"直缓""缓圆"点的位置,将准确位置距支柱值测出报记录人。

2)吊弦计算时的跨距测量,是测量该锚段线索悬挂点间的距离,并非测量支柱之间的距离,特别注意转换柱和道岔柱处。

3)吊弦长度计算采用力学计算法,建立数学模型,编制程序,输入整理数据进行计算。

4)吊弦必须在库房并采用专用平台和专用工具预制。

5)预制操作人员应经培训,合格后方可预制作业。

6)切割吊弦线时,应在切割处两边绕扎胶带,以免线头散股。

7)吊弦线应无散股、断股现象,截面应符合设计要求。

8)零配件表面光滑无毛刺,各部尺寸应符合设计要求。

9)两压接套环应在同一平面内,两端线鼻子的弯曲方向相反。

10)不合格产品严禁使用。

11)使用吊弦线时,应先确认吊弦线生产绕线方向,加工时不要与绕线方向相反,否则会对线产生压力,影响其使用寿命。

(2)质量检验

1)测量用激光测量仪、钢卷尺等工具要经过质量检验部门检测合格后,方可使用。

2)吊弦计算程序操作人员需要培训,经验证合格后方可进行计算。

3)吊弦制作平台上的测量设备要经过检测才能使用。

4)每根吊弦制作完成后都要经过复查检测才能发至现场安装。

10. 安全及环保要求

(1)安全要求

1)为保证施工的安全,现场应有专人统一指挥,并设一名专职安全员负责现场安全工作。

2)坚持班前进行安全教育制度。

3)预制时防止液压钳压伤手指。

(2)环保要求

1)加大在环境保护方面的投入,真正将各项环保措施落实到位。

2)测量时记号笔不要乱写乱画。

3)预制吊弦剩余的废旧材料应及时回收。

9.2.21 供电系统工程柔性接触网整体吊弦安装作业指导书

1. 适用范围

适用于杭州至海宁城际铁路机电工程柔性接触网整体吊弦安装施工。

2. 作业准备

(1)外业准备

1)已办理施工作业令。

2)施工区段已封闭,无行车干扰。

3)整体吊弦安装的上道工序已完成,并通过监理检查验收,具备整体吊弦安装施工条件。

(2)内业准备

1)已进行整体吊安装施工技术交底。

2)吊弦预配完毕。

3)安装数据已在现场进行标注。

3. 技术要求

(1)吊弦安装位置的测量从悬挂点向跨中测量,其偏差在跨中调整,安装位置符合设计要求,允许偏差±50 mm。

(2)吊弦在任何温度下均垂直安装,承力索吊弦线夹与接触线吊弦线夹在垂直方向的相对施工允许偏差±20 mm。

(3)吊弦载流环应固定在吊弦线夹的螺栓尾侧,承力索吊弦线夹的螺栓由线路侧穿向田野侧;接触线吊弦线夹在直线上的穿向也由线路侧穿向田野侧,在曲线上则保证由曲外穿向曲内。

(4)承力索吊弦线夹的载流环与列车前进方向相反,接触线吊弦线夹的载流环与列车前进方向一致。载流环的大小符合设计要求并保持一致,载流环不得与吊弦线交叉,如图 9.2.21-1 所示。

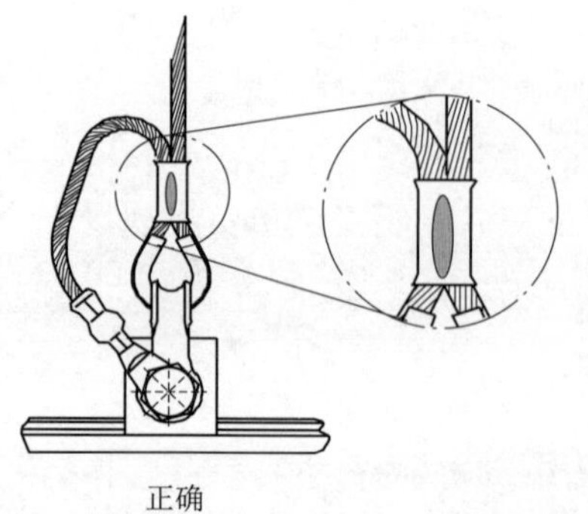

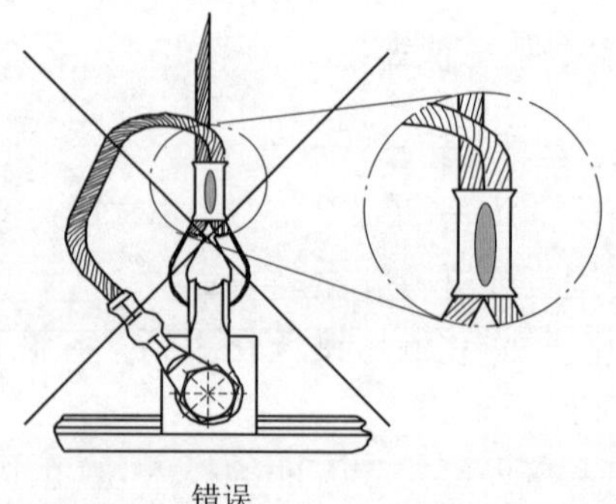

图 9.2.21-1 导线环安装图

(5)接触线高度变化的坡度,应符合设计要求。两悬挂点的导高差不应大于 10 mm。

(6)吊弦间距测量偏差小于 200 mm 时,应将误差均布在各间距内。如大于 200 mm 时,应上报技术负责人,不得安装。测量的起测点与闭合点均以悬挂点为准。

4. 施工程序与工艺流程

工艺流程如图 9.2.21-2 所示。

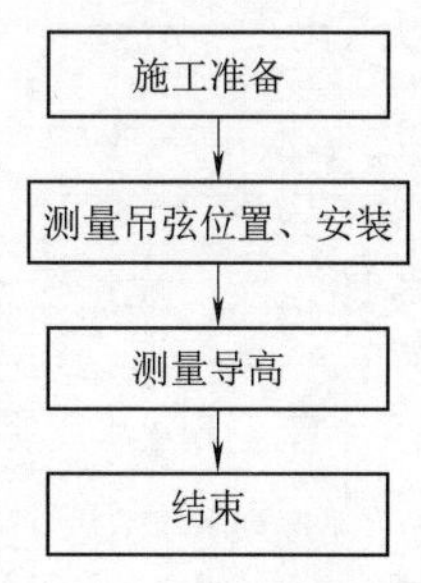

图 9.2.21-2 整体吊弦安装工艺流程图

5. 施工要求

(1)施工准备:事先向安装施工人员进行技术交底和培训,使其清楚操作技术标准和安全注意事项。将所安装的整体吊弦按施工表从库房领出,并进行外观质量检查和数量型号确认。

(2)测量吊弦安装位置,安装吊弦

1)测量人员利用钢卷尺,按计算表测量吊弦安装位置,用粉笔在钢轨上作出标志。

2)作业车或梯车对位,上部作业人员准备安装。施工负责人用线坠对准钢轨上的安装位置,反引到承力索上,安装人员配合,在承力索上标记安装位置。先用刷子清除掉承力索、接触线安装吊弦线夹部位的灰尘和氧化物层,并在安装位置涂一层电力复合脂。先安装承力索上的吊弦线夹,再安装接触线上的吊弦线夹。

3)拆开承力索吊弦线夹,将吊弦一端的心形环穿入吊弦线夹的"U"形环内,将线夹套入承力索,将线鼻子穿入连接螺栓内,再将连接螺栓穿入线夹,带上螺母,用梅花扳手拧紧螺母。再用力矩扳手检测达标。接触线端的安装方法相同,在安装接触线端时,注意吊弦要竖直。

(3)测导高:一个锚段吊弦安装全部完成后,应逐悬挂点、吊弦点检测接触线下缘距轨面连线的高度。记录人员如实记录,并将记录交技术负责人,技术负责人根据检测结果判定吊弦长度是否合格,并出具处理意见,安装人员根据意见处理达标。

(4)结束:完成当天安装任务后,收回工具和余料,将余料按原包装包裹收回,并进行标识。由施工负责人填写施工安装记录。

6. 劳动组织

(1)劳动力组织方式:采用架子队组织模式。

(2)作业人员数量应根据施工条件、工期要求进行合理配置,见表 9.2.21-1。

表 9.2.21-1 柔性接触网整体吊弦安装施工人员配置表

序 号	项 目	单 位	数 量	备 注
1	队长	人	1	
2	施工技术负责人	人	1	全面负责现场施工组织及协调
3	工班长	人	1	组织及协调现场施工
4	安全员	人	2	安全瞭望、检查、提醒
5	材料员	人	1	材料管理

续上表

序　号	项　目	单　位	数　量	备　注
6	质检员	人	1	质量检查控制
7	试验员	人	1	质量控制
8	领班员	人	1	
9	现场负责人	人	1	现场施工组织及协调
10	作业人员	人	4	测量、安装各 2 人
11	司机或辅助人员	人	2	正、副司机各 1 人
12	防护	人	3	车站 1 人,现场 2 人
13	导高复测	人	2	1 人测量,1 人记录

7. 材料要求

所有物资已经完成进场报验。整体吊弦布置应符合设计要求,位置偏差应在±50 mm 范围内,吊弦预制长度偏差应在±1 mm 以内。详细配置见表 9.2.21-2。

表 9.2.21-2　柔性接触网整体吊弦安装材料配置表

序　号	材　料	单　位	数　量	备　注
1	吊弦	根	按需	
2	承力索吊弦线夹	套	按需	
3	接触线吊弦线夹	套	按需	

8. 设备机具配置

施工机械及工艺设备主要有梯车、力矩扳手、激光测量仪等,设备须有出厂合格证及相关证件。现场具体投入的机械设备见表 9.2.21-3。

表 9.2.21-3　设备机具配置表

序　号	名　称	规格或型号	单　位	数　量	备　注
1	梯车	4.4 m	台	1	
2	梅花扳手		套	2	
3	力矩扳手		套	1	
4	钢卷尺	50 m	把	1	
5	激光测量仪		套	1	
6	工具袋	尼龙	个	1	
7	安全帽		顶	3	作业员人均 1 顶
8	安全带		条	1	
9	小绳	$\phi 8$	条	1	

9. 质量控制及检验

(1)安装线夹位置的承力索、接触线及线夹与承力索、接触线的接触面均应把灰尘、氧化物等清除干净,并涂一层电力复合脂。

(2)整体吊弦布置应符合设计要求,吊弦应无散股和断股现象。线夹连接螺栓紧固力矩符合设计要求。

(3)整体吊弦顺线路方向在任何温度下均垂直安装,直线区段吊弦线夹应端正、牢固,曲线区段吊弦线夹应垂直于接触线工作面。

(4)一个锚段全部安装完毕后,应逐悬挂、吊弦点检测接触线下缘距轨面连线的高度,并应符合下列规定。

①两悬挂点的导高差,即接触线高度变化的坡度,应符合设计要求。

②悬挂点与两边第一吊弦区段,导高应符合设计要求,不得有正反"V"字形导高。

如不符合以上规定,应采用可调吊弦或更换新吊弦来调节吊弦长度,使其达标。

10. 安全及环保要求

(1)安全要求

1)为保证施工的安全,现场应有专人统一指挥,并设一名专职安全员负责现场安全工作。

2)坚持班前进行安全教育制度。

3)登高作业应系好安全带,以防坠落。

4)上、下传递工具材料应用小绳、工具袋,严禁抛扔。

5)作业人员均应戴安全帽,以防工具、材料坠落伤人。

6)作业时,操作平台人员应站在曲线外侧作业,并系好安全带。

7)使用作业车作业移动时速度不宜超过 5 km/h,升、降和旋转作业台时,人员不得上下。作业车停稳后,作业人员方可上下车,严禁抢上抢下。

8)安装前应全面对安装材料进行检查,严禁使用不合格材料。

9)安装作业时严禁踩踏接触线或给接触线施加外力,以保证接触线的平直度。

10)使用梯子作业时,梯子高度必须比承力索高出 1 m,不得将短梯接长使用。曲线区段梯子应立在区外侧。

11)使用梯车时,在梯车未放稳前不得攀登作业,不得进行有倾倒危险的作业。在走到小半径曲线时,应在曲线外侧设置拉绳人员,以防梯车倾倒,梯车上作业人员应站在曲线外侧。

12)进行高处作业时,应在周围设人防护,警戒行人。

(2)环保要求

1)施工过程中应减少噪声干扰。

2)生产中的废弃物及时处理,运到当地环保部门制定的地点弃置。

3)施工所用废旧铁线、包装物,不得丢弃,应进行回收。

9.2.22 供电系统工程柔性接触网简单吊索安装及调整作业指导书

1. 适用范围

适用于杭州至海宁城际铁路机电工程柔性接触网简单悬挂吊索安装及调整施工。

2. 作业准备

(1)外业准备

1)已办理施工作业令。

2)简单吊索安装作业的上道工序已完成,并通过监理检查验收,具备简单吊索安装施工条件。

(2)内业准备

1)已进行简单吊索技术交底培训。

2)提前测量简单吊索预制数据,计算吊索长度尺寸。

3. 技术要求

(1)吊索两端压接处钳压管要贴紧鸡心环端头露出钳压管 20 mm。

(2)吊索在腕臂两侧受力应均匀。

(3)吊索线夹不得偏斜。

(4)定位点拉出值符合设计标准。

4. 施工程序与工艺流程

工艺流程如图 9.2.22-1 所示。

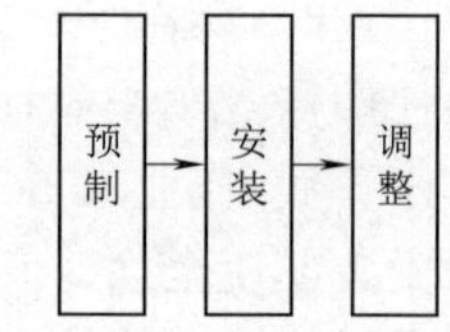

图 9.2.22-1 简单悬挂吊索安装工艺流程图

5. 施工要求

(1)施工方法与结构

弹性简单悬挂就是通过吊索将接触线直接悬挂在腕臂上,吊索采用 35 mm^2 青铜软绞线,如图 9.2.22-2 和图 9.2.22-3 所示。

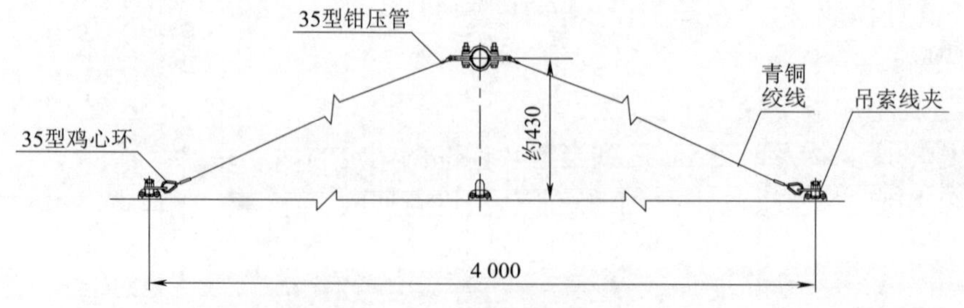

图 9.2.22-2 腕臂上安装形式(单位:mm)

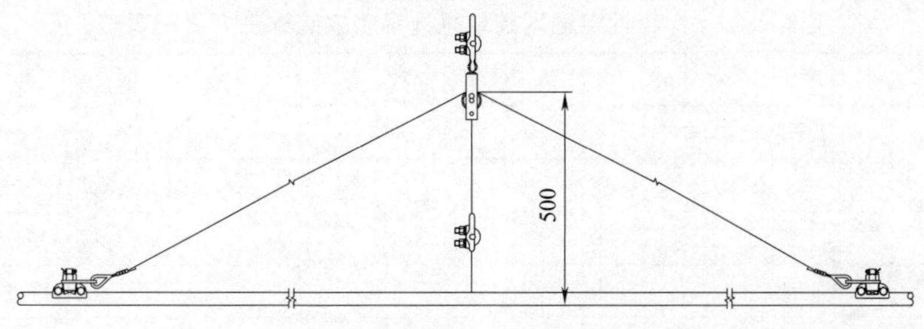

图 9.2.22-3　门型架上安装形式(单位:mm)

(2)施工步骤

1)预制:根据平面图和安装图确定安装形式并计算出吊索的长度,然后下料,根据安装形式的不同在一端或两端压接吊索线夹,不压接吊索线夹的一端与定位双环进行压接,如图 9.2.22-4所示。

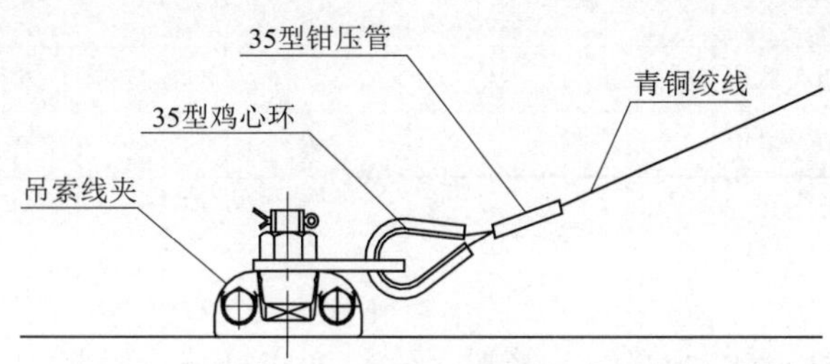

图 9.2.22-4　压接吊索线夹示意图

2)安装

①安装吊索前先核对平腕臂的高度,如果与设计不符,则应先调整到位。到位后先将定位双环安装在平腕臂上,安装位置应在接触线的正上方。将接触线抬高,高出标准导高 100～200 mm,将吊索拉紧,把吊索线夹安装在接触线上,然后采用同样方法安装另一端吊索线夹。

②安装门型架上的吊索时,应先从定位索正下方接触线上向两侧分别量取 2 000 mm 做好标记,将吊索从定位索上方穿过,两端的吊索线夹分别安装在标记处,然后打开悬吊滑轮,将吊索悬挂在悬吊滑轮内。

3)调整

安装好后,用激光测量仪测量定位点导高是否符合设计要求,如果不符,通过调整吊索线夹到定位点的距离来调整导线的高度,在调整的时候要测量腕臂的偏移量是否符合温度曲线要求,根据偏移量确定调整哪一侧的吊索。因为简单悬挂导高受相邻悬挂点的变化影响很大,所以在调整每一处吊索前,可先用铁线将两侧相邻悬挂点导高提到比标准导高高 50 mm 的高度,再进行该处吊索的调整。

6.劳动组织

(1)劳动力组织方式:采用架子队组织模式。

(2)作业人员数量应根据施工条件、工期要求进行合理配置,见表 9.2.22-1。

表 9.2.22-1　柔性接触网简单悬挂吊索安装施工人员配置表

序　号	项　目	单　位	数　量	备　注
1	架子队长	人	1	
2	施工技术负责人	人	1	全面负责现场施工组织及协调
3	工班长	人	1	组织及协调现场施工
4	安全员	人	2	安全瞭望、检查、提醒
5	材料员	人	1	材料管理
6	质检员	人	1	质量检查控制
7	试验员	人	1	质量控制
8	领班员	人	1	
9	现场负责人	人	1	现场施工组织及协调
10	作业人员	人	3	
11	辅助人员	人	3	推扶梯车、施工辅助
12	防护人员	人	2	

7. 材料要求

所使用的物资已经完成进场报验。简单吊索长度应符合设计要求，悬挂点两端长度相等，允许偏差为 5 mm。详细配置见表 9.2.22-2。

表 9.2.22-2　柔性接触网简单悬挂吊索安装施工材料配置表

序　号	材　料	单　位	数　量	备　注
1	悬挂吊索绳	根	1	
2	吊索线夹	套	2	
3	悬吊滑轮	套	1	

8. 设备机具配置

施工机械及工艺设备主要有梯车、力矩扳手、激光测量仪等，设备须有出厂合格证及相关证件。现场具体投入的机械设备见表 9.2.22-3。

表 9.2.22-3　设备机具配置表

序　号	名　称	规格或型号	单　位	数　量	备　注
1	梯车	4.4 m	台	1	
2	梅花扳手		套	2	
3	力矩扳手		套	1	
4	钢卷尺	2 m	把	1	
5	激光测量仪		套	1	

续上表

序 号	名 称	规格或型号	单 位	数 量	备 注
6	工具袋	尼龙	个	1	
7	温度计	摄氏度	个	1	
8	安全帽		顶	3	作业员人均1顶
9	安全带		条	1	
10	小绳	$\phi 8$	条	1	

9. 质量控制及检验

(1)安装线夹位置的承力索、接触线及线夹与承力索、接触线的接触面均应把灰尘、氧化物等清除干净,并涂一层电力复合脂。

(2)整体吊弦布置应符合设计要求,吊弦应无散股和断股现象。线夹连接螺栓紧固力矩符合设计要求。

(3)整体吊弦顺线路方向在任何温度下均垂直安装,直线区段吊弦线夹应端正、牢固,曲线区段吊弦线夹应垂直于接触线工作面。

10. 安全及环保要求

(1)安全要求

1)为保证施工的安全,现场应有专人统一指挥,并设一名专职安全员负责现场安全工作。

2)坚持班前进行安全教育制度。

3)腕臂安装前,必须检查各零部件有无缺陷,各部螺栓是否按规定力矩紧固到位,是否连接良好,各部尺寸是否正确。

4)腕臂安装后,应保证支持装置及各零配件连接的牢固可靠。

5)轨行区作业应在两端设好防护,防护人员应坚守岗位,切实做好防护工作。

6)作业人员均应戴安全帽,以防工具、材料下落伤人。

7)同一支柱上两人同时作业时,上、下作业人员应分别位于支柱两侧。

8)传递料具应用绳索,不得抛掷。

9)杆上作业人员必须扎好安全带。安全带应经检查合格后方能使用。

(2)环保要求

1)捆绑铁线应收回。

2)施工完成后现场不留杂物,瓷瓶包装物应随时收集统一处理。

3)注意对周边自然环境的保护。

9.2.23 供电系统工程柔性接触网定位装置安装及调整作业指导书

1. 适用范围

适用于杭州至海宁城际铁路机电工程定位装置的安装及调整施工。

2. 作业准备

(1)外业准备

1)已办理施工作业令。

2)定位装置安装作业的上道工序已完成,并通过监理检查验收,具备定位装置安装施工条件。

(2)内业技准备

1)已进行定位装置技术交底培训。

2)准备定位装置安装位置表。

3. 技术要求

(1)定位器安装应符合设计要求,在平均温度时应垂直线路中心线,温度变化时,偏移量与接触线在该点的伸缩量应一致,并应保证定位线夹处接触线工作面与轨面连线平行。

(2)设计无明确要求时定位管应水平,在平均温度时应垂直于线路中心线。转换支柱处两定位器应能分别随温度变化自由移动、不卡滞,接触线非工作支和工作支定位器、管之间的间隙不小于 50 mm,螺栓紧固力矩值符合设计要求。

(3)拉出值施工允许偏差为±20 mm。定位器的定位线夹的偏移量与同组腕臂的偏移量相同。

(4)定位器不应处在受压状态下,且拉力不小于 80 N,其倾斜度符合实际受力平衡状态。

(5)定位线夹与接触线连接处应涂电力脂,定位线夹连接螺栓紧固力矩为 25～32 N·m,定位支座、定位环线夹及定位管卡子的连接螺栓紧固力矩均为 44～56 N·m。

(6)腕臂、定位管、定位器应在同一垂面内。

(7)软定位器尾部在 1 寸定位环外露应在 30～50 mm 之间。

(8)凡管状零件需经现场截短使用时,应采用相同直径的管帽封口。

(9)施工时,在直线区段链形悬挂承力索位于接触线的正上方,简单悬挂吊索位于接触线正上方,承力索和接触线的悬挂点高度均应满足设计要求。

(10)单承单导正定位采用定位管加支持器形式时,定位管端部在支持器外端余留长度为 70～120 mm,定位管安装后的坡度相对于轨面连线宜为(1/9)～(1/10)。

(11)各种类型的腕臂定位形式在调整完毕后,各部位尺寸应满足设计要求,如图 9.2.23-1 所示。

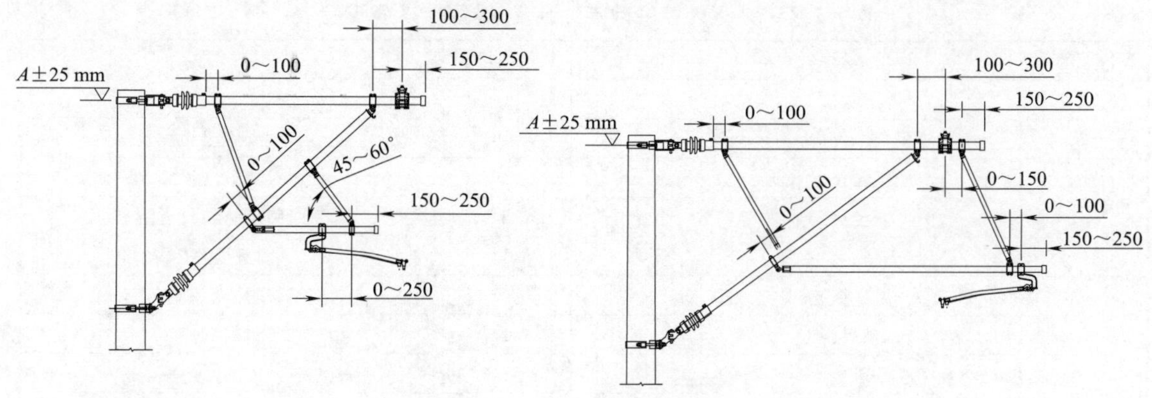

图 9.2.23-1　腕臂定位形式(单位:mm)

4. 施工程序与工艺流程

工艺流程如图 9.2.23-2 所示。

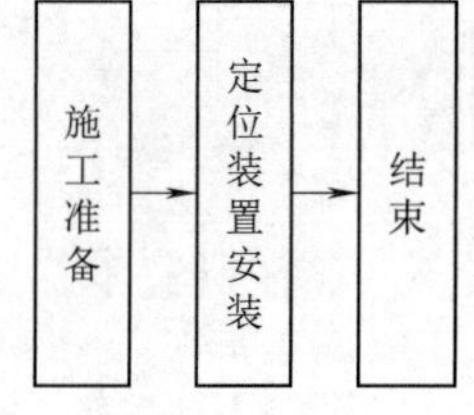

图 9.2.23-2　施工程序工艺流程图

5. 施工要求

(1)施工准备

①将定位装置预制完毕,检查中心锚结是否安装完成。

②根据施工计划,领取施工所需材料,并对外观质量和标识进行核对。

(2)定位装置安装

①安装时应从中心锚结向两端下锚方向分别安装。

②用接触网激光测量仪,先按腕臂偏移温度曲线表复核腕臂偏移量。

③作业人员先把未达标腕臂偏移克服达标。将定位管支撑上端与斜腕臂(正定位)或平腕臂(反定位)连接。

④上部作业人员扶起定位管,将定位管连接到定位环上。

⑤把定位管支撑下端与定位管连接好,螺栓用梅花扳手拧紧,再用力矩扳手检测达标。

⑥将定位器连接到长定位双环上,把定位线夹安装处的接触线清理干净,涂上电力脂,再把接触线安装在定位器的定位线夹里,并按设计要求预留出顺线路的偏移量(与腕臂偏移量相同)。通过调整定位环或定位双环在斜腕臂上的位置、定位支撑的角度、长定位环或长定位双环在定位管上的位置,将定位器的坡度、定位管的水平度和接触线的拉出值调整到位。当所有部位达到设计标准后,用梅花扳手拧紧各部位螺栓,再用力矩扳手检测达标。在调整过程中应反复用激光测量仪对接触线拉出值进行检查测量,最终保证无误。

(3)结束

①完成当日施工任务,收回工具、材料。

②施工负责人填写施工记录。

6. 劳动组织

(1)劳动力组织方式:采用架子队组织模式。

(2)作业人员数量应根据施工条件、工期要求进行合理配置,见表 9.2.23-1。

表 9.2.23-1　柔性接触网定位装置安装施工人员配置表

序　号	项　目	单　位	数　量	备　注
1	架子队长	人	1	
2	施工技术负责人	人	1	全面负责现场施工组织及协调
3	工班长	人	1	组织及协调现场施工
4	安全员	人	2	安全瞭望、检查、提醒
5	材料员	人	1	材料管理
6	质检员	人	1	质量检查控制
7	试验员	人	1	质量控制
8	领班员	人	1	
9	现场负责人	人	1	现场施工组织及协调
10	作业人员	人	3	
11	作业车司机	人	2	正、副司机各 1 人
12	防护人员	人	3	车站 1 人,现场 2 人

7. 材料要求

所使用的物资已经完成进场报验。详细配置见表 9.2.23-2。

表 9.2.23-2　柔性接触网定位装置安装材料配置表

序　号	材　料	单　位	数　量	备　注
1	定位器	套	1	
2	定位线夹	套	1	
3	定位支座	套	1	
4	定位管	根	1	

8. 设备机具配置

施工机械及工艺设备主要有梯车、水平尺、力矩扳手、激光测量仪等,设备须有出厂合格证及相关证件。现场具体投入的机械设备见表 9.2.23-3。

表 9.2.23-3　设备机具配置表

序　号	名　称	规　格	单　位	数　量	备　注
1	梯车	4.4 m	台	1	
2	水平尺	1 m	把	1	
3	激光测量仪		台	1	
4	力矩扳手		套	1	
5	安全带	3 kN	条	5	

9. 质量控制及检验

(1)定位器安装应符合设计要求,在平均温度时应垂直线路中心线,温度变化时,偏移量与接触线在该点的伸缩量应一致。

(2)转换支柱处两定位器应能分别随温度变化自由移动、不卡滞，螺栓紧固力矩值符合设计要求。

(3)定位器应处于受拉状态，禁止受压。

(4)定位器应在接触线架设后第一时间(最好当天)安装，以免出现接触线扭面现象。

(5)金具、零配件运达现场应进行检查，其质量应符合有关标准的规定。外观质量应符合规定：规格应相符，零件配套齐全；表面光滑，无裂纹、伤痕、砂眼、气泡等缺陷；线夹与线索接触面应平滑、平整；并应与线索截面规格相符。

(6)定位器各部螺栓紧固牢靠，软定位器回头统一顺直。

10. 安全及环保要求

(1)安全要求

1)为保证施工的安全，现场应有专人统一指挥，并设一名专职安全员负责现场安全工作。

2)坚持班前进行安全教育制度。

3)定位装置安装前，必须检查各零部件有无缺陷，各部螺栓是否按规定力矩紧固到位，是否连接良好，各部尺寸是否正确。

4)定位装置安装后，应保证支持装置及各零配件连接的牢固可靠。

5)轨行区作业应在两端设好防护，防护人员应坚守岗位，切实做好防护工作。

6)作业人员均应戴安全帽，以防工具、材料下落伤人。

7)同一支柱上两人同时作业时，上、下作业人员应分别位于支柱两侧。

8)传递料具应用绳索，不得抛掷。

9)杆上作业人员必须扎好安全带。安全带应经检查合格后方能使用。

(2)环保要求

1)包装物应及时收回。

2)施工完成后现场不留杂物，包装物应随时收集统一处理。

3)注意对周边自然环境的保护。

9.2.24 供电系统工程柔性接触网非绝缘锚段关节调整作业指导书

1. 适用范围

适用于杭州至海宁城际铁路机电工程柔性接触网非绝缘锚段关节调整施工。

2. 作业准备

(1)外业准备

1)已办理施工作业令。

2)非绝缘锚段关节调整作业的上道工序已完成,并通过监理检查验收,具备非绝缘锚段关节调整施工条件。

(2)内业准备

1)已进行非绝缘锚段关节调整技术交底。

2)根据图纸制作导高及拉出值数据表。

3. 技术要求

(1)转换柱处当非工作支接触线位于工作支定位管上面或下面时,其间隙不应小于 50 mm。

(2)锚段关节两接触线垂直面交叉处(屋脊处)的位置应在两转换柱跨距内的中间位置施工允许偏差为±200 mm,等高点(屋脊处)的导高应符合设计要求,施工允许偏差为±10 mm。

(3)腕臂顺线路偏移值应符合设计要求,施工允许偏差为 20 mm。

(4)悬挂点承力索距轨面的高度应符合设计要求,施工允许偏差为$^{+50}_{\ 0}$ mm 。

(5)悬挂点承力索与接触线应在同一垂直面上,施工允许偏差为 20 mm。

(6)拉出值应符合设计要求,施工允许偏差为±20 mm。

(7)在接触线转换柱处两接触线垂直距离为 200 mm,水平为 200 mm,施工允许偏差为±20 mm。两承力索垂直距离为 300 mm,水平距离为 200 mm;在承力索转换柱处两承力索垂直距离为 100 mm,水平距离为 800 mm,如图 9.2.24-1 所示。

4. 施工程序与工艺流程

(1)施工程序

施工准备→检查调整腕臂偏移值→检查调整承力索高度→安装关节绝缘子→检查调整接触线高度→检查调整拉出值→模拟冷滑检测→结束。

(2)非绝缘锚段关节调整流程

工艺流程如图 9.2.24-2 所示。

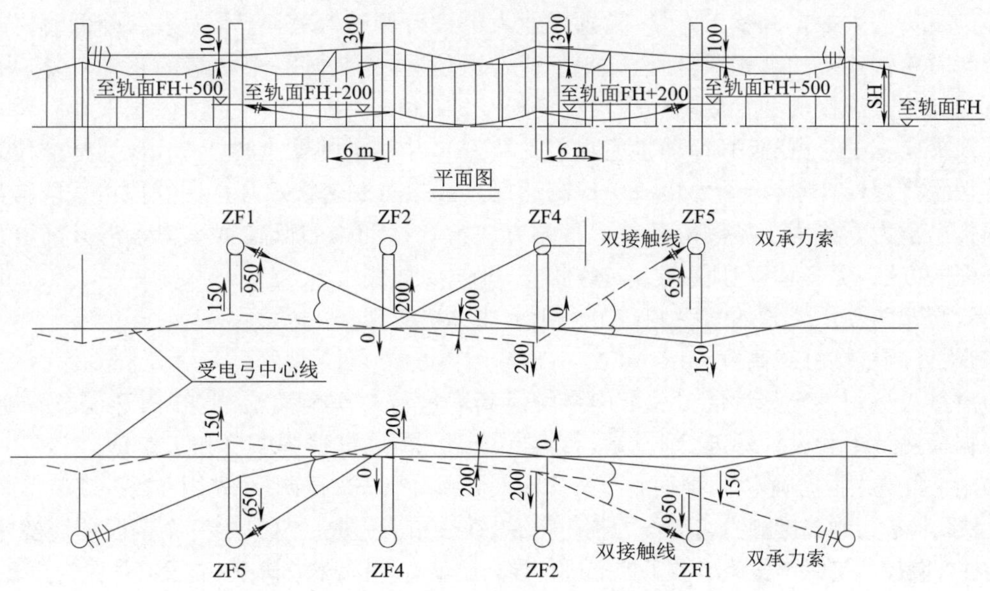

图 9.2.24-1　非绝缘锚段安装示意图(单位:mm)

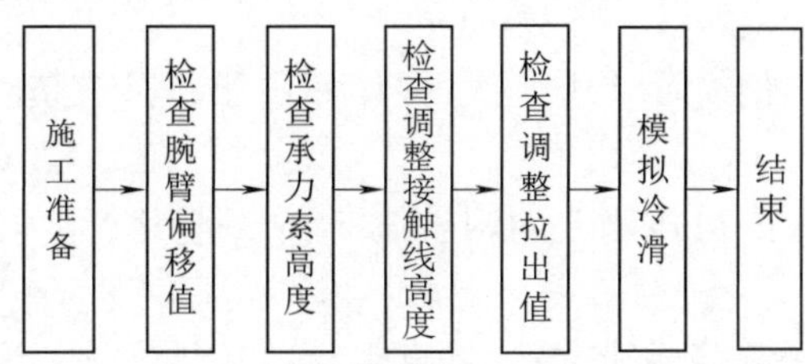

图 9.2.24-2　非绝缘锚段关节调整工艺流程图

5. 施工要求

(1)施工准备

1)检查关节腕臂、吊弦及支持装置(定位管、定位器)均已安装,且基本到位。

2)根据施工计划从库房领取施工所需材料,并对其进行外观检查。将施工所需材料和工具提前进行准备。

3)对安装作业人员进行技术交底和安装培训,使其清楚安装技术标准和安全注意事项。

(2)检查调整腕臂顺线路方向偏移值

1)测量人员用激光测量仪逐个测量关节处每个腕臂顺线路的偏移值,负责人做好记录,并根据环境温度和温度曲线,通过计算,判定检测值是否符合设计要求。

2)施工负责人根据判定结果,指挥作业人员逐个松开承力索支撑线夹螺栓,将腕臂偏移值调整达标后,将螺栓用梅花扳手拧紧,并用力矩扳手检测达标。

(3)检查调整承力索高度及间距

1)测量人员用激光测量仪检测关节处两转换柱和一中心柱腕臂上承力索距轨面的高度,尤其是抬高腕臂,施工负责人做好记录,并根据设计要求通过计算,判定需要调整的工作量。

2)施工负责人根据调整工作量,指挥作业人员进行调整,高腕臂承力索需降低时,先在水平腕臂与斜腕臂连接的套管双耳外,即平腕臂合适位置,先装好一个防滑的套管双耳,再将水平腕臂与斜腕臂连接的套管双耳的螺栓慢慢松动,其他人员配合,向上抬住线索和腕臂,将套管双耳线夹向支柱对侧移动(移动量应提前计算好),并在平腕臂上做上标记,到标准位置后,用梅花扳手将螺栓拧紧,再用力矩扳手检测达标。拆除防滑套管双耳。曲线段可采取挂滑轮,用大绳提吊承力索或用小型倒链葫芦提吊的方法配合移动。如低腕臂承力索需升高,可采用上述降低的方法,但套管双耳移动方向应相反(即向支柱侧)。

3)双腕臂两支承力索的间距调整可采用上述方法实现。

(4)检查调整接触线高度

1)测量人员用激光测量仪对关节两接触线高度进行一次全面检测,并作好记录。施工负责人根据检测结果和设计标准,判定是否符合设计要求,确定精调项目和工作量。

2)施工负责人根据确定精调项目,指挥作业人员用模拟法进行调整,先用在需要安装吊弦的位置通过铁线将承力索和接触线连接作为临时吊弦,铁线布置完成后从其中一个锚段的转换柱开始向下锚柱方向按非绝缘锚段关节技术标准进行导高调整直至接触线非工作支没有吊弦为止。

3)同样的方法继续调整另一个锚段,此种调整方法要反复进行多次,直到每一根吊弦都达到设计要求为止。

(5)检调拉出值及定位装置

1)测量人员对关节拉出值全面检测一次,并作好记录。施工负责人根据测量结果与设计值比较,确定调整值。

2)施工负责人指挥作业人员按确定的调整值,逐个调整达标。同时将定位斜撑也调到位。调整后,检测人员复检确认。

3)作业人员用钢尺检测两接触线水平、垂直距离,并调整达标。

4)调整完毕后再复测每根吊弦的导高,如满足设计要求则量取承力索至接触线的直线距离,根据测量结果减除吊弦线夹长度计算出吊弦长度,根据此长度制作吊弦,按吊弦安装作业指导书工艺要求,在铁线模拟位置安装吊弦。安装后,检测人员应对新安装吊弦处的导高进行复测确认。

(6)模拟冷滑

全部完成后,用水平尺模拟受电弓对关节进行来回两次模拟冷滑检测,如有缺陷,应立即克服达标。

(7)结束

完成当天任务后,收回工具及剩余材料,施工负责人填写当天安装记录。

6. 劳动组织

(1)劳动力组织方式:采用架子队组织模式。

(2)作业人员数量应根据施工条件、工期要求进行合理配置,见表 9.2.24-1。

表 9.2.24-1　柔性接触网非绝缘锚段关节调整施工人员配置表

序号	项目	单位	数量	备注
1	架子队长	人	1	

续上表

序　号	项　目	单　位	数　量	备　注
2	施工技术负责人	人	1	全面负责现场施工组织及协调
3	工班长	人	1	组织及协调现场施工
4	安全员	人	2	安全瞭望、检查、提醒
5	材料员	人	1	材料管理
6	质检员	人	1	质量检查控制
7	试验员	人	1	质量控制
8	领班员	人	1	
9	现场负责人	人	1	现场施工组织及协调
10	作业人员	人	3	其中一人指挥行车和操纵作业台升降
11	检测人员	人	2	
12	司机	人	2	正、副司机各 1 人
13	防护	人	3	车站 1 人，现场 2 人

7. 材料要求

无。

8. 设备机具配置

施工机械及工艺设备主要有梯车、水平尺、力矩扳手、激光测量仪等，设备须有出厂合格证及相关证件。现场具体投入的机械设备见表 9.2.24-2。

表 9.2.24-2　设备机具配置表

序　号	名　称	规　格	单　位	数　量	备　注
1	梯车	4.4 m	台	1	
2	水平尺	1 m	把	1	
3	激光测量仪		台	1	
4	力矩扳手		套	1	
5	安全带		条	5	

9. 质量控制及检验

(1)凡松动过的紧固螺栓的紧固力矩，均应用力矩扳手检测，并应达到设计紧固标准。

(2)转换柱处两接触线垂直、水平距离符合设计要求。

(3)吊弦应安装模拟吊弦的原位置，以免高度产生错误。

(4)安装时严禁踩踏接触线或给接触线施加外力，以保证接触线的平直度。

(5)连接螺栓紧固应用梅花扳手或力矩扳手，严禁用活口扳手。

10. 安全及环保要求

(1)安全要求

1)为保证施工的安全,现场应有专人统一指挥,并设一名专职安全员负责现场安全工作。

2)坚持班前进行安全教育制度。

3)必须检查各零部件有无缺陷,各部螺栓是否按规定力矩紧固到位,是否连接良好,各部尺寸是否正确。

4)杆上作业人员必须扎好安全带。安全带应经检查合格后方能使用。

5)轨行区作业应在两端设好防护,防护人员应坚守岗位,切实做好防护工作。

6)作业人员均应戴安全帽,以防工具、材料下落伤人。

7)同一支柱上两人同时作业时,上、下作业人员应分别位于支柱两侧。

8)传递料具应用绳索,不得抛掷。

(2)环保要求

1)减少噪声污染。

2)施工完成后现场不留杂物,瓷瓶包装物应随时收集统一处理。

3)注意对周边自然环境的保护。

9.2.25 供电系统工程柔性接触网绝缘锚段关节调整作业指导书

1. 适用范围

适用于杭州至海宁城际铁路机电工程柔性接触网绝缘锚段关节调整施工。

2. 作业准备

(1)外业准备

1)已办理施工作业令。

2)绝缘锚段关节调整作业的上道工序已完成,并通过监理检查验收,具备绝缘锚段关节调整施工条件。

(2)内业准备

1)已进行绝缘锚段关节调整技术交底。

2)根据图纸制作导高及拉出值数据表。

3. 技术要求

(1)腕臂顺线路偏移值应符合设计要求,施工允许偏差为 20 mm(注意双腕臂的偏移值方向是相反的,不要调错)。

(2)承力索与接触线上的中间绝缘子串安装在两转换柱与中心柱间距离转换柱非工作支腕臂 1 000 mm 的位置,施工允许偏差为 50 mm。承力索、接触线两绝缘子串上、下应对齐,施工允许偏差为±30 mm。

(3)悬挂点承力索距轨面的高度符合设计要求,允许偏差为 $^{+50}_{0}$ mm 。

(4)悬挂点承力索与接触线应在同一垂直面上,施工允许偏差为 20 mm。

(5)接触线转换柱处两接触线高差为 200 mm,施工允许偏差为±10 mm,水平间距为 400 mm,承力索高差为 300 mm,水平间距为 400 mm,中心柱处与接触线转换柱相同,中心柱处任一支悬挂的任何部位在任何情况下与另一支悬挂的任何部位绝缘距离不得小于 150 mm;承力索转换柱处两承力索高差为 100 mm,水平间距为 800 mm,如图 9.2.25-1 所示。

(6)拉出值应符合设计要求,施工允许偏差为±20 mm。

(7)悬挂点、吊弦点处的导高应符合设计要求,超标的吊弦应重新预制更换。

(8)中心柱处两接触线应等高,施工允许偏差为±5 mm,等高点(段)位置应符合设计要求,施工允许偏差为±200 mm。

(9)更换吊弦应安装在原位置,以免产生硬点。完成后,应复测导高,并应达标。

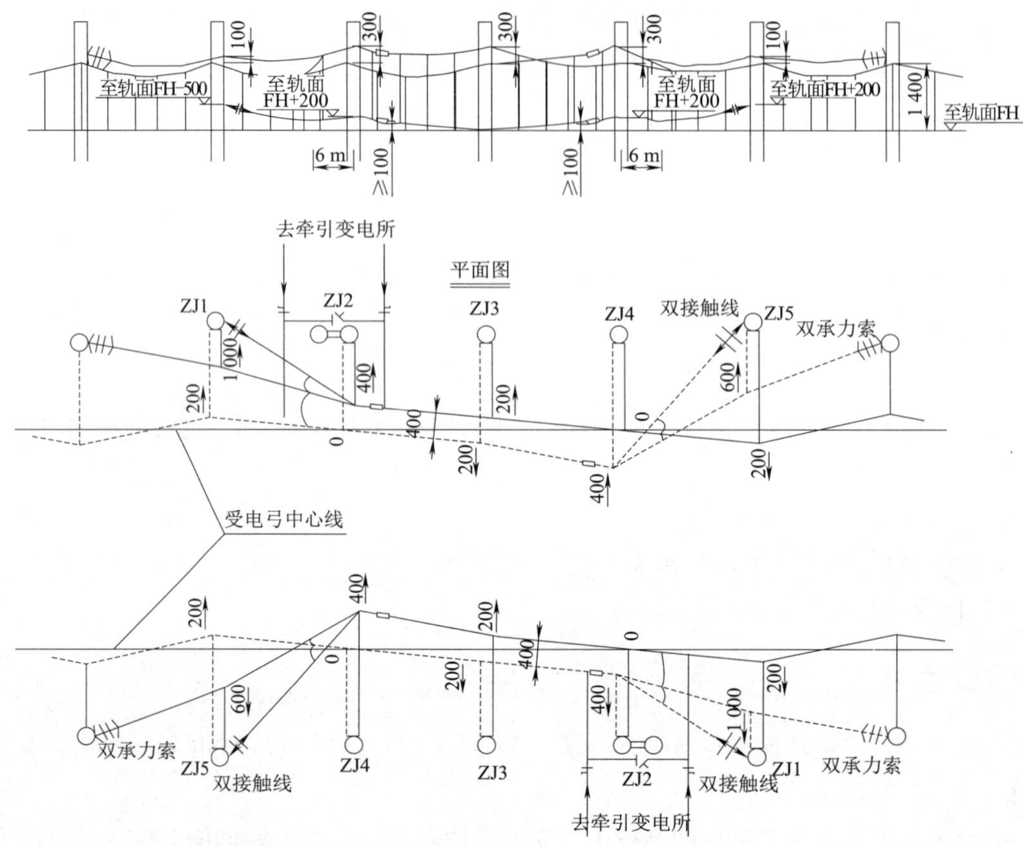

图 9.2.25-1　绝缘锚段关节示意图(单位:mm)

4. 施工程序与工艺流程

工艺流程如图 9.2.25-2 所示。

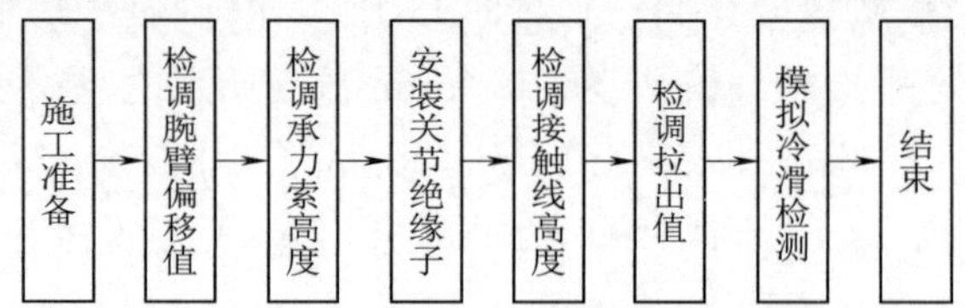

图 9.2.25-2　绝缘锚段关节调整工艺流程图

5. 施工要求

(1)施工准备

工艺与非绝缘锚段关节相同。

1)检调腕臂顺线路偏移值:工艺与非绝缘锚段关节相同。

2)检调承力索高度及间距:工艺与非绝缘锚段关节相同。

(2)安装关节绝缘子

1)施工负责人指挥作业人员,用钢卷尺测量绝缘子安装位置及制作终端线夹断线位置,先测承力索,后测接触线,并分别在两条承力索两条接触线上作出标记,标记必须对齐。

2)先在承力索标记两端合适位置安装4套紧线器,连接2台链条葫芦,同时紧链条葫芦,使两对紧线器间承力索松弛,在标记位置绑扎铁线(缠胶带),用弧口断线钳断线。

3)作业人员严格按制作工艺要求,安装好承力索终端锚固线夹(与承力索落锚相同)及其他连接零件。

4)将绝缘子两端分别与两端连接完毕的承力索终端锚固线夹连接上,松链条葫芦,拆紧线器和链条葫芦。

5)按上述程序和制作工艺要求安装好接触线终端锚固线夹和绝缘子,如图9.2.25-3所示。

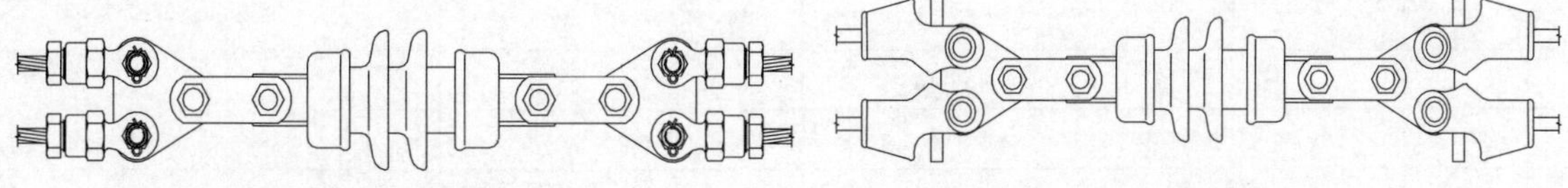

(a)双承力索中间绝缘子安装示意　　(b)双接触线中间绝缘子安装示意

图9.2.25-3 绝缘子安装示意图

①检调接触线高度:工艺与非绝缘锚段关节相同。

②检调拉出值及定位装置:工艺与非绝缘锚段关节相同,重点应检测两悬挂转换柱的绝缘距离,并调整达标。

③模拟冷滑:工艺与非绝缘锚段关节相同。

④结束:完成当天任务后,收回工具及剩余材料,施工负责人填写当天安装记录。

6.劳动组织

(1)劳动力组织方式:采用架子队组织模式。

(2)作业人员数量应根据施工条件、工期要求进行合理配置,见表9.2.25-1。

表9.2.25-1 柔性接触网绝缘锚段关节调整施工人员配置表

序号	项目	单位	数量	备注
1	队长	人	1	
2	施工技术负责人	人	1	全面负责现场施工组织及协调
3	工班长	人	1	组织及协调现场施工
4	安全员	人	2	安全瞭望、检查、提醒
5	材料员	人	1	材料管理
6	质检员	人	1	质量检查控制
7	试验员	人	1	质量控制
8	领班员	人	1	
9	现场负责人	人	1	现场施工组织及协调
10	作业人员	人	4	其中一人全面负责
11	测量人员	人	2	测量
12	司机	人	2	正、副司机各1人
13	防护	人	3	车站1人,现场2人

7. 材料要求

无。

8. 设备机具配置

施工机械及工艺设备主要有梯车、水平尺、力矩扳手、激光测量仪等,设备须有出厂合格证及相关证件。现场具体投入的机械设备见表 9.2.25-2。

表 9.2.25-2　设备机具配置表

序　号	名　称	规　格	单　位	数　量	备　注
1	梯车	4.4 m	台	1	
2	水平尺	1 m	把	1	
3	激光测量仪		台	1	
4	力矩扳手		套	1	
5	安全带		条	5	

9. 质量控制及检验

(1)凡松动过的紧固螺栓的紧固力矩,均应用力矩扳手检测,并应达到设计紧固标准。

(2)转换柱处两接触线垂直、水平距离符合设计要求。

(3)吊弦应安装模拟吊弦的原位置,以免高度产生错误。

(4)安装时严禁踩踏接触线或给接触线施加外力,以保证接触线的平直度。

(5)连接螺栓紧固应用梅花扳手或力矩扳手,严禁用活口扳手。

(6)中间绝缘子位置要准确,保证开关电缆安装完成后的各部分绝缘距离。

(7)中心柱处任一支悬挂的任何部位在任何情况下与另一支悬挂的任何部位绝缘距离不得小于 150 mm。

10. 安全及环保要求

(1)安全要求

1)施工人员施工前必须经过安全培训。

2)高处作业人员必须打好安全带,用脚扣上杆作业必须培训合格后方可上岗。

3)所有施工人员必须佩戴安全帽,施工时定位索下方严禁人员逗留、经过。

4)施工用所有工具、材料应用小绳进行吊卸。

5)在雨雪天气不得使用脚扣上下圆管钢柱。

6)使用梯子时要拉好绳索,防止倾倒。

(2)环保要求

1)减少噪声污染。

2)施工完成后现场不留杂物,瓷瓶包装物应随时收集统一处理。

3)注意对周边自然环境的保护。

9.2.26　供电系统工程柔性接触网线岔调整作业指导书

1. 适用范围

适用于杭州至海宁城际铁路机电工程柔性接触网线岔调整施工。

2. 作业准备

(1)外业准备

1)已办理施工作业令。

2)线岔调整作业的上道工序已完成,并通过监理检查验收,具备线岔调整施工条件。

(2)内业准备

1)已进行线岔调整技术交底。

2)根据图纸制作线岔安装位置表。

3. 技术要求

(1)根据环境温度,查腕臂偏移表,安装线岔时应保证平均温度时上部接触线位于线夹中央,施工允许偏差不得超过±20 mm。

(2)承力索悬挂点间距不小于 50 mm,交叉点间距不应小于 20 mm。

(3)拉出值应符合设计要求,施工允许偏差为±20 mm。

(4)接触线相交时应使正线在下面。非正线相交时,一般是交点距中心锚结(或硬锚点)近者在下。

(5)在碰触受电弓导角的一段接触线上(始触区),即在线岔处两工作支中任一工作支的水平投影距另一股道线路中心 500～950 mm 范围内不得安装除本图线岔外的任何线夹。

(6)岔区接触悬挂的吊弦布置除第一、二吊弦按图安装外,其余吊弦位置与正常吊弦布置一致。

(7)吊弦(第一吊弦)安装于线岔线夹外侧 1 000 mm(平均温度时)处,若现场安装侵入道岔始触区范围(同第 5 条规定),取消第一吊弦设置,但应保证受电弓在道岔柱两侧相邻跨距范围内平稳过渡。

(8)交叉渡线的对称中轴菱形道岔处应设线岔,两端分别按单开道岔进行调整。

(9)两支接触线交点与正线、侧线线路中心线之间的距离应满足最大风偏不大于 350 mm 的要求,以保证受电弓的平稳过渡。

(10)安装吊弦时,吊弦线夹的螺栓外露端应朝向受电弓运行方向的外侧,同时接触线应调正。吊弦线夹不得偏斜,以免碰触受电弓。

(11)岔尖侧两接触线间距 500 mm 处应等高,上方接触线距下方接触线保证 0～10 mm 间距。

(12)岔后侧支接触线应尽量上抬,以确保线岔运行安装,第一吊弦点处抬高 20 mm,第二吊弦点处抬高宜不小于 80 mm。

(13)链型悬挂线岔上方交叉承力索处,两交叉支间应安装 P-2000 型承力索预型保护条,保护条规格应与承力索类型相适应,材质与承力索相同。预型保护条安装应依据腕臂安装曲线确定保护条安装位置,安装后在定位器正常温度时应使两支承力索预型保护条长度中点位于交叉点上。

(14)定位线夹与接触线连接处应涂电力脂,定位线夹螺栓紧固力矩为 25～32 N·m,如图 9.2.26-1 所示。

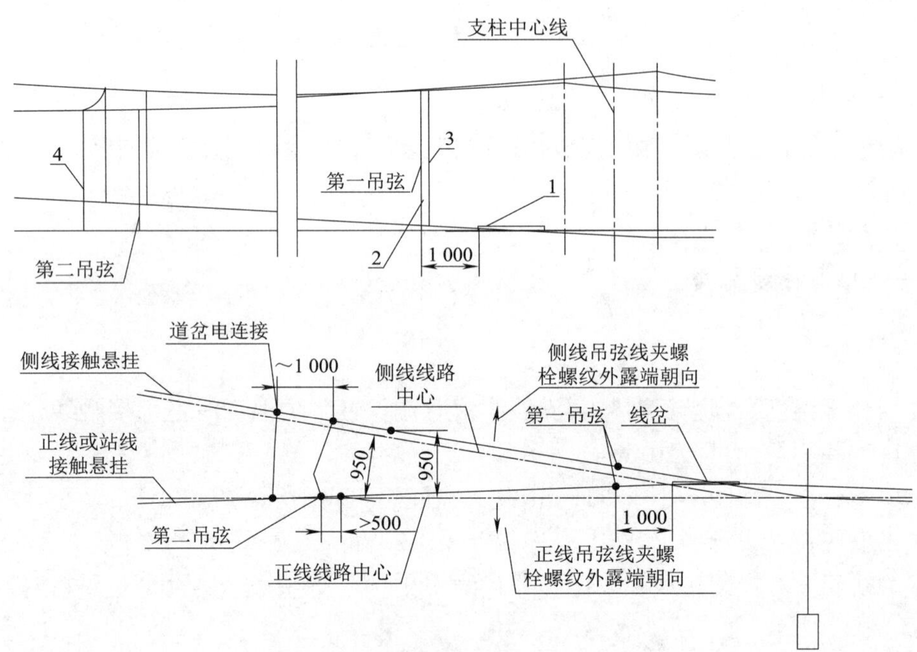

图 9.2.26-1　线岔安装示意图(单位:mm)

4. 施工程序与工艺流程

工艺流程如图 9.2.26-2 所示。

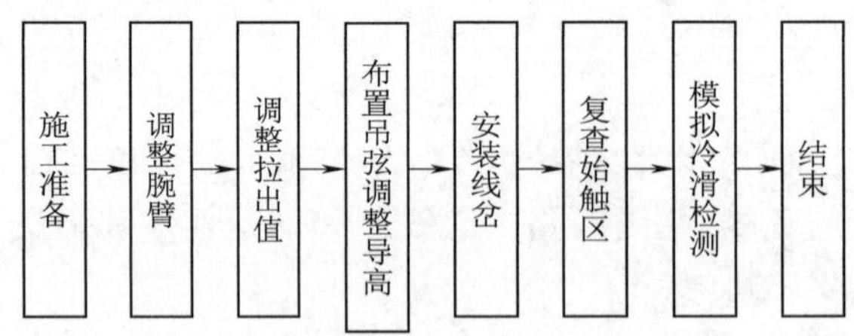

图 9.2.26-2　线岔调整工艺流程图

5. 施工要求

(1)施工准备

1)道岔开口侧前方的接触网悬挂已调整到位并达标。

2)根据环境温度检查已安装定位柱及转换柱腕臂顺线路的偏移量是否符合设计要求。

3)道岔处组合定位器及吊弦已安装,且基本到位。高支承力索与低支承力索距离应符合设计要求。

①调整腕臂:按腕臂调整的要求和方法进行调整,使腕臂偏移、承力索的高度、承力索拉出值及各部位尺寸达到设计要求。

②调整拉出值:按定位装置的调整方法调整道岔范围内每个支柱的每一支悬挂拉出值达到设计要求。

③布置吊弦、调整导高:找出始触区的范围在钢轨上做好标记,在始触区范围内接触线上不得有任何线夹。按线岔安装示意图重新布置线岔跨距内的吊弦,一般采用可调式整体吊弦。调整吊弦,测量接触线高度,使每一根吊弦处导高都达到设计要求。

(2)安装线岔

1)根据中心锚结至线岔安装位置的长度和环境温度,依据温度曲线表计算出线岔安装的偏移量。

2)按计算偏移量安装线岔,先将线岔上的定位线夹安装处接触线清理干净,涂上电力脂再安装,连接螺栓用梅花扳手循环拧紧,并用力矩扳手检测,紧固力矩应符合设计要求。

①复查始触区:线岔安装完毕后,利用激光测量仪、钢卷尺按设计要求检查始触区内有无线夹,如有应移出始触区(即在线岔处两工作支中任一工作支的水平投影距另一股道线路中心 500～950 mm 的范围)。检查始触区内两支接触线导高是否符合设计要求,并进行调整。

②模拟冷滑检测:在冷滑阶段重点观察线岔 150 m 范围内受电弓运行是否平稳,有无打工现象,发现问题应立即克服并达标。

③结束:完成当天任务,收回料具由施工负责人填写施工记录。

6. 劳动组织

(1)劳动力组织方式:采用架子队组织模式。

(2)作业人员数量应根据施工条件、工期要求进行合理配置,见表 9.2.26-1。

表 9.2.26-1 柔性接触网线岔调整施工人员配置表

序 号	项 目	单 位	数 量	备 注
1	架子队长	人	1	
2	施工技术负责人	人	1	全面负责现场施工组织及协调
3	工班长	人	1	组织及协调现场施工
4	安全员	人	2	安全瞭望、检查、提醒
5	材料员	人	1	材料管理
6	质检员	人	1	质量检查控制
7	试验员	人	1	质量控制
8	领班员	人	1	
9	现场负责人	人	1	现场施工组织及协调

续上表

序　号	项　目	单　位	数　量	备　注
10	作业人员	人	4	
11	作业车司机	人	2	正、副司机各1人
12	防护人员	人	3	驻在1人现场2人

7. 材料要求

无。

8. 设备机具配置

施工机械及工艺设备主要有梯车、水平尺、力矩扳手、激光测量仪等,设备须有出厂合格证及相关证件。现场具体投入的机械设备见表9.2.26-2。

表9.2.26-2　设备机具配置表

序　号	名　称	规　格	单　位	数　量	备　注
1	梯车	4.4 m	台	1	
2	水平尺	1 m	把	1	
3	激光测量仪		台	1	
4	力矩扳手		套	1	
5	安全带		条	5	

9. 质量控制及检验

(1)承力索高度调整后的零件紧固力矩应符合设计要求。

(2)线岔螺栓紧固力矩应符合设计要求。

(3)线岔运达现场应进行检查,其质量应符合有关规定。

(4)单开道岔采用交叉布置方式时,道岔定位柱及拉出值应保证两接触线交叉点位于设计规定的范围内。侧线接触线应高出正线接触线10～20 mm。非支抬高量应符合设计要求。

(5)复式交分道岔采用交叉布置方式时,两接触线应相交于道岔对称中心交点正上方处,且侧线接触线高出正线(重要线)的接触线10～20 mm,非支抬高应符合设计要求。复式交分和交叉渡线的交叉点允许横、纵向偏差均为50 mm。

(6)线岔始触区不得安装线夹。

10. 安全及环保要求

(1)安全要求

1)施工人员施工前必须经过安全培训。

2)高处作业人员必须带好安全带,用脚扣上杆作业必须培训合格后方可上岗。

3)所有施工人员必须佩戴安全帽,施工时定位索下方严禁人员逗留、经过。

4)施工用所有工具、材料应用小绳进行吊卸。

5)在雨雪天气不得使用脚扣上下圆管钢柱。

6)使用梯子时要拉好绳索,防止倾倒。

(2)环保要求

1)减少噪声污染。

2)施工完成后现场不留杂物,瓷瓶包装物应随时收集统一处理。

3)注意对周边自然环境的保护。

9.2.27 供电系统工程柔性接触网棘轮补偿 a、b 值调整及坠砣限制架调整作业指导书

1. 适用范围

适用于杭州至海宁城际铁路机电工程柔性接触网棘轮补偿 a、b 值调整及坠砣限制架调整施工。

2. 作业准备

(1)外业准备

1)已办理施工作业令。

2)棘轮补偿 a、b 值及坠砣限制架调整作业的上道工序已完成,并通过监理检查验收,具备棘轮补偿 a、b 值及坠砣限制架调整施工条件。

(2)内业准备

1)已进行棘轮补偿 a、b 值及坠砣限制架调整技术交底。

2)准备接触网平面布置图、柔性悬挂下锚安装图、补偿安装曲线示意图。

3. 技术要求

(1)a 值允许偏差±50 mm, b 值应符合设计要求,施工允许偏差为±100 mm。

(2)在调整前首先要确认坠砣重量是否达到设计要求。

(3)棘轮坠砣距桥面(或地面)的距离应按照坠砣安装曲线进行安装。其中坠砣与地面或基础面之间的最小距离 b 值为新线延伸后与地面或基础面之间的距离。

(4)最高计算温度时棘轮大轮补偿绳应留有一圈,小轮最多缠绕 3.5 圈,且 a 值不得小于 500 mm。最低温度时棘轮大轮补偿绳最多缠绕 3.5 圈,小轮应留有一圈。

(5)b 值的安装曲线图应根据下锚补偿的张力来确定,单线下锚为 12 kN,双线下锚为 24 kN。

(6)坠砣限制架固定角钢安装方向与下锚延长线相垂直。

(7)坠砣限制架下底座安装高度为距地面 450 mm。

(8)坠砣缺口应相互错开 180°上下码放平整。

(9)坠砣限制管应与补偿绳平行,保证坠砣串应上、下灵活,无卡滞现象。

(10)坠砣抱箍应安装在坠砣串的中间一块坠砣上。

4. 施工程序与工艺流程

工艺流程如图 9.2.27-1 所示。

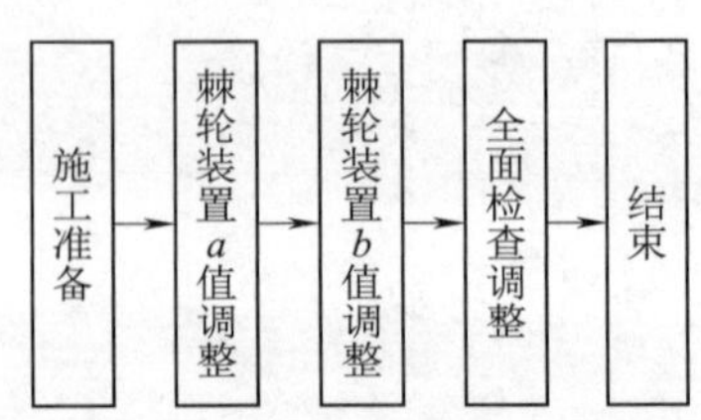

图 9.2.27-1 补偿 a、b 值调整工艺流程图

5. 施工要求

(1)施工准备:施工前对施工人员进行技术交底,

检查需调整的锚段内接触悬挂是否调整完毕，坠砣数量是否足够。

(2)棘轮装置 a 值的调整：作业人员用钢卷尺复测补偿滑轮 a 值，根据腕臂偏移曲线计算得出线索的最长伸长量，如果间距不符合设计要求，则用线索落锚的施工工艺进行调整，保证 a 值达到设计要求。

(3)棘轮装置 b 值的调整：作业人员根据设计安装温度曲线及环境温度，复核 b 值，未达标应调整到设计标准。调整时在竖直补偿绳坠砣上方约 1.5 m 的位置卡一个紧线器，在紧线器上挂一台拉力足够的倒链葫芦，在坠砣压板处挂一个钢丝套子，用葫芦的下端钩在套子上，摇动倒链葫芦，使补偿绳松弛，根据测得的 b 值调整补偿绳下端的双耳线夹内补偿绳的长度，最终使 b 值符合设计要求，如图 9.2.27-2 所示。

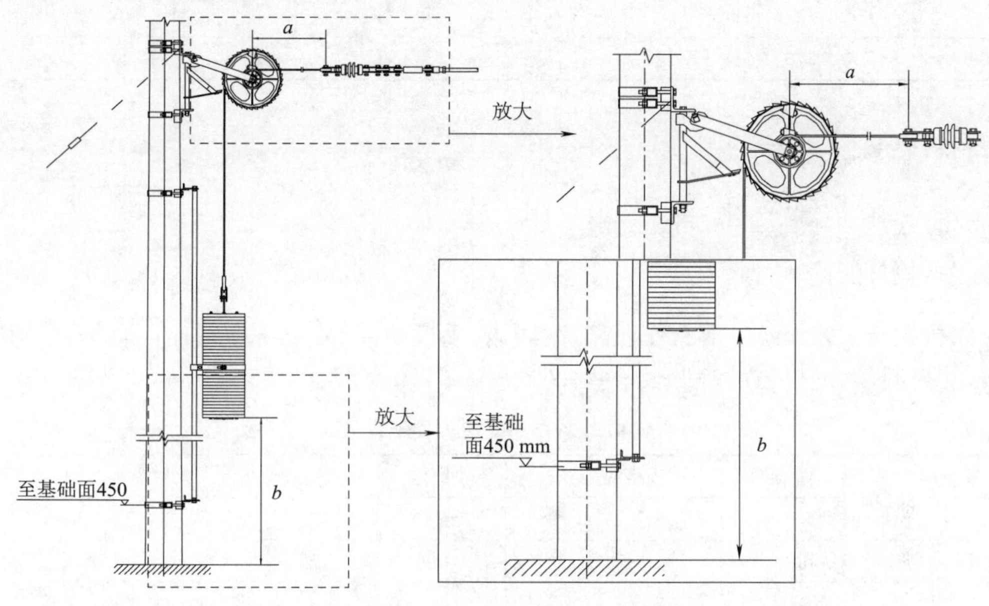

图 9.2.27-2　棘轮补偿 a、b 值示意图

(4)全面检查调整：完成后，向上推动坠砣串，观察坠砣串是否灵活，有无卡滞现象，检查滑轮是否偏磨或坠砣抱箍磨导管等，并进行克服，将补偿绳尾绳盘成直径 200 mm 的圈固定在补偿绳本体上。按照安装图将坠砣限制架调整到位。

(5)结束：完成当日施工任务后收回工具，施工负责人填写施工记录。

6. 劳动组织

(1)劳动力组织方式：采用架子队组织模式。

(2)作业人员数量应根据施工条件、工期要求进行合理配置，见表 9.2.27-1。

表 9.2.27-1　柔性接触网棘轮补偿及限制架调整施工人员配置表

序　号	项　目	单　位	数　量	备　注
1	架子队长	人	1	
2	施工技术负责人	人	1	全面负责现场施工组织及协调
3	工班长	人	1	组织及协调现场施工

续上表

序　号	项　目	单　位	数　量	备　注
4	安全员	人	2	安全瞭望、检查、提醒
5	材料员	人	1	材料管理
6	质检员	人	1	质量检查控制
7	试验员	人	1	质量控制
8	领班员	人	1	
9	现场负责人	人	1	现场施工组织及协调
10	作业人员	人	3	作业车操作 2 人,地面辅助 1 人
11	作业车司机	人	2	正、副司机各 1 人
12	防护人员	人	3	驻站 1 人,现场 2 人

7. 材料要求

无。

8. 设备机具配置

施工机械及工艺设备主要有作业车、断线钳、手扳葫芦等,设备须有出厂合格证及相关证件。现场具体投入的机械设备见表 9.2.27-2。

表 9.2.27-2　设备机具配置表

序　号	名　称	规格或型号	单　位	数　量	备　注
1	作业车		台	1	
2	断线钳	弧口	把	1	
3	钢锯		把	1	带锯条若干
4	手锤	1.5 kg	把	1	
5	安全带		条	1	
6	手板葫芦	3 t	套	1	带 2 个钢丝套或尼龙套
7	钢卷尺	2 m	把	2	
8	作业凳	0.9 m 高	个	1	
9	小绳	ϕ10	条	1	15 m 长
10	温度计		个	1	
11	安全帽		顶	4	作业人员人均 1 顶
12	防护用具		套	3	防护人员人均 1 套
13	紧线器		套	2	

9. 质量控制及检验

(1)承力索、接触线在棘轮装置的额定张力应符合设计要求,棘轮装置重量的偏差为额定重量的±1.5%(坠砣串重量含坠砣杆、坠砣抱箍及连接的楔形线夹重量),限制架安装应符合设计要求，补偿转动灵活，坠砣无卡滞现象。

(2)张力棘轮装置的调整应符合设计安装曲线，坠陀距地面偏差不大于±200 mm，在任何情况下坠砣距地面的距离不能小于200 mm。坠陀完整，码放整齐，表面光洁，连接螺栓紧固，螺栓外露部分涂防腐油。

10. 安全及环保要求

(1)安全要求

1)施工人员施工前必须经过安全培训。

2)高处作业人员必须带好安全带，用脚扣上杆作业必须培训合格后方可上岗。

3)所有施工人员必须佩戴安全帽，施工时定位索下方严禁人员逗留、经过。

4)施工用所有工具、材料应用小绳进行吊卸。

5)在雨雪天气不得使用脚扣上下圆管钢柱。

6)使用梯子时要拉好绳索，防止倾倒。

(2)环保要求

1)减少噪声污染。

2)施工完成后现场不留杂物，瓷瓶包装物应随时收集统一处理。

3)注意对周边自然环境的保护。

9.2.28 供电系统工程柔性接触网电连接安装作业指导书

1. 适用范围

适用于杭州至海宁城际铁路机电工程柔性接触网电连接安装施工。

2. 作业准备

(1)外业准备

1)已办理施工作业令。

2)计划施工区段接触悬挂已调整到位。

3)电连接安装的上道工序已完成,并通过监理检查验收,具备电连接安装施工条件。

(2)内业准备

1)已进行电连接安装施工技术交底。

2)准备接触网平面布置图,准备电连接安装位置表。

3. 技术要求

(1)非绝缘锚段关节处、道岔处设电连接,均采用 120 mm^2 软铜绞线,电连接载流截面应满足最大电流的要求;链形悬挂区段每隔一定距离在承力索、接触线之间设横向电连接。电连接设置不得影响受电弓的正常取流。

(2)电连接安装时线索及电连接线夹接触面应清理干净,涂一层电力复合脂。连接螺栓应逐个循环拧紧,符合要求力矩。

(3)接触线电连接线夹处导高应与最近整体吊弦处导高相等,安装后吊弦不得卸载。电连接线安装后应垂直于接触线,且顺直完好,电连接线不得有散股和断股现象。

(4)电连接间及点连接线与承力索间采用直径约 1.5 mm 的单股铜线进行绑扎,如图 9.2.28-1 所示。

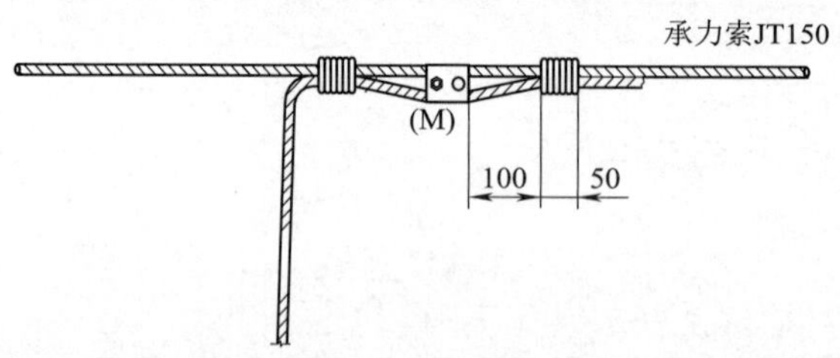

图 9.2.28-1 电连接间绑扎尺寸图(单位:mm)

(5)电连接在软铜绞线上固定时,在软铜绞线处缠绕 0.5 mm×5 mm 铜包带,防止损伤软铜绞线。

(6)电连接承力索与承力索间驰度预留为 1/2 承导间距,关节道岔均以承导间距大的为准。

(7)安装关节及道岔电连接时应按实际温度考虑线材的伸缩量,保证平均温度时两支承力索线夹在同一垂面。

(8)测量关节电连接安装尺寸时，不要给承力索、接触线施加外力，以免影响测量精度。

(9)对同一渡线的两组线岔，如无横向分段，则可取消一组电连接，交叉渡线的对称中轴处(菱形道岔)不设电连接。

4. 施工程序与工艺流程

工艺流程如图 9.2.28-2 所示。

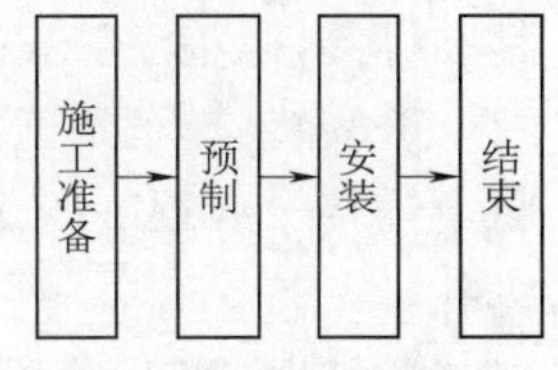

图 9.2.28-2　电连接安装工艺流程图

5. 施工要求

(1)施工方法及种类

电连接安装应在实际测量的基础上进行预制，预制完成按照测量时的位置进行安装，根据悬挂形式的不同，电连接的安装形式也分为多种：链形悬挂锚段关节电连接、链形悬挂道岔电连接、股道电连接(三种形式：单承单导＋单承单导、双承双导＋双承双导、单承单导＋双承双导，如图 9.2.28-3 所示。

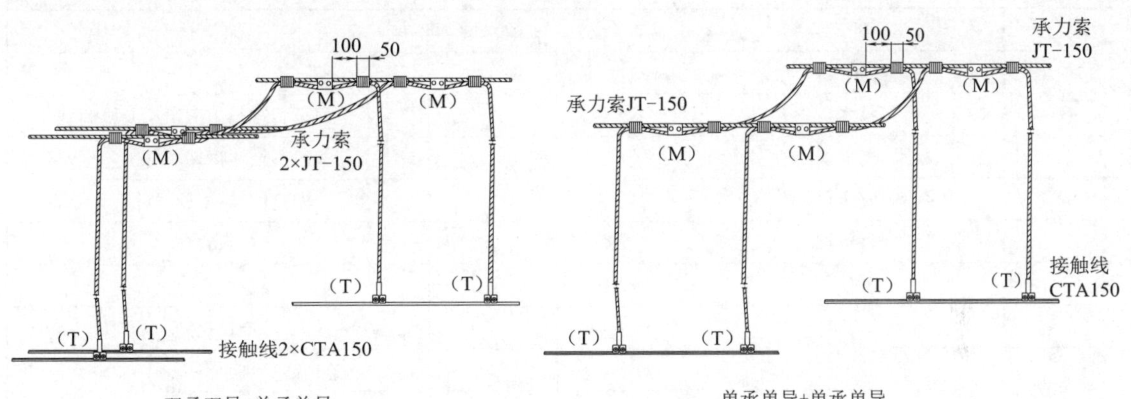

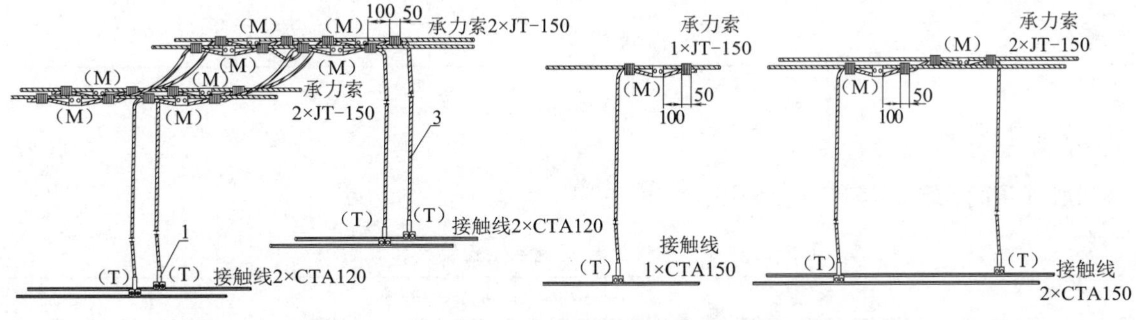

图 9.2.28-3　电连接安装示意图(单位：mm)

(2)施工步骤

1)施工准备：对作业人员进行专题技术交底培训，使其熟悉掌握压接工具和操作方法及技术标准，清楚安全注意事项，并进行样板安装，作业人员应通过考核，合格后方可上岗作业。施工人员在准备安装电连接的位置按连接方式进行测量，测量出该处的承力索(或吊索)至承力索(或吊索)、承力索(或吊索)至接触线的直线距离，技术人员根据电连接安装形式加上温度偏移、线夹长度、绑扎长度及预留弹簧圈长度得出每根电连接的下料长度。

2)预制：在线盘上截取计算所长度的电连接线，两端压接号直式电连接线夹，并在线夹上粘贴标签，标签注明安装位置，将电连接盘起包扎备用，在外包装上也要注明安装位置。

3)安装：梯车到达指定安装位置后，施工人员先模拟安装电连接，待各部位符合要求后，再将电连接线夹逐一拧紧并用扭矩扳手检验。在拧紧的同时在需要绑扎的位置按要求进行绑扎。

4)结束：施工结束，施工负责人填写安装记录。

6. 劳动组织

(1)劳动力组织方式：采用架子队组织模式。

(2)作业人员数量应根据施工条件、工期要求进行合理配置，见表 9.2.28-1。

表 9.2.28-1　柔性接触网电连接安装施工人员配置表

序　号	项　目	单　位	数　量	备　注
1	架子队长	人	1	
2	施工技术负责人	人	1	全面负责现场施工组织及协调
3	工班长	人	1	组织及协调现场施工
4	安全员	人	2	安全瞭望、检查、提醒
5	材料员	人	1	材料管理
6	质检员	人	1	质量检查控制
7	试验员	人	1	质量控制
8	领班员	人	1	
9	现场负责人	人	1	现场施工组织及协调
10	操作人员	人	3	
11	辅助人员	人	3	

7. 材料要求

所使用的物资已经完成进场报验。详细配置见表 9.2.28-2。

表 9.2.28-2　柔性接触网电连接安装材料配置表

序　号	材　料	单　位	数　量	备　注
1	电连接	根	2	
2	承力索电连接线夹	套	4	
3	接触线电连接线夹	套	4	
4	电力复合脂	管	1	

8. 设备机具配置

施工机械及工艺设备主要有梯车、压接钳等，设备须有出厂合格证及相关证件。现场具体投入的机械设备见表 9.2.28-3。

表 9.2.28-3　设备机具配置表

序　号	名　称	规　格	单　位	数　量	备　注
1	梯车	4.4 m	台	1	
2	压接钳		把	1	
3	力矩扳手		把	1	
4	温度区线表		套	1	
5	电力脂		盒	若干	
6	线坠		个	1	

9. 质量控制及检验

(1)电连接线或电缆所用材质、线夹规格型号及安装形式应符合设计要求，并预留因温度变化接触悬挂产生伸缩的位移长度。

(2)电连接线的安装位置应符合设计要求，偏差不大于±200 mm，在任何情况下均应满足带电距离要求。

(3)电连接线与线夹接触应良好，并涂电力复合脂，电连接线夹应端正牢固，螺栓紧固力矩应符合设计要求。

10. 安全及环保要求

(1)安全要求

1)施工人员施工前必须经过安全培训。

2)高处作业人员必须带好安全带，用脚扣上杆作业必须培训合格后方可上岗。

3)所有施工人员必须佩戴安全帽，施工时定位索下方严禁人员逗留、经过。

4)施工用所有工具、材料应用小绳进行吊卸。

5)在雨雪天气不得使用脚扣上下圆管钢柱。

6)使用梯子时要拉好绳索，防止倾倒。

(2)环保要求

1)施工完毕应将剩料、废料全部运出场地，集中处理。

2)包装物及时回收。

3)减少噪声污染。

9.2.29 供电系统工程柔性接触网设备安装作业指导书

1.适用范围

适用于杭州至海宁城际铁路机电工程柔性接触网设备安装施工。

2.作业准备

(1)外业准备

1)已取得轨行区施工作业命令。

2)施工区段已封闭,无行车干扰。

3)设备安装上道工序已完成并通过监理检查验收,具备设备安装条件。

(2)内业准备

1)进行设备安装技术交底。

2)准备好接触网平面布置图、安装图纸和设备说明。

3.技术要求

(1)隔离开关

1)隔离开关底座上面要确保水平,并且底座上两安装槽钢要平行。

2)开关拐臂的角度要调至45°。

3)隔离开关刀闸在任何状态下都要与其他接地体保证200 mm的安全距离。

4)当开关打开时刀闸部分与接线铜排之间最小绝缘间隙不得小于250 mm。

5)开关主刀闸与接地刀之间联锁要准确、灵活,不得有卡滞,当主刀闸完全闭合时,接地刀要保证与开关绝缘子保持90°。

6)开关主轴与拐臂连接时,应使花键块在固定块开口的反方向,如图9.2.29-1所示。

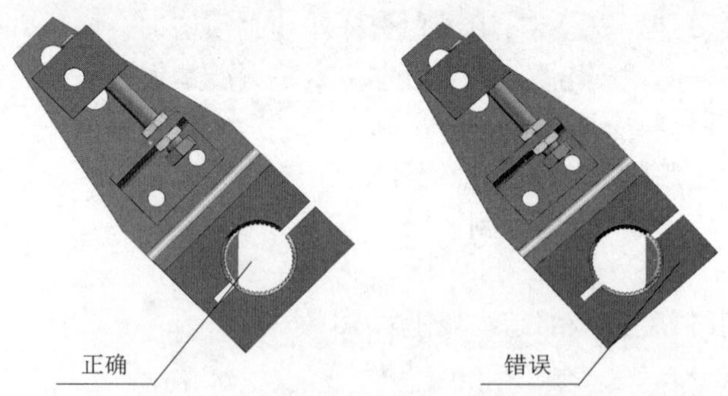

图9.2.29-1 开关主轴与拐臂连接示意图

7)连接开关的400 mm² 电缆的转弯半径应≥20D(D为400 mm² 电缆的外径),连接开关的150 mm² 电缆的转弯半径应≥6d(d为电缆的外径),且过渡美观,电缆爬越绝缘子时应与绝缘子裙边有一定的间隙。

8)接线端子、电连接线夹等有电气连接的部件安装时必须在接触面上涂抹电力脂,并且要涂抹均匀。

9)在场区内钢支柱上安装的开关，操作机构箱下的地面应做 800 mm×1 000 mm 的水泥平台。

10)电缆在与腕臂绑扎时需留出足够余量，防止腕臂随温度变化移动时电缆扯得太紧。

(2)分段绝缘器

1)分段绝缘器的安装位置(无论是在直线或是曲线上)，接触线的拉出值应为零，最大允许拉出值误差范围为±50 mm。

2)分段绝缘器必须位于承力索或吊索绝缘子的正下方。

3)接触线和导流板之间的过渡必须尽可能地平缓。

4)分段绝缘器及导流板与受电弓的接触面必须平行于轨平面。

5)调整完毕后，要将各部位螺栓、螺母拧紧，达到设计扭矩值。

6)接触线连接线夹螺杆的紧固力矩为 5 daN·m，副帽的紧固力矩为 2 daN·m，接触线定位线夹和导流板固定螺母，紧固力矩为 5 daN·m。

7)当分段绝缘器位于交叉渡线时，应保证受电弓从其他线路通过时不能碰触分段绝缘器的导流板，并保证受电弓最外沿与分段绝缘器瞬间距离＞100 mm。

(3)避雷器

1)带串联间隙避雷器保证其放电间隙为 60 mm±3 mm。

2)避雷器接地工频电阻不大于 10 Ω。

3)避雷器电连接电缆在与腕臂绑扎前需留出足够余量，防止腕臂随温度变化移动时电缆扯得太紧。

4)与开关配套安装时，应保证开关支架水平，操作动作灵活。

4. 施工程序与工艺流程

隔离开关安装工艺流程如图 9.2.29-2 所示。分段绝缘器安装工艺流程如图 9.2.29-3 所示。避雷器安装工艺流程如图 9.2.29-4 所示。

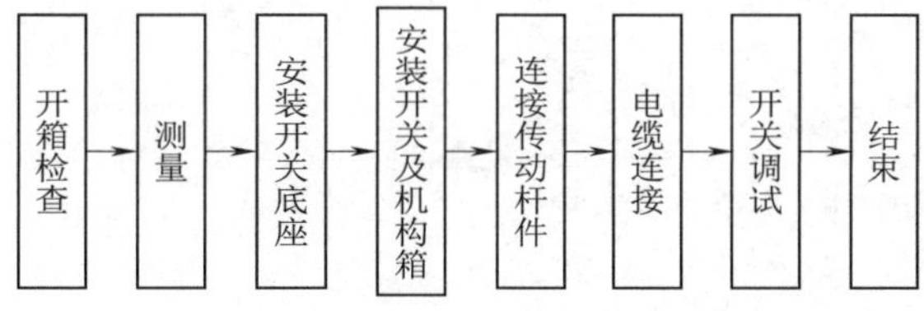

图 9.2.29-2　隔离开关安装工艺流程图

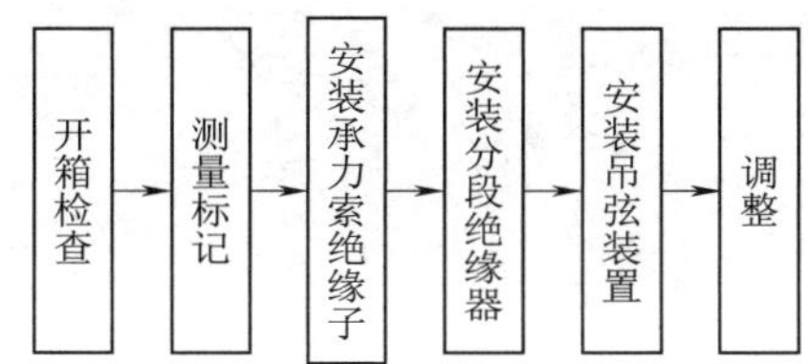

图 9.2.29-3　分段绝缘器安装工艺流程图

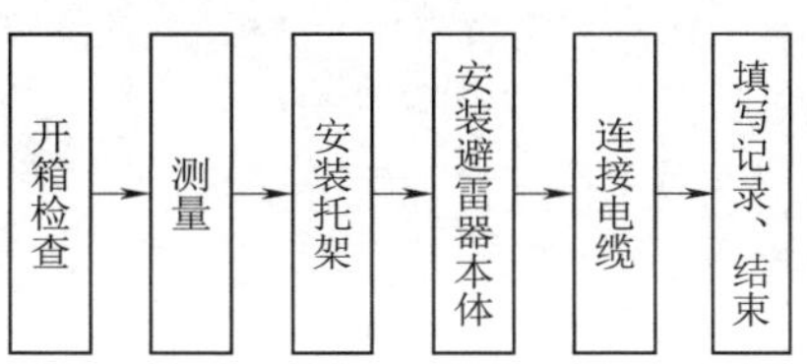

图 9.2.29-4　避雷器安装工艺流程图

5. 施工要求

(1)施工方法

1)隔离开关

杭海城际铁路柔性悬挂隔离开关分电动隔离开关和手动隔离开关,隔离开关一般由底座、开关本体、操作机构、传动杆件构成。手动隔离开关还包括电源显示装置;电动隔离开关包括一套行程开关系统,通过信号电缆连接能在变电所内直观的监测开关的开合闸状态。

安装形式有库内结构柱或侧墙安装和库外钢支柱上安装。一般库内结构柱或侧墙安装需预留固定底座的螺栓,在没有预留时,则需根据设计施工图纸,和厂家提供的经设计确认的安装图纸和说明,安装锚栓固定隔离开关底座。库外钢柱上需根据设计施工图纸要求在合适的位置,按厂家提供的经设计确认的安装图纸和说明的安装连接方式进行隔离开关安装。隔离开关本体和操作机构安装到位后,连接传动杆件,连接上网电缆、接地电缆、电源电缆、信号电缆。最后进行调试,邀请厂家人员配合调试工作,主要调试传动机构与隔离开关分合闸配合的连续性及稳定性。

2)分段绝缘器

柔性悬挂分段绝缘器按照安装部位分为双承双导分段绝缘器、单承单导分段绝缘器、简单悬挂分段绝缘器。分段绝缘器起到电分段的作用,场段库内外分区、库外电分区、场段与正线电分区都要设置分段绝缘器。

分段绝缘器的安装采用人工方式利用梯车进行施工,在有条件的情况下也可以利用作业车进行施工。两种施工方法的施工步骤是相同的。在柔性悬挂分段绝缘器的安装施工中,采用一套厂家提供的专用工具进行安装,该工具包括:张力转接器、液压手动泵、JG3207 调整板等。

3)避雷器安装示意如图 9.2.29-5 和图 9.2.29-6 所示。

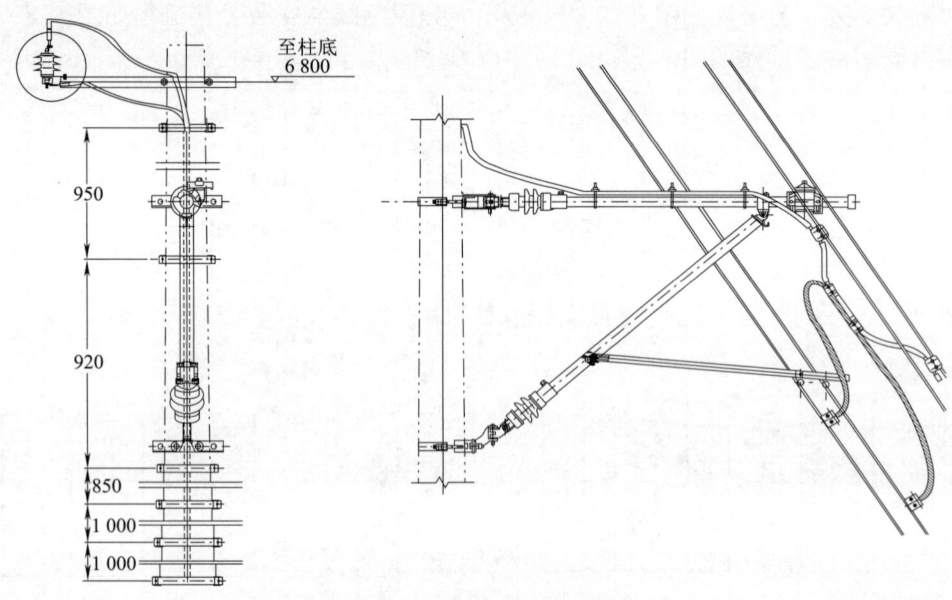

图 9.2.29-5　避雷器安装示意图(单位:mm)

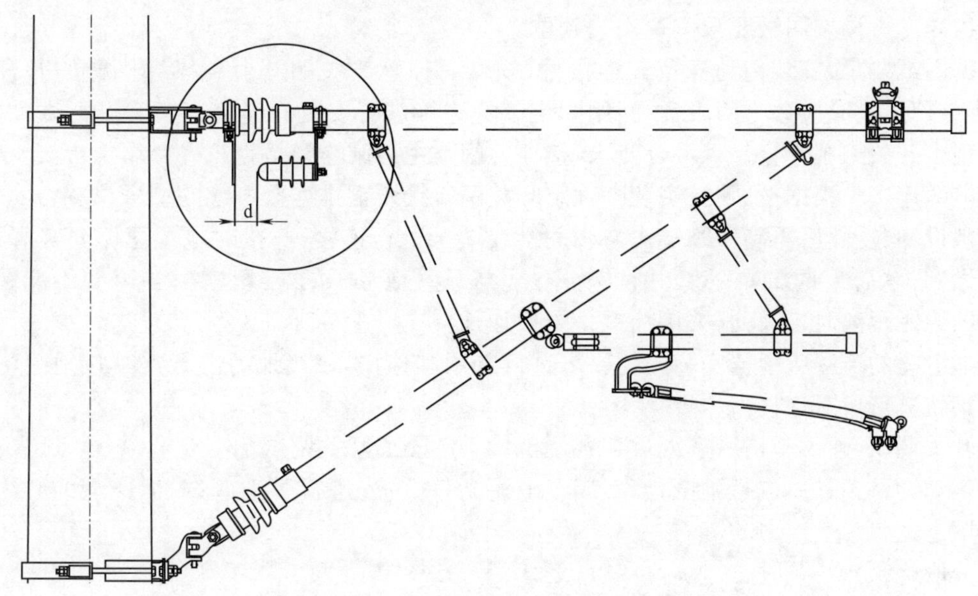

图 9.2.29-6　串联间隙避雷器安装示意图

所有隧道口处柔性接触网上设置 DC 1 500 V 直流无间隙氧化锌避雷器；避雷器上端采用 150 mm^2 软电缆经过腕臂与承力索进行连接，软电缆与导线间采用 120 mm^2 软铜绞线进行连接，连接方式见避雷器安装示意图。

高架区段未设置无间隙氧化锌避雷器的支柱平腕臂处设置串联间隙避雷器，安装在平腕臂棒式绝缘子与腕臂支撑间，具体放电间隙见技术交底。

上网馈线隔离开关处避雷器上口与隔离开关进线端铜排用 150 mm^2 软电缆连接，避雷器下口通过 1 根 150 mm^2 软电缆连接至接地极；隧道洞口处柔性接触网避雷器上口与接触网承力索通过 1 根 150 mm^2 软电缆连接，避雷器下口通过 1 根 150 mm^2 软电缆连接至接地极。

安装方法与隧道洞口处柔性接触网 DC 1 500 V 氧化锌避雷器(无间隙)安装方法相同。

(2)施工步骤

1)隔离开关

①设备到货后，要及时联系监理单位进行开箱检查，检查设备是否完好，零件是否齐全，各种配件是否符合设计要求，使用说明书、合格证、电气试验报告等技术资料是否完备。

②确定预留。根据开关安装图纸等资料检查、测量开关安装位置是否有为开关安装预埋的螺栓及螺栓尺寸是否正确。如果没有则要按照安装图纸进行打孔及锚栓安装。电缆孔洞的预留应提前与土建单位进行沟通，确保路径通畅。

③安装底座。根据安装位置和安装图确定开关底座安装形式及位置，并进行安装。安装时注意，不管是结构柱、墙壁还是支柱上安装高度必须符合设计要求，用水平尺调整至水平。

④安装隔离开关本体，注意观察隔离开关带电部位与周围接地体之间的安全距离，利用连接螺栓紧固，扭矩达到设计要求。在库内手动开关上同时还要安装一套带电显示指示灯，通过指示灯的颜色变化可以判断该股道是带电状态还是停电状态。

⑤将操作机构按图纸要求位置安装到位。

根据图纸要求,安装传动杆及其连接件,安装时注意开关的开合与操纵机构的开合要一致,当操纵杆过长时应分为两段,中间用固定装置连接进行安装。连接完毕应进行试验操作,操作时观察开关刀闸开合是否符合要求,接地刀闸与主刀闸连锁是否正确可靠。

⑥电缆连接。根据平面图、安装图确定开关两端接线铜排连接电缆的型号、数量。电缆应先进行敷设、固定然后再制作终端头与开关接线端子进行连接,连接时电缆总体要美观,每根电缆要做到长短、弯曲方向一致,并且保证电缆与开关绝缘子的绝缘距离,当电缆不能保证与绝缘子的绝缘距离时,应将开关接线铜排更换加长。

接地电缆的连接应根据安装图的要求进行选用和连接,带接地刀的开关其接地刀闸通过电缆与钢轨进行可靠连接。

⑦开关调试,建议邀请厂家人员配合调试。手动隔离开关调试不需要电源;电动隔离开关当满足电动调试条件后进行调试,当不满足电调条件,可先进行手动调试,但送电前必须进行电动调试。

2)分段绝缘器

①开箱检查:设备到货后,要及时通知监理单位进行开箱检查,检查设备是否完好,零件是否齐全,技术资料是否齐全。

②测量、标记:首先根据平面图所示测量找出分段绝缘器安装的中心位置,并在承力索或吊索和接触线上做好标记,根据绝缘子长度、分段绝缘器长度及分段绝缘器中心位置,计算并测量出承力索或吊索和接触线断线点位置并标记。

③安装承力索或吊索绝缘子:在承力索或吊索上安装紧线工具,将承力索或吊索摇松,在断线点进行断线安装承力索或吊索终端线夹,连接绝缘子后,松动紧线工具,观察绝缘子及连接件受力情况,确认连接可靠后,撤出紧线工具,完成承力索或吊索绝缘子安装。

3)安装分段绝缘器

①安装分段绝缘器之前,应先把绝缘器底座两端的 M14 调节螺栓松至极限,以螺杆底部不突出于底座下方为准,如图 9.2.29-7 所示。

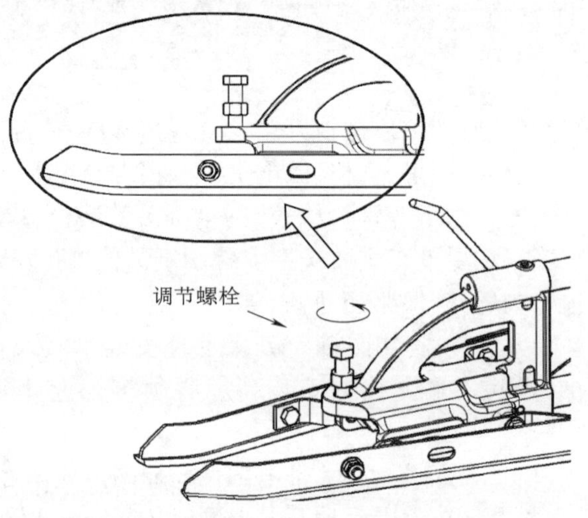

图 9.2.29-7　绝缘器底座两端的 M14 调节螺栓

②在已架设的接触线上预留 828 mm 的间距，两端分别装上一个接触线连接线夹。828 mm 的中心点为前边测量的分段绝缘器的中心位置，如图 9.2.29-8 所示。

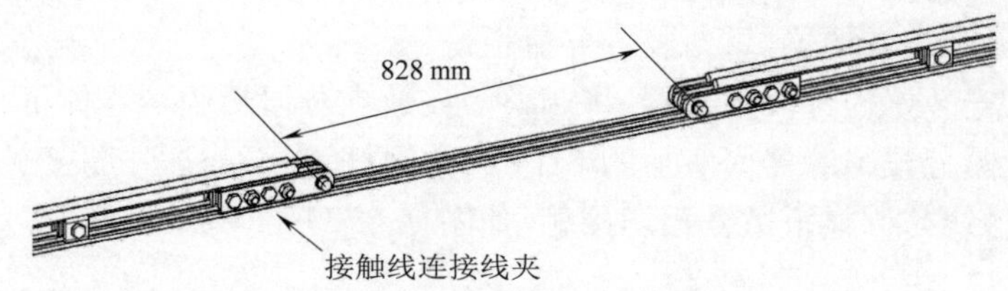

图 9.2.29-8　接触线连接线夹

③将四根(单导时两根)至少 800 mm 长的接触线(作为加强肋)用接触线夹与接触线紧固连接(螺杆的紧固力矩为 5 daN·m，反制螺母紧固力矩为 2 daN·m)，将定位线夹和悬吊挂钩嵌入加强肋和接触线之间，用手临时上紧螺母，如图 9.2.29-9 所示。

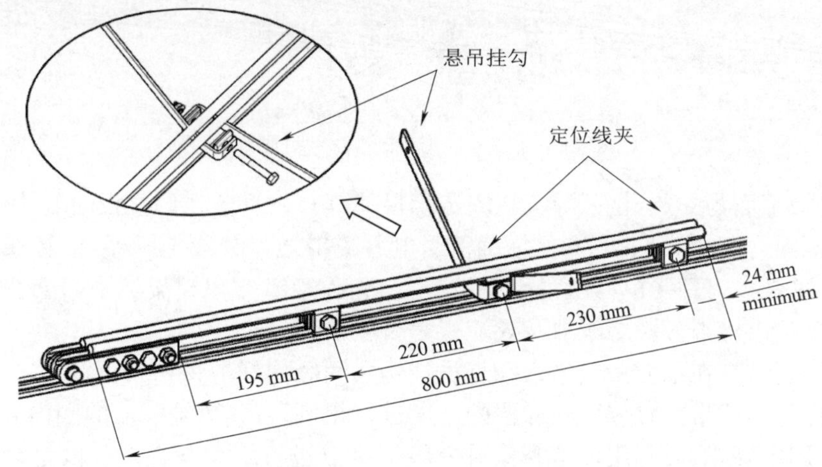

图 9.2.29-9　装配间距示意图

④利用分段绝缘器安装专用工具张力转接器、液压手动泵将接触线的两个接触线连接线夹间的接触线拉松。

⑤在两个接触线连接线夹之间，接触线中间部位，切断接触线。将断线向上弯曲约 45°，然后尽可能贴近接触线连接线夹顶端，切断两端接触线，如图 9.2.29-10 所示。

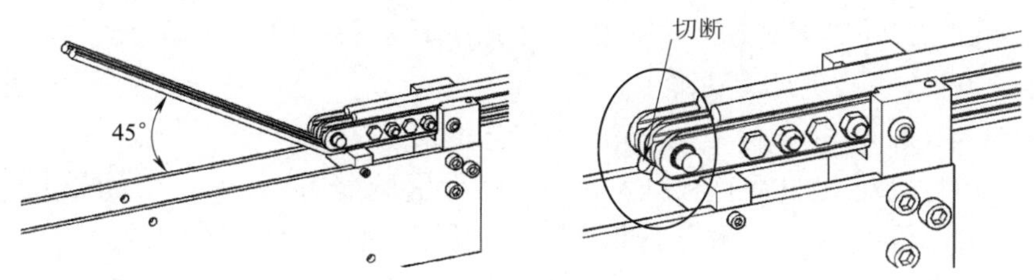

图 9.2.29-10　接触线断开示意图

⑥将分段绝缘器本体架设在接触线上，通过手动泵施加压力，使接触线连接线夹中心轴与分段绝缘器本体底座的开口槽完全嵌入到位。

⑦分段绝缘器安装就位后，轻缓地释放手动泵液压，确保液压缓解过程中，接触线连接线夹的中心轴仍位于分段本地底座U槽内。从系有止动销链条的一侧，拆下两支分段绝缘器的导流板。当用手可以自由转动张力转接器上的止动销时，意味着分段绝缘器已安装到位。此时拔出止动销，移除张力转接器，重新装上导流板。

⑧开始调整已安装好的分段绝缘器，将调整板安放在分段绝缘器本体下方，确保伸缩箍带切实固定到位。旋紧分段绝缘器底座上的M14调节螺杆，直至与加强肋接触。然后继续旋紧调节螺杆，直至接触线与调整板边缘相切接触，如图9.2.29-11所示。

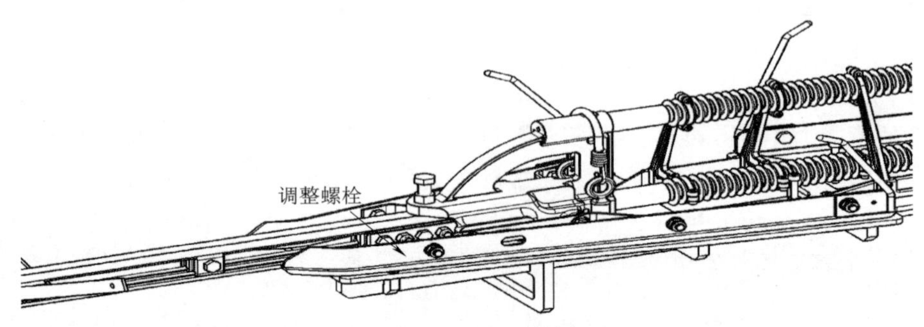

图9.2.29-11　调节螺杆示意图

⑨以调整板平面为参照，松开导流板固定螺母使其自由垂落在调整板面上，随后上紧导流板固定螺母，紧固力矩为5 daN·m。为确保受电弓平滑通过分段绝缘器，接触线和导流板之间的过渡必须平缓。可用受电弓测量仪或尺子，在分段绝缘器和导流板平面上往复模拟受电弓通过时的情况，以检查分段绝缘器及导流板是否安装到位。

4)安装吊弦装置：在承力索或吊索和悬吊挂钩之间装配好吊弦和调整螺栓。

5)调整：首先利用吊弦对分段绝缘器的高度进行粗调，待分段绝缘器的底面高度接近标准导高时将吊弦固定好，然后利用调整螺栓对分段绝缘器进行细调。直至分段绝缘器两端高度达到设计要求为止。

6)避雷器

①串联间隙避雷器安装

a.拧下抱环平腕臂棒式绝缘子上的U形螺栓的螺母，将避雷器安装在绝缘子的高压端(腕臂侧)。然后拧上螺母(不要拧紧)，使避雷器挂在横杆的下方，结束高压端的安装。

b.拧下抱环b上的螺母，将抱环b安装在绝缘子的低压端(绝缘子接地侧)。保证抱环b紧靠绝缘子下端凸沿，使其与绝缘子电极端密实接触。然后拧紧抱环，使其紧固，不得松动，完成低压端安装，如图9.2.29-12所示。

c.打开包装箱，取出随箱附带的定位块。定位块上有一个插入口，将已经固定好的抱环b的垂直板插入其中，然后沿腕臂方向前后拖动避雷器，利用定位板调整避雷器与抱环b之间的垂直间隙D在60 mm±3 mm。间隙确定之后，将抱环a上的螺母抱环进行预紧固，抱环a不再滑动后，将定位板取下，最后拧紧抱环a固定螺母，不得松动，安装完毕。

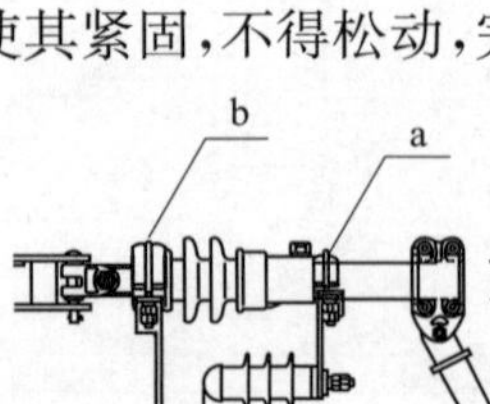

图9.2.29-12　串联间隙避雷器安装

②支柱避雷器

a. 设备到货后,要及时通知监理单位进行开箱检查,检查设备是否完好,零件是否齐全,检查合格证、说明书等技术资料是否齐全,避雷器型号与设计是否一致。

b. 根据设计施工图纸,测量并标记定位避雷器安装位置。

c. 根据安装图选择合适的避雷器底座,按标记位置进行安装,托架应安装水平。

d. 将避雷器本体吊装至托架上,将避雷器螺栓孔与托架螺栓孔对位,穿入螺栓,并进行紧固,达到设计扭矩值。避雷器应呈竖直状态。

e. 安装接地电缆和电连接电缆:接地电缆应从避雷器接地端子引出后通过支柱固定接至接地极上,电连接电缆根据安装部位不同,从避雷器高压接线端子分别接至接触网或开关铜排上,如图 9. 2. 29-13 所示。

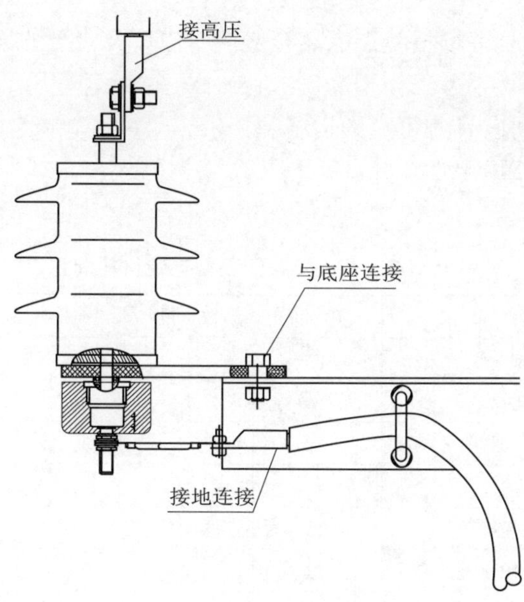

图9. 2. 29-13 接地电缆和电连接电缆安装示意图

检查调整完毕后,填写工程记录,结束。

6. 劳动组织

(1)劳动力组织方式:采用架子队组织模式。

(2)作业人员数量应根据施工条件、工期要求进行合理配置,见表 9. 2. 29-1。

表 9. 2. 29-1 柔性接触网设备安装施工人员配置表

序 号	人 员	单 位	数 量	备 注
1	架子队长	人	1	
2	施工技术负责人	人	1	全面负责现场施工组织及协调
3	工班长	人	1	组织及协调现场施工
4	安全员	人	2	安全瞭望、检查、提醒
5	材料员	人	1	材料管理

续上表

序　号	人　员	单　位	数　量	备　注
6	质检员	人	1	质量检查控制
7	试验员	人	1	质量控制
8	领班员	人	1	
9	现场负责人	人	1	现场施工组织及协调
10	技术人员	人	2	技术指导
11	技术工人	人	5	

7. 材料要求

所使用的物资已经完成进场报验。隔离开关应有以下几点要求：

(1)明显的断开点。

(2)隔离开关断开点间应具有可靠的措施。

(3)应具有足够的短路稳定性。

详细配置见表 9.2.29-2。

表 9.2.29-2　柔性接触网设备安装材料配置表

序　号	材　料	单　位	数　量	备　注
1	避雷器	台	1	
2	避雷器托架	套	1	
3	分段绝缘器	套	1	含连接件
4	隔离开关	台	1	
5	隔离开关托架	套	1	
6	隔离开关操作机构	套	1	
7	隔离开关传动杆	根	1	

8. 设备机具配置

施工机械及工艺设备主要有吊车、断线钳、滑轮组、拉力计等，设备须有出厂合格证及相关证件。现场具体投入的机械设备见表 9.2.29-3。

表 9.2.29-3　设备机具配置表

序　号	名　称	规　格	单　位	数　量	备　注
1	裁纸刀		把	2	制作电缆头用
2	压接钳	配 400 型、185 型、150 型模具	把	2	带配套模具，制作电缆头用
3	热缩管	黑色	m	若干	制作电缆头用
4	剥线钳		把	2	
5	喷灯		个	2	热缩电缆头用

续上表

序号	名称	规格	单位	数量	备注
6	绝缘胶带	黑色	卷	若干	制作电缆头用
7	绝缘防水胶带	黑色	卷	若干	制作电缆头用
8	梅花或开口扳手		把	5	
9	扭矩扳手		把	2	
10	摇表		个	1	测量电缆绝缘
11	万用表		个	1	校线用
12	吊车	16 t	台	1	
13	梯车		台	1	
14	钢卷尺	5 m、10 m	把	各1	
15	安全带		条	5	
16	脚扣		套	3	
17	水平尺		把	1	
18	电力脂		盒	若干	
19	分段安装专用工具		套	1	
20	棕绳		根	2	
21	线坠		个	1	

9. 质量控制及检验

(1)质量控制

1)设备的开箱检查,要仔细确认各项指标是否达到要求,电缆在安装前要进行绝缘测试。

2)设备运输时要注意道路情况,吊装时选用合适的吊车作业。

3)在各种电气连接线夹、接线端子、接线铜排的接触面上要涂抹电力脂。

4)各部位螺栓、螺母紧固力矩要达到设计要求。

5)设备电缆连接完成后要校线,确保接线正确。

(2)质量检验

1)用摇表测试电力电缆是否满足绝缘等级要求。

2)用万用表测试是否接线正确。

3)用力矩扳手检查连接螺栓是否满足力矩要求。

4)用接地电阻测量仪测量接地电阻,检查是否满足要求。

5)目测观察各种电气连接线夹、接线端子、接线铜排的接触面是否涂抹电力脂。

10. 安全及环保要求

(1)安全要求

1)设备运输时要注意行车安全,注意瞭望,不平坦路段要减速行驶。

2)设备吊装时要选用合适的吊车,吊索要紧固牢靠,起吊过程中晃绳要拉紧,以防绝缘子碰撞支柱受到损伤。

3)电气测试时要做好绝缘设施,防止触电。

4)开关调试完毕应锁闭,防止闲杂人员打开。

5)分段绝缘器在安装时不得碰撞或踩踏绝缘器。

6)高处作业要系好安全带,禁止抛掷工料具。

7)在轨行区作业时,前后各 100 m 处需设置防护员及防护灯、防护旗灯,保持联络畅通。

(2)环保要求

1)设备包装物不得随意丢弃,集中处理。

2)施工完毕后的电缆皮等废弃物不得烧毁污染环境。

3)电力脂涂抹时要涂到接触面上,不得污染其他设备。

4)剩余电缆线头要分类回收,返回料库。

9.2.30　供电系统工程柔性接触网附加悬挂安装作业指导书

1. 适用范围

适用于杭州至海宁城际铁路机电工程柔性接触网附加悬挂安装施工。

2. 作业准备

(1)外业准备

1)已取得轨行区施工作业命令。

2)施工区段已封闭,无行车干扰。

3)施工区段轨道已达到设计要求。

4)附加悬挂上道工序已完成并通过监理检查验收,具备附加悬挂安装条件。

(2)内业准备

1)已进行附加悬挂安装技术交底。

2)根据图纸制作附加悬挂安装位置表。

3. 技术要求

(1)导线在同一截面处操作,符合下列情况时可不做处理:附加线只有一股损伤,其损伤深度小于直径的1/2;有轻微松散,受力后能复原的变形。

(2)按设计要求对导线及材料进行外观质量检查。

(3)线轴应呈水平状并与放线方向为90°,线盘离开地面约50～100 mm。

(4)滑轮高度与下锚角钢基本等高。

(5)放线速度一般为2 km/h。

(6)导线在展放过程中,防护人员应观察,注意不应发生摩擦、背扣、断股等现象。如万一发生,应立即停止展放,做好标记,以便处理。

(7)架空地线的安装与调整应保证架空地线在最大弛度情况下不侵入受电弓的动态包络线。

(8)架空地线应尽量避免跨越接触网悬挂。困难时,应注意校核架空地线在最大风偏及最大弛度情况下,与建筑物、带电体之间的安全距离。

(9)导线驰度应符合设计张力曲线的要求。附加导线张力也可采用根据环境温度计算弛度,用弛度板检测跨中的方法,但应在起、下锚及锚段中部检测不少于三个跨的弛度,最终判定附加导线张力是否符合设计要求。

(10)采用拉力计紧线时,张力达到额定张力的110%时,方可正式下锚。

(11)附加导线的固定,按设计要求的固定方式进行固定。固定时应用预交式护线条包裹,然后放入线夹内拧紧螺栓固定,固定螺栓紧固力矩应符合设计要求。

(12)高架段架空地线安装均为杵座鞍子安装方式。

(13)架空地线安装时应保证与带电体的绝缘距离不小于150 mm。

(14)架空地线肩架在门型梁上安装时,不要将架空地线抱箍安装在横梁接头处。

(15)隧道中架空地线安装高度一般为 4 300 mm,困难地段可适当降低,地线的安装必须满足绝缘距离及限界要求。

4. 施工程序与工艺流程

工艺流程如图 9.2.30-1 所示。

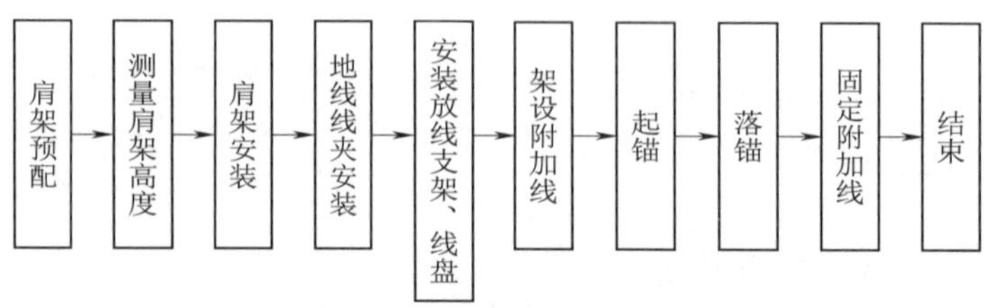

图 9.2.30-1　附加悬挂安装工艺流程图

5. 施工要求

(1)施工方法

施工中附加线主要为架空地线安装,主要分为地下和地上两部分,地下段的架空地线架设以接触网架线车牵引展放为主,地上段的架空地线架设以人工牵引架设为主。

(2)施工步骤

1)连接件预配:根据平面图及安装图对每根支柱安装的地线悬挂零件进行组配。对照平面图进行核对连接件型号是否符合设计要求,是否与支柱匹配,螺母垫圈是否齐全。

2)连接件安装:地线线夹(杵座鞍子)可在地面组装好,以减少高处作业。

3)安装放线支架和线盘:当一个锚段内所有架空地线连接件安装完毕后,可进行架空地线架设施工,首先进行安装放线支架和线盘的工作。采用人工牵引展放方法时,应在下锚柱附近平整线盘放置场地,支好放线支架,然后将线轴穿入线盘,吊放在线盘支架上,支起线盘。

4)展放附加线

①人工牵引展放(图 9.2.30-2),牵引人员自线盘处拉出附加线线头向起锚方向展放,当附加线展放出 4～6 跨左右时停止牵引,支柱上一人将铁线套挂在肩架上,挂上滑轮,用棕绳提吊起附加线,将附加线放入滑轮内。每根支柱依次采用同样方法,把附加线从锚段一端拉至另一端完成附加线展放作业。附加线在牵引过程中,通过报话机随时与看线盘人员联系。

②接触网架线车牵引展放时(图 9.2.30-3),应先进行起锚作业再进行展放。架线车到达起锚位置后,架线车平台上人员将制作好的终端线夹与落锚底座进行连接相连。起锚完成后,派一人并带一台对讲机看护线盘,操作放线架的张力控制装置,听从施工负责人的指挥,保证线盘张力恒定。作业平台升到适合操作高度,在每一悬挂点处停车,将附加线通过铁丝套放线滑轮悬挂在悬挂点的稳固位置上。架线车向前放线并进行依次悬挂,至落锚位置前 8～10 m 处停车。

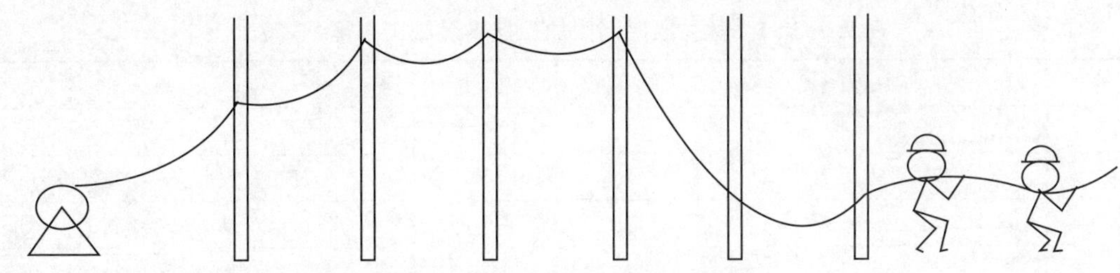
图 9.2.30-2 人工架设附加线

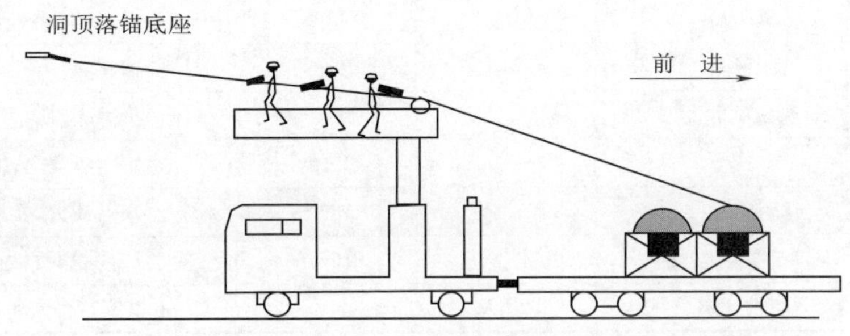

图 9.2.30-3 架线车架设附加线

③起锚(人工架设):在附加线端头制作安装终端线夹,用滑轮和棕绳将制作好的终端线夹拉至支柱上部,与落锚底座进行连接,起锚完毕。

④落锚:人工落锚时,在线盘处用人力拉导线,将导线回收。安装紧线器、拉力计,用倒链葫芦进行紧线。当拉力计显示张力达到要求时,停止紧线。将连接件托平,确定终端线夹安装位置,截断附加线导线,安装好终端线夹,与下锚件连接,松开倒链葫芦,取下紧线器和拉力计,完成落锚作业。

⑤架线车落锚时,落锚端人员与起锚端人员联系,当起锚端准备就绪后,加大线盘的张力,利用作业车开始预紧线,使各跨附加线弛度保持在 0.5 m 左右。当作业架转向支柱对正落锚底座时,将架线车一次停车到位。安装紧线器、拉力计,用倒链葫芦进行紧线,当拉力计显示张力达到要求时,停止紧线。将连接件托平,确定终端线夹安装位置,截断附加线导线,安装好终端线夹,与下锚件连接,松开倒链葫芦,取下紧线器和拉力计,完成落锚作业。

⑥弛度测量方法:一种方法是在落锚处利用张力计测量线索张力是否达标;另一种方法是利用激光测量仪在锚段中选择三处测量附加线悬挂点和跨中的高差以计算线索弛度。

⑦固定附加线:将附加线从滑轮内提出用地线线夹或杵座鞍子固定,收回铁线套子和放线滑轮。

⑧施工结束:回收线盘和起落锚等全部工具,清理场地,填写施工记录。

6. 劳动组织

(1)劳动力组织方式:采用架子队组织模式。

(2)作业人员数量应根据施工条件、工期要求进行合理配置,见表 9.2.30-1。

表 9.2.30-1　柔性接触网附加悬挂安装施工人员配置表

序　号	项　目	单　位	数　量	备　注
1	架子队长	人	1	
2	施工技术负责人	人	1	全面负责现场施工组织及协调
3	工班长	人	1	组织及协调现场施工
4	安全员	人	2	安全瞭望、检查、提醒
5	材料员	人	1	材料管理
6	质检员	人	1	质量检查控制
7	试验员	人	1	质量控制
8	领班员	人	1	
9	现场负责人	人	1	现场施工组织及协调
10	看线盘	人	2	负责线盘安全、检查附加线
11	牵引附加线	人	15	牵引动力,展放附加线
12	安装肩架、挂线	人	10	把附加线提放到滑轮内
13	防护人员	人	2	道口等有行人通过处的防护

7. 材料要求

所有物资已经完成进场报验。详细配置见表 9.2.30-2。

表 9.2.30-2　柔性接触网附加悬挂安装材料配置表

序　号	材　料	单　位	数　量	备　注
1	附加线肩架	个	按需	含连接件
2	附加线材	m	按需	
3	落锚角钢	套	2	
4	双环杆	套	2	
5	耐张线夹	套	2	
6	拉线	根	2	

8. 设备机具配置

施工机械及工艺设备主要有吊车、断线钳、滑轮组、拉力计等,设备须有出厂合格证及相关证件。现场具体投入的机械设备见表 9.2.30-3。

表 9.2.30-3　设备机具配置表

序　号	名　称	规　格	单　位	数　量	备　注
1	汽车	5 t	辆	1	运输线盘和放线架
2	汽车式起重机	8 t	辆	1	吊车
3	放线架		套	1	支线盘
4	放线轴	ϕ50 mm 圆钢	根	1	

续上表

序　号	名　称	规　格	单　位	数　量	备　注
5	厚木板		块	1	用于制动线盘
6	棕绳	ϕ25 mm	条	1	长约 15 m
7	棕绳	ϕ10 mm	条	5	约 15 m 带提线钩
8	报话机	GP88S	台	5	
9	断线钳		把	2	
10	滑轮组	1.5 t	组	1	落锚使用
11	紧线器		套	1	根据线材确定
12	温度计		个	1	测量环境温度
13	放线滑轮		个	50	
14	钢丝套子		个	2	
15	工具袋		个	1	
16	铁线	ϕ4.0	m	若干	做套子和固定线盘支架
17	扭矩扳手		套	2	
18	拉力计		套	1	
19	钢卷尺	5 m	把	1	
20	激光测量仪				
21	安全带		条	若干	
22	电工工具		套	若干	每人一套
23	钢钎	1.5 m	根	4	固定线盘

9. 质量控制及检验

(1)质量控制

1)线材进场线材规格、型号、质量应符合设计要求。

2)附加线的弛度严格按照曲线表数据控制。

3)附加线安装完成后应牢固、配件齐全。

4)附加线安装后的安装高度应符合设计要求。

5)附加线安装后的肩架应水平,与支柱密贴,安装高度应符合设计要求。

(2)质量检验

1)线材进场质量、规格、型号应符合设计要求。

检验方法:检查质量证明书、合格证,进行外观检查。

2)附加线的弛度应符合设计要求。

检验方法:尺量。

3)附加线安装后的安装高度应符合设计要求。

检验方法:观察、测量检查。

4)附加线肩架安装后的安装高度应符合设计要求。

检验方法:尺量、力矩扳手检查。

10. 安全及环保要求

(1)安全要求

1)未经检验及不合格的材料禁止使用。

2)看护线盘人员应根据情况用木板制动线盘,使导线展放均匀,不散股、乱盘。

3)每 200 m 和平交道口均设一名防护员,保证放线过程中人员及附近车辆或设备的安全。

4)如不加挂拉力计,测量导线弛度应符合设计图的规定。

5)防护人员应坚守岗位,现场防护人员应与施工负责人保持密切联系,导线下方有车辆、行人通过时,应及时通知施工人员,施工人员应停止施工,等车辆或行人通过后再进行施工。导线在紧线过程中,防护人员要观察导线紧线受力和垂度状况,并及时向施工负责人汇报。

6)防护人员应均匀分布,观察展放情况,传递信号。

7)断线时,应注意抓住两线头,以防线头弹起伤人。

8)夜间施工按夜间施工办理,照明设施应满足施工需要。

9)高处作业时应严格按照《接触网高空作业安全规定及措施》,线盘吊装时应按照《吊装作业安全防护措施》。

10)施工人员在施工前应对受力工具如导链、紧线器、钢丝套、滑轮组等进行仔细检查。

11)施工负责人在放线前应对放线区段进行详细调查,确认具备放线条件后,方可安排放线工作。

12)导线架设过程中,要平稳且速度均匀,行走过程中严禁急动急停。机械牵引展放时,看线盘人员应控制线盘速度,使其均匀转动,不应发生散盘、乱盘等现象,听到停止命令应立即制动,使盘停止转动。

(2)环保要求

1)坚决执行环保法规,制定管理办法,在施工中严格执行。

2)加强职工的施工环保意识,保护施工环境,及时回收施工中发生的包装废弃物,不随意丢弃。

3)广泛开展环保宣传教育,保护水资源免受污染。

4)保持好原有的地貌、植被和路基的稳定性。

5)文明施工,不随地扔垃圾。

6)要做好有色金属的回收,线头、线盘上的余线要及时返回料库,不得私自处理。

9.2.31 供电系统工程柔性接触网接地装置安装作业指导书

1. 适用范围

适用于杭州至海宁城际铁路机电工程承柔性接触网接地装置安装施工。

2. 作业准备

(1)外业准备

1)已取得轨行区施工作业命令。

2)施工区段已封闭,无行车干扰。

3)施工区段轨道已达到设计要求。

4)接地装置上道工序已完成并通过监理检查验收,具备接地装置安装条件。

(2)内业准备

1)在开工前对施工人员进行技术交底,对参加施工人员进行上岗前技术培训及安全培训。

2)准备好接触网平面布置图及设备安装图、配合厂家提供的安装图纸和说明。

3)逐级向施工人员进行技术、操作、安全、环保交底,确保施工过程的工程质量、环境保护和人身安全。

3. 技术要求

(1)全线所有不带电金属部分均应与架空地线连接。

(2)电缆接线端子与设备连接处需均匀涂抹电力脂。

(3)汇流排接地挂环安装位置应符合要求,安装稳固,连接处的接触面应清洁,并均匀涂抹电力脂。

(4)电缆均需预留由于温度变化产生的伸缩量。

(5)接地极接地电阻不大于 10 Ω。

(6)接地跳线在隧道壁上应固定牢靠,两端连接牢固、导通良好,布置顺直美观,固定卡布置均匀合理。

(7)接地线固定螺栓及卡子等对带电体要保证安全距离,静态不小于 150 mm,动态不小于 100 mm。

(8)接地极埋入地下深度不小于 600 mm,开挖时需注意地下直埋电缆和管道。遇到通信电缆时,接地极需保证与通信电缆 3 m 的距离,如地形受限需加绝缘防护,但保证最小 1 m 的距离。

4. 施工程序与工艺流程

地电位均衡器流程如图 9.2.31-1 所示。支柱间接地连接流程如图 9.2.31-2 所示。架空地线引下、设备接地连接、悬挂点接地流程如图 9.2.31-3 所示。

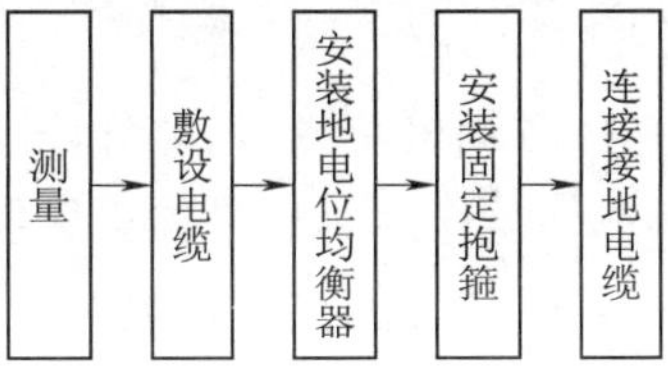

图 9.2.31-1 地电位均衡器工艺流程图

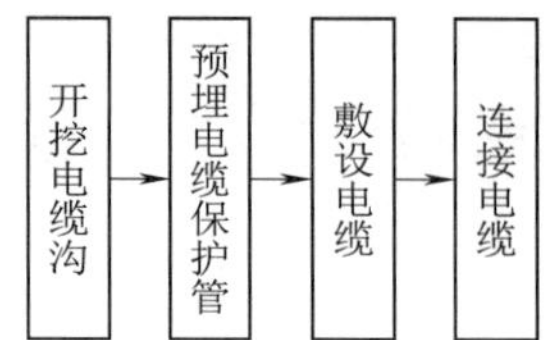

图 9.2.31-2　支柱间接地连接工艺流程图

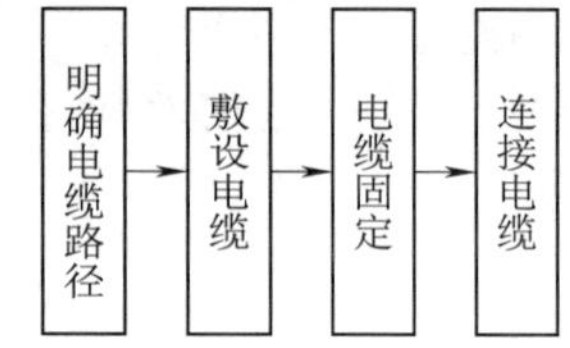

图 9.2.31-3　架空地线引下、设备接地连接、悬挂点接地工艺流程图

5. 施工要求

(1)施工方法

1)地电位均衡器

地电位均衡器使用前要对其进行检测。检测方法:可以使用万用表连接均衡器两端导线,测量均衡器的绝缘电阻,其正确结果值应该为∞,如果出现数值需要用专业测量仪器 MGA 进行具体导通测试,测得数值大于等于 26 V,则该产品可以继续使用,由于城市轨道交通系统里的杂散电流十分的小,平均不会超过 20 V,所以此时的电压均衡器仍可以起到防雷和防杂散电流的作用。地电位均衡器两端均为 16 mm^2 软电缆,一端与架空地线引下电缆 150 mm^2通过电缆终端头栓接,另一端与接地网接地端子连接。高架段接地网接地端子设置于桥墩上。

2)支柱间接地连接

由于受地形及设计要求接触网支柱不会全部在同一线条上,架空地线不能将所有的支柱贯通连接,因此零星支柱间需设置接地电缆连接。电缆通过玻璃钢管地下直埋,要求深度不小于 700 mm。接地电缆为 150 mm^2 软电缆,与钢柱底部加劲板上预留地线孔连接,150 mm^2 电缆终端头型号为 DTG-185。

3)架空地线引下线

为了保证架空地线构成一个完整可靠的电气通路,需在停车场、车辆段、有牵引变电所的车站将架空地线与变电所强电接地母排连接。停车场、车辆段和地面段正线架空地线通过 150 mm^2 软电缆沿钢柱引下后进入土建预留电缆通道或电缆支架进入变电所,电缆不可直接接触地面,电缆支架要敷设接地扁钢与强电接地扁钢贯通。

4)设备接地

接触网隔离开关底座安装在库内侧墙上、隧道内车站侧墙、结构柱上或接触网钢支柱上,按设计要求需将底座与架空地线进行连接。中间用电缆卡子进行固定。

避雷器的接地端通过电缆与单独接地体(接地极)连接。电缆一端与避雷器底座(10 kV 避雷器)连接或与接地端子(DC 1 500 V 避雷器)连接,另一端电缆终端头与单独接地体(接地极)连接。

在接触网机械分段、电分段、每一个车站的两端、线路终端将按照设计要求安装汇流排接地线夹一套,作为刚性悬挂接触网维修时接地之用。

5)各悬挂点间接地连接

刚性悬挂一般由安装在悬挂底座上的架空地线贯通,部分悬挂点未能与架空地线连接,需在悬挂底座与架空地线间用软铜绞线连接。软铜绞线需有一定的预留。

(2)施工步骤

1)地电位均衡器

①测量:根据平面布置图确定地电位均衡器的安装位置,并在该支柱上量出地电位均衡器及固定电缆抱箍的安装高度。

②敷设电缆:根据安装位置及形式裁出相应长度的电缆,并临时固定在支柱上。

③安装地电位均衡器:将地电位均衡器按测量位置用抱箍进行安装。

④安装固定抱箍:用电缆固定抱箍按从上到下或从下到上的顺序将电缆进行固定,电缆两端应留够连接余量。

⑤连接接地电缆:将固定好的电缆上端与架空地线进行连接,下端与地电位均衡器的上端进行连接,地电位均衡器的下端通过电缆与接地极或桥墩上接地端子进行连接。连接桥墩上预留接地端子时,从接地端子至支柱底部可以采用扁钢连接,地电位均衡器下端再通过电缆与扁钢进行连接。

2)支柱间接地电缆连接

①敷设电缆:根据电缆保护管径路和安装形式确定电缆长度,在电缆盘上裁下相应长度的电缆。将电缆一端用预留铁线栓紧从电缆保护管一端穿入,另一端用力拉预留铁线,将电缆穿过保护管。

②连接电缆:将电缆两端分别按图纸要求进行连接固定,露出地面部分应用电缆保护管进行保护,连接完毕将保护管端口进行封堵。

3)架空地线引下、设备接地连接、悬挂点接地连接

①明确电缆路径:现场确定电缆敷设路径并测量出电缆需要长度。

②敷设电缆:根据图纸要求选用合适型号的电缆,在电缆盘上裁下相应长度的电缆,按预先确定的路径进行敷设并进行临时固定。

③电缆固定:从电缆一端开始将电缆进行正式固定,固定形式可根据地形、位置等采用电缆卡子或电缆支架进行固定。

④连接电缆:电缆固定完毕后两端选用配套的电缆接线端子进行连接,连接时应在接线端子接触面涂抹电力脂。

6. 劳动组织

(1)劳动力组织方式:采用架子队组织模式。

(2)作业人员数量应根据施工条件、工期要求进行合理配置,见表 9.2.31-1。

表 9.2.31-1 柔性接触网接地装置安装施工人员配置表

序 号	人 员	单 位	数 量	备 注
1	队长	人	1	
2	施工技术负责人	人	1	全面负责现场施工组织及协调
3	工班长	人	1	组织及协调现场施工
4	安全员	人	2	安全瞭望、检查、提醒

续上表

序　号	人　员	单　位	数　量	备　注
5	材料员	人	1	材料管理
6	质检员	人	1	质量检查控制
7	试验员	人	1	质量控制
8	领班员	人	1	
9	现场负责人	人	1	现场施工组织及协调
10	技术人员	人	1	
11	技术工人	人	5	
12	安全员	人	2	安全检查、安全提醒

7. 材料要求

所有物资已经完成进场报验。详细配置见表 9.2.31-2。

表 9.2.31-2　柔性接触网接地装置安装材料配置表

序　号	材　料	单　位	数　量	备　注
1	地电位均衡器	套	1	
2	抱箍	套	2	
3	电缆	m	按需	
4	线鼻子	套	2	
5	接地极	套	1	

8. 设备机具配置

施工机械及工艺设备主要有压接钳、喷灯、扭矩扳手、摇表、电阻测试仪等，设备须有出厂合格证及相关证件。现场具体投入的机械设备见表 9.2.31-3。

表 9.2.31-3　设备机具配置表

序　号	名　称	规　格	单　位	数　量	备　注
1	裁纸刀		把	2	制作电缆头用
2	压接钳	配 185 型、150 型模具	把	2	
3	热缩管	黑色	m	若干	制作电缆头用
4	剥线钳		把	2	
5	喷灯		个	2	热缩电缆头用
6	绝缘胶带	黑色	卷	若干	制作电缆头用
7	绝缘防水胶带	黑色	卷	若干	制作电缆头用
8	开口扳手	300	把	3	
9	扭矩扳手		把	1	
10	摇表		个	1	测量电缆绝缘

续上表

序　号	名　称	规　格	单　位	数　量	备　注
11	接地电阻测量仪		台	1	测量接地电阻
12	梯车		台	1	
13	盒尺	5 m、10 m、50 m	把	各 1	
14	安全带		条	5	
15	脚扣		套	5	
16	钢锯		把	2	带钢锯条
17	铁锹		把	5	
18	洋镐		把	3	
19	大锤		把	3	

9. 质量控制及检验

(1)质量控制

1)严格按照设计图纸施工,如发现与现场不符及时与设计沟通。

2)提前勘察电缆路径,测量电缆长度,合理使用电缆。

3)电连接线夹连接部位必须均匀涂抹电力脂。

4)螺栓紧固力矩必须满足设计要求。

(2)质量检验

1)用接地电阻测量仪测试接地电阻。

2)用摇表测试电力电缆绝缘。

3)用万用表测试电缆是否接线正确。

10. 安全及环保要求

(1)安全要求

1)高处作业要系好安全带,戴好防护用品。

2)轨行区作业需在前后 100 m 各设置防护员,佩戴防护服、防护旗等防护用品,保持联络通畅。

3)电气测试时要做好绝缘措施。

4)动火、使用发电机等电动设备要配备灭火器等防火灭火器械。

(2)环保要求

1)设备包装物不得随意丢弃,集中处理。

2)施工完毕后要工完料净场地清。

3)挖沟动土等施工项目要做好避免扬尘的措施,施工完毕及时回填,表层土壤一定要夯实,不得造成植被破坏。

9.3 声屏障

9.3.1 声屏障桥梁预留基础检查复测作业指导书

1. 适用范围

适用于杭州至海宁城际铁路机电工程声屏障桥梁预留基础检查复测。

2. 作业准备

(1)外业准备

1)已办理施工作业令。

2)已完成与土建施工单位的接口工程移交。

(2)内业准备

1)已完成桥梁预留基础检查的技术交底。

2)准备桥梁预留基础的台账。

3. 技术要求

(1)螺栓外露长度符合设计要求。

(2)螺栓间距符合设计要求。

4. 施工程序与工艺流程

工艺流程如图 9.3.1 所示。

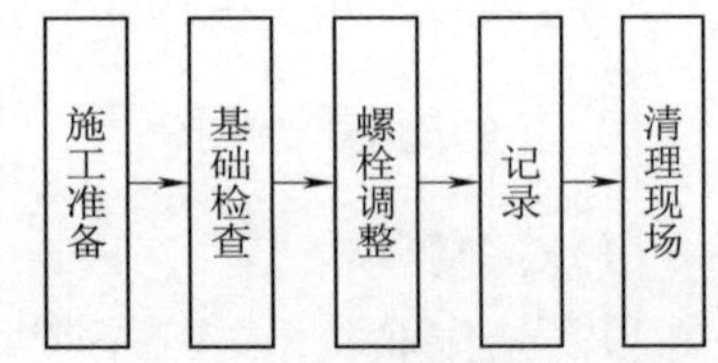

图 9.3.1 预留基础检查工艺流程图

5. 施工要求

(1)施工方法

准备好所需工料具,用模具检测预留螺栓间距,如有不合适的需进行调整,测量安装声屏障吸声板的长度并记录。

(2)施工步骤

1)清理基础

用基础清理工具将现场基础清理干净。

2)基础检查

①螺栓间距检查:用依据设计图纸预先制作的模板直接往基础螺栓上套装检查。

②检查螺栓间距是否满足设计要求。

③螺栓外露高度检查:采用直尺配合水平尺以基础面为基准直接测量基础螺栓外露高度是否满足设计要求。

④螺栓垂直度检查：采用角尺和直尺测量螺栓垂直度是否满足设计要求；基础延线路方向中心间距用 5 m 钢卷尺直接测量。

3)螺栓调整

基础螺栓垂直度不满足要求时，采用铜锤或钢管内衬胶垫对基础螺栓进行调整，直到满足垂直度要求。

4)记录

①先对每个基础按顺序编号，对每个基础进行记录。

②整个敏感点的基础外露螺杆长度和基础坑与螺栓相对尺寸不合格率大于等于 5%时，及时向监理单位报告，并按设计变更进行处理。

5)清理现场

检测、调整并记录完成后，清理基础面和场地。

6. 劳动组织

(1)劳动力组织方式：采用架子队组织模式。

(2)作业人员数量应根据施工条件、工期要求进行合理配置，见表 9.3.1-1。

表 9.3.1-1　声屏障桥梁预留基础检查人员配置表

序　号	人　员	单　位	数　量	备　注
1	架子队长	人	1	
2	施工技术负责人	人	1	全面负责现场施工组织及协调
3	工班长	人	1	组织及协调现场施工
4	安全员	人	2	安全瞭望、检查、提醒
5	材料员	人	1	材料管理
6	质检员	人	1	质量检查控制
7	试验员	人	1	质量控制
8	领班员	人	1	
9	现场负责人	人	1	现场施工组织及协调
10	测量人员	人	4	负责预留基础复测
11	防护人员	人	2	安全瞭望、安全检查、安全提醒
12	记录人员	人	1	负责记录数据

7. 材料要求

无。

8. 设备机具配置

施工机械及工艺设备主要有钢卷尺、模板、水平尺、手锤等，设备须有出厂合格证及相关证件。现场具体投入的机械设备见表 9.3.1-2。

表 9.3.1-2　声屏障桥梁预留基础设备机具配置表

序　号	名　称	规　格	单　位	数　量	备　注
1	钢卷尺	50 m,10 m	把	1	
2	螺栓模板		套	1	
3	水平尺	1 m	把	1	
4	工具袋		套	1	
5	扫把		把	1	
6	手锤		把	1	
7	钢管	0.8 m	根	1	

9. 质量控制及检验

(1)质量控制

1)基础螺栓尺寸偏差符合设计的要求。

2)基础中心间距和基础坑与螺栓相对尺寸偏差符合设计的要求。

(2)质量检验

复测螺栓外露及螺栓间距符合设计要求。

10. 安全及环保要求

(1)安全要求

1)安全防护用品及防护设施、通信设施,必须在施工前进行检查或试验合格,方可投入使用;作业人员必须正确佩戴和使用防护用品。

2)测量中应设置安全防护员,注意来往列车和桥下作业人员的安全。桥面上的人员在列车到来前应及时到附近避车台躲避。

3)在桥面测量人员必须系安全带,安全带应挂在可靠的固定体上,严禁在一个物件上拴挂多根安全带或一根安全带上栓多个人。

4)桥面测量、调整所用工具、机具必须堆平放稳,对有可能坠落的物件必须加以固定或捆绑在身上。

5)六级及以上强风、暴雨、浓雾、雨雪天气严禁作业。

6)根据设计图编制施工方案,报监理单位和建设单位审核批准。既有线施工时需与设备管理单位签订施工安全协议及配合协议并备案(设计图及施工方案为签字协议的依据)。

(2)环保要求

1)严禁在铁路建筑物及作业范围内乱涂乱画。

2)作业完后应对现场进行清理,废弃物应回收带走,严禁乱扔。

9.3.2　供电系统工程声屏障 H 型钢立柱安装调整作业指导书

1. 适用范围

适用于杭州至海宁城际铁路机电工程声屏障 H 型钢立柱安装调整。

2. 作业准备

(1)外业准备

1)已办理施工作业令。

2)影响支柱安装的干扰物已处理。

3)支柱安装前将钢柱基础法兰盘表面杂物清理干净,露出基础法兰盘表面。用模具检查、校正各螺栓位置。

(2)内业准备

1)已完成支柱安装及整正的技术交底。

2)支柱型号台账已下发至施工人员。

3. 技术要求

(1)钢立柱及底板的外观质量、型号、规格应符合设计规定。

(2)特型 H 钢立柱型号、规格及安装位置应符合设计要求。H 钢立柱连接螺栓应对角循环紧固,使受力均匀,力矩符合设计要求。

(3)钢立柱安装的允许偏差应符合设计的规定。

(4)钢立柱连接螺栓螺母施加预紧力应符合设计规定。

(5) H 钢立柱安装时应在底板下边安装调整螺母用来调整 H 钢立柱,并在 H 钢立柱底板和调整螺母间加垫圈。

4. 施工程序与工艺流程

工艺流程如图 9.3.2 所示。

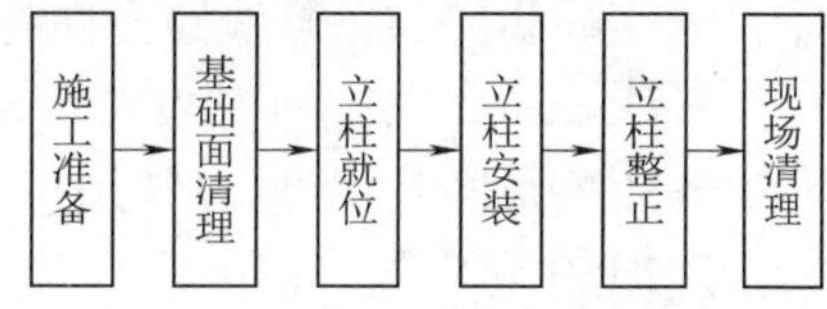

图 9.3.2　H 型钢柱安装整正工艺流程图

5. 施工要求

(1)施工方法

支柱运至指定位置,利用吊车将立柱吊至基础上进行。

(2)施工步骤

1)H 钢立柱进场

①根据施工平面布置及进度任务安排,将 H 钢立柱运至相应位置;因基础或基础螺栓不满足要求,而调整 H 钢立柱法兰的立柱应按对应的基础编号进行标号,并就位于对应基础位置。

②清理预立 H 钢立柱基础面污迹。

③安装下部薄螺母,用水平尺基本调平,安装弹性垫,使下部薄螺母标高偏差在±5 mm 以内。

2)H 型钢柱就位

①可根据现场情况和施工条件,采用汽车式起重机或自制专用吊具完成钢柱就位。

②汽车式起重机吊装:根据汽车吊臂回转半径内 H 钢立柱基础数量堆放 H 钢立柱,H 钢立柱可堆放在地面。

③自制专用吊具吊装:将 H 钢立柱沿声屏障基础逐个放置,轨道铺设前,采用平板汽车运输到位;轨道铺设后,可采用平板轨道车运输到位,再由人力逐根就位。

3)H 型钢柱安装

①汽车式起重机安装:汽车式起重机安装可用于桥下有道路或便道,接触网未安装且桥面距地面高度小于 20 m 的情况。

a. H 钢立柱就位后,选择汽车式起重机起吊位置,检验地面承载能力,合格后打开汽车式起重机支撑架,落地支撑。

b. 检查吊装设备,进行试吊作业,试吊高度不大于 0.3 m。

c. 将立柱吊至其底部高于基础螺栓 0.5～1 m 时,停止上升,调节起吊臂角度,使立柱底部法兰盘在基础螺栓正上方。

d. 两人扶住立柱,缓慢下降,使钢柱法兰盘螺栓孔与基础螺栓上下对齐后,缓缓放下钢柱,使立柱顺利坐落在基础法兰盘上。

e. 钢柱顺利落下后,将防松垫圈、螺母带齐,初步拧紧。

f. 卸钢丝绳,进行下个 H 钢立柱安装。

②自制专用吊具安装

自制专用吊具安装适用于所有桥面,应先将 H 钢立柱就位在桥面声屏障基础旁。

a. H 钢立柱就位后,将自制专用吊具固定在防撞墙上,固定装置应松懈、紧固方便,使自制专用吊具能够沿防撞墙顺线路方向较方便的移动。

b. 其他步骤同①汽车式起重机安装。

4)钢立柱整正

①在立柱顺线路与垂直线路方向挂好磁力线坠,结合水平尺,调整上下螺母使立柱达到基本统一水平面,$X-Y$ 方向垂直度符合设计要求。

②配齐防松垫圈及螺母,并使用扭力扳手对角循环拧紧达到设计要求的扭矩力。

5)清理现场

结束后清理场地,回收工具、器具。

6. 劳动组织

(1)劳动力组织方式:采用架子队组织模式。

(2)作业人员数量应根据施工条件、工期要求进行合理配置,见表 9.3.2-1。

表 9.3.2-1　声屏障 H 型钢立柱安装调整人员配置表

序　号	人　员	单　位	数　量	备　注
1	架子队长	人	1	
2	施工技术负责人	人	1	全面负责现场施工组织及协调
3	工班长	人	1	组织及协调现场施工

续上表

序　号	人　员	单　位	数　量	备　注
4	安全员	人	2	安全瞭望、检查、提醒
5	材料员	人	1	材料管理
6	质检员	人	1	质量检查控制
7	试验员	人	1	质量控制
8	领班员	人	1	
9	现场负责人	人	1	现场施工组织及协调
10	吊车人员	人	2	司索工 1 人、司机 1 人
11	立杆	人	2	安全瞭望、安全检查、安全提醒
12	整正	人	2	负责记录数据
13	防护	人	1	

7. 材料要求

所使用的物资已经完成进场报验，支柱外观良好。详细材料配置见表 9.3.2-2。

表 9.3.2-2　材料配置表

序　号	材　料	单　位	数　量	备　注
1	支柱	根	1	1
2	螺母	个	12	2
3	垫片	个	6	3
4	垫铁	个	6	4

8. 设备机具配置

施工机械及工艺设备主要有磁力线坠、钢钎、水平尺、手锤、力矩扳手等，设备须有出厂合格证及相关证件。现场具体投入的机械设备见表 9.3.2-3。

表 9.3.2-3　设备机具配置表

序　号	名　称	规　格	单　位	数　量	备　注
1	磁力线坠	50 m，10 m	把	1	
2	钢钎	500 mm	根	1	
3	水平尺	1 m	把	1	
4	力矩扳手		套	1	与螺栓匹配
5	手锤		把	1	

9. 质量控制及检验

(1)质量控制

1)H 钢立柱及底板的外观质量、型号、规格应符合设计规定。

2)H 钢立柱安装的允许偏差应符合设计要求。

3)H 钢立柱连接螺栓螺母施加预紧力应符合设计规定。

(2)质量检验

复测支柱的垂直度。

10. 安全及环保要求

(1)安全要求

1)参加施工人员必须经过安全技术学习,考核合格方可上岗。参加施工的起重工、汽车式起重机司机、信号指挥人员等必须持有相应的专业资格证书,并进行岗前安全培训。

2)立杆前,必须对吊车、吊装工具进行检查,确保性能良好,严禁带病出车。

3)作业人员应戴好安全帽,系好安全带。立杆人员必须听从指挥,吊臂下严禁站人,吊车不得随意旋转升降吊臂和起落吊钩。

4)汽车式起重机起吊前应打好支腿,支腿应牢固且不得侵入邻线限界。起吊时应先将所吊物件起吊离地 50 mm 进行试吊,确保安全后方可起吊。

5)钢柱整正时的螺帽只可松动不可卸下,紧固时应对角循环紧固,使受力均匀。

6)桥上施工必须设专人防护,如有列车或轨行车辆通过,及时通知作业人员停止作业,注意躲避。

7)大风、雨、雪等恶劣天气时,应停止桥上施工,雾天能见度低时,应在距施工点两端 300 m 外设置防护和警示标志,防止其他车辆危及施工人员及施工机械的安全。

8)桥面施工人员必须戴安全帽、系好安全带;同时采取必要的保护措施,防止人和物坠落。

(2)环保要求

1)立柱安装、整正、盖帽完毕后,应做好文明施工,将污染的桥台、桥身清理干净。

2)立柱安装、整正过程中的垃圾等废弃物应及时处理,清除现场,运到当地环保部门指定的地点弃置。

9.3.3 供电系统工程声屏障单元板安装与调整作业指导书

1. 适用范围

适用于杭州至海宁城际铁路机电工程声屏障单元板安装与调整。

2. 作业准备

(1)外业准备

1)已办理施工作业令。

2)影响单元板安装的上道工序已完成并通过监理检查验收,具备单元板安装条件。

(2)内业准备

1)已完成单元板安装的技术交底。

2)准备施工图纸,安装图纸。

3. 技术要求

(1)单元板及橡胶制品的安装位置、固定方式应符合设计要求。

(2)声屏障吸声板与 H 型钢立柱之间的容许最大缝隙量不能超过 20 mm。

(3)单元板与底梁、板与板间、板与 H 型钢翼缘连接处橡胶垫应压贴紧密、固定牢固可靠。

4. 施工程序与工艺流程

施工程序与工艺流程如图 9.3.3 所示。

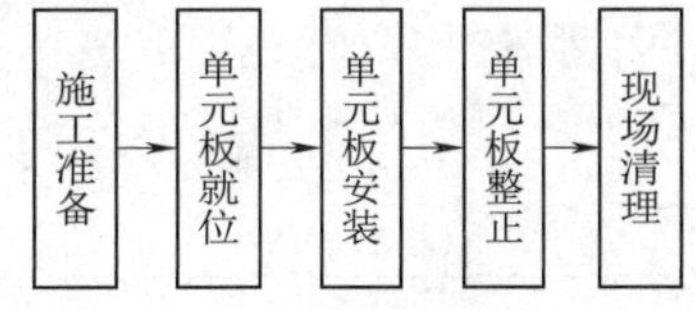

图 9.3.3 单元板安装与调整工艺流程图

5. 施工要求

(1)施工方法

单元板运送到施工现场,利用特制作龙门架进行人工安装。

(2)施工步骤

1)单元板安装

单元板安装前完成固定角钢安装,单元板采取自下而上逐块插入的方式插入 H 型钢立柱之间,插入时注意避免破坏单元板与 H 型钢分割的氯丁橡胶条。汽车式起重机吊装及辅助人工安装,插入时自上而下两侧同时水平插入,避免倾斜插入时损坏单元板。局部地段如单元板与立柱间缝隙较小无法插入,卡用橡胶锤轻敲缓慢插入,同时注意将单元板之间的弹性垫铺设平整。

2)桥梁金属声屏障安装

①安装时须注意吸声板的朝向和上下位置的正确性。固定角钢、顶部扣板、橡胶条等应安装牢固,杜绝声屏障单元板与 H 型钢之间出现松动现象。

②安装时专人进行现场指挥,杜绝构件吊装过程中造成的防腐涂层破坏或者棱角破损。

③非标准段需要认真测量复核,及时统计。由厂家根据非标准段尺寸加工非标插板,根据立柱间测量间距不同,做好标识及编号,厂家在加工时贴上同样的标识,以保证现场安装正确。

6. 劳动组织

(1)劳动力组织方式:采用架子队组织模式。

(2)作业人员数量应根据施工条件、工期要求进行合理配置,见表 9.3.3-1。

表 9.3.3-1　人员配置表

序　号	人　员	单　位	数　量	备　注
1	架子队长	人	1	
2	施工技术负责人	人	1	全面负责现场施工组织及协调
3	工班长	人	1	组织及协调现场施工
4	安全员	人	2	安全瞭望、检查、提醒
5	材料员	人	1	材料管理
6	质检员	人	1	质量检查控制
7	试验员	人	1	质量控制
8	领班员	人	1	
9	技术员	人	1	安装质量控制
10	安装人员	人	6	负责安装

7. 材料要求

所使用的物资已经完成进场报验。主体钢结构设计使用年限不低于 25 年,风荷载取基本风压取 0.65 kN/m^2(1/50),隔离带吸声板自重不大于 20 kg/m。详细材料配置见表 9.3.2-2。

表 9.3.3-2　材料配置表

序　号	材　料	单　位	数　量	备　注
1	声屏障单元板	个	按需	
2	密封胶条	卷	按需	

8. 设备机具配置

施工机械及工艺设备主要有汽车式起重机、钢卷尺、水平尺等,设备须有出厂合格证及相关证件。现场具体投入的机械设备见表 9.3.3-3。

表 9.3.3-3　设备机具配置表

序　号	名　称	规　格	单　位	数　量	备　注
1	汽车式起重机	8 t	辆	1	
2	钢卷尺	10 m	把	1	
3	水平尺	1 m	把	1	

9. 质量控制及检验

(1)单元板的品种、规格、质量符合设计要求。

(2)橡胶制品的品种、规格、质量符合设计要求。

(3)单元板外观不得有破损、裂纹等现象。

(4)单元板及橡胶制品的安装位置、固定方式符合设计要求。

(5)单元板两端插入H型钢立柱钢翼缘的深度符合设计要求。

(6)单元板与底梁、板与板间、板与H型钢翼缘连接处橡胶垫应压贴紧密、固定牢固可靠。

(7)尺量单元板安装相邻上下板错缝高差,观察检查声屏障外观。

10. 安全及环保要求

(1)安全要求

1)按照安全管理组织机构配备安全管理的各级机构或部门工作人员,明确其安全工作职责范围,将施工经验丰富、安全意识强的人员充实到安全管理的各级机构和部门。

2)为保证施工安全,现场应设专职安全员负责现场的安全工作,坚持班前进行安全教育制度。

3)起重作业严格按照技术规程操作。

4)作业人员必须听从指挥人员的命令,号令统一,分工明确,协调配合。

5)现场作业人员要佩戴安全帽,穿工作鞋上岗。

6)高处作业人员配挂安全带,必要时悬挂安全网,保证人身安全。

7)吊装作业前均设好防护,起吊过程中起重臂下严禁站人。

8)起吊作业时必须做到专人防护,禁止吊臂、吊绳、起吊材料触碰电力线。桥梁吊装作业时,安装区段内桥下采用警戒绳防护,并派专人值守。

9)桥梁施工时注意防止小型机具材料坠落到桥下。

(2)环保要求

1)施工现场产生的废弃物必须按照相关规定进行处理或统一运输到指定垃圾场。

2)施工完毕后必须做到人走料清,并打扫现场卫生。

9.4 疏散平台

9.4.1 供电系统工程疏散平台施工测量作业指导书

1. 适用范围

适用于杭州至海宁城际铁路机电工程施工测量。

2. 作业准备

(1)外业准备

1)已办理施工作业令。

2)轨道铺设完成(道床浇筑完成后)。

(2)内业准备

1)已完成疏散平台施工测量的技术交底。

2)准备好疏散平台平面布置图。

3. 技术要求

(1)定位划线时,定位孔距离伸缩缝或盾构片边缘不小于 50 mm。钢梁沿隧道纵向间距为 1.0 m,在特殊情况下可适当调整支架类型和间距,需考虑平台踏板的安装要求,平台支架应尽量与上方电缆支架对齐。

(2)平台支架位置测量正确,两相邻平台支架之间的距离误差不大于 20 mm。

(3)用墨线弹线时,应使墨线清晰;粉笔标出打孔位置时,应用一个"×"字表示,使打孔位置清晰、明了。

(4)高架及 U 型槽段 T 型支撑,应根据现场放样确定位置和宽度,以保证锚栓完全安装与桥面预留的混凝土底座上,并保证限界安全。

(5)记录要整洁、清晰,不得涂抹,错误处可用铅笔划去,保持原始资料,以便核查。

4. 施工程序与工艺流程

工艺流程如图 9.4.1 所示。

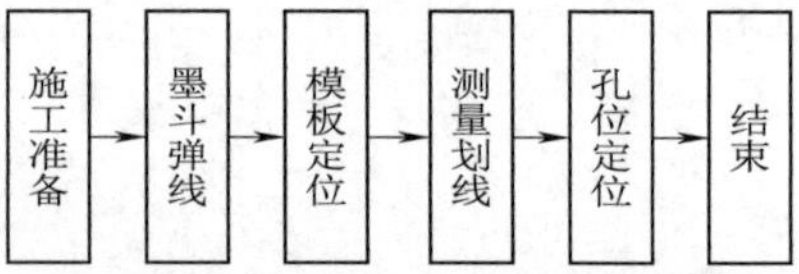

施工准备 → 墨斗弹线 → 模板定位 → 测量划线 → 孔位定位 → 结束

图 9.4.1 测量施工工艺流程图

5. 施工要求

(1)施工方法

根据施工图纸确定起测点,测量并记录所需钢支架长度,每隔 6 个定位点进行一次基准点的确认,并用墨斗弹线,确认基准点连接,用测量仪进行模板中心定位。

(2)施工步骤

1)用水平尺进行轨面基准点确定,并在隧道壁(侧挡墙壁)上进行标记。

2)定位点限界测量,测量实际数据并记录所需钢梁支架长度。

3)直线区段,每隔 6 个定位点进行一次基准点的确认,曲线段每个定位点均需基准点的确认。

4)墨斗弹线,将确认的基准点连接。

5)利用专用定位测量仪、激光测量仪进行模板中心点的定位。

6)模板定位,利用模板进行钢梁 4 个定位孔的定位。

7)结束:当天完成施工任务,收好设备,施工负责人填写施工记录。

6. 劳动组织

(1)劳动力组织方式:采用架子队组织模式。

(2)作业人员数量应根据施工条件、工期要求进行合理配置,见表 9.4.1-1。

表 9.4.1-1　疏散平台测量施工人员配置表

序　号	人　员	单　位	数　量	备　注
1	架子队长	人	1	
2	施工技术负责人	人	1	全面负责现场施工组织及协调
3	工班长	人	1	组织及协调现场施工
4	安全员	人	2	安全瞭望、检查、提醒
5	材料员	人	1	材料管理
6	质检员	人	1	质量检查控制
7	试验员	人	1	质量控制
8	领班员	人	1	
9	现场负责人	人	1	现场施工组织及协调
10	技术人员	人	1	技术负责、质量负责
11	技术工人	人	8	
12	安全员	人	1	安全瞭望、安全检查、安全提醒

7. 材料要求

无。

8. 设备机具配置

设备机具配置见表 9.4.1-2。

表 9.4.1-2　机械设备投入表

序　号	名　称	规　格	单　位	数　量	备　注
1	钢卷尺	5 m	把	1	
2	记号笔	油性	支	2	
3	测量仪		把	1	
4	孔位模板		套	1	

9. 质量控制及检验

(1)质量控制

在铺轨、调线后进行疏散平台的测量安装,需实测隧道尺寸及相对轨道中心线的位置,确定疏散平台的实际宽度。

(2)质量检验

中间工程及最后结果精确到毫米。

10. 安全及环保要求

(1)安全要求

1)对运输人员的车辆进行定期检查、保养、维修。

2)为保证施工测量的安全,现场应有专人统一指挥,并设一名专职安全员负责现场安全工作。

3)在坑洞等人员容易坠落的地方测量,要系好安全带。

4)注意现场施工车辆的运行、作业等。

5)坚持班前点名,安全教育制度。

6)进入施工现场时佩戴好安全帽、荧光衣,设置好防护灯。

7)必须做好施工现场的出清工作,做到完工料净场地清。

(2)环保要求

1)标记过程中不应乱写乱画。

2)测量遗留垃圾及时清除。

9.4.2 供电系统工程疏散平台定位钻孔、锚栓安装作业指导书

1.适用范围

适用于杭州至海宁城际铁路机电工程定位钻孔、锚栓安装。

2.作业准备

(1)外业准备

1)已办理施工作业令。

2)孔位标记完成。

(2)内业准备

1)已完成疏散平台定位钻孔、锚栓安装的技术交底。

2)准备好疏散平台平面布置图及锚栓使用表。

3.技术要求

(1)锚孔深度允许偏差为+10 mm,垂直度允许偏差为5°。

(2)打孔时遇蜂眼或者隧道壁渗水情况,应及时汇报监理单位和设计单位到现场协调解决,待联系相关单位处理后再进行施工。

(3)打孔前应采用钢筋探测仪进行探测管片钢筋,锚孔应尽量避开受力主筋。对于废孔,应用高强度等级的树脂水泥砂浆填实。

(4)药剂检查:有无破损、硬化现象,如有则为废品。化学药剂及螺杆置入毛孔后,在固化完成之前,应按照厂家所提供的养生条件进行固化养生,固化期间禁止扰动及承载。

4.施工程序与工艺流程

工艺流程如图9.4.2所示。

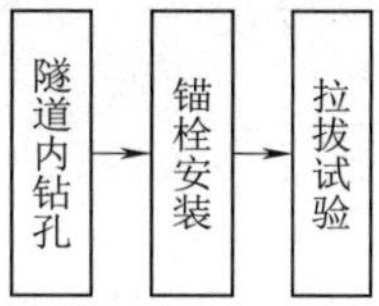

隧道内钻孔 → 锚栓安装 → 拉拔试验

图9.4.2 定位钻孔、锚栓安装工艺流程图

5.施工要求

(1)施工方法

确认模板标记的孔位钻出3~5 mm的凹槽,复测孔位确认无误后进行钻孔施工,钻孔完成后用吹尘器清理孔洞,进行灌注螺栓。

(2)施工步骤

1)钻孔人员首先确认根据模板所标记的孔位,钻出3~5 mm的凹槽。

2)根据模板对孔位进行复查,确认无误后,进行钻孔施工。

3)在钻孔时1人握吹沉器将尘屑吹向无人侧。

4)钻孔前设置好电钻上的深度尺,避免过深或过浅。

5)钻孔完成后,测量检查孔深、孔距等尺寸并做好钻孔记录。

6)灌注螺栓时应提前检查药剂有无破损、硬化现象,化学药剂及螺杆置入孔洞后在固化完成前应按照厂家所提供的养生条件养生。

7)结束:当天完成施工任务,收好设备,施工负责人填写施工记录。

6. 劳动组织

(1)劳动力组织方式:采用架子队组织模式。

(2)作业人员数量应根据施工条件、工期要求进行合理配置,见表 9.4.2-1。

表 9.4.2-1 疏散平台定位钻孔、锚栓安装施工人员配置表

序 号	人 员	单 位	数 量	备 注
1	架子队长	人	1	
2	施工技术负责人	人	1	全面负责现场施工组织及协调
3	工班长	人	1	组织及协调现场施工
4	安全员	人	2	安全瞭望、检查、提醒
5	材料员	人	1	材料管理
6	质检员	人	1	质量检查控制
7	试验员	人	1	质量控制
8	领班员	人	1	
9	现场负责人	人	1	现场施工组织及协调
10	技术工人	人	3	具体操作实施

7. 材料要求

所使用的物资已经完成进场报验。锚栓拉拔实验、剪切力实验达标。详细材料配置见表 9.4.2-2。

表 9.4.2-2 疏散平台定位钻孔、锚栓安装施工材料配置表

序 号	材 料	单 位	数 量	备 注
1	锚栓(含药剂)	套	按需	

8. 设备机具配置

施工机械及工艺设备主要有冲击电钻、吸尘器、钢筋探测仪、照明设备等,机械设备须有出厂合格证及相关证件。现场具体投入的机械设备见表 9.4.2-3。

表 9.4.2-3 机械设备投入表

序 号	名 称	规 格	单 位	数 量	备 注
1	钢卷尺	5 m	把	1	现场测量
2	冲击电钻	TE-55	台	1	钻孔
3	钻头		套	1	与打孔型号匹配
4	吸尘器		套	1	
5	钢筋探测仪		套	1	钢筋探测
6	照明设备		套	1	

续上表

序　号	名　称	规　格	单　位	数　量	备　注
7	配电箱		套	1	配 50 m 电源线
8	激光测量仪	PD20	套	1	
9	钻孔模板		个	1	与孔型一致
10	灌注安装工具		套	1	化学锚栓安装
11	清孔毛刷		套	1	
12	清空气囊		套	1	
13	螺栓拉力测试仪		套	1	拉拔试验

9. 质量控制及检验

(1)质量控制

在铺轨、调线后进行疏散平台的测量安装，需实测隧道尺寸及相对轨道中心线的位置，确定疏散平台的实际宽度。

(2)质量检验

1)中间工程及最后结果精确到毫米。

2)钻孔深度允许偏差为＋10 mm，垂直度允许偏差为 5°。

10. 安全及环保要求

(1)安全要求

1)对运输人员的车辆进行定期检查、保养、维修。

2)为保证施工测量的安全，现场应有专人统一指挥，并设一名专职安全员负责现场安全工作。

3)在坑洞等人员容易坠落的地方测量，要系好安全带。

4)注意现场施工车辆的运行、作业等。

5)坚持班前点名，安全教育制度。

6)进入施工现场时佩戴好安全帽、荧光衣，设置好防护灯。

7)必须做好施工现场的出清工作，做到完工料净场地清。

(2)环保要求

1)现场人员应佩戴防尘口罩，减少灰尘吸入量。

2)对于施工中的垃圾应及时清理并按要求放到指定的垃圾堆放场。

9.4.3 供电系统工程疏散平台基础浇筑作业指导书

1. 适用范围

适用于杭州至海宁城际铁路机电工程疏散平台基础浇筑施工。

2. 作业准备

(1)外业准备

1)已办理施工作业令。

2)已取得轨行区施工作业令。

3)疏散平台基础浇筑的上道工序已经完成,具备基础浇筑施工。

(2)内业准备

1)已完成基础浇筑工作的技术交底。

2)商品混凝土生产厂家已选定并报监理备案。

3)已于混凝土供应商联合确认运输路径及混凝土泵车设置地点。

3. 技术要求

(1)疏散平台钢梁顶面距钢轨顶面高差为 90 cm,基础顶面距离轨平面高差为 317 mm;基础浇筑时保证基础顶面水平,相邻基础偏差不得大于 10 mm。

(2)基础外部尺寸为 400 mm×400 mm×300 mm;预埋 U 型地脚锚栓间距为 250 mm×250 mm,U 型螺栓螺纹外露 8 cm,误差控制在+5 mm;U 型螺栓外露部分应垂直,螺栓偏差应不大于 1°,基础浇筑前将螺栓外露部分进行涂油包裹防护,防止浇筑混凝土时污染螺纹。

(3)基础浇筑过程中采用振捣棒,基础不得出现麻面、气泡,表面应光洁平整。

(4)浇筑混凝土过程中每 50 m^3 做一组试块,少于 50 m^3 做一组试块。

(5)施工中产生的建筑垃圾应及时清理,做到人走料清。

4. 施工程序与工艺流程

工艺流程如图 9.4.3-1 所示。

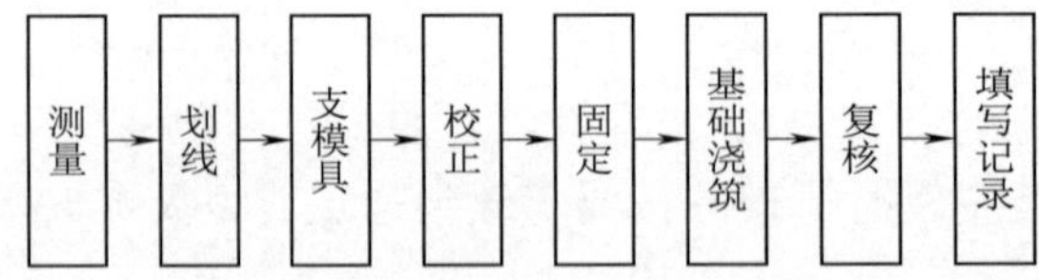

图 9.4.3-1 基础浇制工艺流程图

5. 施工要求

(1)施工方法

先进行测量,测量完成后将基础中心标注于桥梁顶面,纵向间距全部标出后进行模板支护及校正,校正完成后进行基础浇筑。

(2)施工步骤

1)测量:根据左右线路中心找出疏散平台基础中心线每10个基础为一组,测出基础顶面标高。

2)用墨斗弹将基础的中心连线弹出。

3)根据基础的中心连线固定基础模具,每间隔1 m为一个基础的中心点,非标准基础间距尽量设置在桥接缝处,基础标高应符合测量值。

4)模具支完后进行校正,检查中心连线是否在一条直线上,纵向间距中心为1m,非标应单独记录。

5)固定模具时可采用在模板四角各打两个ϕ12 mm深度为50 mm的孔洞,将钢筋插进孔洞内,采用木楔将其固定,如图9.4.3-2所示。

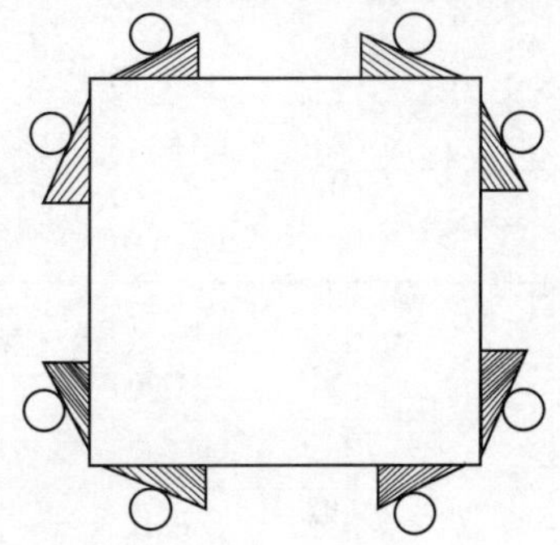

图9.4.3-2　模具安装示意图

6)模具固定牢固后进行混凝土浇筑。

7)基础浇筑完成后复核基础的中心连线是否在一条直线上,纵向间距是否为1m,复核基础标高是否为测量值。

8)结束:当天完成施工任务,收好设备,施工负责人填写施工记录。

6. 劳动组织

(1)劳动力组织方式:采用架子队组织模式。

(2)作业人员数量应根据施工条件、工期要求进行合理配置,见表9.4.3-1。

表9.4.3-1　疏散平台基础浇制施工人员配置表

序　号	人　员	单　位	数　量	备　注
1	架子队长	人	1	
2	施工技术负责人	人	1	全面负责现场施工组织及协调
3	工班长	人	1	组织及协调现场施工
4	安全员	人	2	安全瞭望、检查、提醒
5	材料员	人	1	材料管理
6	质检员	人	1	质量检查控制
7	试验员	人	1	质量控制
8	领班员	人	1	
9	现场负责人	人	1	现场施工组织及协调
10	技术人员	人	1	具体操作实施
11	施工人员	人	6	安装模具、运送材料

7. 材料要求

所使用的物资已经完成进场报验。详细材料配置见表9.4.3-2。

表 9.4.3-2　疏散平台基础浇制施工材料配置表

序　号	材　料	单　位	数　量	备　注
1	混凝土	m^3	按需	
2	U 型螺栓	套	按需	

8. 设备机具配置

施工机械及工艺设备主要有配电箱、振动棒、小推车、电钻、水准仪等,设备须有出厂合格证及相关证件。现场具体投入的机械设备见表 9.4.3-3 设备机具配置表。

表 9.4.3-3　设备机具配置表

序　号	名　称	规　格	单　位	数　量	备　注
1	钢卷尺	5 m	把	1	现场测量
2	水平尺	1 m	把	1	
3	水准仪		台	1	
4	塔尺	5 m	把	1	
5	墨斗		个	1	
6	配电箱		套	1	配 50 m 电源线
7	振动棒	3 m	套	1	
8	小推车		个	3	
9	电钻		台	1	12 钻头

9. 质量控制及检验

(1)质量控制

1)单体基础浇筑过程中应连续浇筑,间歇时间不能超过 2 h。

2)施工过程中随时复核基础的中心连线应在同一中心连线位置上,基础不应有偏斜现象。

(2)质量检验

1)中间工程及最后结果精确到毫米。

2)基础浇筑应连续进行不应中断。

10. 安全及环保要求

(1)安全要求

1)对运输人员的车辆进行定期检查、保养、维修。

2)为保证施工测量的安全,现场应有专人统一指挥,并设一名专职安全员负责现场安全工作。

3)注意现场施工车辆的运行、作业等。

4)坚持班前点名,安全教育制度。

5)进入施工现场时佩戴好安全帽、荧光衣,设置好防护灯。

6)使用吊车时应设专人进行指挥。

7)必须做好施工现场的出清工作,做到完工料净场地清。

(2)环保要求

1)使用电镐等工具,要尽量远离休息区,防止噪声污染。

2)机械设备的排放要达到环保要求。

3)混凝土浇筑时应避免浪费,多余的混凝土应选择合适的倾倒地点。

4)使用施工工具时,应避免打扰到休息人员,尽量降低噪声污染。

5)使用的废弃模板应统一进行回收再利用,避免不必要的浪费。

6)机械设备的排放要达到环保要求。

9.4.4　供电系统工程疏散平台钢梁安装作业指导书

1. 适用范围

适用于杭州至海宁城际铁路机电工程疏散平台钢梁安装。

2. 作业准备

(1)外业准备

1)已办理施工作业令。

2)已取得轨行区施工作业令。

3)疏散平台钢梁安装的上道工序已经完成并通过监理检查验收,具备基础浇筑施工。

(2)内业准备

1)在开工前对施工人员进行技术交底,对参加施工人员进行上岗前技术培训。

2)准备好疏散平台平面布置图、构造安装图等。

3)开工前组织技术人员认真学习施工组织设计。

4)逐级向施工人员进行技术、操作、安全、环保交底,确保施工过程的工程质量、环境保护和人身安全。

3. 技术要求

(1)安装钢梁时应保证成排的钢梁在同一个垂直面,钢梁顶面应保证在同一水平面。

(2)疏散平台金属钢梁均应进行接地连接。

4. 施工程序与工艺流程

工艺流程如图 9.4.4 所示。

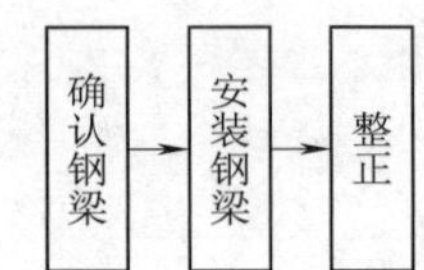

图 9.4.4　钢梁安装工艺流程图

5. 施工要求

(1)施工方法

确认钢梁编号,与定位点编号一致,用钢梁底座模板检查预留螺栓是否符合标准,安装钢梁及整正。

(2)施工步骤

1)确认钢梁编号,与定位点编号一致。

2)利用钢梁底座模板,检测预留螺栓是否符合标准。

3)调整螺栓的位置至达到安装钢梁标准。

4)安装钢梁。

5)调整钢梁,必要时添加垫片,使其上表面达到水平为止。

6)结束:当天完成施工任务,施工负责人填写施工记录。

6. 劳动组织

(1)劳动力组织方式:采用架子队组织模式。

(2)作业人员数量应根据施工条件、工期要求进行合理配置,见表9.4.4-1。

表9.4.4-1 疏散平台钢梁安装施工人员配置表

序 号	人 员	单 位	数 量	备 注
1	架子队长	人	1	
2	施工技术负责人	人	1	全面负责现场施工组织及协调
3	工班长	人	1	组织及协调现场施工
4	安全员	人	2	安全瞭望、检查、提醒
5	材料员	人	1	材料管理
6	质检员	人	1	质量检查控制
7	试验员	人	1	质量控制
8	领班员	人	1	
9	现场负责人	人	1	现场施工组织及协调
10	工长	人	1	现场施工组织及协调
11	技术工人	人	4	具体操作实施
12	安全员	人	1	安全瞭望,安全检查,安全提醒

7. 材料要求

所使用的物资已经完成进场报验。详细材料配置见表9.4.4-2。

表9.4.4-2 材料配置表

序 号	材 料	单 位	数 量	备 注
1	T型钢梁	套	1	
2	螺母	个	8	
3	垫片	个	4	
4	垫铁	片	4	

8. 设备机具配置

所使用的物资已经完成进场报验。现场具体投入的机械设备见表9.4.4-3。

表9.4.4-3 设备机具配置表

序 号	名 称	规 格	单 位	数 量	备 注
1	钢卷尺	5 m	把	1	现场测量
2	力矩扳手		把	1	与螺栓匹配

9. 质量控制及检验

(1)质量控制

直线段与曲线段需满足设计图纸限界要求,平台支架不得侵入限界。

(2)质量检测

1)钢梁安装后应垂直。

2)钢梁顶面应在同一水平界面内。

10. 安全及环保要求

(1)安全要求

1)对运输人员的车辆进行定期检查、保养、维修。

2)为保证施工测量的安全,现场应有专人统一指挥,并设一名专职安全员负责现场安全工作。

3)注意现场施工车辆的运行、作业等。

4)坚持班前点名,安全教育制度。

5)进入施工现场时佩戴好安全帽、荧光衣,设置好防护灯。

6)必须做好施工现场的出清工作,做到完工料净场地清。

(2)环保要求

1)材料包装物应及时回收,放置在指定地点进行回收。

2)施工过程中减少噪声排放。

9.4.5　供电系统工程疏散平台水泥基面板安装作业指导书

1. 适用范围

适用于杭州至海宁城际铁路机电工程疏散平台水泥基面板安装。

2. 作业准备

(1)外业准备

1)已办理施工作业令。

2)已取得轨行区施工作业令。

3)疏散平台水泥基面板安装的上道工序已经完成并通过监理检查验收,具备水泥基面板安装施工。

(2)内业准备

1)已完成水泥基步板安装工作的技术交底。

2)准备水泥基步板安装台账。

3. 技术要求

(1)水泥基步板:步板型号应根据现场情况进行制作。

(2)为避免桥梁伸缩对疏散平台的影响,疏散平台角钢在桥梁缝处设置伸缩缝,伸缩缝不小于 20 mm,疏散平台梁缝处一跨及梁缝两侧各两跨步板采用加长板。

4. 施工程序与工艺流程

工艺流程如图 9.4.5 所示。

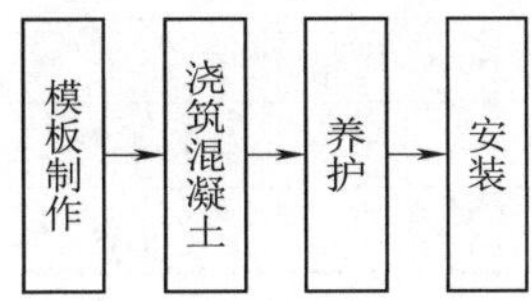
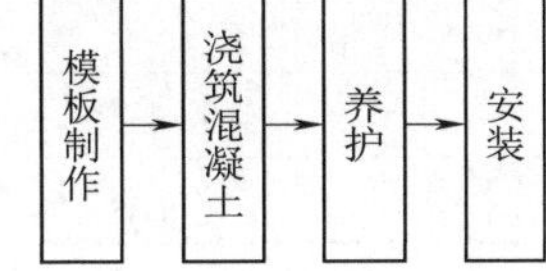

图 9.4.5　水泥基面板安装工艺流程图

5. 施工要求

(1)施工方法

根据设计型号大小制作模板,模板均为工厂预制,特殊板长度应标注位置,运输至现场进行安装。

(2)施工步骤(水泥基步板的安装)

①水泥基步板在吊装时,应对步板的四角同时固定起吊。吊装应缓慢,不可侧倾、抖动或碰撞。

②根据步板的编号,将步板分别运输至相应的定位点处。运输时注意轻拿轻放,避免损坏边沿,尤其是表面。

③步板安装时,4 名技术工人同时抬起步板四角平稳的安置在相应的定位点上。

④进行步板的调整,使步板安装平稳,无起翘、悬空的现象。

6. 劳动组织

(1)劳动力组织方式:采用架子队组织模式。

(2)作业人员数量应根据施工条件、工期要求进行合理配置,见表 9.4.5-1。

表 9.4.5-1 疏散平台水泥基面板安装施工人员配置表

序号	人员	单位	数量	备注
1	架子队长	人	1	
2	施工技术负责人	人	1	全面负责现场施工组织及协调
3	工班长	人	1	组织及协调现场施工
4	安全员	人	2	安全瞭望、检查、提醒
5	材料员	人	1	材料管理
6	质检员	人	1	质量检查控制
7	试验员	人	1	质量控制
8	领班员	人	1	
9	现场负责人	人	1	现场施工组织及协调
10	技术工人	人	8	具体操作实施
11	汽车司机	人	1	
12	吊车司机	人	1	

7. 材料要求

所使用的物资已经完成进场报验。详细材料配置见表 9.4.5-2。

表 9.4.5-2 疏散平台水泥基面板安装施工材料配置表

序号	材料	单位	数量	备注
1	水泥基步板	套	1	
2	橡胶垫	块	4	
3	连接螺栓	根	4	
4	黏合剂	若干	按需	

8. 设备机具配置

施工机械及工艺设备主要有吊车、平板货车、切割机等,设备须有出厂合格证及相关证件。现场具体投入的机械设备见表 9.4.5-3。

表 9.4.5-3 设备机具配置表

序号	名称	规格	单位	数量	备注
1	钢卷尺	5 m	把	1	现场测量
2	吊车	8 t	辆	1	
3	平板货车		辆	1	
4	步板切割机		套	1	与螺栓匹配
5	水平尺	2 m	把	1	

9. 质量控制及检验

(1)质量控制

1)疏散平台顶面应平整,无翘起现象。

2)连接缝隙处应平稳,无台阶状。

(2)质量检验

1)疏散平台顶面应平整,无翘起现象。

2)连接缝隙处应平稳,无台阶状。

10. 安全及环保要求

(1)安全要求

1)对运输人员的车辆进行定期检查、保养、维修。

2)为保证施工测量的安全,现场应有专人统一指挥,并设一名专职安全员负责现场安全工作。

3)注意现场施工车辆的运行、作业等。

4)坚持班前点名,安全教育制度。

5)进入施工现场时佩戴好安全帽、荧光衣,设置好防护灯。

6)必须做好施工现场的出清工作,做到工完料净场地清。

(2)环保要求

1)材料包装物应及时回收,放置在指定地点进行回收。

2)施工过程中减少噪声排放。

9.4.6 供电系统工程疏散平台复合材料面板安装作业指导书

1. 适用范围

适用于杭州至海宁城际铁路机电工程疏散平台复合材料面板安装。

2. 作业准备

(1)外业准备

1)已办理施工作业令。

2)已取得轨行区施工作业令。

3)疏散平台复合材料面板安装的上道工序已经完成并通过监理检查验收,具备复合材料面板安装施工。

(2)内业准备

1)已完成复合材料面板安装工作的技术交底。

2)准备复合材料面板安装台账。

3. 技术要求

(1)平台踏板沿纵向两端头确保踏板在钢梁上的长度符合设计要求,踏板两端头横向必须完全支撑在平台钢梁上,不允许悬空。

(2)复合材料平台步板在固定前,需对步板边缘进行测量,保证线路中心到平台边缘的距离。符合材料平台步板安装完毕后,必须重新测量,保证不侵限,检查每块步板安装是否牢固,并保证平台踏板不出现台阶。

(3)考虑平台板伸缩量,两平台板间隙不得大于 20 mm。

(4)纵向疏散平台有效宽度一般地段不得侵入限界。

4. 施工程序与工艺流程

工艺流程如图 9.4.6 所示。

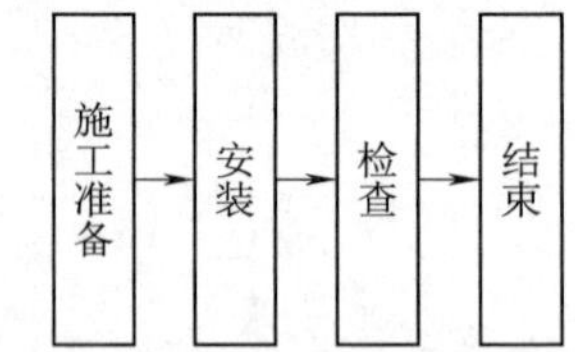

图 9.4.6 复合材料面板安装工艺流程图

5. 施工要求

(1)施工方法

将复合材料步板运送到指定地点,安装到钢支撑上,并测量安装的踏板是否复合限界要求。

(2)施工步骤

1)将复合材料步板及扣件通过东风车运输至安装区间,在通过自制轨道运输车将步板排放至安装地点。步板的编号与定位编号一致。

2)根据已测量的踏步尺寸,必要时对步板进行裁剪。安装到钢梁顶部,并用测量工具测量安装的踏板是否符合限界要求。

3)测量满足限界要求后,用踏板扣件将其固定,然后进行下一块踏板的安装。

4)复合材料步板在调整完成后,进行扣件的固定。

5)钢梁挡板的安装,确保步板安装牢固,避免平台步板在振动环境中向轨道侧移动。

6. 劳动组织

(1)劳动力组织方式:采用架子队组织模式。

(2)作业人员数量应根据施工条件、工期要求进行合理配置,见表9.4.6-1。

表9.4.6-1 疏散平台复合材料面板安装施工人员配置表

序号	人员	单位	数量	备注
1	架子队长	人	1	
2	施工技术负责人	人	1	全面负责现场施工组织及协调
3	工班长	人	1	组织及协调现场施工
4	安全员	人	2	安全瞭望、检查、提醒
5	材料员	人	1	材料管理
6	质检员	人	1	质量检查控制
7	试验员	人	1	质量控制
8	领班员	人	1	
9	现场负责人	人	1	现场施工组织及协调
10	技术工人	人	8	具体操作实施
11	汽车司机	人	1	
12	吊车司机	人	1	
13	安全员	人	1	安全瞭望,安全检查,安全提醒

7. 材料要求

所使用的物资已经完成进场报验。详细材料配置见表9.4.6-2。

表9.4.6-2 疏散平台复合材料面板安装施工材料配置表

序号	材料	单位	数量	备注
1	复合材料面板	m	按需	
2	连接螺栓	套	按需	

8. 设备机具配置

施工机械及工艺设备主要有吊车、平板货车、切割机等,设备须有出厂合格证及相关证件。现场具体投入的机械设备见表9.4.6-3。

表9.4.6-3 设备机具配置表

序号	名称	规格	单位	数量	备注
1	钢卷尺	5 m	把	1	现场测量

续上表

序　号	名　称	规　格	单　位	数　量	备　注
2	吊车	8 t	辆	1	
3	平板货车	5 m	辆	1	
4	步板切割机		套	1	与螺栓匹配
5	水平尺	2 m	把	1	

9. 质量控制及检验

(1)质量控制

1)疏散平台顶面应平整,无翘起现象。

2)连接缝隙处应平稳,无台阶状。

(2)质量检验

1)疏散平台顶面应平整,无翘起现象。

2)连接缝隙处应平稳,无台阶状。

10. 安全及环保要求

(1)安全要求

1)对运输人员的车辆进行定期检查、保养、维修。

2)为保证施工测量的安全,现场应有专人统一指挥,并设一名专职安全员负责现场安全工作。

3)注意现场施工车辆的运行、作业等。

4)坚持班前点名,安全教育制度。

5)进入施工现场时佩戴好安全帽、荧光衣,设置好防护灯。

6)必须做好施工现场的出清工作,做到工完料净场地清。

(2)环保要求

1)生产中的废弃物应集中收集,运到当地环保部门指定的地点弃置。

2)按照环保部门要求,集中处理测量及生活中产生的污水及废水。

3)施工现场不得堆放包装袋等杂物,做到工完料净场地清。

4)使用电动工具时噪声不得干扰附近居民,发电设备排放要达标,隧道内要有通风设备。

9.4.7　供电系统工程疏散平台扶手安装作业指导书

1. 适用范围

适用于杭州至海宁城际铁路机电工程疏散平台扶手安装。

2. 作业准备

(1)外业准备

1)已办理施工作业令。

2)已取得轨行区施工作业令。

3)疏散平台扶手安装的上道工序已经完成并通过监理检查验收,具备扶手安装施工。

(2)内业准备

1)已完成扶手安装工作的技术交底。

2)准备扶手安装台账及图纸。

3. 技术要求

(1)高度定位误差 5 mm。

(2)扶手钢管与连接件处均为满焊。

4. 施工程序与工艺流程

工艺流程如图 9.4.7 所示。

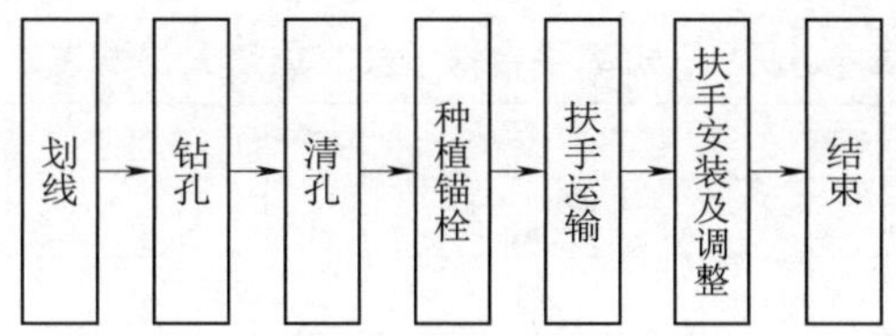

图 9.4.7　扶手安装工艺流程图

5. 施工要求

(1)施工方法

将复合材料步板运送到指定地点,安装到钢支撑上,并测量安装的踏板是否复合限界要求。

(2)施工步骤

1)定位划线

依据施工设计图,以踏板表面为基准标高。通过钢卷尺、水平尺等测量工具,确定扶手在区间隧道上的安装位置。用墨斗在已经定位的两处之间绷紧墨线,弹出支线;将扶手固定件作为模板放置到已画直线上,用记号笔标出扶手固定件安装孔在隧道壁上的位置(每隔 2 m 确定一次)。

2)钻孔

用冲击钻在记号笔标出位置钻孔,孔深、孔径根据自攻螺栓规格而定。孔钻好后清除其中灰尘。

3)清孔

孔钻好后,先用钢丝刷清理孔洞内的石、灰,在使用吹气筒将孔洞内的灰尘清除。

4)种植锚栓

①锚栓种植前,先检查孔内是否清洁、干燥。

②将化学锚栓黏结药剂挤入清理好的孔洞中,再将化学锚栓旋转送入孔洞。

③除去孔洞中挤出的多余药剂,并保证螺杆上的洁净。

5)扶手安装

①根据扶手的长度,确定一根扶手所需的固定件,将固定件依次穿过扶手。

②根据固定件的钻孔位置,调整扶手固定件的弛度,使固定件的孔位与钻孔位置相匹配。

③扶手的安装需牢固,安装完成后的扶手不能滑动或转动。

④扶手要求采取贯通式安装,对接扶手的接缝必须在固定件内,在外观上不能出现有接缝。

⑤扶手固定的边沿需进行磨边处理,防止划伤疏散人员。

6. 劳动组织

(1)劳动力组织方式:采用架子队组织模式。

(2)作业人员数量应根据施工条件、工期要求进行合理配置,见表 9.4.7-1。

表 9.4.7-1　疏散平台扶手安装施工人员配置表

序号	人员	单位	数量	备注
1	架子队长	人	1	
2	施工技术负责人	人	1	全面负责现场施工组织及协调
3	工班长	人	1	组织及协调现场施工
4	安全员	人	2	安全瞭望、检查、提醒
5	材料员	人	1	材料管理
6	质检员	人	1	质量检查控制
7	试验员	人	1	质量控制
8	领班员	人	1	
9	现场负责人	人	1	现场施工组织及协调
10	技术工人	人	12	具体操作实施
11	电焊工	人	1	

7. 材料要求

所使用的物资已经完成进场报验。详细材料配置见表 9.4.7-2。

表 9.4.7-2　疏散平台扶手安装施工材料配置表

序号	材料	单位	数量	备注
1	扶手钢管	个	按需	
2	扶手连接件	个	按需	
3	锚栓	个	按需	

8. 设备机具配置

施工机械及工艺设备主要有电焊机、冲击电钻、扳手等，设备须有出厂合格证及相关证件。现场具体投入的机械设备见表 9.4.7-3。

表 9.4.7-3　设备机具配置表

序号	名称	规格	单位	数量	备注
1	钢卷尺	5 m	把	1	现场测量
2	冲击电钻		把	1	
3	榔头		把	1	
4	扳手	300	套	1	与螺栓匹配
5	水平尺	2 m	把	1	
6	电焊机	2 相	台	1	
7	记号笔		支	1	

9. 质量控制及检验

(1)质量控制

1)弹线应平缓、无较大起伏。如出现较大起伏，需对该处重新测量，并重新检查验收。

2)扶手安装后应平直，无波浪起伏。

3)焊缝外形均匀、成型较好，焊道与基本金属间过渡平滑，焊渣和飞溅物基本清除干净。

(2)质量检验

1)扶手无高低不平。

2)扶手管中心距离疏散平台高度应符合设计要求。

10. 安全及环保要求

(1)安全要求

1)现场人员应佩戴防尘口罩，减少灰尘吸入。

2)对于施工中的垃圾应及时清理并按要求丢弃到地面指定的堆放场。

3)施工作业时，必须对现场成品进行保护，不得进行人为损坏。

4)坚持班前点名、安全教育制度。

5)进入施工现场时佩戴好安全帽、荧光衣，设置好防护灯。

6)必须做好施工现场的出清工作，做到工完料净场地清。

(2)环保要求

1)材料包装物应及时回收，放置在指定地点进行回收。

2)施工过程中减少噪声排放。

9.4.8　供电系统工程疏散平台步梯安装作业指导书

1. 适用范围

适用于杭州至海宁城际铁路机电工程疏散平台步梯安装。

2. 作业准备

(1)外业准备

1)已办理施工作业令。

2)已取得轨行区施工作业令。

3)疏散平台步梯安装的上道工序已经完成并通过监理检查验收,具备步梯安装施工。

(2)内业准备

1)已完成步梯安装工作的技术交底。

2)准备步梯安装台账及图纸。

3. 技术要求

(1)在每段疏散平台的始点、终点、联络通道处必须安装平台步梯。

(2)平台步梯高度根据安装位置、道床混凝土高度调整,安装时,保证平台步梯水平。

(3)钢梯需进行接地连接,接到区间电缆支架上的接地扁钢上。

4. 施工程序与工艺流程

工艺流程如图 9.4.8 所示。

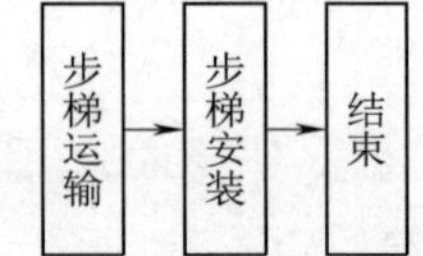

图 9.4.8　步梯安装工艺流程图

5. 施工要求

(1)施工方法

将复步梯运送到指定地点,安装到钢支撑上,并测量安装步梯是否复合限界要求。

(2)施工步骤

1)步梯运输

将步梯放置在货车上,运送至现场。

2)步梯安装

①先将步梯摆放到位,标记孔位。

②根据已标记孔位,用冲击电钻或水钻打孔,清孔及种植螺栓。

③先将步梯与末端钢梁进行连接,连接需牢固,钢支撑与步梯过渡需水平,不能出现“阶梯”。

④按照步梯固定孔的大小进行钻孔,固定步梯。

⑤安装步梯扶手,扶手需与步板扶手贯通,过渡自然。

⑥最后对步梯边缘进行测量,检查限界。

6. 劳动组织

(1)劳动力组织方式:采用架子队组织模式。

(2)作业人员数量应根据施工条件、工期要求进行合理配置,见表 9.4.8-1。

表 9.4.8-1 疏散平台步板安装施工人员配置表

序 号	人 员	单 位	数 量	备 注
1	架子队长	人	1	
2	施工技术负责人	人	1	全面负责现场施工组织及协调
3	工班长	人	1	组织及协调现场施工
4	安全员	人	2	安全瞭望、检查、提醒
5	材料员	人	1	材料管理
6	质检员	人	1	质量检查控制
7	试验员	人	1	质量控制
8	领班员	人	1	
9	现场负责人	人	1	现场施工组织及协调
10	技术工人	人	12	具体操作实施

7. 材料要求

所使用的物资已经完成进场报验。详细材料配置见表 9.4.8-2。

表 9.4.8-2 疏散平台步板安装施工材料配置表

序 号	材 料	单 位	数 量	备 注
1	钢梯	套	按需	
2	E43 焊条	个	按需	

8. 设备机具配置

施工机械及工艺设备主要有冲击电钻、扳手等,设备须有出厂合格证及相关证件。现场具体投入的机械设备见表 9.4.8-3。

表 9.4.8-3 设备机具配置表

序 号	名 称	规 格	单 位	数 量	备 注
1	钢卷尺	5 m	把	1	现场测量
2	冲击电钻		把	1	
3	榔头		把	1	
4	扳手	300	套	1	与螺栓匹配
5	水平尺	2 m	把	1	

9. 质量控制及检验

(1)质量控制

1)步梯安装后应均匀,台阶高度一致。

2)焊缝外形均匀、成型较好,焊道与基本金属间过渡平滑,焊渣和飞溅物基本清除干净。

(2)质量检验

步梯安装后不侵入限界。

10. 安全及环保要求

(1)安全要求

1)现场人员应佩戴防尘口罩,减少灰尘吸入。

2)对于施工中的垃圾应及时清理并按要求丢弃到地面指定的堆放场。

3)施工作业时,必须对现场成品进行保护,不得进行人为损坏。

4)坚持班前点名、安全教育制度。

5)进入施工现场时佩戴好安全帽、荧光衣,设置好防护灯。

6)必须做好施工现场的出清工作,做到工完料净场地清。

(2)环保要求

1)生产中的废弃物应及时收集,在指定的地点弃置。

2)按照环保部门要求,集中处理测量及生活中产生的污水及废水。

3)使用电动工具时噪声不得干扰附近居民,发电设备排放要达标。

9.5　杂散电流

9.5.1　供电系统工程杂散电流参比电极安装作业指导书

1. 适用范围

适用于杭州至海宁城际铁路机电工程杂散电流参比电极安装施工。

2. 作业准备

(1)外业准备

1)轨道的整体道床施工完毕,车站、隧道结构主体施工完毕。

2)确认现场具备作业条件。

(2)内业准备

1)已完成参比电极安装的技术交底。

2)准备平面位置图。

3. 技术要求

(1)参比电极安装位置正确,电极周围无渗水;参比电极必须埋设在被测结构物的钢筋附近,距钢筋距离小于 15 mm。

(2)参比电极固定牢固。

(3)参比电极与被测土壤接触充分。

(4)参比电极垂直于结构表面放置,将电极全部埋置在混凝土介质中。

4. 施工程序与工艺流程

工艺流程如图 9.5.1 所示。

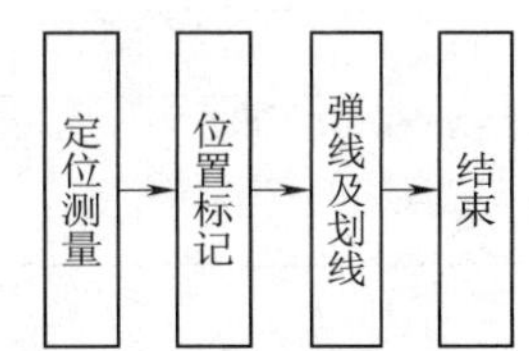

图 9.5.1　参比电极安装工艺流程图

5. 施工要求

(1)施工方法

使用钢卷尺纵向拉链测量,在纵向测量的基础上进行横向测量,如果轨道已经施工完成则可以直接根据轨道使用激光测量仪确定该点的线路中心位置进行标记,根据标记进行打孔工作。如果轨道没有完成施工则可以使用经纬仪,利用隧道控制点打偏角法测量横向中线;中线确定后,将悬挂点用激光标线仪反光至隧道顶部,并做测量标记,以便打孔使用。

(2)施工步骤

1)根据设计图纸,参照已标出的里程和测量端子引出位置,准确测出参比电极的安装位置,用记号笔做好标记。

安装前将电极在自来水中浸泡 8～10 h 并记录该电极的原始电位,以便将来作为参考比较。

2)钻孔、安装

①电极安装需现场钻孔。根据参比电极规格,在选定的地点钻取直径大于 60 mm、深度大于 160 mm 的孔洞;除掉孔洞中的混凝土粉块或浮尘,用自来水淋湿孔洞内表面。

②将事先配好的水泥砂浆填料用自来水调匀,稠度适宜,然后将少许砂浆放入孔洞或方槽底部,用适当的工具将砂浆涂抹在四周壁上,注意涂抹均匀。

③将参比电极陶瓷外壳涂抹薄薄一层砂浆,轻轻放入孔洞中,直到参比电极顶部与隧道侧壁、道床表面等高为止。

④将电极引线穿过钢套引向传感器,并与传感器内接线端子固定。

⑤在电极埋置处上方,用砂浆抹平并与周围混凝土表层尽量取平。

⑥参比电极安装按照安装区段划分:分为高架段和地下段安装。

⑦参比电极安装按照安装部位划分:分为整体道床安装和结构侧壁安装。

6. 劳动组织

(1)劳动力组织方式:采用架子队组织模式。

(2)作业人员数量应根据施工条件、工期要求进行合理配置,见表 9.5.1-1。

表 9.5.1-1　杂散电流参比电极安装施工人员配置表

序　号	施工人员	单　位	数　量	备　注
1	架子队长	人	1	
2	施工技术负责人	人	1	全面负责现场施工组织及协调
3	工班长	人	1	组织及协调现场施工
4	安全员	人	2	安全瞭望、检查、提醒
5	材料员	人	1	材料管理
6	质检员	人	1	质量检查控制
7	试验员	人	1	质量控制
8	领班员	人	1	
9	现场负责人	人	1	现场施工组织及协调
10	技术员	人	1	
11	技术工人	人	3	现场实际施工

7. 材料要求

所使用的物资已经完成进场报验。其他方面满足下列条件:

(1)电极电势已知且稳定,重现性好的可逆电极。即电极过程的交换电流密度相当高,是不极化或难极化电极,因此能迅速建立热力学平衡电位。

(2)参比电极内的电解液不与电解池中的电解液或其他物质发生反应。

(3)电极电位的温度系数小,受温度波动影响小。

详细材料配置见表 9.5.1-2。

表 9.5.1-2　杂散电流参比电极安装施工材料配置表

序　号	材　料	单　位	数　量	备　注
1	参比电极	个	按需	
2	绝缘胶带	卷	1	
3	回填料	kg	按需	
4	水	kg	按需	

8. 设备机具配置

施工机械及工艺设备主要有欧姆表、扳手等，设备须有出厂合格证及相关证件。现场具体投入的机械设备见表 9.5.1-3。

表 9.5.1-3　设备机具配置表

序　号	名　称	规　格	单　位	数　量	备　注
1	钢卷尺	5 m	把	1	
2	记号笔	油性	支	2	
3	冲击钻		把	1	钻头按要求匹配
4	欧姆表		个	1	含连接线

9. 质量控制及检验

(1)质量控制

1)电极引出线至接线箱以及钢结构的连接线的电接触必须良好可靠，以免引起测量误差。

2)测量电极电位时所用表内必须大于 2 MΩ 以上，或者采用离子活度计。过小内阻的测量表将会引起测量误差。

3)电极引出线要妥善处理，不可以用力拉扯，以免电极引线断裂失效。

4)测量前要保持电极段面与安装面的相对平整和湿润。

(2)质量检验

测量检验：利用电极电位表测量，如不满足要求需重新测量。

10. 安全及环保要求

(1)安全要求

1)隧道内测量要做好防护，避免被其他施工人员伤害。

2)隧道内要配置齐全的照明设施，满足施工及安全的需要。

3)进出施工现场必须佩戴安全帽。

4)注意用电安全和电动工具的安全操作。

5)设专人防护，注意来往轨道车的行驶。

(2)环保要求

1)施工用水泥砂浆应集中妥善放置，防止污染周围环境。

2)集中处理测量及生活中产生的污水及废水。

3)其他废弃材料应及时回收，放置在指定位置。

9.5.2　供电系统工程杂散电流传感器、监测装置安装作业指导书

1. 适用范围

适用于杭州至海宁城际铁路机电工程杂散电流传感器、监测装置安装施工。

2. 作业准备

(1)外业准备

轨道已铺设完成,车站、隧道主体结构施工已完成。

(2)内业准备

1)已完成传感器、监测装置安装的技术交底。

2)准备平面位置布置示意图。

3. 技术要求

(1)支架固定牢固、水平。条件允许情况下传感器(监测装置)可直接安装在隧道墙壁上。

(2)支架防腐措施良好,无明显刮痕,无油漆脱落。

(3)安装后的传感器(监测装置)不得侵入限界。

4. 施工程序与工艺流程

工艺流程如图 9.5.2-1 所示。

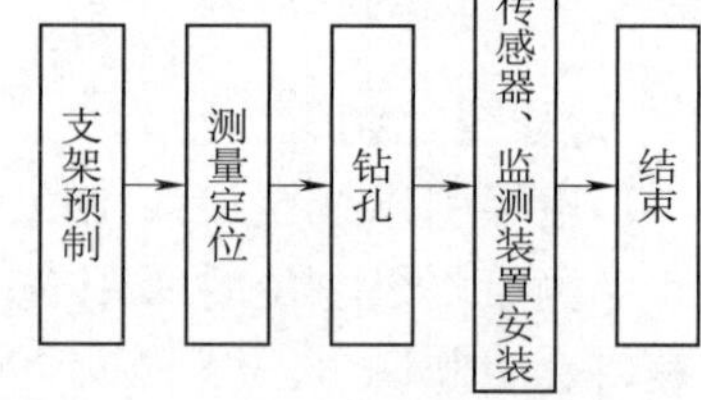

图 9.5.2-1　传感器、检测装置安装工艺流程图

5. 施工要求

(1)施工方法

按照图纸测量出准确的安装位置,保证各电位检测点至检测点(传感器)接线长度符合设计要求,并做好相应标记。

(2)施工步骤

1)支架预制

采用支架安装方式时,传感器(监测装置)支架根据现场情况设计加工,并且依据传感器(监测装置)外形尺寸图预留固定设备用孔。

2)测量定位

根据施工设计图,测量出传感器(监测装置)的安装位置,做好标记。

3)钻孔

①将支架放在安装位置上,划出支架眼孔位置,取下支架,钻孔并植入膨胀螺栓,并使其胀紧。

③采用无支架安装方式时,直接将设备放在安装位置上,划出眼孔位置,取下设备,钻孔并植入膨胀螺栓,并使其胀紧。

4)传感器、监测装置安装

①先用 4 根螺栓(通常为 M8×20)将传感器(监测装置)壳体固定在相应安装支架上,再

将支架固定在已安装好的膨胀螺栓上，调整并拧紧螺栓。

②采用无支架安装方式时，直接将传感器（监测装置）固定于已安装好的膨胀螺栓上，调整并拧紧螺栓，如图 9.5.2-2 所示。

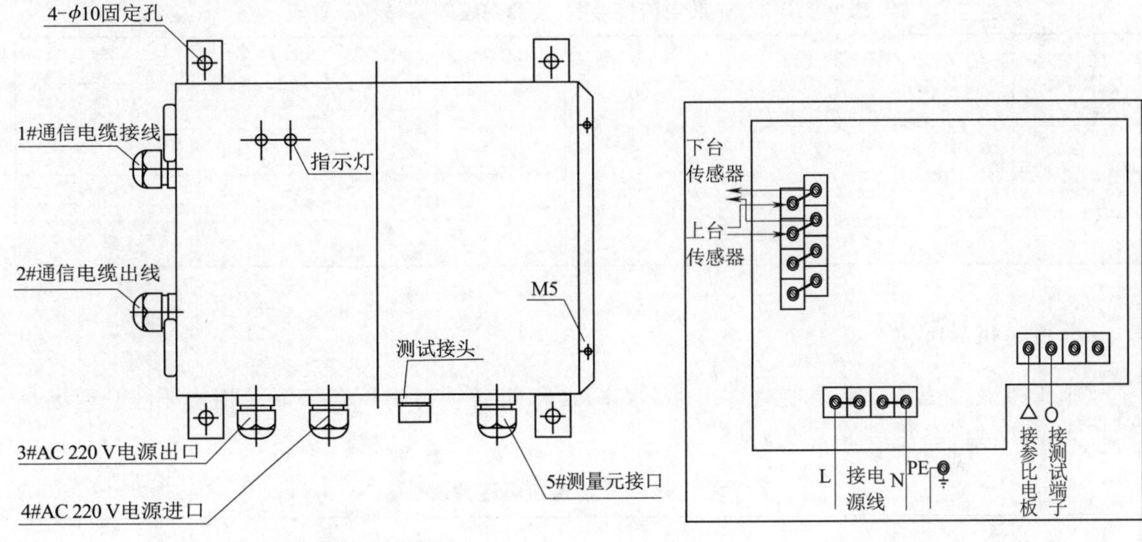

图 9.5.2-2　传感器示意图

5）结束

安装施工记录表格要求填写施工记录。

6. 劳动组织

（1）劳动力组织方式：采用架子队组织模式。

（2）作业人员数量应根据施工条件、工期要求进行合理配置，见表 9.5.2-1。

表 9.5.2-1　杂散电流传感器、检测装置安装施工人员配置表

序　号	施工人员	单　位	数　量	备　注
1	架子队长	人	1	
2	施工技术负责人	人	1	全面负责现场施工组织及协调
3	工班长	人	1	组织及协调现场施工
4	安全员	人	2	安全瞭望、检查、提醒
5	材料员	人	1	材料管理
6	质检员	人	1	质量检查控制
7	试验员	人	1	质量控制
8	领班员	人	1	
9	现场负责人	人	1	现场施工组织及协调
10	技术员	人	1	
11	施工人员	人	5	现场实际施工

7. 材料要求

所使用的物资已经完成进场报验。详细材料配置见表 9.5.2-2。

表 9.5.2-2　杂散电流传感器、检测装置安装材料配置表

序　号	材　料	单　位	数　量	备　注
1	传感器	套	1	
2	检测装置	套	1	
3	连接螺栓	根	8	
4	支架	套	2	

8. 设备机具配置

施工机械及工艺设备主要有冲击钻、水平尺等,设备须有出厂合格证及相关证件。现场具体投入的机械设备见表 9.5.2-3。

表 9.5.2-3　设备机具配置表

序　号	名　称	规　格	单　位	数　量	备　注
1	钢卷尺	5 m	把	1	
2	记号笔	油性	支	2	
3	冲击钻		把	1	钻头按要求匹配
4	水平尺			若干	

9. 质量控制及检验

(1)质量控制

1)支架或固定支架的螺栓不能与道床或隧道壁内部的结构钢筋有任何连接点。

2)所有螺栓连接紧固,无松脱现象。

3)传感器(监测装置)安放端正、工艺美观,安装标高、位置符合设计规定,且不得侵入限界。

(2)质量检验

观察检验。安装位置及各部尺寸符合设计要求,不能有超标现象。

10. 安全及环保要求

(1)安全要求

1)进出施工现场必须佩戴安全帽。

2)注意用电安全和电动工具的安全操作。

3)设专人防护,注意来往轨道车的行驶。

(2)环保要求

1)测量及施工过程中注意回收废弃杂物,不要随地乱扔。

2)施工完毕后要工完料净场地清。

3)打孔等施工项目要做好避免扬尘的措施。

4)施工过程中注意回收废弃杂物,不要随地乱扔。

5)按照环保部门要求,集中处理测量及生活中产生的污水及废水。

6)施工现场不得堆放包装袋等杂物,做到工完料净场地清。

7)使用电动工具时噪声不得干扰附近居民,发电设备排放要达标,隧道内要有通风设备。

9.5.3 供电系统工程杂散电流排流柜安装作业指导书

1. 适用范围

适用于杭州至海宁城际铁路机电工程杂散电流排流柜安装施工。

2. 作业准备

(1)外业准备

1)设备安装区域场地平整、无积水。

2)现场具备作业条件。

(2)内业准备

1)已完排流柜安装的技术交底。

2)准备平面位置布置示意图。

3. 技术要求

(1)箱(盒)体安装牢固端正。

(2)不能超过限界。

4. 施工程序与工艺流程

工艺流程如图 9.5.3 所示。

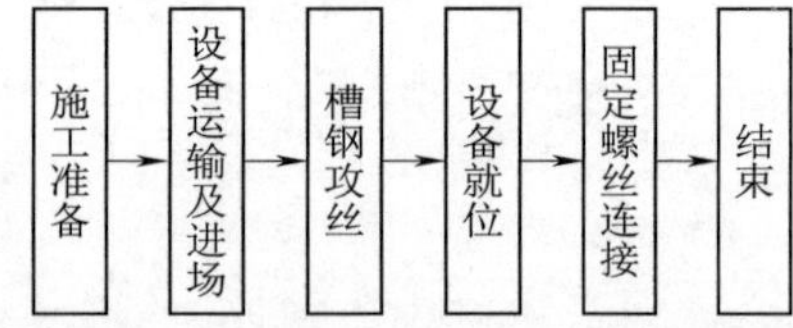

图 9.5.3 排流柜安装工艺流程图

5. 施工要求

(1)施工方法

排流柜安装于牵引变电所内,运输方式可采用轨道车运输、液压小车拖放和吊装孔吊装、液压小车拖放的方式。如果采用轨道运输方式,可以用轨道车分次将排流柜运放到各牵引所站台上,再采用向上吊装或直接拖放方式将其运进变电所。如果采取地面吊装孔吊装,则可分所进行。

(2)施工步骤

1)施工要求:清除排流柜基础槽钢上的各种杂物,保持清洁。

2)设备运输及进场:通过轨道车或吊装孔将设备运输进站台层,通过运输小车二次运输进所,注意运输路径的预留。

3)槽钢攻丝

①按照施工设计图纸尺寸要求,在基础槽钢首先定位安装孔,利用电钻钻孔。

②在槽钢基础钻好的眼孔上,采用攻丝的方式,将连接螺栓传入丝孔内,向下旋转到位,表示攻丝完成(把连接螺栓拆除,进行下一步工序)。

4)设备就位

①槽钢攻丝完成后,清除槽钢基础上残余铁渣。

②利用运输叉车将设备运转至槽钢基础处,采用龙门吊架将设备固定升高至一定高度,推

动龙门吊架与槽钢基础安装表面对齐，设备安装孔位和槽钢基础孔位对齐，同时注意设备安装正反面和变电所其他设备应保持一致。

6. 劳动组织

(1)劳动力组织方式：采用架子队组织模式。

(2)作业人员数量应根据施工条件、工期要求进行合理配置，见表 9.5.3-1。

表 9.5.3-1 杂散电流排流柜安装施工人员配置表

序号	施工人员	单位	数量	备注
1	架子队长	人	1	
2	施工技术负责人	人	1	全面负责现场施工组织及协调
3	工班长	人	1	组织及协调现场施工
4	安全员	人	2	安全瞭望、检查、提醒
5	材料员	人	1	材料管理
6	质检员	人	1	质量检查控制
7	试验员	人	1	质量控制
8	领班员	人	1	
9	现场负责人	人	1	现场施工组织及协调
10	技术员	人	1	
11	施工人员	人	12	现场实际施工

7. 材料要求

所使用的物资已经完成进场报验。排流柜满足《地铁杂散电流腐蚀防护技术规程》(CJJ 49—92)相关技术要求。详细材料配置见表 9.5.3-2。

表 9.5.3-2 杂散电流排流柜安装材料配置表

序号	材料	单位	数量	备注
1	排流柜	套		
2	木板	块	按需	铺设道路
3	大方木	块	按需	升落设备
4	小方木	块	按需	升落设备
5	钢板	块	按需	设备运输
6	垫铁	块	按需	调整

8. 设备机具配置

施工机械及工艺设备主要有冲击钻、吊车、小拖车等，设备须有出厂合格证及相关证件。现场具体投入的机械设备见表 9.5.3-3。

表 9.5.3-3 设备机具配置表

序号	名称	规格	单位	数量	备注
1	钢卷尺	5 m	把	1	
2	记号笔	油性	支	2	
3	冲击钻		把	1	钻头按要求匹配
4	攻丝		套	1	
5	吊车		台	1	根据吊装吨位确定
6	小拖车		台	1	根据现场情况确定

9. 质量控制及检验

(1)质量控制

1)按箱底部安装孔在墙壁上定出尺寸并安好后扩底锚栓,安装过程请注意内部电器元件保护不能碰撞。箱体安装平整固定牢固。

2)引入引出线穿过铜质填料接线完毕后用力将压紧螺帽收紧以密封防雨。

3)箱体不可受重力撞击。

4)箱盖螺钉在接线完毕时要拧紧。

(2)质量检验

观察检验安装位置及各部尺寸符合设计要求,不能有超标现象。

10. 安全及环保要求

(1)安全要求

1)进出施工现场必须佩戴安全帽。

2)注意用电安全和电动工具的安全操作。

3)设专人防护,注意来往轨道车的行驶。

(2)环保要求

1)测量及施工过程中注意回收废弃杂物,不要随地乱扔。

2)施工完毕后要工完料净场地清。

3)打孔等施工项目要做好避免扬尘的措施。

4)施工过程中注意回收废弃杂物,不要随地乱扔。

5)使用电动工具时噪声不得干扰附近居民,发电设备排放要达标,隧道内要有通风设备。

9.5.4 供电系统工程杂散电流单向导通装置安装作业指导书

1. 适用范围

适用于杭州至海宁城际铁路机电工程杂散电流单向导通装置安装施工。

2. 作业准备

(1)外业准备

1)设备安装区域场地平整、无积水。设备基础完成,验收合格。

2)现场具备作业条件。

(2)内业准备

1)已完排流柜安装的技术交底。

2)准备平面位置布置示意图。

3. 技术要求

(1)单向导通装置垂直度、水平偏差符合规范要求。

(2)单向导通装置柜内设备与各构件间连接应牢固。

4. 施工程序与工艺流程

施工程序与工艺流程如图 9.5.4 所示。

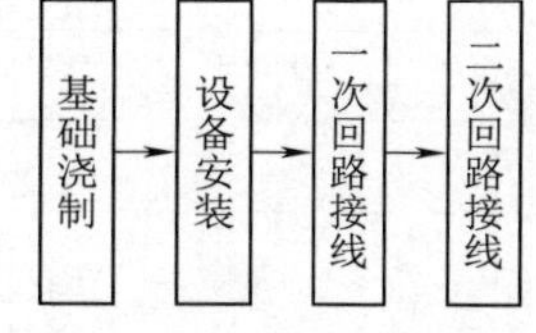

图 9.5.4 单向导通装置工艺流程图

5. 施工要求

(1)施工方法

设备运输到位,确认设备完好无损,根据设计图纸确定方向,将设备放置在基础上,与地脚螺栓连接牢固。

(2)施工步骤

1)基础浇筑

①根据设计图纸确定基础位置。

②平整场地、开挖、支模、浇筑基础。

③养护。

2)设备安装

①设备运输到位后开箱检验,确认设备完好无损,配件、附件齐全。

②根据设计图示,确定柜体朝向,将设备放在混凝土基础上,用铅垂线找正。

③用专用钥匙打开柜门,用地脚螺栓将设备固定在基础上。

④卸掉单向导通装置柜顶上的吊环。

⑤将防雨帽从包装箱中取出,注意防雨帽上丝印所注型号应与柜体铭牌上型号一致,用螺栓将防雨帽与柜体紧固在一起。

3)一次回路接线

①一次电缆接线安装时,电缆线从底部进线孔穿入柜中,分别接于母排上,通常电缆线的

截面面积为 150 mm^2,每根母排上最多可接 4 根电缆。

②接线完成后对进线孔进行封堵。

4)二次回路接线

二次电缆接线安装时,将 AC 220 V 电源线和检测信号输出线分别接于二次接线端子排上的相应端子上。

6. 劳动组织

(1)劳动力组织方式:采用架子队组织模式。

(2)作业人员数量应根据施工条件、工期要求进行合理配置,见表 9.5.4-1。

表 9.5.4-1 杂散电流单向导通装置安装施工人员配置表

序 号	施工人员	单 位	数 量	备 注
1	架子队长	人	1	
2	施工技术负责人	人	1	全面负责现场施工组织及协调
3	工班长	人	1	组织及协调现场施工
4	安全员	人	2	安全瞭望、检查、提醒
5	材料员	人	1	材料管理
6	质检员	人	1	质量检查控制
7	试验员	人	1	质量控制
8	领班员	人	1	
9	现场负责人	人	1	现场施工组织及协调
10	技术员	人	1	
11	施工人员	人	12	现场实际施工

7. 材料要求

所使用的物资已经完成进场报验。单向导通装置符合电流单向传输要求。详细材料配置见表 9.5.4-2。

表 9.5.4-2 杂散电流单向导通装置安装材料配置表

序 号	材 料	单 位	数 量	备 注
1	单向导通装置	套	1	
2	连接螺栓	套	按需	
3	木板	块	按需	铺设道路
4	大方木	块	按需	升落设备
5	小方木	块	按需	升落设备
6	钢板	块	按需	设备运输
7	垫铁	块	按需	调整

8. 设备机具配置

施工机械及工艺设备主要有冲击钻、吊车、小拖车等，设备须有出厂合格证及相关证件。现场具体投入的机械设备见表9.5.4-3。

表9.5.4-3　设备机具配置表

序　号	名　称	规　格	单　位	数　量	备　注
1	钢卷尺	5 m	把	1	
2	记号笔	油性	支	2	
3	冲击钻		把	1	钻头按要求匹配
4	攻丝		套	1	
5	吊车		台	1	根据吊装吨位确定
6	小拖车		台	1	根据现场情况确定

9. 质量控制及检验

(1)质量控制

1)单向导通装置的规格、型号及安装位置符合设计要求。

2)单向导通装置固定牢固，外部接线正确，连接可靠。

3)单向导通装置设置靠近轨道时，应进行限界检查。

4)单向导通装置安装后的垂直度应小于1.5 mm。

(2)质量检验

观察检验：安装位置及各部尺寸符合设计要求，不能有超标现象。

10. 安全及环保要求

(1)安全要求

1)进出施工现场必须佩戴安全帽。

2)注意用电安全和电动工具的安全操作。

3)设专人防护，注意来往轨道车的行驶。

(2)环保要求

1)测量及施工过程中注意回收废弃杂物，不要随地乱扔。

2)施工完毕后要做到工完料净场地清。

3)打孔等施工项目要做好避免扬尘的措施。

4)施工过程中注意回收废弃杂物，不要随地乱扔。

5)施工现场不得堆放包装袋等杂物，做到工完料净场地清。

6)使用电动工具时噪声不得干扰附近居民，发电设备排放要达标，隧道内要有通风设备。

9.5.5 供电系统工程杂散电流通信电缆、测量电缆敷设作业指导书

1. 适用范围

适用于杭州至海宁城际铁路机电工程杂散电流通信电缆、测量电缆敷设施工。

2. 作业准备

(1)外业准备

电缆敷设路径施工完毕。

(2)内业准备

1)已完排流柜安装的技术交底。

2)准备电缆走向图、电缆配盘表。

3. 技术要求

(1)电缆无绞拧、铠装压扁、护层断裂、表面严重划伤等缺陷。

(2)电缆敷设位置正确,排列整齐,固定牢固,标记位置准确,标记清楚。有防火隔离措施的完整正确。

(3)电缆的转弯走向整齐,电缆的标记清晰齐全,弯曲半径不小于电缆的最小允许弯曲半径,保护管口封闭严密。

(4)电缆(及其保护管)各支撑点的距离应符合设计要求。当设计无规定时,水平距离≤800 mm,垂直距离≤1 000 mm。

4. 施工程序与工艺流程

工艺流程如图 9.5.5 所示。

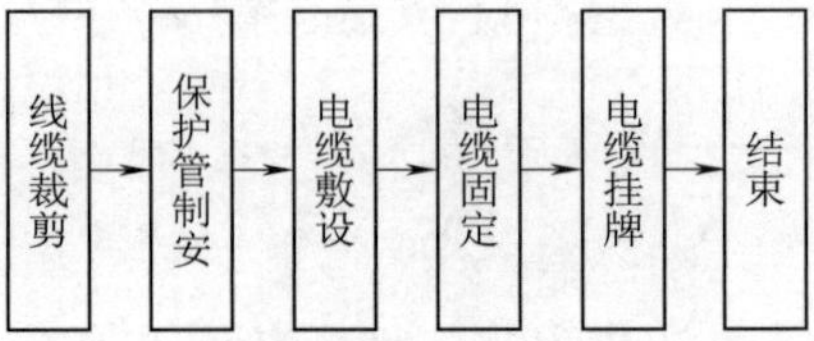

线缆裁剪 → 保护管制安 → 电缆敷设 → 电缆固定 → 电缆挂牌 → 结束

图 9.5.5 通信电缆、测量电缆敷设工艺流程图

5. 施工要求

(1)施工方法

车站每个测量电极等电位信号用穿管测量线引出,区间内每个监测点传感器内引出的电位信号用通信电缆引出,全部信号集中送至车站的信号转接器,最后再通过通信电缆与变电所排流柜内的监测装置相连。

(2)施工步骤

1)通信电缆、测量电缆敷设步骤

①现场调查及电缆配盘。

用白油漆标记各电极及监测点的位置,并根据里程标准确计算出所需通信电缆或测量线的长度,再合理分配电缆盘。

电缆敷设前必须进行详细的路径调查和测量,以确定电缆长度和敷设方法。

②通信电缆敷设。

采用轨道车牵引辅助敷设,并随时挂装每根电缆的标志牌。电缆两端敷设到位后,要加以

捆绑，避免电缆侵入限界，影响轨道车及其他专业作业。

对停车场单向导通的二次电缆敷设，采用人工穿管敷设的方式进行。电缆敷设中注意电缆防水和电缆穿管中对电缆的损伤。

③测量电缆敷设

把测量线穿入敷设好的保护管，敷设至各监测点后，套上线号管做好标记，并预留好接线长度。

2)操作要点

①线缆裁剪

a. 按施工图纸所示将电缆分类，并核对施工图中各个回路电缆是否正确。

b. 确认施工图纸无遗漏电缆后，对施工图中每回电缆长度进行现场测量，并列出电缆清单。

c. 按电缆清单裁剪电缆，并在电缆两端标上回路编号标签。

d. 对电缆两端头应用绝缘胶带密封，以防电缆受潮。

②保护管制安

a. 现场核对线缆路径，对于需固定于道床或需过轨的线缆(如传感器至测量端子或钢轨的测量电缆)，需采用 ϕ20 镀锌钢管对线缆进行保护。

b. 对于需沿隧道壁敷设，且无邻近电缆支架可做路径的电缆(如传感器电源电缆)，需采用 ϕ20 镀锌钢管对线缆进行保护。

c. 测量所需保护管长度，并据此进行截断加工。

d. 对于需固定于道床上的保护管，需考虑与邻近隧道壁间距离，据此长度对保护管进行预弯及截断加工，使转弯处刚好位于结构壁边缘。

e. 用管卡固定保护管，管卡间距均匀，水平距离≤800 mm，垂直距离≤1 000 mm。

③电缆固定

a. 当电缆沿支架敷设时，每个支架处用绑扎带进行绑扎，电缆弧度编排应整齐、美观。

b. 在支架、保护管至设备电缆连接处距离过大的地方，要加电缆卡固定电缆。

c. 电缆敷设到位后应对每根电缆进行挂牌，电缆牌内容应包含电缆起点、终点、电缆型号、电缆长度。

6. 劳动组织

(1)劳动力组织方式：采用架子队组织模式。

(2)作业人员数量应根据施工条件、工期要求进行合理配置，见表 9.5.5-1。

表 9.5.5-1 杂散电流通信电缆、测量电缆敷设施工人员配置表

序号	施工人员	单位	数量	备注
1	架子队长	人	1	
2	施工技术负责人	人	1	全面负责现场施工组织及协调
3	工班长	人	1	组织及协调现场施工
4	安全员	人	2	安全瞭望、检查、提醒
5	材料员	人	1	材料管理
6	质检员	人	1	质量检查控制

续上表

序　号	施工人员	单　位	数　量	备　注
7	试验员	人	1	质量控制
8	领班员	人	1	
9	现场负责人	人	1	现场施工组织及协调
10	技术员	人	1	
11	施工人员	人	30	现场实际施工

7. 材料要求

所使用的物资已经完成进场报验。电绝缘性能较好，有一定的耐热性、柔软性，普通绝缘级有一定的电绝缘性能，有较好的柔软性。详细材料配置见表 9.5.5-2。

表 9.5.5-2　杂散电流通信电缆、测量电缆敷设材料配置表

序　号	材　料	单　位	数　量	备　注
1	通信电缆	m	按需	
2	测量电缆	m	按需	
3	镀锌钢管	m	按需	
4	尼龙扎带	个	按需	
5	电缆铭牌	张	按需	
6	绝缘胶带	卷	3	
7	欧姆卡	个	按需	

8. 设备机具配置

施工机械及工艺设备主要有吊车、平板车、放线架、滑轮等，设备须有出厂合格证及相关证件。现场具体投入的机械设备见表 9.5.5-3。

表 9.5.5-3　设备机具配置表

序　号	名　称	规　格	单　位	数　量	备　注
1	钢卷尺	5 m	把	1	
2	放线架		套	1	
3	滑轮	尼龙	个	1	
4	吊车	8 t	台	1	吊装线盘
5	平板车	3 m	台	1	运输材料

9. 质量控制及检验

(1)质量控制

1)电缆无绞拧、铠装压扁、护层断裂、表面严重划伤等缺陷。

2)电缆敷设位置正确，排列整齐，固定牢固，标记位置准确，标记清楚。有防火隔离措施的完整正确。

3)电缆的转弯走向整齐清楚,电缆的标记清晰齐全,弯曲半径不小于电缆的最小允许弯曲半径,保护管口封闭严密。

(2)质量检验

观察检验安装位置及各部尺寸符合设计要求,不能有超标现象。

10. 安全及环保要求

(1)安全要求

1)进出施工现场必须佩戴安全帽。

2)注意用电安全和电动工具的安全操作。

3)设专人防护,注意来往轨道车的行驶。

(2)环保要求

1)测量及施工过程中注意回收废弃杂物,不要随地乱扔。

2)施工完毕后要工完料净场地清。

3)废旧线盘应收回。

4)施工完成后现场不留杂物,包装物应随时收集统一处理。

10　外电工程施工作业指导书

10.1　外电线路

10.1.1　外部电源工程排管电缆沟施工作业指导书

1. 适用范围

适用于杭州至海宁城际铁路机电工程排管电缆沟施工。

2. 作业准备

(1)外业准备

1)完成现场调查,确认现场交通情况、地下管线情况、土质情况,选择合适的开挖施工方案。本工程采用机械开挖并辅以人工修整的施工方式。

2)施工机械运行状态良好、安全可靠。

3)作业人员已进行安全技术交底。

4)征地已完成,具备进场施工条件。

5)测量放线已完成。

(2)内业准备

作业指导书编制后,应在开工前对组织技术人员认真学习施工组织设计。逐级向施工人员进行技术、操作、安全、环保交底,确保施工过程的工程质量、环境保护和人身安全。

3. 技术要求

(1)钢筋加工和绑扎的偏差应满足规范要求。

(2)允许偏差项目,见表 10.1.1-1 和表 10.1.1-2。

表 10.1.1-1　钢筋加工允许偏差表

项　次	项　目	允许偏差(mm)	检验方法
1	受力钢筋沿长度方向的净尺寸	±10	尺量检查
2	弯起钢筋的弯折位置	±20	尺量检查
3	箍筋外廓尺寸	±5	尺量检查

表 10.1.1-2　钢筋绑扎允许偏差表

项　次	项　目		允许偏差(mm)	检验方法
1	绑扎骨架	宽、高	±5	尺量
		长	±10	
2	受力主筋	间距	±10	尺量
		排距	±5	

续上表

项　次	项　目		允许偏差(mm)	检验方法
3	箍筋	间距	±10	尺量连续5个间距
4	保护层厚度 c	$c \geqslant 30$ mm	$^{+10}_{0}$	尺量
		$c<30$ mm	$^{+5}_{0}$	
5	受力钢筋搭接锚固长度	搭接	−20	尺量

(3)排管间距满足设计要求。

4.施工程序与工艺流程

(1) 施工程序

缆沟开挖→垫层施工→钢筋加工安装→排管施工→模板安装→混凝土浇筑→养护及模板拆除。

(2)工艺流程

工艺流程如图10.1.1所示。

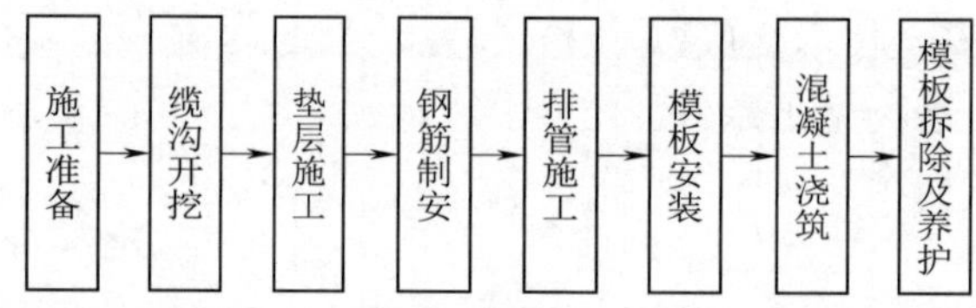

图10.1.1　排管电缆沟施工工艺流程图

5.施工要求

(1)管沟开挖施工

1)管沟开挖

①根据放线情况,采用倒退施工法,沿放线的路径逐段进行开挖。

②开挖时应逐层由浅至深开挖,直至达到要求开挖深度。逐层开挖可在遇到不明管线时及时停止施工,有效避免对不明管线造成破坏。

③管沟开时,应适当考虑设置临时集水井,以便土壤渗水或降雨后将积于沟内的水排除。

④管沟开挖出的土方堆放应距离沟边有足够的安全距离,且土方堆放高度不应过高。

2)沟底、沟壁修整

①沟底、沟壁采用人工修整,主要是修整沟底平整度及沟壁的植物根系。

②工人下沟作业时,应先确认沟边是否存在塌方、土方滚落现象,确认安全后方可下沟作业。

③修整作业人员应距离开挖机械作业点有足够的安全距离。

④修整完成后,应请监理进行验收,验收合格后方可进行下一步工序施工。

(2)垫层施工

1)放线

根据设计要求确定垫层的施工范围及铺设的厚度,并进行放线。

2)铺碎石垫层及平整

①按放线情况,逐段进行碎石垫层施工同时进行平整。

②垫层施工完成后通知监理进行验收,验收合格后方可进行下一道工序。

(3)钢筋施工

1)钢筋加工

①钢筋绑扎,根据设计图纸进行钢筋翻样,列出钢筋数量表,并按设计要求进行加工。

②配料时在满足设计及相关规范的前提下,有利于保证加工安装质量,要考虑附加筋。成型钢筋形状、尺寸准确,平面上没有翘曲不平,弯曲点处不得有裂纹和回弯现象。

③箍筋弯钩的弯折角度不应小于 90°,弯折后平直段长度不应小于箍筋直径的 5 倍;对有抗震设防要求或设计有专门要求的结构构件,箍筋弯钩的弯折角度不应小于 135°,弯折后平直段长度不应小于箍筋直径的 10 倍。

2)钢筋绑扎

①底板钢筋绑扎时,按画好的间距,先摆放受力主筋,后放分布筋,预埋件、预留孔等及时配合安装。板内纵向受力筋,采用绑扎连接与电弧单面焊相结合,基础底板钢筋保护层厚度符合设计要求。

②交叉部位钢筋采用十字兜扣绑扎,底板钢筋短向不设接头,长向钢筋接头相互错开。

③墙体钢筋绑扎先绑外侧,再绑内侧,双排钢筋之间绑扎拉筋间距 400 mm。

④顶板钢筋绑扎:清理模板上面杂物,放出下层主筋间距线,按间距先放主筋,再放分布筋,预埋件及时配合安装。绑扎完毕后放上马凳再绑上层钢筋。

⑤钢筋保护层厚度采用垫块控制,呈梅花状布置,间距 600 mm。厚度以设计要求为准。

⑥钢筋绑扎施工完成后通知监理进行验收,验收合格方可进行下一道工序。

(4)模板施工

1)模板加工

模板应结合现浇结构的情况进行加工、制作,一般为现场加工。通用性强的模板宜制作成定型模板。

2)模版安装

①垫层模板采用木模,多层板加木方加固,下地锚,两侧对顶斜撑间距不大于 800 mm 加固。

②基础底板与墙模板采用木模,要保证几何尺寸准确。模板接缝严密、平整、不漏浆、表面干净,并涂非油类隔离剂。模板加固采用木方及钢管结合用 $\phi12$ 止水螺栓加固。模板安装时,轻起轻放,不准碰撞,防止变形。

③钢筋绑扎施工完成后通知监理进行验收,验收合格后方可进行下一道工序。

(5)排管施工

1)排管

①电缆管道敷设前必须清洁管道内部,使管道内部光滑无杂物。

②排管应达到平直,为了保证管距一致,可采用混凝土垫块间隔,定位垫块不得放在管子接头上,管子间和上下两层的定位垫块应错开,管子接头应相互错开。

③如排管时为了避让其他工程管道和地下构筑物时,允许小于 2.5°(12 cm/3 m)转角,但两座工井间仅允许有一处转角。

④塑料衬管安装采用承插式分层安装,接头的镶接长度应按照插入口的划线标志为80 mm。

2)管口封堵

①管道敷设分段时要注意管口临时封闭,以免泥浆杂物进入管道。

②排管施工完成后必须对末端管口进行封闭,避免混凝土浇筑时进入管道从而堵塞管道。

③排管施工完成后通知监理进行验收,验收合格后方可进行下一道工序。

(6)混凝土施工

1)钢筋及模板检查

在浇筑混凝土前,应详细检查模板、钢筋和有关其他浇筑准备工作,按施工详图和规范的规定执行,并做好记录。在做到“三检”之后,通知工程师检查,经工程师同意后方可开始下一道浇筑工作。

2)混凝土浇筑

将混凝土用翻斗车运至沟槽边,人工卸料摊铺开后,采用平板振动机和插入式振动机进行振捣,确保混凝土密实度达到要求。

3)养护

①混凝土浇筑完成终凝结束后应开始养护,养护可采用洒水、覆土养护或者使用塑料薄膜覆盖等养护,采用洒水养护时每昼夜浇水 2～3 次。

②养护应形成养护记录。

③混凝土施工完成后通知监理进行验收,验收合格后方可进行下一道工序。

(7)模板拆除

1)模板拆除

①混凝土强度达到设计要求后再拆除。

②底模及其支架拆除时的混凝土强度应能保证其表面及棱角不受损伤。

③模板拆除时,可采取先支的后拆、后支的先拆,先拆非承重模板、后拆承重模板的顺序,并应从上而下进行拆除。

④模板拆除时,不应对新建实体形成冲击荷载。

2)模板清理

拆下的模板及支架杆件不得抛掷,应分散堆放在指定地。

3)模板拆除完成后通知监理进行验收,验收合格后方可进行下一道工序。

(8)土方回填

1)土方回填

①清理回填土。

②电缆排管铺设完工后,进行土方回填,以机械为主,人工配合。

③分层回填,并进行夯实。

④回填土应略高于原状地面。

2)余土清运

余土用自卸汽车运至余土弃置场。

3)土方回填完成后通知监理进行验收。

6. 劳动组织

(1)劳动力组织方式:采用架子队组织模式。
(2)作业人员数量应根据施工条件、工期要求进行合理配置,见表 10.1.1-3。

表 10.1.1-3　排管电缆沟施工人员配置建议表

序　号	工　种	人　数	主要职责
1	架子队长	1	架子队综合管理
2	架子队技术主管	1	架子队技术管理
3	技术员	1	现场施工技术管理
4	安全员	1	现场施工安全管理
5	质量员	1	现场施工质量管理
6	材料员	1	现场施工材料管理
7	试验员	1	试验管理
8	工班长	1	工班施工管理
9	领工员	1	带工
10	挖掘机驾驶员	1	操作挖掘机
11	焊工	1	钢筋焊接
12	钢筋工	2	钢筋加工、绑扎
13	模板工	4	加工、安装
14	普工	2	其余工作

7. 材料要求

(1)钢筋品牌应满足杭海铁路品牌要求。
(2)钢筋必须进行送检合格后方可使用。
(3)管材必须进行送检合格后方可使用。
(4)进场商品混凝土强度等级必须与设计相符。

8. 设备机具配置

施工机械主要有挖掘机、铁锹等。现场具体投入的机械设备见表 10.1.1-4。

表 10.1.1-4　排管电缆沟施工工机具投入表

序　号	设备名称	数　量	备　注
1	挖掘机	1	
2	手推车	1	
3	电焊机	1	
4	滚焊机	1	
5	钢筋弯曲机	1	
6	钢筋切断机	1	

续上表

序　号	设备名称	数　量	备　注
7	钢筋调直切断机	1	
8	振捣器	2	
9	手砂轮	1	

9. 质量控制及检验

(1) 质量控制

1)沟底修整时,应尽量不破坏原土层结构。

2)沟内积水应及时排除。

3)碎石垫层的厚度及宽度应满足设计要求。

4)碎石垫层表层应平整。

5)钢筋由钢筋专业技术人员翻样,按规格、品种、型号及尺寸、搭接长度、锚固长度、接头类型、绑扎及预留洞口等处理必须符合设计施工验收规范标准和要求。钢筋保护层支撑梯子钢筋制作:根据各部位不同尺寸要求,统一用无齿锯下料,定距支撑筋断面涂刷防锈漆后支模板。

6)电缆排管钢筋笼箍筋严格按照施工图设计要求,箍筋的开口方向统一,严禁形成闭合磁路。

7)受力钢筋的连接、钢筋的绑扎等工艺应符合相关规程、规范及技术标准的要求。

8)同一构件的相邻纵向受力钢筋的绑扎搭接接头宜相互错开。

9)模板面板背楞的截面高度宜统一。模板制作与安装时,面板拼缝应严密。

10)安装模板时,应进行测量放线,并应采取保证模板位置准确的定位措施。

11)接触混凝土的模板表面应平整,并应具有良好的耐磨性和硬度,保证在支撑或围护构件作用下不破损、不变形;清水混凝土模板的面板材料应能保证脱模后所需的饰面效果。

12)脱模剂应能有效减小混凝土与模板间的吸附力,并应有一定的成膜强度,且不应影响脱模后混凝土表面的后期装饰。

13)模板尺寸不应过小,应尽量减少模板的拼装。

14)支模中应确定模板的水平度和垂直度。

15)模板的拼装、支撑应严密、可靠,确保振捣中不走模、不漏浆。

16)排管间距必须满足设计要求,避免影响混凝土浇筑。

17)管道固定应牢固,混凝土浇筑时不应变形。

18)管道口应封堵可靠,避免混凝土进入。

(2) 质量检验

1)混凝土强度等级必须与设计相符。

2)混凝土的坍落度检测应合格。

3)混凝土应按要求制作试块。

4)模板拆除时,不应对新建实体形成冲击荷载破坏混凝土结构。

10. 安全及环保要求

(1) 安全要求

1)注意野外作业安全防护。

2)机械行走时应注意地面情况,避免出现机械倾覆。

3)机械施工中,指挥和盯控人员应与机械保持一定的安全距离。

4)施工中如遇到不明且处于运行状态的管线,应立即停止施工并上报相关负责人。

5)土方的堆放与沟边的安全距离以及堆放高度应符合安全要求。

6)工人下沟作业应设置专用上下通道。

7)工人下沟作业前应确认沟边不存在塌方等情况。若存在塌方情况应处理完成后再下沟作业。

8)工人下沟作业后,沟边应有安全盯控人员。

9)安全规范使用铁锹、刀具等。

10)管沟的开挖位置与沟边的建构筑物保证一定的安全距离。

11)施工范围应设置安全警示标识。

(2)环保要求

1)施工过程中产生的废弃物、生活垃圾等应统一存放,并于施工结束后集中处理,严禁随意丢弃。

2)不任意损坏农田和水利建设及交通设施。

3)开挖出的土方应设置防尘网。

4)出入施工现场的机械应注意夹带泥土等情况。

10.1.2 外部电源工程拖管电缆管沟施工作业指导书

1. 适用范围

适用于杭州至海宁城际铁路机电工程拖管电缆管沟施工作业。

2. 作业准备

(1)外业准备

进场后调查施工范围内地下管线情况,确定地下管线是否与设计物探断面图相符。

(2)内业准备

作业指导书编制后,应在开工前对组织技术人员认真学习施工组织设计。逐级向施工人员进行技术、操作、安全、环保交底,确保施工过程的工程质量、环境保护和人身安全。

3. 技术要求

拖管轨迹设计时间距应满足设计要求。拖管管道与各地下管网、建筑物的间距要求如图 10.1.2-1所示。

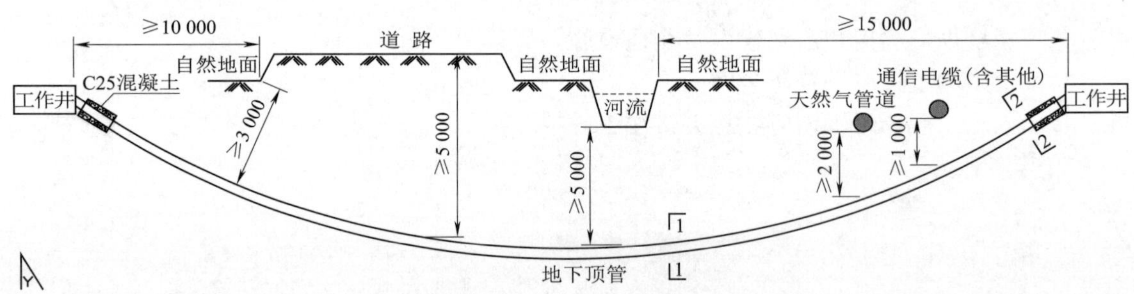

图 10.1.2-1 拖管施工剖面示意图(单位:mm)

4. 施工程序与工艺流程

(1)施工程序

导向钻孔→扩孔→管道焊接→管道牵引→清场。

(2) 工艺流程

工艺流程如图 10.1.2-2 所示。

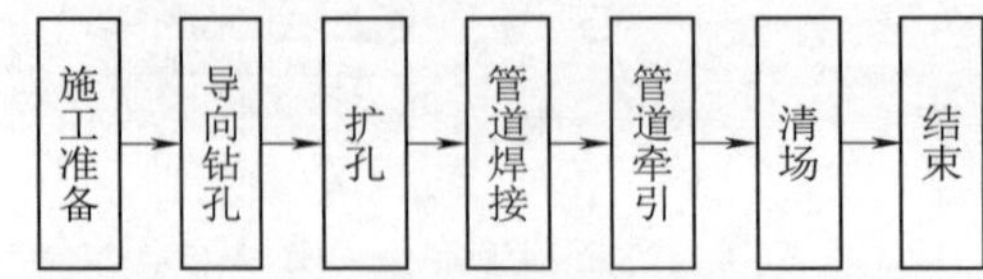

图 10.1.2-2 拖管电缆施工工艺流程图

5. 施工要求

(1)泥浆配置

1)钻机进场并调整至钻进位置,并进行可靠固定。

2)泥浆是定向穿越中的关键因素,定向钻穿越施工要求泥浆的性能高,泥浆的性能主要有动、静切力、失水以及润滑等性能。根据以往施工经验,我们采取以下措施:

①按照事先确定好的泥浆配比用一级膨润土加上泥浆添加剂,配出符合要求的泥浆。

②使用的泥浆添加剂有:降失水剂、提粘剂和防塌润滑剂等。所加添加剂符合环保要求。

③为了确保泥浆的性能,使膨润土有足够的水化时间,在用量不改变的情况下,应采取增加泥浆储存罐的数量、延长循环周期的措施。

④根据地质情况和管径大小确定泥浆黏度。采用马氏漏斗测量泥浆黏度,每两小时测一次。根据地质土层的不同,泥浆的配比也随之变化,并选用不同的添加剂,以达到预期的效果。基浆的配制:5%～8%预水化膨润土+碱(Na_2CO_3)搅拌和水化而成(充分水化能明显提高泥浆的性能),碱的用量根据水质情况具体确定。泥浆黏度值见表 10.1.2-1 所示。

表 10.1.2-1　泥浆黏度值表(单位:Pa·s)

黏度值管径 ϕ(mm)	黏土	亚黏土	粉砂	细砂
钻孔导向	30～40	35～40	40～45	40～45
273	30～40	35～40	40～45	40～45
273～426	30～40	35～40	40～45	40～45
426～529	40～45	40～45	45～50	45～50
大于 529	45～50	45～50	50～55	55～65

⑤在各个阶段的配制方法如下(加量按重量比计算),这些泥浆配制方案都是针对粉质黏土提出的;如果地质情况有变化,其配制方案也随之变化。

a. 导向孔阶段要求尽可能将孔内的泥沙携带出孔外,同时维持孔壁的稳定,减少推进阻力。其基本配方是:基浆+0.2%～0.4%增黏剂+0.3%降滤失剂。

b. 扩孔阶段要求泥浆具有很好的护壁效果,防止地层坍塌,提高泥浆携带能力。其基本配方为:基浆+0.3%～0.5%提黏剂+0.4%降滤失剂。

c. 扩孔回拖阶段要求泥浆具有很好的护壁、携砂能力,同时还有很好的润滑能力,减少摩阻和扭矩。其基本配方如下:基浆+0.3%～0.5%提黏剂+0.4%降滤失剂+2%～3%的润滑剂。

d. 为了有效地减少钻杆与地层之间的摩擦阻力,泥浆的泥饼质量很重要,泥饼薄而坚韧能够稳定孔壁,减小磨阻。应在泥浆中加入高性能的降滤失剂,控制失水,形成高质量的泥饼。

e. 回流泥浆的处理:部分回流泥浆循环利用,另一部分经沉淀后外运。

(2)拖管施工

1)导向钻孔

①采用精度为 0.1%的导向雷达控制钻进标高,导向标高控制在管中心线位置。

②钻杆轨迹的第一段是造斜段,控制钻杆的入射角度和钻头斜面的方向,缓慢给进而不旋转钻头,就能使钻头按设计的造斜段钻进。钻头到达造斜段完成处,接下来的是水平段的钻

进。旋转钻头,并提供给进力,钻头就能沿水平直线钻进,由于在钻头位置安装了最先进的探测仪器,在钻进过程中通过地面精密接收仪器,通过接收仪器数据调整钻头角度,使得钻进按照标高路线前进,到达出口工作坑完成钻孔工序。

2)扩孔

①回拉扩孔牵引时,泥浆作用特别重要,孔中缺少泥浆会造成塌孔等意外事故,使导向钻进失去作用并为再次钻进埋下隐患。考虑到地层泥浆较易漏失,泥浆漏失后,孔中缺少泥浆,钻杆及管线与孔壁间的摩擦力增大,导致拉力增大。因此要保持在整个钻进过程中有“返浆”,并根据地质情况的变化及时调整钻液配比以产生不同泥浆。

②钻头到达出口工作坑,钻进工作完成,但是孔径还没有达到铺设要求。本工程拟多次扩径,第一次扩孔为 300 mm,第二次扩孔为 500 mm,如此类推,扩孔到管径的 1.5 倍。

3)管道焊接

①本工程采用热熔焊接。

②操作员必须持证上岗,并严格按以下操作步骤执行:

a. 电熔连接机具与电熔管件应正确连通,连接时,通电加热的电压和时间符合电熔连接机具和电熔管件的规定。

b. 电熔连接冷却时间,不得移动连接件或连接件上不得施加任何外力。

c. 电熔承插连接管材连接端应切割垂直,连接面应清洁干净,并应表明插入深度,刮去表面的氧化层。连接前,对应连接件,使其在同一轴线上。

d. 干管连接部位下端应采用支架,并固定吻合。

e. 管道连接,施工现场条件允许时,可在沟槽上进行焊接。

f. 焊接完毕后,检查孔内物料是否顶起,焊缝处是否有物料挤出。合格的焊口应是熔焊过程中无冒(着)火、过早停机等现象,电熔件的观察孔有物料顶出。

③热熔连接:

a. 热熔连接前、后连接工具加热面上的污物应用洁净棉布擦净。

b. 热熔连接加热时间和加热温度应符合热熔连接工具生产厂和管材、管件生产厂的规定。

c. 热熔连接保压冷却时间,不得移动连接件或连接件上不得施加任何外力。

d. 管道连接前,管材固定在机架上,取下铣刀,闭合卡具,对管子的端面进行铣削。当形成连续的切削时,退出卡具,检查管子两端的间隙不得大于 3 mm。电熔连接面应清洁干净,刮除表面皮。

e. 热熔对接连接,两管段应各伸出卡具一定的自由长度,校对连接件,使其在同一轴线上,错边不宜大于壁厚的 10%。

f. 加热板温度适宜(220 ℃±10 ℃),当指示灯亮时,最好在等 10 min 使用,以使整个加热板温度均匀。

g. 预热后,迅速打开卡具,取下加热板。应避免与熔融的端面发生碰撞。

h. 迅速闭合卡具,并在规定时间内匀速地将压力调节到工作压力,同时按下冷却时间按钮。达到冷却时间后,再按一次冷却时间按钮,将压力降为零,打开卡具,取下焊好的管子。

i. 卸管前一定要将压力降至为零,若移动焊机,应拆下液压软管,并做好接头防尘工作。

j. 合格的焊缝应有两翻边,焊道翻卷的管外圆周上,两翻边的形状、大小均匀一致,无气孔、鼓泡和裂纹,两翻边之间的缝隙的根部不低于所焊管子的表面。

k. 管道连接，施工现场条件允许时，可在沟槽上进行焊接，管口应临时堵封。在大风环境下操作，采取保护措施或调整施工工艺。

④管道牵引

a. 焊缝和管道强度检验合格后，即可进入拉管施工。首先用现场制作的“管封套”将管头密封，然后在管头后端接上回扩头，管后接上分动器进行接管，将管子回接到工作坑后，卸下回扩头、分动器，取出剩余钻杆，堵上封堵头，进行水压试验。

b. 扩孔成功到要求后，可以进行回拖管道工序。在回拖前要进行管线连接的工序，用热熔法将管材连接成与成孔长度相当的管道。准备好后，将管材与扩孔器相连，回拉将管道牵引进孔洞内。

c. 施工时，钻机操作人员要根据设备数据均匀平稳的牵引管道，切不可生拉硬拽。

⑤管道牵引到预定位置后，清理施工现场，组织机械退场。

拖管施工完成后通知监理进行验收，验收合格后方可进行下一道工序。

6. 劳动组织

(1)劳动力组织方式：采用架子队组织模式。

(2)作业人员数量应根据施工条件、工期要求进行合理配置，见表 10. 1. 2-2。

表 10. 1. 2-2 拖管施工人员配置建议表

序 号	工 种	人 数	主要职责
1	架子队长	1	架子队综合管理
2	架子队技术主管	1	架子队技术管理
3	技术员	1	现场施工技术管理
4	质量员	1	现场施工质量管理
6	材料员	1	现场施工材料管理
7	试验员	1	试验管理
8	工班长	1	工班施工管理
9	领工员	1	带工
10	现场带班人员	1	带班、施工盯控、应急情况处理
11	安全员	1	盯控现场安全
12	机械操作员	1	操作拖管机械
13	焊接工	1	管道焊接
14	工人	5～8	管材倒运、排管

7. 材料要求

(1)MPP 管在进场时进行验收，对其壁厚进行检测，需符合图纸要求；对表面进行查看是否有损伤，对于损伤不大、不影响使用的进行处理，对其损伤较大或不能使用的进行替换。

(2)对焊接完成的 MPP 管进行验收，达到验收标准。

8. 设备机具配置

施工工机具设备主要有回旋钻机、起重机、运渣车、电焊机、泥浆搅拌机、泥浆泵、泥浆检测仪器、测量仪器(如全站仪、水准仪)等,机械设备须有出厂合格证及相关证件。现场具体投入的机械设备见表 10.1.2-3。

表 10.1.2-3　机械设备投入表

序　号	设备名称	数　量	备　注
1	导向仪	2	
2	探测仪	1	
3	水准仪	1	
4	PE 管热熔对焊机	1	
5	发电机	1	
6	泥浆泵	2	
7	电工工具	1	
8	对讲机	3	
9	铁锹	6	

9. 质量控制及检验

(1) 质量控制

1)加强基础材料采购人员的质量意识教育,制定与其利益挂钩的控制程序。精选供货方,严把进货关。

2)操作手严格按照地面预布控制桩的平面位置和高程控制钻头走向,每隔水平距离 3 m 校核一次。

3)根据探测器发出的信号来确定钻头的深度,经过换算后计算出管内底高程。得出的结果和原始控制轨迹高程进行比较,得出高程偏差数值。

4)管道口应封堵可靠,避免混凝土进入。

(2) 质量检验

拖拉管材质符合设计和相关规范要求。

10. 安全及环保要求

(1) 安全要求

1)注意野外作业安全防护。

2)管材搬运过程中应可靠固定,避免滚落砸伤作业人员。

3)安全规范使用施工工器具等。

4)施工范围应设置安全警示标识。

5)所有员工在进场前均要进行安全教育,进入工地必须戴好安全帽,高处作业时正确使用安全带,严格遵守机械设备安全操作规程,杜绝任何意外伤亡事故的发生。

6)施工现场所有设备、设施、安全装置、工具配件以及个人劳保用品必须经常检查,确保完好和使用安全。

7)各类材料设备定点堆放,不得随意堆放,力求场地有条不紊,施工完成后料净场清。

8)认真做好安全用电工作。所用的电源线应根据电器设备的容量选择电线规格,电器设备必须配备接地装置,并可靠接地,配电箱上的漏电保安器要定期试跳,同时应有防雨设施。

9)潜水钻机的电钻应使用封闭式防水电机,接入电机的电缆不得破损、漏电。

10)焊工必须由专职技工持证上岗,其他人员不能无证施焊,以确保焊接质量。

11)加强安全工作,禁止无关人员进入现场。做好防盗、防火工作,确保工程顺利进行。

12)尊重当地民俗风情,妥善处理与当地群众的关系,维护施工队伍的整体形象,不得有违法乱纪的行为。

(2) 环保要求

1)施工过程中产生的废弃物、生活垃圾等应统一存放,并于施工结束后集中处理,严禁随意丢弃。

2)不任意损坏农田和水利建设及交通设施。

3)排管产生的泥浆应集中收集处理,不能污染施工场地。

4)出入施工现场的机械应注意夹带泥土等情况。

10.1.3　外部电源工程电缆敷设及电缆头制安作业指导书

1. 适用范围

适用于杭州至海宁城际铁路机电工程电缆敷设及电缆头制安施工。

2. 作业准备

(1)外业准备

1)电缆管沟导通检查完成,并确认满足电缆敷设要求。

2)施工机械准备完成、状态良好。

3)天气情况判定,温度高于5℃、湿度低于80%情况下可施工。

(2)内业准备

1)作业指导书编制后,应在开工前对组织技术人员认真学习施工组织设计。逐级向施工人员进行技术、操作、安全、环保交底,确保施工过程的工程质量、环境保护和人身安全。

2)资料与图纸审核及施工用工器具检查,使用电缆与设计图纸相符合,确认所有工器具合格。

3)核对电缆长度、出厂许可证等,应符合设计要求,检查电缆外观及电缆外护套应无损伤,并做好记录。

3. 技术要求

(1)电缆的弯曲半径应大于等于满足规范要求的最小允许的弯曲半径要求。

(2)电缆允许的最小弯曲半径,见表10.1.3-1。

表10.1.3-1　电缆最小允许弯曲半径

<table>
<tr><th colspan="2">电缆形式</th><th>多　芯</th><th>单　芯</th></tr>
<tr><td rowspan="3">控制电缆</td><td>非铠装型、屏蔽型软电缆</td><td>6D</td><td rowspan="3"></td></tr>
<tr><td>铠装型、铜屏蔽型</td><td>12D</td></tr>
<tr><td>其他</td><td>10D</td></tr>
<tr><td rowspan="3">橡皮绝缘
电力电缆</td><td>无铅包、钢铠护套</td><td colspan="2">10D</td></tr>
<tr><td>裸铅包护套</td><td colspan="2">15D</td></tr>
<tr><td>钢铠护套</td><td colspan="2">20D</td></tr>
<tr><td rowspan="2">塑料绝缘
电力电缆</td><td>无铠装</td><td>15D</td><td>20D</td></tr>
<tr><td>有铠装</td><td>12D</td><td>15D</td></tr>
</table>

4. 施工程序与工艺流程

工艺流程如图10.1.3所示。

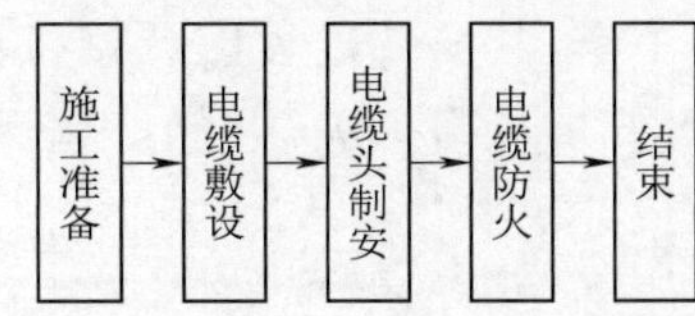

图 10.1.3　电缆敷设及电缆头制安工艺流程图

5. 施工要求

(1)电缆敷设

1)本次敷设主要以机械敷设为主,敷设过程设专人负责,统一指挥,每个施工点应配备报话机,保证信息畅通,电缆敷设过程应按以下要求进行:

①每盘电缆应在电缆牵引端(引出端)设置牵引头,便于牵引机械的牵引,牵引机械的牵引强度不应大于 70 N/mm^2。

②牵引机械的牵引速度一般不宜超过 15 m/min,在电缆转弯处还应适当放慢牵引速度,并安排有通信工具的人员进行看守。

③电缆在转弯处敷设时,电缆受到的侧压力不应大于 3 kN/m,并且电缆转弯处内侧不得站人。

④电缆敷设时的转弯半径应大于 $20D$(D 为电缆直径)。

⑤电缆敷设过程中对电缆生产质量进行检查(主要检查电缆有无破损和损伤、电缆外观有无明显变形)。

⑥电缆敷设时,应确保不损坏电缆本体,还应注意保护好施工所用的机械以及保护好电缆工井等建筑物不受损伤。

⑦电缆敷设时,不宜交叉,并及时装设标识牌或临时号牌。

2)电缆两端按相位做好电缆的排列工作,并留适量余度。

3)冬季进行电缆敷设时,电缆敷设现场的最低温度不应低于 0℃。

4)电缆敷设后,后续工作是为后期工作做准备和铺垫,是前后工作重要的衔接部分,起到承上启下的作用。

①电缆全线输送完毕后,及时完善电缆敷设记录,每根电缆施放后,电缆两端及各外露点应及时做好线路的相位标记。

②电缆敷设后进行外护套绝缘测试,试验注意事项同敷设前,主要检查敷设后,电缆外护套有无损坏或严重损坏,通过试验方式,对已施放的电缆进行绝缘分析和相位核对。

③敷设后,在确认电缆工井内无人的情况下盖好工井盖,做好防盗措施和防跌落措施。

④电缆临时固定,但必须按照电缆固定标准,采用电缆抱箍,内衬橡皮垫。紧固顺序由下至上。固定电缆的螺栓与抱箍不能形成闭合磁路,避免产生环流。支架垂直固定间距不得大于 2 m,水平距离不得大于 1 m。

⑤110 kV 电缆终端头其带电裸露部分对地距离应不小于 1.2 m。

(2)电缆终端头制安

本工程电缆终端采用注油式复合外套电缆终端头 21 套、GIS 电缆终端 9 套,由有资质的人员进行电缆头及其附件安装工作,其安装过程应严格按照产品安装说明的各安装工序及电缆制作指导书进行,安装质量要求严格把关,并做好施工记录。电缆终端头在制作、安装前,应搭建辅助平台(电缆及附件制造厂需要时实施),辅助平台搭建完成后方可进行电缆头制作、安装。电缆头制作、安装完成后,施工人员必须在施工记录上填写施工质量保证,并签字确认。

110 kV 电缆头制作人员在电缆敷设时确定,并在电缆头制作前提供电缆头制作的特殊工种人员名单及其有效资质证给监理工程师,经监理审核通过后方可进行电缆头制作施工。

(3)电缆防火及运行标示

①电缆孔洞的封堵、防水和防火措施得当,根据要求正确使用防火堵料和涂料,缠绕防火带或防水带。防火带缠绕按 1/3 重叠方式进行包扎,由下至上。电缆井孔洞以及变电站各层间孔洞待防火堵料封堵后,再用紫金石灰封堵。

②户外电缆保护管以上至电缆终端尾部,必须按要求缠绕防火胶带。

③电缆工井在孔洞封堵完成后,挂设电缆相色及命名号牌并再次进行相位检查。

④做好对电缆的辅助措施,降低环境对电缆运行造成的影响,做好电缆的“三耐”“五防”工作,除接头井以外所有电缆工井内要充沙,待井内工作全部完成后,盖好电缆盖板。

⑤在电缆敷设后,工井两侧、路径的拐弯等处和直埋段每隔 50 m 设警示桩,警示桩必须标注电缆抢修电话和电力标记以及“下有电缆”字样。

⑥电缆所经路线中有围墙的,必须在围墙上挂设电缆标示牌,标示牌内容包括电缆全命名、电缆长度、电缆型号及抢修电话等。

6. 劳动组织

(1)劳动力组织方式:采用架子队组织模式。

(2)作业人员数量应根据施工条件、工期要求进行合理配置,见表 10.1.3-2。

表 10.1.3-2 电缆敷设及电缆接头施工人员配置建议表

序 号	工 种	人 数	主要职责
1	架子队长	1	架子队综合管理
2	架子队技术主管	1	架子队技术管理
3	技术员	1	现场施工技术管理
4	安全员	1	现场施工安全管理
5	质量员	1	现场施工质量管理
6	材料员	1	现场施工材料管理
7	试验员	1	试验管理
8	工班长	1	工班施工管理
9	领工员	1	带工
10	现场带班人员	1	带班、施工盯控、应急情况处理
11	高压电工	1	电缆头制安
12	普工	4	其余工作

7. 材料要求

(1)核对电缆长度、出厂许可证等，应符合设计要求，检查电缆外观及电缆外护套应无损伤，并做好记录。

(2)资料与图纸审核及施工用工器具检查，使用电缆与设计图纸相符合，确认所有工器具合格。

(3)电缆在敷设前及敷设后均要对电缆外护套进行绝缘耐压试验，确认数据合格后方可施工，电缆试验时温度不应低于+5℃，户外试验应在良好的天气进行，且空气相对湿度一般不高于80%。

8. 质量控制及检验

(1) 质量控制

1)开工前，技术部门做好技术资料的准备，并根据设计要求及施工现场的特点，对施工人员进行全员技术交底，做到人人心中有数。

2)严格执行隐蔽工程签证制度，加强过程质量控制，努力提高一次成优率，降低质量成本。

3)跳线、引线对地距离要符合规范要求，端子连接要牢固可靠。

4)液压连接操作人员应严格按照操作规程施工，必须经由专业培训合格的液压人员进行操作，液压完成并经检查合格后打上操作人员的钢印号码和旁站监理的钢印，并记录好压接管的各部尺寸。

5)积极建立 QC 小组，广泛开展 QC 活动，列出有关施工质量控制等项目，组织 QC 攻关。

6)所有计量器具，如钢尺、经纬(水平)仪、压力表、扭力扳手等，均须经计量机构检测合格，并在有效时间内使用，严禁超时或不检测而使用。

(2)质量检验

1)电缆在敷设前及敷设后均要对电缆外护套进行绝缘耐压试验，确认数据合格后方可施工，电缆试验时温度不应低于+5 ℃，户外试验应在良好的天气进行，且空气相对湿度一般不高于80%。

2)试验前交代试验性质、目的、被试品情况和试验要求，布置安全措施。电缆外护套绝缘试验应根据规定电缆金属屏蔽或金属护套与地之间加直流电压 5 kV，进行耐压试验，加压时间 1 min，不应击穿；外护套绝缘标准值大于 0.5 MΩ/km。

3)试验接线要准确，试验人员在试验过程中不得中途离开，并安排专人监护试验现场。

4)试验后，使电缆充分放电，并做好试验记录。

5)现场踏勘，确定敷设路径，盘线场地，敷设方案。

6)设置工作区域安全围栏，电缆沟及工井旁设置安全警示牌。

7)检查电缆盘情况和电缆外观及电缆外护套应无损伤，并做好记录。

8)放电缆前应进行检查，电缆放线架应放置平稳，钢轴的长度和强度应与电缆盘重量和宽度相配合。

9)放置电缆盘的地方应平整，地面坚实，防止电缆盘倾斜和移动，并应注意线盘上标明的放线方向。保证电缆出线从电缆盘的上端引出。电缆盘边缘距离地面不得小于 100 mm。

9. 安全及环保要求

(1)安全要求

1)注意野外作业安全防护。

2)机械行走时应注意地面情况,避免出现机械倾覆。

3)机械施工中,指挥和盯控人员应与机械保持一定的安全距离。

4)施工中如遇到不明且处于运行状态的管线,应立即停止施工并上报相关负责人。

5)土方的堆放与沟边的安全距离以及堆放高度应符合安全要求。

6)工人下沟作业设置专用上下通道。

7)工人下沟作业前应确认沟边不存在塌方等情况。若存在塌方情况应处理完成后再下沟作业。

8)工人下沟作业后,沟边应有安全盯控人员。

9)安全规范使用铁锹、刀具等。

10)管沟的开挖位置与沟边的建构筑物应保证一定的安全距离。

11)施工范围应设置安全警示标识。

(2) 环保要求

1)施工过程中产生的废弃物、生活垃圾等应统一存放,并于施工结束后集中处理,严禁随意丢弃。

2)不任意损坏农田和水利建设及交通设施。

3)开挖出的土方应设置防尘网。

4)出入施工现场的机械应注意夹带泥土等情况。

10.1.4 外部电源工程电缆试验作业指导书

1. 适用范围

适用于杭州至海宁城际铁路机电工程电缆试验作业。

2. 作业准备

(1)外业准备

电缆试验前,应确保电缆安装工程各工序验收合格。

(2)内业准备

开工前组织技术人员认真学习施工组织设计。逐级向施工人员进行安全、技术交底,确保施工过程的工程质量、施工安全。

3. 技术要求

(1)对电缆进行交流耐压试验中,试验过程无闪络、放电等异常情况,则试验合格。

(2)电缆交流耐压试验电压和时间见表 10.1.4-1。

表 10.1.4-1 电缆交流耐压试验电压和时间表

额定电压 U_N/U(kV)	试验电压	时间(min)
18/30 及以下	$2.5U_N$(或 $2U_N$)	5(或 60)
(21/35)~(64/110)	$2U_N$	60
127/220	$1.7U_N$(或 $1.4U_N$)	60
190/330	$1.7U_N$(或 $1.3U_N$)	60
290/500	$1.7U_N$(或 $1.1U_N$)	60

注:电缆交流耐压试验电压和时间依据为《电气装置安装工程电气设备交接试验标准》(GB 50150—2016)。

4. 施工程序与工艺流程

(1)施工程序

试验线路连接→检查试验接线→交流耐压试验→试验记录。

(2)工艺流程

工艺流程如图 10.1.4-1 所示。

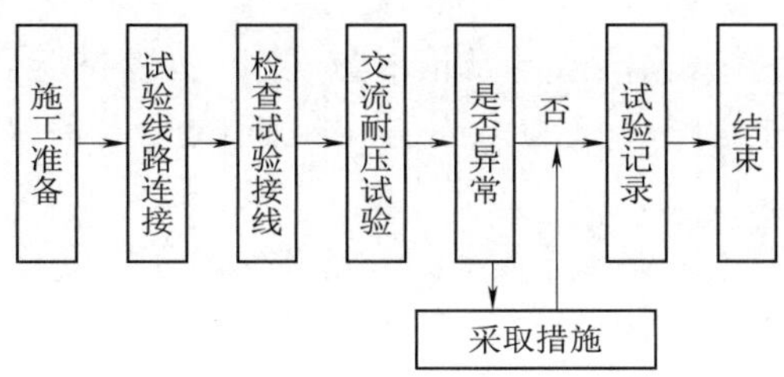

图 10.1.4-1 电缆试验工艺流程图

5. 施工要求

(1)电缆检查

1)电力电缆已敷设完成,电缆头制作完毕。

2)电力电缆外接设备隔离开来并接地。外接设备如电力变压器、断路器、电抗器、避雷器、架空线等,穿在护层过电压保护器的单芯电缆也短接并接地。

3)实验场地内的施工临时设施已拆除,保证场地内无多余的障碍物。

4)试验当天天气良好,温度、湿度符合要求。

5)试验场地四周装设围栏,悬挂“止步,高压危险!”等警示牌,并安排人员进行看守,以防有人误入。

6)实验前,试验电缆两端的试验人员应确认通信情况良好,随时沟通实验准备情况。实验中应保持通信畅通,以便及时掌握试验进度,配合试验。

7)实验前应对试验设备进行升压检查,检查设备情况是否正常。

8)将试验设备调试并准备就位,并确认所有开关器件处于断开状态。

9)对试验电缆进行充分放电。用导线将电缆对地短接,进行放电。

(2)实验操作

1)按规定试验方法布置试验接线,将试验引线接上被试电缆某相,其余两相接地。电缆交流耐压试验接线如图 10.1.4-2 所示。

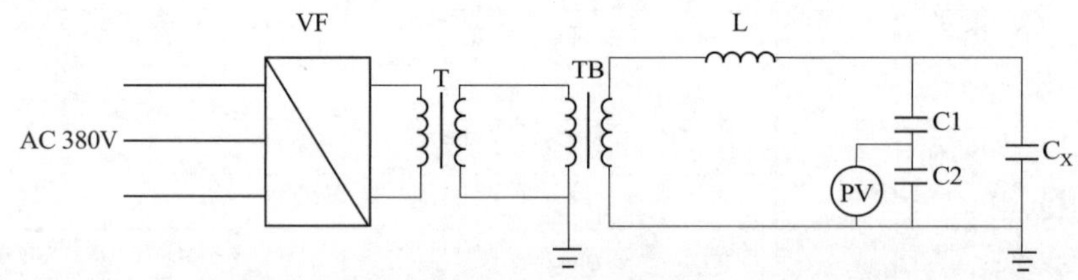

图 10.1.4-2　电缆交流耐压试验接线工艺流程图

VF—变频电源;T—调压器;TB—中间变压器;L—高压电抗器;

C1、C2—分压器高、低压电容器;PV—测量电压表;C_x—被试电缆

2)检查试验回路所有接线,检查测量仪表,准备开始试验,确认接线是否正确,连接情况是否良好。

3)开始试验。合上试验电源,将试验回路调至谐振。

4)将输出电压逐渐升至试验电压,保持试验电压 60 min,然后快速降压至零,断开试验电源,高压端挂接地线。

5)试验过程中如发生闪络、击穿或异常情况,应立即暂停试验,并安排人员检查电缆是否需要处理,确定能否再次进行耐压试验。同时应检查试验设备是否损坏,如有损坏须立即检修。

6)重新试验时如再次发生闪络或击穿,委托方必须确认电缆经检查处理后符合耐压试验要求,重复执行(2)实验操作步骤,直至试验完成。

7)每次试验后,均必须对试验电缆进行放电处理。

8)测量试验相电缆的绝缘电阻是否正常。

9)依次对其他两相进行试验。

10)试验完成,拆除试验设备,进行场地清理。

11)实验中及时进行试验记录。试验后及时对实验数据进行整理,并出具实验报告。

6. 劳动组织

(1)劳动力组织方式:采用架子队组织模式。

(2)作业人员数量应根据施工条件、工期要求进行合理配置,见表 10.1.4-2。

表 10.1.4-2 试验人员配置建议表

序 号	工 种	人 数	主要职责
1	架子队长	1	架子队综合管理
2	架子队技术主管	1	架子队技术管理
3	技术员	1	现场施工技术管理
4	安全员	1	现场施工安全管理
5	质量员	1	现场施工质量管理
6	材料员	1	现场施工材料管理
7	试验员	1	试验管理
8	工班长	1	工班施工管理
9	领工员	1	带工
10	实验员	1～2	操作、记录
11	辅助工	2～3	配合实验员连接试验线路,拆卸、搬运设备

7. 材料要求

(1)资料与图纸审核及施工用工器具检查,使用电缆与设计图纸相符合,确认所有工器具合格。

(2)核对使用工器具的出厂许可证等,应符合设计要求。

8. 设备机具配置

试验设备仪器主要有变频谐振高压试验装置、交直流高压测量系统、兆欧表、数字万用表等。现场具体投入的机械设备见表 10.1.4-3。

表 10.1.4-3 试验设备仪器投入表

序 号	设备名称	数 量	备 注
1	变频谐振高压试验装置	1	
2	兆欧表	1	
3	交直流高压测量系统	1	
4	数字万用表	1	
5	接地封线	2	

9. 质量控制及检验

(1)试验设备必须经检验合格,且在有效期使用期限内。

(2)试验电压误加过高会造成对电缆的损害。本试验使用的电压测量装置应经过校准,并有校准报告,确保测量无误。

(3)对电缆的主绝缘作耐压试验或测量电阻时,应分别在每一相上进行。每一相上进行试验或测量时,其他两相导体、金属屏蔽或金属套和铠装层一起接地。

(4)对金属屏蔽或金属套一端接地,另一端有护层过电压保护器的单芯电缆主绝缘作交流耐压试验时,必须将护层过电压保护器短接,使这一端的电缆金属屏蔽或金属套临时接地。

(5)试验时应密切注意监视,并保证调压器处于零位,做到零起升压;同时防止发生电压突变。

(6)试验时应加强对电源以及试验回路的检查和监视,发现有异常时必须立即停止试验。

(7)试验中若无异常,则继续升压至试验电压,达到耐压时间后迅速降压至零,切断电源并挂接地线。

10. 安全及环保要求

(1)安全要求

1)试验员应熟练掌握试验设备操作规程,严禁违规操作。

2)试验配合人员应进行安全技术交底,熟悉试验过程和工作职责。

3)试验前应保证设备正常状态,试验连接线绝缘良好。

4)试验设备的吊装搬运过程中避免出现砸伤、损坏设备等情况。

5)试验前后应该对电缆进行放电,避免电缆带电击伤操作人员与损坏试验设备。

6)实验前应仔细检查接线是否正确,避免出现误接、短接等情况。

7)实验过程中应防止出现触电现象。

8)实验过程中不应做好安全盯控,避免闲杂人员误入试验区域被带电设备误伤。

(2)环保要求

1)试验过程中产生的废弃物、生活垃圾等应统一存放,并于试验结束后集中处理,严禁随意丢弃。

2)不任意损坏农田和水利建设及交通设施。

10.1.5 外部电源工程铁塔基础施工作业指导书

1. 适用范围

适用于杭州至海宁城际铁路机电工程外部电源工程铁塔基础施工。

2. 作业准备

(1)外业准备

1)开工前施工现场要完成“三通一平”,施工用的临时设施准备就绪,特别是施工便道要保持畅通。

2)熟悉施工现场的环境,摸清邻近区域内的地下管线(管道、电缆)、地下构筑物、危险建筑、精密仪器车间等的分布情况。

(2)内业准备

开工前组织技术人员认真学习施工组织设计。逐级向施工人员进行技术、操作、安全、环保交底,确保施工过程的工程质量、环境保护和人身安全。

3. 技术要求

(1)设备基础位置在轴线上的误差为±10 mm;标高误差为−10 mm;外形尺寸误差为+20 mm。

(2)地脚螺栓预埋其顶端标高误差为$^{0}_{+20}$ mm;各预埋螺栓位置或间距误差为±2 mm。

(3)变电所设备基础应采用设计规定强度等级的普通硅酸盐水泥拌制商品混凝土,在选择配比时,应有10%~20%的强度储备。

(4)设备基础在浇制过程中,应同时制作两组试块,一组标养、一组同养,同养试块与基础进行同等养护,作为基础抗压强度的依据。

(5)基础内部钢筋的引出接地端子应根据设计要求预留。

4. 施工程序与工艺流程

(1) 施工程序

线路复测→基础分坑→开挖→混凝土搅拌及浇制平台搭设→钢筋制作及安装→模板支立→混凝土浇制→养护→拆模→接地线安装→基坑回填→成品保护。

(2)工艺流程

工艺流程如图10.1.5所示。

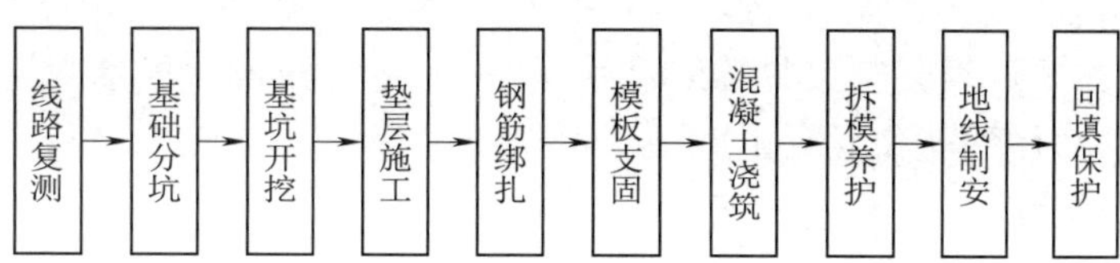

图10.1.5 铁塔基础施工工艺流程图

5. 施工要求

(1)线路复测

施工前按设计院提供的“基础明细表”“杆塔明细表”“平断面定位图”对本工程线路进行复测,测工应经专业培训合格,使用的仪器和量具必须经检验合格并附合格证方可使用。

线路复测主要项目有:校核塔位的直线与转角度数;校核塔位之间的档距;沿线的交叉跨越物的数量、高度、位置的复查;补钉塔位中心桩,按设计位移值、挡距、转角度数钉出塔位的中心桩。补钉方法:直线塔采用正、倒镜分中法测量补钉;转角塔采用两耐张段延长线交点法补钉。定出塔位中心桩后,需再对塔位进行全面复核,包括基础施工基面、边坡距离、塔位上方是否有电力线,旁边是否有建筑物影响施工,塔位是否作小范围位移等。

线路复测时,及时在现场填好复测记录和关键工序把关卡,尽量做到当天作业当天检查核对记录。线路复测过程中,误差超过下列规定时,应查明原因,予以纠正:相邻直线桩,横线路方向差大于 50 mm,顺线路方向相邻杆塔位中心桩间距与设计值偏差大于设计档距的 1%,转角桩与设计偏差大于 1′30″时。

(2)土石方工程

1)一般土质(包括黏土、砂土等),采用机械挖掘开挖方法,人工清底。

2)泥水坑、流砂坑采用挡土板或井点抽水,人力与机械挖掘并用,进行开挖。

3)施工机械进入现场所经过的道路、桥梁和机械上下设施等应事先勘查,做好必要的加宽、加固工作。

4)杆塔基础的坑深应以设计的施工基面为准,如中心桩打在田埂上的则以上丘田为施工基面。

5)杆塔基础坑深的允许偏差为$^{-50}_{+100}$ mm,坑底应平整。同基基础坑在允许偏差范围内按最深一坑标高进行操平。

6)杆塔基础坑深与设计坑深偏差+100 mm 以上时,超深部分上报监理及设计单位,基底处理按设计要求进行。

7)杆塔基坑开挖完毕后,基坑边缘应留有不小于 0.8 m 的工作面,在此范围内严禁堆土。

8)线路路径复测及基础坑的分坑与开挖,是土石方工程的重要工序,应随时做好施工检查记录。

9)土石方开挖应减少破坏施工范围外的地面,并应注意保护自然植被。

(3)模板工程

1)模板及其支架应根据工程结构形式、荷载大小、地基土类别、施工设备和材料供应等条件进行设计,模板及其支架应具有足够的承载能力、强度、刚度和稳定性,保证能承受浇筑混凝土的重量、侧压力以及施工荷载。模板及其支架的基本要求是要保证结构和构件各部分的形状、尺寸及相互间位置的正确性,构造简单,装拆方便,能多次周转使用,接缝严密,不得漏浆。

2)混凝土浇制前模板表面应涂脱模剂,拆除后立即将表面残留的水泥、砂浆等清除干净。使用脱模剂时,不得沾污钢筋和混凝土接搓处。

3)模板及其支架拆除应按顺序执行。

4)模板安装前应先检查模板的质量,不符合质量标准的不得投入使用,图纸要求和工艺标准向施工班组进行安全、技术交底。

5)模板安装完成后应校核基础模板几何尺寸、轴线位置，中心杯芯模的中心轴线、标高，柱模的垂直度、柱顶对角线等；柱箍应根据柱模尺寸、侧压力的大小等因素进行设计选择，柱箍间距一般控制在 500 mm 左右。

(4)钢筋工程

1)进场钢筋的品牌应满足杭海公司的要求，检验合格的钢筋方能使用。混凝土浇筑前，应进行钢筋隐蔽工程验收，其内容有：钢筋的品种、规格、数量、长度、位置等，钢筋的连接方式、接头数量、接头位置、接头面积百分率等。钢筋应平直、无损伤，表面不得有裂纹、油污等。

2)钢筋进场时核查钢筋质保单并应在现场监理的见证下进行钢筋及钢筋接头的取样送检工作，并送到当地的县级以上具有 CMA 计量认证资质的材料试验所做钢筋相关实验检测分析，并提供试验所资质材料。

3)钢筋的加工、连接与安装应符合《混凝土结构工程施工质量验收规范》(GB 50204—2011)的有关规定。

4) HPB300 钢筋焊条采用 E43 型号，HRB400 钢筋焊条采用 E50 型。

5)钢筋的规格、形状、尺寸、数量、间距、锚固长度、接头位置、保护层厚度必须符合设计要求和规范规定。

6)各类型钢筋半成品应按规格、型号、品种堆放整齐，挂好标识牌，堆放场所有遮盖，防止雨淋日晒，钢筋绑扎用的铁丝一般采用镀锌铁丝。

7)最大代表批量为 60 t 应做检验，不足 60 t 的按 60 t 计。

(5)混凝土工程

1)板式基础混凝土采用 C25 混凝土，混凝土由商品混凝土公司统一拌制送施工现场。

2)施工前，联系商混公司泵车就位，使浇筑基础时混凝土出料悬空小于 2 m；对于混凝土浇筑时落差大于 3.0 m 的基础，在下料口布置串筒或下料筒，确保混凝土出料落差小于 3.0 m。

3)混凝土浇筑前必须对施工人员进行合理组织，做到分工明确、责任清晰。混凝土振捣由专业技术工人完成，每次振捣遵循“快插慢拔”原则，待振捣棒周围混凝土不再下沉、无气泡、不再泛浆时拔出振捣棒完成一次振捣。

4)混凝土拌和与浇筑

根据外界气温情况，混凝土拌和站必须有温控措施，冬季搅拌混凝土，采用加热水的预热方法调整拌和物温度(水的加热温度不高于 80℃)，以满足最低入模温度 5℃的要求。混凝土采用已签订供应合同的合格商混供应商提供的混凝土，使用前提前预约浇筑需要的混凝土数量、强度等级，到现场后与监理工程师共同核对混凝土强度等级，并进行坍落度等检测，合格后才能进行浇筑。

5)混凝土浇筑完毕后，先用 2～3 m 刮平尺将顶面按设计高程刮平，再使用木制抹子初抹毛面，毛面收完等约 1 h 后，承台表面混凝土开始初凝时再使用铁制抹子对其进行压光处理。

6)混凝土坍落度及试块制作

①送电线路基础工程必须做混凝土坍落度试验。

②混凝土试块制作数量要求每基两组，有特殊要求时，以工程部技术联系单为准，制作混凝土试块的立方体试块模具应符合《混凝土试模》(JG 237—2008)中的有关规定。

③评定混凝土强度的试块必须符合《混凝土强度检验评定标准》(GB 50107—2010)、《普通混凝土力学性能试验方法》(GB/T 50081—2002)中的有关规定，试件应在混凝土浇筑点现

场由监理员或总承包单位质检员指定监督下制作,与基础同条件养护两昼夜后,拆模编号埋入基础附近土内继续养护。

④试压块按省公司要求进行同等养护,试块作为立塔、架线时基础混凝土强度达到设计强度70%、100%的依据,试块应在现场浇筑过程中随机取样制作,并应采用标准养护。当有特殊需要时,应加做同条件养护试块。

7)混凝土浇筑作业条件

①工程部应根据施工实际进度对施工作业队进行阶段性施工技术交底,包括作业内容、特点、数量、工期、施工方法、配合比、安全措施、质量要求等。

②应先将基坑内积水抽干或排除,坑内浮土、淤泥、杂物和钢筋上的油污要清理干净。

③模板和支架、钢筋和埋件应进行检查,并作好记录,模板应检查其尺寸、位置、垂直度是否正确,支撑系统是否牢固,模板接缝是否严密,并做好隐蔽工程验收记录,应检查基坑的深度、宽度、垫层是否符合设计要求。

④操作平台的搭设应符合《建筑施工扣件式钢管脚手架安全技术规范》(JGJ 130—2011)中的有关规定。

⑤地脚螺栓丝扣部分应采取措施加以保护。

⑥检查混凝土钢筋保护层是否符合设计要求,混凝土垫块的垫法应以钢筋保护层在混凝土浇制过程中能确保钢筋保护层为准,架立筋应按设计图纸所示摆放,并保证混凝土浇制过程中上底板筋不会下沉。在浇制立柱及与底板的接口时,应先在其内四周倾倒混凝土,并注意防止混凝土离析。

8)基础混凝土强度应以试块为依据,制作应符合下列规定:

①试块的尺寸为150 mm×150 mm×150 mm,每组三块试件。

②每基基础应做两组试块,外加试块数量按工程部要求决定,每一组试块混凝土应同一次拌和而成,制作后应标明杆塔、日期和混凝土强度等级。

③当对混凝土试块强度的代表性怀疑或混凝土试件强度评定不合格时,可采用非破损或局部破损的检测方法,按国家现行有关标准的规定对结构构件中的混凝土进行推定,并作为处理的依据。此工作必须委托部省级认证的土建试验室进行。

9)混凝土的养护工作

①混凝土浇筑完毕后,应在12 h内加以覆盖和浇水,当天气炎热、干燥有风时,应在3 h内进行浇水养护。

②浇水养护日期,硅酸盐水泥、普通硅酸盐水泥和矿渣硅酸盐水泥拌制的混凝土,不得小于7昼夜,掺用缓凝型外加剂或有抗渗要求的混凝土,不得小于14昼夜。

③浇水次数应能保持混凝土表面始终保持湿润。

④日平均气温低于5 ℃时不得浇水养护。

⑤养护用水与拌制用水应相同。

⑥采用稻草覆盖养护。

10)拆模工作

①基础拆模时,应保证混凝土表面和棱角不损坏,且强度不应低于2.5 MPa。

②在拆模后发现有麻面缺陷时,应及时通知现场监理确认并加以修补,方法:将麻面部分充分湿润后,改用水泥浆或水泥砂浆抹平。

③蜂窝缺陷处理方案:及时通知现场监理确认并加以修补,如果是小蜂窝,可先用清水洗刷干净后采用 1∶2 或 1∶2.5 水泥砂浆表面封闭修补;如果是大蜂窝(不包括孔洞)应先凿去其薄弱部分及突出颗粒,然后用清水洗刷干净,再用细骨料拌制的混凝土填实并仔细捣实,如果形成孔洞,必须及时上报监理,如已不具备使用功能,必须按废弃工程报废处理。

6. 劳动组织

(1)劳动力组织方式:采用架子队组织模式。

(2)作业人员数量应根据施工条件、工期要求进行合理配置,见表 10.1.5-1。

表 10.1.5-1　铁塔基础作业人员配置表

序　号	工　种	人　数	主要职责
1	架子队长	1	架子队综合管理
2	架子队技术主管	1	架子队技术管理
3	技术员	1	现场施工技术管理
4	安全员	1	现场施工安全管理
5	质量员	1	现场施工质量管理
6	材料员	1	现场施工材料管理
7	试验员	1	试验管理
8	工班长	1	工班施工管理
9	领工员	1	带工
10	挖机司机	1	土方开挖、回填
11	钢筋工	3	钢筋制作、钢筋安装
12	泥水工	4	混凝土施工
13	模板工	4	模板支固
14	机械设备员	1	设备管理
15	施工员	1	技术管理

7. 材料要求

(1)混凝土

1)板式基础混凝土采用 C25 混凝土,混凝土由商品混凝土公司统一拌制送施工现场。

2)混凝土送到后进行坍落度实验,满足设计要求后方可使用。

(2)钢筋

由材料员和试验人员按规定的频次检验,确定原材料是否符合质量标准。

8. 设备机具配置

施工机械及工艺设备主要有挖掘机,机械设备须有出厂合格证及相关证件。详细工机具投入见表 10.1.5-2。

表 10.1.5-2　铁塔基础施工工机具投入表

序　号	设备名称	单　位	数　量	备　注
1	挖掘机	台	1	
2	手推车	台	1	
3	电焊机	台	1	
4	滚焊机	台	1	
5	钢筋弯曲机	台	1	
6	钢筋切断机	台	1	
7	钢筋调直切断机	台	1	
8	振捣器	套	2	
9	手砂轮	套	1	

9. 质量控制及检验

(1)质量控制

1)达到基础达标考核要求,单位工程优良,分项工程一次合格率 100%。杜绝质量事故,工程各类关键项目无记录性缺陷。工程启动一次成功。

2)控制措施

①贯彻 QEO 方针:“以人为本,学习,创新,持续改进,追求卓越管理;质量一流,规范,精湛,诚信服务,铸就精品美誉;安全第一,科学,法治,预防为主,确保平安健康;环境保护,节能,降耗,控制污染,倡导绿色文明。”

②严格按 QEO 程序文件办事,强化质量监督和保证职能,强化标准化管理和施工。

③基础工程严格按施工方案施工,做到尺寸准确,外形光滑平整,养护良好,强度达到设计要求。

④认真做好施工人员的培养工作,专业工种人员持证上岗,按规程统一方法和要求。

⑤认真执行施工技术交底制度,做好基础浇筑示范试点工作。开工前施工队和技术人员必须熟悉图纸和有关施工资料、验收规范和质量管理办法。

⑥加强对原材料及成品材料的检查制度。工程使用钢材、混凝土、导线、电缆等主要原材料必须有产品合格证和检测报告,不符合的材料不得使用。

⑦严格按设计要求使用混凝土,按要求检查坍落度,搅拌均匀,捣固密实和做好试块。

⑧基础工程是隐蔽工程,应边施工、边检查、边验收,施工过程中全方位接受建设单位委派的监理代表的监理,拆模后未经监理代表、质检员认可不得隐蔽。

(2)质量检验

混凝土坍落度符合要求。

10. 安全及环保要求

(1) 安全要求

1)所有员工在进场前均要进行安全教育,进入工地必须戴好安全帽,高处作业时正确使用安全带,严格遵守机械设备安全操作规程,杜绝任何意外伤亡事故的发生。

2)施工现场所有设备、设施、安全装置、工具配件以及个人劳保用品必须经常检查,确保完好和使用安全。

3)各类材料设备定点堆放,不得随意堆放,力求场地有条不紊,施工完成后料净场清。

4)认真做好安全用电工作。所用的电源线应根据电器设备的容量选择电线规格,电器设备必须配备接地装置并可靠接地,配电箱上的漏电保安器要定期试跳,同时应有防雨设施。

5)潜水钻机的电钻应使用封闭式防水电机,接入电机的电缆不得破损、漏电。

6)焊工必须由专职技工持证上岗,其他人员不能无证施焊,以确保焊接质量。

7)加强安全工作,禁止无关人员进入现场。做好防盗、防火工作,确保工程顺利进行。

(2) 环保要求

1)尊重当地民俗风情,妥善处理与当地群众的关系,维护施工队伍的整体形象,不得有违法乱纪的行为。

2)砂石料、水泥等原材料应采用彩条篷布下铺上盖。

3)浇制完毕后应进行现场清理,废弃的渣土清理到一起,集中妥善处理。

10.1.6 外部电源工程塔杆组立施工作业指导书

1. 适用范围

适用于杭州至海宁城际铁路机电工程外部电源塔杆组立施工。

2. 作业准备

(1)外业准备

1)开工前施工现场要完成“三通一平”,施工用的临时设施准备就绪,特别是施工便道要保持畅通。

2)熟悉和分析施工现场的地质、水文资料,针对不同的地质情况,组塔进行不同的处理。

3)熟悉施工现场的环境,摸清邻近区域内的地下管线(管道、电缆)、地下构筑物、危险建筑、精密仪器车间等的分布情况。

(2)内业准备

1)已对杆塔组立进行技术交底。

2)准备杆塔台账。

3. 技术要求

(1)铁塔螺栓安装要求

本工程铁塔连接螺栓单帽螺栓配一平垫一弹垫一螺帽,双帽螺栓配两帽一平垫。

1)铁塔从塔脚基础顶面起向上至横担范围内的所有螺栓均安装防盗螺栓;防盗螺栓采用五角棘轮螺栓。接地引下线连接螺栓采用普通螺栓,每只螺栓配双平垫一螺母(平垫分别置于紧固侧与角钢内侧)。

2)螺栓穿向:立体结构的水平方向由内向外,垂直方向由下向上;平面结构的顺线路方向由小号向大号,横线路方向两侧由内向外,中间由左向右(面向大号);斜面结构的斜方向螺栓穿向保持由下往上的原则。对于个别不易安装的螺栓,其穿入方向可予以变动。

3)螺杆应与构件面垂直,螺栓头平面与构件间不应留有间隙,螺栓丝扣不得进入所连接角钢(或板)的剪切面。

4)螺栓的安装紧固要求,按以下要求执行,且不超过标准值的5%。

表 10.1.6-1 螺栓安装紧固扭矩值

序 号	螺栓规格	扭矩值(N·m)	备 注
1	M16(4.8级)	98	
2	M20(6.8级)	296	
3	M20(8.8级)	402	

5)螺帽拧紧后,螺杆露扣长度:单帽螺栓不应小于2扣,双帽螺栓可以保持平帽,一个结构面上螺栓出扣要求保持一致。

(2)铁塔脚钉的安装要求

1)铁塔脚钉采用45°弯钩防滑型,安装时防滑纹及弯钩统一向上。每副脚钉配两只平垫片一只弹簧垫片,弹簧垫片安装在后部(紧固侧),脚钉安装间距400 mm。

2)脚钉安装位置以施工图为准,当施工图无要求时,脚钉布置于1号、4号腿直至塔顶。

3)脚钉代用螺栓的其强度按对应的螺栓强度来控制,防盗区的脚钉采用防盗型脚钉。

4)对脚钉安装、螺栓穿向运行单位或设计有特殊要求时,按其特殊要求执行。

4. 施工程序与工艺流程

(1)施工程序

组立塔腿→抱杆竖立→提升抱杆→吊装塔片→吊装顶架横担→拆除抱杆→整塔。

(2)施工流程

工艺流程如图10.1.6所示。

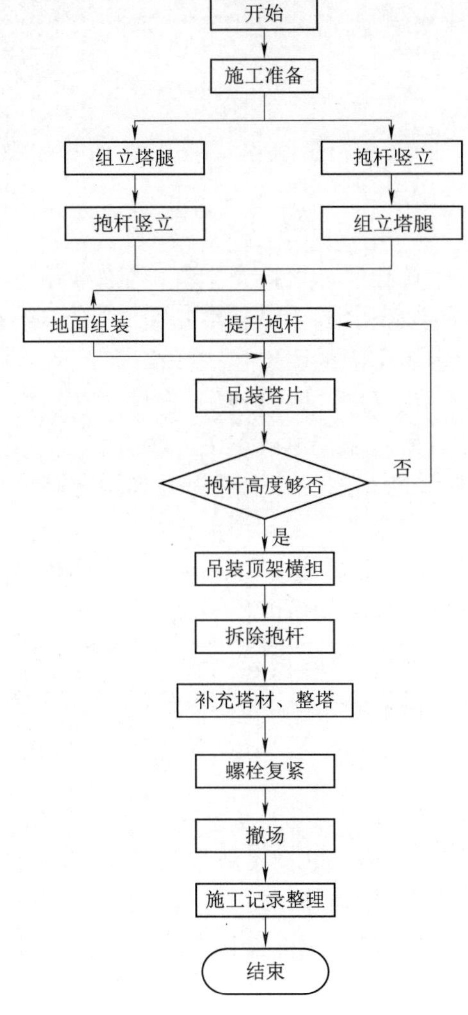

图10.1.6　施工工艺流程图

5. 施工要求

(1)场地整理

1)铁塔组立前应对场地进行平整,对影响组装的凸凹地面应铲平和填平。

2)对不能满足塔片组装的场地,应搭设脚手架或支垫道木,使组装场地平整稳固。严防构件滚动和因自重下沉而倾倒。

3)对影响铁塔组立及抱杆起立施工安全范围内的障碍物,如电力线、通信线、道路、树木等,应事先采取对应措施,必要时制订特殊施工方案。

4)施工场地周围应设置围栏,禁止无关人员进入施工现场。

(2)施工工艺

1)塔腿吊装

采用单根吊装安装塔腿。塔腿组立应选择合理的吊点位置,必要时吊点处应采取补强措施。单根主材或塔片立好后,应随即安装并紧固好地脚螺栓及接头包角钢螺栓并打好临时拉线。在四个塔面辅材未安装完毕之前,临时拉线不得拆除。

2)抱杆就位、提升

①抱杆就位

当铁塔的最底层的平台处 1 条主材腿组立完毕,并将所有的螺栓紧固到标准要求时,利用该主材起立圆铝合金抱杆起立固定。

②抱杆提升

组立好塔腿或塔身,且拧紧螺栓后即可提升抱杆;将抱杆贴近铁塔主材,在抱杆的上部与主材共系一根 ϕ15 钢丝绳作为抱杆腰绳,抱杆腰绳松紧腰适度,使抱杆能在腰绳内自由升降;将起吊动滑车及吊件端的钢丝绳,牢固的固定在抱杆根部。

在已组装的铁塔上端主材节点处悬挂一只提升抱杆的开口滑车,将抱杆根部以下的起吊钢丝绳挂入顶部开口单滑车内,另一端经地滑车接入牵引绞磨。解开落地拉线改由人力控制,启动绞磨,使抱杆缓慢上升,拉线随其放松。抱杆提升到预定高度后,用抱杆根部的钢丝绳套固定在主材的节点或预留孔处。

抱杆固定后,松开腰绳及牵引绳,同时收紧落地拉线。调整抱杆的倾斜度,使其顶端定滑车对准塔身或被吊件的结构中心,以利构件就位对接。

抱杆提升过程中,应设专人监视抱杆与腰绳的摩擦,严防卡阻;随抱杆的提升,应同步缓慢放松落地拉线,使抱杆始终保持竖直状态,严防拉线松紧不一。抱杆提升超过塔身规定高度时即可停止。

③塔材吊装

a. 抱杆腿主材的吊装:将铁塔的主材上的所有连板组装好,并磨绳一端将组装好的主材绑扎牢。磨绳的另一端通过抱杆顶部悬挂的起吊滑车引下,再通过相应的塔腿处的转向滑车,至绞磨。开动绞磨将主材提升至可就位高度,将主材连接好。

b. 非抱杆腿主材的吊装:将抱杆腿主材的连接螺栓紧固后,用 ϕ15 钢丝绳将抱杆和主材捆绑在一起,依次对抱杆进行补强。将主材沿抱杆腿起吊至根部高过平台,杆上人员将塔材根部引至相应的铁塔腿的包节钢处用尖扳手定位,此时绞磨绳应慢慢松出,同时由地面指挥人指挥地面人员拉主材的两侧大绳,将主材竖直位置缓缓用尖扳手就位后,迅速用螺栓将主材定位。

c.辅铁的吊装:铁塔主材间的连接铁件及其他小铁件都通过悬挂在铁塔四侧的小滑起车吊滑车用人力升给塔上组装人员,一一就位。

d.地线横担的吊装:因本工程铁塔地线横担较小,故地线横担的吊装与主材的吊装方法相同。

e.导线横担的吊装:待塔身部分及地线横担全部组装完毕后,可利用地线挂线点悬挂滑车整体起吊在地面组装好的导线横担。部分铁塔挂线点挂板为反向火曲,横担组装时,应认真核对施工图,避免挂线板安装错误。

3)抱杆拆除

铁塔组装完毕,需将抱杆降下拆除时,应先在铁塔顶端或横担上固定一个辅助滑车。将牵引绳固定在抱杆的重心上部,牵引绳以辅助滑车至塔下转向滑车到牵引设备位置,在抱杆根部绑上调整大绳。拉紧牵引钢丝绳,解开抱杆的尾绳和腰身,松开四根外拉线。启动牵引设备,缓慢回松牵引钢丝绳,同时拉紧调整大绳,使抱杆离开塔身,徐徐下落。

4)螺栓复紧及铁塔检修工作

铁塔组立完毕后,必须进行一次全面的检修工作,工作内容为紧固所有的螺栓和将缺少的部件补齐。整基铁塔螺栓紧固须用扭距扳手进行检测,各类螺栓的扭距必须符合扭矩标准。如铁塔螺栓的紧固率达到97%以上可认为合格。缺件的加工应符合标准,加工后进行镀锌处理加工切面。

6.劳动组织

(1)劳动力组织方式:采用架子队组织模式。

(2)作业人员数量应根据施工条件、工期要求进行合理配置,见表10.1.6-2。

表10.1.6-2 钻机作业人员配置表

序 号	工 种	人 数	主要职责
1	架子队长	1	架子队综合管理
2	架子队技术主管	1	架子队技术管理
3	技术员	1	现场施工技术管理
4	安全员	1	现场施工安全管理
5	质量员	1	现场施工质量管理
6	材料员	1	现场施工材料管理
7	试验员	1	试验管理
8	工班长	1	工班施工管理
9	领工员	1	带工
10	塔上作业	6	铁塔组立
11	地面组装	2	对塔材进行地面组装
12	机动绞磨手	1	控制抱杆
13	机械设备员	1	设备管理
14	施工	1	技术管理
15	测量员	1	测量放线

7. 材料要求

(1)组塔施工段的塔材、螺栓等运输到位,对进场的材料应分类堆放,并及时报监理工程师验收,进场的材料必须经监理验收合格后方可使用。

(2)到货塔材、螺栓应有出厂合格证及出厂检验报告。

(3)塔料清点后,应将余缺料和质量不符要求的塔料填好记录清单后报材料部门补料。

(4)对规格及编号与图纸不符的构件应查明原因,原因不明者应上报技术部门。

(5)运至现场后构件若出现小范围(10 cm^2 以下)镀锌剥落时,露出部位应涂富锌漆防腐,对较大面积镀锌剥落构件,应予调换。

(6)对有明显镀锌色差的塔材要求更换。

8. 设备机具配置

施工机械及工艺设备主要有:附着式外拉线抱杆、钢丝绳、滑车、机动绞磨等,具体详见表 10.1.6-3。

表 10.1.6-3　施工机械及工艺设备表

序　号	名　称	单　位	数　量	备　注
1	卸扣	只	30	
2	滑车	只	6	起吊滑车,腰滑车,导向滑车
3	机动绞磨	台	1	
4	速差保护器	只	5	
5	制动盘	只	4	

9. 质量控制及检验

(1)质量控制

塔料进场开箱检查;起吊点、绑点需用垫木、麻袋片等衬垫;严禁敲击,发现少量镀锌脱落应用砂皮打磨干净后喷涂富锌漆;对螺栓进行分类,发现出扣不足或出扣太长的应立即更换;单基杆塔组立完毕后,应立即检修,对螺栓出扣不一致,朝向不对的应及时调整。

(2)质量检验

1)钢结构电杆及其金属配件等的规格应符合设计文件要求,杆塔长大结构件的弯曲度不应大于 1‰;表面平整光洁,无变形,防腐层良好。

2)金属结构件及其附件规格、型号应符合设计文件要求,表面光洁,无裂纹、毛刺、砂眼、气泡等缺陷,平直无变形,防腐层良好。

3)钢结构设备支架的安装方式应一致、接地线位置应统一;位于同一组或同一安装中心线上的支架,位置偏差不得大于 10 mm。

4)母线横梁的弯曲度不大于其全长的 5‰,安装位置及固定方式应符合设计文件要求。连梁角钢或配件与杆顶钢板的连接必须牢固、可靠、密贴。

5)组立后的母线构架和设备支架应及时进行接地连接。金属结构件的接地线连接牢固、可靠,布置方式一致。

10. 安全及环保要求

(1)安全要求

1)完善各级安全监察网络,坚持“管理施工的同时必须抓安全”的原则,正常开展安全活动,遵守各项安全管理制度和规定。

2)各施工队兼职安全员在施工现场,掌握安全动态,加强安全监督管理,并分别抓好各自施工区域的安全监督,及时向项目经理和项目安全工程师提供安全信息,协助共同抓好整个项目的安全工作。

3)定期组织开展安全监督检查,施工队每周一次、项目部每月一次进行安全监督检查。

4)组织开展安全专项检查活动,如基础施工索道运输、深基坑开挖、防台防汛等专项检查工作,进一步规范作业行为,消除隐患;根据工程施工状况,危险点控制情况,不定期开展安全巡检。

(2)环保要求

1)在施工的过程中,原材料的运输及堆放尽量减少占地面积,避免造成不必要的环境破坏。

2)固体废弃物应按要求分类存放和标识,不可将废弃物随意乱扔、堆放、混放;施工现场应遵循“随做随清、谁做谁清、工完料净场地清”原则,施工现场应指定区域存放,建立相应的垃圾存放地点,并加以封闭。由指定人员负责将废弃物运输、回收、处理。

3)对施工机械、车辆(起重机械、进出场车辆等)的工作噪声进行控制,减少对附近居民的影响。

4)严格执行国家有关环境保护的法律、法规,不得在施工现场熔化、焚烧有毒、有害、有恶臭气味的废弃物。建筑垃圾、渣土应指定地点堆放,每日清理。

5)工程施工期间挖、填、平整场地以及土石方的堆放,应按施工组织设计确定的方案和施工时间段,严格管理。施工弃土、垃圾严禁倒入河流湖泊,防止造成淤积妨碍排洪、环境污染和水土流失。

10.1.7 外部电源工程导线架设施工作业指导书

1.适用范围

适用于杭州至海宁城际铁路机电工程外部电源导线架设施工。

2.作业准备

(1)外业准备

1)开工前施工现场要完成“三通一平”,施工用的临时设施准备就绪,特别是施工便道要保持畅通。

2)熟悉施工现场的环境,摸清邻近区域内的地下管线(管道、电缆)、地下构筑物、危险建筑、精密仪器车间等的分布情况。

(2)内业准备

1)已对导线架设进行技术交底。

2)准备线路走向图,施工平面布置图。

3.技术要求

(1)外层导线线股有轻微擦伤,其擦伤深度不超过单股直径的1/4,且截面积损伤不超过导电部分截面积的2%时,可不补修,用0号细砂纸磨光表面棱刺。

(2)当导线损伤已超过轻微损伤,但在同一处损伤的强度损失不超过总拉断力的8.5%,且损伤截面积不超过导电部分截面积的12.5%时为中度损伤。中度损伤应采用修补管补修。

(3)当导线强度损伤超过保证计算拉断力的8.5%,且截面损伤超过导电部分截面积的12.5%,损伤范围超过一个补修管允许补修的范围时,或钢芯有断股时,或金钩、破股已使钢芯或内层线股形成无法修复的永久变形时,应将损伤部分全部锯掉,用直线压接管将导线重新连接。

(4)不同金属、不同规格、不同绞制方向的导线或避雷线严禁在一个耐张段内连接。

(5)导线或避雷线采用液压连接时,必须由经过培训并考试合格的技术工人担任。操作完成并自检合格后应在连接管上打上操作人员的钢印。

(6)导线或避雷线必须使用符合设计要求的电力金具配套接续管及耐张线夹进行连接。连接后的握紧强度在架线施工前应制作试件试验。试件不得少于3组,其试验握紧强度对液压都不得小于导线或避雷线保证计算拉断力的95%。

(7)切割导线铝股时严禁伤及钢芯。导线及避雷线的连接部分不得有线股绞制不良、断股、缺股等缺陷。连接后管口附近不得有明显的松股现象。

(8)液压连接导线时,导线连接部分外层铝股在清洗后应薄薄地涂上一层导电脂,并应用细铜丝刷清刷表面氧化膜,保留导电脂进行连接。

(9)在一个挡距内每根导线或避雷线只允许有一个接续管和三个补修管,当张力放线时不应超过两个补修管,并应满足下列规定:

1)各类管与耐张线夹间的距离不应小于15 m。

2)接续管或补修管与悬垂线夹的距离不应小于 5 m。

3)接续管或补修管与间隔棒的距离不宜小于 0.5 m。

4. 施工程序与工艺流程

(1)施工程序

准备工作→牵、张场地布置→跨越架搭设→导引绳展放→导、地线展放。

(2)工艺流程

工艺流程如图 10.1.7-1 所示。

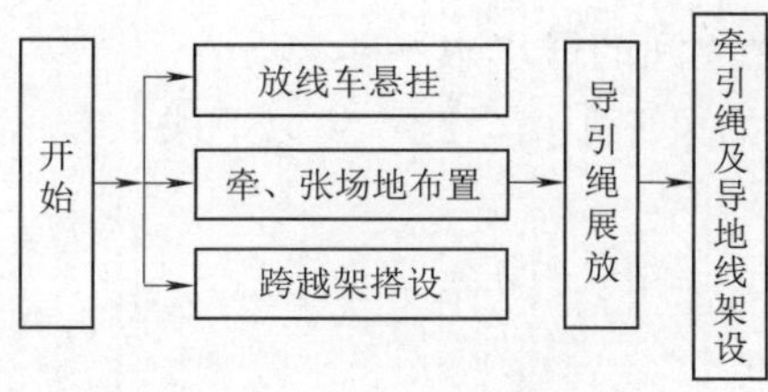

图 10.1.7-1　施工工艺流程图

5. 施工要求

(1)跨越架搭设

1)架线施工前沿线调查交叉跨越情况,并与有关单位联系办理跨越手续,跨越架根据被跨越物情况采用不同型式结构。跨越架与被跨越物的最小安全距离见表 10.1.7-1。

表 10.1.7-1　跨越架与被跨越物的最小安全距离(单位:m)

序　号	被跨越物名称	公　路	通信线、低压配电线	备　注
1	距架身水平距离	至路边:0.6	0.6	
2	距封顶杆垂直距离	至路面:5.5	1.0	

2)电力线跨越多采用搭设竹跨越架封顶的跨越方式,条件受限制的采用带电跨越架或其他跨越方式。跨越架与带电体之间的最小安全距离见表 10.1.7-2。

表 10.1.7-2　跨越架与带电体之间的最小安全距离(最大风偏后)(单位:m)

距离说明	线路电压等级(kV)				
	≤35	66～110	154～220	330	500
架面与导线的水平距离	1.5	2.0	2.5	5.0	6.0
无地线时,封顶网(杆)与带电体的垂直距离	1.5	2.0	2.5	4.0	5.0
有地线时,封顶网(杆)与带电体的垂直距离	0.5	1.0	1.5	2.6	3.6

3)线路与跨越物正跨或斜跨角大于 30°时,应考虑整体搭设跨越架,跨越架斜跨角小于 30°时,可采取分相搭设跨越架,地线与边相共用一个,中相单独使用一个,并用经纬仪定位,以保证位置正确。

A 跨越架横线路长度:

$$L=\frac{L'+2(F+1.5)}{\sin\theta}\text{(考虑风偏)}$$

式中 L——跨越架实际长度,m;

L'——两边线间距离,m;

θ——线路与被跨越物夹角;

F——施工线路导线和地线在安装气象条件下,跨越点的风偏距离,m。

B 跨越架宽度 W(两主排之间的水平距离):

$$W=W_1+2(X_1+X_2)$$

式中 W_1——公路的宽度,电力线、通信线两边相距离,m;

X_1——跨越与被跨越物之间的最小水平距离,m;

X_2——电力线、通信线的风偏距离(110 kV 以下取 0.5 m),m。

C 跨越架高度:

$$H=h_1+h_2+h_3$$

式中 h_1——被跨越物高度,m。

h_2——跨越架与被跨越物最小安全距离,m。

h_3——高度裕度,m。跨越架宽度小于 5 m 时取 0.5 m,大于 5 m 时取 1.0 m。

4)搭设跨越架使用材料应注意:

①跨越架使用毛竹时,小头有效直径不小于 75 mm,搭设时立柱间距离一般为 1.5 m 左右,横杆上下距离一般在 1.0 m 左右;立柱及支撑杆应埋入土内不少于 0.5 m;一般跨越架上部不用封顶,比较重要的跨越需要封顶时一般采用斜向或交叉封。

②不停电搭设跨越架,一般用于 10~35 kV 的带电线路,搭设时线路应退出重合闸,并邀请被跨越线路运行部门人员现场监护,且应在良好的天气下进行,应用坚实而干燥的竹或杉木杆搭设,并在远离被跨越线路侧打临时拉线,以控制杆不向带电侧倾倒;搭设电力线跨越架的架杆应保持干燥,防止感应电压伤人,竖于地面的架杆埋深不小于 0.5 m,跨越架结构要牢固。搭设带电跨越架时,靠近电力线以上部分严禁使用铁丝绑扎。跨越架两边顶端应起羊角保护。

③为防跨越架顶磨损,应选择好控制挡的水平放线张力,对个别有摩擦的用圆木补强。

④带电跨越架必须在两头各挂一块"有电危险,严禁攀登"的警示牌。

⑤公路跨越架夜间设红色标志灯,在施工过程中派人监护。公路跨越架必须在前后 200 m处设有"电力施工,车辆慢行"的警示牌。

⑥跨越架的拆除按搭架时的反顺序自上向下拆除,且须一件一件地拆除,严禁整片推倒。

(2)牵张场地布置

张力放线段的划分原则:

1)一般情况下,张力放线段的长度宜为 5~8 km,放线滑车 15 个。当选择牵张场地非常困难时,放线滑车数量不应超过 20 个。

2)选用的放线段长度与线轴导线累计线长相近的方案以减少直线压接管数量。如果导线供货为定长时,放线段长度应与线轴中线长的整数倍相近。

3)张力场、牵引场宜是地势平坦,交通方便的直线塔之间。

4)牵张场地应满足牵引机、张力机能直接运达到位,且道路修补量不大,场地面积不应小于:张力场为 55 m×25 m;牵引场为 30 m×25 m 的要求。牵、张机出口与邻塔悬挂点间的高差角不应超过 15°。

5)大牵引机、大张力机一般布置在线路中心线上,其方向应对正邻塔导线悬挂点,使绳(或线)在机上的进出方向垂直大牵引机的卷扬轮和大张力机的张力轮中心轴。对于地形受限制的地方,可采用转角引出的方式布置牵张场地,转向场地的布置应另编写特殊施工方案且符合安全使用要求。

(3)放线滑车悬挂

1)直线塔上悬垂放线滑车悬挂一般与悬垂绝缘子串一起吊装。悬垂绝缘子串及放线滑车吊装前应作下列检查:悬垂绝缘子串及金具的组装符合设计图纸规定;放线滑车与绝缘子串连接方式可靠、正确;绝缘子碗头、球头与弹簧销之间的间隙配合适当;采用合成绝缘子串的应同时安装出线操作梯,以防合成绝缘子串受损;耐张塔转角小于 30°时,每相导线横担端部悬挂一个放线滑车;转角大于 30°时,每相导线悬挂两个放线滑车。耐张塔的放线滑车,为防止受力后跳槽,应采取预倾斜措施,并随时调整倾斜角度,使导引绳、牵引绳、导线的方向基本垂直于滑车轮轴。

2)经验算达到以下条件的杆塔应悬挂双滑车:

①加在滑车上的荷载大于滑车的承载能力时。荷载计算式如下:

$$N=2T\sin\frac{\varphi}{2}$$

②滑车包络角角度大于 30°时。包络角计算式如下:

$$\cos\varphi=\cos(\theta_B+\theta_A)-[\cos(\theta_B+\theta_A)+\cos(\theta_B-\theta_A)]\sin^2\frac{\beta}{2}$$

悬垂滑车悬挂示意图如图 10.1.7-2 所示。

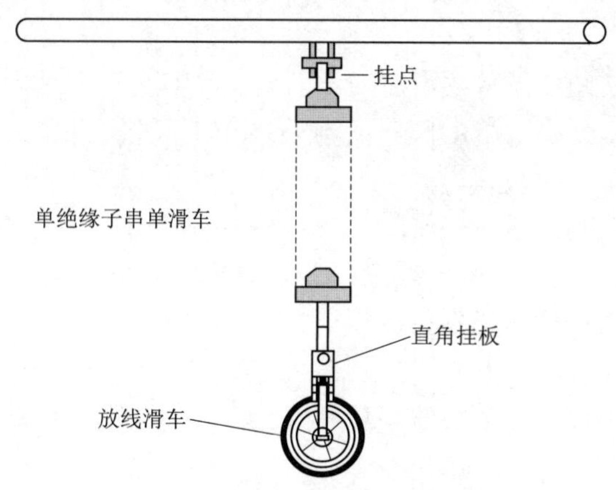

图 10.1.7-2　悬垂滑车悬挂示意图

(4)导引绳展放

1)导引绳展放一般采用人力分段展放,在条件较差或者地方关系复杂的地段,采用动力伞或飞艇等进行展放(采用动力伞或飞艇时需编制专项方案)。

2)导引绳分段展放完毕后,将各段连接升空,利用小牵张系统牵引更大规格的牵引绳。用动力伞或飞艇展放的展引绳,利用小牵张系统逐级牵引更换直至牵引绳。地线可直接用钢丝绳导引绳进行牵引。

(5)牵引绳及导地线展放

1)展放牵引绳及地线均采用小牵机及小张机。小牵张系统构成示意如图 10.1.7-3 所示。

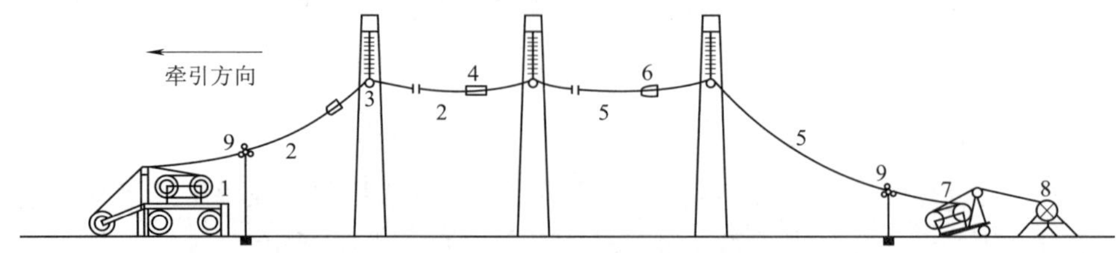

图 10.1.7-3 小牵张系统构成示意图

1—小牵引机;2—导引绳;3—架线滑车;4—旋转连接器;5—牵引绳;
6—抗弯连接器;7—小张力机;8—牵引绳盘架;9—接地滑车

2)展放牵引绳,开始时应慢速牵引。待系统运转正常后,方可全速牵引,其速度应控制在 40～70 m/min。

3)当放线段内的地线或牵引绳展放到位后停止牵引,用卡线器将地线或牵引绳的前后端锚固在地锚上。

4)导线放线准备妥当且牵放系统连接好后,拆除牵引绳上的卡线器,并在牵引机前的牵引绳上安装钢质接地滑车,进行导线展放工作。

5)分裂导线展放过程应控制好各子导线放线张力,使各子导线张力基本一致,保持牵引走板平衡,当牵引走板通过第一基杆塔并向第二基杆塔爬坡时,将张力调整到规定值。

6)导线调平后,牵引机逐步增大牵引力和速度。牵引力的增值一次不宜大于 5 kN,避免增幅过大引发冲击力。牵引速度开始时宜控制在 50 m/min,运转正常后,控制牵引速度在 60～120 m/min。

7)当牵引走板接近转角塔的放线滑车时,应减缓牵引速度,并注意按转角塔监视人员的要求,调整子导线放线张力,使牵引板的倾斜度与放线滑车倾斜度相同。牵引板通过滑车后,即可恢复正常牵引速度及正常放线张力。

8)当导线盘上的导线剩下最后一层时,应减慢牵引速度;当盘上导线剩下 3～5 圈时,应停止牵引,倒出盘上余线,卸下空盘,装上新盘导线,两端头做临时连接后将余线盘入线盘,继续牵引展放导线接口出张力机后临锚进行压接连接。

9)导线展放到位后,放线段的两端导线临时收紧连接于地锚上,以保持导线对地面有一定的安全距离。分裂导线临锚时各子导线间应相互错开位置以防导线之间发生鞭击受损。

6.劳动组织

(1)劳动力组织方式:采用架子队组织模式。

(2)作业人员数量应根据施工条件、工期要求进行合理配置,见表 10.1.7-3。

表 10.1.7-3 人员配置建议表

序 号	工 种	人 数	主要职责
1	架子队长	1	架子队综合管理
2	架子队技术主管	1	架子队技术管理

续上表

序 号	工 种	人 数	主要职责
3	技术员	1	现场施工技术管理
4	安全员	1	现场施工安全管理
5	质量员	1	现场施工质量管理
6	材料员	1	现场施工材料管理
7	试验员	1	试验管理
8	工班长	1	工班施工管理
9	领工员	1	带工
10	电力工	5	配合放线、紧线
11	普工	15	放线、架线

7. 材料要求

(1)放线过程中,对展放的导地线应认真进行外观检查,对于在导线上有损伤或断股的地方,应查明情况妥善处理。

(2)导线的损伤应严格按验收规范《110 kV～750 kV 架空输电线路施工及验收规范》(GB 50233—2014)标准进行处理。

(3)放线滑车的使用必须符合验收规范规定的轮槽尺寸及所用材料应与导线或避雷线相适应,保证导线或避雷线通过时不受损伤。导地线、绝缘子、压接管、金具螺栓等材料符合设计要求并报检报验合格方可使用。

8. 设备机具配置

施工机械及工艺设备主要有张力机、牵引机、吊车、放线滑车等,而且所有机械设备必须有合格证并报检,主要工器具见表 10.1.7-4。

表 10.1.7-4 工机具投入表

序 号	名 称	单 位	数 量	备 注
1	张力机	台	1	
2	牵引机	台	1	
3	吊车	台	1	
4	放线滑车(导线)	台	1	
5	压线滑车	台	1	
6	链条葫芦	套	2	
7	钢地锚	处	1	
8	压接工具	套	按需	
9	断线钳	套	3	
10	对讲机	台	若干	
11	经纬仪	台	1	

9. 质量控制及检验

(1)质量控制

1)线路通道内的障碍物应清除,遇有交叉跨越处应采取防止磨损导线的措施。

2)展放导线前应检查线轴轮缘和侧板有无损坏。凡有损坏者应修补完好并将轮缘铁钉拔除干净。

3)导线线盘盘架应按扇形布置,使导线引出方向与线轴轴心线方向垂直,并与张力机的进线架保持一定距离。

4)放线过程中,牵张机操作应平稳,保持四根子导线张力平衡,预防导线跳槽或牵引板翻转。

(2)质量检验

线材满足设计规范要求。

10. 安全及环保要求

(1)安全要求

1)配备合格的安全防护用品(用具)。

2)进入现场施工人员戴安全帽,并正确使用个人安全防护用品。

3)高处作业人员必须使用全方位防冲击安全带。

4)施工过程做好安全检查及安全监护工作。

(2)环保要求

1)在施工的过程中,原材料的运输及堆放尽量减少占地面积,避免造成不必要的环境破坏。

2)固体废弃物应按要求分类存放和标识,不可将废弃物随意乱扔、堆放、混放;施工现场应遵循“随做随清、谁做谁清、工完料净场地清”原则,施工现场应指定区域存放,建立相应的垃圾存放地点,并加以封闭。由指定人员负责将废弃物运输、回收、处理。

3)对施工机械、车辆(起重机械、进出场车辆等)的工作噪声进行控制,减少对附近居民的影响。

4)严格执行国家有关环境保护的法律、法规,不得在施工现场熔化、焚烧有毒、有害、有恶臭气味的废弃物。建筑垃圾、渣土应指定地点堆放,每日清理。

10.1.8　外部电源工程交叉跨越施工作业指导书

1. 适用范围

适用于杭州至海宁城际铁路机电工程外部电源交叉跨越施工。

2. 作业准备

(1)外业准备

1)开工前施工现场要完成“三通一平”,施工用的临时设施准备就绪,特别是施工便道要保持畅通。

2)熟悉施工现场的环境,确认交叉跨越的各种情况。

(2)内业准备

1)开工前组织技术人员认真学习施工组织设计。逐级向施工人员进行技术、操作、安全、环保交底,确保施工过程的工程质量、环境保护和人身安全。

2)察看现场测定跨越物与新架线路的夹角,计算跨越架的宽度,并估算所需钢管或杉木杆的数量,向施工人员进行技术交底。

3. 技术要求

(1)需要搭设跨越架时,事先应与被跨越物物主主动取得联系,征得同意,必要时请求物主协助施工。

(2)跨越架的搭设必须符合《跨越电力线路架线施工工程》中的有关规定。主要要求:

1)架子必须牢固,立柱埋深不小于 0.5 m,宽度超出两边线 1.5 m,架子中心应在线路中心线上。

2)架子队各种跨越物的最小安全距离见表 10.1.8-1。

表 10.1.8-1　跨越物最小安全距离(单位:m)

被跨越物	铁　路	公　路	110 kV	35 kV	10 kV	弱电线路
距架子水平距离	至中心 3.0	至路边 0.6	2.0	2.0	1.5	0.6
距架子垂直距离	至轨顶 6.5	至路面 6.0	至避雷线 1.5	2.0	1.5	0.6

3)架顶宽度:停电架线,宽度应超过展放导地线中心各 1.5 m;不停电架线时,宽度应超过展放导地线中心各 2.0 m;如果三相同时架设,其架顶宽度应超过两边线各 1.5～2.0 m。

4)跨越架与带电体之间的最小安全距离在考虑施工最大风偏后,不得小于表 10.1.8-2 规定。

表 10.1.8-2　跨越架与带电体之间最小安全距离

跨越架部位	被跨越电力线电压等级(kV)				
	≤10	35	60～110	220	330
架面与导线的水平距离(m)	1.5	1.5	2.0	2.5	3.5

续上表

跨越架部位		被跨越电力线电压等级(kV)				
		≤10	35	60～110	220	330
无地线时,与带电体垂直距离(m)	封顶杆	2.0	2.0	2.5	3.0	4.0
	封顶网	3.0	3.0	3.5	4.0	5.0
有地线时,与带电体垂直距离(m)	封顶杆	1.0	1.0	1.5	2.0	2.5
	封顶网	2.0	2.0	2.5	3.0	3.5

4. 施工程序与工艺流程

(1)施工程序

施工准备→现场调查→普通跨越架施工→带电跨越架施工→成品保护。

(2)工艺流程

工艺流程如图 10.1.8 所示。

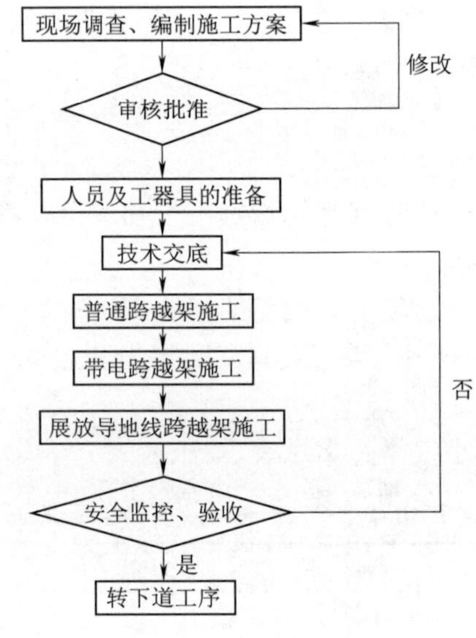

图 10.1.8　工艺流程图

5. 施工要求

搭设一般跨越架适用跨越铁路、公路、通信、广播及 35 kV 以下停电线路,跨越架有单侧型及双侧型两种。

(1)材料的选用:对停电的电力线路宜采用杉木杆,铁丝进行绑扎,搭设跨越架;对跨越铁路、公路、广播通信线既可采用钢管也可采用杉木杆搭设。

(2)搭设要求

1)立柱间距离一般为 1.5 m 左右,横杆上下距离一般在 1.0 m 左右,以便上下攀登为宜。

2)立柱及支撑杆应埋入土内不少于 0.5 m。

3)一般跨越架上部不用封顶,比较重要的跨越需要封顶时一般采用斜向或交叉封。

(3)跨越架的尺寸及距离跨越物的水平距离

1)施工线路与被跨越物垂直交叉时,跨越架的宽度应比施工线路各宽出 1.5 m,跨越架的中心应在施工线路的中心线上,如施工线路与被跨越物不垂直交叉时,可按下式计算跨越架的宽度:$L=(e+3)/\sin\theta$,其中 L 为跨越架的宽度(m),e 为施工线路两边线的距离(m),θ 为跨越物与被跨越物之间的交叉角。

2)跨越铁路时应比铁轨面高 6.5 m,跨越公路时应比公路面高 5.5 m,跨越低压配电线路和通信线路时应比其高 1 m。

3)跨越架与被跨越物之间的最小水平距离,应不小于跨铁路中心 3 m,公路路边通信线路及低压线路为 0.6 m。

6. 劳动组织

(1)劳动力组织方式:采用架子队组织模式。

(2)作业人员数量应根据施工条件、工期要求进行合理配置,见表 10.1.8-3。

表 10.1.8-3　跨越作业人员配置表

序　号	工　种	人　数	主要职责
1	架子队长	1	架子队综合管理
2	架子队技术主管	1	架子队技术管理
3	技术员	1	现场施工技术管理
4	安全员	1	现场施工安全管理
5	质量员	1	现场施工质量管理
6	材料员	1	现场施工材料管理
7	试验员	1	试验管理
8	工班长	1	工班施工管理
9	领工员	1	带工
10	高压电工	4	施工
11	起重工	1	吊装
12	机械设备员	1	设备管理
13	施工员	1	技术管理

7. 材料要求

(1)跨越电力线、通信线、公路必须搭设可靠的跨越架。

(2)搭设电力带电跨越架前,应先通知当地供电营业所,办理必要手续,在安全监护下搭设跨越架。拆除跨越架时也按此进行。

(3)跨越架的型式选择 380 V 以下的电力线、弱电线路和乡村公路时采用单排双侧跨越架;跨重要公路、铁路及 10 kV 电力线路时应采用双排双侧跨越架。

8. 设备机具配置

施工机械及工艺设备主要有起重机、运输车辆等,机械设备须有出厂合格证及相关证件。

9. 质量控制及检验

(1)质量控制

1)达到基建达标考核要求,单位工程优良,分项工程一次合格率100%。杜绝质量事故,工程各类关键项目无记录性缺陷。工程启动一次成功。

2)严格按QEO程序文件办事,强化质量监督和保证职能,强化标准化管理和施工。

3)认真做好施工人员的培养工作,专业工种人员持证上岗,按规程统一方法和要求。

(2)质量检验

导线材质型号满足相应规范设计要求。

10. 安全及环保要求

(1)安全要求

1)所有员工在进场前均要进行安全教育,进入工地必须戴好安全帽,高处作业时正确使用安全带,严格遵守机械设备安全操作规程,杜绝任何意外伤亡事故的发生。

2)施工现场所有设备、设施、安全装置、工具配件以及个人劳保用品必须经常检查,确保完好和使用安全。

3)认真做好安全用电工作。所用的电源线应根据电器设备的容量选择电线规格,电器设备必须配备接地装置,并可靠接地,配电箱上的漏电保安器,要定期试跳,同时应有防雨设施。

(2)安全要求

1)为保护自然环境,在施工中,应减少甚至避免扬尘,加大环境保护方面的投入,真正将各项环保措施落实到位。

2)各类材料设备定点堆放,不得随意堆放,力求场地有条不紊,施工完成后料净场清。

3)生产中的废弃物及时处理,运到当地环保部门指定的地点弃置。

10.2　35 kV 及所用配电装置

10.2.1　电气设备安装工程二次回路检查及接线施工作业指导书

1. 适用范围

适用于杭海城际铁路工程机电工程电气设备安装二次回路检查接线施工。

2. 作业准备

(1)外业准备

熟悉施工现场的环境，施工机械准备完成、状态良好。

(2)内业准备

1)作业现场必须有经审核批准的设计图纸和施工方案，作业人员必须按图施工。

2)隐蔽工程施工完成以及全部工序作业完成(转序)时，必须提前通知监理现场验收，验收合格后方可进行下一步工序施工。

3. 技术要求

(1)二次回路接线应按图施工，接线正确。

(2)导线与电气元件间采用螺栓连接、插接或者压接等，均应牢固可靠。

(3)盘柜内的导线不应有接头，导线芯应无损伤。

(4)电缆芯线和所配导线均应标明其回路编号，编号应正确，字迹清晰且不易脱色。

(5)对于螺栓连接端子，须剥除绝缘的芯线弯圈，弯圈的方向为顺时针，弯圈的大小和螺栓的大小相符，弯曲半径不能大于平垫半径；对于插接线端子，可直接将剥除绝缘的芯线插入端子，并紧固螺栓。

(6)每个接线端子每侧宜接一根线，不得超过两根，不同截面芯线不允许接在同一接线端子上。

4. 施工程序与工艺流程

施工程序与工艺流程如图 10.2.1 所示。

施工准备 → 现场检测 → 电缆架子安装 → 电缆敷设 → 结束

图 10.2.1　二次电缆敷设及接线工艺流程图

5. 施工要求

(1)按图纸接线完成后应核对接线图纸，并按设计要求补充接入柜内配线，配线也应做到工艺美观、接入可靠，同样应满足以上各点所列要求。对设计有要求拆除厂家接线的，应按要求拆除,拆除前要确认并对线,拆除完成后应再次检验,确保拆线正确。

(2)再次核对接线图纸,确认电缆接线及屏柜内配线、拆线完成后,可对所有线芯适当调整,尽量做到面平边直以求美观,还应对厂家接线进行整理,使其与本盘柜施工工艺相符,并紧固所有厂家电气元件的螺钉。

(3)备用芯留有适当的余量,可以剪成同一长度,长度应能达到端子排的最终位置,统一垂直或者弯曲,注意线芯切口不得碰及设备或者端子,对备用芯线逐一套入标有备用线芯所在电缆编号的号码管。

6. 劳动组织

(1)劳动力组织方式:采用架子队组织模式。

(2)作业人员数量应根据施工条件、工期要求进行合理配置,见表 10.2.1-1。

表 10.2.1-1　人员配置建议表

序　号	工　种	人　数	主要职责
1	架子队长	1	架子队综合管理
2	架子队技术主管	1	架子队技术管理
3	技术员	1	现场施工技术管理
4	安全员	1	现场施工安全管理
5	质量员	1	现场施工质量管理
6	材料员	1	现场施工材料管理
7	试验员	1	试验管理
8	工班长	1	工班施工管理
9	领工员	1	带工
10	普工	6	其余工作

7. 材料要求

(1)接线所有用到的原材料必须具有相应的合格证明,如果需要送检的,要及时对材料进行送检,合格后方可使用。

(2)接线所用材料到场后由材料员进行清点入库,统一管理,防止不合格的材料进入下一道工序。

8. 设备机具配置

现场具体投入的机械设备见表 10.2.1-2。

表 10.2.1-2　机械设备投入表

序　号	设备名称	单　位	数　量	备　注
1	螺丝刀	把	1	
2	斜口钳	把	2	
3	电工刀	把	1	

9. 质量控制及检验

(1)质量控制

1)施工前,进行施工工艺培训、施工技术交底,熟悉施工图,保证施工质量符合设计及规范要求。

2)原材料进场后按照施工图要求进行自检,自检合格后报监理工程师验收,经监理工程师验收合格方能使用。

(2)质量检验

1)二次回路接线正确,连接可靠。

2)采用线槽或线把布线的二次回路接线固定牢靠,排列整齐;回路编号字迹正确、清晰,印制牢固、不易脱色。

3)引入盘、柜内的电缆应排列整齐、固定牢固、编号清晰、避免交叉;强、弱电回路的电缆,应分别成束分开排列;铠装电缆的钢带切断处的端部应扎紧后接地;电缆屏蔽层应按设计要求的接地方式接地。

4)盘、柜内和电缆沟内的导线不应有接头,每个接线端子的一侧接线不得超过 2 根;回路编号字迹正确、清晰,印制牢固、不易脱色。

10. 安全及环保要求

(1)安全要求

1)配备合格的安全防护用品(用具)。

2)进入带电盘柜进行查线、接线工作,必须办理电气工作票,并做好安全措施,防止触电。

3)电缆二次接线过程中电缆芯线应随时拢紧成束,防止电缆芯线乱窜,防止扎伤身体或影响设备的安全运行。

4)高处作业人员必须使用全方位防冲击安全带。

5)施工过程做好安全检查及安全监护工作。

(2)环保要求

1)在施工的过程中,原材料的运输及堆放,尽量减少占地面积,避免造成不必要的环境破坏。

2)固体废弃物应按要求分类存放和标识,不可将废弃物随意乱扔、堆放、混放。

3)施工现场应遵循"随做随清、谁做谁清、工完料净场地清"原则,施工现场应指定区域存放,建立相应的垃圾存放地点,并加以封闭。由指定人员负责将废弃物运输、回收、处理。

4)对施工机械、车辆(起重机械、进出场车辆等)的工作噪声进行控制,减少对附近居民的影响。

10.2.2　电气设备安装工程基础型钢安装施工作业指导书

1. 适用范围

适用于杭州至海宁城际铁路电气设备安装工程基础型钢安装施工。

2. 作业准备

(1)外业准备

设备基础预埋件施工前应对土建专业预留的设备安装孔洞进行调查,调查时应参考电气安装施工图复核孔洞数量、尺寸等数据;同时还需与装饰装修、动力照明等专业对接室内装修层厚度、管线预埋路径,避免装修层厚度不满足基础槽钢预埋要求及管线路径与基础槽钢安装位置冲突。

预埋件到达施工现场后,及时向监理工程师进行材料进场报验工作,进场材料向监理工程师报验完成后,组织人员根据施工图所示的尺寸对预埋件进行复核,避免外形近似、尺寸相近的预埋件使用错误。

(2)内业准备

作业指导书编制后,应在开工前对组织技术人员认真学习施工组织设计。逐级向施工人员进行技术、操作、安全、环保交底,确保施工过程的工程质量、环境保护和人身安全。

3. 技术要求

(1)确保施工质量符合设计及规范要求,保证全线施工工艺统一、美观。

(2)避免与土建、装饰装修专业的冲突,为专业间的接口工序提供有利条件。

(3)以成熟的施工技术和先进的设备,确保施工的顺利进行,按期给业主提供一个优质的产品。

4. 施工程序与工艺流程

(1)施工程序

施工准备→预埋件固定→完成。

(2)工艺流程

工艺流程如图10.2.2所示。

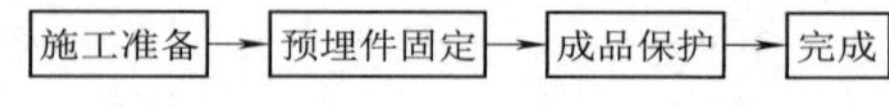

图10.2.2　基础型钢安装工艺流程图

5. 施工要求

(1)预埋件施工

设备基础预埋件施工前应对土建专业预留的设备安装孔洞进行调查,调查时应参考电气安装施工图复核孔洞数量、尺寸等数据;同时还需与装饰装修、动力照明等专业对接室内装修层厚度、管线预埋路径,避免装修层厚度不满足基础槽钢预埋要求及管线路径与基础槽钢安装位置冲突。

预埋件到达施工现场后,及时向监理工程师进行材料进场报验工作,进场材料向监理工程师报验完成后，组织人员根据施工图所示的尺寸对预埋件进行复核，避免外形近似、尺寸相近的预埋件使用错误。

(2)预埋件固定

预埋件的固定按照施工图要求有两种固定方式，主变电所是预埋件钩钉预埋在混凝土层，牵引变电所和降压变电所是使用膨胀螺栓固定在主体楼板结构层。

主变电所预埋件固定因为与混凝土结构层同时施工，因此需要在进行混凝土施工时就要调整好预埋件的安装距离与预埋件顶面高度，预埋件安装的允许偏差应符合设计要求。

牵引变电所和降压变电所设备基础预埋件采用的是膨胀螺栓在结构层楼板固定方式，施工时应先把预埋件按施工图的要求放置到位，然后确定好膨胀螺栓的规定孔位，再挪开预埋件，进行钻孔并安装膨胀螺栓；膨胀螺栓全部安装完成后，再把预埋件的固定孔全部套进膨胀螺栓，然后再进行预埋件顶面高度的调整，误差应符合设计及规范要求。

6. 劳动组织

(1)劳动力组织方式：采用架子队组织模式。

(2)作业人员数量应根据施工条件、工期要求进行合理配置，见表 10.2.2-1。

表 10.2.2-1　基础型钢作业人员配置表

序　号	工　种	人　数	主要职责
1	架子队长	1	架子队综合管理
2	架子队技术主管	1	架子队技术管理
3	技术员	1	现场施工技术管理
4	安全员	1	现场施工安全管理
5	质量员	1	现场施工质量管理
6	材料员	1	现场施工材料管理
7	试验员	1	试验管理
8	工班长	1	工班施工管理
9	领工员	1	带工
10	电工	1	土方开挖、回填
11	测量员	1	测量放线
12	普工	5	现场操作

7. 材料要求

(1)预埋件到达施工现场后，及时向监理工程师进行材料进场报验工作，进场材料向监理工程师报验，报验合格后方可进场使用。

(2)对接地材料进行检查其镀锌层，预埋件的镀锌层进行检测并且形成书面报告。

(3)组织人员根据施工图所示的尺寸对预埋件进行复核，避免外形近似、尺寸相近的预埋件使用错误。

8. 设备机具配置

现场具体投入的机械设备见表 10.2.2-2。

表 10.2.2-2 机械设备投入表

序号	设备名称	单位	数量	备注
1	水准仪	把	1	
2	皮尺	把	2	
3	卡尺	把	1	

9. 质量控制及检验

(1)质量控制

1)施工前,进行施工工艺培训、施工技术交底,熟悉施工图,保证施工质量符合设计及规范要求。

2)原材料进场后按照施工图要求进行自检,自检合格后报监理工程师验收,经监理工程师验收合格方能使用。

3)预埋件安装固定前还需对预埋件的安装尺寸进行复核,复核的误差应符合规范要求并及时固定,避免被过往人员无意碰撞造成移动。

4)电焊的焊缝要及时清除焊渣,焊缝饱满后及时涂刷防锈漆,待防锈漆干透后再涂刷两遍富锌漆。

(2)质量检验

金属结构件及其附件规格、型号应符合设计文件要求,表面光洁,无裂纹、毛刺、砂眼、气泡等缺陷,平直无变形,防腐层良好。

10. 安全及环保要求

(1)安全要求

1)设备基础预埋件安装和接地装置制安装都是在室内进行,施工安全管理主要是施工用电和预留孔洞,为防止施工用电设备漏电伤人,配电箱供电必须采用“三相五线制”,配电箱接地端子就近进行重复接地。

2)预埋件安装完成后必须对预留的孔洞进行遮盖防护,孔洞采用木板遮盖,防止过往人员掉入孔洞。

(2)环保要求

1)基础预埋件和接地装置施工都是在室内进行,不会对周边环境造成破坏,主要注意的是文明施工。

2)施工前应进行施工调查,并积极与相关专业进行对接,把专业施工接口问题梳理清楚,保证整个工程符合设计要求,满足规范规定。

3)施工过程中难免会出现交叉施工,因此施工前还需要与同时在设备安装房屋进行施工的专业沟通，尽量错开施工时间，避免出现干扰影响施工。

4)材料进场后要通知相关的施工专业，协商好合适的材料堆放点，材料堆放整齐，尽量减少堆放范围，不能因为自己施工方便而随意堆放。

5)施工结束后应清扫施工现场，把本专业当天施工造成的垃圾及时清理出现场，运送到指定的集中堆放点，做到“工完料净场地清”。

10.2.3　电气设备安装工程控制柜及端子箱安装施工作业指导书

1. 适用范围

适用于杭海城际铁路电气设备安装工程控制柜及端子箱安装施工。

2. 作业准备

(1)外业准备

1)设备基础预埋件安装完成,装修地面完成,满足设备安装要求,控制柜及端子箱已运输到位。

2)设备房建墙体、吊顶施工已完工。

(2)内业准备

1)已进行控制柜及端子箱技术交底。

2)准备安装位置图。

3. 技术要求

(1)控制柜及端子箱独立或成列安装时,其水平度、垂直度和盘、柜间接缝标准应符合国标规范要求。

(2)控制柜及端子箱在安装时要避免强烈振动。

(3)推动小车缓慢行进。要注意盘、柜体的行进方向,随时纠正,防止倾斜。

(4)控制柜及端子箱搬运安装时,要防止挤压手、脚和盘、柜上的设备。

(5)钢板在室内尽头处与地坪间应加垫纸板或其他软质物品,防止手动叉车在室内从铁板上向地坪过渡时因设备重磕碰损坏室内地坪。

(6)控制柜及端子箱在未固定牢固前应有防倾倒措施。

4. 施工程序与工艺流程

(1)施工程序

施工准备→预埋件固定→完成。

(2)工艺流程

工艺流程如图 10.2.3 所示。

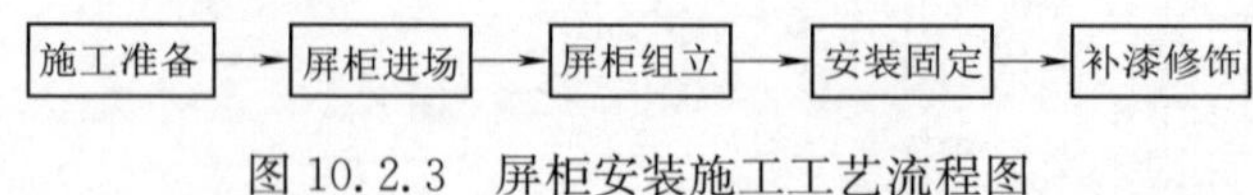

图 10.2.3　屏柜安装施工工艺流程图

5. 施工要求

(1)控制柜、端子箱运输就位控制柜及端子箱运输采用移运器、液压小车及人力抬运等方式就位。

(2)控制柜及端子箱的安装固定每面盘不得少于 4 个固定点。成列柜调整完后,在每个柜内四个角用螺栓与基础槽钢连接牢固。

(3)控制柜及端子箱接地与补漆将控制柜及端子箱与接地线连接,连接要良好。将控制柜及端子箱脱落油漆处用设备厂家提供的原色漆补好。填写安装技术记录。

6. 劳动组织

(1)劳动力组织方式:采用架子队组织模式。

(2)作业人员数量应根据施工条件、工期要求进行合理配置,见表10.2.3。

表10.2.3 人员配置建议表

序号	工种	人数	主要职责
1	架子队长	1	架子队综合管理
2	架子队技术主管	1	架子队技术管理
3	技术员	1	现场施工技术管理
4	安全员	1	现场施工安全管理
5	质量员	1	现场施工质量管理
6	材料员	1	现场施工材料管理
7	试验员	1	试验管理
8	工班长	1	工班施工管理
9	领工员	1	带工
10	普工	3	其余工作

7. 材料要求

(1)控制柜及端子箱的接地要牢固,接触良好。

(2)控制柜及端子箱的漆层完整、无损伤,修补后的颜色尽量和原色一致。

(3)控制柜及端子箱间模拟线应整齐对应,其误差不应超过视差范围并应完整,安装牢固。

8. 设备机具配置

液压小车2辆,叉车1辆。

9. 质量控制及检验

(1)质量控制

1)严格按照施工图要求尺寸在基础上进行划线确定位置。

2)控制柜及端子箱位置必须是厂家标注指定的位置。

3)控制柜及端子箱的高、低侧必须与施工图一致。

4)控制柜及端子箱的底座中心偏差应小于10 mm。

(2)质量检验

盘柜中电气器件满足相关规范要求。

10. 安全及环保要求

(1)安全要求

1)控制柜及端子箱使用前须经有满足资质条件的检测单位进行检测并合格。

2)控制柜及端子箱运输过程中应注意防尘控制,运输车辆禁止带泥上路。

3)控制柜及端子箱进场安装时应做好防护措施,合理安排人员。

(2)环保要求

1)在施工的过程中,原材料的运输及堆放,尽量减少占地面积,避免造成不必要的环境破坏。

2)对施工机械、车辆(起重机械、进出场车辆等)的工作噪声进行控制,减少对附近居民的影响。

3)严格执行国家有关环境保护的法律、法规,不得在施工现场熔化、焚烧有毒、有害、有恶臭气味的废弃物。建筑垃圾、渣土应指定地点堆放,每日清理。

10.2.4 电气设备安装工程母线安装作业指导书

1. 适用范围

适用于杭州至海宁城际铁路电气设备安装工程母线安装。

2. 作业准备

(1)外业准备

1)检查登高的工具,工具应牢固稳定。

2)准备安装的工具,如扳手、钳子、断线钳等。

3)准备紧线的工具,如大绳、紧线器等。

4)准备测量的工具,如钢卷尺、弛度板等。

5)检查母线外观,母线外观应顺直,没用松股现象。

6)检查绝缘子外观,绝缘子外观应完好。

7)清点固定金具,配件应齐全。

(2)内业准备

开工前组织技术人员认真学习施工组织设计。逐级向施工人员进行技术、操作、安全、环保交底,确保施工过程的工程质量、环境保护和人身安全。

3. 技术要求

(1)软母线和各种连接线夹连接时,应符合下列规定

1)母线与线夹接触面均应清除氧化膜,并用汽油或丙酮清洗,清洗长度不应少于连接长度的 1.2 倍,导电接触面应涂以电力复合脂。

2)软母线线夹与电器接线端子或硬母线连接时,应符合硬母线搭接的连接要求。

(2)采用液压的方式压接母线时,应符合下列规定

1)压接用的钢模必须与被压管配套,液压钳应与钢模匹配。

2)压接时必须保持线夹的正确位置,不得歪斜,相邻两模重叠不应小于 5 mm。

3)接续管压接后,其弯曲度不宜大于接续管全长的 2%。

4)压接后不应使接续管口附近母线有隆起和松股,接续管表面应光滑、无裂纹。

5)外露钢管的表面及压接管口应涂防锈漆。

6)压接后六角形对边尺寸应为 $0.866D$,当有任何一对边尺寸超过 $0.866D+0.2$ mm 时应更换钢模(D 为接续管外径)。

7)液压压接工艺应符合国家执行标准《架空送电线路导线及避雷线液压施工工艺规程》的有关规定。

(3)悬式绝缘子串的安装应符合下列要求

1)绝缘子串组合时,连接金具的螺栓、销钉及锁紧销等零件必须符合现行国家标准,其穿向应一致,耐张绝缘子串的碗口应向上,绝缘子串的球头挂环、碗头挂板及锁紧销等应互相匹配。

2)弹簧销应有足够弹性,闭口销必须分开,并不得有折裂或裂纹,严禁用线材代替。

4. 施工程序与工艺流程

(1)施工程序

作业准备→母线检查→悬挂点长度测量→绝缘子长度测量→计算母线长度→母线下料→装配母线→悬挂母线→检测母线弛度→填写安装记录。

(2)工艺流程

工艺流程如图 10.2.4 所示。

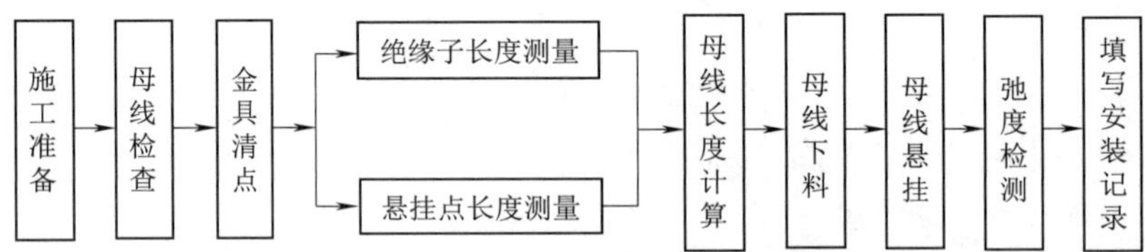

图 10.2.4　母线安装工艺流程图

5. 施工要求

(1)线材检查

1)检查登高工具,装备安装使用及检查的工具。

2)清点金具,配件应齐全。

3)与监理工程师一起进行母线外观检查,母线外观应顺直,无松股现象。

(2)施工工艺

1)母线安装完成后弛度应符合设计及规范要求。

2)母线挂设完成后应顺直,表面无弯曲、松股现象。

3)母线距离接地体及不同相之间距离符合规范要求,见表 10.2.4-1 和表 10.2.4-2。

表 10.2.4-1　室内配电装置的安全净距(单位:mm)

序　号	适用范围	额定电压(kV)	
		110 J	110
1	带电部分至接地部分	850	950
2	不同相带电部分之间	900	100

表 10.2.4-2　室外配电装置的安全净距(单位:mm)

序　号	适用范围	额定电压(kV)	
		110 J	110
1	带电部分至接地部分	900	1 000
2	不同相带电部分之间	1 000	1 100

6. 劳动组织

(1)劳动力组织方式:采用架子队组织模式。

(2)作业人员数量应根据施工条件、工期要求进行合理配置,见表10.2.4-3。

表10.2.4-3　主变压器母线安装

序　号	工　种	人　数	主要职责
1	架子队长	1	架子队综合管理
2	架子队技术主管	1	架子队技术管理
3	技术员	1	现场施工技术管理
4	安全员	1	现场施工安全管理
5	质量员	1	现场施工质量管理
6	材料员	1	现场施工材料管理
7	试验员	1	试验管理
8	工班长	1	工班施工管理
9	领工员	1	带　工
10	电气安装工	3	安装、调试

7. 材料要求

(1)母线

1)母线外观完好,无松股现象。

2)母线外表顺直,无断股。

(2)绝缘子

绝缘子外观完好。

(3)金具

1)金具外观完好。

2)金具配件齐全。

8. 设备机具配置

现场具体投入的机械设备见表10.2.4-4。

表10.2.4-4　机械设备投入表

序　号	设备名称	数　量	备　注
1	钢尺	1	
2	紧线器	4	
3	大绳	4	

9. 质量控制及检验

(1)质量控制

1)严格规范母线安装施工工艺,确保母线安装、调试各个环节的施工质量。

2)线路通道内的障碍物应清除,遇有交叉跨越处应采取防止磨损线材的措施。

(2)质量检验

线材满足设计规范要求。

10. 安全及环保要求

(1)安全要求

1)凡进入软母线安装现场的人员,必须佩戴安全帽,杆上作业人员必须扎安全带。

2)作业开始前应对连梁角钢的焊接强度及架构横梁等的安装牢固程度进行检查。

3)登高作业人员登高前仔细检查工具的牢固、稳定性,不能满足使用要求的杜绝使用。

4)非施工人员不准进入施工现场,上级来人及参观人员进入施工现场须有安全员引导。

(2)环保要求

1)本施工工序不会产生废气、废水、废油,施工作业不会对环境产生影响。

2)作业完成后,清理场地下脚料,回收后统一处理。

10.2.5 电气设备安装工程配电盘安装施工作业指导书

1. 适用范围

适用于杭海城际铁路工程电气设备安装工程配电盘安装施工。

2. 作业准备

(1)外业准备

安装作业前,施工项目部根据该项目作业任务、施工条件,开展针对性安全风险评估工作,形成该任务的风险分析表。

(2)内业准备

施工负责人核对风险控制措施,并在早点名时,对全体作业人员进行安全交底,接受交底的作业人员负责将安全措施落实到各作业任务和步骤中。

3. 技术要求

(1)配电盘独立或成列安装时,其水平度、垂直度和盘、柜间接缝标准应符合国标规范要求。

(2)配电盘在安装时要避免强烈振动。

(3)推动小车缓慢行进。要注意盘、柜体的行进方向,随时纠正,防止倾斜。

(4)配电盘搬运安装时,要防止挤压手、脚和盘、柜上的设备。

(5)钢板在室内尽头处与地坪间应加垫纸板或其他软质物品,防止手动叉车在室内从铁板上向地坪过渡时因设备重磕碰损坏室内地坪。

(6)配电盘在未固定牢固前应有防倾倒措施。

4. 施工程序与工艺流程

工艺流程如图 10.2.5 所示。

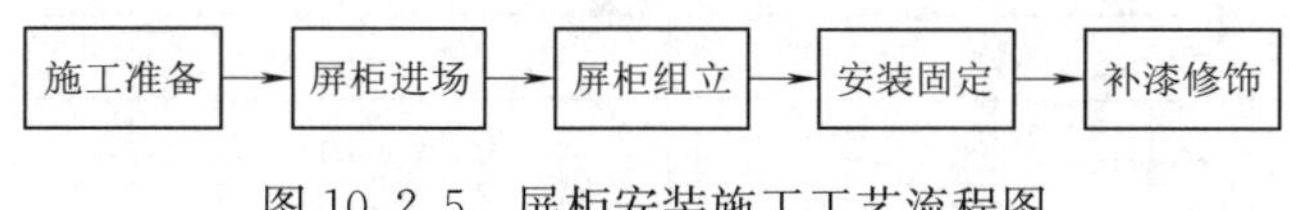

图 10.2.5 屏柜安装施工工艺流程图

5. 施工要求

(1)配电盘运输就位配电盘运输采用移运器、液压小车及人力抬运等方式就位。

(2)配电盘的安装固定每面盘不得少于 4 个固定点。成列柜调整完后,在每个柜内四个角用螺栓与基础槽钢连接牢固。

(3)配电盘接地与补漆将配电盘与接地线连接牢固,接触要良好。将配电盘脱落油漆处用设备厂家提供的原色漆补好。填写安装技术记录。

6. 劳动组织

(1)劳动力组织方式:采用架子队组织模式。

(2)作业人员数量应根据施工条件、工期要求进行合理配置,见表 10.2.5-1。

表 10.2.5-1　配电盘安装人员配置建议表

序　号	工　种	人　数	主要职责
1	架子队长	1	架子队综合管理
2	架子队技术主管	1	架子队技术管理
3	技术员	1	现场施工技术管理
4	安全员	1	现场施工安全管理
5	质量员	1	现场施工质量管理
6	材料员	1	现场施工材料管理
7	试验员	1	试验管理
8	工班长	1	工班施工管理
9	领工员	1	带工
10	电气安装工	3	安装、调试

7. 材料要求

(1)配电盘的接地要牢固,接触良好。

(2)配电盘的漆层完整、无损伤,修补后的颜色尽量和原色一致。

(3)配电盘间模拟线应整齐对应,其误差不应超过视差范围并应完整,安装牢固。

8. 设备机具配置

现场具体投入的机械设备见表 10.2.5-2。

表 10.2.5-2　机械设备投入表

序　号	设备名称	数　量	备　注
1	液压小车	2	
2	叉车	1	
3	个人工具	按需	

9. 质量控制及检验

(1)质量控制

1)施工前,进行施工工艺培训、施工技术交底,熟悉施工图,保证施工质量符合设计及规范要求。

2)原材料进场后按照施工图要求进行自检,自检合格后报监理工程师验收,经监理工程师验收合格方能使用。

(2)质量检验

1)配电盘与基础或构件间的连接固定牢靠,排列整齐。

2)配电盘上安装的元、器件固定牢靠;所有电器的功能标签齐全,规格一致。二次回路接线正确,连接可靠。

10.安全及环保要求

(1)安全要求

1)配电盘使用前须经有满足资质条件的检测单位进行检测并合格。

2)配电盘运输过程中应注意防尘控制,运输车辆禁止带泥上路。

3)配电盘进场安装运输时应做好防护措施,合理安排人员。

(2)环保要求

1)施工前应进行施工调查,并积极与相关专业进行对接,把专业施工接口问题梳理清楚,保证整个工程符合设计要求,满足规范规定。

2)施工过程中难免会出现交叉施工,因此施工前还需要与同时在设备安装房屋进行施工的专业沟通,尽量错开施工时间,避免出现干扰影响施工。

3)材料进场后要通知相关的施工专业,协商好合适的材料堆放点,材料堆放整齐,尽量减少堆放范围,不能因为自己施工方便而随意堆放。

4)施工结束后应清扫施工现场,把本专业当天施工造成的垃圾及时清理出现场,运送到指定的集中堆放点,做到“工完料净场地清”。

10.2.6 电气设备安装工程所用变压器本体安装作业指导书

1.适用范围

适用于杭州至海宁城际铁路机电工程主变电站工程所用变压器本体安装。

2.作业准备

(1)外业准备

1)所用变压器进场前按照施工图设计要求的尺寸,在基础上划线,基础划线包括变压器的中心线和底座轮廓线。

2)清点所用变压器安装就位的工具,所用变压器从运输平板车移动到基础上,主要使用垂直千斤顶、承重钢梁、钢制滑板、方木、水平千斤顶、黄油、滚轴等,使用前要进行检查,有损坏要立即更换。

(2)内业准备

作业指导书编制后,应在开工前组织技术人员认真学习施工组织设计。逐级向施工人员进行技术、操作、安全、环保交底,确保施工过程的工程质量、环境保护和人身安全。

3.技术要求

(1)变压器的规格型号、容量、参数必须符合施工图设计要求。

(2)变压器高压侧、低压侧必须与施工图设计一致。

(3)变压器如果需要在瓦斯继电器侧进行垫板增加预高的,使用变压器厂家自带的垫板,完整的铺垫在瓦斯继侧的变压器底座下面。

(4)变压器本体就位后,底座中心线应与基础上提前画的中心线吻合,偏差小于10 mm。

4.施工程序与工艺流程

(1)施工程序

变压器基础划线→工具准备→平台搭设→千斤顶支放→变压器升高→承重梁架设→黄油涂抹→滑板装设→水平千斤顶固定→变压器移动→变压器微调→变压器就位。

(2)工艺流程

工艺流程如图10.2.6所示。

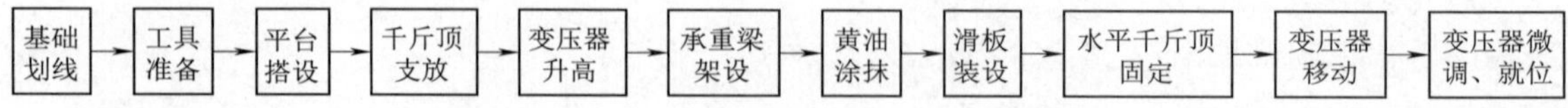

图10.2.6 所用变压器本体安装工艺流程图

5.施工要求

(1)划线定位

1)基础划线:基础表面清理干净,用钢卷尺、经纬仪按照施工图上的尺寸进行基础中心划线,同时根据变压器厂提供的变压器外形尺寸图,在中心线两侧划出变压器底座轮廓线,为变压器就位提供参照线。测量、划线的数据上报监理工程师，经监理复核与施工图一致后方可进行下一步施工准备。

2)使用的工具要全部进行检查，垂直使用和水平使用的千斤顶均要检查止回阀锁闭效果，止回阀锁闭必须要可靠；变压器承重及变压器移动的钢梁不能有变形，表面平整；搭设平台的方木要大小均匀，长度近似，不得使用开始腐烂的朽木。

3)平台搭设时不得影响运输车辆的移动，搭设要牢固，平台顶高度大于运输车辆空载时平板车体的最高部位约 200 mm，便于车辆的移动。

(2)变压器顶升

1)平台搭设好后，放置千斤顶在厂家标注的千斤顶启顶位置，使用千斤顶顶起变压器，使变压器与平板车车体分离。

2)变压器升高时严禁同时使用 4 台千斤顶，启顶部位必须是厂家标识的启顶位置，启顶时同时作业的千斤顶必须是变压器底座长轴方向，2 台启顶的千斤顶同时作业时要有专人指挥，每次的顶升高度不得大于 200 mm，并及时使用方木支垫变压器底座，严禁使用千斤顶当支垫物，让 4 台千斤顶使变压器悬空。

3)当变压器与车体的分离高度达到要求后，放置承重钢梁在变压器底部，然后在钢梁上均匀的放置 4 个滑板，滑板的位置要使变压器在钢梁上的承重均匀。

4)为防止变压器在钢梁上移动，应使用 4 台水平千斤顶固定变压器，水平千斤顶一端固定在钢梁上，另外一端顶紧变压器底部。

5)变压器完全放置在钢梁上后，仔细检查钢梁底部与平板车车体的距离，确认车体移动不影响钢梁后，及时把平板车移出作业区。

6)平板车开出作业区后，在承重钢梁下方搭设平台，平台宽度应大于变压器两侧底座约 1 m，平台高度直至变压器底座，然后使用千斤顶顶升变压器，变压器底座加垫方木替换出承重钢梁。

7)承重钢梁撤出变压器底部后，继续使用千斤顶顶升变压器，直至变压器底座高度高于安装房间地面并能放置承重钢梁为止。

(3)变压器移动

1)当变压器顶升高度达到要求后，在变压器底座下放置承重钢梁至变压器基础，为了便于变压器在承重钢梁上滑动，需要在钢梁顶面涂抹一层润滑黄油。

2)承重钢梁铺设时要注意变压器到基础上方时，变压器底座轮廓要尽量与基础上的划线吻合。

3)在钢梁顶面涂抹润滑黄油后，要在钢梁上均匀的防止 4 个滑板，滑板必须有凹槽，并把凹槽向下扣在钢梁顶面，滑板的位置要在变压器底座外侧，并在钢梁上的承重均匀。

4)变压器在滑板上放置稳定后，固定水平使用的千斤顶在钢梁上，顶推变压器移动。

5)当变压器移动到基础上方后，使用千斤顶顶起变压器，撤出钢梁，然后缓慢降低变压器高度。

6)当变压器顶升高度达到刚好能放置滚轴时，在底座钢板与基础钢板之间放置滚轴，用于变压器在基础上的微调。

7)当变压器底座轮廓与划线基本重合，使用千斤顶顶起变压器，撤出滚轴，然后再放下变压器。

6. 劳动组织

(1)劳动力组织方式:采用架子队组织模式。

(2)作业人员数量应根据施工条件、工期要求进行合理配置,见表 10.2.6-1。

表 10.2.6-1 所用变压器本体安装人员配置表

序　号	工　种	人　数	主要职责
1	架子队长	1	架子队综合管理
2	架子队技术主管	1	架子队技术管理
3	技术员	1	现场施工技术管理
4	安全员	1	现场施工安全管理
5	质量员	1	现场施工质量管理
6	材料员	1	现场施工材料管理
7	试验员	1	试验管理
8	工班长	1	工班施工管理
9	领工员	1	带　工
10	千斤顶操作工	4	操　作
11	普　工	12	搭设平台、搬运承重梁

7. 材料要求

(1)方木表面要平整,长度接近,厚度根据需要确定。

(2)方木宜使用坚实材质,腐朽的禁止使用。

8. 设备机具配置

现场具体投入的机械设备见表 10.2.6-2。

表 10.2.6-2 机械设备投入表

序　号	设备名称	单　位	数　量	备　注
1	钢　尺	把	1	
2	垂直千斤顶	台	4	
3	承重钢梁	套	2	
4	钢制滑板	块	2	
5	方　木	根	若　干	
6	水平千斤顶	台	4	
7	滚　轴	根	4	

9. 质量控制及检验

(1)质量控制

1)严格按照施工图要求尺寸在基础上进行划线定位。

2)变压器的顶升、顶推位置必须是厂家标注指定的位置。

3)变压器的高、低侧必须与施工图一致。

(2)质量检验

1)严格按照施工图要求尺寸在基础上进行划线规。

2)变压器的底座中心偏差应小于 10 mm。

10. 安全及环保要求

(1)安全要求

1)严格按照所用变压器二次倒运及就位专项施工方案执行。

2)变压器在顶升过程中,每次的顶升高度控制在 200 mm 左右,并及时用方木支垫变压器底座。

3)严禁使用 4 台千斤顶进行顶升,顶升的 2 台千斤顶顶升高度一致。

4)平台搭设牢固,安排专人监控变压器在顶升过程中的垂直度及平台的牢固度。

(2)环保要求

1)所用变压器本体二次倒运及就位在主变电站内进行,不会损坏农田和水利建设及交通设施,也不会产生费油、废水,施工本身不会对社会环境造成影响。

2)施工完成清理工具、材料出场,做到工完料净场地清。

10.2.7 电气设备安装工程所用变压器附件安装作业指导书

1.适用范围

适用于杭州至海宁城际铁路电气设备安装工程所用变压器附件安装施工。

2.作业准备

(1)外业准备

1)所用变压器附件安装前仔细阅读厂家的安装说明书,通知监理工程师及厂家售后人员,一起清点附件并进行外观检查。

2)准备吊装使用的提升机械、尼龙吊装带,并检查外观及性能,有破损或有故障的不得使用。

3)准备附件临时放置的木板、白布,木板及白布要干净、干燥,木板上不得有铁钉或其他坚硬、尖锐物体。

4)准备扳手、钳子、螺丝刀等安装工具。

5)准备注油使用的油泵、油管、补充变压油,并配置一台发电机预防停电。

(2)内业准备

1)开工前组织技术人员认真学习施工组织设计。逐级向施工人员进行技术、操作、安全、环保交底,确保施工过程的工程质量、环境保护和人身安全。

2)编制工具使用登记表,并安排专人负责现场工具的发放、回收登记,避免工具遗失在变压器本体内。

3.技术要求

(1)瓦斯继安装前必须是检测合格的,并拆除固定油杯的绳索。

(2)储油柜内的皮囊安装前需充气检查完好、密封性。

(3)散热器安装前需经过密封性检测并合格。

(4)压力释放阀、温度计等应检测动作可靠度及灵敏度。

(5)档位分接开关应动作可靠,显示正确,机械传动灵活。

(6)高、低压引出线与套管电气连接端子接触紧密、固定牢固。

(7)附件安装完成后应逐级、定时进行放气。

(8)注油完成后要全部擦拭变压器表面,特别是接口处,以便后期检查接口是否渗油。

4.施工程序与工艺流程

工艺流程如图10.2.7所示。

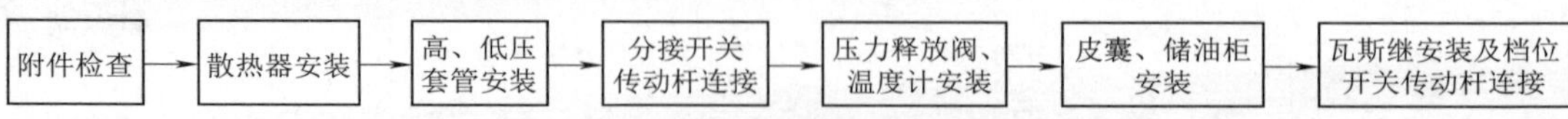

图10.2.7 所用变压器附件安装工艺流程图

5. 施工要求

(1)外观检测

1)瓦斯继、变压器本体油、补充新油送检并合格,温度计、压力释放阀检测并合格。

2)检查散热器、皮囊的密封性能,并确认密封可靠。

3)安装工具准备及用于提升吊装的机械必须检查锁紧性能。

4)用于补充的新油要准备充足。

5)注油使用的油泵、发电机性能可靠。

(2)散热器安装

1)检查并确认变压器上与散热器连接的阀门在关闭位置。

2)拆除变压器上散热器连接口上的运输用钢板法兰,并用白布擦拭干净。

3)拆除散热器连接口的运输用钢板法兰并擦拭干净。

4)起吊散热器,更换密封垫,对准连接口,紧固连接螺栓,打开阀门,检查接口密封情况。

(3)高、低压套管安装

1)打开变压器本体上安装套管的运输钢板法兰,擦拭安装口。

2)起吊套管并擦拭安装在变压器本体内区域。

3)更换密封垫。

4)连接线圈引出线,检查并确认连接可靠、紧密。

5)装配套管及紧固套管。

(4)压力释放阀、温度计安装

1)打开变压器本体上安装套管的运输钢板法兰,擦拭安装口。

2)更换密封垫。

3)装配压力释放阀,紧固螺栓。

4)打开安装温度计探头安装孔的盖子,探头安装管内注满变压油,插入探头,拧紧探头。

(5)皮囊及储油柜安装

1)打开储油柜的安装口法兰,把皮囊平整的放入储油柜。

2)更换密封垫并装回法兰,安装油位计。

3)安装储油柜顶部法兰,连接呼吸器管道。

4)安装呼吸器,呼吸器积油杯内的油面需淹没装硅胶的杯口约 5～10 mm。

(6)瓦斯继安装及档位开关传动杆连接

1)瓦斯继安装前必须确认方向,瓦斯继上的箭头必须指向储油柜,严禁反向,另外要拆掉临时绑扎动作油杯上的线绳。

2)更换密封垫并紧固连接螺栓。

3)档位开关传动杆连接完成后要在控制箱内用手柄测试,挡位的切换应灵敏可靠,显示应准确。

6. 劳动组织

(1)劳动力组织方式:采用架子队组织模式。

(2)作业人员数量应根据施工条件、工期要求进行合理配置,见表 10.2.7-1。

表 10.2.7-1 所用变附件安装人员及机械配置

序 号	工 种	人 数	主要职责
1	架子队长	1	架子队综合管理
2	架子队技术主管	1	架子队技术管理
3	技术员	1	现场施工技术管理
4	安全员	1	现场施工安全管理
5	质量员	1	现场施工质量管理
6	材料员	1	现场施工材料管理
7	试验员	1	试验管理
8	工班长	1	工班施工管理
9	领工员	1	带 工
10	电气安装工	10	附件安装、开箱检查
11	机械设备员	1	提升设备管理

7. 材料要求

(1)用于擦拭附件与变压器接口处的白布、毛巾等必须要干净、干燥,防止潮气进入变压器本体或附件内部。

(2)临时放置附件的木板要干净、干燥,表面不得有铁钉类似物,避免损坏附件。

8. 设备机具配置

现场具体投入的机械设备见表 10.2.7-2。

表 10.2.7-2 机械设备投入表

序 号	设备名称	规格型号	数 量	备 注
1	提升机械	3T	1	提升机械
2	注油泵	40LG12-15×3	1	
3	发电机	YT6500DC	1	
4	扳手	16-18 型	5	紧固螺丝
5	钳子	尖嘴钳	3	
6	螺丝刀	花口	4	紧固螺丝

9. 质量控制及检验

(1)质量控制

1)瓦斯继、变压油在进行附件安装前必须要送检,并检测合格方能使用。

2)温度计、压力释放阀安装前应进行测试。

3)皮囊、散热器安装前应进行密封测试并符合产品要求。

4)所有连接口密封垫需更换厂家提供的新密封垫。

5)所有连接螺栓需全部检查,不得有松动。

6)所有放气阀必须全部进行逐级放气。

(2)质量检验

1)检查连接口密封情况,确保无渗油。

2)严格按照施工图要求尺寸在基础上进行划线定位。

10.安全及环保要求

(1)安全要求

1)严格按照所用变压器附件安装作业指导书进行安装。

2)在变压器顶部作业人员注意变压器底部边沿,避免踏空。

3)附件起吊安装需专人指挥,避免出现碰撞碰伤作业人员或损坏设备,特别是高、低压套管这样的瓷件,严禁碰撞。

4)安装完毕清点工具,避免遗失在变压器本体内。

(2)环保要求

1)所用变压器附件安装会出现部分废油,作业时应随时注意收集,附件安装完成后把废油、擦拭抹布统一收集处理,不得污染环境。

2)施工完成清理工具、材料出场,做到工完料净场地清。

10.2.8 电气设备安装工程所用变压器检查施工作业指导书

1. 适用范围

适用于杭州至海宁城际铁路电气设备安装工程所用变压器检查施工。

2. 作业准备

(1)外业准备

1)准备登高用的梯子,擦拭用的抹布及钢卷尺等。

2)准备万用表、兆欧表、刀等工具。

3)准备施工图及厂家使用说明书。

(2)内业准备

1)开工前组织技术人员认真学习施工组织设计,逐级向施工人员进行技术、操作、安全、环保交底,确保施工过程的工程质量、环境保护和人身安全。

2)进行设备开箱(进场)检查。

3. 技术要求

(1)准备施工图并熟悉施工图要求。

(2)准备厂家说明书并清楚内容。

(3)清楚规范要求。

4. 施工程序与工艺流程

工艺流程如图 10.2.8 所示。

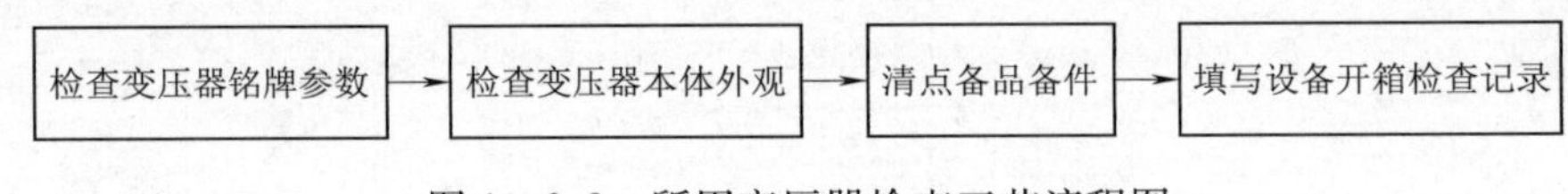

图 10.2.8　所用变压器检查工艺流程图

5. 施工要求

(1)参照施工图的要求,核对变压器上铭牌参数,铭牌显示的参数要与施工图要求完全一致。

(2)变压器外观完好,不得有变形,有局部掉漆的地方,擦拭干净后使用厂家配制的油漆进行补漆。

(3)检查各接口处,看看有无渗油现象,如有渗油,用扳手检查连接螺栓是否松动,如现场无法解决,应通知厂家尽快处理。

(4)用扳手检查接口连接螺栓的紧固情况。

(5)参照所用变压器安装使用说明书,检查所用变压器二次接线是否正确,接线是否牢固。

6. 劳动组织

(1)劳动力组织方式:采用架子队组织模式。

(2)作业人员数量应根据施工条件、工期要求进行合理配置,见表10.2.8-1。

表10.2.8-1　所用变压器检查作业人员配置表

序　号	工　种	人　数	主要职责
1	架子队长	1	架子队综合管理
2	架子队技术主管	1	架子队技术管理
3	技术员	1	现场施工技术管理
4	安全员	1	现场施工安全管理
5	质量员	1	现场施工质量管理
6	材料员	1	现场施工材料管理
7	试验员	1	试验管理
8	工班长	1	工班施工管理
9	领工员	1	带工
10	电气安装工	3	安装、调试

7. 材料要求

无材料要求。

8. 设备机具配置

施工机械及工艺设备主要有万用表、兆欧表、扳手、钳子、螺丝刀。现场具体投入的机械设备见表10.2.8-2。

表10.2.8-2　机械设备投入表

序　号	设备名称	数　量	备　注
1	万用表	1	
2	兆欧表	1	500 V

9. 质量控制及检验

(1)质量控制

1)严格按照施工图要求核对铭牌参数。

2)仔细检查变压器所有接口连接,保证接口密封、牢固。

(2)质量检验

1)核对变压器二次接线,确保接线正确、牢固。

2)认真填写检查记录,及时反馈、处理检查问题。

10.安全及环保要求

(1)安全要求

1)在变压器顶部检查时注意变压器边沿,避免踏空摔伤。

2)变压器的所有连接螺栓要全部检查,不能有松动情况。

3)变压器的二次配线要仔细核对,认真检查,不能有错接、松动现象。

(2)环保要求

1)所用变压器检查不会对环境、社会造成影响,也不会对空气产生污染,主要是施工完毕及时清理垃圾。

2)施工完成清理工具、材料出场,做到工完料净场地清。

10.3 110 kV 封闭式组启电器

10.3.1 机电工程避雷器安装施工作业指导书

1. 适用范围

适用于杭海城际铁路工程电气设备安装避雷器安装施工。

2. 作业准备

(1)外业准备

1)检查登高的工具,工具应牢固稳定。

2)准备安装的工具,如扳手、钳子、螺丝刀等。

3)准备检查的工具,如万用表、兆欧表等。

4)开箱检查电流互感器、避雷器外观,开关外观应完好。

5)清点安装的铁配件、紧固件等,应齐全。

(2)内业准备

1)开工前组织技术人员认真学习施工组织设计。逐级向施工人员进行技术、操作、安全、环保交底,确保施工过程的工程质量、环境保护和人身安全。

2)掌握施工图及设备安装使用说明书相关要求。

3. 技术要求

(1)核对电流互感器上铭牌,应与施工图要求的型号规格一致。

(2)核对避雷器上铭牌,应与施工图要求的型号规格一致。

(3)使用万用表检测电流互感器二次线圈,不得有开路现象。

(4)使用兆欧表检测避雷器绝缘电阻,应符合产品说明书的要求。

4. 施工程序与工艺流程

(1)施工程序

作业准备→开箱检查→铁配件安装→电流互感器二次线圈检测→电流互感器安装→避雷器绝缘电阻测试→避雷器安装→放电计数器安装→放电计数器与避雷器连接→填写安装记录。

(2)工艺流程

工艺流程如图 10.3.1 所示。

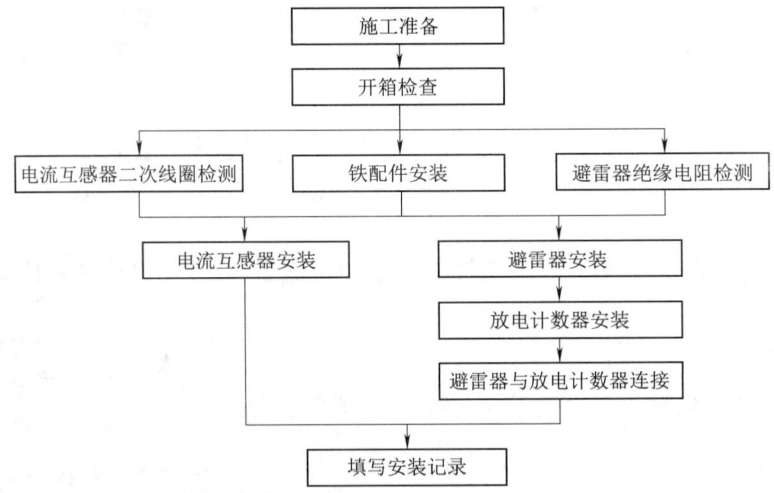

图 10.3.1　中心点电流互感器、避雷器安装工艺流程图

5. 施工要求

(1)开箱检查

1)检查登高工具,装备安装使用及检查的工具。

2)清点铁配件,应符合安装要求。

3)与监理工程师一起进行设备开箱检查,电流互感器、避雷器外观应完好,配件应齐全,填写设备开箱检查记录。

(2)施工工艺

1)电流互感器安装

①电流互感器安装应垂直地面,固定应牢固。

②电流互感器安装后铭牌要在设备巡视道路侧。

2)避雷器及放电计数器安装

①避雷器安装应垂直地面,固定应牢固。

②避雷器安装后铭牌要在设备巡视道路侧。

③放电计数器应安装在巡视道路侧。

④避雷器与放电计数器的连接应紧密、可靠。

6. 劳动组织

(1)劳动力组织方式:采用架子队组织模式。

(2)作业人员数量应根据施工条件、工期要求进行合理配置,见表 10.3.1。

表 10.3.1　作业人员配置表

序　号	工　种	人　数	主要职责
1	架子队长	1	架子队综合管理
2	架子队技术主管	1	架子队技术管理

续上表

序　号	工　种	人　数	主要职责
3	技术员	1	现场施工技术管理
4	安全员	1	现场施工安全管理
5	质量员	1	现场施工质量管理
6	材料员	1	现场施工材料管理
7	试验员	1	试验管理
8	工班长	1	工班施工管理
9	领工员	1	带工
10	电气安装工	3～5	安装施工
11	工人	3	管材倒运、排管

7. 材料要求

(1)铁配件外观完好,无变形,尺寸符合要求。

(2)紧固件完好,无滑扣,垫片齐全。

8. 设备机具配置

中心点电流互感器及避雷器安装不需要使用机械。

9. 质量控制及检验

(1)质量控制

1)避雷器安装前,经绝缘试验检测合格,且与出厂试验报告没有明显变化。

2)避雷器的安装应垂直、固定牢靠;均压环应水平,放电计数器应密封良好、动作可靠。

3)避雷器各单元节间接触紧密、密封,均压环、放电计数器安装位置符合规定,工作接地与保护接地分别与主接地网连接。

(2)质量检验

1)当避雷器带有隔离间隙电极时,隔离间隙应安装牢固,间隙的距离应符合产品或设计规定。

2)三相并列安装的避雷器,其中心线应位于同一垂直平面内;铭牌及放电计数器应位于便于观察的同一侧。

3)避雷针节与节之间的连接应牢固,当采用电焊连接时,焊缝不得有裂隙、气孔及假焊等缺陷,节间应附焊不少于两根加强钢筋,加强钢筋的直径不得小于下节避雷针主筋直径,当采用螺栓连接时,紧固件应齐全,紧固应牢靠,节间应加焊接地跨接钢筋。

10. 安全及环保要求

(1)安全要求

1)登高作业人员登高前仔细检查工具的牢固、稳定性,不能满足使用要求的杜绝使用。

2)进入施工现场的人员必须严格遵守施工现场安全管理规定要求,戴安全帽,非施工人员不准进入施工现场,上级来人及参观人员进入施工现场须有安全员引导。

3)使用喷灯时,应清理干净周围的易燃物品,以防火灾。

(2)环保要求

1)本施工工序不会产生废气、废水、废油,施工作业不会对环境产生影响。

2)施工结束后清理现场,做到文明施工。

10.3.2 机电工程二次回路检查接线施工作业指导书

1. 适用范围

适用于杭海城际铁路工程电气设备安装二次回路检查接线施工。

2. 作业准备

(1)外业准备

二次回路接线检查的上道工序已完成并经监理验收,具备二次回路检查接线施工。

(2)内业准备

1)已完成二次回路检查接线技术交底。

2)准备二次回路接线图纸。

3. 技术要求

(1)二次回路结线应该按图施工,接线正确。

(2)导线与电气元件间采用螺栓连接、插接或者压接等,均应牢固可靠。

(3)盘柜内的导线不应有接头,导线芯应无损伤。

(4)电缆芯线和所配导线均应标明其回路编号,编号应正确,字迹清晰且不易脱色。

(5)对于螺栓连接端子,须将剥除绝缘的芯线弯圈,弯圈的方向为顺时针,弯圈的大小和螺栓的大小相符,弯曲半径不能大于平垫半径;对于插接线端子,可直接将剥除绝缘的芯线插入端子,并紧固螺栓。

(6)每个接线端子每侧宜接一根线,不得超过两根,不同截面芯线不允许接在同一接线端子上。

4. 施工程序与工艺流程

工艺流程如图 10.3.2 所示。

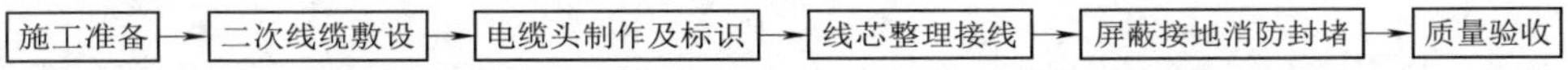

施工准备 → 二次线缆敷设 → 电缆头制作及标识 → 线芯整理接线 → 屏蔽接地消防封堵 → 质量验收

图 10.3.2 二次电缆敷设及接线工艺流程图

5. 施工要求

(1)按图纸接线完成后应核对接线图纸,并按设计要求补充接入柜内配线,配线也应做到工艺美观、接入可靠,同样应满足以上各点所列要求。对设计有要求拆除厂家接线的,应按要求拆除,拆除前要确认并对线,拆除完成后应再次检验,确保拆线正确。

(2)再次核对接线图纸,确认电缆接线及屏柜内配线、拆线完成后,可对所有线芯适当调整,尽量做到面平边直以求美观,还应对厂家接线进行整理,使其与本盘柜施工工艺相符,并紧固所有厂家电气元件的螺钉。

(3)备用芯留有适当的余量,可以剪成同一长度,长度应能达到端子排的最终位置,统一垂直或者弯曲,注意线芯切口不得碰及设备或者端子,对备用芯线逐一套入标有备用线芯所在电缆编号的号码管。

6. 劳动组织

(1)劳动力组织方式:采用架子队组织模式。

(2)作业人员数量应根据施工条件、工期要求进行合理配置,见表 10.3.2。

表 10.3.2　人员配置表

序　号	工　种	人　数	主要职责
1	架子队长	1	架子队综合管理
2	架子队技术主管	1	架子队技术管理
3	技术员	1	现场施工技术管理
4	安全员	1	现场施工安全管理
5	质量员	1	现场施工质量管理
6	材料员	1	现场施工材料管理
7	试验员	1	试验管理
8	工班长	1	工班施工管理
9	领工员	1	带　工
10	现场带班人员	1	带班、施工盯控、应急情况处理

7. 材料要求

(1)接线所有用到的原材料必须具有相应的合格证明,如果需要送检的,要及时对材料进行送检合格后方可使用。

(2)接线所用材料到场后由材料员进行清点入库,统一管理,防止不合格的材料进入下一道工序。

8. 设备机具配置

螺丝刀,斜口钳,胶卷,电工刀。

9. 质量控制及检验

(1)质量控制

1)施工前,进行施工工艺培训、施工技术交底,熟悉施工图,保证施工质量符合设计及规范要求。

2)原材料进场后按照施工图要求进行自检,自检合格后报监理工程师验收,经监理工程师验收合格后方能使用。

(2)质量检验

1)采用线槽或线把布线的二次回路接线固定牢靠,排列整齐;回路编号字迹正确、清晰,印制牢固、不易脱色。

2)二次回路接线不应有接头,每个接线端子的一侧接线不得超过 2 根;回路编号字迹正确、清晰,印制牢固、不易脱色。

10. 安全及环保要求

(1)安全要求

1)配备合格的安全防护用品(用具)。

2)进入现场施工人员戴安全帽,并正确使用个人安全防护用品。

3)高处作业人员必须使用全方位防冲击安全带。

4)施工过程做好安全检查及安全监护工作。

(2)环保要求

1)在施工的过程中,原材料的运输及堆放,尽量减少占地面积,避免造成不必要的环境破坏。

2)固体废弃物应按要求分类存放和标识,不可将废弃物随意乱扔、堆放、混放。

3)施工现场应遵循"随做随清、谁做谁清、工完料净场地清"原则,施工现场应指定区域存放,建立相应的垃圾存放地点,并加以封闭。由指定人员负责将废弃物运输、回收、处理。

4)对施工机械、车辆(起重机械、进出场车辆等)的工作噪声进行控制,减少对附近居民的影响。

10.3.3　机电工程封闭式组合电器本体检查安装施工作业指导书

1. 适用范围

适用于杭海城际铁路工程机电工程封闭式组合电器本体检查安装施工。

2. 作业准备

(1)外业准备

1)封闭式组合电气本体上道工序已完成,具备封闭式组合电气安装条件。

2)设备运输路径符合施工条件。

(2)内业准备

1)已完成对封闭式组合电气本体检查安装施工技术交底。

2)准备检查组合电气本体施工图纸及供应商提供的安装说明书。

3. 技术要求

(1)确定安装最先就位单元,一般先装主母线,并以中间间隔主母线为基准,且该主母线就位时应略微垫高,垫高高度应保证该主母线底架下部的基准面高出 GIS 地坪所测诸标高点的最高点的 2～5 mm,以基准主母线为中心,依次连接其他间隔的主母线。

(2)用经纬仪测量全部主母线标高,并检查主母线安装质量,要求各主母线的上接口均应保持在同一水平面上,否则应用垫片调整。

(3)主母线调整完毕后,按 GIS 总体布置图要求,各间隔以主母线为基准,分别安装 GIS 设备单元,其顺序为先里后外。

(4)CT 单元安装时,应注意检查极性。

(5)为缩短工期,各作业可交叉进行,但应注意充气时应在组装好两个以上气室时才允许第一次充气。

(6)全部组装和充好 SF6 气体后才可以进行现场试验,应注意 GIS 抽真空但未充气时,设备处于亚真空状态,绝缘性能较差,不得测量主回路电阻,以免引起盆式绝缘子沿面放电。

(7)现场试验完毕后,应将各气室 SF6 气压补偿至额定标压,同时应将各密度继电器、压力开关、安全阀整定至额定位置。

(8)电器连接应可靠,且接触良好。

(9)GIS 及其传动机构的联动应正常,无卡阻现象;分、合闸指示正确,辅助开关及电气闭锁应动作正确可靠。

(10)支架及接地线引线应无锈蚀和损伤,接地应良好。

(11)密度继电器的报警、闭锁定值应符合规定,电气回路传动正确。

(12)SF6 气体泄漏率和含水率应符合规范规定。

(13)油漆应完整,相色标志正确。

(14)各种表计、继电器、指示标志、信号灯按钮均处于正常位置,动作正常。

4. 施工程序与工艺流程

施工程序与工艺流程如图 10.3.3 所示。

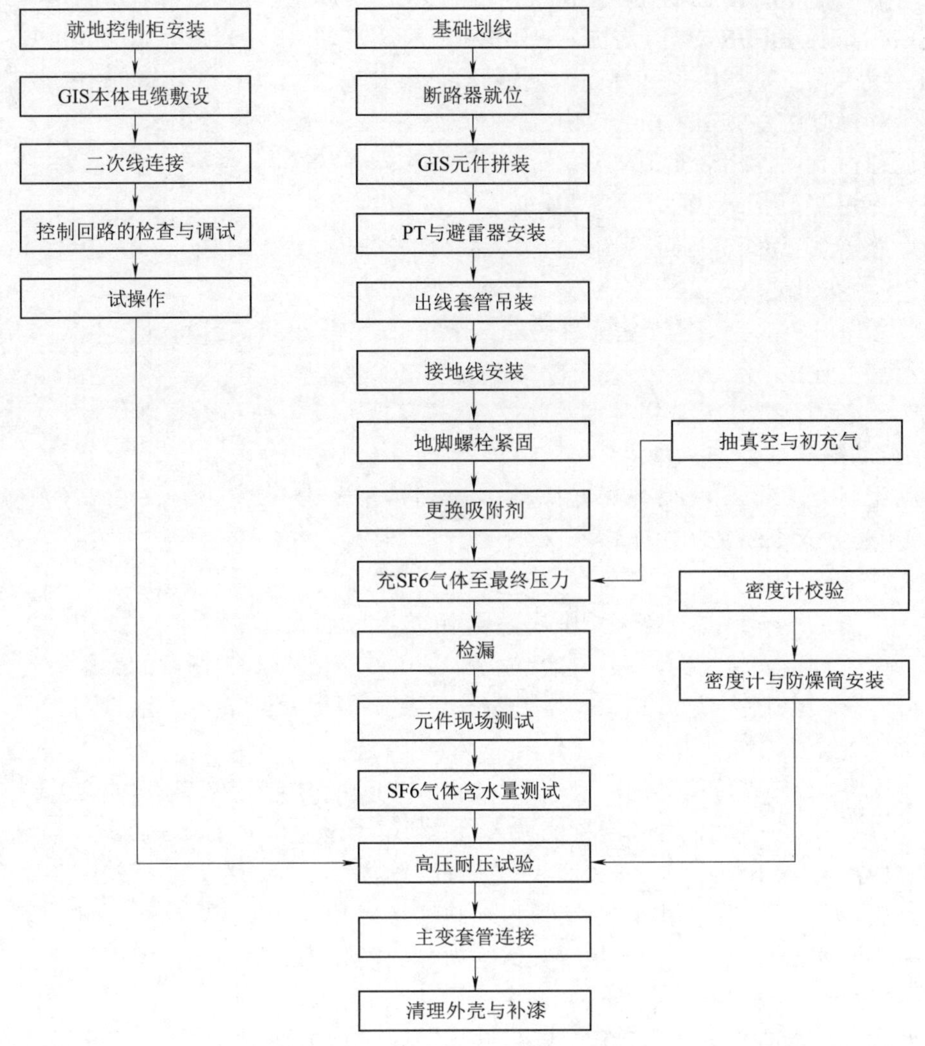

图 10.3.3　电气设备安装工艺流程图

5. 施工要求

(1)基础划线

1)在划线前应将地坪基础清洗干净,划线时所用的经纬仪、钢尺等应经计量检验合格,不得使用皮带尺划线。

2)以第一个就位间隔 GIS 单元中相中心线划线为基准,GIS 各组中相 x、y 轴线与 GIS 室 x、y 轴线间误差不得大于 5 mm;本组各相的 x、y 轴线误差不得大于 1 mm。

(2)断路器就位

1)在断路器的端盖和操作机构端找出 x、z 轴线,将断路器吊到该相的中心位置,大致对正地坪所划的中心线。

2)在各组的中相断路器端盖和操作机构端的 y 轴上吊好线垂,测量各线垂之间的距离,其误差不得大于 10 mm,并做好记录。

3)在各组的中相断路器端盖和操作机构端的 z 轴上,固定一根短的钢板尺,用经纬仪测量它们之间的标高误差应在 5 mm 之内,否则应用垫片调整,并做好记录。

4)当各组中相 y 轴线距离和标高调整好后,各组其他相均以中相为基准进行调整,各相 y 轴之间误差和标高误差应在 1 mm 以内。

5)将经纬仪放在各相端盖距离 a 之处,测量各相端盖的距离,各项尺寸 a、b、c 之间误差应不大于 5 mm,并做好记录。

6)对断路器垂直度、标高进行调整,并将地脚螺栓紧固,力矩按照厂家规定。

(3)GIS 元件的拼装

1)GIS 元件拼装前要用抹布将元件表面抹干净;安装前才能将运输盖松掉。

2)进行法兰连接

①密封圈必须存放在无尘和避光的地方,拆开后检查其表面是否有刮伤、裂纹、毛边和杂物,并用手拉动测试是否失去弹性。

②在作密封处理前要仔细检查密封槽和法兰面是否光洁,有无伤痕,对轻微伤痕可用细砂纸打磨,并用蘸有无水酒精的白布擦净;擦净密封圈,对大尺寸的密封圈应挽成三道圈擦拭,避免擦拭的拉伸变形。

③对于原来的旧密封圈应整理集中放置,不允许继续使用。

④将旧密封放入密封槽内,然后再露空一侧均匀涂上密封剂,并薄薄的涂匀涂到气室外侧法兰面上,涂好密封剂后应立即接口或盖封板。注意不得使密封剂流入密封圈内侧,从涂密封剂到紧固螺栓全部拧紧为止,宜在 1 h 内完成。

⑤法兰合龙前,检查母线筒内应清洁、无杂物,办理隐蔽签证手续后,方能合龙。

⑥法兰连接前,先将四根导销对称的插入法兰孔中,导销应能全部长度自如插入,无卡阻现象;如发现导销插入困难,表明法兰面未对平,此时应使法兰左、右,上、下动一下,将法兰面对平,使导销自如的插入法兰孔中,然后慢慢地将法兰靠拢,在与导销对称的四个螺孔中插入螺栓,用手相间地拧紧,然后用力距扳手紧固。螺栓的紧固力矩值按照厂家规定。

(4)母线安装

1)母线表面的检查与处理:打开母线安装,检查表面有无氧化物、划痕、凹凸不平,可采用细砂纸将其擦去。较大的凹凸采用小号三角刮刀将凸出部分轻轻刮去,然后用细砂纸打磨光滑,最后用沾有无水酒精的棉白布抹去表面的氧化膜和油污。

2)母线两端条状触指检查:检查条状触指是否有生锈、腐蚀、划痕等,可采用细砂纸打磨光滑,并用薄尼龙片清理触指间、槽中的污物,最后用沾有无水酒精的棉白布洗净触指内部,并用吸尘器吸去内部粉屑之类的杂物,在触指上均匀地涂抹一层薄导电脂,将已处理好的母线两端用塑料薄膜包扎起来。

3)卸去母线筒一端的运输罩,用一块包有塑料薄膜的木板垫在母线筒的下面,木板绑好尼龙绳。起吊这段母线筒,与已安装好的元件进行连接。

4)为避免母线筒相撞损伤法兰面,应慢慢靠拢,当法兰将近合龙时,拉着尼龙绳将木板取出来。装好这一端后,再拆卸另一端的运输罩,按上述方法进行母线安装。

5)触头、母线筒、法兰表面的检查处理工艺

①检查母线筒内、法兰、触头座里是否有杂物、铁屑、划痕、凹凸不平和油污。用吸尘器清理母线筒、触头座、盆形绝缘子、法兰的"O"形槽，将铁屑、灰尘、杂物清除干净。

②用沾有无水酒精的棉白布清洗母线筒内部和法兰，清洗盆形绝缘子时应戴塑料薄膜手套。

③在元件连接前，用手电筒全面检查元件内部，确认没有任何杂物和不清洁的地方，方可合龙法兰；如果元件清理完后不立即合龙安装，管口应用清洁的塑料薄膜包扎严密，以防污染。

④母线导电触头在固定前，应在螺孔内滴上少许防松防锈胶水。

(5)套管的吊装

1)将套管法兰的吊耳用四根尼龙绳挂在行车或龙门架的吊钩上，在吊钩处加一只 2T 链条葫芦，套管下端用尼龙绳挂在链条葫芦上。

2)开始将套管水平吊起离地约 1 m，慢慢地松链条葫芦，使套管倾斜，当链条葫芦松到套管离地 10 cm 时停止，再用行车或龙门架上升 1 m，链条葫芦再松，如此反复操作，直到套管与地面的夹角跟套管与组合电器上的连接法兰角度相宜为止。挂在行车或龙门架上的四根尼龙绳要有足够的长度，其夹隙之间能够穿过套管的上节。

3)卸下套管尾部的保护罩，将套管吊起清理套管的盆式绝缘子和导电触头，然后将套管的触头对准母线筒上的触头座，移动套管支架，使其螺孔正对套管支座的螺孔，用螺栓固定，最后用力矩扳手紧固支持座的螺栓。

4)吊装套管时法兰连接进行相关的清洗、密封，螺栓紧固力矩值应符合厂家规定。

(6)吸附剂的更换

1)在抽真空前，必须对现场安装的气室进行吸附剂更换。

2)吸附剂更换不能在雨水和相对湿度大于 80%的情况下进行，吸附剂从包装箱中取出到装入产品的时间不应超过 2 h，更换后应尽快进行抽真空。

3)装吸附剂的孔的密封及清洁工艺与法兰连接的工艺相同。

(7)抽真空和初充气

1)将安装完的密封段气室及时抽真空和充气的目的，是为了防止水分进入 GIS 内部；由于 GIS 内外之间存在着水蒸气压力差，因此充入 GIS 内部的气体压力不能太低。同时考虑到盆形绝缘子单侧受压能力不高，为此初充气的压力一般为额定压力的一半。

2)抽真空时间和真空度

抽真空时间：断路器室 8～12 h，其他气室 6～8 h。

真空度：在 133 Pa 以下保持 4 h，如真空度无变化，即可充入合格的 SF6 气体；若有明显变化，则应重复抽真空，若真空度仍改变，则应找出泄漏点并进行处理。

3)抽真空与初充气的操作。

充气前先抽真空，将所有的阀门关闭，取下过滤器，将管道与 GIS 气室连通，启动真空泵，打开阀门，对气室抽真空；当抽至 133Pa 以下后关闭所有阀门，保持真空 4 h，真空度不下降，即可向气室充入合格的 SF6 气体，当气室压力达到额定压力的一半时，停止初充气。采用真空泵抽真空时，必须在管路上加装一个控制阀；开始抽真空时，应先开机，然后打开控制阀抽 5 min后，再打开气室阀门；停机时，应先关控制阀再关闭气室阀门，以防止真空泵突然停止或因无操作引起真空泵中的润滑油倒灌。

(8)接地线的安装

1)GIS的接地与一般常规高压电气设备不同,对于离相式的GIS外壳上有感应电压存在,并有感应电流通过。如果接地不良,将危及人身安全,引起钢支架发热,干扰二次回路等。为此必须严格按照厂家和设计图纸进行。

2)凡在法兰连接处,均应连接接地跨条,以保证整个回路的连接可靠性。

3)将跨条两端和母线外壳上的接地端子表面用不锈钢钢丝刷干净,然后涂上一层电力脂,用螺栓紧固,紧固力矩值按厂家提供的数值。

4)所有的就地控制柜均有专门的接地线与主接地网连接,接地线截面应符合厂家或设计图纸的要求。

(9)电缆敷设与二次接线

1)检查电缆数量和规格是否符合设计要求,运输过程中电缆是否受损。

2)电缆施放前,应将电缆支架、槽板按最短距离固定好。电缆在槽内走,每隔1 m固定一处。

3)用剥线钳将线芯的绝缘层剥去,其剥离长度刚好等于接线端子的插入深度。芯线和接地端子连接应牢靠。柜内电缆备用芯要预留一定长度。接线应排列整齐,不能交叉。二次线不允许中间有接头。

4)螺丝应全部复查拧紧,不能有松动。

(10)GIS的交接试验

测量主回路的导电电阻、主回路耐压试验、密封性能试验、测量SF6气体微水含量、GIS内各元件的试验、GIS的操动试验、气体密度继电器、压力表和压力动作阀的校验。

6.劳动组织

(1)劳动力组织方式:采用架子队组织模式。

(2)作业人员数量应根据施工条件、工期要求进行合理配置,见表10.3.3。

表10.3.3 人员配置建议表

序 号	工 种	人 数	主要职责
1	架子队长	1	架子队综合管理
2	架子队技术主管	1	架子队技术管理
3	技术员	1	现场施工技术管理
4	安全员	1	现场施工安全管理
5	质量员	1	现场施工质量管理
6	材料员	1	现场施工材料管理
7	试验员	1	试验管理
8	工班长	1	工班施工管理
9	领工员	1	带工
10	现场带班人员	1	带班、施工盯控、应急情况处理
11	工人	5~8	施工

7. 材料要求

(1)在设备到场后,对设备进行开箱验收,对其不合格或损坏的设备或材料进行替换,保证设备和材料的完好性。对其附带的资料进行签认。

(2)一次性消耗材料符合常规材料使用要求及设计要求。

8. 设备机具配置

设备机具按具体施工配备。

9. 质量控制及检验

(1)质量控制

1)施工前,进行施工工艺培训、施工技术交底,熟悉施工图,保证施工质量符合设计及规范要求。

2)原材料进场后按照施工图要求进行自检,自检合格后报监理工程师验收,经监理工程师验收合格方能使用。

(2)质量检验

1)设备到达现场应进行检查,设备无锈蚀和机械损伤,其规格、型号、质量符合设计规定和相关产品标准的规定。

2)设备上安装的元、器件固定牢靠;所有电器的功能标签齐全,规格一致。

10. 安全及环保要求

(1)安全要求

1)设备安装前须对其外观功能进行检查合格。

2)设备运输过程中应注意防尘控制,运输车辆禁止带泥上路。

3)安装过程产生的废弃材料不能随地乱扔,必须集中统一处理。

4)设备进行安装运输时应做好防护措施,合理安排人员。

(2)环保要求

1)在施工的过程中,原材料的运输及堆放,尽量减少占地面积,避免造成不必要的环境破坏。

2)固体废弃物应按要求分类存放和标识,不可将废弃物随意乱扔、堆放、混放。

3)施工现场应遵循"随做随清、谁做谁清、工完料净场地清"原则,施工现场应指定区域存放,建立相应的垃圾存放地点,并加以封闭。由指定人员负责将废弃物运输、回收、处理。

4)对施工机械、车辆(起重机械、进出场车辆等)的工作噪声进行控制,减少对附近居民的影响。

10.3.4 机电工程基础检查及设备支架安装施工作业指导书

1. 适用范围

适用于杭海城际铁路工程机电电气设备安装工程基础检查及设备支架安装施工。

2. 作业准备

(1)外业准备

1)检查登高的工具,工具应牢固稳定。

2)准备安装的工具,如扳手、钳子、螺丝刀等。

3)准备检查的工具,如万用表、兆欧表等。

4)开箱检查电流互感器、避雷器外观,开关外观应完好。

5)清点安装的铁配件、紧固件等,应齐全。

(2)内业准备

1)施工前,对准备进入施工现场的人员进行技术安全教育,结合施工特点做好安全技术交底,配备好安全防护用品。

2)对操作电焊的特殊工种,需经培训并考核,合格后方能上岗作业。

3)对于进场参与施工的人员,应配备齐全的劳动保护用品,避免施工造成伤害。

3. 技术要求

预埋件安装的允许偏差应符合设计及《杭海城际铁路工程供电系统施工质量验收标准》(QB/HHCJGD—2018—10)的要求。

4. 施工程序与工艺流程

施工程序与工艺流程如图 10.3.4 所示。

图 10.3.4 基础检查及设备支架安装工艺流程图

5. 施工要求

(1)预埋件安装

设备基础预埋件施工前应对预留的设备安装孔洞进行调查,调查时应参考电气安装施工图复核孔洞数量、尺寸等数据;同时还需与装饰装修、动力照明等专业对接室内装修层厚度,管线预埋路径,避免装修层厚度不满足基础槽钢预埋要求,及管线路径与基础槽钢安装位置冲突。

预埋件到达施工现场后,及时向监理工程师进行材料进场报验工作,进场材料向监理工程师报验完成后,组织人员根据施工图所示的尺寸对预埋件进行复核,避免外形近似、尺寸相近的预埋件使用错误。

(2)预埋件固定

预埋件的固定按照施工图要求有两种固定方式,主变电所是预埋件钩钉预埋在混凝土层,牵引变电所和降压变电所是使用膨胀固定在主体楼板结构层。

主变电所预埋件固定因为与混凝土结构层同时施工,因此需要在进行混凝土施工时就要调整好预埋件的安装距离与预埋件顶面高度。

牵引变电所和降压变电所设备基础预埋件采用的是膨胀螺栓在结构层楼板固定方式,施工时应先把预埋件按施工图的要求放置到位,然后确定好膨胀螺栓的规定孔位,再挪开预埋件,进行钻孔并安装膨胀螺栓;膨胀螺栓全部安装完成后,再把预埋件的固定孔全部套进膨胀螺栓,然后再进行预埋件顶面高度的调整,误差应符合设计及规范要求。

6. 劳动组织

(1)劳动力组织方式:采用架子队组织模式。

(2)作业人员数量应根据施工条件、工期要求进行合理配置,见表 10.3.4-1。

表 10.3.4-1 人员配置建议表

序 号	工 种	人 数	主要职责
1	架子队长	1	架子队综合管理
2	架子队技术主管	1	架子队技术管理
3	技术员	1	现场施工技术管理
4	安全员	1	现场施工安全管理
5	质量员	1	现场施工质量管理
6	材料员	1	现场施工材料管理
7	试验员	1	试验管理
8	工班长	1	工班施工管理
9	领工员	1	带 工
10	现场带班人员	1	带班、施工盯控、应急情况处理
11	工 人	5～8	预埋件倒运、安装

7. 材料要求

无。

8. 设备机具配置

现场具体投入的机械设备见表 10.3.4-2。

表 10.3.4-2 机械设备投入表

序 号	设备名称	数 量	备 注
1	电焊机	1	
2	切割机	1	
3	电 锤	1	

续上表

序　号	设备名称	数　量	备　注
4	水准仪	1	
5	水平仪	1	
6	钢尺	4	
7	撬棍	4	

9.质量控制及检验

(1)质量控制

施工前,进行施工工艺培训、施工技术交底,熟悉施工图,保证施工质量符合设计及规范要求。

(2)质量检验

原材料进场后按照施工图要求进行自检,自检合格后报监理工程师验收,经监理工程师验收合格方后能使用。

10.安全及环保要求

(1)安全要求

1)设备基础预埋件安装和接地装置制安都是在室内进行,施工安全管理主要是施工用电和预留孔洞,为防止施工用电设备漏电伤人,配电箱供电必须采用“三相五线制”,配电箱接地端子就近进行重复接地,配电箱至用电设备电源线必须有接地专用的PE线;预埋件安装完成后必须对预留的孔洞进行遮盖防护,孔洞采用木板遮盖,防止过往人员掉入孔洞。

2)基础预埋件和接地装置施工都是在室内进行,不会对周边环境造成破坏,主要注意的是文明施工。

3)施工前应进行施工调查,并积极与相关专业进行对接,把专业施工接口问题梳理清楚,保证整个工程符合设计要求,满足规范规定。

4)施工过程中难免会出现交叉施工,因此施工前还需要与同时在设备安装房屋进行施工的专业沟通,尽量错开施工时间,避免出现干扰影响施工;施工中还要注意保护其他专业的已完工程,如施工过程中发生了损坏,应及时告诉相关专业现场负责人,并负责修复。同时也要注意对自己已完工程的保护,避免被其他专业因施工而出现不必要的损坏。

(2)环保要求

1)材料进场后要通知相关的施工专业,协商好合适的材料堆放点,材料堆放整齐,尽量减少堆放范围,不能因为自己施工方便而随意堆放。

2)施工结束后应清扫施工现场,把本专业当天施工造成的垃圾及时清理出现场,运送到指定的集中堆放点,做到“工完料净场地清”。

10.4　电气设备安装工程接地及回流敷设施工作业指导书

1. 适用范围

适用于杭州至海宁城际铁路机电电气设备安装工程接地及回流敷设施工。

2. 作业准备

(1)外业准备

1)场坪处理完成。

2)现场临时电源已具备施工条件。

(2)内业准备

1)已完成对接地及回流敷设施工技术交底。

2)开工前逐级向施工人员进行技术、操作、安全、环保交底,确保施工过程的工程质量、环境保护和人身安全。

3. 技术要求

(1)扁钢之间的连接采用搭接焊,焊缝长度为宽度的 2 倍,必须三个棱边满焊;圆钢搭接长度不少于圆钢直径的 6 倍,双侧焊接。

(2)焊缝不能有虚焊、假焊。

(3)桥架接地干线与接地网主干线连接不少于 2 处,桥架各层之间连接不少于 2 处。

(4)断接卡子应方便拆卸,固定螺栓不少于 2 个。

(5)铜排与干线扁钢、电缆的连接应涂导电脂。

(6)螺栓的拧紧力矩应符合相关要求。设备安装完成后,应及时将接地下引线与设备相连接,其布置应符合设计要求,与基础面紧贴,不得有明显弯曲;引下线与杆塔的连接螺栓必须拧紧。

4. 施工程序与工艺流程

(1)施工程序

施工准备→打孔安装→与干线连接。

(2)工艺流程

工艺流程如图 10.4 所示。

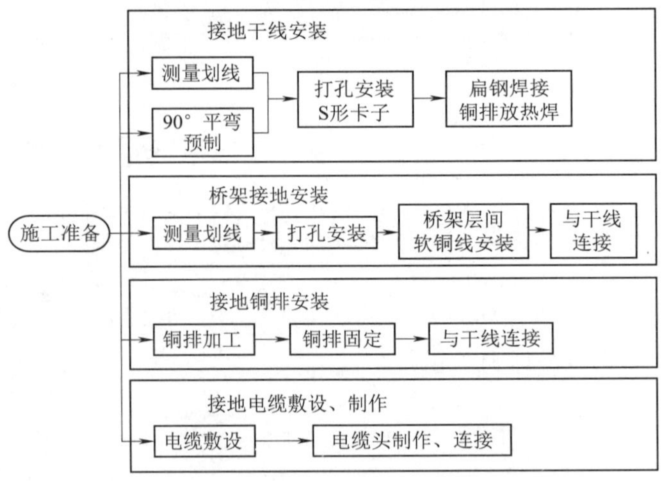

图 10.4 接地安装施工工艺流程图

5. 施工要求

(1)工机料具检查

1)根据设计图纸测量、复核接地网接地电阻。

2)根据施工图纸备齐施工用料及工机具。

3)将有弯曲的扁钢敲直,应用木锤,以防损伤镀锌层。

(2)接地干线安装

1)按设计要求的地线安装高度,用水准仪在墙上进行标记。

2)使用墨斗弹一条直线,根据接地干线固定卡子的间距在直线上进行标记。

3)按照施工图设计的方案把接地母线固定在墙上,然后刷黄绿相间的接地标志颜色。

4)断接卡子是地面上接地装置与地下接地网连接的专用卡子,主要作用是检测地下接地网完好性时能方便地断开,以免地上的接地装置影响地下接地网的检测。一般使用扁钢作为断线卡,断线卡的长度以接地母线的宽度为参考,断线卡与接地母线的搭接长度不得小于接地母线的宽度,断线卡两端分别钻 2 个 ϕ13 mm 的孔,用 4 个 M12 mm 的热镀锌螺栓固定,能方便地拆卸。

5)接地线除施工图要求设置断线卡的地方外,都采用焊接(钢质接地装置采用电焊,铜质接地装置采用热熔焊接),焊接的搭接长度为:扁钢为宽度的 2 倍,必须三个棱边满焊;圆钢为直径的 6 倍,双侧满焊。焊缝饱满,无虚焊、假焊,焊接后应及时清理焊缝,并涂防锈漆,外层油漆根据焊接处周围的颜色最后统一处理。

(3)桥架接地

1)桥架的接地一般采用扁钢,扁钢沿桥架立柱并贴地面敷设,两端与接地干线连接。

2)扁钢与扁钢之间的连接采用焊接,焊接要求与主干线相同。

3)桥架层间采用软铜线连接,全长不少于 2 处,软铜线截面积按照设计要求进行,无设计要求时,一般用 35 mm^2 软铜线或铜编织带。

(4)接地铜母线安装

1)根据施工图要求采购铜母线,采购的铜母线要求表面镀铬,按施工图的尺寸加工好铜母线，打磨毛边。

2)根据现场实际情况、电缆的弯曲半径、受力情况等确定接地铜母线的安装位置。

3)接地铜母线与接地干线的连接螺栓连接，接触面应涂一层电力脂。

(5)接地电缆敷设、制安

电缆头制作及连接：根据电缆芯线规格选用接线端子，接线端子压接一般不少于3次；电缆固定好后，涂一层导电脂，然后使用螺栓紧固。

6.劳动组织

(1)劳动力组织方式：采用架子队组织模式。

(2)作业人员数量应根据施工条件、工期要求进行合理配置，见表10.4。

表10.4　钻机作业人员配置表

序　号	工　种	人　数	主要职责
1	架子队长	1	架子队综合管理
2	架子队技术主管	1	架子队技术管理
3	技术员	1	现场施工技术管理
4	安全员	1	现场施工安全管理
5	质量员	1	现场施工质量管理
6	材料员	1	现场施工材料管理
7	试验员	1	试验管理
8	工班长	1	工班施工管理
9	领工员	1	带　工
10	电　工	2	操作、记录、维修
11	机械设备员	1	设备管理
12	施工员	1	技术管理

7.材料要求

(1)接地线

接地线引向建筑物的出口处应设置明显的接地标志符号，所有需要悬挂临时的地点均应设置接地螺栓或接线板。

(2)接地极和工器具

1)接地极的规格长度应符合设计要求，工器具需要检验合格后方可使用。

2)当接地体采用防腐设计时，材料的防腐类型及防腐层厚度应符合设计规定。

8.设备机具配置

施工机械及工艺设备主要有测量工具、铁锹等、运渣车。

9.质量控制及检验

(1)严格控制水平接地极的位置、垂直接地极的数量及埋深、焊接质量、搭接长度、接地电阻值。

(2)设备接地引下线、室内外预留接地端子等关键地点应进行接地导通测试。

(3)水气是影响熔接效果的最大因素,过多水分会使溶接头呈海绵状,有许多孔洞产生,甚至会造成铜水由注入孔反喷出来,所以正式熔接前必须采取有效措施驱除附着在熔模或被熔接物上的水气。对于首次使用模具或放置时间过长再次使用时,必须用喷灯对模具坩埚内烘干,祛除模具内水分。

(4)质量检验

1)视觉检查的质量等级可分为最佳、可接受、不可接受三种:

最佳连接:接头表面略光亮、平滑。

可接受连接:略有瑕疵,但不影响导电性能。

不可接受连接:熔接量严重不足或凸位经常性膨胀。

2)在正常情况下火泥熔接产生的接头是古铜色,偶尔顶部也可能有小量银色。

3)在初次使用焊模,或在焊模经过一段时间的使用以后,如发现焊模的开合面不能完全,应对焊模的模夹进行调整。

10.安全及环保要求

(1)安全要求

1)打接地极时应由两人配合作业,一人扶持,一人抡锤,且两人不得相对作业。

2)测量用的导线应使用绝缘导线,其端部应有绝缘套。测量电阻时,必须将被测系统与各方断开,并确实证明系统上无人工作方可进行,在测量中禁止他人接近。

3)熔接后的接头需平稳放置,待其完全冷却之后才可移动、弯折及与土壤、水分接触,以免突然热胀冷缩,发生开裂。

(2)环保要求

1)施工中废油、废水、废渣按指定地点排放,以避免污染空气和水源。不任意损坏农田和水利建设及交通设施。

2)焊渣应统一收集,集中处理。

10.5　全所电、光缆

10.5.1　机电工程电缆敷设施工作业指导书

1. 适用范围

适用于杭海城际铁路工程主变电所电气设备安装工程电缆敷设施工。

2. 作业准备

(1)外业准备

1)区间电缆支架已贯通,电缆桥支架安装完毕。

2)现场具备施工条件,有足够场地放置电缆盘,检测电缆盘米标,并对电缆打耐压绝缘。

3)现场临时电源、临时照明满足作业要求。

(2)内业准备

1)已完成对电缆敷设的技术交底。

2)准备电缆走向图。

3)电缆敷设前应按设计和实际路径计算每根电缆长度,合理安排每盘电缆,减少电缆接头。

3. 技术要求

(1)根据电缆长度和截面,选用的牵引绳长度比电缆长 30～50 m。牵引绳连接必须牢固。其连接点应选用防捻器。

(2)布放电缆滑轮,直线部分应每隔 2.5～3 m 设置直线滑轮,确保电缆不与地面摩擦,所有滑轮必须形成直线。弯曲部分采用转弯滑轮,并控制电缆弯曲半径和侧压力,电缆允许最小弯曲半径应符合规定。

(3)接头位置应选择在直线部分,与管口的距离应在 3 m 以上,应避免设置在道路交叉口、有车辆进出的建筑门口、电缆线路转弯处及地下管线密集处。

4. 施工程序与工艺流程

工艺流程如图 10.5.1 所示。

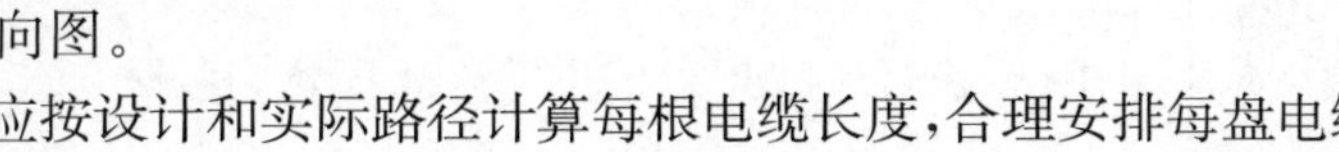

施工条件 → 施工准备 → 一般规定 → 敷设方式分解 → 质量验收

图 10.5.1　作业工艺流程图

5. 施工要求

(1)电缆盘就位可用起重机或人工将电缆盘放置指定位置,电缆在装卸的过程中,设专人负责统一指挥,指挥人员发出的指挥信号必须清晰、准确。

(2)采用吊车装卸时,装卸电缆盘孔中应有盘轴,起吊钢丝绳套在轴的两端,不应直接穿在盘孔中起吊。

(3)人工移动电缆盘前,应检查线盘是否牢固,电缆两端应固定,线圈不应松弛,电缆盘只允许短距离滚动,滚动时滚动方向必须与线盘上箭头指示方向一致。

(4)电缆敷设时,不应损坏电缆沟、隧道、电缆井和人井的防水层。

(5)电力电缆在终端头与接头附近宜留有备用长度。

(6)并联使用的电力电缆,如设计没要求时,其长度、型号、规格应相同。

(7)电缆敷设时,可用人力拉引或机械牵引,电缆应从电缆盘的上端引出,不应使电缆在支架上及地面摩擦拖拉。对于较重的电缆盘,应考虑加装电缆盘制动装置。电缆走动时,严禁用手搬动电缆及滑轮。

(8)敷设电缆时,机械敷设电缆速度不宜超过 15 m/min,并监测侧压力和拉力不超过允许强度。在较复杂的路径上敷设电缆时,其速度应适当放缓。机械敷设时应满足电缆最大允许牵引强度要求。

(9)电力电缆在切断后,应将端头立即做好防潮密封,以免水分侵入电缆内部。

(10)若电缆沟内并列敷设多条电缆,其中间接头位置应错开。其净距不应小于 0.5 m。

6. 劳动组织

(1)劳动力组织方式:采用架子队组织模式。

(2)作业人员数量应根据施工条件、工期要求进行合理配置,见表 10.5.1-1。

表 10.5.1-1 人员配置建议表

序 号	工 种	人 数	主要职责
1	架子队长	1	架子队综合管理
2	架子队技术主管	1	架子队技术管理
3	技术员	1	现场施工技术管理
4	安全员	1	现场施工安全管理
5	质量员	1	现场施工质量管理
6	材料员	1	现场施工材料管理
7	试验员	1	试验管理
8	工班长	1	工班施工管理
9	领工员	1	带工
10	现场带班人员	1	带班、施工盯控、应急情况处理
11	工人	25～30	电缆倒运、敷设

7. 材料要求

(1)核对电缆长度、出厂许可证等,应符合设计要求,检查电缆外观及电缆外护套应无损伤,并做好记录。

(2)资料与图纸审核及施工用工器具检查,使用电缆与设计图纸相符合,确认所有工器具合格。

(3)电缆在敷设前及敷设后均要对电缆外护套进行绝缘耐压试验,确认数据合格方可施工,电缆试验时温度不应低于+5 ℃,户外试验应在良好的天气进行;且空气相对湿度一般不高于80%。

8. 设备机具配置

设备机具配置见表10.5.1-2。

表10.5.1-2　工机具配置表

序　号	名　称	单　位	数　量	备　注
1	角磨机	台	1	
2	电缆套头	套	按需	
3	发电机	台	1	

9. 质量控制及检验

(1)质量控制

1)严格执行隐蔽工程签证制度,加强过程质量控制,努力提高一次成优率,降低质量成本。

2)跳线、引线对地距离要符合规范要求,端子连接要牢固可靠。

3)液压连接操作人员应严格按照操作规程施工,必须经由专业培训合格的液压人员进行操作,液压完成并经检查合格后打上操作人员的钢印号码和旁站监理的钢印,并记录好压接管的各部尺寸。

4)所有计量器具,如钢尺、经纬(水平)仪、压力表、扭力扳手等,均须经计量机构检测合格,并在有效时间内使用,严禁超时或不检测而使用。

(2)质量检验

1)电缆埋入地下深度,由地面到电缆外皮距离应大于0.7 m,穿越农田时应大于1 m,并有相应的保护措施。在站台与其他电缆同沟埋设时应符合设计要求。

2)电缆与铁路、公路、排水沟、城市街道、厂区街道交叉以及进入建筑物时应穿管保护。

3)同沟敷设两条以上电缆时,不得重叠、交叉、扭绞。

4)在电缆终端头、电缆接头、拐弯处、夹层内、隧道及竖井的两端、人井内等地方,电缆上应装设标志牌。

10. 安全及环保要求

(1)安全要求

1)机械行走时应注意地面情况,避免出现机械倾覆。

2)机械施工中,指挥和盯控人员应与机械保持一定的安全距离。

3)施工过程中如遇到位置不明且处于运行状态的管线,应立即停止施工并上报相关负责人。

4)土方的堆放与沟边的安全距离以及堆放高度应符合安全要求。

5)工人下沟作业设置专用上下通道。

6)工人下沟作业前应确认沟边不存在塌方等情况。若存在塌方情况应处理完成后再下沟作业。工人下沟作业后,沟边应有安全盯控人员。

7)管沟的开挖位置与沟边的建构筑应保证一定的安全距离。

8)施工范围应设置安全警示标识。

(2)环保要求

1)施工过程中产生的废弃物、生活垃圾等应统一存放,并于施工结束后集中处理,严禁随意丢弃。

2)不任意损坏农田和水利建设及交通设施。

3)开挖出的土方应设置防尘网覆盖。

4)出入施工现场的机械应避免夹带泥土等情况。

10.5.2　机电工程电缆支架安装施工作业指导书

1. 适用范围

适用于杭海城际铁路工程电气设备安装工程电缆支架安装施工。

2. 作业准备

(1)外业准备

1)支架的选择是根据设计决定,通常的支架有角钢支架和装配式支架。

2)根据设计图确定安装位置,从始端至终端找好水平或垂直线,用粉线袋沿墙壁、顶棚和地面等处,在线路的中心进行弹线,按照设计图要求及施工验收规范规定,均匀分布支撑点距离并用笔标出具体位置。

(2)内业准备

对现场施工人员进行技术交底。施工前,进行施工工艺培训、施工技术交底,熟悉施工图,保证施工质量符合设计及规范要求。

3. 技术要求

(1)电缆沟内,支架层间垂直距离和通道宽度不应小于标准数值。

(2)支架层间允许最小距离,当设计无要求时,可采用标准的规定。但层间净距不应小于电缆外径的 2 倍加 10 mm。

(3)电缆支架最上层及最下层至沟顶、楼顶或沟底、地面的距离,当无设计要求时按标准要求施工。

(4)电缆支架间或固定点间的距离,应符合设计要求。当设计无要求时,不应大于标准示数值。

4. 施工程序与工艺流程

施工程序与工艺流程如图 10.5.2 所示。

施工准备 → 桥架、支架安装 → 质量验收

图 10.5.2　工艺流程图

5. 施工要求

(1)电缆支架应安装牢固,横平竖直;托架支吊架的固定方式应按设计要求进行。各支架的同层横档应在同一水平面上,其高低偏差不应大于 5 mm。

(2)在有坡度的建筑物上安装支架应与建筑物有相同的坡度。

(3)支架与吊架所用钢材应平直,无明显扭曲。下料后长短偏差应在 5 mm 之内,切口处应无卷边、毛刺。电缆支架的长度,在电缆沟内不宜大于 0.35 m,在隧道内不宜大于 0.5 m。电缆支架应焊接牢固,无明显变形。

(4)电缆支架安装方式

1)安装方式由设计决定,应与土建密切配合安装。电缆支架在电缆沟内的安装方法有下列几种,可根据不同安装方式进行安装。

2)与土建配合施工预埋地脚螺钉固定支架。

3)电缆沟或隧道为钢筋混凝土结构上安装电缆支架,可使用膨胀螺钉与支架固定。

4)当使用预埋件或预制混凝土砌块时,与土建工程配合施工预埋,用焊接固定支架。

6. 劳动组织

(1)劳动力组织方式:采用架子队组织模式。

(2)作业人员数量应根据施工条件、工期要求进行合理配置,见表 10.5.2-1。

表 10.5.2-1　人员配置建议表

序　号	工　种	人　数	主要职责
1	架子队长	1	架子队综合管理
2	架子队技术主管	1	架子队技术管理
3	技术员	1	现场施工技术管理
4	安全员	1	现场施工安全管理
5	质量员	1	现场施工质量管理
6	材料员	1	现场施工材料管理
7	试验员	1	试验管理
8	工班长	1	工班施工管理
9	领工员	1	带　工
10	现场带班人员	1	带班、施工盯控、应急情况处理
11	工　人	5～8	支架倒运、施工

7. 材料要求

(1)支架耐腐蚀性能要强。

(2)支架需防火、不蠕变。

(3)钢结构支架所用钢材应平直,无显著扭曲。

(4)支架应安装牢固,横平竖直。

(5)支架必须先涂防腐底漆,刷漆应均匀完整。

8. 设备机具配置

设备机具配置见表 10.5.2-2。

表 10.5.2-2　工机具配置表

序　号	名　称	单　位	数　量	备　注
1	电源线盘	把	1	
2	切割机	台	1	
3	手　锤	把	1	
4	手电钻	把	1	
5	冲击钻	把	1	
6	扳　手	套	1	

9. 质量控制及检验

(1)质量控制

1)支架安装后间距误差不得大于±2 mm。

2)支架上表面应水平。

3)支架应垂直于地面,误差不得大于 2°。

(2)质量检验

1)支架层间距≤800 mm。

2)支架整体结构的焊接牢固可靠,金属表面的防腐层完好。

3)同型号的支架安装方式应一致、接地位置应统一。

10. 安全及环保要求

(1)安全要求

1)无法连接电源的区段采用自配发电机供电,要严格按照临电使用规定进行接线。

2)在作业地点两端要设好防护,防护人员要确保通信设备完好,联络畅通。

3)施工人员要听从指挥,加强施工的对话联系,确保安全施工。

(2)环保要求

1)支架运输过程中应注意防尘控制,运输车辆禁止带泥上路。设备支架进行安装时作业人员应戴防尘口罩。

2)施工完成后要做到工完场清。

10.5.3 机电工程电力电缆终端制作及安装施工作业指导书

1. 适用范围

适用于杭海城际铁路工程主变电所电气设备安装工程电力电缆终端制作及安装施工。

2. 作业准备

(1)外业准备

1)电缆附件资料齐全并已完成报监。

2)电现场电缆中间头、终端头进行性能检查,外观良好,电缆余量满足接头条件。

(2)内业准备

1)电缆型号、接头说明书;安装技术要求(技术交底)1 份。

2)已完成对电力电缆终端制作及安装的技术交底。

3. 技术要求

(1)导体连接良好。对于终端,电缆导线电芯线与出线杆、出线鼻子之间要连接良好;对于中间接头,电缆芯线要与连接管之间连接良好。要求接触点的电阻要小且稳定,与同长度同截面导线相比,对新装的电缆终端头和中间接头,其值要不大于 1;对已运行的电缆终端头和中端接头,其比值应不大于 1.2。

(2)绝缘可靠。要有能满足电缆线路在各种状态下长期安全运行的绝缘结构,所用绝缘材料不应在运行条件下加速老化而导致降低绝缘的电气强度。

(3)密封良好。结构上要能有效地防止外界水分和有害物质侵入到绝缘中去,并能防止绝缘内部的绝缘剂向外流失,避免"呼吸"现象发生,保持气密性。

(4)有足够的机械强度。能适应各种运行条件,能承受电缆线路上产生的机械应力。

(5)能够经受电气设备交接试验标准规定的直流耐压试验。

(6)焊好电缆终端头的接地线,防止电缆线路流过较大故障电流时,在金属护套中产生的感应电压可能击穿电缆内衬层,引起电弧,甚至将电缆金属护套烧穿。

4. 施工程序与工艺流程

工艺流程如图 10.5.3-1 所示。

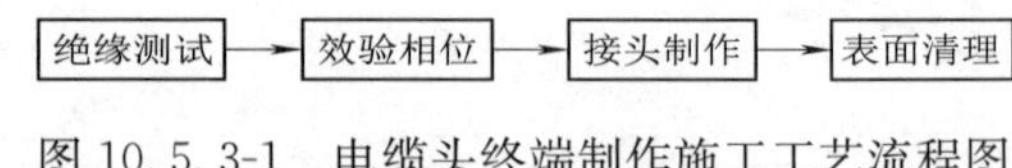

图 10.5.3-1 电缆头终端制作施工工艺流程图

5. 施工要求

(1)根据施工图纸、厂家安装制作手册进行终端头、接头制作。以下安装作业仅供参考。电缆中间接头安装如图 10.5.3-2 所示。

(2)瓷套式终端头安装

1)按装箱单清点零部件是否足数、完好,核对规格是否正确。

2)确定基准面和电缆末端,测量套管实际高度,临时固定电缆,在基准面向上量要求尺寸为电缆末端,并切除多余电缆。

3)按尺寸剥去电缆外护层和金属护套,并刮去外护层末端的一段石墨涂层。

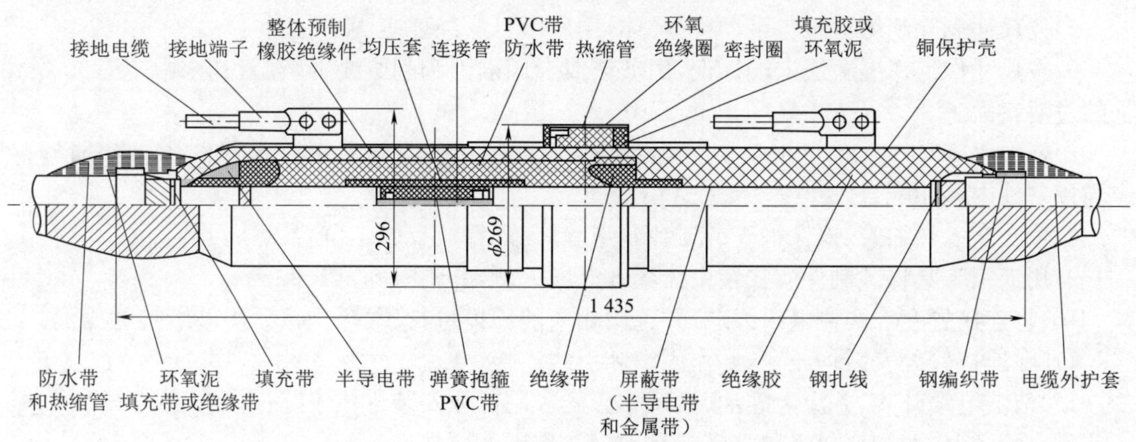

图 10.5.3-2　电缆中间接头安装工艺流程图

4)在电缆上包绕加热带,调节加温器对电缆作 80 ℃、3 h 的加热以消除机械应力。

5)按尺寸剥除绝缘屏蔽包带、剥出导体、削铅笔头,并露出 4～5 mm 导体屏蔽,用砂纸打磨导体表面。

6)将接线柱套入电缆线芯,并选用相应的压模进行压接,压接后用砂纸打磨压痕。

7)按尺寸作绝缘屏蔽层末端标记,用玻璃或专用刨刀刮削绝缘屏蔽层,其末端应有30 mm长的过渡斜面。

8)依次用 120、240、320、600 号砂带打磨绝缘表面,并测量记录正交方向的主绝缘外径,并应与应力锥内径相配合。

9)在接线柱压接段和电缆铅笔头位置依次用半导电带、绝缘带、PVC 黏带包绕。

10)在绝缘屏蔽层末端按尺寸包绕半导电带、铅带、铜网带,并用 PVC 黏带覆盖。

11)依次套入热缩管、尾管、密封圈、锥托,并放置在施工位置。

12)清洁应力锥和电缆外表,并涂上硅油,按尺寸套入应力锥于标记位置。

13)清洁应力锥罩,装入密封圈,套入套管内并固定。

14)将支撑绝缘子固定在电缆终端头支架上。

15)吊装套管,将其固定在支撑绝缘子上。

16)终端头顶部金具预装配,装入顶盖、压盖、紧圈等,按尺寸调整电缆。

17)装配锥托,拧紧螺栓,收紧弹簧至要求尺寸。

18)拆除顶部预装的零部件,将加热去潮的硅油注入套管内至要求尺寸。

19)安装顶盖、压盖、屏蔽罩,并套入相应的密封圈。

20)装配尾管,并用铜编织带焊接金属护套和尾管。

21)在尾管焊接范围包绕绝缘带、防水带、PVC 黏带等。

22)清洁收尾工作。

(3)预制式中间接头安装

1)按装箱单清点零部件是否足数、完好,核对产品规格是否正确。

2)将电缆放置于接头井最终接头位置,在中线位置切断电缆。

3)按尺寸剥去电缆外护层和金属护套,并刮去外护层末端的一段石墨涂层。

4)在电缆上包绕加热带,调节加温器对电缆作 80 ℃、3 h 的加热以消除机械应力。

5)按尺寸剥除绝缘屏蔽包带、剥出导体,用砂纸打磨导体表面。

6)按尺寸作绝缘屏蔽层末端标记,用玻璃或专用刨刀刮削绝缘屏蔽层,其末端应有30 mm长的过渡斜面。

7)依次用120、240、320、600号砂带打磨绝缘表面,并测量记录正交方向的主绝缘外径,并应与预制件内径相配合。

8)依次套入热缩管、铜保护壳、密封圈、绝缘环等,并放置施工位置以外。

9)用专用工具将预制件或安装主体套入电缆一侧,并临时固定和保护。

10)将连接管套入两侧电缆线芯,并选用相应的压模进行压接,压接后用砂纸打磨压痕。

11)在连接管处安装均压套,并作固定和引线连接。

12)清洁电缆外表,并涂上硅油,按尺寸套入预制件或安装主体于标记位置。

13)在预制件两侧绕包半导电带、绝缘带,并作屏蔽层处理。

14)安装铜保护壳和绝缘环,并连接固定,两侧用铜编织带连接金属护套和铜壳。

15)铜壳两侧焊接范围依次用防水带、环氧泥、绝缘带、PVC黏带包绕密封。

16)将去潮的混合物注入铜保护壳内,直到注满为止,并对注入口作密封处理。

17)安装接地线或交叉互联线。

18)安装环氧外保护壳,固定并作两侧末端的密封保护,注入绝缘混合物,并对注入口作密封处理。

19)做好清洁收尾工作。

6. 劳动组织

(1)劳动力组织方式:采用架子队组织模式。

(2)作业人员数量应根据施工条件、工期要求进行合理配置,见表10.5.3-1。

表10.5.3-1 人员配置建议表

序 号	工 种	人 数	主要职责
1	架子队长	1	架子队综合管理
2	架子队技术主管	1	架子队技术管理
3	技术员	1	现场施工技术管理
4	安全员	1	现场施工安全管理
5	质量员	1	现场施工质量管理
6	材料员	1	现场施工材料管理
7	试验员	1	试验管理
8	工班长	1	工班施工管理
9	领工员	1	带 工
10	现场带班人员	1	带班、施工盯控、应急情况处理
11	工 人	5～8	制作施工

7. 材料要求

(1)施工材料准备:附件、耗材等。

(2)绝缘性能好、机械性能强。

(3)对环境危害小,满足消防安全的要求。

8. 设备机具配置

设备机具配置见表10.5.3-2。

表10.5.3-2 工机具配置表

序 号	名 称	单 位	数 量	备 注
1	手用钢锯	套	1	
2	钢丝钳	块	1	
3	尖嘴钳	套	1	
4	扁嘴钳	把	1	
5	剪 刀	张	1	
6	卷 尺	个	1	
7	电工刀	把	2	
8	压接钳	套	1	
9	2 500 V兆欧表	卷	1	
10	游标卡尺	卷	1	
11	扁 锉	套	1	
12	砂 布	块	6	
13	T型扳手	盒	1	
14	内六角扳手	盒	1	
15	绝缘胶布	套	1	
16	自粘胶布	m	3	

9. 质量控制及检验

(1)质量控制

1)安装人员必须经过严格的电缆附件安装技术培训,具有一定的电缆附件安装技术经验,并严格遵守制作工艺规程,编写安装工艺监督检查表。

2)制作电缆终端和接头前,应熟悉安装工艺资料,做好检查。

3)电缆绝缘情况良好,无受潮、进水。

4)附件规格应与电缆一致,零部件应齐全无损伤,绝缘材料不得受潮、密封材料不得失效。壳体结构附件应预先组装,清洁内壁,结构尺寸符合要求。

5)施工用机具应齐全、整洁,便于操作,消耗材料齐备。

6)对于新产品和非常规材料,必要时应进行试装配,并对相关尺寸预先测量和计算。

7)在室外制作电缆终端与接头时,应搭设临时工作棚架。关键工序时,建议其空气相对湿度宜为85%及以下,温度宜为5~30 ℃。

8)电缆终端与接头安装时,应防止尘埃、杂物落入绝缘内,严禁在雾或雨中施工。

9)电缆加热校直时,应特别注意对电缆本身的保护,严格控制加热温度和加热时间,必要时,还应施以适当的保护措施。

(2)质量检验

1)电缆加热自然冷却后,用直尺检查电缆的校直情况:每 400 mm 长度范围,在电缆圆周上每 90°测量一个方向,共 4 个方向,弯曲度应在 2 mm 以下。

2)剥切电缆时不应损伤线芯和保留的绝缘层,金属护套切断处的断口适当扩张和磨去毛刺。

10. 安全及环保要求

(1)安全要求

1)施工区域应设警示标志,严禁非工作人员出入。

2)机械施工中,指挥和盯控人员应与机械保持一定的安全距离。

3)现场应有专人统一指挥,并设一名专职安全员负责现场的安全工作,坚持班前进行安全教育制度。

4)机械作业要留有安全距离,确保协调、安全施工。

(2)环保要求

1)施工过程中的废弃物应及时分类妥善处理,运至当地环保部门指定地点。

2)施工完毕后及时清理现场,做到工完料净场地清。

3)按照环保部门要求集中处理施工及生活中产生的污水及废水。

10.5.4 机电工程防火与封堵施工作业指导书

1. 适用范围

适用于杭州至海宁城际铁路工艺流程电气设备安装工程防火与封堵施工。

2. 作业准备

(1)外业准备

1)孔洞封堵处的管线已完成敷设。

2)防火与封堵的上道工序已完成并经监理验收合格,具备防火与封堵的施工条件。

(2)内业准备

1)已完成防火与封堵的技术交底。

2)准备施工图,确认需封堵的位置及数量。

3. 技术要求

(1)防火隔板安装牢固,无缺口,缝隙外观平整。

(2)有机堵料封堵严密牢固,无漏光、漏风裂缝和脱漏现象,表面光洁平整。

(3)无机堵料封堵表面光洁,无粉化、硬化、开裂等缺陷。阻火包堆砌采用交叉堆砌方式,且密实牢固,不透光,外观整齐。

(4)防火涂料表面光洁、厚度均匀。

4. 施工程序与工艺流程

工艺流程如图 10.5.4 所示。

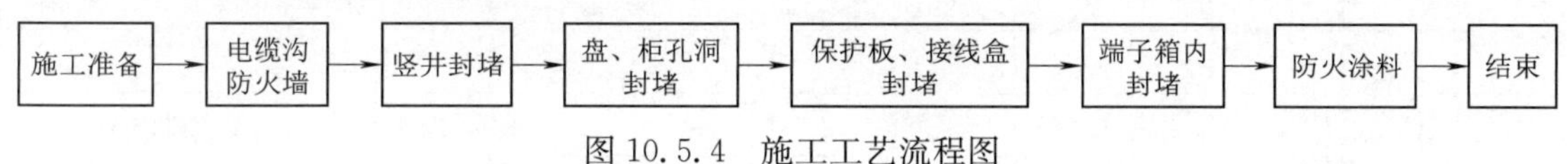

图 10.5.4 施工工艺流程图

5. 施工要求

(1)户外电缆沟内的隔断采用防火墙。对于阻燃电缆,在电缆沟每个 80～100 m 设置一个隔断;对于非阻燃电缆,宜每隔 60 m 设置一个隔断,一般设置在临近电缆沟交叉处。电缆通过电缆沟进入保护室、开关室等建筑物时,采用防火墙进行隔断。

(2)电缆竖井处的防火封堵一般采用角钢或槽钢托架进行加固,确保每个小孔洞的规格小于 400 mm×400 mm。再用 10 mm 或 20 mm 厚的防火板托底封堵,托架和防火板的选用和托架的密度必须确保整体有足够的强度,能作为人行通道。

(3)底面的孔隙口及电缆周围必须采用有机堵料进行密实封堵,电缆周围的有机堵料厚度不得小于 20 mm。

(4)然后在防火板上浇铸无机堵料,其厚度按照无机堵料的产品性能而定,一般在 150～200 mm。

(5)无极堵料浇筑后在其顶部使用有机堵料将每根电缆分隔包裹其厚度大于无机堵料表层的 10 mm,电缆周围的有机堵料宽度不得小于 30 mm,呈几何图形,面层平整。

(6)盘柜封堵在孔洞底部铺设厚度为 10 mm 的防火板,在孔隙口及电缆周围采用有机堵料进行密实封堵,电缆周围的有机堵料厚度不得小于 20 mm。

(7)盘柜底部以 10 mm 防火隔板进行封隔,隔板安装平整牢固,安装中造成的工艺缺口、缝隙使用有机堵料密实地嵌于孔隙中,并做线脚,线脚厚度不小于 10 mm,宽度不小于20 mm,电缆周围的有机堵料的宽度不小于 40 mm,呈几何图形,面层平整。

(8)防火板不能封隔到的盘柜底部孔隙处,以有机堵料严密封实,有机堵料面应高出防火隔板 10 mm 以上,并呈几何图形,面层平整。

6. 劳动组织

(1)劳动力组织方式:采用架子队组织模式。

(2)作业人员数量应根据施工条件、工期要求进行合理配置,见表 10. 5. 4-1。

表 10. 5. 4-1　人员配置建议表

序　号	工　种	人　数	主要职责
1	架子队长	1	架子队综合管理
2	架子队技术主管	1	架子队技术管理
3	技术员	1	现场施工技术管理
4	安全员	1	现场施工安全管理
5	质量员	1	现场施工质量管理
6	材料员	1	现场施工材料管理
7	试验员	1	试验管理
8	工班长	1	工班施工管理
9	领工员	1	带工
10	现场带班人员	1	带班、施工盯控、应急情况处理
11	工人	5～8	材料倒运、封堵施工

7. 材料要求

(1)统计安装位置、安装方式,确定所需的有机堵料、无机堵料、耐火隔板、防火涂料、防火包及具有相应耐火等级的安装附件的数量,进行材料的准备工作。

(2)材料到货后进行外观检查,有机堵料不氧化、不冒油、软硬度适度。

(3)机堵料不结块、无杂质;防火隔板平整光洁、厚度均匀。

8. 设备机具配置

设备机具配置见表 10. 5. 4-2。

表 10.5.4-2　工机具配置表

序　号	名　称	单　位	数　量	备　注
1	钢卷尺	把	1	
2	手持式切割机	台	1	
3	电源线盘	盘	1	
4	手电钻	把	1	
5	冲击钻	把	1	
6	电工工具	套	1	

9. 质量控制及检验

(1)质量控制

1)户外电缆沟内的隔断采用防火墙。对于阻燃电缆，在电缆沟每隔 80～100 m 设置一个隔断；对于非阻燃电缆，宜每隔 60 m 设置一个隔断，一般设置在临近电缆沟交叉处。

2)电缆通过电缆沟进入保护室、开关室等建筑物时，采用防火墙进行隔断。

3)防火墙安装方式：两侧采用 10 mm 以上厚度的防火隔板封隔，中间采用无机堵料、防火包或耐火砖堆砌，其厚度根据产品的性能而定。

(2)质量检验

1)防火墙内的电缆周围必须采用不得小于 20 mm 的有机堵料进行包裹。

2)采用钢尺进行测量。

10. 安全及环保要求

(1)安全要求

1)无法连接电源的区段采用自配发电机供电，要严格按照临电使用规定进行接线。

2)在作业地点两端要设好防护，防护人员要确保通信设备完好，联络畅通。

3)使用手持切割机时做好防护措施。

4)施工范围应设置安全警示标识。

(2)环保要求

1)施工过程中的废弃物应及时分类妥善处理，运至当地环保部门指定地点。

2)使用有机堵料时做好扬尘措施，不能污染施工场地。

3)施工完毕后及时清理现场，做到工完料净场地清。

10.5.5　机电工程光缆敷设施工作业指导书

1. 适用范围

适用于杭州至海宁城际铁路机电工程光缆敷设施工。

2. 作业准备

(1)外业准备

1)区间电缆支架已贯通,电缆桥支架安装完毕。

2)现场具备施工条件,有足够场地放置电缆盘,检测电缆盘米标,并对电缆打耐压绝缘。

3)现场临时电源、临时照明满足作业要求。

(2)内业准备

1)已完成对电缆敷设的技术交底。

2)准备电缆走向图。

3. 技术要求

(1)光缆敷设前应按长度、环境条件和设计要求进行配盘,选择合适的接头位置;配盘尽量按整盘配置,减少断缆,光缆的接头位置安排应合理。

(2)光缆敷设时,其弯曲半径、余留长度、位置等应符合设计要求和相关技术标准的规定。

(3)为确保光缆施工质量,宜采用人力牵引吊上挂设法进行敷设。当地形条件不允许时可采用机械牵挂设法。采用机械牵引时,应每隔 10～15 m 设滑轮,通过牵引光电缆加强件进行架挂,牵引最大速度为 15 m/min,不得突然启动或停止。

(4)光缆接头余留长度遵循设计要求,预留应盘成圆圈后捆扎在杆上。

(5)光缆接续作业过程中应注意防尘、防潮和防震。接续用的工具、材料需保持清洁,操作人员在作业过程中应穿工作服、戴工作帽。

(6)切断光缆必须使用光缆切断器,严禁使用钢锯。

(7)光纤接续应采用 OTDR 进行检测,熔接合格后的光纤接续部位应立即进行热缩加强管的保护,加强管收缩应均匀、无气泡。

4. 施工程序与工艺流程

工艺流程如图 10.5.5 所示。

施工条件 → 施工准备 → 一般规定 → 敷设方式分解 → 质量验收

图 10.5.5　作业工艺流程图

5. 施工要求

(1)线盘就位可用起重机或人工将光缆盘放置指定位置,光缆在装卸的过程中,设专人负责统一指挥,指挥人员发出的指挥信号必须清晰、准确。

(2)采用吊车装卸时,装卸光缆盘孔中应有盘轴,起吊钢丝绳套在轴的两端,不应直接穿在盘孔中起吊。

(3)人工移动光缆盘前,应检查线盘是否牢固,光缆两端应固定,线圈不应松弛,光缆盘只允许短距离滚动,滚动时滚动方向必须与线盘上箭头指示方向一致。

(4)光缆敷设时,不应损坏电缆沟、隧道、电缆井和人井的防水层。

(5)光缆在终端头与接头附近宜留有备用长度。

(6)光缆敷设时,可用人力拉引或机械牵引,光缆应从电缆盘的上端引出,不应使光缆在支架上及地面摩擦拖拉。光缆走动时,严禁用手搬动电缆及滑轮。

(7)敷设光缆时,机械敷设电缆速度不宜超过 15 m/min,并监测侧压力和拉力不超过允许强度。在较复杂的路径上敷设光缆时,其速度应适当放缓。机械敷设时应不大于电缆最大允许牵引强度要求。

(8)光缆在切断后,应将端头立即做好防潮密封,以免水分侵入光缆内部。

6. 劳动组织

(1)劳动力组织方式:采用架子队组织模式。

(2)作业人员数量应根据施工条件、工期要求进行合理配置,见表 10.5.5-1。

表 10.5.5-1 人员配置建议表

序 号	工 种	人 数	主要职责
1	架子队长	1	架子队综合管理
2	架子队技术主管	1	架子队技术管理
3	技术员	1	现场施工技术管理
4	安全员	1	现场施工安全管理
5	质量员	1	现场施工质量管理
6	材料员	1	现场施工材料管理
7	试验员	1	试验管理
8	工班长	1	工班施工管理
9	领工员	1	带工
10	现场带班人员	1	带班、施工盯控、应急情况处理
11	安全员	1	盯控现场安全
12	工人	25～30	电缆倒运、敷设

7. 材料要求

(1)核对所用光缆规格、型号、数量应符合设计和合同要求。

(2)检查光缆外护套是否完整无损,光缆应有出厂质量检验合格证。

(3)光缆开盘后应先检查光缆端头封装是否良好。光缆外包装或光缆护套如有损伤,应对该盘光缆进行光纤性能指标测试,如有断纤,应进行处理,待检查合格才允许使用。光纤检测完毕,光缆端头应密封固定,恢复外包装。

8. 设备机具配置

设备机具配置见表 10.5.5-2。

表 10.5.5-2　工机具配置表

序　号	名　称	单　位	数　量	备　注
1	角磨机	台	1	
2	电缆套头	套	按需	
3	发电机	台	1	

9. 质量控制及检验

(1)质量控制

1)严格执行隐蔽工程签证制度,加强过程质量控制,努力提高一次成优率,降低质量成本。

2)跳线、引线对地距离要符合规范要求,端子连接要牢固可靠。

3)液压连接操作人员应严格按照操作规程施工,必须经由专业培训合格的液压人员进行操作,液压完成并经检查合格后打上操作人员的钢印号码和旁站监理的钢印,并记录好压接管的各部尺寸。

4)所有计量器具,如钢尺、经纬(水平)仪、压力表、扭力扳手等,均须经计量机构检测合格,并在有效时间内使用,严禁超时或不检测而使用。

(2)质量检验

1)电缆埋入地下深度,由地面到电缆外皮距离应大于 0.7 m,穿越农田时应大于 1 m,并有相应的保护措施。在站台与其他电缆同沟埋设时应符合设计要求。

2)电缆与铁路、公路、排水沟、城市街道、厂区街道交叉以及进入建筑物时应穿管保护。

3)同沟敷设两条以上电缆时,不得重叠、交叉、扭绞。

4)在电缆终端头、电缆接头、拐弯处、夹层内、隧道及竖井的两端、人井内等地方,电缆上应装设标志牌。

10. 安全及环保要求

(1)安全要求

1)机械行走时应注意地面情况,避免出现机械倾覆。

2)机械施工中,指挥和盯控人员应与机械保持一定的安全距离。

3)施工过程中如遇到位置不明且处于运行状态的管线,应立即停止施工并上报相关负责人。

4)土方的堆放与沟边的安全距离以及堆放高度应符合安全要求。

5)工人下沟作业设置专用上下通道。

6)工人下沟作业前应确认沟边不存在塌方等情况。若存在塌方情况应处理完成后再下沟作业。工人下沟作业后,沟边应有安全盯控人员。

7)管沟的开挖位置与沟边的建构筑应保证一定的安全距离。

8)施工范围应设置安全警示标识。

(2)环保要求

1)施工过程中产生的废弃物、生活垃圾等应统一存放,并于施工结束后集中处理,严禁随意丢弃。

2)不任意损坏农田和水利建设及交通设施。

3)开挖出的土方应设置防尘网覆盖。

4)出入施工现场的机械应避免夹带泥土等情况。

10.6 系统调试

10.6.1 主变电站工程主所“五防”及连锁试验作业指导书

1.适用范围

适用于杭州至海宁城际铁路工程主变电站“五防”及连锁试验施工。

2.作业准备

(1)外业准备

1)测控保护屏电源正常,开关全部投入。

2)保护整定值已输入,并确认无误,保护压板按规定已投入。

3)全所设备已带电正常运行,转换开关置于“远方”位。

(2)内业准备

1)已完成主变电站“五防”及连锁试验的技术交底。

2)准备连锁试验的资料。

3.技术要求

主所“五防”及连锁试验是测试设备带电运行后能符合设计要求,在运行中能保证值班、巡视人员人身安全及设备安全,出现误操作也不会危及人身、设备安全。

4.施工程序与工艺流程

工艺流程如图10.6.1所示。

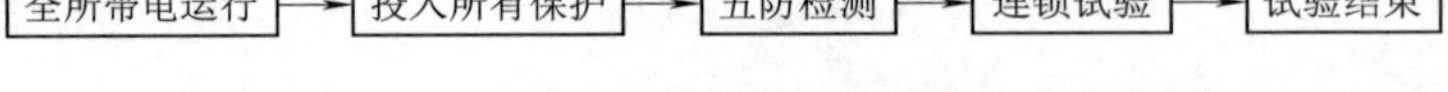

全所带电运行 → 投入所有保护 → 五防检测 → 连锁试验 → 试验结束

图10.6.1 主所“五防”及连锁试验工艺流程图

5.施工要求

(1)微机五防系统反应变电站一次设备的工作状态,具有对位功能和相应告警显示功能。

(2)在模拟操作时,微机五防系统检验操作是否正确,模拟操作错误时,发出语音信号,并可咨询正确操作步骤,防止各种误操作的产生。

(3)五防系统应对正确的操作步骤自动存储,并可把正确操作票输出并存储到电脑钥匙中,同时打印操作票。

(4)电脑钥匙要求操作人员按票解锁,对于违反五防规定或与操作票不符的操作,实现强制闭锁,通过其内部固化的闭锁逻辑来判断错误操作的类型,并以语音提示及液晶显示方式警告操作人员,同时指出正确的操作项目。

(5)连锁试验:全所刀闸、断路器连锁试验。

6. 劳动组织

(1)劳动力组织方式:采用架子队组织模式。

(2)作业人员数量应根据施工条件、工期要求进行合理配置,见表 10.6.1。

表 10.6.1 差动保护调试人员配置表

序号	工种	人数	主要职责
1	架子队长	1	架子队综合管理
2	架子队技术主管	1	架子队技术管理
3	技术员	1	现场施工技术管理
4	安全员	1	现场施工安全管理
5	质量员	1	现场施工质量管理
6	材料员	1	现场施工材料管理
7	试验员	1	试验管理
8	工班长	1	工班施工管理
9	领工员	1	带工
10	试验组长	1	看图、看说明书、看整定值、复核整定值
11	试验人员	4	“五防”检测、连锁试验
12	电气安装工	2	检查一次设备电源并投入、检查转换开关并投入
13	巡视员	2	负责巡视试验现场

7. 材料要求

主所“五防”及连锁试验不需要材料。

8. 设备机具配置

无。

9. 质量控制及检验

(1)质量控制

1)供应商指导和配合完成现场安装和调试的各项工作,并应负责培训使用方技术人员使其掌握系统维护的各项技能。

2)严格规范主所“五防”及连锁试验工艺,确保试验各个环节的调试质量。

(2)质量检验

1)五防系统的资料检验。

2)五防系统设备检验。

3)电气闭锁回路检验。

4)调试结果应正常。

10. 安全及环保要求

(1)安全要求

1)试验区域设专人巡视,非试验人员不得进入试验区域。

2)试验完成及时切断电源。

(2)环保要求

1)试验时应打开门窗进行通风,降低试验时的噪声污染。

2)试验结束清理现场,做到文明施工。

10.6.2 主变电站工程变电所综合自动化系统联调作业指导书

1. 适用范围

适用于杭州至海宁城际铁路机电工程主变电站综合自动化系统联调施工。

2. 作业准备

(1)外业准备

1)交、直流屏正常运行,一次设备控制、电机电源正常,并全部投入。

2)测控保护屏电源正常,保护开关全部投入。

3)保护整定值已输入,并确认无误,保护压板按规定已投入。

4)全所一次设备三工位转换开关置于"远方"位。

(2)内业准备

在开工前组织技术人员逐级向施工人员进行技术、操作、安全、环保交底,确保施工过程的工程质量、环境保护和人身安全。

3. 技术要求

(1)综合自动化系统各项功能正常、继电保护动作特性符合设计要求。

(2)各种闭锁功能正常。

4. 施工程序与工艺流程

(1)施工程序

投入控制电源→投入电机电源→合上二次设备电源开关→保护整定值输入→保护压板投入→合上一次设备上所有电机电源开关→一次设备上所有转换开关置于远方位→联合试验→试验结束→恢复接线。

(2)工艺流程

工艺流程如图 10.6.2 所示。

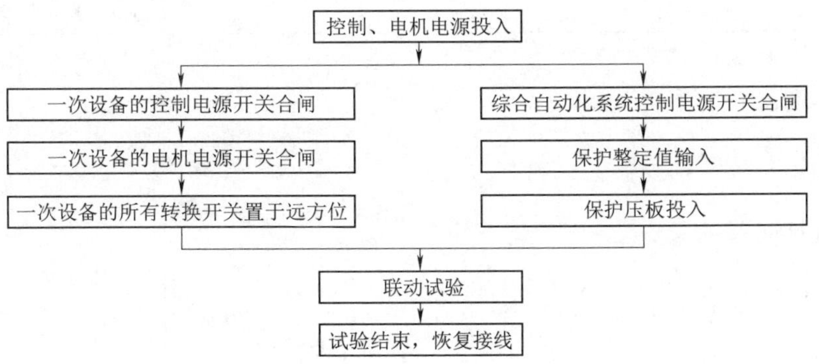

图 10.6.2 综合自动化系统联调工艺流程图

5. 施工要求

(1)直流屏投入控制及电机电源。

(2)测控保护屏检查控制电源,电源正常后投入全部控制开关。

(3)一次设备上的控制电源及电机电源全部投入。

(4)输入保护整定值,投入保护软压板。

(5)综合自动化联动试验。

(6)试验完成,查看动作记录。

(7)恢复二次接线,清理调试现场。

6. 劳动组织

(1)劳动力组织方式:采用架子队组织模式。

(2)作业人员数量应根据施工条件、工期要求进行合理配置,见表 10.6.2-1。

表 10.6.2-1　综合自动化系统联调人员配置表

序　号	工　种	人　数	主要职责
1	架子队长	1	架子队综合管理
2	架子队技术主管	1	架子队技术管理
3	技术员	1	现场施工技术管理
4	安全员	1	现场施工安全管理
5	质量员	1	现场施工质量管理
6	材料员	1	现场施工材料管理
7	试验员	1	试验管理
8	工班长	1	工班施工管理
9	领工员	1	带工
10	试验组长	1	看图、看说明书、看整定值、复核整定值
11	试验人员	4	检查电源、投入电源、输入整定值流
12	电气安装工	2	检查一次设备电源并投入、检查转换开关并投入
13	巡视员	2	负责巡视试验现场

7. 材料要求

综合自动化系统联调不需要材料。

8. 设备机具配置

设备机具配置见表 10.6.2-2。

表 10.6.2-2　工机具配置表

序　号	名　称	单　位	数　量	备　注
1	综合自动化调试笔记本	台	1	

续上表

序号	名称	单位	数量	备注
2	继电保护调试笔记本	台	1	
3	万用表	块	4	

9. 质量控制及检验

(1)质量控制

严格规范综合自动化系统联调工艺,确保差动保护 35 kV GIS 开关柜联动试验各个环节的调试质量。

(2)质量检验

1)符合主变电所二次施工图。

2)满足综合自动化系统使用说明书。

3)符合电气设备交接试验标准。

4)系统试验应由试验室或综合自动化厂家技术人员组织实施,试验人员应具备10年以上工作经验和工程师以上职称。

10. 安全及环保要求

(1)安全要求

1)试验区域设专人巡视,非试验人员不得进入试验区域。

2)试验人员需佩戴安全帽、工作服、棉质手套,避免受伤。

3)试验完成及时切断电源。

(2)环保要求

1)试验人员应遵守工点相关的安全制度,期间保持清洁卫生,不制造垃圾。

2)试验结束清理现场,做到文明施工。

10.6.3　主变电站工程母联备自投调试作业指导书

1. 适用范围

适用于杭州至海宁城际铁路机电工程主变电站母联备自投调试施工。

2. 作业准备

(1)外业准备

1)交、直流屏正常运行,馈线开关已投入。

2)测控保护屏电源正常,开关全部投入。

3)保护装置已运行,保护压板按规定已投入。

4)一次设备的控制电源、电机电源正常并全部投入,转换开关置于“远方”位。

(2)内业准备

1)开工前逐级向施工人员进行技术、操作、安全、环保交底,确保施工过程的工程质量、环境保护和人身安全。

2)掌握施工图、测控保护屏使用说明书相关要求。

3. 技术要求

母联备自投的目的主要是检查并确认两段母线的进线开关和母联开关之间的闭锁、切换与设计要求一致,保证供电可靠性。

4. 施工程序与工艺流程

(1)施工程序

投入控制电源→检查一次设备控制电源并投入→检查二次设备控制电源并投入→保护整定值输入→保护压板投入→断路器转换开关置于远方位→差动仪接入→差动试验→试验结束,恢复接线。

(2)工艺流程

工艺流程如图 10.6.3 所示。

5. 施工要求

(1)直流屏投入控制及电机电源。

(2)测控保护屏检查控制电源,电源正常后投入全部控制开关。

(3)断路器控制柜检查控制电源及电机电源,正常后全部投入。

(4)投入备自投保护装置,投入备自投软压板。

(5)模拟 1 号进线失压,失压保护动作,跳闸 1 号进线开关一段母线失电。

(6)备自投启动,母联断路器自动投入,一段母线恢复送电。

(7)1 号进线恢复送电,备自投启动,跳闸母联开关一段母线失电,自动投入 1 号进线开关,一段母线恢复送电。

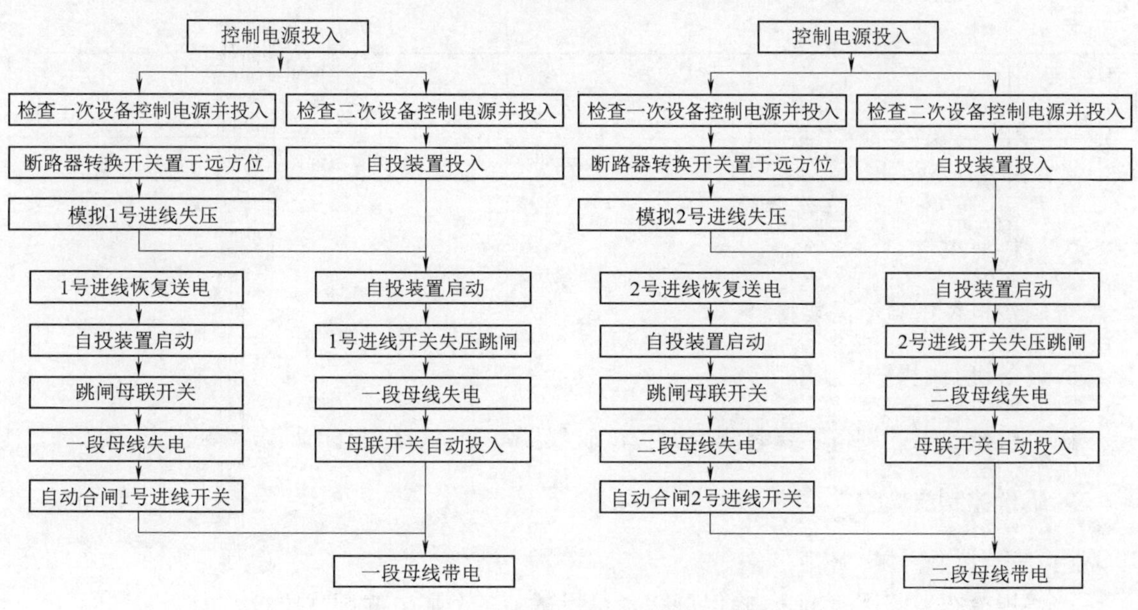

图 10.6.3　母联备自投试验工艺流程图

(8)模拟 2 号进线失压,失压保护动作,跳闸 2 号进线开关二段母线失电。

(9)备自投启动,母联断路器自动投入,二段母线恢复送电。

(10)2 号进线恢复送电,备自投启动,跳闸母联开关二段母线失电,自动投入 2 号进线开关二段母线恢复送电。

(11)恢复二次接线,清理调试现场。

6. 劳动组织

(1)劳动力组织方式:采用架子队组织模式。

(2)作业人员数量应根据施工条件、工期要求进行合理配置,见表 10.6.3。

表 10.6.3　差动保护调试人员配置表

序　号	工　种	人　数	主要职责
1	架子队长	1	架子队综合管理
2	架子队技术主管	1	架子队技术管理
3	技术员	1	现场施工技术管理
4	安全员	1	现场施工安全管理
5	质量员	1	现场施工质量管理
6	材料员	1	现场施工材料管理
7	试验员	1	试验管理
8	工班长	1	工班施工管理
9	领工员	1	带工
10	试验组长	1	看图、看说明书、复核备自投投入
11	试验人员	4	检查电源、投入电源、投入备自投装置

续上表

序　号	工　种	人　数	主要职责
12	电气安装工	2	检查一次设备电源并投入、清孔检查转换开关并投入
13	巡视员	2	负责巡视试验现场

7. 材料要求

母联备自投试验不需要材料。

8. 设备机具配置

施工机械及工艺设备主要有测控保护试验仪器一套,仪器须有出厂合格证及相关证件。

9. 质量控制及检验

(1)质量控制
严格规范布置图试验工艺,确保母联备自投试验各个环节的调试质量。
(2)质量检验
1)符合主变电所二次施工图。
2)满足综合自动化系统使用说明书。
3)符合电气设备交接试验标准。
4)系统试验应由试验室或综合自动化厂家技术人员组织实施,试验人员应具备10年以上工作经验和工程师以上职称。

10. 安全及环保要求

(1)安全要求
1)试验区域设专人巡视,非试验人员不得进入试验区域。
2)试验人员需佩戴安全帽、工作服、棉质手套,避免受伤。
3)试验完成及时切断电源。
(2)环保要求
1)试验人员应遵守工点相关的安全制度,期间保持清洁卫生,不制造垃圾。
2)试验结束清理现场,做到文明施工。

10.6.4　主变电站工程主变差动保护调试作业指导书

1. 适用范围

适用于杭州至海宁城际铁路机电工程主变电站差动保护调试施工。

2. 作业准备

(1)外业准备

1)交、直流屏正常运行,馈线开关已投入。

2)测控保护屏电源正常,开关全部投入。

3)保护整定值已输入,并确认无误,保护压板按规定已投入。

4)主变压器一次、二次侧断路器控制柜电源正常,电源开关全部投入,转换开关置于“远方”位。

(2)内业准备

1)已完成主变差动保护调试的技术交底。

2)准备调试试验的资料。

3. 技术要求

主变的差动保护主要用于保护变压器本体,变压器引出线、匝间出现故障造成主变压器一次、二次侧电流不平衡一般使用差动仪进行保护试验。

4. 施工程序与工艺流程

(1)施工程序

投入控制电源→检查一次设备控制电源并投入→检查二次设备控制电源并投入→保护整定值输入→保护压板投入→断路器转换开关置于远方位→差动仪接入→差动试验→试验结束,恢复接线。

(2)工艺流程

工艺流程如图 10.6.4 所示。

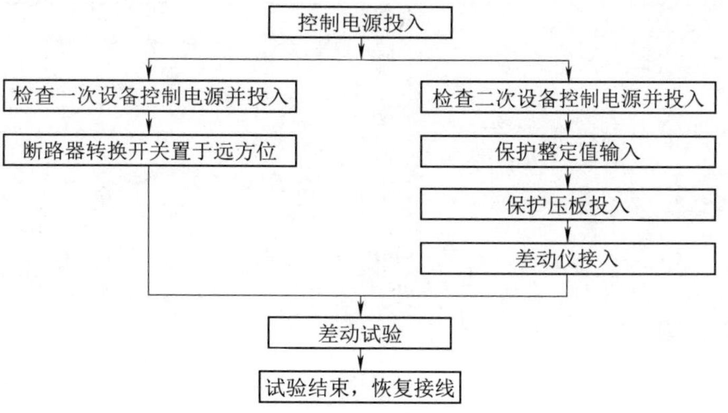

图 10.6.4　主变压器差动试验工艺流程图

5. 施工要求

(1)直流屏投入控制及电机电源。
(2)测控保护屏检查控制电源,电源正常后投入全部控制开关。
(3)断路器控制柜检查控制电源及电机电源,正常后全部投入。
(4)输入保护整定值,投入保护软压板。
(5)接入差动仪。
(6)输入差动电流,启动保护,保护动作。
(7)试验完成,查看动作记录。
(8)恢复二次接线,清理调试现场。

6. 劳动组织

(1)劳动力组织方式:采用架子队组织模式。
(2)作业人员数量应根据施工条件、工期要求进行合理配置,见表10.6.4。

表10.6.4 差动保护调试人员配置表

序号	工种	人数	主要职责
1	架子队长	1	架子队综合管理
2	架子队技术主管	1	架子队技术管理
3	技术员	1	现场施工技术管理
4	安全员	1	现场施工安全管理
5	质量员	1	现场施工质量管理
6	材料员	1	现场施工材料管理
7	试验员	1	试验管理
8	工班长	1	工班施工管理
9	领工员	1	带工
10	试验组长	1	看图、看说明书、看整定值、复核整定值
11	试验人员	4	检查电源、投入电源、输入整定值、输入差动电流
12	电气安装工	2	检查一次设备电源并投入、检查转换开关并投入
13	巡视员	2	负责巡视试验现场

7. 材料要求

主变压器差动保护试验不需要材料。

8. 设备机具配置

施工机械及工艺设备主要有测控保护试验仪器一套,仪器须有出厂合格证及相关证件。

9. 质量控制及检验

(1)质量控制
严格规范布置图试验工艺,确保母联备自投试验各个环节的调试质量。

(2)质量检验

1)符合主变电所二次施工图。

2)满足综合自动化系统使用说明书。

3)符合电气设备交接试验标准。

4)系统试验应由试验室或综合自动化厂家技术人员组织实施,试验人员应具备10年以上工作经验和工程师以上职称。

10.安全及环保要求

(1)安全要求

1)试验区域设专人巡视,非试验人员不得进入试验区域。

2)试验人员需佩戴安全帽、工作服、棉质手套,避免受伤。

3)试验完成及时切断电源。

(2)环保要求

1)试验人员应遵守工点相关的安全制度,期间保持清洁卫生,不制造垃圾。

2)试验结束清理现场,做到文明施工。

10.6.5 主变电站工程主所 35 kV GIS 柜体联合调试作业指导书

1. 适用范围

适用于杭州至海宁城际铁路机电工程主变电站 35 kV GIS 柜体联合调试施工。

2. 作业准备

(1)外业准备

1)交、直流屏正常运行,馈线开关已投入。

2)测控保护屏电源正常,开关全部投入。

3)保护整定值已输入,并确认无误,保护压板按规定已投入。

4)35 kV GIS 开关柜电源正常,电源开关全部投入,转换开关置于"远方"位。

(2)内业准备

开工前逐级向施工人员进行技术、操作、安全、环保交底,确保施工过程的工程质量、环境保护和人身安全。

3. 技术要求

(1)外观检查:装配状态、零件松动情况、接地端子配置及气体管路、电缆台架有无损坏。

(2)密闭性检查:安装完成后抽真空使罐体的真空度达到 133 Pa 后继续抽 30 min 以上在停止。静置 12 h 后重新测量真空度,两个数字进行比较以判断密封性。

4. 施工程序与工艺流程

(1)施工程序

投入控制电源→检查 35 kV GIS 设备控制电源并投入→检查二次设备控制电源并投入→保护整定值输入→保护压板投入→35 kV GIS 柜转换开关置于远方位→联合试验→试验结束→恢复接线。

(2)工艺流程

工艺流程如图 10.6.5 所示。

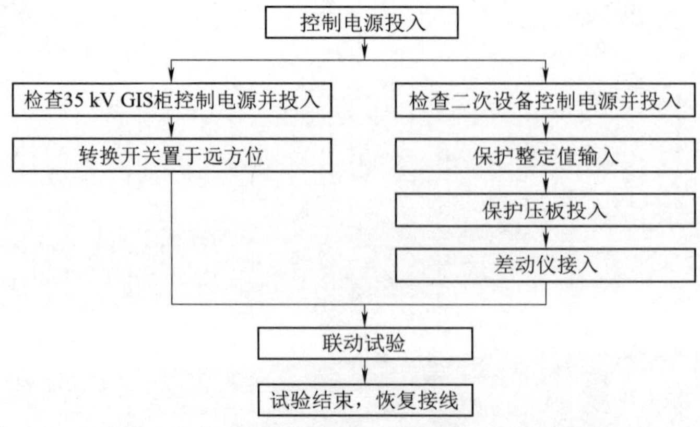

图 10.6.5 主所 35 kV GIS 试验工艺流程图

5. 施工要求

(1)直流屏投入控制及电机电源。

(2)测控保护屏检查控制电源,电源正常后投入全部控制开关。

(3)35 kV GIS 开关柜控制电源及电机电源全部投入。

(4)输入保护整定值,投入保护软压板。

(5)35 kV GIS 开关柜联动试验。

(6)试验完成,查看动作记录。

(7)恢复二次接线,清理调试现场。

6. 劳动组织

(1)劳动力组织方式:采用架子队组织模式。

(2)作业人员数量应根据施工条件、工期要求进行合理配置,见表 10.6.5-1。

表 10.6.5-1 差动保护调试人员配置表

序 号	工 种	人 数	主要职责
1	架子队长	1	架子队综合管理
2	架子队技术主管	1	架子队技术管理
3	技术员	1	现场施工技术管理
4	安全员	1	现场施工安全管理
5	质量员	1	现场施工质量管理
6	材料员	1	现场施工材料管理
7	试验员	1	试验管理
8	工班长	1	工班施工管理
9	领工员	1	带工
10	试验组长	1	看图、看说明书、看整定值、复核整定值
11	电气安装工	2	检查一次设备电源并投入、检查转换开关并投入
12	巡视员	2	负责巡视试验现场

7. 材料要求

35 kV GIS 开关柜联动试验不需要材料。

8. 设备机具配置

设备机具配置见表 10.6.5-2。

表 10.6.5-2 工机具配置表

序 号	名 称	单 位	数 量	备 注
1	测控保护试验仪	台	1	
2	继电保护调试笔记本	台	1	
3	兆欧表	块	2	
4	万用表	块	4	
5	电压发生器	台	1	
6	电流发生器	台	1	

9. 质量控制及检验

(1)质量控制

严格规范 35 kV GIS 开关柜联动护试验工艺,确保差动保护 35 kV GIS 开关柜联动试验各个环节的调试质量。

(2)质量检验

严格规范布置图试验工艺,确保母联备自投试验各个环节的调试质量。

(3)质量检验

1)符合主变电所二次施工图。

2)满足综合自动化系统使用说明书。

3)符合电气设备交接试验标准。

4)系统试验应由试验室或综合自动化厂家技术人员组织实施,试验人员应具备 10 年以上工作经验和工程师以上职称。

10. 安全及环保要求

(1)安全要求

1)试验区域设专人巡视,非试验人员不得进入试验区域。

2)试验人员需佩戴安全帽、工作服、棉质手套,避免受伤。

3)试验完成及时切断电源。

(2)环保要求

1)试验人员应遵守工点相关的安全制度,期间保持清洁卫生,不制造垃圾。

2)试验结束清理现场,做到文明施工。

10.6.6 主变电站工程主所与35 kV变电所间差动保护调试作业指导书

1. 适用范围

适用于杭州至海宁城际铁路机电工程主变电站与35 kV变电所间差动保护调试施工。

2. 作业准备

(1)外业准备

1)交、直流屏正常运行，馈线开关已投入。

2)测控保护屏电源正常，开关全部投入。

3)保护整定值已输入，并确认无误，保护压板按规定已投入。

4)主所馈线设备全部运行，转换开关置于“远方”位。

(2)内业准备

(1)已完成对主变电站与35 kV变电所间差动保护调试的技术交底。

(2)准备主变电站与35 kV变电所间差动保护调试的资料。

3. 技术要求

主所与35 kV变电所间差动保护调试，主要是检查并确认主所的馈线保护与35 kV变电所的进线保护满足设计要求，提高牵引供电可靠性。

4. 施工程序与工艺流程

(1)施工程序

投入控制电源→检查一次设备控制电源并投入→检查二次设备控制电源并投入→保护整定值输入→保护压板投入→馈线柜换开关置于远方位→差动仪接入→差动试验→试验结束，恢复接线。

(2)工艺流程

工艺流程如图10.6.6所示。

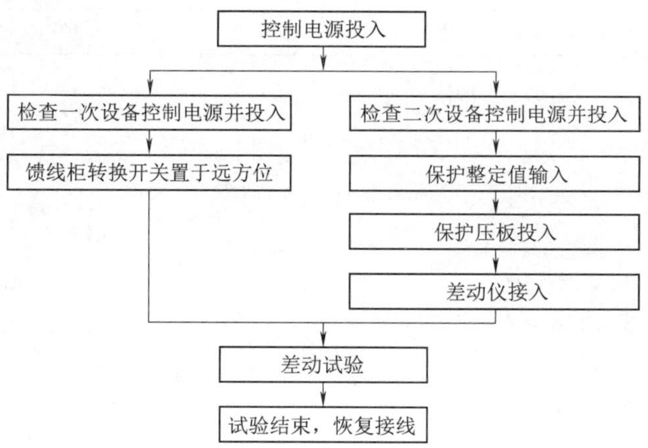

图10.6.6 主所与35 kV变电所间差动保护试验工艺流程图

5. 施工要求

(1)直流屏投入控制及电机电源。
(2)测控保护屏检查控制电源,电源正常后投入全部控制开关。
(3)馈线柜检查控制电源及电机电源,正常后全部投入。
(4)输入保护整定值,投入保护软压板。
(5)接入差动仪。
(6)输入差动电流,启动保护,保护动作。
(7)试验完成,查看动作记录。
(8)恢复二次接线,清理调试现场。

6. 劳动组织

(1)劳动力组织方式:采用架子队组织模式。
(2)作业人员数量应根据施工条件、工期要求进行合理配置,见表 10.6.6-1。

表 10.6.6-1　主所与 35 kV 变电所间差动保护调试人员配置表

序　号	工　种	人　数	主要职责
1	架子队长	1	架子队综合管理
2	架子队技术主管	1	架子队技术管理
3	技术员	1	现场施工技术管理
4	安全员	1	现场施工安全管理
5	质量员	1	现场施工质量管理
6	材料员	1	现场施工材料管理
7	试验员	1	试验管理
8	工班长	1	工班施工管理
9	领工员	1	带工
10	试验组长	1	看图、看说明书、看整定值、复核整定值
11	电气安装工	2	检查一次设备电源并投入、检查转换开关并投入
12	巡视员	2	负责巡视试验现场

7. 材料要求

无。

8. 设备机具配置

设备机具配置见表 10.6.6-2。

表 10.6.6-2　工机具配置表

序　号	名　称	单　位	数　量	备　注
1	测控保护试验仪	台	1	

续上表

序 号	名 称	单 位	数 量	备 注
2	继电保护调试笔记本	台	1	
3	兆欧表	块	2	
4	万用表	块	4	
5	电压发生器	台	1	
6	电流发生器	台	1	

9. 质量控制及检验

(1)质量控制

严格规范主变压器差动保护试验工艺，确保差动保护试验各个环节的调试质量。

(2)质量检验

严格规范布置图试验工艺，确保母联备自投试验各个环节的调试质量。

(3)质量检验

1)符合主变电所二次施工图。

2)满足综合自动化系统使用说明书。

3)符合电气设备交接试验标准。

4)系统试验应由试验室或综合自动化厂家技术人员组织实施，试验人员应具备10年以上工作经验和工程师以上职称。

10. 安全及环保要求

(1)安全要求

1)试验区域设专人巡视，非试验人员不得进入试验区域。

2)试验人员需佩戴安全帽、工作服、棉质手套，避免受伤。

3)试验完成及时切断电源。

(2)环保要求

1)试验人员应遵守工点相关的安全制度，期间保持清洁卫生，不制造垃圾。

2)试验结束清理现场，做到文明施工。

10.7 主变压器系统设备安装

10.7.1 主变电站工程支柱绝缘子安装作业指导书

1. 适用范围

适用于杭州至海宁城际铁路工程主变电站支柱绝缘子安装。

2. 作业准备

(1)外业准备

1)检查登高的工具,工具应牢固稳定。

2)准备安装的工具,如扳手、钳子、螺丝刀等。

3)准备检查的工具,如万用表、兆欧表等。

4)开箱检查支柱绝缘子外观,开关外观应完好。

5)清点安装的铁配件、紧固件等,应齐全。

(2)内业准备

1)已完成对主变电站支柱绝缘子安装的技术交底。

2)准备施工图及设备安装使用说明书。

3. 技术要求

(1)核对支柱绝缘子上铭牌,应与施工图要求的型号规格一致。

(2)使用兆欧表检测避雷器绝缘电阻,应符合产品说明书要求。

4. 施工程序与工艺流程

工艺流程如图 10.7.1 所示。

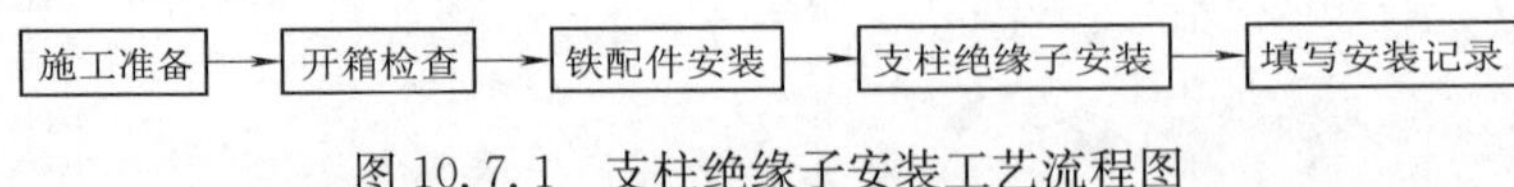

图 10.7.1 支柱绝缘子安装工艺流程图

5. 施工要求

(1)支柱绝缘子安装应垂直地面,固定应牢固。

(2)支柱绝缘子表面整洁无破损。

(3)电流互感器安装后铭牌要在设备巡视道路侧。

6. 劳动组织

本工艺根据工种按照一个支柱绝缘子安装业进行人员配置，具体工作及人员配置见表 10.7.1-1。

表 10.7.1-1 支柱绝缘子安装作业人员配置表

序 号	工 种	人 数	主要职责
1	架子队长	1	架子队综合管理
2	技术负责人	1	架子队技术管理
3	技术员	1	现场施工技术管理
4	安全员	1	现场施工安全管理
5	质量员	1	现场施工质量管理
6	材料员	1	现场施工材料管理
7	试验员	1	试验管理
8	工班长	1	工班施工管理
9	领工员	1	带 工

7. 材料要求

(1)铁配件外观完好，无变形，尺寸符合要求。

(2)紧固件完好，无滑扣，垫片齐全。

8. 设备机具配置

现场具体投入的机械设备见表 10.7.1-2。

表 10.7.1-2 机械设备投入表

序 号	设备名称	单 位	数 量	备 注
1	小 绳	根	4	
2	千斤顶	台	4	
3	方 木	根	按 需	
4	黄 油	kg	按 需	润滑用

9. 质量控制及检验

(1)质量控制

1)瓷柱垂直施工误差±2°。

2)导电部分触头表面平整清洁，并涂有中性凡士林油。设备接线端子连接接触面涂有电力复合脂。

(2)质量检验

1)检查瓷柱垂直度。

2)检查导电部分触头表面情况，检查是否涂电力复合脂。

10. 安全及环保要求

(1)安全要求

1)登高作业人员登高前仔细检查工具的牢固、稳定性,不能满足使用要求的杜绝使用。

2)进入施工现场的人员必须严格遵守施工现场安全管理规定要求,戴安全帽,非施工人员不准进入施工现场。

(2)环保要求

1)设备包装物及时收集,定点定人进行处理。

2)施工结束后清理现场,做到文明施工。

10.7.2　主变电站工程中心点开关安装作业指导书

1. 适用范围

适用于杭州至海宁城际铁路机电工程主变电站中心点开关安装。

2. 作业准备

(1)外业准备

1)已取得施工作业命令。

2)中心点开关安装上道工序已完成并通过监理检查验收,具备中心点开关安装条件。

(2)内业准备

1)进行中心点开关安装技术交底。

2)准备好中心点开关安装图纸和设备说明。

3. 技术要求

(1)隔离开关底座上面要确保水平,并且底座上已安装槽钢要平行。

(2)开关拐臂的角度要调至45°。

(3)隔离开关刀闸在任何状态下都要与其他接地体保证足够的安全距离。

(4)开关主刀闸与接地刀之间联锁要准确、灵活,不得有卡滞,当主刀闸完全闭合时,接地刀要保证与开关绝缘子保持90°。

(5)接线端子、电连接线夹等有电气连接的部件安装时必须在接触面上涂抹电力脂,并且要涂抹均匀。

4. 施工程序与工艺流程

工艺流程如图10.7.2所示。

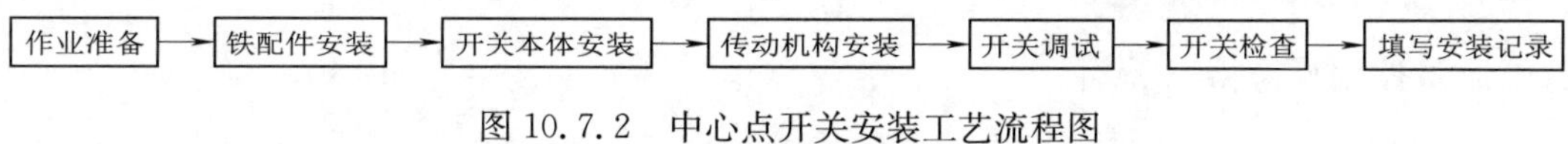

图10.7.2　中心点开关安装工艺流程图

5. 施工要求

(1)根据施工图的要求,开关安装后开启方向要与施工图要求一致。

(2)安装开关连杆,调试开关的开、闭角度,开关的开、闭角度要与产品说明书要求一致。

(3)安装传动机构,使用摇柄转动传动机械,再次核对开关的开、闭角度,开、闭角度要与产品说明书相符。

(4)开关安装调试完成后,用摇柄打开开关,用钢尺检查开关的开启角度,开启角度应符合产品说明书要求。

(5)摇柄开、闭开关时,机械转动应灵活,不应出现卡滞现象。

(6)开关闭合到位后,触头、触指接触应紧密,触头插入触指的尺寸符合产品说明书的要求。

(7)开关调试完成后,应在机构传动部位涂抹润滑油,触头、触指涂抹导电膏。

6. 劳动组织

(1)劳动力组织方式:采用架子队组织模式。

(2)作业人员数量应根据施工条件、工期要求进行合理配置,见表 10.7.2。

表 10.7.2　中心点开关安装作业人员配置表

序　号	工　种	人　数	主要职责
1	架子队长	1	架子队综合管理
2	架子队技术主管	1	架子队技术管理
3	技术员	1	现场施工技术管理
4	安全员	1	现场施工安全管理
5	质量员	1	现场施工质量管理
6	材料员	1	现场施工材料管理
7	试验员	1	试验管理
8	工班长	1	工班施工管理
9	领工员	1	带　工
10	电气安装工	3	安装、调试

7. 材料要求

(1)明显的断开点。

(2)隔离开关断开点间应具有可靠的措施。

(3)应具有足够的短路稳定性。

8. 设备机具配置

无。

9. 质量控制及检验

(1)质量控制

1)设备的开箱检查,要仔细确认各项指标是否达到要求,电缆在安装前要进行绝缘测试。

2)设备运输时要注意道路情况,吊装时选用合适的吊车作业。

3)在各种电气连接线夹、接线端子、接线铜排的接触面上要涂抹电力脂。

4)各部位螺栓、螺母紧固力矩要达到设计要求。

5)设备电缆连接完成后要校线,确保接线正确。

(2)质量检验

1)用摇表测试电力电缆是否满足绝缘等级要求。

2)用万用表测试是否接线正确。

3)用力矩扳手检查连接螺栓是否满足力矩要求。

4)用接地电阻测量仪测量接地电阻,检查是否满足要求。

5)目测观察各种电气连接线夹、接线端子、接线铜排的接触面是否涂抹电力脂。

10. 安全及环保要求

(1)安全要求

1)设备运输时要注意行车安全,注意瞭望,不平坦路段要减速行驶。

2)设备吊装时要选用合适的吊车,吊索要紧固牢靠,起吊过程中防晃绳要拉紧,以防绝缘子碰撞支柱受到损伤。

3)电气测试时要做好绝缘设施,防止触电。

4)开关调试完毕应锁闭,防止闲杂人员打开。

(2)环保要求

1)设备包装物不得随意丢弃,集中处理。

2)施工完毕后的废弃物不得烧毁污染环境。

3)电力脂涂抹时要涂到端子面上,不得污染其他设备。

4)剩余线头要分类回收,返回料库。

10.7.3　主变电站工程主变压器注油及密封试验

1. 适用范围

适用于杭州至海宁城际铁路机电工程主变电站主变压器注油及油密封试验。

2. 作业准备

(1)外业准备

1)准备好注油使用的油泵、油管,发电机及配套电源线、配电箱。

2)准备好白布、毛巾或其他吸油性很强又不能污染器身的材料。

3)准备好扳手、钳子、螺丝刀等工具。

4)准备好临时储存废油的油罐。

(2)内业准备

1)进行主变压器注油及密封的技术交底。

2)准备变压油的合格检测报告,变压器安装说明书。

3. 技术要求

(1)补充的变压油送检并合格。

(2)用合格的变压油冲洗油泵、油管。

(3)根据产品说明书的要求连接注油口。

(4)注油过程中逐级放气。

(5)注油结束检查所有连接部位,确保无渗油现象。

4. 施工程序与工艺流程

工艺流程如图 10.7.3 所示。

图 10.7.3　主变压器注油及油密封试验工艺流程图

5. 施工要求

(1)油泵及油管连接。

(2)油泵电源接入。

(3)油泵启动,阀门开启。

(4)逐级放气。

(5)注油结束,关闭阀门,油泵停机。

(6)擦拭所有连接法兰。

(7)定期观察法兰连接口。

(8)法兰连接口无渗油,连接口密封良好。

6. 劳动组织

(1)劳动力组织方式:采用架子队组织模式。

(2)作业人员数量应根据施工条件、工期要求进行合理配置,见表 10.7.3-1。

表 10.7.3-1 主变压器整体检查作业人员配置表

序 号	工 种	人 数	主要职责
1	架子队长	1	架子队综合管理
2	架子队技术主管	1	架子队技术管理
3	技术员	1	现场施工技术管理
4	安全员	1	现场施工安全管理
5	质量员	1	现场施工质量管理
6	材料员	1	现场施工材料管理
7	试验员	1	试验管理
8	工班长	1	工班施工管理
9	施工	1	技术管理
10	电气安装工	4	检查法兰接口、逐级放气
11	材料	1	材料管理

7. 材料要求

无。

8. 设备机具配置

现场具体投入的机械设备见表 10.7.3-2。

表 10.7.3-2 机械设备投入表

序 号	设备名称	单 位	数 量	备 注
1	油桶	kg	按需	
2	皮管	根	1	抽油用
3	方木	根	4	
4	黄油	kg	按需	润滑

9. 质量控制及检验

(1)质量控制

1)补充的变压油在注油前必须要送检,检测合格方能使用。

2)油泵及油管使用前必须使用合格的变压油冲洗,确保油泵及油管无污染。

3)放气要彻底,以放气阀无气泡出现为准,要定期进行放气。

4)所有连接口均要擦拭干净,以便判断法兰接口是否密封。

5)定期检查法兰连接处,应无渗油造成的污染。

(2)质量检验

1)满足综合自动化系统使用说明书。

2)符合电气装置安装工程电力变压器、油浸电抗器、互感器施工及验收规范。

10. 安全及环保要求

(1)安全要求

1)在变压器顶部作业人员注意变压器底部边沿,避免踏空。

2)油泵外壳应可靠接地。

3)注油完成切断电源。

(2)环保要求

1)主变压器注油会出现部分废油,作业时应随时注意收集,注油完成后把废油、擦拭抹布统一收集处理,不得污染环境。

2)施工完成清理工具、材料出场,做到工完料净场地清。